Mensch
Technik
Umwelt

für die Klassen
9 + 10

Herausgeber   Siegfried Henzler
                Kurt Leins

Autoren   Martin Binder
                Siegfried Henzler
                Kurt Leins
                Thomas Willenberg

Handwerk und Technik · Hamburg

Vorwort

Unser Leben wird in seiner Gesamtheit durch die Technik beeinflusst. Es ist daher eine wichtige Aufgabe der Schule, Schülerinnen und Schülern Verflechtungen, wie sie zwischen der Natur, dem Menschen und der Technik bestehen, einsichtig zu machen, damit sie sich altersgemäß verantwortungsvoll mit den technischen Entwicklungen in ihrer Lebenswelt auseinander setzen können.

Die Buchreihe Mensch · **Technik** · Umwelt dient diesem Ziel. Sie umfasst drei Bände:
- Das Buch für die Klassen 5 und 6 wählt altersbedingt Themen aus dem Umfeld der Schüler und bietet Unterrichtshilfen im konkret anschaulichen Bereich an.
- Das Buch für die Klassen 7 und 8 stellt den Aufbau einer technikspezifischen Sach- und Fachstruktur in den Vordergrund. Die Themen orientieren sich an der technischen Wirklichkeit. Sie befassen sich mit der Arbeitswelt und deren gesellschaftlichen Auswirkungen. Sie helfen Schülerinnen und Schülern, sich mit Fragen zur Gestaltung der eigenen Lebenssituation und der Verantwortung gegenüber der Umwelt auseinander zu setzen.
- Das Buch für die Klassen 9 und 10 fördert das Abstraktionsvermögen und die Kommunikationsfähigkeit in der Auseinandersetzung mit der realen Umwelt und ermöglicht den Schülerinnen und Schülern durch selbstständiges und eigenverantwortliches Lernen in Projekten, im Team und an außerschulischen Lernorten, im Dokumentieren und Präsentieren sowie im Bewerten von Produkten und Lernprozessen,
  - dass sie Einblicke gewinnen in geschichtliche und aktuelle Entwicklungen der Technik wie auch in naturwissenschaftliche Zusammenhänge,
  - dass sie lernen, ökonomisch und ökologisch verantwortungsvoll mit der Technik und der Umwelt umzugehen,
  - dass sie mit unterschiedlichen Materialien, Werkzeugen, Maschinen und Geräten arbeiten und sich dadurch praktische Fähigkeiten und Fertigkeiten aneignen,
  - dass sie Einblicke in die Arbeitswelt gewinnen und dabei Anregungen für die eigene Berufswahl bekommen
  - dass sie sich Grundlagen erarbeiten, die ihnen Einblicke in komplexe Vorgänge/ Zusammenhänge ermöglichen,
  - dass sie lernen, die eigene Leistung und die anderer zu bewerten.

Das Arbeitsbuch „Mensch · **Technik** · Umwelt" für die Klassen 9 und 10 der Realschule trägt dem Bildungsplan Rechnung. Es behandelt anschaulich mit vielen Beispielen alle Inhalte des Lehrplans „Natur und Technik".

Im Informationsteil des Buches werden durch sachlich kompetente Darstellungen Informationen gegeben, die Grundlagen bieten für die Erarbeitung der Themen. Dies geschieht anschaulich mit Bildern und Skizzen und in altersgemäßer Sprache.

Alle vorgestellten Arbeiten sind von den Autoren im Unterricht erprobt. Das Arbeitsbuch gibt deshalb Schülerinnen und Schülern Hilfen, Anregungen und Informationen, welche die Unterrichtsarbeit erleichtern, ohne ein starres Konzept vorgeben zu wollen. Das bedeutet, dass jede Unterrichteinheit zwar wie im Buch dargestellt im Unterricht auch so erarbeitet werden kann – aber nicht so durchgeführt werden muss.

Vielmehr werden für jedes Thema zwei oder drei Zugangsmöglichkeiten in ihrer unterrichtlichen Umsetzung so dargestellt, dass sie wie Bausteine im Unterricht eingesetzt werden können. Dies eröffnet die Möglichkeit, auf die jeweilige didaktische Situation abgestimmt auszuwählen, verlangt aber auch für den allgemein bildenden Technikunterricht die Beschränkung auf didaktisch sinnvolle Schwerpunkte.

Dieses Arbeitsbuch bekennt sich in der getroffenen Auswahl von Themen und Inhalten ausdrücklich zu diesen Entscheidungen, weil die Komplexität unserer technischen Umwelt die gezielte exemplarische Erarbeitung im Unterricht erfordert.

Deshalb ist das Buch als Grundlage für den Unterricht und als Nachschlagewerk zu verstehen, das selbstständiges Arbeiten anregt und fördert.

Hilfen zum Gebrauch S. 1 erleichtern die Arbeit mit dem Buch.

So wird dieses Buch für Jungen und Mädchen zum Wegbegleiter
- für den Natur- und Technikunterricht,
- für Arbeitsgemeinschaften und Projekte an der Schule,
- für die Verwirklichung eigener Ideen in der Freizeit.

ISBN 3.582.0 **7273**.8

Alle Rechte vorbehalten.
Jegliche Verwertung dieses Druckwerkes bedarf – soweit das Urheberrechtsgesetz nicht ausdrücklich Ausnahmen zulässt – der vorherigen schriftlichen Einwilligung des Verlages.
Verlag Handwerk und Technik G.m.b.H.,
Lademannbogen 135, 22339 Hamburg;
Postfach 63 05 00, 22331 Hamburg – 1999
Computersatz: comSet Helmut Ploß, 21031 Hamburg
Druck: Herrmann F. R. Stumme, 21521 Wohltorf (Hamburg)

Hilfen zum Gebrauch des Buches

Im Buch hat jedes Kapitel ein eigenes Symbol

Zum schnellen Auffinden sind die dazugehörigen Seiten auf gleicher Höhe mit demselben Symbol gekennzeichnet.

Durch dieses Symbol ist der Informationsteil im Buch gekennzeichnet. Dort kannst du immer dann, wenn du bei deiner Arbeit wissen willst, wie man Werkzeuge handhabt, Material bearbeitet, mit Maschinen umgeht, nachschlagen. Außerdem findest du dort Zusammenstellungen von Materialien und Bauteilen sowie weiter gehende Erklärungen.

Erscheint im Text diese Hand, so findest du auf den angegebenen Seiten die entsprechenden Hilfen.

Achtung! Mit einem roten Rahmen oder durch rote Unterlegung sind Sicherheitshinweise gekennzeichnet.

Versuche und Experimente, die du selbst durchführen kannst, sind grün gekennzeichnet.

Arbeitsaufträge und Aufgaben sind blau gekennzeichnet.

Gelb bedeutet: praktische Tipps und hilfreiche Anleitungen.

Hinweis:
Alle **Begriffe,** die im Buch behandelt werden, wie Werkzeuge, Verfahren, Werkstoffe und Materialien, Bauteile, Maschinen usw., sind im Sachwortverzeichnis alphabetisch aufgelistet und mit der Angabe versehen, auf welchen Seiten die Informationen hierzu zu finden sind. Die Begriffe sind zudem auf den entsprechenden Seiten fett gedruckt.

Seite 6–7	**Technik verstehen, Umwelt mitgestalten: Technikunterricht**
Seite 8–15	**Phänomene untersuchen – Produkte entwickeln, testen, bewerten**
Seite 16–29	**Wir und unsere Umwelt**
Seite 30–37	**Wärmekraftmaschinen: Funktion – Einsatz – Entwicklung**
Seite 38–47	**Technische Möglichkeiten zur Nutzung und Einsparung von Energie**
Seite 48–61	**Elektronische Schaltungen: Funktion und Einsatz**
Seite 62–75	**Entwicklung und Einsatz der Mikroelektronik zur Steuerung oder Regelung und zur Datenverarbeitung**

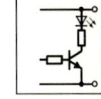

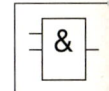

Informationen

Seite 76–78	Informationen zu **Arbeitssicherheit** und **Umweltschutz**
Seite 79–81	Informationen zur **Gruppenarbeit** in der Arbeitswelt, in der Schule und im Technikunterricht
Seite 82–83	Informationen zur Erstellung von **Referaten** und **Kurzvorträgen**
Seite 84–85	Informationen zur **Bewertung** des Arbeitens und Lernens im Technikunterricht
Seite 86–90	Informationen zu **Phänomene untersuchen – Produkte entwickeln, testen, bewerten**
Seite 91–111	Informationen zu **Umweltbelastungen** und zu den Möglichkeiten der **Reduzierung** oder **Vermeidung**
Seite 112–137	Informationen zu **Wärmekraftmaschinen**
Seite 138–152	Informationen zur **Gewinnung** und **Nutzung von Energie**
Seite 153–174	Informationen zur **Elektronik**
Seite 175–194	Informationen zur **Mikroelektronik,** zum **Computer** und zur **computergesteuerten Werkzeugmaschine**
Seite 195–198	**Sachwort**

Technik verstehen, Umwelt gestalten: Technikunterricht ... 6

Erwartungen an den Technikunterricht ... 7

N&T — Phänomene untersuchen – Produkte entwickeln, testen, bewerten ... 8

Der Fotografie auf der Spur ... 10
Experimentieren mit einer Lochkamera ... 10
Herstellen von Fotos mit der Lochkamera ... 10
Welche Faktoren beeinflussen die Bildqualität? ... 11
Was bewirken Linsen? ... 11
Bau einer Linsenkamera ... 12
Bau des Gehäuses ... 12
Bau der Bildplatten ... 12
Herstellung von Fotoaufnahmen ... 13
Optimierung der Kamera ... 13
Vom Ton zum Klang ... 14
Bau der Panflöte ... 15
Überlegungen zur Bewertung ... 15

Wir und unsere Umwelt ... 16

Umweltschutz konkret ... 18
Schadstoffbelastungen der Luft ... 19
Schadstoffe in der Luft ... 19
Gesetze zur Luftreinhaltung ... 19
Luftverunreinigungen messen ... 19
Messen mit einem selbst gebauten Rußmessgerät ... 20
Überlegungen zur Bewertung ... 20
Entwickeln und herstellen ... 20
Messungen durchführen ... 21
Auswertung der Messergebnisse ... 21
Wer den Tropfen nicht ehrt ... 22
Kleines Lexikon der Wasseraufbereitung ... 22
Wir stellen einen Aqua-Stopp her ... 23
Prototyp entwickeln ... 23
Fertigung planen – Arbeitsabläufe rationalisieren ... 23
Überlegungen zur Bewertung ... 24
Fertigung ... 24
Arbeitsgruppen vernetzen ... 24
Unser Beitrag zum Wasser sparen ... 24
Einfälle statt Abfälle: ein Umweltprojekt ... 25
Bewertung ... 25–28
    Aus Ideen Ziele entwickeln 25
    Probleme erfassen, sich informieren 26
    analysieren und strukturieren 27
    dokumentieren und bewerten 27
    handeln und reflektieren 28
Bewertung ... 28
Berufschancen im Bereich Umwelt ... 29

Wärmekraftmaschinen: Funktion – Einsatz – Entwicklung ... 30

Wir befassen uns mit Wärmekraftmaschinen ... 31
Dampfturbine und Verbrennungsmotor als Beispiele für „Lieferanten" von Bewegungsenergie ... 32
Aus Dampf wird Bewegungsenergie ... 32
Der Verbrennungsmotor – ein komplexes System ... 33
Beispiele für die vertiefende Erarbeitung eines Themenkreises ... 34
Beispiel 1: Die Funktion des Vergasers ... 34
Der Arbeitsablauf bei der Demontage-Analyse ... 35
Beispiel 2: Funktionsmodell einer Ventilsteuerung ... 36
Beispiel 3: Alternative Kraftstoffe ... 37

Technische Möglichkeiten zur Nutzung und zur Einsparung von Energie ... 38

Zeitraum der Ausbeutung fossiler Energien ... 38
Bau von Modellen, Durchführung von Experimenten, Messreihen und Erkundungen zur Energietechnik ... 39
Experimente mit Rotoren und Bau eines Modells zur Nutzung von Windenergie ... 40
Verschiedene Bautypen zur Nutzung der Windenergie ... 41
Bau eines Propellerwindradmodells ... 41
Herstellung des Modells ... 42
Baugruppe Rotor 42 – Baugruppe Getriebe 42
Baugruppe Gestell/Lagerung 43
Baugruppe Generator/Elektrik 43
Erkundung des Energiekonzepts einer kleinen Wohneinheit ... 44
Experimente mit Messreihen zur Energieeinsparung durch Wärmedämmung am Bau ... 45
Anteile am Energieverbrauch der Haushalte ... 45
Wärmeverlust bei Altbauten – Sanierungsmaßnahmen ... 45
Die Wärmedämmung bei Verwendung verschiedener Baustoffe ... 45
Experiment ... 46
Beim Bau sind viele Fachleute am Energiekonzept beteiligt ... 47
Arbeitsplätze in der Bauwirtschaft: interessante und vielseitige Aufgabenfelder ... 47
Berufsbild: Wärme-, Kälte- und Schallschutzisolierer ... 47
Berufsausbildung in der Bauwirtschaft ... 47

Elektronische Schaltungen: Funktion und Einsatz ... 48

Veränderungen durch die Entwicklung der Elektronik ... 48
Elektronische Schaltungen und Geräte selbst gebaut ... 49
Übungen zum Grundwissen Elektronik ... 50
Schaltungen mit Solarzellen als Stromquellen ... 50
Durchgangsprüfung mit Glühlampe und Leuchtdiode ... 51
Polprüfung mit Glühlampe und Leuchtdiode ... 51
Schaltungen mit Widerständen messen und berechnen ... 52
Aufbau und Wirkungsweise von Sensorschaltungen: Der Transistor – ein Schalter und Verstärker ... 53
Experiment zum Schaltverhalten unterschiedlicher Transistortypen ... 53
Experiment zur Wirkungsweise eines Transistors ... 54
Sensorschaltungen mit Transistoren ... 55
Der Bedenkzeitschalter – eine Verzögerungsschaltung ... 56
Wirkungsweise von Kondensatoren in Schaltungen ... 56
Bau eines Bedenkzeitschalters ... 57
Bedenkzeitschalter mit Darlingtonstufe ... 57
Töne elektronisch erzeugt: Bau einer Miniorgel ... 58
Vom Wechselblinker zum Tongenerator ... 58
Vom Tongenerator zur elektronischen Miniorgel ... 59
Elektronische Miniorgel mit IC ... 59
Berufe in der Elektrotechnik ... 61
Auszüge aus der Datenbank für Berufsinformation ... 61

Entwicklung und Einsatz der Mikroelektronik zur Steuerung oder Regelung und zur Datenverarbeitung ... 62

Berufsfeld für Informatiker ... 62
Die Zukunft mit dem Computer 62
Logische Schaltungen bauen und selbst gebaute Geräte steuern ... 63
Schaltungen mit Dioden: ein Binärcodierer ... 64
Das binäre (duale) Zahlensystem 64
Aufbau des Binärcodierers 64
Eine Diodenmatrix ... 65

Aufbau der Diodenmatrix	65
Logische Schaltungen: Grundbausteine des Computers	66
Experimente mit logischen Schaltungen	67
Speicherelemente des Computers	68
Flip-Flops aus NAND-Gattern	68
Prellfreie Taster	68
Ein kleiner Schreib-Lesespeicher	69
Zeichen in Bitmuster codiert	69
In den Speicher schreiben 69	
Speicher lesen 69	
Unterbrechung der Stromversorgung – was dann? 69	

Einrichtungen mit automatischer Wirkung:	
Schalten und Steuern	**70**
Verkehrssteuerung	70
Beispiele für Schaltphasen der Lichtsignale 71	
Ampelsteuerung mit dem Computer	71
Computerprogramm für das Ampelmodell	72
Wie wird ein Computer programmiert?	72
Programmiersprachen	72
Ampelsteuerung mit Eingangsabfrage	74
Besonderheiten bei der Eingangsabfrage 74	
Elektronische Miniorgel mit dem Computer gesteuert	75

Informationen

Informationen zu Arbeitssicherheit und Umweltschutz — 76

Sicherheitszeichen	76
Sicherheitsbewusster Umgang mit Chemikalien	76
Sammlung und Entsorgung von Abfallchemikalien	76
Fahrzeugwartung	77
Sicherheitsbewusster Umgang mit Elektrizität	77
Wirkung von elektrischem Strom auf Menschen 77	
Geräte mit Netzanschluss 77	
Sicherheitsbewusster Umgang mit Spänen und Stäuben	77
Arbeiten mit Geräten, die man als Hitzequellen benötigt...	78
Sicherheit beim Weichlöten 78	
Der Not-Aus	78
Zweckmäßige und sichere Kleidung	78
Vorgehensweise bei Demontage/Remontage	78

Informationen zur Gruppenarbeit in der Arbeitswelt, in der Schule und im Technikunterricht — 79

Gruppenarbeit in der Arbeitswelt	79
Gruppenarbeit und Teamarbeit in der Schule	
und im Technikunterricht	80
Organisation von Gruppen- und Teamarbeit	80
Arbeits- und Verhaltensprinzipien in Gruppen und Teams	81
Wie unterscheidet sich Teamarbeit von Gruppenarbeit? ...	81

Informationen zur Erstellung von Referaten und Kurzvorträgen — 82

Checkliste für die schriftliche Ausarbeitung des Referats	82
Ablaufplan für ein Referat (Beispiel)	82

Informationen zur Bewertung des Arbeitens und Lernens im Technikunterricht — 84

Leistungsbewertung und Notengebung im	
Technikunterricht	84
Beispiel zur Bewertung 85	
Anforderungen der Betriebe an Auszubildende 85	

Informationen zu „Phänomene untersuchen – Produkte entwickeln, testen, bewerten" — 86

Physikalische Grundlagen der Fotografie	86
Anwendung im Fotoapparat	87
Blende und Belichtungszeit	87
Das Negativ entsteht	88
Das Positiv	88
Stadien der Bildentstehung	88
Der Verarbeitung der Aufnahme im Fotolabor 88	
Physikalische Grundlagen zur Erzeugung	
von Tönen	**89**
Entwicklung von Musikinstrumenten 89	
Ermitteln der Pfeifenlänge einer Panflöte	89
Töne erzeugen	90
Frequenzen der C-Dur-Tonleiter 90	
Berechnen der Pfeifenlänge einer Panflöte	90
Beispiel für die Berechnung der Pfeifenlänge	90
Beispiel für die Frequenzberechnung	90

Informationen zu Umweltbelastungen und den Möglichkeiten der Reduzierung oder Vermeidung — 91

Kleines Umweltlexikon: Belastungen	91
Belastung der Luft	**91**
Schadstoffe in der Luft	91
Verursacher von Schadstoffen	91
Der verlustreiche Weg der Energie bei der Umwandlung	
im Motor	91
Folgen der Luftbelastung	92
Saure Niederschläge 92	
Ozonloch und Smog 92	
Klimaänderung 92	
Treibhauseffekt: Ursachen und Folgen 92	
Luftverschmutzungen messen	93
Reflexphotometer selbst gebaut	93
Vom Schaltplan zum Verdrahtungsplan	93
Einsatz von Technik gegen Umweltbelastungen	94
Katalysator 94	
Elektrofilter 94	
Rauchgasentschwefelung 94	
Umweltbewusstes Verhalten des Kraftfahrers	94
Verminderung des Schadstoffausstoßes	
im Straßenverkehr	95
Zukünftige Entwicklungen:	
neue Antriebssysteme/neue Kraftstoffe	96
Gasturbine 96	
Elektroauto 96	
Hybridantrieb 96	
Reduzierung der Abgase 96	
Energie aus Biomasse	97
Treibstoffe 97	
Bioalkohol 97	
Biodiesel 97	
Pro und Kontra bei der Nutzung von Bio-Masse 97	
Gefährdetes Trinkwasser	**98**
Schadstoffe im Wasser	98
Messung der Wasserqualität	99
Allgemeine Parameter 99	
Sauerstoffgehalt 99	
pH-Wert 99	
Leitfähigkeit 99	
Messverfahren 99	
Biologische Zeigertierchen 99	

Nachweis von Schadstoffen im Wasser 100	
Bau eines Photometers 100	
Grundprinzip eines Photometers 100	
Trübungsmessung von Wasser 100	
Nachweis von Schadstoffen mit dem Photometer 100	
Tipps zur Herstellung eines Photometers 101	
Messen mit dem Photometer..................................... 102	
Messen der Wassertrübung 102	
Eichung des Photometers am Beispiel einer Trübung durch Tinte 102	
Messen von nicht sichtbaren Stoffen 102	
Ermittlung einer Eichkurve für unsichtbare Stoffe im Wasser 102	
Messen einer Chlorid-Konzentration 102	

Gewässerschutz – zwar teuer, aber erfolgreich 103
Reinigung von belastetem Wasser 103
Ölabscheider 103
Gewässerreinigung durch Filter 103
Die Kläranlage 104
    Mechanische Reinigungsstufen 104
    Biologische Reinigungsstufen 105
    Behandlung des Klärschlamms 105
    Chemische Reinigungsstufen 105
    Beispiel für die Mengenverhältnisse in einer Kläranlage 105
Trinkwasser sparen 106
Warentest: Wasser sparende WC-Spülungen 106

Müll als Problem 107
Kleines Abfall-Lexikon 107
Müllvermeidung – Einfälle statt Abfälle 107
Entsorgungsarten 107
Wertstoffsammlung 108
    Altkleider 108 – Altmetall 108 – Altpapier 108
    Recyclingpapier 108 – Altglas 109 – Elektronikschrott 109
    Kompostierung 109 – Autowracks 109
Deponien 110
    Müllverbrennung 110
    Ablauf in einer Schwelbrandanlage 110
    Entsorgung von Problemabfällen 110
    Leuchtstoffröhren 110
    Farben, Lacke, Lösungsmittel 110
    Batterien 110
Probleme der Abfallentsorgung im Spiegel der Presse ... 111

Informationen zu Wärmekraftmaschinen 112

Der Verbrennungsmotor – ein komplexes System ... 112
Der Zweitaktmotor 112
    Funktionsweise von Zweitaktmotoren 112
Der Viertaktmotor.. 113
    Funktionsweise von Viertaktmotoren 113
Gemischbildung im Ottomotor 114
    Vergasermotor 114
    Einspritzmotor 114
Funktionsweise des Vergasers 115
    Warum sind Wartungs- und Einstellarbeiten erforderlich? 115
PKW-Dieselmotor 116
    Entwicklung des Dieselmotors 116
Gemischbildung 117
Turbolader nutzt Abgasenergie 117
Der Kreiskolbenmotor als Antrieb von Fahrzeugen 118
    Wankelmotor – Motor der Zukunft? 118
Ventilsteuerung beim Viertaktmotor 119
    Mehr Ventile – bessere Nutzung des Kraftstoffs 119
Die Zündanlage beim Mofa 120
Die Zündanlage beim Ottomotor 121
Schmierung 122
Kupplung 122
Getriebe 123
    Zahnradgetriebe 123
Übersetzung von Zahnradgetrieben berechnen 123
Schaltgetriebe 124
    Nachbau eines Schaltgetriebes als Modell 124
Zugmittelgetriebe 125
Lagern 125
Kurbelgetriebe 126

Entwicklung des Verbrennungsmotors 127
    Gasmotor 127 – Otto-Viertaktmotor 127
    Dieselmotor 127 – Wankelmotor 127
Berufsgruppe Fahrzeugtechnik 128
Berufswelt im schnellen Wandel 129
    Technische und kaufmännische Berufe rund um die Energieversorgung 129
Entwicklung und Einsatz der Dampfturbine
(äußere Verbrennung) 132
    Die Dampfpumpe 130
    Die Dampfmaschine von James Watt 130
    Doppelt wirkende Dampfmaschine 131
    Dampflokomotive und Dampfschiffe 131
Entwicklung und Einsatz der Dampfturbine 130
    Wirkungsweise von Kraftwerksdampfturbinen 132
    Einsatz der Dampfturbine zur Stromerzeugung in Wärmekraftwerken 133
    Energieumwandlungskette im Kraftwerk 133
Funktion und Einsatz von Gasturbinen 134
    Nutzung der Leistung 134
    Turbinenarten 134
Stromerzeugung in Wärmekraftwerken 135
Neue Kraftwerkstechnologie 135
    Gasturbinenkraftwerk 136
    Koppelung von Gas- und Dampfkraftwerk 136
**Kleines Lexikon
zur Energiefragen und Maßeinheiten** 137

Informationen zur Gewinnung und Nutzung von Energie 138

Energieverbrauch 138
    Primärenergieträger 138
    Energiewandler 139
    Nutzenergie 139
Der verlustreiche Weg der Energie 140
Maße der Energie 140
Anteil am Weltenergieverbrauch 140
Energieprobleme 140
**Wirkungsgrade und Wirtschaftlichkeit
von Energiewandlern** 141
    Wirkungsgrade von Energiewandlern im Vergleich 141
    Wirtschaftlichkeitsvergleich 141
    Energieeinsparung 141
Nutzung der Windenergie 142
Nutzung der Wasserkraft.. 143
    Peltonturbine 143 – Spiralturbine 143 – Kaplanturbine 143
    Durchströmturbine 143 – Wasserräder 143
Energiekonzepte für Gebäude 144
Niedrigenergiehaus 144
Energieautarkes Haus 144
    Stromversorgung 144
    Brauchwassererwärmung 144
    Blockheizkraftwerk 144
    Energiezentrale 144
    Wärmedämmung 144
    Lüftung mit Wärmerückgewinnung 144
    Kosten 144
    Gesamtkonzept 145
In Pilotprojekten Erfahrungen sammeln 145
    Energiekonzept „Solargarten" 145
Umsetzung des Energiekonzepts 145
Lage des Gebäudes 145
Vorbauten 145
Maßnahmen zur Energieeinsparung bei Neubauten
und bei der Sanierung von Altbauten 146
    Wärmeschutzverordnung 1995 146
Tragende Mauerwände mit Dämmung...................... 146
Mauern – Mauerverbände 147
    Gebräuchliche Mauersteine – Eigenschaften 147
    Transparente Wärmedämmung zur Nutzung der Sonnenenergie 148
Temperaturregelung im Wohnraum 148

Funktion eines Thermostatventils
für die Warmwasserheizung 148
   Isolierfenster und Belüftung 149
Alternative Heiztechniken 149
   Heizenergie aus dem Glasturm 149
   Heizen mit der Energie der Erde 149
   Energie aus dem eigenen Blockheizkraftwerk 149
Nutzung der Sonnenenergie 150
Die solarthermische Nutzung..................................... 150
Kollektorwirkungsgrad... 150
   Thermische Solaranlage 150
Wärmepumpe 151
Thermische Solarkraftwerke in der Wüste 151
Die fotovoltaische Nutzung 151
   Bauen auf der Sonnenseite 151
Prinzip einer Fotovoltaikanlage 152
Unabhängige Energieversorgung eines Bauernhofs 152

Informationen zur Elektronik   153

Messen von Spannungen, Strömen und Widerständen   153
Messgeräte   153
Kennzeichnung von Messgeräten............................... 153
   Vorbereitung des Messgerätes 153
   Messgeräte mit analoger Anzeige 153
   Messgeräte mit digitaler Anzeige 153
Spannungen messen 154
Ströme messen 154
Widerstände messen 154
Übungen zum Einsatz des Messgerätes 155
Schaltzeichen/Symbole 156
Aufbau der Schaltung auf einer Platine 157
Schaltungsaufbau auf einer Platine mit Lötstreifen 157
Vom Schaltplan zur bestückten Platine 158
Vom Schaltplan zum Bestückungsplan 158
Platinengröße festlegen 158
Leiterbahnenherstellung durch Aufzeichnen
oder Abdecken 159
Leiterbahnenherstellung im Fotoverfahren 159
   Ätzen 160
   Bohren 160
   Bestücken 160
   Fehlersuche 160
Elektrische und elektronische Bauteile 161
Widerstände 161
Bestimmen von Widerstandswerten 161
Berechnen von Widerstandswerten 161
Leistung von Widerständen 162
Widerstände in Reihe geschaltet 162
Widerstände parallel geschaltet 162
Widerstände gemischt geschaltet 162
Aufbau und Wirkungsweise einer Diode 163
Die Leuchtdiode 164
Der Transistor 164
   Aufbau eines Transistors 164
   Wirkungsweise eines Transistors 164
   Kenndaten und Bauformen von Transistoren 165
   Grundschaltung mit einem Transistor 166
Aufbau und Berechnung einer Sensorschaltung 166
   Berechnung des Kollektorstroms 166
   Berechnung des Basisstroms 167
   Berechnung der Widerstände an der Basis des Transistors
   mit LDR 167
Schaltung für ein Straßenbeleuchtungsmodell 167
Darlingtonschaltung von Transistoren 168
Der Fototransistor 168
Der lichtabhängige Widerstand (LDR) 169
Kaltleiter (PTC) und Heißleiter (NTC) 169
Kondensatoren 169
   Elektrolyt-Kondensatoren 170
Einstellbare Kondensatoren 170
Schaltung und Berechnung von Kondensatoren 170
Thyristor 171
   Aufbau des Thyristors 171 – Funktion des Thyristors 171
   Klatschschalter 171

Der Lautsprecher 171
Kippschaltungen 172
   Der Schmitt-Trigger 172
   Die astabile Kippschaltung 172
   Die monostabile Kippschaltung – das Monoflop 173
   Die bistabile Kippstufe – das Flipflop 173
Integrierte Schaltkreise: Schalten mit dem IC NE 555 ... 174

Informationen zur Mikroelektronik, zum Computer und zur computergesteuerten Werkzeugmaschine   175

Die Entwicklung der Rechenmaschine:
Vom Abakus zum Mikrocomputer 175
Der Abakus 175
Erste mechanische Rechenmaschinen 175
Der Einsatz von Lochkarten 176
   Lochkarten zum Steuern von Maschinen 176
   Lochkarten zur Volkszählung 176
Die ersten Computer mit Relais und Elektronenröhre ... 177
   Die automatische Rechenmaschine von Konrad Zuse 177
   MARK I 177
   Die erste Computergeneration: Der ENIAC 177
Transistoren und IC in Computern 178
Logische Grundschaltungen, digitale ICs 179
   DIN-Schaltzeichen 179
Der Mikroprozessor im Computer 180
Der Mikroprozessor als Rechner 180
Computerinterface zum Steuern:
Funktion und Schaltungsaufbau 181
   Schaltstufe für Ausgang 181
   Schaltstufe für Eingang 181
   Schaltungsaufbau 181
Herstellung und Bestückung der Platine 182
   Platine herstellen 182
   Platine bestücken 182
   Funktionskontrolle 182
   Stückliste für Interface 182
Ausgabe-Eingabe-Interface 183
Beispiele für den Einsatz des Interface 183
   E-Motor ein- und ausschalten 183
   E-Motor Rechtslauf – Linkslauf – Stopp 183
   Berührungskontakt abfragen 184
   Ansteuern eines Schrittmotors 184
Von der Aufgabe zum Computer-Programm 184
**Bearbeitung von Werkstücken mit einer
computergesteuerten Werkzeugmaschine**............... 185
CAD-Programmierung 185
NC-Programmierung 185
   Grundeinstellung und Bewegungsrichtungen 186
CNC-Programmierung 186
Gravieren 187
Gravieren einer Skala für einen Anschlag 188
Gravieren im „Teach-in"-Verfahren 189
Bohren von Platinen 189
Zentrieren von Bohrungen 189
Fräsen eines Langlochs 190
CAD-Programmierung 191
   Schritte zur CAD-Programmierung 191
   Übersicht zur CAD-CNC-Koppelung 193
NC-Steuerbefehle (x-y-z-Koordinatentisch) 194
Drehzahl, Werkzeugantrieb, Koordinatentisch 194
Standardbefehle in der Programmiersprache BASIC ... 194

Sachwort   195

Technik verstehen, Umwelt mitgestalten: Technikunterricht

Zur intensiven Erarbeitung komplexer Themen bieten sich die **Projektmethode** und das **Arbeiten im Team** an, weil alle Beteiligten ihre Ideen, Fähigkeiten und Kenntnisse einbringen und mitentscheiden können.
Dabei erwirbt man „Schlüsselqualifikationen" wie Kreativität und Teamfähigkeit, die in der heutigen Arbeitswelt besonders gefragt sind.

Bei der Präsentation der Arbeitsergebnisse im Technikunterricht bietet neben bildlichen Darstellungen, Modellen usw. das **Referat** die Möglichkeit, Sachverhalte darzustellen, Informationen weiterzugeben, eigene Erkenntnisse und Meinungen zu erläutern.
Dabei lernt man Referate informativ, anschaulich und interessant zu gestalten.

Wo und wie man sich **Informationen** zu bestimmten Themen wie Umweltfragen, regenerative Energien u. a. beschafft, wie man diese ordnet, bewertet und auswertet, wie man Ergebnisse dokumentiert und präsentiert, kann man im Technikunterricht lernen.
Auf Seite 1 wird beschrieben, wie man sich im Buch zurechtfindet, wie mithilfe der verwendeten Symbole und Farbmarkierungen schnell Informationen zu finden sind.

Erwartungen an den Technikunterricht

Manuel: ... Überall im Alltag hat man mit Technik zu tun. Denkt nur einmal an Computer, Internet, Auto, Windenergie ...

Ilonka: ... Ich arbeite gerne an einer Sache mit anderen zusammen. Man kann sich besprechen, einander helfen ...

Ralf: ... Ich finde es gut, mir viele Infos über eine interessante Sache zu holen ...

Manuel: ... Ich kann mir vorstellen, dass ich einen Beruf ergreife, in dem ich viel mit Technik zu tun habe. Deshalb wäre es gut, wenn ich im Technikunterricht darüber etwas erfahren könnte ...

Ralf: ... Bei den Zehnern habe ich gesehen, dass sie selbst eine Miniorgel gebaut haben. Das war doch super! So könnte ich erfahren ...

- Welche Erwartungen habt ihr an den Technikunterricht? Sprecht darüber.
- Die Abb. ② – ⑧ beschreiben Lern- und Arbeitssituationen im Technikunterricht. Vergleicht diese Lern- und Arbeitssituationen mit euren Erwartungen an den Technikunterricht.

Der sachgerechte und verantwortungsbewusste **Umgang mit Werkzeugen, Maschinen und Materialien** wird im Technikunterricht gelernt und geübt.

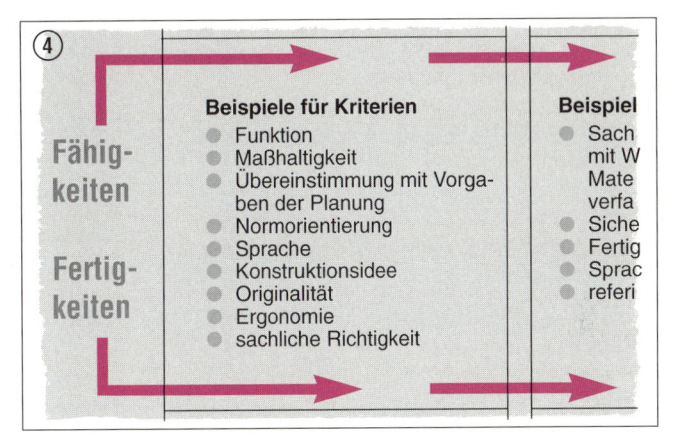

In einem Bewertungsbogen werden Kriterien zur **Bewertung von Produkten und Arbeitsprozessen** festgehalten. Diese Kriterien sollten schon zu Beginn einer Arbeit, z. B. bei der Planung erarbeitet und gemeinsam festgelegt sein. So können Werkstücke, eine Dokumentation, ein Referat u. a. selbst und von anderen bewertet werden.

Einblicke in die Arbeitswelt, in Entwicklungen der Technik, in Problemstellungen und Lösungswege z. B. bei Umweltfragen können durch **Erkundungen, Expertenbefragungen und Praktika** gewonnen werden. Sie ergänzen die eigenen Erfahrungen und helfen bei der Berufsfindung.

Naturwissenschaftliche Phänomene aufzuspüren und in Experimenten Prinzipien und Gesetzmäßigkeiten herauszufinden, erfordert fächerübergreifende Zusammenarbeit. Im Technikunterricht können Modelle und Gegenstände hergestellt werden, um **Erfahrungen mit naturwissenschaftlichen Gesetzmäßigkeiten** zu gewinnen.

Phänomene untersuchen – Produkte entwickeln, testen, bewerten

N&T

Im Physikunterricht demonstrierte die Physiklehrerin ein verblüffendes Phänomen. Sie hatte die Fenster des Raumes vollständig verdunkelt. Plötzlich zeichnete sich ein auf dem Kopf stehendes Abbild der Außenwelt auf einer aufgestellten Leinwand ab (Abb. ①).

Katrin: *Hinter dem Vorhang steckt bestimmt ein Diaprojektor!*

Tilo: *Richtig. Wenn ihr genau hinschaut, könnt ihr das Loch im Vorhang erkennen. Komisch finde ich, dass so ein kleines Loch ausreicht.*

Frau Kriem: *Schaut hinter dem Vorhang nach, ob ihr einen Projektor findet.*

Tilo: *Nein, da ist keiner. Dann kommt das Bild halt von woanders her.*

Frau Kriem: *So viel verrate ich euch: Das Bild kommt durch das kleine Loch, das ihr entdeckt habt.*

Katrin: *Im Deutschen Museum in München habe ich mal eine Kamera gesehen, die ohne Linse funktioniert hat. Vielleicht ist das hier das Gleiche.*

Frau Kriem: *So etwas nennt man eine **Lochkamera**.*

Tilo: *Schade, dass wir die nicht bauen können, oder …?*

André: „*Da kann ich doch nichts dafür! Das quietscht immer so, wenn man Metall feilt!*"

Herr Helm: „*Das Quietschen lässt sich durch eine ganz einfache Maßnahme beheben.*"

Steffi: „*Du musst dein Werkstück halt tiefer einspannen.*"

Martin: „*Das ist eigentlich das Gleiche wie bei einer Gitarre. Je kürzer die Saite, desto höher der Ton.*"

André: „*Cool, dann könnten wir ja gleich ein Feilenkonzert machen.*"

Herr Helm: „*Wieso eigentlich nicht? Holt doch 'mal Rundstäbe aus der Materialkiste und versucht eine Tonleiter zu stimmen.*"

Steffi: „*Ich lach' mich schlapp. Wir feilen eine Tonleiter.*"

André: „*Wieso ist das eigentlich so? Wenn ich das Material ganz fest einspanne, dann kann es doch nicht hin- und herschwingen. Schließlich ist mein Rundstahl ja stabiler als eine Saite!*"

Herr Helm: „*Diesem Phänomen sollten wir auf den Grund gehen. Ihr habt doch Frau Kriem in Physik …*"

①

②

- Betrachtet Abb. ③ und diskutiert die aufgelisteten Kriterien zur **Bewertung**. Wie würdet ihr die Gesamtpunktezahl auf einzelne Kriterien verteilen?
- Die Themen „Kamera" oder „Planflöte" könnt ihr mithilfe des Buches erarbeiten – oder habt ihr ein Thema für einen Wettbewerb? Entscheidet euch!

③ Landeswettbewerb **Schüler experimentieren** Fachgebiet Technik

	Kriterium	Punkte		Kriterium	Punkte
Aufgabenstellung	**Aktualität** des Themas		Präsentation	**Qualität** des Vortrags	
Lösung der Aufgabe	**Kreativität** der Lösung (Originalität von Thema und Lösungsweg)			**Wissen und Können** (Schwierigkeitsgrad)	
	Qualität der Arbeit (Funktionstüchtigkeit, Genauigkeit und Erscheinungsbild der praktischen Arbeit)			**Präsentation und Demonstration** (Arbeit am Stand, Team)	
	Querverbindungen (Einbeziehung und Reflexion von anderen Fachgebieten und Sachverhalten)		Formalia	**Schriftliche Arbeit** (Gestaltung und Form)	
	Beurteilung der eigenen Arbeit (Vorteile – Leistungsgrenzen)			**Einhaltung der formalen Vorgaben**	
	Effektivität (Zeitaufwand und Durchführung der Arbeit)		Sonstiges		
				Punkte	60

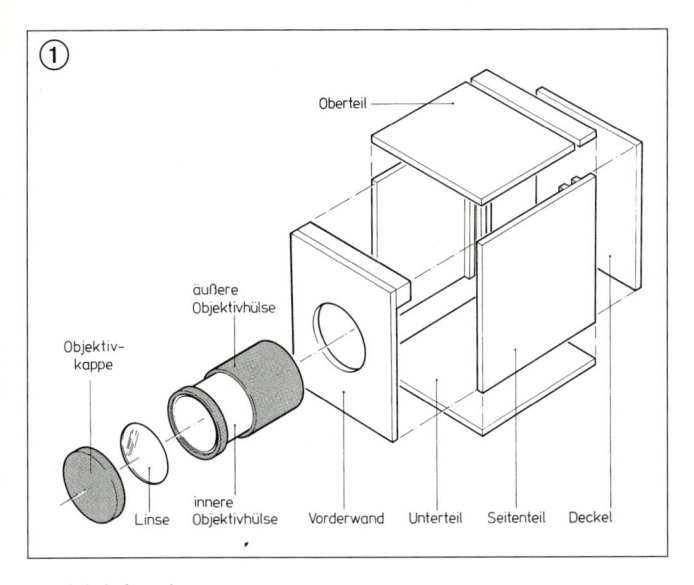

①

Exploded view diagram with labels: Oberteil, äußere Objektivhülse, Objektivkappe, Linse, innere Objektivhülse, Vorderwand, Unterteil, Seitenteil, Deckel

②

N & T

- sich informieren
- experimentieren, naturwissenschaftliche Gesetzmäßigkeiten
- Bewertungskriterien
- Fertigung nach Bauanleitung
- testen, optimieren
- Bewertung

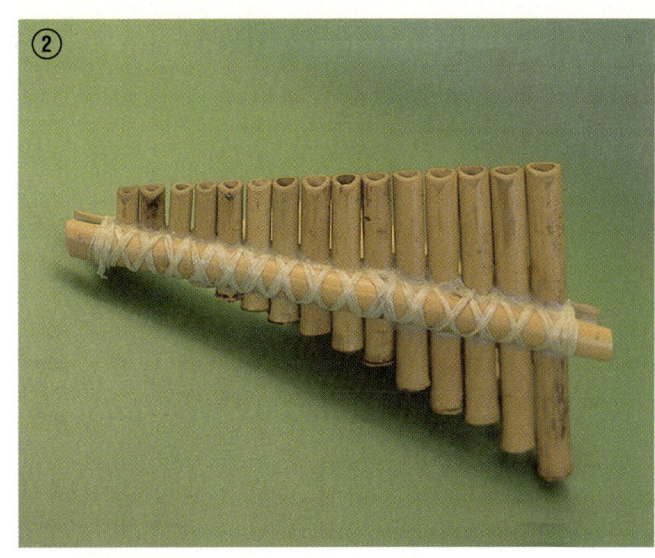

- sich informieren
- experimentieren, naturwissenschaftliche Gesetzmäßigkeiten
- Planung
- Bewertungskriterien
- Fertigung
- testen, optimieren
- Bewertung

③ Mit einem Solarkocher errangen vier Neuntklässler aus der Eduard-Mörike-Schule Platz zwei beim Wettbewerb „Jugend und Technik"

Neues Kochgefühl in Ötlingen: Sonnenstrahlen als Energiespender

Vor der Multiwerkstatt der Eduard-Mörike Schule stand ein hölzernes Ungetüm, mit Spiegeln verkleidet, die die Sonnenstrahlen reflektierten.
Vier Schüler der Klasse 9a der Ötlinger Eduard-Mörike-Schule haben mit dem wuchtigen Kasten einen zweiten Preis des Schüler-Wettbewerbs „Jugend & Technik" (JUTEC), den der Verein Deutscher Ingenieure (VDI) im zweijährigen Turnus initiiert, auf Landesebene gewonnen. Ihr praktischer und funktionsfähiger Beitrag zum Thema Energieeinsparung überzeugte die Juroren bei der Landesentscheidung in Neckarsulm vergangene Woche.
Die Konkurrenz war groß, wie Lehrer Jürgen Streib, unter dessen Ägide das Projekt Gestalt annahm, nicht ohne Stolz berichtet: 260 Schüler aus Haupt-, Real- und Gesamtschulen sowie Gymnasien beteiligten sich allein in Baden-Württemberg. 20 Arbeiten hatten erfolgreich die Vorjurierung passiert. In zwei Altersklassen unterteilt stellten sich nun die jugendlichen Tüftler mit ihren phantasievollen Produkten der Bewertung. Eine neuartige Sicherheitslenkung (erster Platz) war ebenso vertreten wie eine Robotersteuerung per Computer, raumsparendes Alu-dosen-Recycling oder eine Schulbuchbeleuchtung.
Die Ötlinger Schüler führen ihren Erfolg bescheiden darauf zurück, mit relativ einfachen Mitteln große Wirkung erzielt zu haben. „Dabei ist das Prinzip ganz primitiv", beteuert der 15-jährige Ludwig Steegmaier, der das technische Unikum selbstbewusst vor dem gewichtigen Gremium präsentierte: „Sonnenstrahlen treffen auf das schwarze Absorberblech, wodurch die ins Blech eingelöteten und mit Wasser gefüllten Röhrchen heiß werden. Das Wasser verdampft, steigt nach oben und kondensiert am Topfboden – schon erhitzt sich der Inhalt." Ludwigs gleichaltriger Teamkolle Steffen Gärtner ergänzt: „Das Wasser wird dann in einem Trichter wieder aufgefangen und zurückgeleitet, sodass nahezu nichts verloren geht", erläutert er den Kreislauf der rund 500 Milliliter im Röhrchensystem.

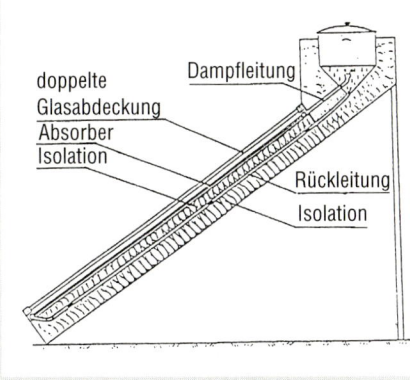

Schema mit Beschriftungen: doppelte Glasabdeckung, Dampfleitung, Absorber, Isolation, Rückleitung, Isolation

Schematische Darstellung des Sonnenkochers

- Idee
- sich informieren, Teilnahmebedingungen
- Planung, Teamarbeit
- experimentieren, bauen
- Kenntnisse erweitern, vertiefen
- dokumentieren
- präsentieren

Beim Planen und Durchführen von Experimenten und beim Entwickeln, Fertigen und Testen eines Produktes lernen wir,

- wie man Experimente plant, durchführt und auswertet,
- wie man im Team oder in Gruppen arbeitet,
- wie man Informationen gewinnt und Fragen klärt, um Ideen zu verwirklichen,
- wie man gezielt nach Verbesserungsmöglichkeiten zur Optimierung eines Produktes sucht,
- wie aus physikalischen Gesetzmäßigkeiten technische Lösungen entwickelt werden,
- wie man Kriterien zur Bewertung aufstellt und wie man die eigene Arbeit bewertet.

Der Fotografie auf der Spur

Schon Aristoteles beschrieb im 4. Jahrhundert v. Chr eine „Vorrichtung zur Erzeugung von Loch-Bildern". Dieses System wurde später unter der Bezeichnung **camera obscura** (lateinisch: dunkle Kammer) bekannt.
Abbildung ① zeigt die Darstellung einer camera obscura um 1645. Diese Kamera hatte die Größe einer kleinen Hütte, die von zwei Männern getragen werden konnte. Durch ein Loch in der Außenwand fiel das Licht auf eine zweite transparente Wand im Inneren. Hinter der transparenten Wand stand der Zeichner, der das kopfstehend erscheinende Bild nachzeichnete.

- Informiert euch über die physikalischen Grundlagen zur Funktion der camera obscura ☞ S. 86.

Experimentieren mit einer Lochkamera

Zum Herstellen einer einfachen **Lochkamera** eignet sich ein geschlossener Schuhkarton (ca. 10 x 12 x 17 cm). In die Vorderseite wird ein ca. 15 mm großes Loch gestanzt. Davor wird außen auf den Karton ein Diarahmen geklebt. In die Rückseite des Schuhkartons schneidet man eine Öffnung, die maximal so groß ist wie das Innenmaß des Diarahmens, der auf die Außenseite des Schuhkartons vor diese Öffnung geklebt wird.
In den vorderen Diarahmen wird die **Lochblende** gesteckt. Dazu verwendet man ein passendes Stück Kupferfolie, in die ein Loch gebohrt wird (∅ 0,5 – 5 mm).
In dem Diarahmen auf der Rückwand wird ein Transparentpapier befestigt. Es dient der Sichtbarmachung des projizierten Bildes (Abb. ②).
Beim Testen wird über den hinteren Teil der Kamera ein schwarzes Tuch gelegt, um störenden Lichteinfall zu verhindern.

- Stellt aus geeigneten Schuhkartons in Partnerarbeit Lochkameras her.
- Richtet die Lochkamera auf ein sehr hell beleuchtetes Objekt. Beschreibt, was ihr auf dem Transparentpapier seht. Ändert die Entfernung zum Objekt. Was ändert sich dadurch am Bild?
- Ermittelt den Abstand zwischen Objekt und Lochkamera, der ein Bild in der Größe des Transparentpapiers auf der Bildwand der Kamera ergibt (Abb. ③).

Eine weitere Möglichkeit für den Bau einer Lochkamera zeigt Abbildung ④. Die Lochkamera wird aus zwei Papprören gefertigt. Durch Verschieben der inneren Röhre kann die Entfernung zwischen Lochblende und Transparentpapier verändert werden, um die optimale Bildgröße herauszufinden.
Für die äußere Röhre eignet sich eine fertige Papprohre, wie sie zum Transport von Zeichnungen und Plakaten verwendet wird. Sie hat eine Vorderwand (als Deckel eingepasst), in die eine Lochblende gebohrt werden kann.
In diese Röhre wird eine zweite aus Karton „eingepasst". Sie kann durch Einkleben eines Pappstreifens stabilisiert werden.

Herstellen von Fotos mit der Lochkamera

Zum Herstellen von Fotos wird innen an der Rückwand der Lochkamera lichtempfindliches Fotopapier mit Klebstreifen befestigt. Die glatte, beschichtete Seite des Papiers zeigt zur Lochblende. Dies muss in einem völlig abgedunkelten Raum geschehen (Fotolabor), der mit einer Dunkelkammerleuchte ausgestattet ist.
Die geschlossene Lochkamera wird nun auf das Objekt gerichtet und das Fotopapier belichtet, indem die mit einem Klebestreifen verschlossene Lochblende für einige Sekunden geöffnet wird.

- Wählt für die Aufnahme eine geeignete Entfernung zum Objekt und achtet darauf, dass die Lochkamera während der Zeit, in der die Blende geöffnet ist, „verwacklungsfrei" fixiert ist.
- Stellt mit der Lochkamera Bilder her und entwickelt diese.

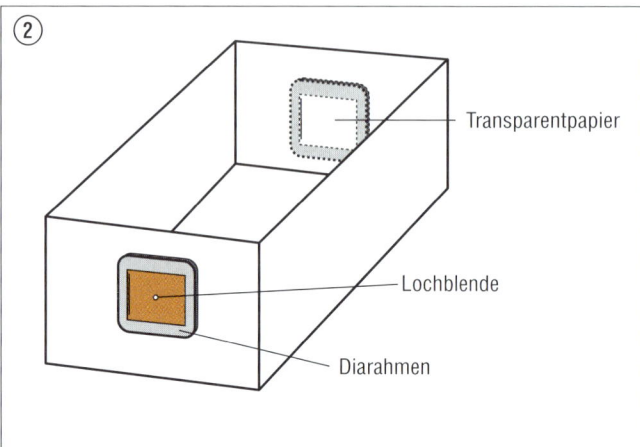

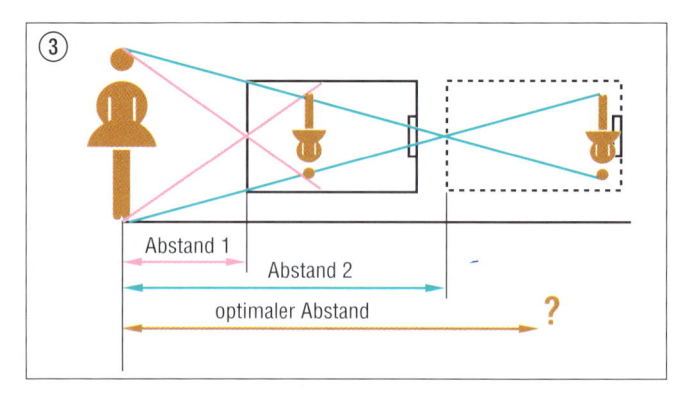

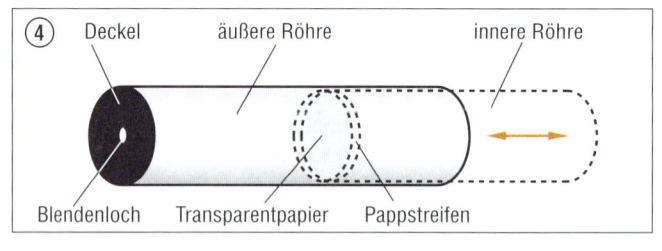

Anschließend muss das Fotopapier in der „Dunkelkammer" mit Entwicklerflüssigkeit entwickelt und im Fixierbad unempfindlich für weiteren Lichteinfall gemacht werden.

- Informiert euch über den Vorgang beim Entwickeln und Fixieren von Fotos (☞ S. 88) und erstellt eine Gebrauchsanleitung, nach der ihr vorgehen könnt. Listet auf, welche Hilfsmittel ihr benötigt.

Beim Vergleich der **Fotos** der Technikgruppe (Abb. ①) waren große Qualitätsunterschiede festzustellen. Die Schülerinnen und Schüler stellten Vermutungen an über die Ursachen für diese Unterschiede (vgl. Abb. ③).

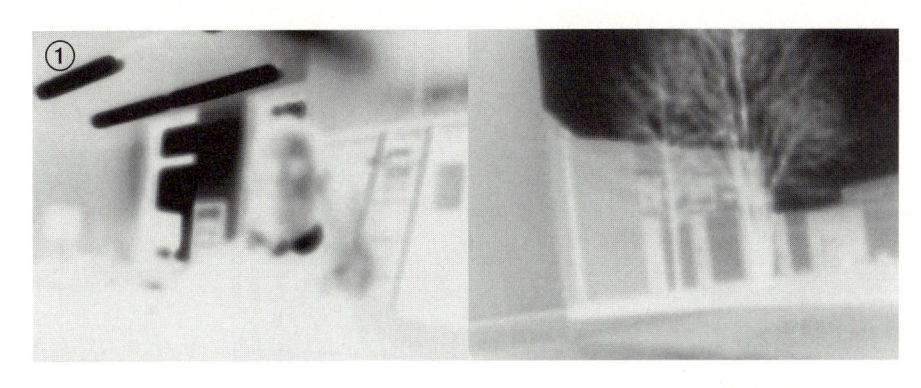

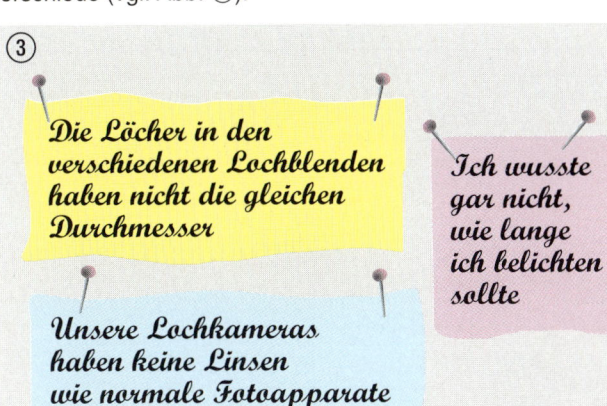

③
Die Löcher in den verschiedenen Lochblenden haben nicht die gleichen Durchmesser

Ich wusste gar nicht, wie lange ich belichten sollte

Unsere Lochkameras haben keine Linsen wie normale Fotoapparate

Welche Faktoren beeinflussen die Bildqualität?

- Stellt mit der Lochkamera Bilder her und probiert aus, welche Wirkung die Veränderung der Belichtungsdauer und die Veränderung des Blendendurchmessers auf die Bildqualität haben. Notiert zu jeder Aufnahme die genaue **Belichtungsdauer** und den **Blendendurchmesser**.
- Vergleicht die Ergebnisse und versucht zu begründen.

Tipps
- Das „Fotomodell" sollte scharfe Konturen besitzen.
- Platzierung des „Fotomodells" vor einem hellen Hintergrund.
- Objekt mit einem Strahler hell beleuchten.
- Fixierung der Lochkamera auf Ständer für Diaprojektor oder Stuhl.
- Entfernung Kamera – Objekt jeweils genau messen und festhalten.

Was bewirken Linsen?

Die Schülerinnen und Schüler der Technikgruppe führten in der folgenden Physikstunde der Klasse ihre Lochkameras vor und erläuterten, wie sie damit „fotografiert" hatten. Anhand der Aufnahmen und der zu jeder Aufnahme notierten Daten wurde versucht, die Wirkung der Belichtungsdauer und des Blendendurchmessers auf die Bildqualität zu begründen.
Anschließend wurde im Physikunterricht das physikalische Wirkprinzip geklärt ☞ S. 86. Dabei kamen sie auf die Frage, welche Funktion **Linsen** in Fotoapparaten übernehmen.

- Informiert euch über die Funktion der Linse im Fotoapparat ☞ S. 86/87. Geht dabei auf den Zusammenhang von Wölbung der Linse, Brennpunkt und Brennweite ein.
- Formuliert Aussagen: Die Linse bewirkt, dass …

Bau einer Linsenkamera

Mit der selbstgebauten **Linsenkamera** können wir naturwissenschaftliche Prinzipien und die Techniken, die beim Fotografieren angewendet werden, erfahren. Mit diesem Apparat lassen sich Schwarzweiß-Bilder aufnehmen, die im Fotolabor entwickelt werden können.

Bau des Gehäuses

Nach den Skizzen (Abb. ① und ②) und den Angaben der Stückliste kann die Kamera gebaut werden. Beim Zusammenbau ist es wichtig, die Einzelteile so zusammenzufügen, dass die Kamera bei abgedeckter Linse lichtdicht ist. Zwischen der äußeren und inneren Objektivhülse kann dazu ein Filzstreifen eingeklebt werden. Der Einschubschlitz für die Bildplatte (Abb. ①) muss ebenfalls durch einen eingeklebten Filzstreifen so abgedichtet werden, dass bei eingeschobener Bildplatte (Abb. ③ und ④) über diesen Schlitz kein Licht einfällt.

Die Linse wird auf die zuvor angefaste innere Objektivhülse aufgeklebt. Die Innenseite des fertigen Kameragehäuses sollte zur Vermeidung von Lichtreflexionen schwarz lackiert werden. Die Befestigung des Gehäuses auf einem Stativ kann über eine am Gehäuse angebrachte Rändelmutter oder mit einem Klettband erfolgen.

Bau der Bildplatten

Beim Fotografieren muss zuerst der Bildausschnitt und die Schärfe eingestellt werden. Dazu benötigen wir eine transparente **Bildplatte** (Abb. ③). Dünnes Transparentpapier wird über den Ausschnitt der Platte (z. B. mit Doppelklebeband) so aufgeklebt, dass das Papier überall glatt und gespannt anliegt.

Zum **Fotografieren** muss die transparente Bildplatte durch eine ähnliche Bildplatte (Abb. ④), an der das lichtempfindliche Fotopapier angebracht werden kann, ersetzt werden. Zur Positionierung des Fotopapiers und zur Abdichtung der Kamera gegen Lichteinfall ist ein Rahmen aus schwarzem Filz auf der Bildplatte aufgeklebt. Das Fotopapier kann in diesem Rahmen mit einem kleinen Stück Doppelklebeband befestigt werden.

- Einigt euch auf Kriterien, nach denen ihr eure Kameras bewerten könnt.
- Stellt nach den Abbildungen ① und ② und den Angaben der Stückliste Linsenkameras her.

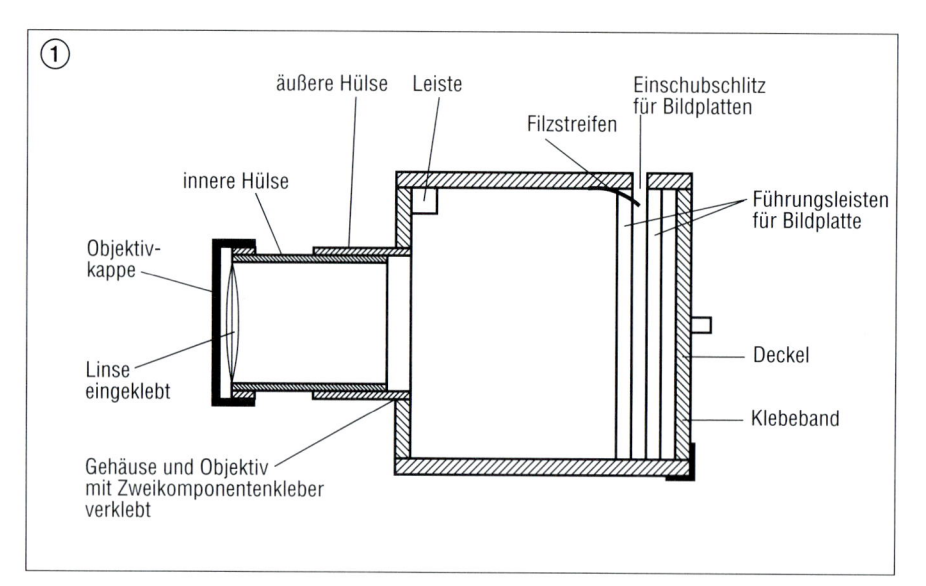

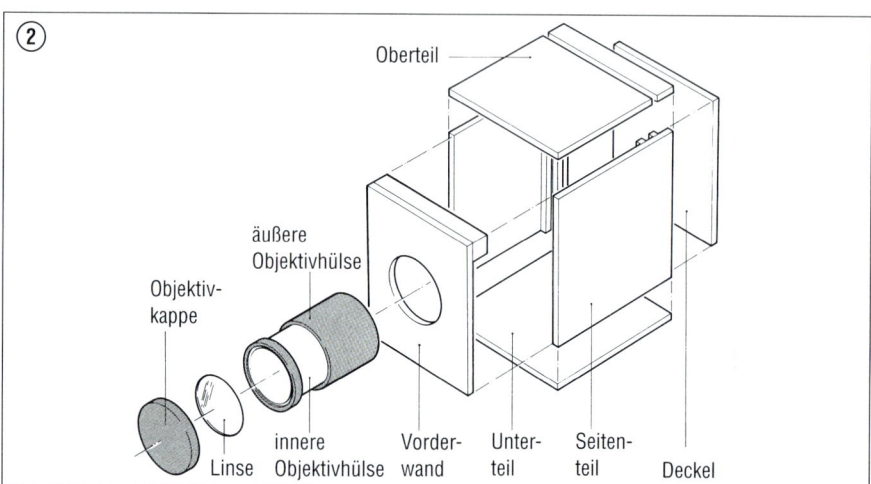

Stückliste für Münzhalter

Lfd. Nr.	Anzahl	Benennung	Werkstoff	Maße in mm
1	2	Unter-/Oberteil	Furnierholz	110 x 100 x 5
2	1	Seitenteil	Furnierholz	90 x 100 x 5
3	1	Seitenteil	Furnierholz	16 x 100 x 5
4	1	Seitenteil	Furnierholz	110 x 100 x 5
5	1	Vorderwand	Furnierholz	90 x 100 x 5
6	1	Deckel	Furnierholz	89 x 99 x 5
7	4	Führungsleiste	Massivholz	⌀5 x 100
8	1	Anschlag	Massivholz	⌀5 x 20
9	1	Scharnier	Textilband	20 x 100
10	1	Sammellinse	Glas	⌀42, f = 120–150
11	1	Linsenkappe		passend zur inneren Objektivhülse
12	1	innere Objektivhülse	Kunststoffrohr	Außendurchmesser ca. 44, Länge 50
13	1	äußere Objektivhülse	Kunststoffrohr	Innendurchmesser 45–48, Länge 40
14	1	Rahmen für transparente Bildplatte	Furnierholz	89 x 140 x 4
15	1	transparente Bildplatte	Pergamenpapier	ca. 80 x 90
16	1	Bildplatte	Furnierholz	89 x 140 x 3
17	ca. 1 dm²	Abdichtleiste	schwarzer Filz	1–1,5 stark

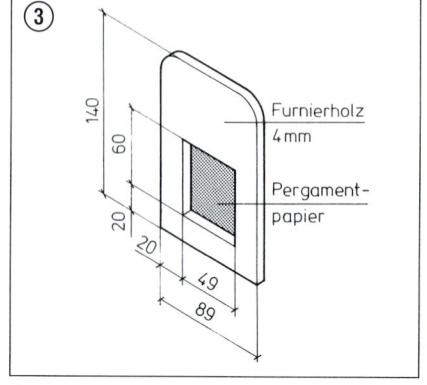

Transparente Bildplatte

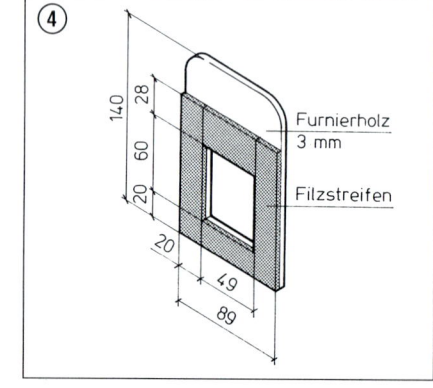

Bildplatte

Herstellung von Fotoaufnahmen

Mit unserer Kamera können Bilder sowohl auf S/W-Fotopapier als auch auf S/W-Filmmaterial aufgenommen werden. Fotopapier eignet sich für unseren Zweck besonders gut, weil zwischen Aufnahme und fertigem Bild weniger Arbeitsschritte nötig sind als beim Filmmaterial. Im Fachhandel werden Fotopapiere mit einer geringen Lichtempfindlichkeit (erkennbar an der niedrigen DIN-/ASA-Zahl) angeboten. Dieses Fotopapier benötigt eine lange **Belichtungszeit** (mehrere Sekunden), die mit unserer Kamera manuell (mit der Linsenabdeckung) nach Erfahrungswerten gesteuert wird. Eine lange Belichtungszeit setzt allerdings voraus, dass Gegenstände aufgenommen werden, die sich nicht bewegen und dass die Kamera ruhig steht (Stativ).

Bevor ein Bild aufgenommen wird, muss mithilfe der transparenten Bildplatte der Standort der Kamera festgelegt und gekennzeichnet werden. Die Bildweite muss durch Verschieben der inneren Objektivhülse so eingestellt werden, dass das Bild auf der Bildplatte „scharf" ist.

Wenn die Kamera eingestellt ist, muss in der Dunkelkammer (Fotolabor) das zugeschnittene Fotopapier auf der Bildplatte befestigt und diese in die Kamera eingelegt werden. Die Kamera wird wieder in die fixierte Aufnahmeposition gebracht und das Fotopapier durch Abnehmen der Linsenkappe belichtet. Die Belichtungszeit ist von den Lichtverhältnissen, von der Lichtempfindlichkeit des Fotopapiers und von der Linsen- und Blendengröße abhängig.

Geeignete Belichtungszeiten können vorab in Versuchen ermittelt und als Erfahrungswerte in einer Tabelle festgehalten werden.

Das belichtete Fotopapier muss in der Dunkelkammer der Kamera entnommen, entwickelt und fixiert werden.

- Lest den Text. Entwerft eine Tabelle, aus der alle für die Belichtung notwendigen Daten entnommen werden können.
- Testet eure Linsenkameras und haltet die Belichtungszeiten in der Tabelle fest.

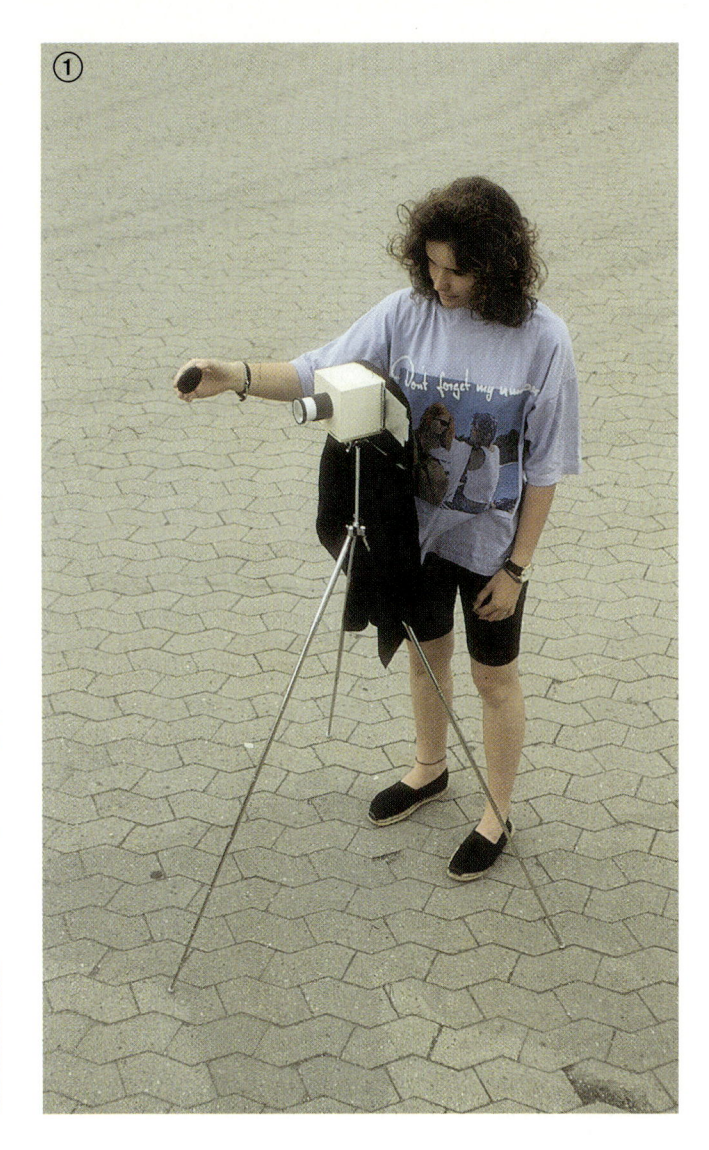

Optimierung der Kamera

Durch die Verwendung einer **Bildkassette** (Abb. ②) anstelle der Bildplatte (S. 12, Abb. ④) kann nach dem Einstellen und Ausrichten die Kamera am Aufnahmeort verbleiben. Das unbelichtete Fotopapier wird in der Dunkelkammer in die Bildkassette eingelegt. Durch Herausziehen des Kassettenschiebers wird das Fotopapier in der Kamera belichtbar. Die Belichtung selbst erfolgt durch Abnehmen der Linsenkappe. Nach der Aufnahme wird durch Einfahren des Schiebers die Kassette wieder lichtdicht geschlossen. Die komplette Kassette wird der Kamera entnommen und ins Fotolabor gebracht.

Die Bildkassette hat die gleichen Außenabmessungen wie die Bildplatte (S. 12, Abb. ④). Sie wird aus Alu-Blech hergestellt. Auf den Kassettenboden ist ein Filzrahmen aufgeklebt, in den das Fotopapier eingelegt wird. Der Filzrahmen muss die geschlossene Kassette lichtdicht abschließen. Der Stift, der in den Boden eingeklebt ist, verhindert, dass der Schieber zu weit aus der Kamera herausgezogen wird.

Über die Verkleinerung der Öffnung für das einfallende Licht (Blende) kann die Lichtstärke verändert werden. Durch Verwendung verschiedener **Blenden** (Abb. ③), die jeweils innerhalb des Gehäuses konzentrisch zur Linse eingeklemmt werden, wird dies erreicht. Bei sehr hellem Licht wird eine Blende mit kleinerer Öffnung verwendet, bei schwachem Licht eine mit größerer Öffnung.

Bei Verwendung einer kleinen Blendenöffnung wird die **Tiefenschärfe** erhöht. Dies ist wichtig, wenn ein Gegenstand im Vordergrund wie auch im Hintergrund scharf abgebildet werden soll. Bei den auswechselbaren Blenden wird die Öffnung (∅ zwischen 5 und 25 mm) aus einer Metallfolie (Abb. ③) ausgestanzt.

Die Blenden können gut gewechselt werden, wenn sie schmaler sind als das Kameragehäuse (Abb. ①). Damit sie fixiert werden können, sollte in das Gehäusevorderteil eine passende Holzleiste eingeleimt werden (Seite 12, Abb. ①).

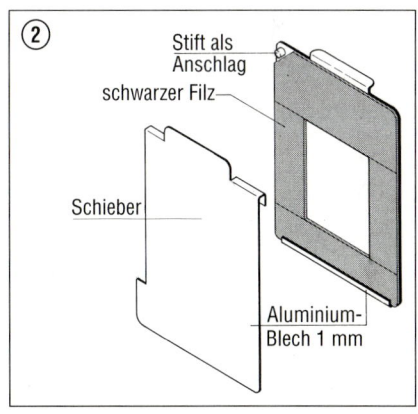

Bildkassette

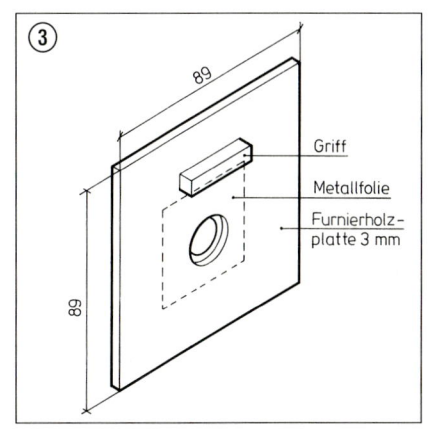

Auswechselbare Blende

Vom Ton zum Klang

Eine Kulturtechnik, die den Menschen schon in der Steinzeit beschäftigte, ist das Musizieren. Die älteste Flöte, man hat sie in der Höhle von Isturiz in Südwestfrankreich gefunden, wurde vor ca. 25 000 Jahren aus dem Röhrenknochen eines größeren Vogels gefertigt.

Wahrscheinlich hat man die ersten „**Musikinstrumente**" zufällig und spielerisch, etwa beim Ausblasen eines Röhrenknochens oder beim Zupfen an einem Jagdbogen entdeckt.

Man geht davon aus, dass es kein einziges Volk auf unserer Erde gibt, das sich nicht in irgendeiner Form musikalisch betätigt.

- Betrachtet Abb. ① bis ④. Bildet Gruppen und versucht
  - mit Reagenzgläsern und Wasser durch Darüberblasen,
  - mit Trinkgläsern und Wasser durch Anschlagen oder Reiben,
  - mit Metallrohren unterschiedlicher Länge und Durchmesser durch Anschlagen,
  - mit Blechen oder Drähten durch Einspannen und Anschlagen

  drei bestimmte Töne zu erzeugen (z. B. f – a – c).
  Zum „Stimmen" der Töne wird ein Tonfrequenzmessgerät eingesetzt (Abb. ②, ③). ☞ S. 90.
- Versucht festzustellen, wie der Ton entsteht und beschreibt eure Vermutung. Informiert euch über die physikalischen Grundlagen zur Erzeugung des Tones ☞ S. 89/90.
- Nennt Musikinstrumente, bei denen die Töne nach demselben Prinzip erzeugt werden.
- Stellt eure Ergebnisse den anderen Gruppen vor und erläutert das physikalische Prinzip.

Beim Zusammenklingen mehrerer einfacher **Töne** überlagern sich ihre Schwingungen; erst jetzt sprechen wir von einem Klang. Durch Hörgewohnheiten empfinden wir bestimmte Klänge als harmonisch, andere wiederum nicht.

Der genaue Verlauf der Schwingungen eines Klanges, seine Dauer und Stärke bestimmen die Klangfarbe ☞ S. 89. Da Naturmaterialien immer einen unregelmäßigen Aufbau haben, erzeugen Musikinstrumente aus Holz, Bambus, Ton usw. keine ganz reinen Klänge. Ihre Klangfarbe wird aufgrund der Überlagerung der verschiedenen Schwingungen eher als warm empfunden als die Klangfarbe elektronischer oder aus Kunststoffen hergestellter Musikinstrumente.

- Nennt Musikinstrumente oder Klangspiele, die ihr selbst bauen könntet. In Abb. ⑤ sind Vorschläge einer Technikgruppe dargestellt.

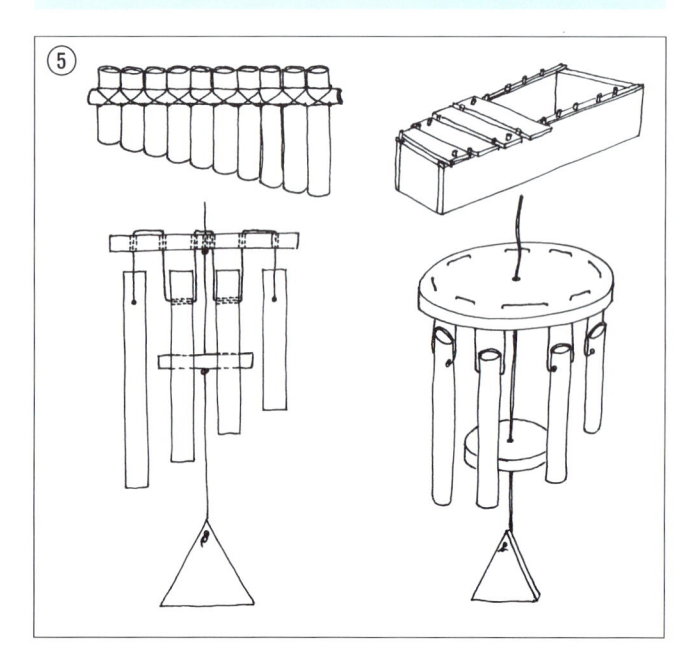

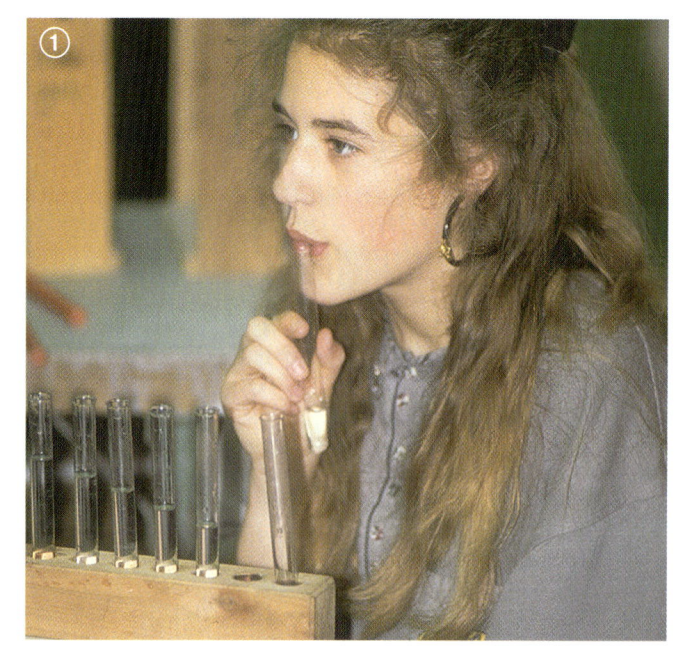

Bau einer Panflöte

Panflöten sind seit über 3000 Jahren bekannt. Der Sage nach verwandelte Pan, der griechische Schutzgott der Hirten und Jäger, eine Nymphe in ein Schilfrohr und schnitzte aus ihr die erste Hirtenflöte.

Die **Panflöte** besteht aus mehreren nebeneinander aufgereihten Rohrpfeifen ohne Grifflöcher und Mundstück. Die unterschiedliche Tonhöhe der einzelnen Pfeifen gleichen Durchmessers wird jeweils durch ihre Länge bestimmt.

- Wählt aus einer Sammlung von Rohren (Abb. ①) Stücke mit unterschiedlicher Länge und unterschiedlichem Durchmesser aus. Haltet sie jeweils unten zu und versucht durch Darüberblasen einen Ton zu erzeugen.

  Was ändert sich am Ton,
  – je länger das Rohrstück ist?
  – je größer der Rohrdurchmesser ist?

Eine Panflöte (Abb. ②) lässt sich im Technikunterricht herstellen. Als Halbzeug können Rohre unterschiedlichster Materialien und Durchmesser verwendet werden (Abb. ①). Je gleichmäßiger das Gefüge des verwendeten Materials ist, desto genauer lässt sich die Pfeifenlänge durch Berechnen ermitteln ☞ S. 90.

Eine ordentliche Klangqualität, einfache Verarbeitbarkeit und geringe Materialkosten bietet Bambus. Es muss lediglich darauf geachtet werden, dass die eingesetzten Bambusstäbe einen möglichst gleichmäßigen Durchmesser (ca. 20 mm) haben.

Die natürliche Unregelmäßigkeit des Materials Bambus erlaubt nur ein grobes Ablängen der einzelnen Pfeifen nach errechneten Werten. Die Feinabstimmung muss durch anschließendes Abschleifen der Mundstücke erfolgen.

- Legt den Tonumfang fest, den eure Panflöte abdecken soll (z.B. von g bis cis″).
- Informiert euch über die Berechnung der Pfeifenlänge ☞ S. 90.

Tipps

- Die Panflöte muss auf einen Grundton gestimmt werden. Deshalb sollte zuerst die Länge der Pfeife des Grundtones rechnerisch bestimmt, diese abgelängt und „gestimmt" werden.
- Die Pfeifen können knapp unterhalb eines Knotens am Bambusrohr abgesägt werden. Wird oberhalb eines Knotens abgetrennt, so wird das offene untere Ende durch einen Korken geschlossen.
- Die Pfeife kann durch Schleifen am Mundstück oder durch Verschieben des Korkens mithilfe eines Frequenzmessgerätes oder eines „gestimmten" Instruments gestimmt werden.
- Nach der Länge der Grundtonpfeife und der Berechnungstabelle kann die Länge der übrigen Pfeifen ermittelt werden.
- Je glatter die Kante am Mundstück, desto stabiler klingt der Ton.

Überlegungen zur Bewertung ☞ S. 84/85

Nicht nur Werkstücke lassen sich bewerten. Oft sind sorgfältige Vorbereitung, Organisation oder Dokumentation einer Arbeit von großer Wichtigkeit. Eine exakte Bauanleitung ist hierbei eine entscheidende Hilfe (Abb. ④).

- Einigt euch auf Kriterien und bewertet eure Panflöten.
- Einigt euch auf Kriterien, die an eine Bauanleitung zu stellen sind. Erstellt eine Bauanleitung.
- Bewertet nach den von euch aufgestellten Kriterien eure Bauanleitungen.

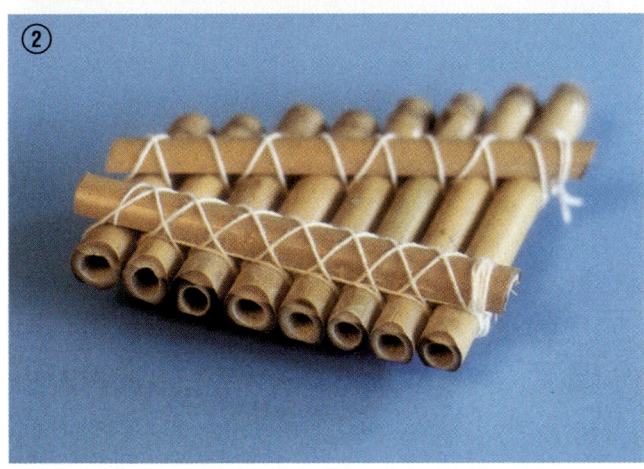

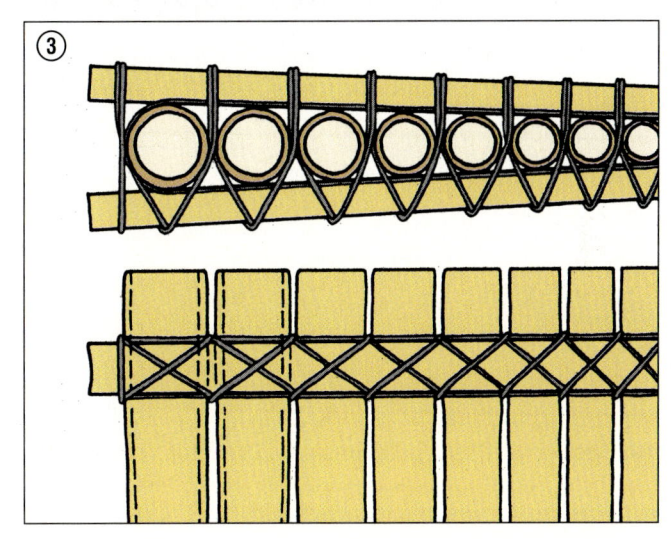

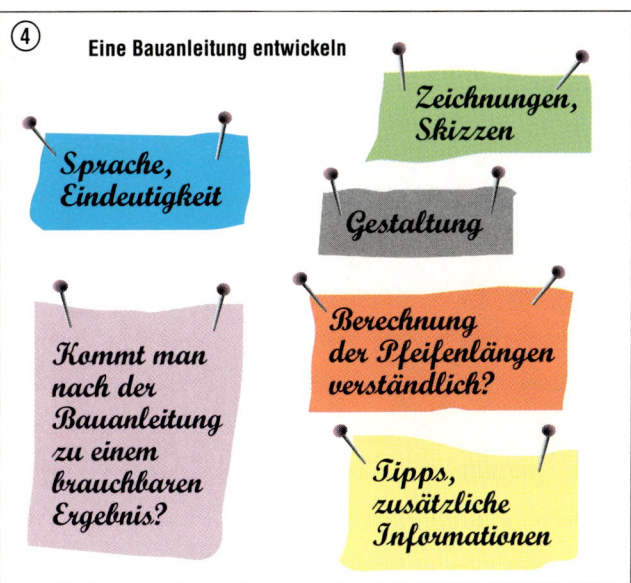

N&T

④ Eine Bauanleitung entwickeln

- *Sprache, Eindeutigkeit*
- *Zeichnungen, Skizzen*
- *Gestaltung*
- *Kommt man nach der Bauanleitung zu einem brauchbaren Ergebnis?*
- *Berechnung der Pfeifenlängen verständlich?*
- *Tipps, zusätzliche Informationen*

Wir und unsere Umwelt

- Betrachtet Abb. ①: Was ist zu sehen?
- Besprecht, für was jeweils das Floß, das Wasser, die Personen und ihr Verhalten stehen.
- In einer Karikatur gibt es hinter den sichtbaren Dingen immer eine verborgene Botschaft. Auf was will der Zeichner hier hinweisen?
- Betrachtet Abb. ② bis ⑤ und Abb. ① bis ③, Seite 17, und klärt, was sie zeigen. Wo seht ihr Verbindungen zur Aussage der Karikatur in Abb. ①?

① „So leben wir, so leben wir, so leben wir alle Tage ..."

② In Deutschland werden täglich etwa 120 ha freie Fläche durch den Bau von Straßen, Gebäuden usw. überbaut.

③ Riesige Müllmengen müssen entsorgt werden.

④ ⑤ Reicht unser Trinkwasser? Das Wasser in Trinkwasserqualität stammt zu 63 % aus dem Grundwasser, zu 12 % aus Quellen, zu 6–7 % aus Flusswasser und an Ufern versickertes Wasser, zu 10 % aus angereichertem Grundwasser und zu 9 % aus Seen und Talsperren.

In einigen Ballungsgebieten gibt es Alarmpläne, nach denen bei zu starkem Smog der Straßenverkehr und Verbrennungen in Industrie und Haushalten eingeschränkt werden müssen. Um diese Notsituation zu vermeiden, regeln Verordnungen den zulässigen Schadstoffausstoß (z. B. die „Technische Anleitung Luft" (☞ S. 91).

①

②

③

Die Bezirksschornsteinfegerin Simone Hitzker über Erfahrungen in ihrem Beruf:

Frau Hitzker: „Die meisten Leute stellen sich den Beruf des Schornsteinfegers schmutzig vor. Dabei ist meine Hauptaufgabe, Schmutz zu vermeiden."

Frage: „Welche Schadstoffe messen Sie bei Heizungsanlagen?"

Frau Hitzker: „Zuerst die Temperatur und den Kohlenstoffdioxid-Gehalt der Abgase und dann den Rußgehalt. An der Verfärbung der Filterplättchen wird die Rußmenge pro Liter Abgas abgelesen. Das sehen Sie gerade jetzt!" (Abb. ④)

Frage: „Was passiert denn, wenn die Werte zu hoch sind? Sie können die Leute ja nicht zwingen, mitten im Winter die Heizung abzuschalten!"

Frau Hitzker: „Möglich wäre das schon. Der normale Ablauf sieht aber so aus: Erreicht eine Heizungsanlage die Grenzwerte des Bundesemissionsschutzgesetzes nicht, so muss der Hausbesitzer den Heizungsinstallateur bestellen. Der reinigt den Brenner und sucht die Ursachen für die schlechte Verbrennung. Danach komme ich zu einer Wiederholungsmessung. In 95 % der Fälle werden die Grenzwerte jetzt eingehalten."

Frage: „Und die anderen 5 %?"

Frau Hitzker: „Ja, für die wird es teuer."

Frage: „Das heißt?"

Frau Hitzker: „Etwa alle 20 Jahre müssen Kessel und Brenner erneuert werden. Meistens werden dabei gleich die Hauswände besser isoliert und der Kamin ausgebessert."

Frage: „Das macht sicher niemand freiwillig!"

Frau Hitzker: „Ja, aber je älter eine Heizungsanlage ist, desto schneller machen sich die Renovierungskosten über Einsparungen bei Öl oder Gas bezahlt."

④

- Lest das Interview. Schildert den Ablauf der Überprüfung einer privaten Heizungsanlage durch den Schornsteinfeger.
- Welche Bereiche unserer Umwelt werden von technischen Prozessen und Produkten belastet? Benennt diese Bereiche. Ordnet die Abbildungen der Seiten 16 und 17 diesen Bereichen zu.
- Sammelt aus Tageszeitungen und Magazinen Beiträge zum Thema **Umweltschutz**. Bringt sie in den Unterricht mit. Legt eine Tabelle an:

Art der Belastung	Ursache	Verursacher

- Schaut euch die Ursachen der Belastung genauer an: Für welche Belastung kennt ihr Möglichkeiten der Vermeidung oder Verminderung?

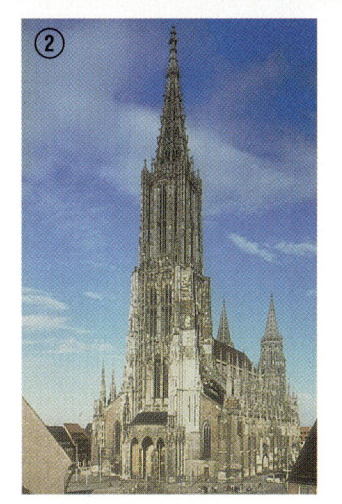

Umweltschutz konkret

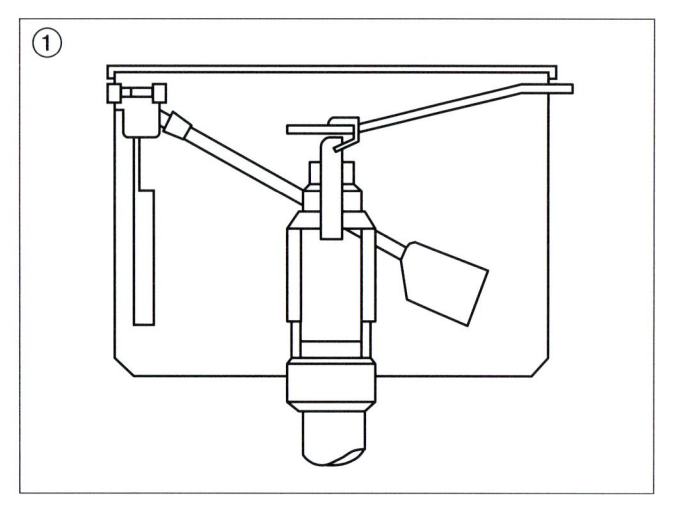

①

- Trinkwasserverbrauch im Haushalt
- Bewertungskriterien
- Funktion
- Werkstoffauswahl
- Gebrauch und Vermarktung
- Fertigungsverfahren, Fertigungsart
- Fertigung, Funktionskontrolle
- Bewertung

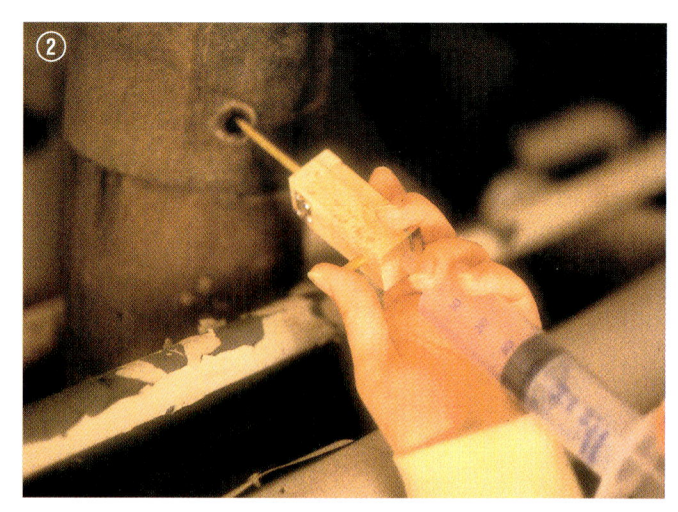

②

- Einsatzbereich eines Messgerätes definieren
- Bewertungskriterien
- Teamarbeit/Gruppenarbeit
- Messungen durchführen
- Messergebnisse darstellen und vergleichen
- Bewertung

③

- Entsorgung von Wertstoffen
- Bewertungskriterien
- Informationen sammeln: Broschüren, Erkundung, Internet
- Informationen ordnen, dokumentieren, bewerten
- Präsentation
- Bewertung

Wenn wir uns damit beschäftigen, wie wir das empfindliche System Umwelt schützen können, lernen und erfahren wir,

- wie stark unsere Umwelt belastet ist,
- wie wir Informationen zum Thema Umweltschutz finden und auswerten können,
- wie wir unsere unmittelbare Lebensumwelt auf Umweltbelastungen untersuchen können,
- was wir selbst tun können, um einen Beitrag zu einer gesunden Umwelt zu leisten,
- wie Umweltbelastungen durch den Einsatz von Technik verringert werden können,
- wie man im Team oder in der Gruppe arbeitet, sich auf Lösungsmöglichkeiten einigt, wie Leistungen aus Gruppen- und Teamarbeit bewertet werden können,
- wie man sich für Umweltschutz einsetzt.

Schadstoffbelastungen der Luft

Schadstoffe in der Luft

Luft ist für Menschen, Tiere und Pflanzen wegen ihres Sauerstoffgehaltes lebenswichtig. Sie besteht aus etwa 78% Stickstoff, 21% Sauerstoff und geringen Mengen von Argon, Kohlenstoffdioxid, Neon, Helium und anderen Gasen.

Von Menschen eingesetzte Techniken bewirken, dass die Luft durch Staub, Kohlenstoffmonoxid, Kohlenstoffdioxid, Schwefeldioxid, Stickstoffoxid sowie Asbest, Blei, Cadmium, Chlor, Fluor, Fluorkohlenwasserstoff u.a. **Schadstoffen** verschmutzt wird (☞ S. 91).

Gesetze zur Luftreinhaltung

Die wirksamste Maßnahme zur Reduzierung der Luftbelastung ist der Verzicht auf Vorgänge, bei denen Schadstoffe in die Luft emittieren. Allerdings werden wir vorerst z.B. auf Strom aus Wärmekraftwerken, auf ölbefeuerte **Heizanlagen** und auf Kraftfahrzeuge mit Verbrennungsmotoren nicht verzichten können.

Aus diesem Grund sind Maßnahmen gefordert, die die **Schadstoffemissionen** bei diesen Verbrennungsvorgängen reduzieren. Der Staat erlässt Verordnungen wie z.B. die Technische Anleitung Luft (☞ S. 91).

Sie legen die Obergrenzen der Umweltbelastung fest. Die Einhaltung dieser Grenzwerte wird durch regelmäßige Messungen überprüft: bei Kraftfahrzeugen alle 2 Jahre durch die AU (Abgasuntersuchung), bei Heizungsanlagen jedes Jahr durch den Schornsteinfeger (Abb. ①).

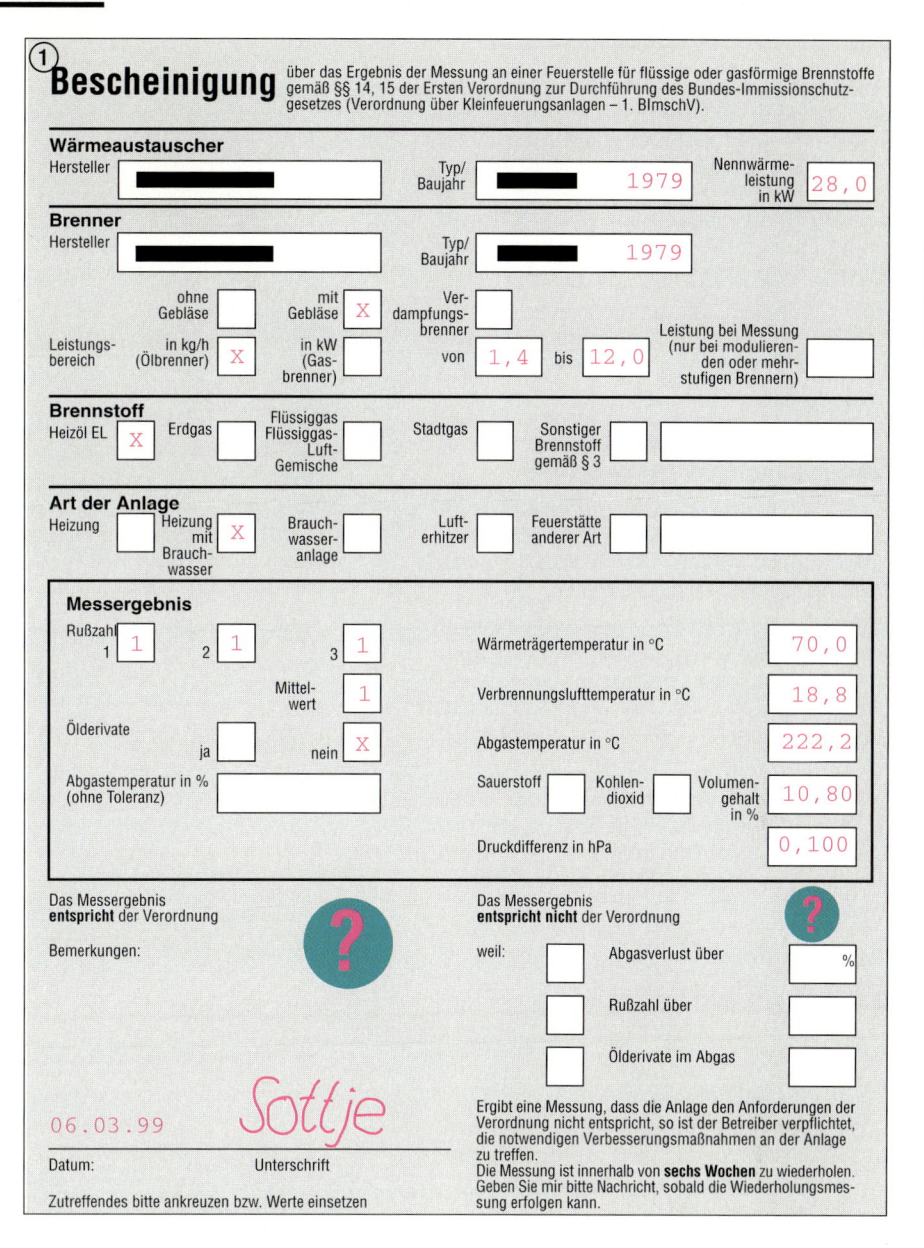

Luftverunreinigungen messen

Wer Schadstoffemissionen einer technischen Anlage verringern will, muss zuerst wissen, welche Schadstoffe in welcher Konzentration abgegeben werden. Dazu wurden verschiedene Methoden entwickelt, um die Schadstoffe sichtbar und mehrere Messungen vergleichbar zu machen.

Einfach durchzuführen sind Messungen bei sichtbaren Schadstoffen wie Ruß aus Dieselmotoren oder aus Heizungsanlagen. Hier schwärzt der Ruß direkt ein Filterpapier.

Schwieriger ist der Nachweis von unsichtbaren Gasen. Hier hilft die **Gasspürpumpe** (Abb. ② und ③): Eine durch die Anzahl der Pumpenhübe genau festgelegte Luftmenge wird von einer Balgpumpe angesaugt und durch ein Indikatorröhrchen gedrückt. Die Indikatormasse verfärbt sich je nach der Schadstoffmenge der durchgepumpten Luft. Im Vergleich mit einer genormten Farbskala kann die Konzentration des Schadstoffes abgelesen werden.

In der Messtechnik wird immer häufiger der Computer eingesetzt. Er beschleunigt die Auswertung der Messungen.

- Informiert euch in einem Lexikon über die Begriffe Emission, Konzentration, Indikator usw.
- Betrachtet den Messbericht (Abb. ①). Welche Schadstoffe wurden gemessen? Vergleicht mit der Technischen Anleitung Luft (☞ S. 91): Hat die Heizungsanlage die Messung bestanden?
- Kennt ihr weitere Messgeräte bzw. Messmethoden? Denkt an den Chemieunterricht, an die Elektrotechnik usw.

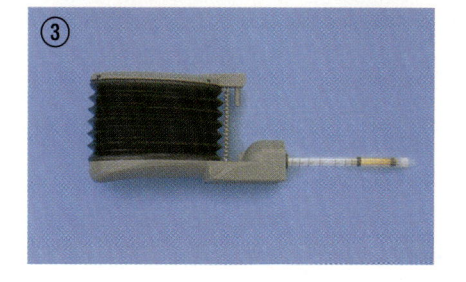

Messen mit einem selbst gebauten Rußmessgerät

Heizungsanlagen und Verbrennungsmotoren scheiden Rußteilchen aus. Mit einem selbst gebauten **Rußmessgerät** versuchen wir den Rußgehalt von Abgasen einer Heizungsanlage festzustellen. Das Gerät, das der Schornsteinfeger bei seiner jährlichen Überprüfung der Feuerungsanlage benutzt, arbeitet nach dem gleichen Prinzip.

Abb. ① zeigt drei unterschiedliche, von Schülern gebaute Rußmessgeräte.

Überlegungen zur Bewertung

Es ist sinnvoll, die Herstellung des Rußmessgerätes und die Messungen in Partnerarbeit durchzuführen. Die Bewertung muss beide Bereiche berücksichtigen.

Am Ende der Arbeit ist es schwierig nachzuvollziehen, wer von euch selbstständig gearbeitet hat, wer sich um Ordnung am Arbeitsplatz bemüht hat, wer sein Werkzeug sachgerecht eingesetzt und wer exakt gemessen hat.

Daher solltet ihr schon während der Arbeit beobachten und Zwischenergebnisse mit Bleistift in euren Bewertungsbogen eintragen. Legt zu Beginn fest, wer wen bewertet.

Entwickeln und herstellen

> *Tipps*
> - Die Saugpumpe:
>   Es können Einwegspritzen aus der Apotheke verwendet werden, aber auch Bausätze für Saugpumpen.
> - Die Klemmvorrichtung:
>   Sie muss das Filterpapier luftdicht festklemmen und sollte ohne Werkzeug zu öffnen sein. Leicht auszuführen sind über Scharniere zu klappende oder schraubbare Verbindungen. Tüllen und Gummidichtungen können beim Flaschner oder im Baumarkt besorgt werden, das Filterpapier beim Schornsteinfeger.
> - Der Ansaugstutzen:
>   Er sollte einen Innendurchmesser von 6–10 mm haben und mit einer Markierung versehen sein, sodass der Stutzen bei der Messung möglichst genau in der Mitte des Abgasrohrs gehalten wird.
> - Die Ventile:
>   Das Einlassventil muss den Luftstrom in die Pumpe lassen, aber verhindern, dass die angesaugte Luft beim Auspressen wieder durch das Filterpapier gepresst wird. Das Auslassventil ermöglicht das Leeren der Pumpe, ohne Luft beim Messen von außen einströmen zu lassen. Es eignen sich Fahrradventile, für das Auslassventil genügt sogar ein Röhrchen, das beim Ansaugen mit dem Daumen zugehalten wird.

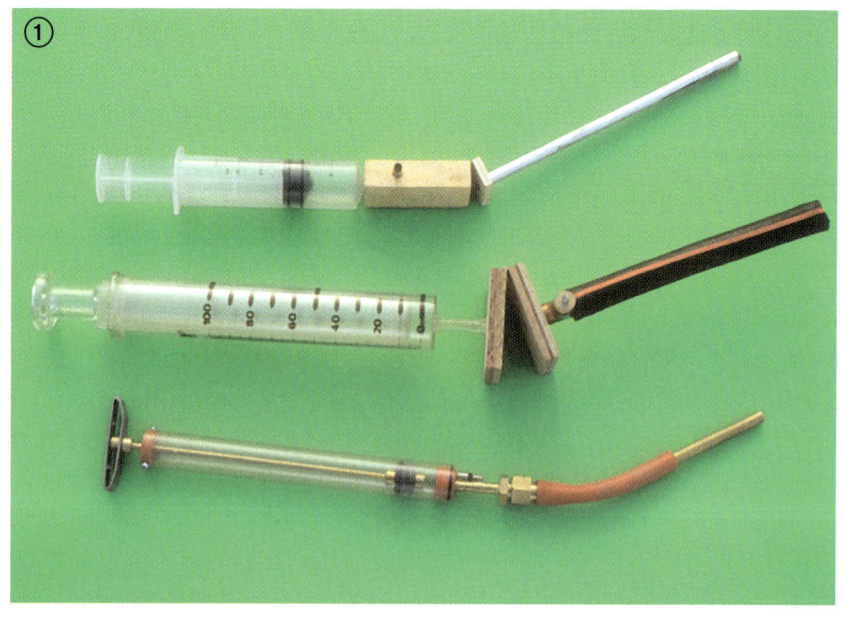

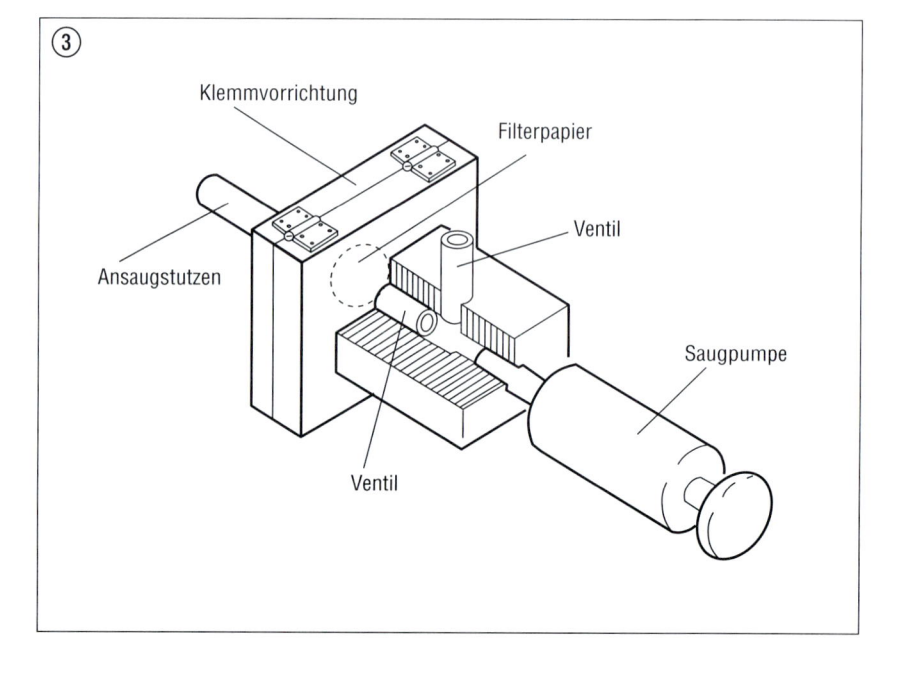

①

② **Mögliche Bewertungskriterien**

Funktion	Messung	beobachtbares Verhalten
Verdichtung des Pumpenkolbens		

Verdichtung des Pumpenkolbens
Hilfsbereitschaft
Passgenauigkeit der Ventile
Klemmvorrichtung
ausreichende Länge des Ansaugrohres
Ausfüllen des Protokollblattes
Eigeninitiative
Genauigkeit bei der Messung

③ Klemmvorrichtung — Filterpapier — Ventil — Ansaugstutzen — Ventil — Saugpumpe

Messungen durchführen

Wird bei einer Messung durch die Schornsteinfegerin eine unzulässig hohe Rußkonzentration festgestellt, muss die Heizungsanlage überprüft werden. Da dies mit Kosten verbunden ist, müssen sich Kunde und Schornsteinfegerin auf das Messergebnis verlassen können. Um bei unseren Messungen vergleichbare und zuverlässige Ergebnisse zu garantieren, sollte
- der Ansaugstutzen möglichst genau in der Mitte des Abgasrohrs gehalten werden;
- die gefilterte Abgasmenge immer gleich sein. Das heißt, dass die Anzahl der Pumphübe vorher festgelegt und die Pumpe immer bis zur gleichen Markierung aufgezogen werden muss;
- immer eine zweite Vergleichsmessung gemacht werden;
- die Heizungsanlage nicht nach einer längeren Ruhepause gemessen werden, sondern nach einer bestimmten Feuerungsdauer, z. B. nach einer Minute. Selbstverständlich muss gemessen werden, während die Heizungsanlage gerade feuert.

● Führt die Messungen nach den oben genannten Vorgaben exakt durch. Erstellt ein Messprotokoll nach Abb. ①.

Auswertung der Messergebnisse

Unser Messgerät und folglich unser Messergebnis lässt keinen absoluten, sondern nur einen relativen Vergleich zu. Messaussagen können also z.B. lauten: „Heizung Nr. 7 hat einen größeren Rußausstoß als Heizung Nr. 2".

Damit der **Rußgehalt** nach der Verfärbung der Filterpapiere besser bestimmt werden kann, empfiehlt es sich, die 10-stufige Vergleichsskala des Schornsteinfegers zu verwenden (Abb. ②).

● Bewertet eure Leistungen nach den von euch festgelegten Kriterien und Ergänzungen, die ihr im Verlauf eurer Arbeit vorgenommen habt (☞ S. 20).

Schornsteinfeger setzen zur Auswertung ihrer **Rußmessungen** spezielle elektronische Messgeräte, so genannte Reflexfotometer (Abb. ③) ein. Sie nutzen die Tatsache aus, dass Stoffe je nach ihrer Färbung unterschiedlich viel Licht aufnehmen (absorbieren) bzw. reflektieren. Ihr habt das sicher schon am eigenen Leib erlebt: Ein schwarzes T-Shirt absorbiert mehr Energie aus Sonnenlicht als ein weißes. Während sich das schwarze aufwärmt, reflektiert das weiße die Energie und heizt sich nicht so auf wie der dunkle Stoff.

Wenn ihr ein Reflexfotometer selbst herstellen wollt, so könnt ihr nach S. 93 vorgehen oder es einer Technikgruppe, die sich mit Elektronik befasst, in Auftrag geben.

① **Messprotokoll**

Team: _____

Datum und Uhrzeit der Messung: _____

Feuerungszeit des Brenners vor der Messung: _____

Anzahl der Pumphübe: _____

Messung 1:

Schwärzungsgrad nach Vergleichsskala Abb. ②

_____

Filterpapier

Vergleichsmessung 2:

Schwärzungsgrad nach Vergleichsskala Abb. ②

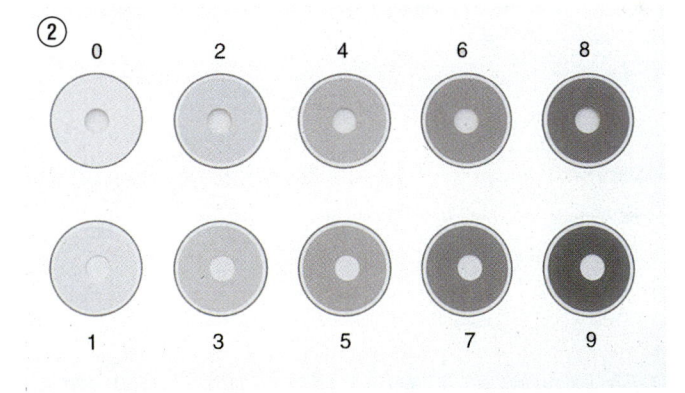

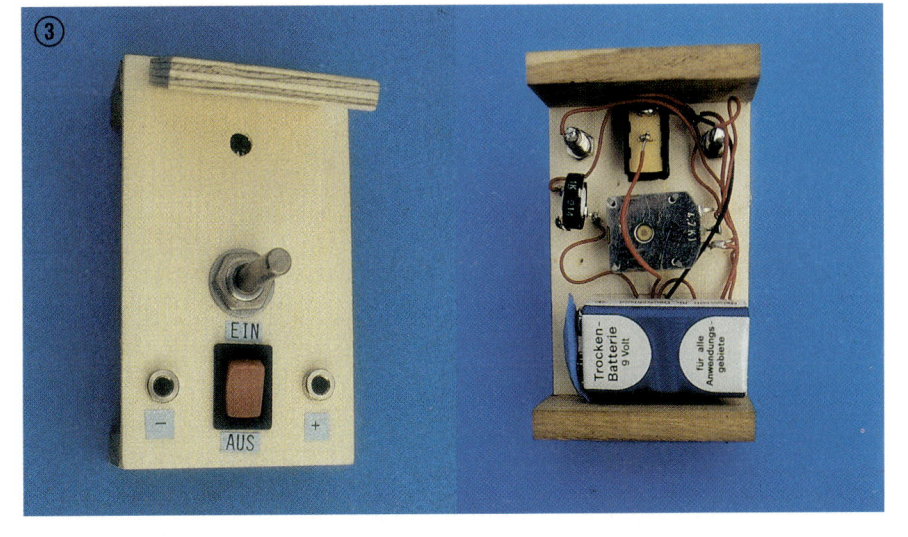

_____

② 0 2 4 6 8
  1 3 5 7 9

③

Wer den Tropfen nicht ehrt ...

Ohne Wasser kein Leben! Wasser dient als Lebensmittel, aber auch als Rohstoff zur Erzeugung zahlreicher Produkte, als Reinigungsmittel, als Kühlmittel in Kraftwerken usw. Die gesamten Süßwasservorkommen der Erde werden auf 36 Mio. km^3 geschätzt. Davon können aber bisher nur rund 10 % zur **Wasserversorgung** herangezogen werden, weil der Rest in Gletschern als Eis gebunden oder seine Förderung zu aufwendig ist.

Wenn das Grund- und Oberflächenwasser keine Trinkwasserqualität hat, muss es gesammelt und im Wasserwerk aufbereitet werden. Dabei wird es gefiltert sowie mit Ozon und Chlor angereichert.

Von den 5 Milliarden m^3 Trinkwasser, die in Deutschland jährlich verbraucht werden, stammen rund 4 Mrd. m^3 aus dem Grundwasser, der Rest aus Seen und Flüssen (Oberflächenwasser).

75 % davon werden in privaten Haushalten und Kleinbetrieben verbraucht (s. Abb. ②).

Da für die Aufbereitung zu Trinkwasser große Energiemengen eingesetzt werden müssen, kann durch Einsparung von **Trinkwasser** ein wertvoller Beitrag zum Umweltschutz geleistet werden.

- Betrachtet Abb. ① und beschreibt den Weg des Wassers bis zu den privaten Haushalten. Klärt Begriffe mithilfe des „kleinen Lexikons".
- Was hat Wassersparen mit Umweltschutz zu tun? – Überlegt!
- Informiert euch über die örtliche Wasserversorgung und die Klärung des Abwassers (☞ S. 103–105).

Der Begriff Trinkwasser trügt! Abb. ② zeigt, wofür Trinkwasser in Privathaushalten eingesetzt wird. Gleichzeitig lässt sich aus ihr ablesen, wo besonders hohe Einsparungen möglich sind. Gebt zu fünf der in Abb. ② angegebenen Verwendungsarten je eine sinnvolle Möglichkeit an, Trinkwasser zu sparen oder durch Brauchwasser zu ersetzen.

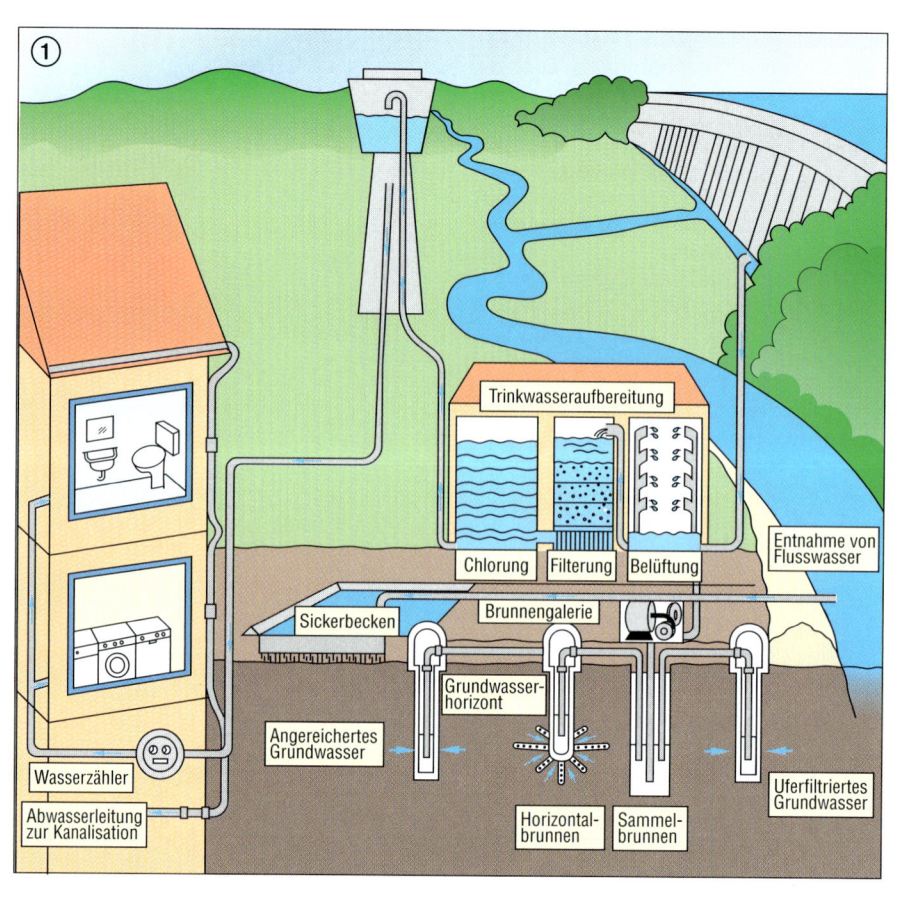

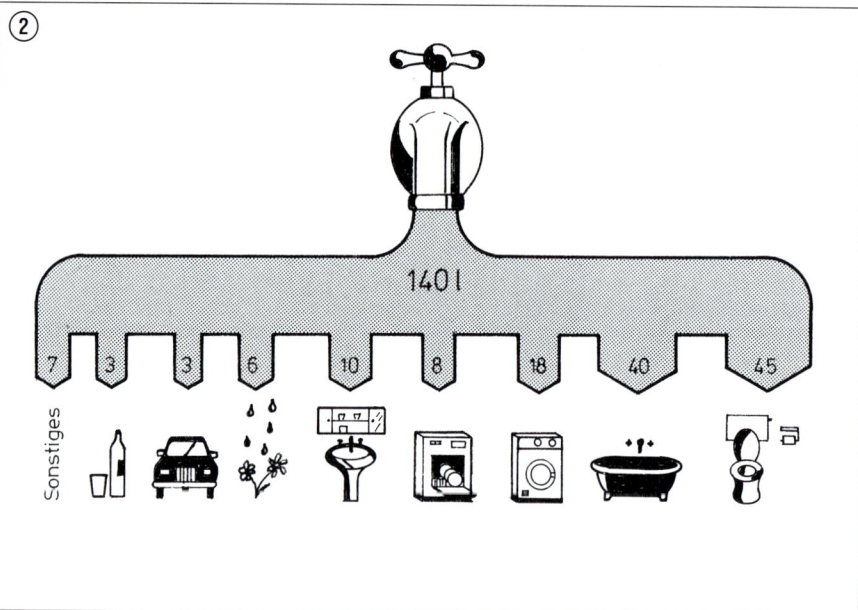

Kleines Lexikon der Wasseraufbereitung

Grundwasser: Versickertes Niederschlagswasser, das sich über wasserundurchlässige Bodenschichten sammelt. Grundwasser wird normalerweise durch den Boden beim Absinken so weit gefiltert, dass es keimfrei ist.

Brauchwasser: Mit geringerem Energieaufwand gereinigtes, aber nicht zum Trinken geeignetes Wasser für gewerbliche, industrielle und landwirtschaftliche Zwecke.

Brunnengalerie: Mehrere aneinander gereihte Brunnen, die durch Leitungen verbunden sind.

Chlor: Chemisches Element, das zur Abtötung von Keimen und Krankheitserregern dem Trinkwasser zugegeben wird.

Horizontalbrunnen: Brunnen zum Einsammeln von Grundwasser mit breitem Schacht und sternförmig verlaufenden Filterrohren. Hohe Förderleistung!

Oberflächenwasser: Offenes, an der Erdoberfläche befindliches Wasser (Seen, Talsperren, Flüsse).

Ozon: Dreiwertiger Sauerstoff, der Bakterien abtötet und unerwünschte Inhaltsstoffe oxidieren lässt und dadurch ausfiltert.

Sammelbrunnen: Schacht mit mehreren Rohren, die direkt in die Grundwasser führenden Schichten verlegt werden.

Sickerbecken: Mit Kies und Kohle aufgefülltes Becken. Durchsickerndes Wasser wird grob gefiltert.

Uferfiltration: Wasser wird in der Nähe eines Flusses aus dem Untergrund entnommen. Durch künstliche Absenkung des Grundwassers tritt Flusswasser durch das Flussbett hindurch in das Erdreich ein und vermischt sich mit Grundwasser.

Wir stellen einen Aqua-Stopp her

Die Technikgruppe der 9b an der Realschule Remseck hat sich über den Zusammenhang von Wassersparen und Umweltschutz informiert. Nun möchte sie einen aktiven Beitrag zum Wassersparen leisten. Besonders die Tatsache, dass mit jeder Klospülung bis zu 14 Liter Wasser in Trinkwasserqualität verbraucht wird, stört sie. Bei einem gebräuchlichen WC-Spülkasten wird nach Drücken der Spültaste der gesamte Wasserbehälter entleert. Das nachfließende Wasser füllt den Kasten und hebt gleichzeitig einen Schwimmer an, der den Frischwasserzulauf bei maximalem Wasserstand schließt.

Beim Blättern durch einen Versandkatalog sind die Schülerinnen und Schüler auf ein sehr einfaches, aber wirkungsvolles Gerät gestoßen: Der Aqua-Stopp lässt bei der WC-Spülung nur so lange Wasser auslaufen, wie der Spülhebel gedrückt wird (Abb ①). Dadurch lassen sich pro Spülvorgang etwa 4 Liter Wasser sparen!

Der **Aqua-Stopp** besteht aus einem Gewicht und einer Aufhängevorrichtung. Das Gewicht muss
- so dimensioniert sein, dass es den Spülarm nach unten zieht,
- aus einem Material sein, das auch bei ständigem Kontakt mit Wasser und Luft nicht korrodiert und das in der Schule bearbeitet werden kann.

Besonders gut eignet sich Messing (Abb. ②).

Die Technikgruppe beschließt, am nächsten Elternabend einen Informationsstand aufzubauen und selber hergestellte Aqua-Stopps zu verkaufen. Die Gruppe will eine Serie von 30 Stück herstellen.

Prototyp entwickeln

- Beschreibt die Funktionsweise des Aqua-Stopps mithilfe einer Skizze.
- Fertigt nach Abb. ③ und ④ in Partnerarbeit einen Aqua-Stopp. Achtet auf eine gute Befestigung des Gewichtes an der Aufhängevorrichtung. Ändert gegebenenfalls den Fertigungsplan nach euren Erfahrungen während der Fertigung.
- Testet die Funktion eures Prototyps in einem bereitstehenden **Spülkasten** (Abb. ①) und optimiert Form und Gewicht, wenn es erforderlich ist.

Fertigung planen – Arbeitsabläufe rationalisieren

Bei der Herstellung der Prototypen haben die Schülerinnen und Schüler schnell gemerkt, dass es bei der Fertigung großer Stückzahlen für jeden Einzelnen sehr aufwendig ist, Werkzeuge bereitzustellen, die Maße nachzulesen, anzureißen und die einzelnen Arbeitsgänge auszuführen. Daher beschließen sie den Aqua-Stopp in einer Serienfertigung zu produzieren:

- eine Gruppe erstellt einen Fertigungsplan (Abb. ④) und überlegt sich die räumliche Organisation im Technikraum,
- zwei Gruppen stellen Vorrichtungen zum Ablängen und Prüfen der Gewichte und Aufhängungen her,
- eine Gruppe stellt eine Biegevorrichtung für die Aufhängevorrichtung her,
- eine Gruppe entwirft eine kurze Funktionserklärung und Montageanleitung, die beim Verkauf dem Aqua-Stopp beigelegt werden soll.

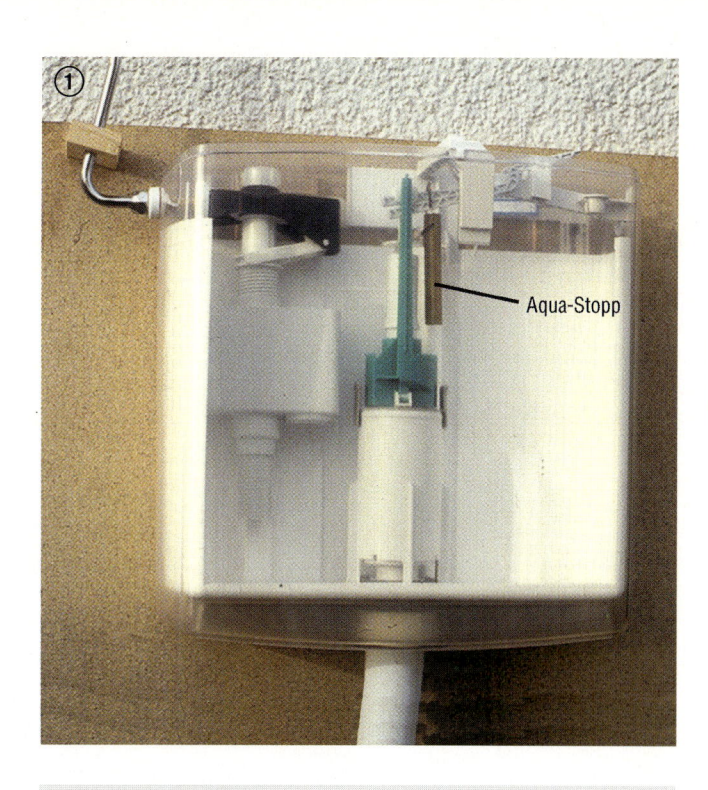

① Aqua-Stopp

② **Kupfer-Zink-Legierungen (Messing)**

Kupfer-Zink-Legierungen zeichnen sich durch hohe Korrosionsbeständigkeit, gute Polierbarkeit, hohe Dichte und gute mechanische Bearbeitbarkeit aus. Ab einem Zink-Gehalt von 37 % steigen Zugfestigkeit und Härte.

Durch Zulegieren von Blei wird die Zerspanbarkeit verbessert, z. B. bei

$$CuZn\underline{39}Pb\underline{2}$$

Zinkanteil in Prozent | Bleianteil in Prozent

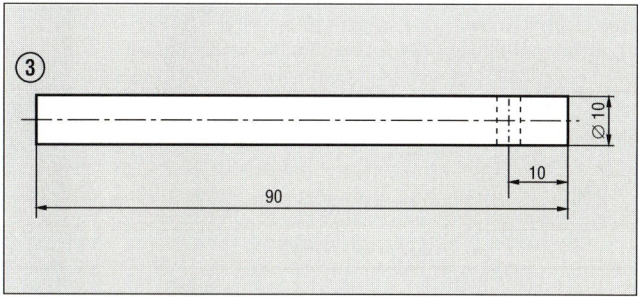

③ (Zeichnung: Ø 10, Länge 90, Abstand 10)

④ **Fertigungsplan Aqua-Stopp**

Arbeitsgang	Werkzeuge / Maschinen / Hilfsmittel	Sicherheit / Hinweise
1 Gewicht ablängen	Vorrichtung, Metallbügelsäge, …	Metall nicht in Holz-Spannzarge am Tisch einspannen!
2 Aufhängungen ablängen		

Überlegungen zur Bewertung

Der Vorteil einer Serienfertigung liegt in der Arbeitsteilung und in der Arbeitsvorbereitung. Es werden Gruppen gebildet, die die anfallenden Aufgaben untereinander aufteilen.

Daher müssen bei der Leistungsbewertung neben dem sachgerechten Einsatz von Werkzeug auch Fähigkeiten bewertet werden, die man als „Schlüsselqualifikationen" bezeichnet: Selbstständigkeit, Teamfähigkeit, Ideen zur Lösung technischer Probleme, Ausdauer, Verantwortungsbewusstsein usw. (☞ S. 84–85). Die Qualität der handwerklichen Fertigung kann nicht direkt zugeordnet werden und sollte daher in die Bewertung nicht einbezogen werden.

Fertigung

Wichtig bei arbeitsteiliger Fertigung ist der Informationsaustausch der einzelnen Gruppen untereinander (Abb. ①). Sonst besteht die Gefahr, dass z. B. die „Arbeiter" in der anschließenden Produktion Vorrichtungen nicht richtig einsetzen können, der Materialfluss abbricht und dass Verbesserungsvorschläge nicht weitergegeben werden.

- Informiert euch über die Arbeit in Gruppen (☞ S. 79–81).
- Findet euch entsprechend euren Neigungen und Fähigkeiten in Gruppen (Aufträge s. Seite 23) und fertigt die Aqua-Stopps.
- Übt in der Gruppe die Präsentation eurer Ergebnisse.

Arbeitsgruppen vernetzen

Erst bei der Fertigung wird sich herausstellen, wie genau ihr geplant habt und wo Fehler auftreten. Besonders die gleichmäßige Auslastung der einzelnen „Arbeiter" ist nur schwer vorzuberechnen. Am besten führt ihr zuerst einen Probelauf mit sehr geringer Stückzahl durch und besprecht anschließend aufgetretene Probleme. Dabei hilft euch eine Arbeitskarte, die während und unmittelbar nach der Fertigung ausgefüllt wird (Abb. ②). Bei der anschließenden Besprechung in der Technikgruppe müssen eventuell Aufgaben neu verteilt und Lösungen gesucht werden.

Tipp
Eine Kleingruppe, die während des Probelaufs nur beobachtet, sieht Dinge, die euch sonst beim Fertigen nicht auffallen!

Unser Beitrag zum Wasser sparen

Jan: „Doch, ich würde den Verkauf als Erfolg bezeichnen. Wir hatten anfangs ziemlich Angst, dass wir auf einem Teil unserer Aqua-Stopps sitzen bleiben würden. Die erste halbe Stunde während des Verkaufs war ziemlich spannend, weil sich kaum jemand die Zeit nahm, unsere Plakate und die Broschüre zu lesen. Dann kam Vanessa auf die Idee, den Spülkasten, den wir zum Ausprobieren hatten, aufzustellen. Wahrscheinlich haben die Leute jetzt erst gesehen, dass es wirklich funktioniert. Und auch, dass der Einbau kinderleicht ist!"

Sascha: „Plötzlich war das Interesse geweckt. In einer Stunde waren alle Aqua-Stopps weg. Ich bin sicher, dass wir der Umwelt damit geholfen haben."

①

② Arbeitsplatz „Gewicht ablängen"
Namen: Corinna, Markus, Frank
Datum:
Stückzahl: Soll 3 Ist 11
Aufgetretene Probleme: Vorrichtung nicht eingespannt, Frank musste lange warten, bis er mit dem Feilen beginnen konnte ...

③
Kunde: Was verkauft Ihr denn da?
Sascha: Das ist ein Wassersparegerät für Ihre WC-Spülung. An diesem Spülkasten können Sie sehen, wie es funktioniert. Es lohnt sich aber nur, wenn Ihre WC-Spülung noch keine Spartaste hat.
Kunde: Was kostet es denn?
Sascha: Wir haben ausgerechnet, dass Sie mit unserem Aqua-Stopp ca. 12 000 Liter Wasser im Jahr sparen können. Damit haben Sie den Kaufpreis schon bald wieder eingespart und gleichzeitig der Umwelt geholfen.

Einfälle statt Abfälle: ein Umweltprojekt

Jedes Jahr entsteht in Deutschland Müll, der aufeinander geschüttet die Höhe des Mont Blanc (höchster Berg Europas mit 4807 m) hätte! Zur Lösung dieses Müllproblems gibt es verschiedene Ansätze: Müllvermeidung, Wertstoffrückgewinnung, Deponierung, Verbrennung und Kompostierung.

In Gemeinden und Landkreisen entwickeln sich unterschiedliche Müllentsorgungskonzepte, die teilweise kontrovers diskutiert werden. Jeder Bürger und jede Bürgerin ist davon betroffen. Aufgabe von uns allen ist es deshalb, uns aktiv und verantwortlich an den Entscheidungsprozessen zu beteiligen bzw. auf sie einzuwirken.

Voraussetzung dafür ist jedoch, dass man möglichst genau über die Ziele und die möglichen Auswirkungen informiert ist, um sich eine eigene Meinung zu bilden. Falsch wäre es, wenn nur rein gefühlsmäßige Reaktionen bestimmend für das Beurteilen und Handeln wären.

In der Schule bietet es sich deshalb an, ein konkretes, örtliches **Müllproblem** (Abb. ①) zum Anlass zu nehmen, um in einem **Projekt** zu lernen, wie man Informationen beschafft, analysiert und strukturiert, dokumentiert und bewertet. Nur auf dieser Basis kann man seine eigene Meinung fundiert bilden, um kompetent mitreden und mitentscheiden zu können.

③ Kommunale Gremien müssen streng auf Wirtschaftlichkeit achten

Im Müllurteil gegen den Landkreis Ludwigsburg setzt der Verwaltungsgerichtshof enge Rahmenbedingungen zugunsten der Gebührenzahler.

(…) diese Forderung stellt der Verwaltungsgerichtshof (VGH) in den Mittelpunkt seiner Begründung zum Müllurteil, das eine Bürgerinitiative gegen den Kreis Ludwigsburg erwirkt hat.
(…) Eine besonders sparsame und wirtschaftliche Haushaltsführung sei dort geboten, wo das kommunale Handeln Gebührenpflichten auslöse, mahnten die Richter. Das Gebot der Sparsamkeit im Interesse der Gebührenzahler verpflichte dazu, „Ausgaben so niedrig wie möglich zu halten und auf den zur Erfüllung der Aufgaben unbedingt notwendigen Umfang zu beschränken."
Der Einwand, die enge Auslegung des Sparsamkeitsgebots schränke den Handlungsspielraum der Politik ein, lässt der VGH so nicht gelten. Bei der Einrichtung und beim Betrieb von gebührenwirksamen öffentlichen Einrichtungen könnten sich Verwaltung und politische Gremien durchaus auch an anderen Erwägungen orientieren.

aus: Stuttgarter Zeitung vom 19.12.98

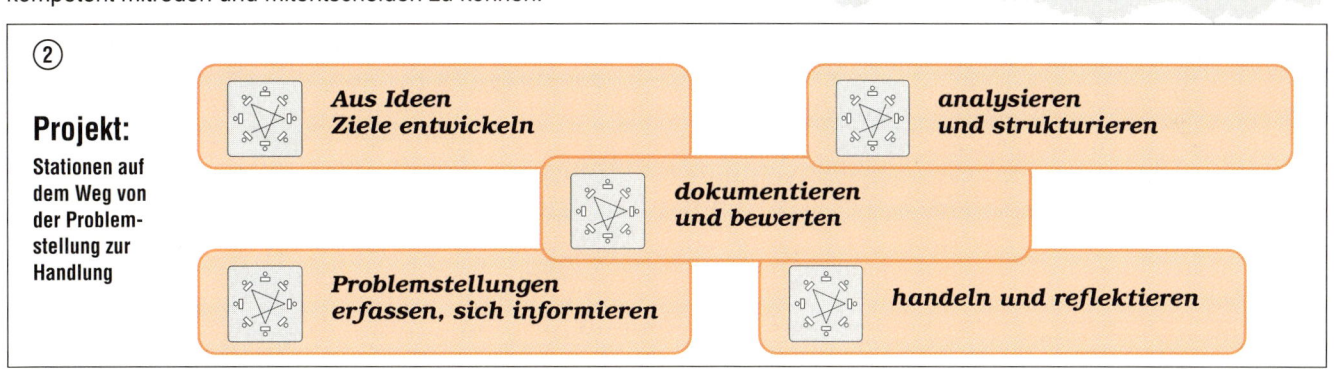

② Projekt: Stationen auf dem Weg von der Problemstellung zur Handlung

- Aus Ideen Ziele entwickeln
- analysieren und strukturieren
- dokumentieren und bewerten
- Problemstellungen erfassen, sich informieren
- handeln und reflektieren

Bewertung

Am Ende eines Projektes hält man selten ein fertiges Werkstück in Händen. Das, was im Projektunterricht gefordert ist, sind vor allem „Schlüsselqualifikationen" wie Selbstständigkeit und Leistungsbereitschaft – Kooperations- und Kommunikationsfähigkeit – Problemlösungsfähigkeit – Verantwortungsfähigkeit – Lern- und Denkfähigkeit.

- Was verbirgt sich hinter dem Begriff „Schlüsselqualifikation"? Notiert zu den im Text genannten Fähigkeiten Beispielsätze: *Selbstständigkeit – Ich muss versuchen, meine Arbeit selbst einzuteilen …*
- Stellt eine Liste von Kriterien zusammen, nach denen ihr eure Leistung im Projekt bewerten könnt.

Aus Ideen Ziele entwickeln

Müll ist vor allem aus zwei Gründen zum Problem geworden:
- Belastung der Umwelt und
- Kosten für die Entsorgung.

Welche Ideen zur Lösung/Verbesserung gibt es? Welche Ziele könnte die Technikgruppe verfolgen?

Zunächst muss die Lage vor Ort geklärt werden:

- Welche Mängel beim Umgang mit Müll gibt es an der Schule? – Überlegt!
- Sprecht mit euren Eltern: Was stört sie an der Müllentsorgung? (Abb. ① und ③)
- Welche Müllkonzepte in der Gemeinde oder im Landkreis sind zurzeit in Planung oder Ausführung?

③ Merkblatt zum Abfallgebührenbescheid im Landkreis Ludwigsburg 1997
(Auszüge)

Der Landkreis Ludwigsburg hat ein leerungsabhängiges Abfallgebührensystem eingeführt. Dies bedeutet, dass Sie einen Teil der Abfallgebühren über die Zahl der Leerungen mitbestimmen können.

Die **Grundgebühr** nach der Zahl der Haushaltsangehörigen beträgt für Haushalte mit:	Die **Leerungsgebühr** für die zur Verfügung gestellten Abfallbehälter je Abfuhr beträgt:
1 Person 157,00 DM	120 l Restmüll 7,60 DM
2 Personen 206,00 DM	240 l Restmüll 13,20 DM
3 Personen 262,00 DM	1100 l Restmüll 56,80 DM
4 Personen 316,00 DM	120 l Biomüll 3,00 DM
4 und mehr Personen 363,00 DM	240 l Biomüll 5,30 DM

Tipps

- Ideen sammeln und darstellen: z.B. die Meinung zum Müllproblem und Ideen zur Verbesserung bei Bürgerinnen und Bürgern erfragen (Abb. ①).
- Lokale Zeitungen nach Meldungen durchsuchen, die sich mit dem Thema beschäftigen.
- Projektziele/Aktionsziele formulieren und sich darüber einigen.

Ziele bestimmen die Richtung, in der während eines Projektes geplant und gehandelt wird. Sind sie zu allgemein formuliert, kann nach ihnen nicht zielgerichtet gearbeitet werden. Beschäftigen sich die Ziele dagegen zu früh mit speziellen Einzelproblemen, so können Ideen, die erst im Verlauf des Projektes auftauchen, kaum mehr berücksichtigt werden.

- Welche der Formulierungsvorschläge in Abb. ② sind zu allgemein und welche sind so speziell, das kaum Spielräume für eigene Vorschläge frei bleiben?
- Entwickelt geeignete Ziele für euer Projekt.

Die grau unterlegten „Trittstufen und Stolpersteine" weisen darauf hin, welche Faktoren das Gelingen fördern (Trittstufen) oder hemmend wirken (Stolpersteine).

Trittstufen – Stolpersteine

- Die Sachprobleme an dieser Stelle noch nicht aufarbeiten.
- Ziele ausformulieren (mittleres Abstraktionsniveau, also nicht zu allgemein oder zu speziell formulieren).
- Möglichst große Zustimmung innerhalb der Technikgruppe bezüglich der Ziele herstellen.

Probleme erfassen, sich informieren

Um verantwortlich entscheiden zu können, muss man ausreichend informiert sein und über die Sachverhalte genau Bescheid wissen, z.B.
- über aktuelle Probleme und Fragen,
- über technische Entwicklungen und technische Lösungsmöglichkeiten,
- über Auswirkungen verschiedener Müllentsorgungskonzepte,
- über historische und ortsbezogene Entwicklungen.

Für die Informationsbeschaffung sollten die jeweilige Fragestellung, der Auftrag und die Vorgehensweise klar sein.

Tipps

- Informationen arbeitsteilig beschaffen (Teams)
- Erkundung, Expertenbefragung, Presse, Internet, Fachliteratur, Gemeindeämter/Landratsamt, Umweltverbände

Trittstufen – Stolpersteine

- Keine einseitigen Informationen, sondern Für und Wider wahrheitsgetreu wiedergeben.
- Besser sich über ein begrenztes Thema genau informieren, als über ein allgemeines Thema oberflächlich.
- Interesse, Engagement, Kooperation.

analysieren und strukturieren

In Sachthemen wie Müllentsorgung gibt es eine Fülle von Informationen. Um aus der Vielzahl dieser Informationen Schlüsse entsprechend der Projektziele ziehen zu können, müssen Informationen aus Broschüren, Interviews, Literatur usw. gelesen und auf Brauchbarkeit gesichtet werden (Abb. ③). Begriffe müssen geklärt und gegebenenfalls Zusatzinformationen beschafft werden.

Das ausgewählte Material muss nach Themenbereichen geordnet werden, z. B.: Überblick über das Thema, technische Details, historische Gesichtspunkte, Wechselwirkung mit anderen Gesellschaftsbereichen, Ausblick auf zukünftige Entwicklungen.

Trittstufen – Stolpersteine
- Unterschiedliche Aussagen und Meinungen nebeneinander gelten lassen – noch nicht werten.
- Aufgaben genau formulieren und schriftlich festhalten.
- Teamsprecherin oder -sprecher bestimmen und Vortrag kurz einüben.

Tipps
- Zunächst über den Verlauf der Informationsbeschaffung berichten.
- In Teams arbeiten: zur Analyse der Unterlagen die Aufgaben für jedes Teammitglied klären.
- Zuerst im Team, anschließend in der Technikgruppe Konsens finden, welche Informationen dokumentiert werden sollen.

dokumentieren und bewerten

In dieser Projektphase ist es wichtig, die zu Beginn formulierten Projekt- bzw. Aktionsziele aufgrund der erhaltenen Informationen zu überprüfen und gegebenenfalls zu präzisieren oder abzuändern.

Gemäß der Zielsetzung muss geklärt werden, welche Kernaussage vermittelt werden soll und an welche Zielgruppe diese sich richten soll.

Dementsprechend können die geeignete Form der Präsentation festgelegt und geeignete Medien bereitgestellt werden.

Tipps
- Kenntnisse und Fertigkeiten von Mitschülern berücksichtigen.
- Von Public-Relation-Experten beraten lassen.
- Mögliche Formen der Präsentation: Ausstellung, Informationsveranstaltungen, Podiumsdiskussion, Homepage (Abb. ②), Presseartikel.
- Medien: Diagramme, Video, Multimediashow, Wandzeitung, Modelle, Texte.

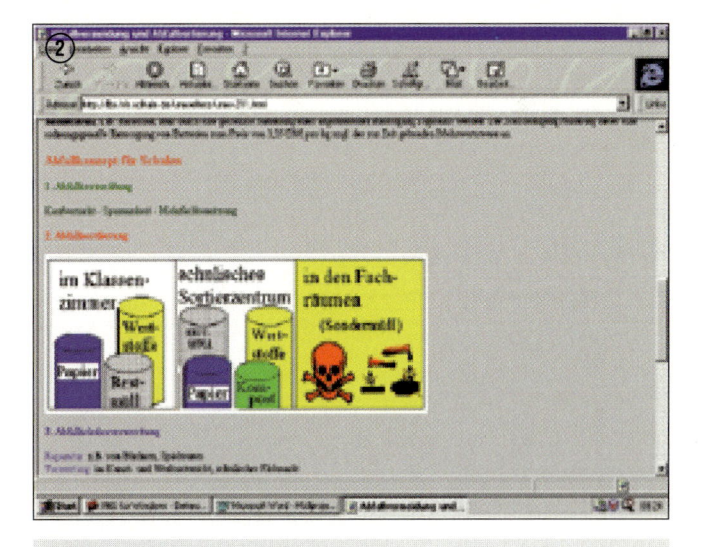

Trittstufen – Stolpersteine
- Sich nicht übernehmen – Zeit!
- Technische Ausstattung, Kenntnisse.
- Durchhalten! Jeder/Jede muss seinen/ihren Beitrag erbringen.

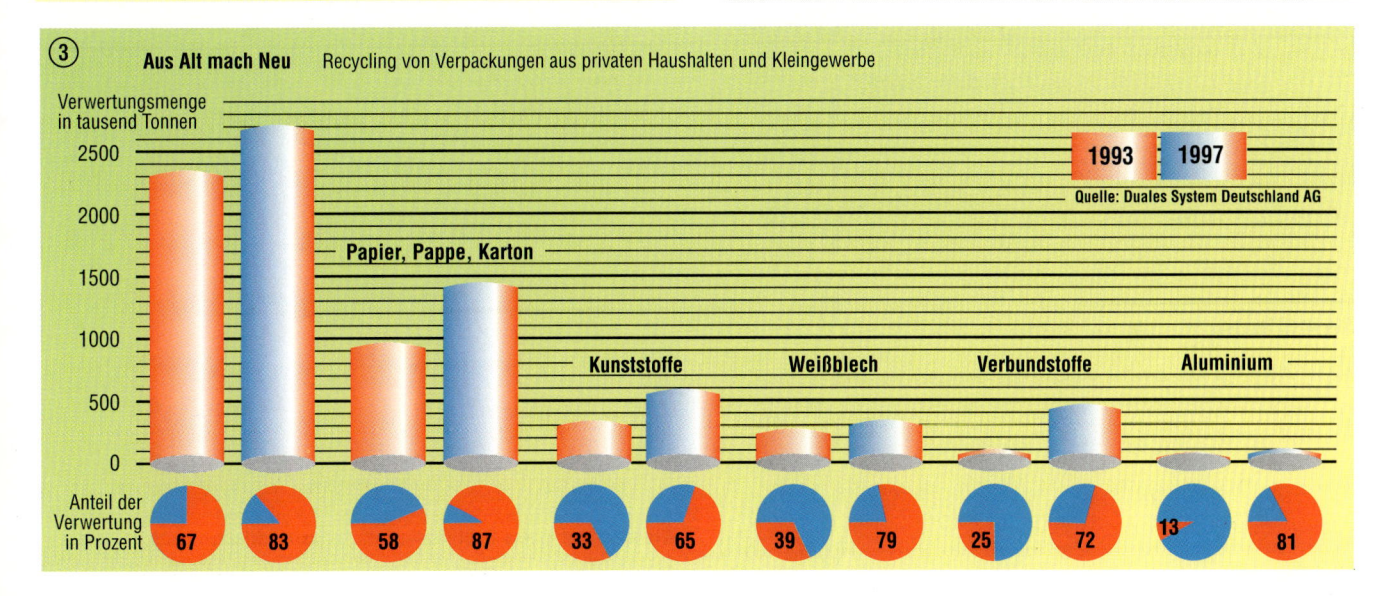

③ **Aus Alt mach Neu** — Recycling von Verpackungen aus privaten Haushalten und Kleingewerbe (1993 / 1997, Quelle: Duales System Deutschland AG)

Verwertungsmenge in tausend Tonnen – Papier, Pappe, Karton; Kunststoffe; Weißblech; Verbundstoffe; Aluminium

Anteil der Verwertung in Prozent: 67 | 83 | 58 | 87 | 33 | 65 | 39 | 79 | 25 | 72 | 13 | 81

handeln und reflektieren

Mit den Ergebnissen der Projektarbeit können wir einen Beitrag zur Verbesserung der örtlichen Müllsituation leisten.

Dies gelingt um so mehr,
- je fundierter die vorgeschlagene Maßnahme begründet wird,
- je überzeugter man hinter dem eigenen Konzept steht und selbst danach handelt,
- je öffentlichkeitswirksamer man informiert und seine Ideen verbreiten kann.

Deshalb sollte das Projekt in eine Aktion einmünden. Anschließend können eine Auswertung und eine Reflexion des Projektes Aufschluss geben, ob die vorab gesetzten Projektziele erreicht wurden, was im Projekt gut lief und wo Probleme auftraten.

Tipps

- Aktion exakt planen, Zuständigkeiten klären, die einzelnen Schritte durchdenken und vorbereiten.
- Aktion ankündigen (Werbung), notwendige Absprachen treffen, Genehmigungen einholen, zur Unterstützung Partner gewinnen (Schirmherr, Sponsoren, Experten, Presse).
- Vor der Aktion „Hauptprobe" durchführen, Präsentation üben.
- Reflexion – mögliche Aspekte:

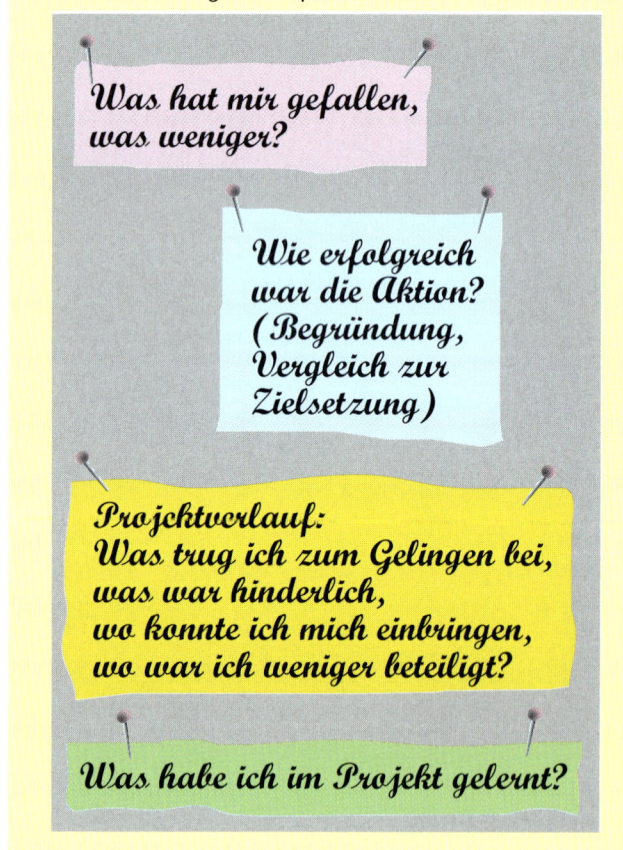

Was hat mir gefallen, was weniger?

Wie erfolgreich war die Aktion? (Begründung, Vergleich zur Zielsetzung)

Projektverlauf: Was trug ich zum Gelingen bei, was war hinderlich, wo konnte ich mich einbringen, wo war ich weniger beteiligt?

Was habe ich im Projekt gelernt?

Bewertung

- Überprüft die zu Beginn aufgestellten Kriterien: Müssen sie ergänzt werden, haben sich Schwerpunkte verschoben?
- Bewertet
  - die Projektergebnisse und den Projekterfolg,
  - eure Arbeit und Leistung im Projekt (bewertet sowohl eure Teammitglieder als auch euch selbst, Abb. ②).

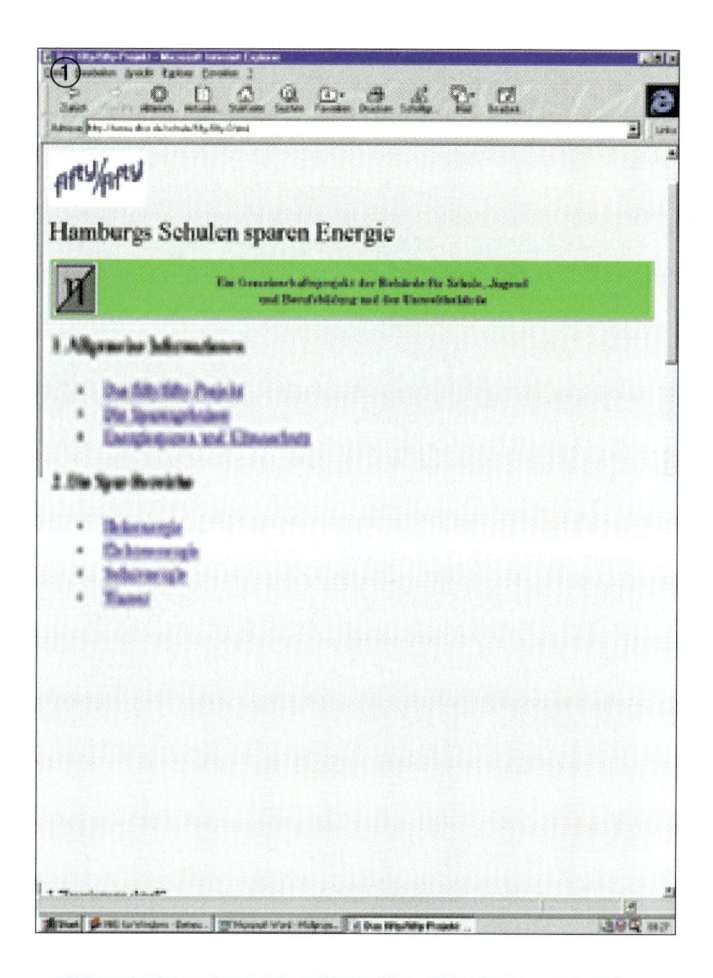

① Hamburgs Schulen sparen Energie

Trittstufen – Stolpersteine

- Hilfsbereitschaft, selbstständiges Handeln, Teamgeist.
- Zivilcourage (Mut seine Meinung zu äußern und Unsicherheit zu überwinden).
- Bereitschaft zusätzliche Zeit zu investieren bzw. zusätzliche Arbeit zu übernehmen.
- Zuverlässigkeit in Bezug auf Absprachen und zugewiesene Aufgaben.

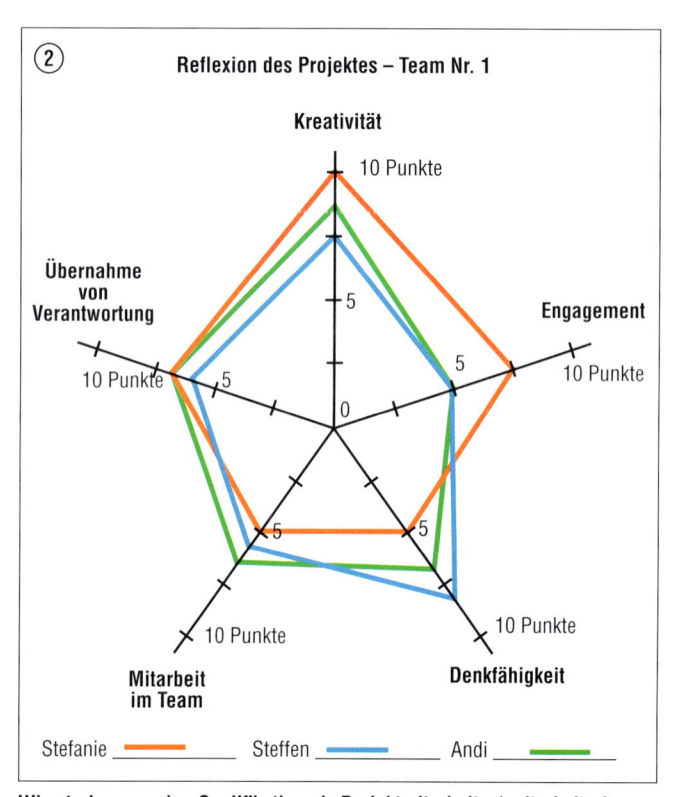

② Reflexion des Projektes – Team Nr. 1

Stefanie ——— Steffen ——— Andi ———

Wie stark war meine Qualifikation als Projektmitarbeiter/-mitarbeiterin ausgeprägt?

Berufschancen im Bereich Umwelt

Das **Berufsfeld Umwelt** gehört zu den Wachstumsbereichen. Weltweit wird bis ins Jahr 2005 mit Investitionen im Umweltschutz von mehreren 100 Mrd. Mark gerechnet. Es werden unterschieden:
- Arbeitsfeld Natur: Öko-Landwirt/in, Agraringenieur/in, Gartenbautechniker/in oder -ingenieur/in, Forstwirt/in,
- Arbeitsfeld Umweltschutz: Ver- und Entsorger/in, Umweltschutztechniker/in, Umweltberater/in, Umweltschutzbeauftragte/r,
- sonstige naturnahe Berufe: Florist/in, Naturkost-Fachmann/frau, Biologe/in, Ökologe/in, Chemiker/in.

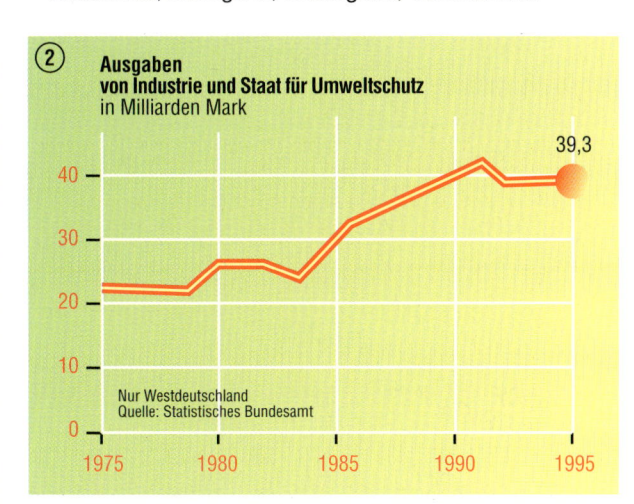

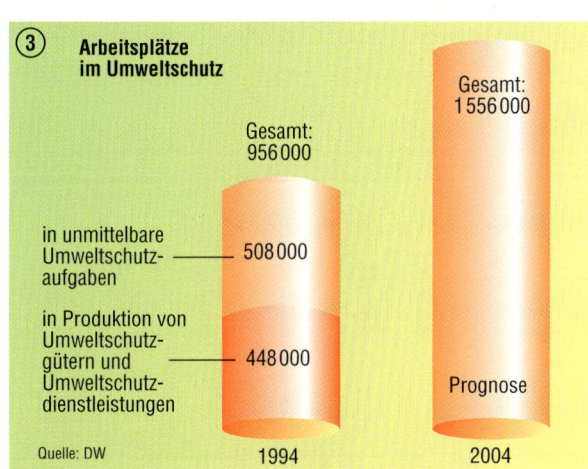

① **Umweltschutztechniker**

② **Ausgaben von Industrie und Staat für Umweltschutz** in Milliarden Mark
Nur Westdeutschland
Quelle: Statistisches Bundesamt
1975 – 1995, Endwert 39,3

③ **Arbeitsplätze im Umweltschutz**
Quelle: DW
1994 Gesamt: 956 000
– in unmittelbare Umweltschutzaufgaben: 508 000
– in Produktion von Umweltschutzgütern und Umweltschutzdienstleistungen: 448 000
2004 Gesamt: 1 556 000 (Prognose)

als:	angestellt:	Funktion:
Betriebsbeauftragter für Immissionsschutz oder dessen Assistent	u. a. in Betrieben der Zementindustrie, Stahlindustrie, Chemischen Industrie, Glasindustrie, Tierkörperbeseitigung sowie in Betrieben, die Anlagen zum Beschichten, Imprägnieren, Lackieren, zur Gewinnung von Zellstoff, Holzfaserplatten und bituminösen Straßenbaustoffen betreiben.	1. Überwachung und Durchführung von Maßnahmen zur Vermeidung von: a) Lärm-Emissionen b) Schadstoff-Emissionen in der Abluft und im Abwasser c) Abfallstoffen hinsichtlich ihrer Umweltbelastung d) radioaktiven Stoffen e) Bodenkontaminationen
Betriebsbeauftragter für Abfall oder dessen Assistent	u. a. in Betrieben, die Abfälle nach § 2 Abs. 2 AbfG beseitigen müssen, sowie bei Betreibern von Abfallentsorgungsanlagen.	2. Aktive Umweltpolitik: a) Mitwirkung bei der Entwicklung umweltfreundlicher Verfahren und Produkte b) Mitwirkung bei der Planung von schadstoffarmen Prozessen (clean production) und Recycling-Anlagen c) Mitwirkung bei Investitionsentscheidungen d) Außenverkehr (Öffentlichkeitsarbeit, Gesprächspartner für Behörden und ähnliche Institutionen)
Betriebsbeauftragter für Gewässerschutz oder dessen Assistent	in Betrieben und bei Kommunen, die Abwassermengen von mehr als 750 m^3/Tag in ein Gewässer einleiten oder deren Abwasser gefährliche Stoffe enthält.	
Sachbearbeiter für Umweltschutz	bei Fachbehörden (z. B. Kreisverwaltungsbehörden, Gewerbeaufsichtsamt, Wasserwirtschaftsamt, Materialprüfamt), Technischer Überwachungsverein, Ingenieurbüro, Körperschaft, Kommune, Landwirtschaftsämtern.	
Mitarbeiter in Forschung und Entwicklung	bei Instituten an technischen Universitäten, Körperschaften, Industrie und Ingenieurbüros.	

Öko-Job-Börse ©ZDF ÖKO-TEST

STELLENANGEBOTE

Dienstleistungen / Verkauf

Privatkundenberater/in
Ökobank
Eingetragene Genossenschaft

Firmenkundenberater/in
Filiale Freiburg
Ökobank
Eingetragene Genossenschaft

Kundenberater/in
mit Schwerpunkt Passivgeschäft, Beteiligung, Dienstleistung
Ökobank
Eingetragene Genossenschaft

Köchin/Wirtschafterin
in Biohotel, herzliches Klima, angemessene Bezahlung
»Rose« Gasthof
Demeter-Hof – Gästehaus

Fachverkäufer/in
Back- und Naturkostwaren incl. Imbiss,
auch als Franchise möglich
Biobäck GmbH

Verkauf Einzelhandel
im Naturkostfachgeschäft
Hecker Naturkost GmbH

Garten / Landwirtschaft

Gärtner
für biologisch-dynamische Initiative in Südtunesien, Gärtnerhof mit Feingemüse, Folienhäuser
Wolfgang Scheibe

Landwirt/in
oder Paar auf Demeter-Hof mit Vollwertpension mit kreativer Arbeit, herzliches Klima, angemessene Bezahlung.
Ruft an, wir freuen uns!
Demeter-Hof »Rose«

Handwerklich

Techniker
Holzfaserplattenwerk
Schönheide GmbH

Zimmermeister
für Holzbau
Jähde Holzbau

Tischler/Zimmermann/Trockenbauer
mit Erfahrung in der Verarbeitung von ökologischen Baustoffen
BauNatur GmbH
Ökologisch Bauen & Wohnen

Wärmekraftmaschinen:
Funktion – Einsatz – Entwicklung

Fahrzeugschein

TÜ-TW 90

① Fahrzeugschein BMW Diesel (PKW GESCHLOSSEN, SCHADSTOFFARM E2, BAYER.MOT.WERKE-BMW, 5/H, WBAHG710X0GC75341, DIESEL, K105/4800, 2497, 4720, 1560, 1751, 1420, 2110, 202, u.Ziff.14 bis 1729 je nach A)

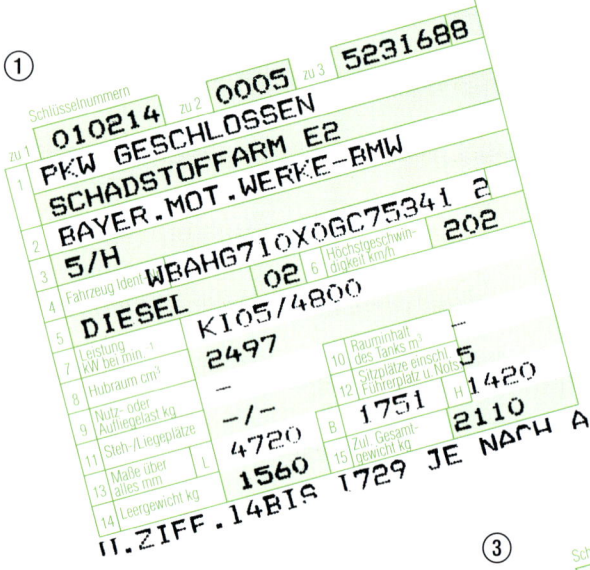

② Fahrzeugschein Suzuki Motorrad (KRAD, MOTORRAD, O.LEISTUNGSBESCHRAENK., SUZUKI (J), GU71A, OTTO, GU71AD101929, K69/8000, 1067, 268, 215, 455)

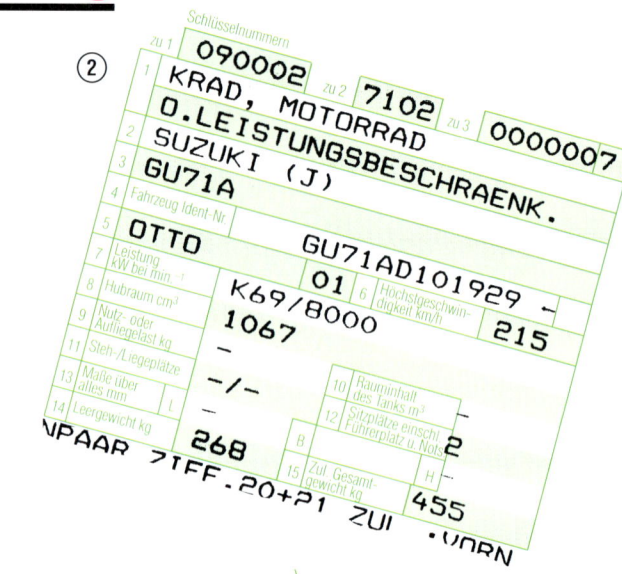

③ Fahrzeugschein Mazda Wankel (PKW GESCHLOSSEN, TOYO MAZDA /J-/, SA2, SA274800, WANKEL, K77/6000, 4280, 1060, 1651, 1220, 1410, 190, u.Ziff.1 bis 17, 7JX15* Ziff.20 bis 23 je nach AUC)

- Was bedeuten die Begriffe, die in den Fahrzeugscheinen eingetragen sind? Sprecht darüber!
- Worin liegen die Unterschiede bei den Eintragungen?
- Vergleicht die Eintragungen in den **Fahrzeugscheinen** aus Abb. ① bis ③ mit einem Fahrzeugschein von zu Hause.

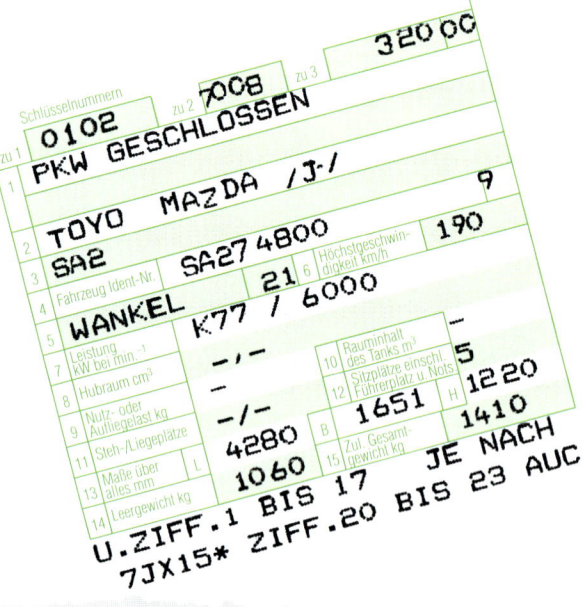

④ WETTER / Verbot für heute aufgehoben

Ozonalarm bremst Autofahrer
Kritik an den vielen Ausnahmeregelungen – Merkel verteidigt Sommersmoggesetz

Die Antwort vorweg: Wer Auto fährt, fügt anderen Menschen Leid zu. Dazu braucht es keinen Unfall. Autofahren vergiftet die Luft und die Schadstoffe, die aus dem Auspuff strömen, verursachen und verschlimmern Allergien.

Über die Wirksamkeit des Sommersmoggesetzes ist gestern zwischen Koalition und Opposition sowie Umweltschutzverbänden ein heftiger Streit entbrannt.

- Das „automobile" Zeitalter – Segen oder Fluch?
  Betrachtet Abb. ④ bis ⑦ und nehmt Stellung zu dieser Aussage.

⑤ ⑥ ⑦

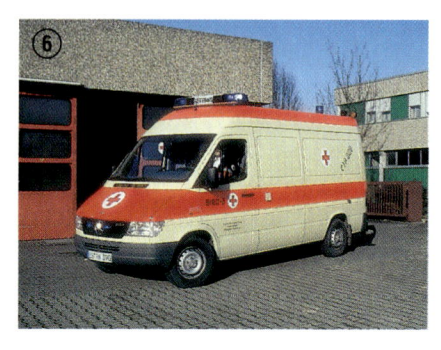

Wir befassen uns mit Wärmekraftmaschinen

①
- Informationen beschaffen
- Expertenbefragung, Erkundung
- Fachbücher, Internet, Broschüren
- Informationen auswerten, strukturieren, dokumentieren
- Bewertung

②
- Funktion klären
- Kriterien zur Bewertung
- Aufgaben eines Modells
- Materialien, Bauteile
- planen, skizzieren, Maße entwickeln
- bauen, Teamarbeit
- Funktionsprüfung
- Funktionsablauf beschreiben
- Bewertung

③
- Informationen zum Thema
- Kriterien zur Bewertung
- Gliederung
- Medieneinsatz
- Referat ausarbeiten
- referieren
- Bewertung

④
- Funktionseinheiten eines Motors
- Funktionseinheit demontieren, analysieren
- Teamarbeit
- Kriterien zur Bewertung
- Teileliste, Explosionszeichnung
- Funktion beschreiben
- Remontage und Funktionsprüfung
- Bewertung

Bei der Beschaffung und Auswertung von Informationen, bei der Demontage-Analyse, beim Bau von Funktionsmodellen und bei der Ausarbeitung von Referaten lernen und erfahren wir:

- wie Wärmekraftmaschinen aufgebaut sind und wie sie funktionieren;
- wie an Modellen Funktionsweisen erkennbar gemacht werden können;
- dass der Nutzen einer Wärmekraftmaschine nicht nur nach der Leistung, sondern auch am Energieverbrauch und der Umweltbelastung gemessen wird;
- die Vor- und Nachteile für die Menschen;
- einen Teil der Technikgeschichte zur Entwicklung von Maschinen kennen.

Dabei
- arbeiten wir im Team und bilden Expertengruppen;
- lernen wir selbstständig und eigenverantwortlich zu arbeiten;
- lernen wir die Abfassung und Darbietung von Referaten;
- erfahren wir Kriterien zur Beurteilung unserer Leistungen.

Dampfturbine und Verbrennungsmotor als Beispiele für „Lieferanten" von Bewegungsenergie

Die Technikgruppen der Klasse 9 an der Theodor-Schüz-Realschule standen vor der Entscheidung, sich entweder mit der Dampfturbine oder mit dem Verbrennungsmotor zu befassen.

Sie wollten so vorgehen:

1 sich entscheiden für Dampfturbine oder Verbrennungsmotor

2 in Kurzreferaten verschiedene Themen erarbeiten (Abb. ②) und diese vortragen

3 das Vorgetragene bzw. Dargebotene diskutieren und dann entscheiden, mit welchem Thema sie sich vertiefend beschäftigen wollen, z. B. durch Erkundung, Experimente, Demontage

4 Ergebnisse dokumentieren, präsentieren z.B. durch Vorführung, Vortrag, Ausstellung

---

1 sich entscheiden für Dampfturbine oder Verbrennungsmotor

- Betrachtet Seite 32 und 33 und entscheidet euch für die **Dampfturbine** oder für den Verbrennungsmotor.

Aus Dampf wird Bewegungsenergie

Als man im 17. Jh. (= 1600–1699) entdeckte, dass Wasserdampf Arbeit verrichten kann, entstanden Maschinen, die sich vielseitig einsetzen ließen.
Die Entwicklung der **Dampfmaschine** wurde intensiv vorangetrieben. Sie wurde als Antriebsmaschine bald in Schienenfahrzeugen und Schiffen eingebaut. Eine der ersten Dampflokomotiven war von R. Stephenson 1829 entwickelt worden (Abb. ①), 1835 fuhr zwischen Nürnberg und Fürth in Deutschland die erste Eisenbahn.

Die Dampfkraft spielt auch heute noch eine bedeutende Rolle. Mit Dampf werden z. B. in Wärmekraftwerken die Turbinen betrieben, die elektrischen Strom erzeugen.

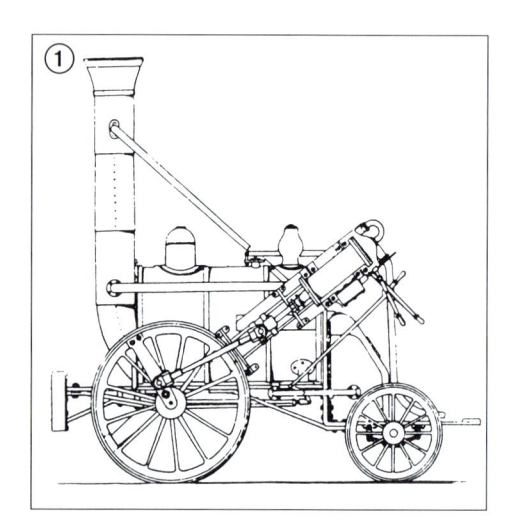

2 in Kurzreferaten verschiedene Themen erarbeiten (Abb. ②) und diese vortragen

- Bildet Expertenteams, besprecht die Themenbereiche für Referate und formuliert zu dem von euch gewählten Bereich das Thema für euer Referat.
- Überlegt euch Kriterien, nach denen ihr eure Referate bewerten wollt (☞ S. 84 und 85).
- Beschafft euch im Team selbstständig Informationen (Informationsteil dieses Buches, Fachbücher, Internet, Werbebroschüren, Expertenbefragung).
- Wertet diese Informationen aus und fasst sie zu einem Referat (☞ S. 82 und 83) zusammen.
- Stellt eure Ergebnisse in Kurzreferaten (ca. 15 Min.) gegenseitig vor.

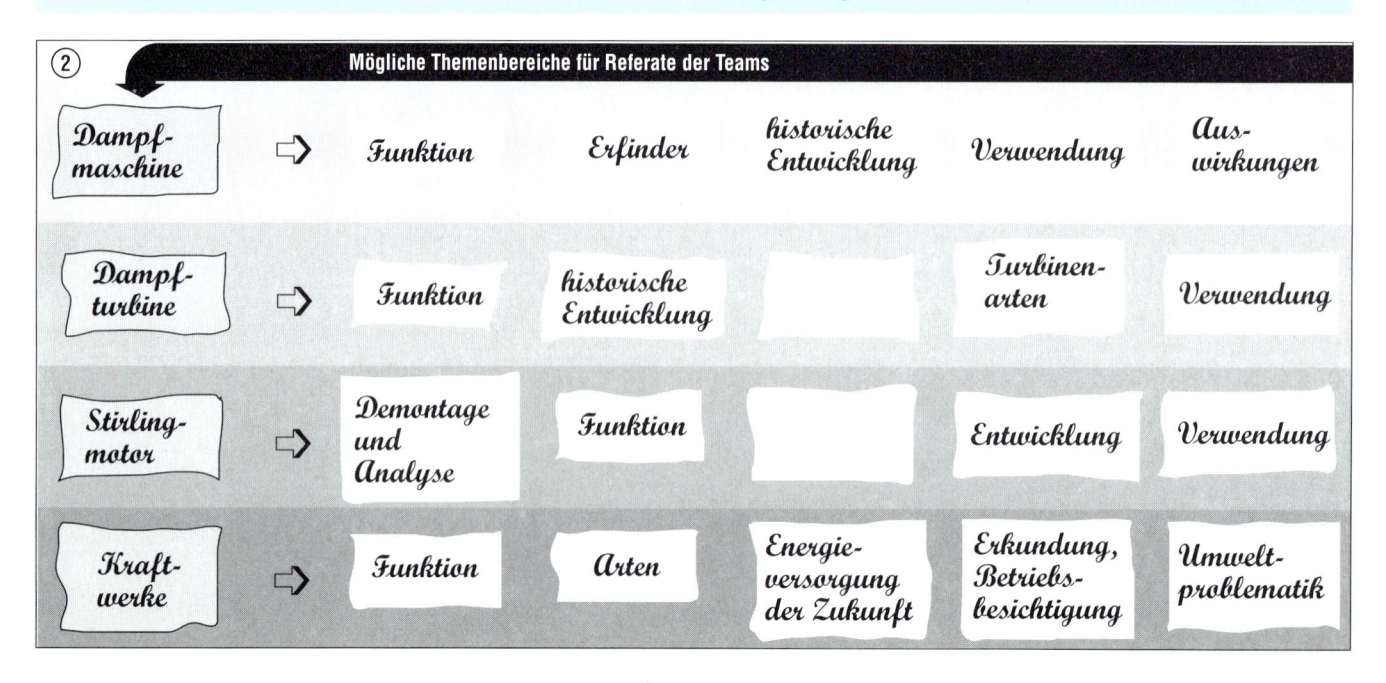

② **Mögliche Themenbereiche für Referate der Teams**

Dampfmaschine ⇨	Funktion	Erfinder	historische Entwicklung	Verwendung	Auswirkungen
Dampfturbine ⇨	Funktion	historische Entwicklung		Turbinenarten	Verwendung
Stirlingmotor ⇨	Demontage und Analyse	Funktion		Entwicklung	Verwendung
Kraftwerke ⇨	Funktion	Arten	Energieversorgung der Zukunft	Erkundung, Betriebsbesichtigung	Umweltproblematik

Der Verbrennungsmotor – ein komplexes System

Das Zusammenwirken verschiedener Teilsysteme ist notwendig, um das Funktionieren des Motors zu ermöglichen. Ihr optimales Zusammenwirken ist die Voraussetzung für die einwandfreie Funktion des Motors. Techniker und Ingenieure arbeiten fortlaufend an der Verbesserung des erreichten hohen Standards. Der **Motor** der Zukunft soll kleiner und leichter sein, weniger Kraftstoff verbrauchen und weniger Schadstoffe produzieren.

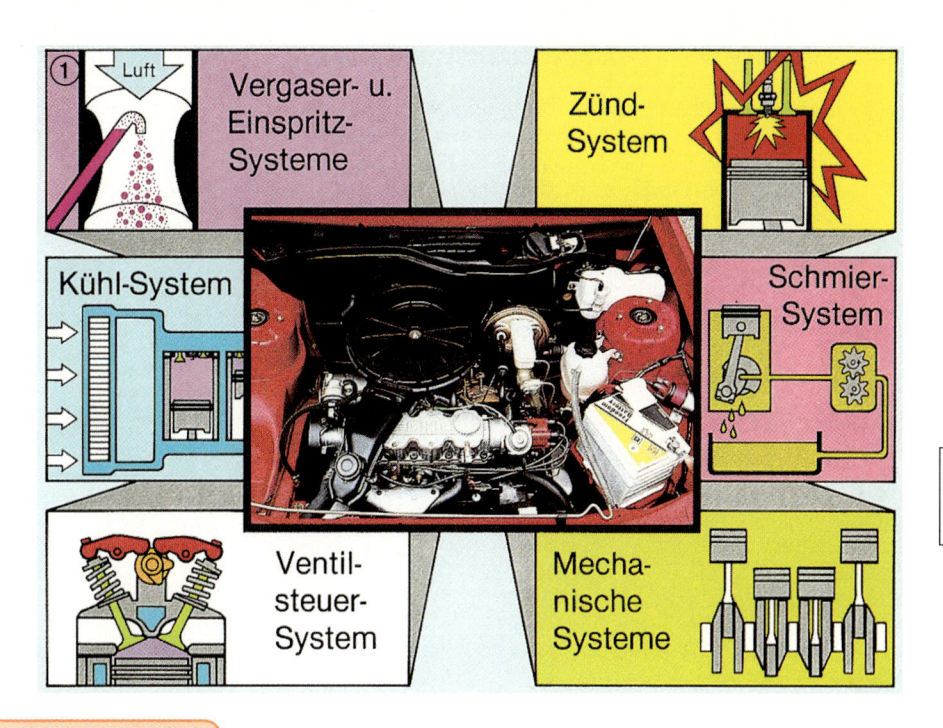

① Vergaser- u. Einspritz-Systeme · Zünd-System · Kühl-System · Schmier-System · Ventilsteuer-System · Mechanische Systeme

2 *in Kurzreferaten verschiedene Themen erarbeiten (Abb. ②) und diese vortragen*

- Bildet Expertenteams, besprecht die Themenbereiche für Referate und formuliert zu dem von euch gewählten Bereich das Thema für euer Referat.
- Überlegt euch Kriterien, nach denen ihr eure Referate bewerten wollt (☞ S. 84 und 85).
- Beschafft euch im Team selbstständig Informationen (Informationsteil dieses Buches, Fachbücher, Internet, Werbebroschüren, Expertenbefragung).
- Wertet diese Informationen aus und fasst sie zu einem Referat (☞ S. 82 und 83) zusammen.
- Stellt eure Ergebnisse in Kurzreferaten (ca. 15 Min.) gegenseitig vor.

② Mögliche Themenbereiche für Referate der Teams

Geschichte, Erfinder ⇨	Maybach	Otto	Diesel	Wankel	Benz
Mechanik ⇨	Funktion	Unterschiede			
Steuerung ⇨	Ventilsteuerungen				
Vergaser, Einspritzanlage ⇨	Demontage und Analyse		Funktion	Entwicklung	Turbolader
Zündsysteme ⇨	Funktion				
Schmiersysteme ⇨	Arten			Aufgaben	
aktuelle Entwicklungen ⇨	Solarmobile	Wasserstoff	Hybridauto	Brennstoffzelle	Raps, eine Alternative?
Umwelt-Probleme ⇨	Schadstoffe	Auswirkungen auf die Umwelt			Katalysator

Beispiele für die vertiefende Erarbeitung eines Themenbereiches

3 das Vorgetragene bzw. Dargebotene diskutieren und dann entscheiden, mit welchem Thema sich die Technikgruppe vertiefend beschäftigen will, z. B. durch Erkundung, Experimente, Demontage

4 Ergebnisse dokumentieren, präsentieren z.B. durch Vorführung, Vortrag, Ausstellung

Wenn ihr bei dem Thema, das ihr gewählt habt, eine Demontage-Analyse machen, ein Funktionsmodell bauen oder eine Expertenbefragung durchführen wollt, könnt ihr ähnlich vorgehen wie in den folgenden drei Beispielen.

Beispiel 1: Die Funktion des Vergasers

Nach den Referaten zum Verbrennungsmotor stellte die Technikgruppe der Klasse 9a der Theodor-Schüz-Realschule fest, dass sie der **Vergaser** besonders interessiert und sie einigte sich darauf, die Funktion des Vergasers durch Demontage-Analyse näher zu klären.

Die Technikgruppe hatte folgende Fragen erarbeitet:

- Aufgaben des Vergasers?
- Wie wurde der Vergaser erfunden?
- Wie funktioniert ein Vergaser?
- Mischungsverhältnis?
- Was macht der Luftfilter am Vergaser?
- Ist eine Einspritzanlage besser?
- Was hat Technik mit Chemie zu tun?
- Wie beeinflusst der Vergaser die Abgase?
- Wie frisiert man ein Mofa?

Wer versucht sein Mofa oder Moped zu frisieren, riskiert einen Motorschaden z. B. durch Überhitzen und der Versicherungsschutz kann sogar bei einem nicht selbst verschuldeten Unfall entfallen!

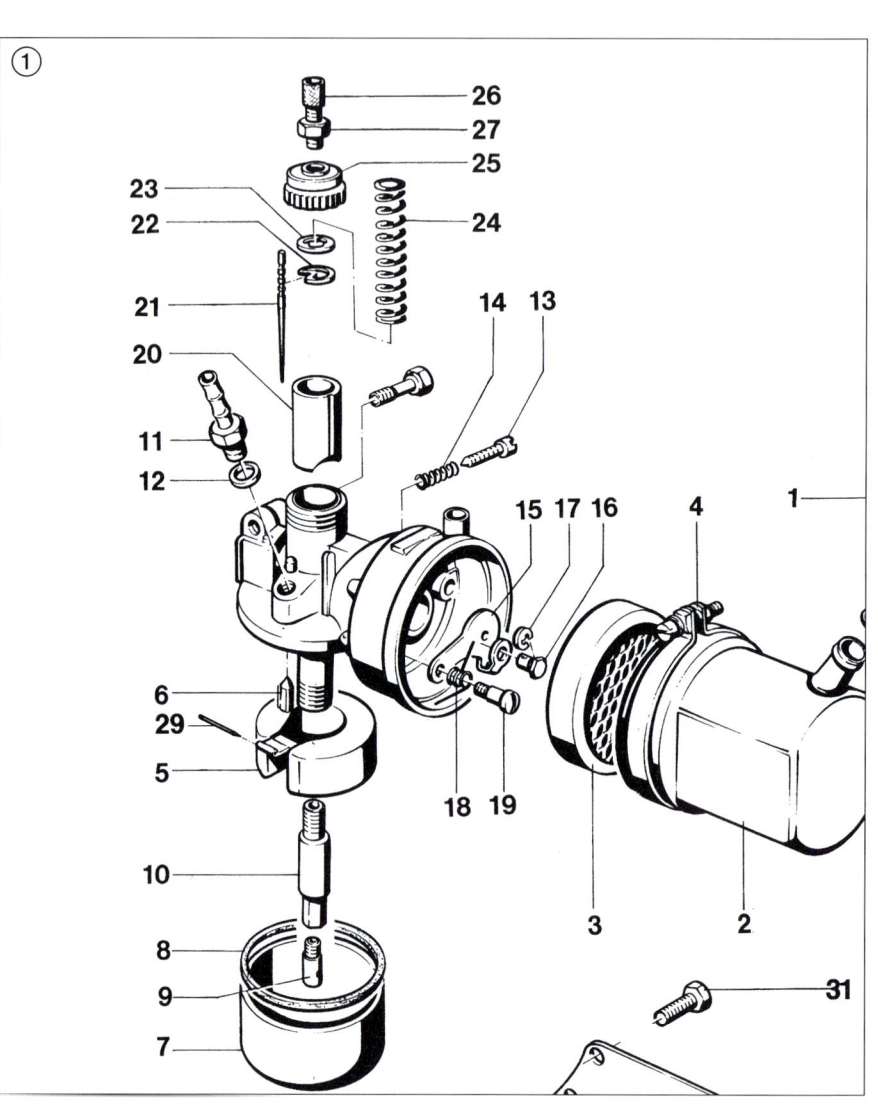

ZB Schwimmervergaser 1/8/53 A für Mofa 25

Position	Position
1 PVC-Schlauch 14 x 6	17 Sicherungsscheibe
2 Ansauggeräuschdämpfer	18 Torsionsfeder
3 Luftfilter	19 Ansatzschraube
4 Schlauchschelle	20 Gasschieber
5 Schwimmer	21 Düsennadel
6 Schwimmernadel	22 Halteblättchen
7 Schwimmerkappe	23 Scheibe
8 Dichtung	24 Schieberfeder
9 Düse Gr. 54	25 Deckelverschraubung
10 Nadeldüse für Vergaser	26 Stellschraube
11 Schlauchtülle	27 Mutter
12 Dichtring	28 Klemmschraube
13 Stellschraube	29 Stift für Schwimmer
14 Feder	30 Vergaserschutz
15 Starterklappe	31 Taptite-Schrauben M 6 x 12
16 Nippel	

Der Arbeitsablauf bei der Demontage-Analyse

Wie funktioniert ein Vergaser?

Die Klasse einigte sich darauf, diese Frage durch eine Demontage-Analyse (☞ S. 78) eines **Vergasers** zu klären. Die Voraussetzungen dafür waren an der Schule gegeben. So konnten jeweils drei bis vier Schüler an einem Übungsmotor mit funktionsfähigem Vergaser ihre Aufgaben lösen.

- Lest diese Seite. Besprecht die Inhalte der Grafik (S. 78, Abb. ④). Legt Kriterien fest, nach denen eure Demontage-Analyse mit Dokumentation und Präsentation bewertet werden soll (☞ S. 84 und 85).

Ablauf

Funktionsprobe am Motor
↓
Überlegungen zur Demontage
↓
geordnete Demontage mit Ablaufprotokoll
↓
Ordnen und Gruppieren der Bauteile
↓
Analyse der Vorgänge und Klären der Funktion
↓
Dokumentation/Beschreibung und Bewertung
↓
Remontage und Einstellung
↓
Funktionsprüfung am Motor
↓
Auswertung

Vor Beginn der **Demontage** ist Folgendes zu beachten:

> Ein Motor, und besonders ein Vergaser, auch ein älterer, längere Zeit nicht mehr benutzter Vergaser, gibt immer Benzindämpfe ab. Bei diesen Dämpfen besteht Explosionsgefahr, außerdem sind sie gesundheitsschädlich! Daher keine Wärmequelle oder gar offenes Feuer in die Nähe bringen und die Dämpfe nicht einatmen! Gut lüften!

Bei der Demontage ist wichtig:

Um einen reibungslosen Wiederzusammenbau zu erreichen, muss bei der Demontage grundsätzlich
- nach Wartungs- und Reparaturanleitungen vorgegangen werden,
- der Arbeitsplatz vorher eingerichtet werden (Tuch als Ablage/Behältnisse für Kleinteile/Kärtchen zur Beschriftung mit Bezeichnungen),
- das Ablegen der Teile geordnet so erfolgen, dass sie in der umgekehrten Reihenfolge wieder montiert werden können, am besten nach der Explosionszeichnung des Vergasers auf Seite 34,
- so vorgegangen werden, dass keine Teile beschädigt werden,
- immer der Benzinhahn geschlossen werden,
- das Schwimmergehäuse abschraubt und die Düsen ausgeblasen werden,
- mit Schwimmer und Schwimmernadel vorsichtig umgegangen werden: nie Nadeln, Draht etc. zum Reinigen benutzen,
- jedes Teil des Vergasers mit Reinigungsflüssigkeit ausgewaschen und mit Pressluft ausgeblasen werden,
- der Luftfilter öfter gereinigt und bei zu starker Verschmutzung ausgetauscht werden. Den Motor nie ohne Luftfilter in Betrieb nehmen, da die Gefahr eines Motorschadens durch Schmutzpartikel entsteht!

Die Funktionskontrolle als Abschluss der Remontage zeigt, ob alle Teile wieder richtig montiert wurden.

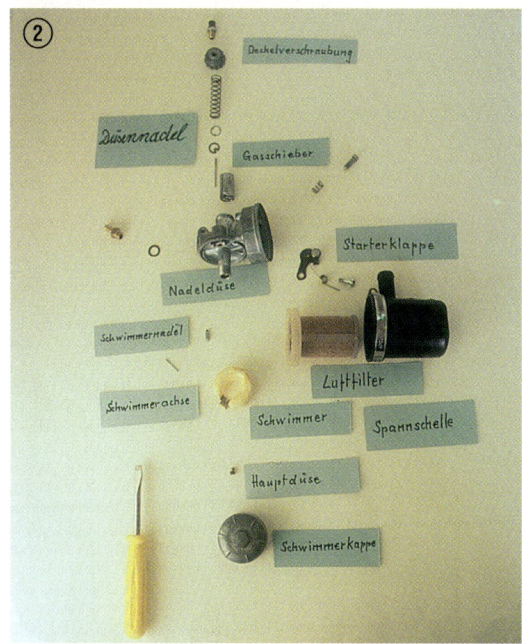

Beispiel für eine Dokumentation der Ergebnisse eines Teams

Beispiel 2: Funktionsmodell einer Ventilsteuerung

Die Technikgruppe der 9b wollte Näheres über die **Ventilsteuerung** erfahren und entschloss sich, die Funktion durch den Bau von **Funktionsmodellen** zu klären.

Die Klasse hatte folgende Fragen erarbeitet:

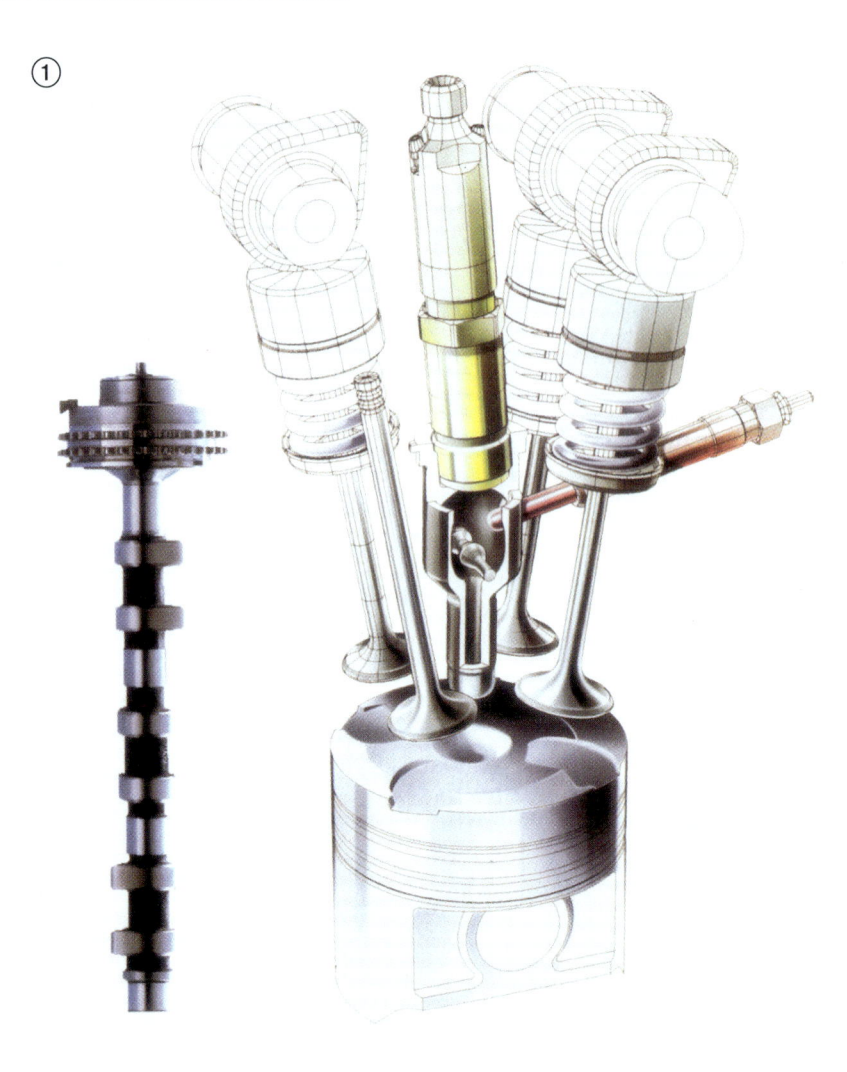

- Wozu braucht ein Motor Ventile?
- Warum hat ein Mofamotor keine Ventile?
- Was bedeutet die Aufschrift 16 V am Golf GTI?
- Wie arbeitet die Ventilsteuerung?
- Was bedeuten die Abkürzungen OHC, DOHC, CIH?
- Läuft ein Motor auch mit einem defekten Ventil?
- Braucht ein Diesel auch Ventile?
- Wieso haben Rennwagen „scharfe" Nockenwellen?
- Warum klappern Ventile von älteren Motorrädern?
- Wie arbeitet die Ventilsteuerung?

Zu dieser Frage einigte sich die Technikgruppe der 9b auf folgende Arbeitsaufträge:

– Wir klären die Funktion von Ventilsteuerungen (Abb. ①).
– Wir erstellen Kriterien zur Bewertung der Funktionsmodelle.
– Wir planen die Herstellung von Funktionsmodellen und bauen aus Materialien und Bauteilen, die an der Schule bereitliegen, funktionsfähige Modelle (Abb. ③).
– Wir beschreiben die Funktion der Modelle so, dass ein Mitschüler nach Betrachtung des Funktionsmodells und Lesen der Beschreibung die Funktion mit eigenen Worten exakt erklären kann (Abb. ②).
– Nach den erstellten Kriterien bewerten wir die Modelle und die Funktionsbeschreibungen.

Aus dem Auspuff quillt Wasserdampf

Der auf der Tokio Motor Show gezeigte Mazda HR-X wird von einem Wasserstoff-Kreiskolbenmotor angetrieben

Unsere Umwelt ist zunehmend bedroht: Die Luftverschmutzung in der Generator und wandelt kinetische Energie in Strom um, der dann als Energie bei Beschleunigung eingesetzt wird. Eine leistungsstarke hoher Dichte das ATCS-

Beispiel 3: Alternative Kraftstoffe

Die Technikgruppe der 9d wollte sich intensiv mit dem Thema „Alternative Kraftstoffe" auseinander setzen. Dazu wurden folgende Fragen erarbeitet:

- *Wann ersetzt Wasserstoff Benzin?*
- *Warum ist Wasserstoff so gefährlich?*
- *Mein Vater tankt Biodiesel, können dies nicht alle machen?*
- *Was ist Rapsdiesel?*
- *Ist das Elektroauto eine Alternative zum Benzinauto?*
- *Ein Drei-Liter-Auto reicht doch, wozu noch so ein lahmes Elektroauto?*
- *Ein Spritpreis von 5 DM/Liter, ist das nicht idotisch?*
- *Wie ist die chemische Zusammensetzung der Abgase bei den verschiedenen Kraftstoffen?*

Zu einzelnen Fragen bildeten sich Schülerteams, die sich für das jeweilge Thema besonders interessierten.

Jedes Team suchte Informationswege (Abb. ②), um sich fachkundig zu machen. Gleichzeitig wurden Kriterien aufgestellt, mit denen die Teamarbeit sowie der Informationsgehalt und die Form der Präsentation bewertet werden konnten (☞ S. 84 und 85). Die Ergebnisse und Erkenntnisse wurden auf vielfältige Weise präsentiert. Dazu wurden Grafiken, Beschreibungen, Folien, Videobänder, CDs gezielt verwendet.

Ein Team präsentierte seine Ergebnisse als Multimediashow (Abb. ③).

Technische Möglichkeiten zur Nutzung und Einsparung von Energie

Wir Menschen nehmen heute am größten Experiment der Menschheitsgeschichte teil! Wir wollen offenbar herausfinden, was mit der Erde passiert, wenn sich das Klima verändert!

Dieser Versuch findet nicht im Labor statt. Er wird auch nicht von Wissenschaftlern durchgeführt und ist uns längst außer Kontrolle geraten: Die ganze Menschheit experimentiert. Unser Versuchskaninchen ist die Erde.

Quelle: Vortragsmanuskript von M. Czakainski (Chefredakteur der Fachzeitschrift: Energiewirtschaftliche Tagesfragen).

①
21 Wandanschluss/Decke, Fußboden, Wand
26/30 Fenster, Glasbausteine   32 Sturz
33 Sims   37 Fensterladen
Thermografische Aufnahme der Wärmeverluste

- Lest den oben stehenden Text.
- Was meint der Autor mit dem Wort Experiment? Welche Faktoren sind hier gemeint, die das Klima verändern werden?
- Ist der Autor ein „Öko-Freak" oder hat er Recht mit seiner Behauptung? Nehmt Stellung dazu!
- Sammelt Informationen, die seine Aussagen unterstützen oder infrage stellen!
- Lest unten stehenden Text und betrachtet die Abb. ①, ② und ③. Diskutiert darüber!
- Betrachtet Abb. ③, informiert euch (☞ S. 45) und stellt Bezüge her zum oben stehenden Text!

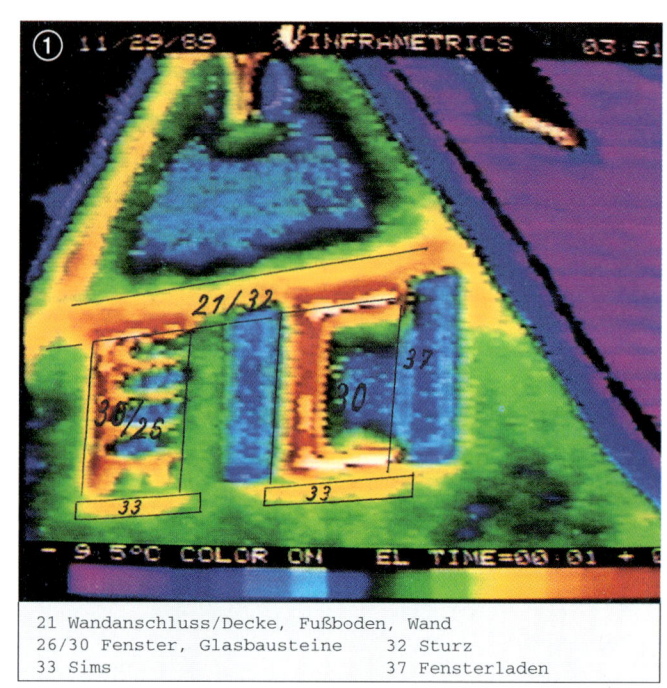

Zeitraum der Ausbeutung fossiler Energien

Seitdem der Mensch das Feuer für seinen Wärmebedarf und als Lichtquelle einzusetzen begann, sind bis vor etwa 200 Jahren kaum nennenswerte Mengen von fossilen Energieträgern (Kohle, Öl und Erdgas) abgebaut worden. Erst als die mit Kohle befeuerte Dampfmaschine ab 1770 eine brauchbare Kraftmaschine wurde, begannen die Industriestaaten, die Kohlelagerstätten systematisch auszubeuten.

Mit der Erfindung des Ottomotors um 1860 meldete sich ein Energieverbraucher an, dessen enormen Bedarf an Erdöl niemand vorhersehen konnte.

Die weltweite Technisierung erfordert immer größere Energiemengen. Heute gehen die Experten davon aus, dass die fossilen Energieträger Erdöl, Erdgas und Kohle in etwa 50 Jahren rar werden und dass dann der **Energiebedarf** nicht mehr gedeckt werden kann. Der Verbrauch wird also rapide zurückgehen (Abb. ③), wenn es nicht gelingt, neue Energiequellen zu erschließen oder die vorhandene Energie besser zu nutzen.

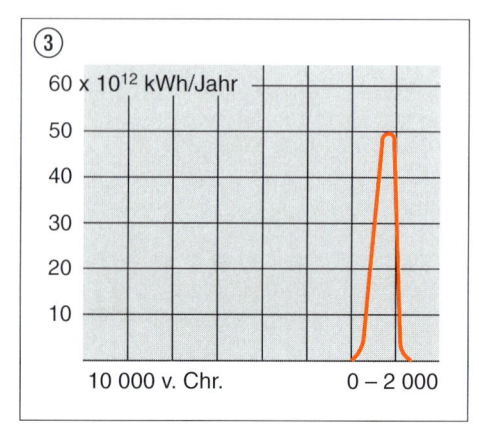

②
Niedrigenergiehaus

③
60×10^{12} kWh/Jahr
10 000 v. Chr. — 0 – 2 000
Verbrauch von fossilen Energieträgern

Bau von Modellen, Durchführung von Experimenten, Messreihen und Erkundungen zur Energietechnik

Auf den folgenden Seiten sind an unterschiedlichen Beispielen Möglichkeiten dargestellt, wie ihr euch mit Fragen der Energiegewinnung, der Umwandlung und der Nutzung von Energie auseinander setzen könnt.

Das Thema Energie ist so umfangreich, dass ihr auswählen müsst, mit welchen Bereichen ihr euch im Unterricht praktisch und in Einzelheiten auseinander setzen wollt. Je nachdem, welcher Bereich euch besonders interessiert, solltet ihr euch entscheiden für:

1 *Experimente mit Rotoren und Bau eines Modells zur Nutzung von Windenergie (Abb. ① und S. 40)*

oder

2 *Erkundung des Energiekonzeptes einer kleinen Wohneinheit (Abb. ② und S. 44)*

oder

3 *Experimente mit Messreihen zur Energieeinsparung durch Wärmedämmung am Bau (Abb. ③ und S. 45)*

Die Experimente und die Konstruktion der Modelle müssen von der gleichen technischen Problemstellung ausgehen, wie sie sich in der Wirklichkeit stellt, um in die Realität übertragbare Erkenntnisse zu erhalten.

Im Vergleich eurer Ergebnisse mit realen Energieanlagen gewinnt ihr die erforderlichen Erkenntnisse, die euch helfen,
- als „mündige Bürger" Entscheidungen zu Energiefragen mitdiskutieren und treffen zu können,
- energie- und umweltbewusste Kaufentscheidungen zu treffen und
- euren Beitrag zur Energieeinsparung zu leisten.

① 
- Aufbau und Wirkungsweise von Windenergieanlagen
- Experimente mit Rotoren
- Wirkungsgrad
- Bau eines Funktionsmodells
- Einsatzmöglichkeiten von Windenergieanlagen
- Bewertung von Funktionsmodellen

② 
- Erkundung vorbereiten
  - Infomaterial
  - Teams bilden
  - Grundfragen klären
- Erkundung durchführen
  - Dauer/Ablauf
  - Fragebogen
  - Sicherheit
- Erkundung auswerten
  - Berichte
  - Dokumentation
  - Präsentation
  - Bewertung

③ 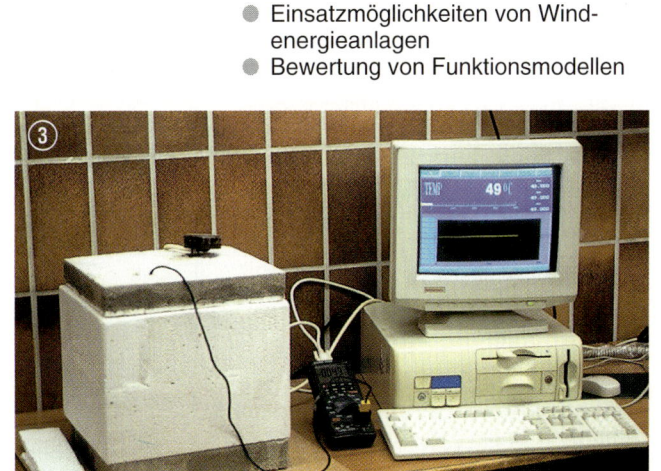
- Maßnahmen zur Einsparung von Heizenergie
- Experimente zur Wärmedämmung
- Bewertung
- Messreihen
- Niedrigenergiehaus

Wenn wir uns mit dem Thema „Energie" beschäftigen, gewinnen wir Erfahrung,
- wie Modelle gebaut, Experimente durchgeführt, ausgewertet und dokumentiert werden,
- wie Funktionsweisen an Modellen einsichtig gemacht und wie die Erkenntnisse mit Realobjekten verglichen werden,
- wie eine Erkundung vorbereitet, durchgeführt und ausgewertet wird,
- wie Kriterien zur Bewertung von Experimenten, Funktionsmodellen oder einer Erkundung gefunden werden,
- wie aus Schaubildern und Tabellen Informationen gewonnen werden,
- wie Energie nutzbar gemacht wird und wie man Energie in früherer Zeit genutzt hat.

Dabei
- erkennen wir Möglichkeiten der Nutzung regenerativer Energien,
- gewinnen wir Einblick in Zusammenhänge und Probleme der Energieversorgung, der Energieumwandlung und der Energienutzung,
- wird uns bewusst, wie wichtig die Bemühungen zur Einsparung von Energie sind,
- begreifen wir, dass zur Bewältigung der globalen Energiefragen Umdenken und weitsichtige Entscheidungen erforderlich sind.

1 Experimente mit Rotoren und Bau eines Modells zur Nutzung von Windenergie

- Bildet Gruppen und lest neben stehenden Zeitungsartikel. Listet die Argumente der Experten Georg Löser und Edgar Wais auf. Sucht weitere Argumente pro und kontra der Nutzung von Windenergie.
- Beziehet Stellung zu den Argumenten und tauscht euch mit den anderen Gruppen aus.

Bereits seit mehr als 3000 Jahren wird der Wind als Antriebsenergie genutzt. Segelschiffe und Windmühlen sind Beispiele dafür. So wurden Windmühlen bevorzugt zum Mahlen von Getreide und zur Wasserförderung eingesetzt. Seit Anfang des 20. Jahrhunderts werden Windenergieanlagen zur Erzeugung von elektrischer Energie verwendet.

Im Idealfall können höchstens 59 % der auf den Rotor auftreffenden Windenergie genutzt werden. Wegen der Reibungsverluste wird aber dieser ideale Wirkungsgrad nicht erreicht. Die Leistungskennlinien ☞ S. 142 zeigen, dass bei modernen 1-, 2- oder 3-Blattrotoren Wirkungsgrade bis 48 % möglich sind. Diese Rotoren benötigen eine hohe Anlaufgeschwindigkeit und sind erst bei einer Windgeschwindigkeit von mindestens 4 m/s wirtschaftlich.

In Kalifornien werden am Altamontpass mithilfe von 8000 Windgeneratoren auf einer Fläche von 120 km² zurzeit 700 MW elektrische Energie aus der **Windenergie** gewonnen. Dies entspricht der Leistung eines modernen Heizkraftwerks.

Windenergie liefert Strom schadstofffrei und hilft die Energiereserven zu schonen. Allerdings haben die Windgeschwindigkeiten in Kalifornien, speziell im Sommer – bedingt durch die Temperaturunterschiede zwischen Land und Meer –, Werte um 7–12 m/s (vgl. S. 142).

Pro   **Expertenmeinung**   **Kontra**

Energiequelle mit Zukunft?
Windkraftnutzung zwischen Natur- und Umweltschutz

Der Bau neuer Windkraftanlagen im Land ist umstritten. Die Windnutzung als Stromquelle sei der notwendige Einstieg in die Energiewende, sagt Windkraftbefürworter Dr. Georg Löser vom Bund für Umwelt- und Naturschutz (BUND) Baden-Württemberg. Landschaftsverschandelung auf den Kuppen der Schwäbischen Alb und Unwirtschaftlichkeit befürchtet dagegen der Reutlinger Landrat Dr. Edgar Wais.

Georg Löser: Windenergie ist Bestandteil der ökologischen Energiewende. Diese umfasst den Vorrang für Energieeinsparung, den Atomenergieausstieg und den Ausbau der erneuerbaren Energien. Windenergie stößt keine Treibhausgase, Luftschadstoffe und Radioaktivität aus und ist frei von Katastrophenrisiken. Sie hilft schnell beim Umwelt- und Klimaschutz. Eine Kilowattstunde Windkraft erspart ein Kilo Kohlendioxidausstoß und drei Kilowattstunden Energieeinsatz in üblichen Kraftwerken. Es liegt im öffentlichen Interesse und entspricht dem Staatsziel Umweltschutz, diese besonders umweltfreundliche Energiequelle zu nutzen.
Bei Windenergie besteht kein Gegensatz zwischen Naturschutz und Umweltschutz, sondern ein Spannungsverhältnis zwischem örtlichem Eingriff und überörtlicher Umwelt- und Naturentlastung. Dies ist lösbar, indem Windkraft etwa in Naturschutzzonen nicht genutzt wird und ansonsten landschaftsschonend optimiert wird.
Windkraft ist im ländlichen Raum eine große heimische Stromquelle: Eine 500-Kilowatt-Anlage erzeugt am günstigen Standort eine Million Kilowattstunden jährlich – genug für 1000 Stromsparhaushalte.

Edgar Wais: Die weitere Erforschung der Nutzung alternativer Energien einschließlich der Windkraft muss selbstverständlich vorangetrieben werden. „Uropas Windrad" ist jedoch keine geeignete Technologie zur Lösung unserer heutigen Energieprobleme. Windräder heutiger Machart produzieren überteuerten Strom und verschandeln besonders auf der Schwäbischen Alb die Landschaft.
Nicht subventioniert, kostet das Kilowatt aus einer Windkraftanlage etwa 30 Pfennig, während es am europäischen Strommarkt schon für 3 Pfennig zu haben ist. Künstlich verteuerte Strompreise verträgt der Wirtschaftsstandort Deutschland aber derzeit nicht.
Anläßlich der Einrichtung von Windrädern auf der Schwäbischen Alb stellte die Landesanstalt für Umweltschutz in Karlsruhe fest, dass es sich dabei um einen „sehr schwerwiegenden Eingriff in das Erscheinungsbild der Kuppenalb handelt, da eine solche Anlage zu einer auffälligen technischen Überprägung des Raumes führt". Die Karlsruher Umweltschützer haben recht, eine Verschandelung des Landschaftsbilds unserer Schwäbischen Alb durch unwirtschaftliche technische Anlagen darf es nicht geben.

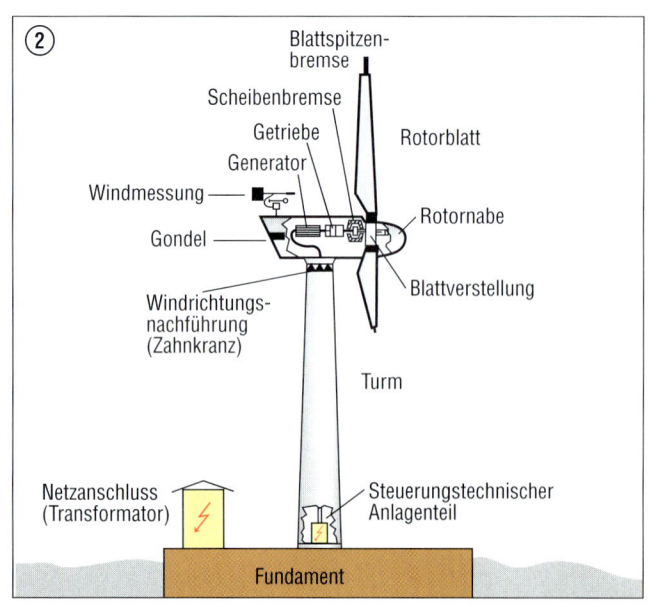

---

② Schema einer Windkraftanlage

Beschriftungen: Blattspitzenbremse, Scheibenbremse, Getriebe, Generator, Windmessung, Gondel, Windrichtungsnachführung (Zahnkranz), Netzanschluss (Transformator), Rotorblatt, Rotornabe, Blattverstellung, Turm, Steuerungstechnischer Anlagenteil, Fundament

Ein **Windgenerator** besteht aus verschiedenen Baugruppen (Abb. ②):
– Das Windrad (Rotor) setzt Windenergie in Bewegungsenergie um und treibt über ein Getriebe den Generator an.
– Das Getriebe bringt die Rotordrehzahl auf die erforderliche Generatordrehzahl.
– Der Generator erzeugt über eine Drehbewegung einer Welle elektrische Energie (☞ S. 133 und 139).
– Die Steuerung (Blattverstellung) regelt die Leistung der Anlage auch bei stärkeren Winden durch eine Veränderung der Rotorblatteinstellung.
– Das Gestell bietet der gesamten Anlage einen sicheren Stand.

Eine große Zahl unterschiedlichster Windräder und Rotoren kennzeichnet die stetige Suche nach besseren und günstigeren Lösungen zur Energiegewinnung aus Windkraft. Die Entwicklung konzentriert sich derzeit vor allem auf Propellerflügler bzw. Vielblattwindräder (☞ S. 41 und 142).

Verschiedene Bautypen zur Nutzung der Windenergie

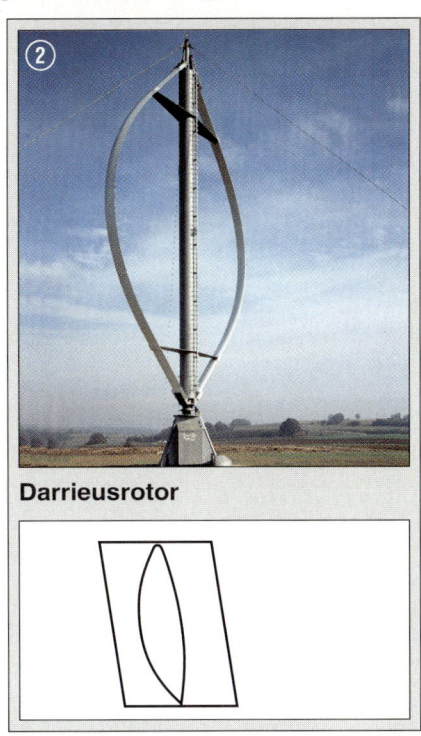

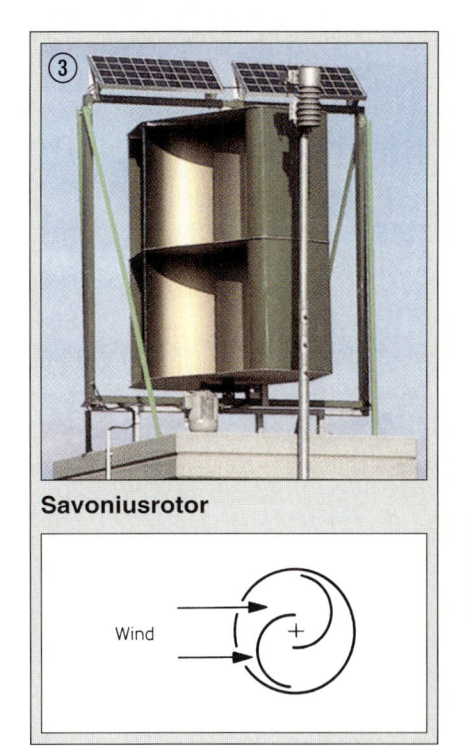

① Propellerwindrad

② Darrieusrotor

③ Savoniusrotor

- Betrachtet Abb. ① bis ③.
- Informiert euch über die drei dargestellten Rotortypen ☞ S. 142.
- Erkundigt euch, welcher der abgebildeten Rotortypen in eurer Umgebung in Betrieb ist.

Bau eines Propellerwindradmodells

Für Windgeschwindigkeiten, die in Deutschland vorherrschen, konzentriert sich die Entwicklung derzeit vor allem auf Propellerflügler.

Wenn ihr das Modell eines solchen Propellerflüglers baut, so ist es wichtig, dass die Ausführung des Modells der Konstruktion von Original-Windkraftanlagen entspricht. Es empfiehlt sich, die Größe so zu dimensionieren, dass ein Rotorblatt max. 30 cm lang ist. Damit das Modell die erwartete Leistung bringt, sollten geeignete Bauteile wie Kugellager, Metallachsen, Zahnräder etc. verwendet werden.

Um die Leistung vergleichen zu können, müssen vergleichbare Testbedingungen gegeben sein. D.h., die Modelle werden in einer „Testanlage" geprüft, die konstante Windgeschwindigkeiten erzeugt.

- Stellt in Teams je eine Propeller-Windkraftanlage her, die mit einem Solarmotor als Generator und einem Getriebe eine Leuchtdiode (LED) zum Leuchten bringt.
  Die Rotorblätter sollten verstellbar sein und die Gondel sollte sich von selbst in den Wind stellen.
- Überlegt euch eine geeignete Getriebeübersetzung.
- Erstellt Kriterien zur Bewertung der Modelle.
  Tipps zur Fertigung findet ihr auf Seite 42 und 43.
- Testet eure Modelle in der gemeinsamen „Testanlage".
  Versucht durch Optimierung eures Modells eine höhere Leistung zu erzielen.
- Bewertet die Leistung der Teams und jedes Einzelnen (☞ S. 84 und 85).

Geeignete Werkstoffe, Halbzeuge, Bauteile auswählen

Baugruppen, Bauteile	mögliche Werkzeuge und Halbzeuge
Rotorblätter	Kunststoff, Holzwerkstoffe, Balsaholz, Balsarahmenkonstruktion mit Spannpapier und Spannlack, Holzleisten, Pappe/Karton
Rotornabe	Aluminium, Baustahl, Holz
Getriebe	Scheiben (Holz, Kunststoff) mit Riemenantrieb = Riemengetriebe Zahnräder (Metall, Kunststoff) = Zahnradgetriebe
Lagerung	Metallstäbe als Achsen und Wellen, Metallbuchsen, Kugellager
Gestell	Holzrahmen, Holzgerüst, Holzstab, Stahlrohr, Metallgerüst mit Flachstahl oder Winkelstahl, Kunststoff
Elektrik	Solarmotor, Schalter und Leuchtdiode (LED)

Herstellung des Modells

Baugruppe Rotor

Mit welchem Rotortyp lässt sich die größte Leistung erzielen?

Die Leistung ist abhängig von
- der Anzahl der Rotorblätter,
- der Form der Rotorblätter,
- der Stellung der Rotorblätter,
- dem Gewicht der Rotorblätter.

Der **Rotor** einer **Windkraftanlage** besteht aus ein bis drei Rotorblättern. Jedes **Rotorblatt** sollte der „Tropfenform" eines Flugzeugflügels möglichst nahe kommen (Abb. ⑤), um eine optimale Luftströmung zu gewährleisten.

Die Rotorblätter werden auf eine Nabe geschraubt, die durch eine Welle mit dem Getriebe verbunden ist (Abb. ②, ③ und ⑥). Die Reibung an der Welle ist zu minimieren, um die Leistungsverluste so gering wie möglich zu halten.

- Entwickelt nach euren Vorstellungen und Ideen mit den bereitgestellten Materialien einen Rotor. Beachtet dabei die maximale Größe von 70 cm Durchmesser. Fertigt die Rotorblätter an.
- Überlegt euch die Stellung der Blätter zum Windstrom und findet durch Versuche an der Testanlage die optimale Stellung heraus.

Tipps

- Werkstoffe:
  - Welle: Silberstahl ⌀ 8 mm
  - Nabe: Aluminium (Abb. ③ u. ⑥)
  - Flügel: Balsaholz
- Bohrungen
  - Die Mittelbohrung der Nabe muss exakt zentrisch sein.
  - Die Einteilung der Bohrungen für die Flügelbefestigungen muss exakt berechnet und angerissen werden.
- Fertigung der Flügelform mittels Schablone (Abb. ⑤).
- Flügelbefestigung (Abb. ②).

Baugruppe Getriebe

Getriebe werden eingesetzt, um
- die Antriebskraft von der Antriebswelle (hier die Rotorwelle) über eine bestimmte Entfernung auf die Abtriebswelle (hier die Generatorwelle) zu übertragen,
- die geeignete Drehzahl und die benötigte Drehkraft am Abtrieb zu erreichen,
- die gewünschte Drehrichtung am Abtrieb zu erhalten.

Um eine möglichst hohe Drehzahl am Generator zu erreichen, muss eine „Übersetzung ins Schnellere" zwischen Rotornabe und Generator eingebaut werden (Abb. ⑥ und ☞ S. 123.).

Tipps

- Zahnradgetriebe mit mehrstufiger Übersetzung (Abb. ⑥ und ☞ S. 123) oder Riementrieb (Abb. ⑦).
- Auf möglichst geringe Reibung achten: Die Wellen und Achsen müssen genau parallel liegen und „professionell" gelagert werden (Kugellager ☞ S. 43.)

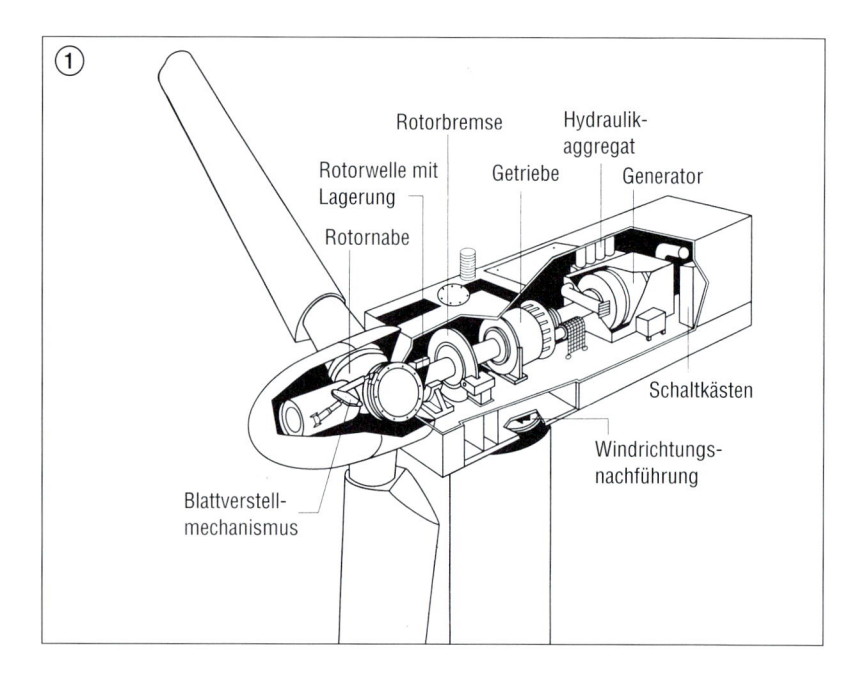

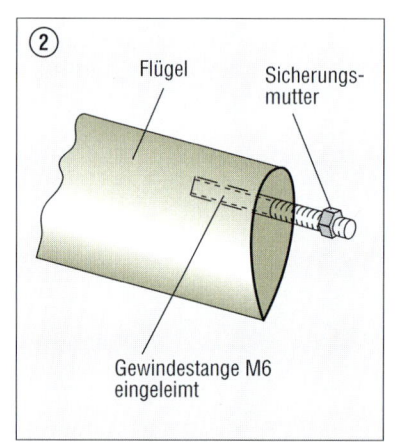

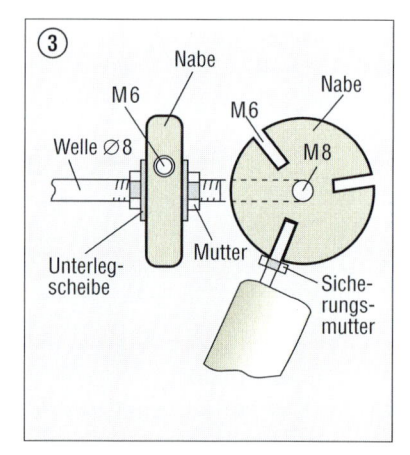

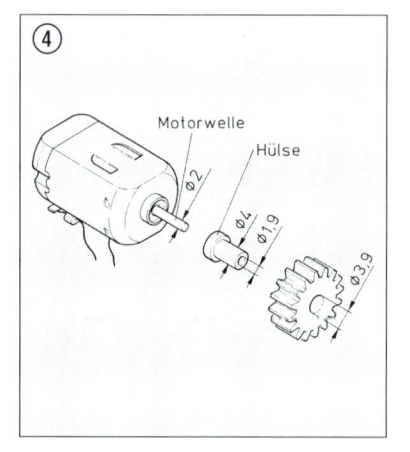

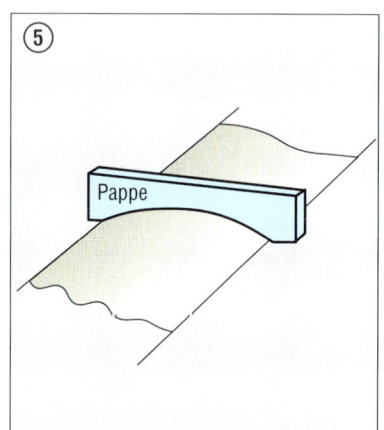

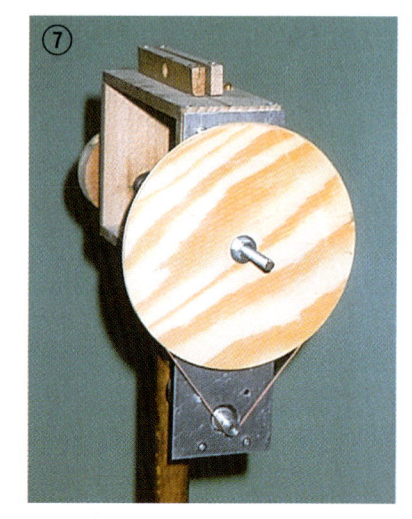

Baugruppe Gestell/Lagerung

Das Gestell muss so konstruiert sein, dass es als
- Rahmen,
- Träger der Gondel,
- Lager und
- Gehäuse für die einzelnen Teile dient. Bei der Herstellung eines Gestells ist daher auf die Standsicherheit und die Belastbarkeit zu achten. Der Winddruck darf die Anlage nicht umwerfen.

Tipp
- Das Gestell aus Metallstreben (Flachprofilen oder Winkelprofilen) oder aus Holz (Abb. ① und ②) herstellen.

Teile, die sich drehen, wie die Antriebswelle, müssen gelagert werden.

Diese Lager sollen
- die Belastungen aufnehmen,
- als Halterung/Befestigung dienen,
- so gebaut sein, dass sich die Wellen und Achsen bei geringem Spiel leicht drehen lassen.

Zur Minimierung der Reibung sollten an allen geeigneten Stellen der Windkraftanlage Lager eingebaut werden (Abb. ③ bis ⑤).

Tipps
- Radialkugellager (Abb. ③ und ④) eignen sich zur Lagerung von Achsen und Wellen.
- Axialdrucklager (Abb. ⑤ und ⑥) eignen sich zur Lagerung der Gondel.
- Montage: Mit dem Hammer nicht direkt auf die Kugellager schlagen. Zulagen verwenden (Abb. ⑦).

Baugruppe Generator/Elektrik

Als Generator eignet sich ein Solarmotor oder ein ähnlicher Motor, der bereits bei geringen Drehzahlen eine Leistung erzeugt, mit der eine LED (☞ S. 164) zum Leuchten gebracht werden kann.

Tipp
- Bringt die Anlage keine ausreichende Leistung, kann der Widerstand in Abb. ⑧ entfallen.

- Stellt in der Testanlage die Leistung eurer Windkraftanlage fest, indem ihr die max. Spannung (U in Volt) und die Kurzschlussstromstärke (I in Ampere) messt. Führt die Messung direkt an den Ausgängen des Generators bei geöffnetem Schalter durch, um ein möglichst genaues Ergebnis zu erhalten.
- Tragt die gemessenen Werte in eine Tabelle ein und vergleicht die errechneten Leistungen (☞ S. 137).

Tabelle der Vergleichsmessungen

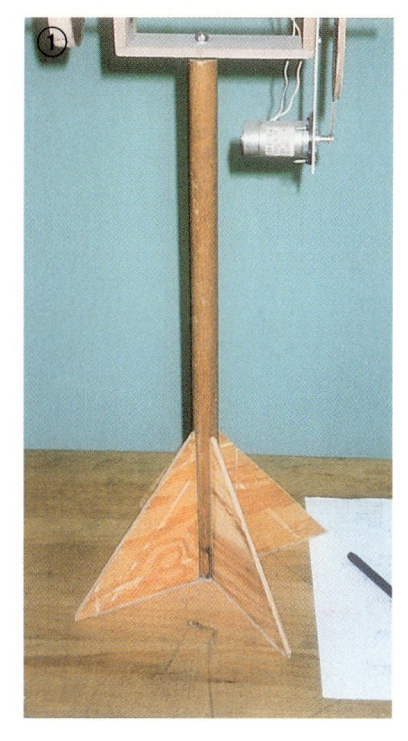

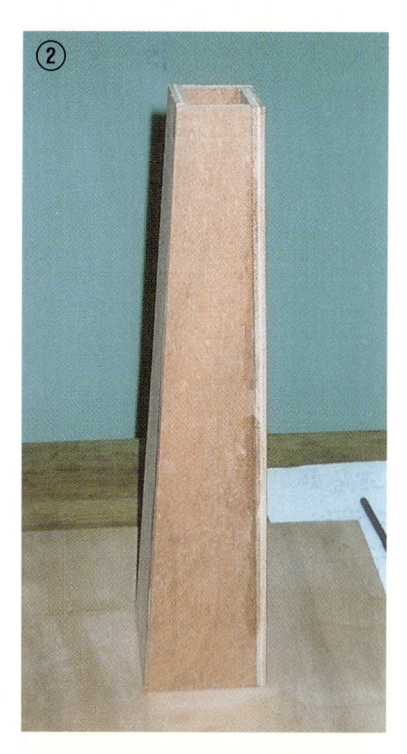

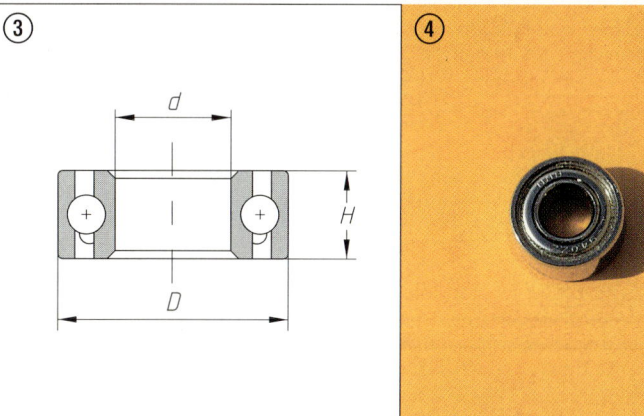

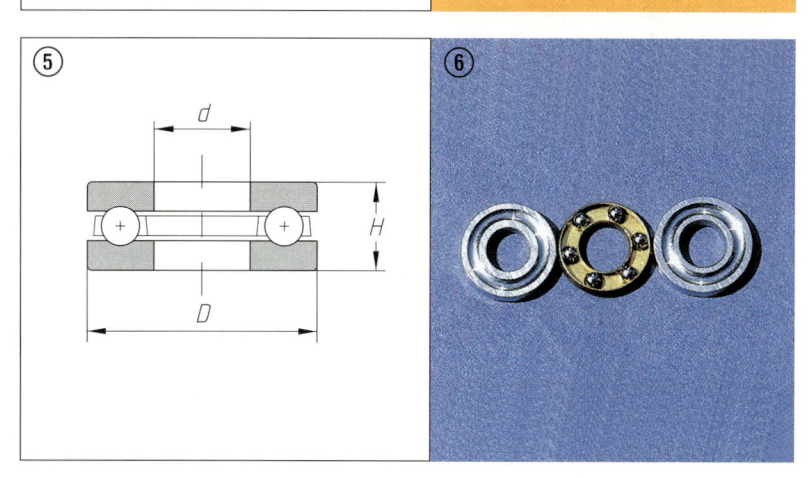

Gruppe	1	2	3	4	...
U in V					
I in A					
P in W					

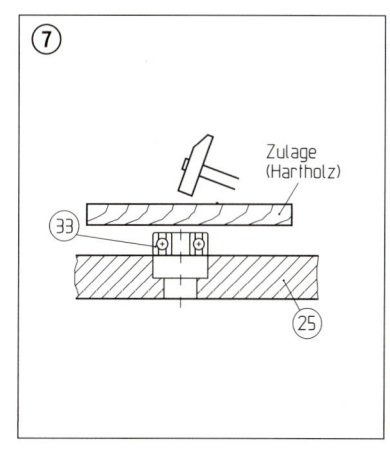

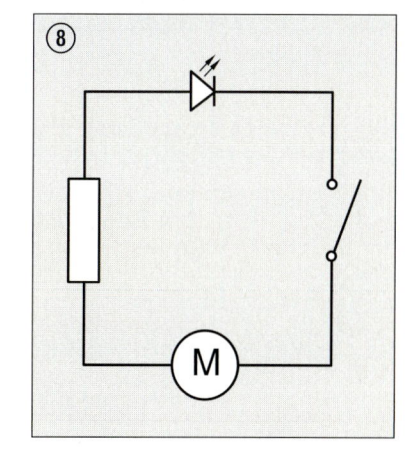

2 Erkundung des Energiekonzeptes einer kleinen Wohneinheit

Für alle Neubauten und Umbauten in Deutschland gelten die Bestimmungen der Wärmeschutzverordnung 95 (☞ S. 146). Deshalb muss für jedes Gebäude bei der Planung ein Energiekonzept erstellt werden, damit die Vorgaben der Wärmeschutzverordnung erfüllt werden. Architekten und Ingenieure entscheiden mit dem Bauherrn z. B. über die
– Anordnung der Räume bezüglich der Sonneneinstrahlung,
– Art und Kombination der Baustoffe,
– Art der Heizanlage/Energiegewinnung und der Warmwasserversorgung.

Um zu lernen, was man unter einem **Energiekonzept** versteht und welche technischen Möglichkeiten es gibt, ein solches Konzept zu realisieren, empfiehlt es sich, differenziert Informationen zu beschaffen, diese auszuwerten und zu vergleichen.

- Bildet Teams zur Informationsbeschaffung/Erkundung in folgenden Bereichen:
  – Literatur, Internet, …,
  – Energieberatungsstelle der Stadt bzw. des Landkreises
  – Architekturbüro/Büro eines Bauträgers (Abb. ①),
  – Bauhandwerk,
  – Installationshandwerk.
- Klärt die Fragestellungen bezüglich des Bereiches, in dem Informationen beschafft werden sollen, in jedem Team und beschafft danach die Informationen.
- Wertet die Informationen aus und stellt sie übersichtlich dar.
- Entwickelt ein eigenes Energiekonzept z. B. für ein Gebäude mit 4 Wohneinheiten als Vision. Begründet euer Konzept.

Oder

- Erkundet das Energiekonzept (☞ S. 144 und 145) z. B. des Neubaus eines Mehrfamilienhauses und stellt dieses Konzept dar.

Mögliche Fragen zur Beschaffung von Informationen und zu Erkundungen

- Warum ist die Lage eines Hauses nach Süden wichtig?
- Wie hoch sind die Heizkosten für ein Haus? (Altbau und Neubau)
- Welcher Baustoff dämmt am besten?
- Was ist eine Wärmepumpe?
- Worin liegen die Vorteile eines Blockheizkraftwerkes?
- Haben Solarkollektoren eine Zukunft?
- Wie kann ein Haus nachträglich besser isoliert werden?
- Ist ein Niedrigenergiehaus nicht viel zu teuer?
- Hat die Gemeinde bestimmte Energie sparende Bauvorschriften für den Bau eines neuen Hauses erlassen?
- Was bringt der Wintergarten?
- Heizkörper an der Decke – ist das überhaupt sinnvoll?
- Die Heizanlage soll auf den Dachboden?
- Brauchwassernutzung, was ist das?
- Neue Häuser schimmeln schneller als Altbauten, stimmt dies?
- Ich spare Energie, alle anderen nicht, was soll denn das?
- Welche speziellen Fenster gibt es um Energieverluste zu reduzieren?
- Kann ich nicht ersticken, wenn das ganze Haus abgedichtet ist?
- Wann ist die Fotovoltaik marktreif?
- Wo liegen die kritischen Punkte für Energieverluste bei einem Haus?
- Wie bekommt man die Dachkante an der Außenwand ganz dicht?

3 Experimente mit Messreihen zur Energieeinsparung durch Wärmedämmung am Bau

Anteile am Energieverbrauch der Haushalte

Wer überlegt, wo Energie eingespart werden kann, sollte wissen, dass die Haushalte den größten Anteil am Energieverbrauch haben.

- Die Grafik ① zeigt, wofür im privaten Haushalt Energie verbraucht wird.
- Nennt konkrete Maßnahmen zur Energieeinsparung durch verändertes Verhalten des Menschen und durch den Einsatz von Technik.

Den größten Anteil am privaten **Energieverbrauch** hat die Heizung. Die Grafik weist aus, dass dafür 51 % des gesamten Energieverbrauchs benötigt werden. Um hier zu sparen, gilt seit 1995 eine neue Wärmeschutzverordnung für alle Neubauten und Umbauten (☞ S. 146).

Durch nachträgliche Sanierungsmaßnahmen und durch den Einbau entsprechend gedämmter Fenster, den Anbau von Wintergärten, durch Solaranlagen u. a. lässt sich auch bei Altbauten der Energieverbrauch reduzieren (☞ S. 144).

① Licht 1 % / Kühlen und Gefrieren, Waschen 4 % / 9 % Warmwasser / Auto 33 % / 51 % Heizen / Kochen 2 %

Wärmeverluste bei Altbauten – Sanierungsmaßnahmen

Um an Altbauten feststellen zu können, wo die Wärme verloren geht, bieten die Energieberater „thermografische Aufnahmen" an. Mit der Infrarotkamera werden die sonst unsichtbaren Wärmestrahlen sichtbar gemacht (Abb. ②): Blaue Flächen zeigen an, dass die Wand gut isoliert, also außen kalt ist, an roten Flächen ist der **Wärmeverlust** am größten.

- Stellt anhand des **Thermogramms** Abb. ② fest, wo **Energieverluste** eingeschränkt werden müssen.
- Vermutet, mit welchen Materialien sich der Wärmeverlust reduzieren lässt.

Der Energieverbrauch für das Heizen eines Hauses hängt wesentlich von den verwendeten Baumaterialien ab. Beton, Ziegel, Holz, Glas u. a. leiten die Wärme unterschiedlich stark, wobei als Faustregel gilt: Je mehr „stehende Luft" ein Baustoff einschließt, desto schlechter leitet er die Wärme ab! Die Baustoffindustrie gibt als Maß für die Wärmeleitfähigkeit den „K-Wert" an (☞ S. 146).

② 11/29/89 INFRAMETRICS 03:51
21 Wandanschluss/Decke, Fußboden, Wand
26/30 Fenster, Glasbausteine   32 Sturz
33 Sims   37 Fensterladen

Die Wärmedämmung bei Verwendung verschiedener Baustoffe

In Experimenten können wir selbst Materialien auf ihre Wärmedämmeigenschaften untersuchen.

Um immer die gleichen Ausgangsbedingungen zu bekommen, führen wir das Experiment mit einer Wärmedämmbox durch (Abb. ③).

Die Messung kann je nach Baustoff längere Zeit in Anspruch nehmen. Parallel können deshalb andere Aufgaben bearbeitet werden.

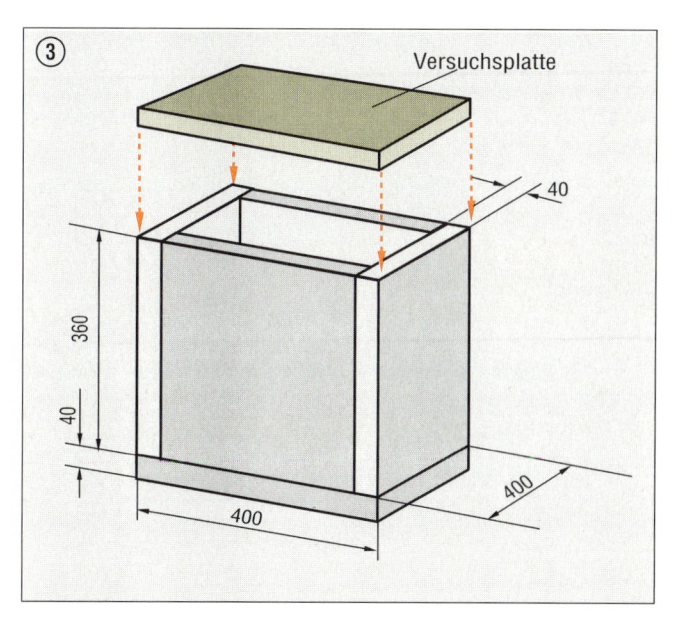

③ Versuchsplatte / 40 / 360 / 40 / 400 / 400

EXPERIMENT

Fragestellung/Vermutung:
Wie lange halten unterschiedliche Baustoffe die Wärme in einem geschlossenem Raum zurück?
Welcher Baustoff dämmt am besten? Vermutet und begründet!

Planung:
Um ein solches Experiment durchführen zu können, benötigen wir eine Wärmedämmbox. Diese Box ist eine Kiste aus dicken Styroporplatten oder aus Sperrholzplatten mit Styropordämmung.
- Im Inneren der Box befindet sich ein Halogenstrahler oder eine andere Heizquelle, die den Innenraum der Box aufheizt.
- Ein Thermometer misst die Innentemperatur der Box. Sie muss von außen laufend abgelesen und die Werte müssen notiert werden (Abb. ①).
- Der Deckel wird jeweils in Form der Versuchsplatten (Baustoffe) aufgesetzt, deren Wärmeleitfähigkeit gemessen werden soll.
- Diese Deckel müssen trocken sein und die gleiche Ausgangstemperatur haben.
- Nur eine gleiche Plattenstärke ergibt vergleichbare Ergebnisse.

Durchführung:
Außentemperatur (Zimmertemperatur) messen und eine Ausgangstemperatur für den Versuch festlegen, die über der Außentemperatur liegt (Minimum 5 °C darüber), um vergleichbare Ergebnisse zu erhalten.
- Versuchsplatte auf die Box legen und den Strahler einschalten.
- Wenn das Thermometer 10 °C über der Ausgangstemperatur anzeigt, Strahler abschalten und Zeitmessung starten.
- Jede Minute die Temperatur ablesen und die Werte in eine Tabelle eintragen.
- Die Durchführung ist beendet, wenn die Ausgangstemperatur wieder erreicht ist.
- Andere Versuchsplatte auflegen und das Experiment wiederholen.

Auswertung des Experiments:
Legt eine Vergleichstabelle an und tragt die Versuchsdaten ein. Zeichnet mithilfe eines Grafikprogramms (Abb. ②) ein Diagramm mit den Werten der Tabelle.

Stellt fest, mit welchem Baustoff die Raumtemperatur am langsamsten sank. Begründet.

Eine Variante des Versuchs ist es, in der **Energiebox** für den Innenraum eine bestimmte Temperatur festzulegen, die wie bei einer Raumheizung konstant gehalten werden soll. Sinkt sie ab, schaltet sich die Wärmequelle ein, bis der festgelegte Wert wieder erreicht ist.

Wird der Versuch nach Abb. ③ durch den Computer gesteuert und die Nachheizzeit als Messwert abgelesen und ausgedruckt, können über den Vergleich der benötigten Einschaltzeiten Rückschlüsse auf die Wärmeleitfähigkeit des getesteten Materials gezogen werden.

- Informiert euch, wie die getesteten Baustoffe beim Hausbau eingesetzt werden. Erkundigt euch, bei welcher Dicke die einzelnen Baustoffe den geforderten k-Wert nach der Wärmeschutzverordnung 1995 (☞ S. 146) erbringen, wie tragfähig sie sind und wie sie ggf. durch andere Materialien zusätzlich gedämmt werden können.

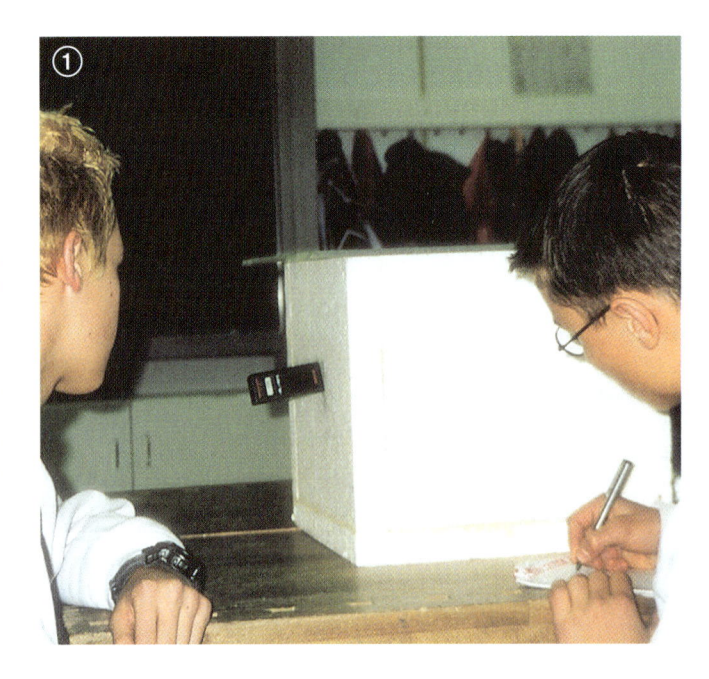

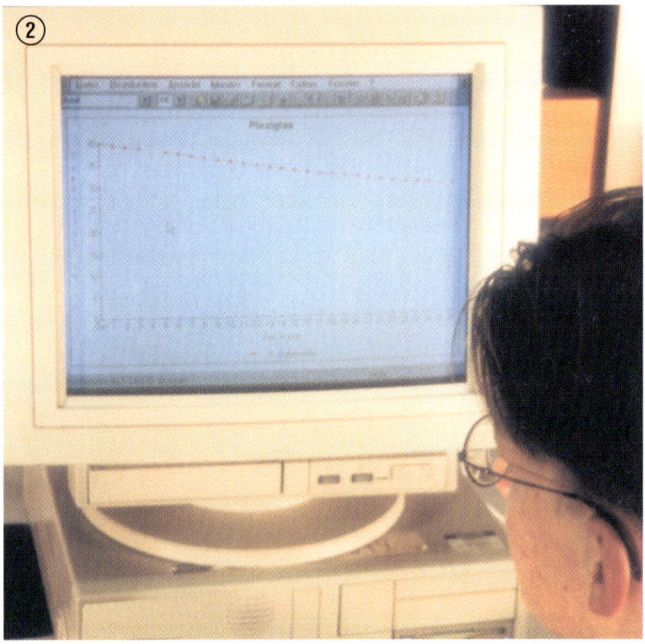

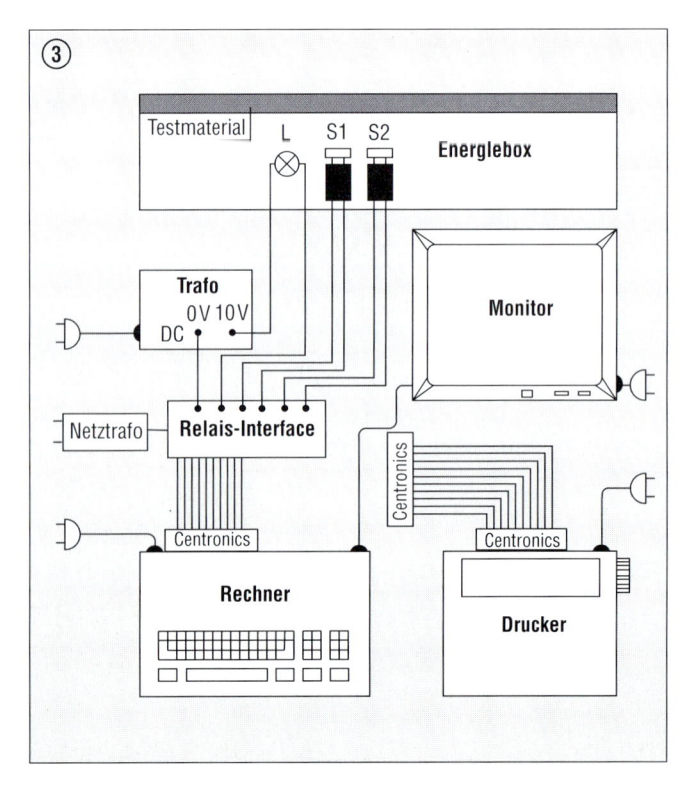

Beim Bau sind viele Fachleute am Energiekonzept beteiligt

Bei der Durchführung von privaten oder kommunalen Bauvorhaben sind in der Regel viele Berufe beteiligt, z. B.:
- Handwerksberufe wie Maurer, Betonbauer, Schalungsbauer, Zimmermann, Feinblechner, Elektroinstallateur, Heizungsbauer u. v. a.,
- Fachleute für das Bedienen von Maschinen, Geräten, Fahrzeugen,
- Architekten und Zeichner, Fachingenieure, Statiker und Vermessungstechniker bei der Erstellung der Baupläne, bei der Berechnung der Statik, bei Baustoffprüfungen, bei der Ausführung des Baus und bei der Festlegung und Überprüfung der Sicherheitsmaßnahmen.

In enger Zusammenarbeit aller Beteiligten entsteht das Bauwerk. Notwendig sind dazu eine gute Organisation und exaktes Arbeiten. Umfassende Kenntnis von Materialien, Fertigungsverfahren und Energiekonzepten und vielseitige Erfahrung bilden die Grundlage für eine gute Teamarbeit am Bau.

Arbeitsplätze in der Bauwirtschaft: interessante und vielseitige Aufgabenfelder

Durch die Vorgaben zur Energieeinsparung (☞ S. 146), durch die steigende Nachfrage nach Einbau von Anlagen zur Nutzung regenerativer Energien (☞ S. 150–152) und durch den Wunsch vieler Bauherren nach Verwendung umweltfreundlicher, natürlicher Baustoffe und nach alternativen Bauformen erwachsen der Bauwirtschaft neue Herausforderungen.

Alternative Bauformen und spezielle Fertigungs- und Montageverfahren müssen entwickelt werden und verlangen Kreativität von allen Beteiligten ebenso wie eine fundierte Fachausbildung.

③ **BERUFSBILD: Wärme-, Kälte- und Schallschutzisolierer**

Steigende Energiekosten und zunehmende Ansprüche an den Schutz unserer Umwelt haben den Wärme-, Kälte- und Schallschutzisolierer zu einem wichtigen Spezialisten des Baugeschehens werden lassen. Sein Fachwissen ist bereits bei Planung und Berechnung eines Bauprojektes gefragt, da er nicht nur die bauphysikalischen Eigenschaften der Dämmstoffe und -systeme, sondern auch die Wirtschaftlichkeit, funktionale Sicherheit und Wartungsfreudigkeit kennt – gleichgültig, ob es sich um ein Verwaltungsgebäude oder um die Dämmung in einem Fahrzeug oder Schiffsneubau handelt.

Die Spezialisten des Isoliergewerbes bieten für alle Problembereiche wirkungsvolle und wirtschaftliche Lösungen an: Wärmedämmung im Wohnungsbau, Brandschutz in Krankenhäusern, Schulen oder Verwaltungsgebäuden, Schallschutz in Fabrikhallen, Kälte-Isolierungen in Kühlhäusern. Schwingungsdämpfungen und Lärmkapselungen an betriebstechnischen Anlagen oder die Abschirmung gegen Strahlen in Röntgenlabors, EDV-Zentren und Kraftwerken sind weitere spezifische Aufgaben.

Akustik und Trockenbau sind weitere Tätigkeitsfelder des Isolier-Fachmannes. Anspruchsvolle Projekte, wie Kongresshallen, Hotelbauten, Flughäfen und Regierungsgebäude sind ohne seine Spezialtechniken ebenso wenig realisierbar wie Schulen, Verwaltungs- und Bürogebäude oder moderne Produktionsstätten im High-Tech-Bereich.

Er arbeitet mit unterschiedlichen Materialien wie Isoliermatten, -platten oder -schalen aus Mineralfasern – Polyethylen oder Polystrol; alles Materialien, die umweltfreundlich sind.

Um die umweltfreundliche Isolierung zu schützen, verwendet er als Oberflächenschutz verzinkte oder Aluminium-Bleche, PVC-Mäntel, Gips oder Fibersilikat, die in der Werkstatt entsprechend vorgefertigt

Weiterbildung – Aufstiegsmöglichkeiten

Nach der Ausbildung zum Spezialbaufacharbeiter bieten Fortbildungskurse, Seminare und Fachschulen die Möglichkeit, sich zum Techniker, Vorarbeiter oder zum Meister weiterzubilden.

①

②

3. Ausbildungsjahr >> Spezial-Baufacharbeiter
4 Wochen Ausbildungszentrum
39 Wochen Betrieb
9 Wochen Berufsschule

2. Ausbildungsjahr >> Bau-Facharbeiter
13 Wochen Ausbildungszentrum
30 Wochen Betrieb
9 Wochen Berufsschule

1. Ausbildungsjahr
20 Wochen Ausbildungszentrum
12 Wochen Betrieb
20 Wochen Berufsschule

Fachmann am Bau, es lohnt sich!

Berufsausbildung in der Bauwirtschaft
Ablauf der Ausbildung (Abb. ②)

Im ersten Jahr der beruflichen Ausbildung, dem Berufsgrundbildungsjahr, werden Grundkenntnisse in den sechzehn **Bauberufen** vermittelt und ein Einblick in alle Tätigkeiten am Bau gegeben. So können sich die Auszubildenden nach der Grundausbildung endgültig für einen der Bauberufe entscheiden. Der Ausbildungsplan umfasst neben der praktischen Ausbildung im Betrieb die Fächer Fachrechnen, technisches Zeichnen und Bauwissen.

Im zweiten Lehrjahr liegt der Schwerpunkt auf der Praxis im Betrieb. Die Theorie wird an Fachklassen für den jeweiligen Ausbildungsberuf vermittelt. Das zweite Jahr schließt mit einer Zwischenprüfung ab. Wer will, kann nach diesen beiden Jahren als Hoch-, Tief- oder Ausbau-Facharbeiter ins Berufsleben eintreten. Das dritte Lehrjahr bringt die Spezialausbildung im gewählten Beruf. Es schließt ab mit der Gesellenprüfung zum Spezialbaufacharbeiter, also z. B. als Wärme-, Kälte- und Schallschutzisolierer.

Elektronische Schaltungen: Funktion und Einsatz

Veränderungen durch die Entwicklung der Elektronik

Die Elektronik hat einen großen Anteil an der Entwicklung moderner Technik. Elektronik dringt immer mehr in die Bereiche des täglichen Lebens, der Unterhaltung und Kultur, der Berufs- und Arbeitswelt ein und gewinnt bei technischen Konsumgütern, in Handel und Verkehr sowie in der handwerklichen und industriellen Produktion zunehmend an Bedeutung. Unsere heutige Gesellschaft ist ohne Nutzung der Elektronik in Steuerung und Automatisierung, in der Telekommunikation, in Computern, aber auch in zahlreichen Haushaltsgeräten und in den Unterhaltungsmedien kaum mehr vorstellbar. In diesem Zusammenhang müssen wir uns fragen, was die Elektronik für die heutigen Ansprüche an die Produktion, den Lebensstandard, an Qualität und Quantität der Konsumgüter, an die Unterhaltung und Information und auch in Wissenschaft und Forschung bewirkt.

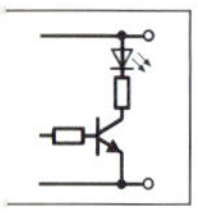

Durch den Vergleich eines Taschenradios aus aktueller Produktion mit einem Radioempfänger (1934) können wir die rasante Entwicklung erkennen, die in ca. 60 Jahren, also zu Lebzeiten eines Menschen, erfolgte. In der Auseinandersetzung mit dieser Entwicklung können wir über Experimente und den Bau von Schaltungen und von elektronischen Geräten fachliche Grundlagen und Kenntnisse gewinnen zur Einschätzung der „technischen Dimension" von Elektronik in unserem Leben.

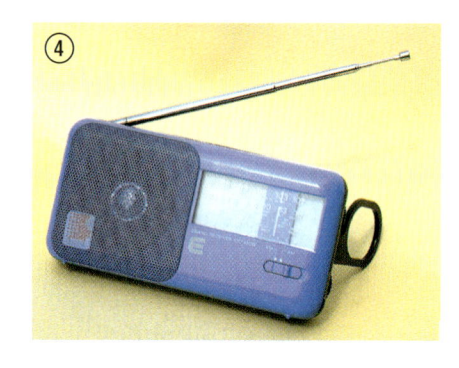

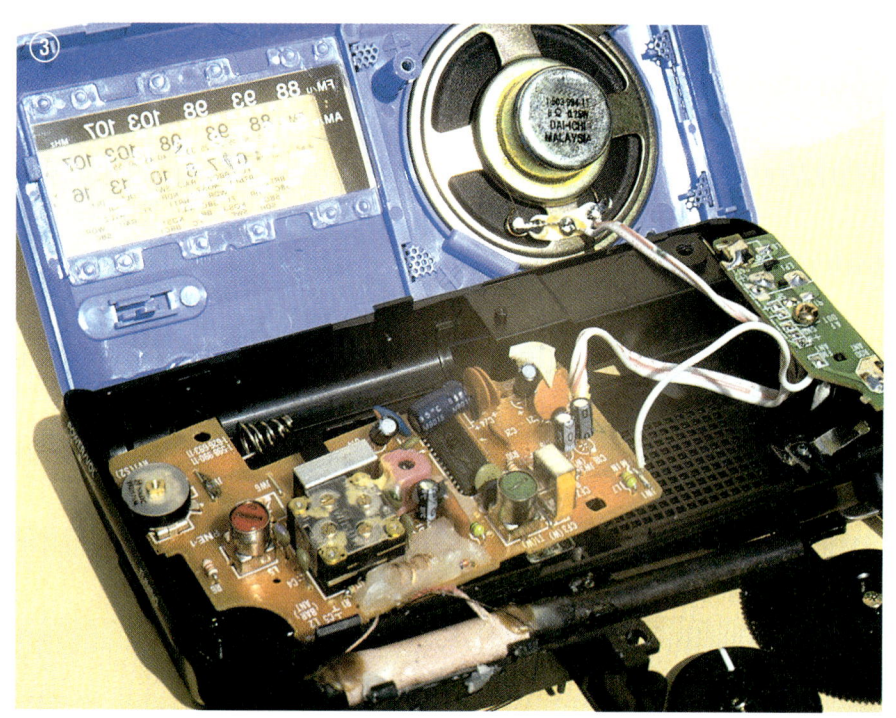

Technische Daten zum Volksempfänger (VE 301 W) und zum Taschenradio ICF-350

	Typ VE 301 W	Typ ICF 350 W
Empfangsbereich	LW 600–2000 m MW 200–600 m (besserer Orts- bzw. Bezirksempfänger)	UKW 87,6–107,5 MHz (Kontinentaleuropa und Großbritannien) 87,6–108 MHz (andere Länder) MW 531–1602 kHz (Kontinentaleuropa und Großbritannien) 530–1605 kHz (andere Länder)
Antennen	Hochantenne (geerdete Außenantenne aus Bronzelitze 1,5 mm² x 25 m)	UKW Teleskopantenne MW/LW eingebaute Ferritstabantenne
Lautsprecher	ca. 26 cm ⌀ 2000 Ohm, 0,6–1,5 W	ca. 5,7 cm ⌀, 8 Ohm, 0,25 W
Ausgangsleistung	0,35–1,5 W, je nach verwendeter Röhre bei 25% Klirrfaktor	100 mW bei 10% Klirrfaktor
Ausgang	eingebauter Lautsprecher (Freischwinger mit starkem Hufeisenmagnet)	Ohrhörerbuchse (Minibuchse)
Stromversorgung	110–220 V Netzspannung (umschaltbar)	3 V Gleichspannung, 2 Mignon-Zellen P6
Leistungsaufnahme	35 W	20–120 mW
Abmessungen	ca. 280 x 390 x 160 mm (B/H/T)	ca. 156 x 77,5 x 35,5 mm (B/H/T)
Gewicht	5 kg	ca. 280 g, einschl. Batterien
Preis	76 RM (1934 ca. 100 Stundenlöhne)	ca. 30 DM

Elektronische Schaltungen und Geräte selbst gebaut

⚠ Bei allen Schaltungen arbeiten wir grundsätzlich im Schutzkleinspannungsbereich bis 24 V.

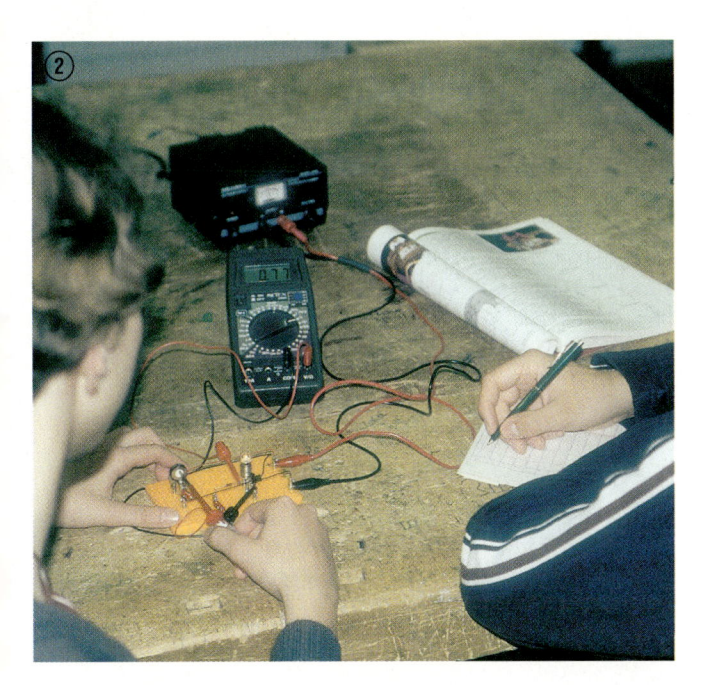

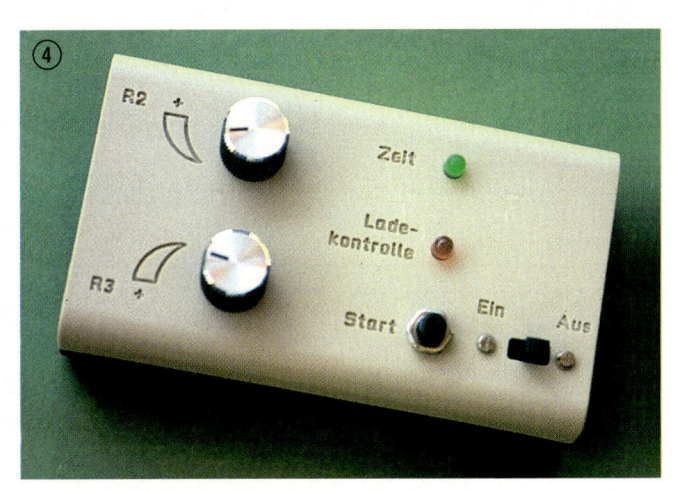

①

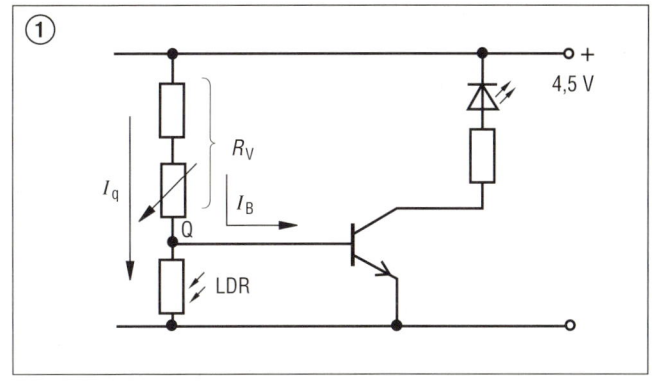

- Funktion elektronischer Bauteile
- Baukastensysteme einsetzen
- Lernstand feststellen
- Experimente
- Funktion der Schaltung, Schaltplan
- Spannungen, Ströme und Widerstände messen
- Berechnen, dimensionieren
- Bewertung

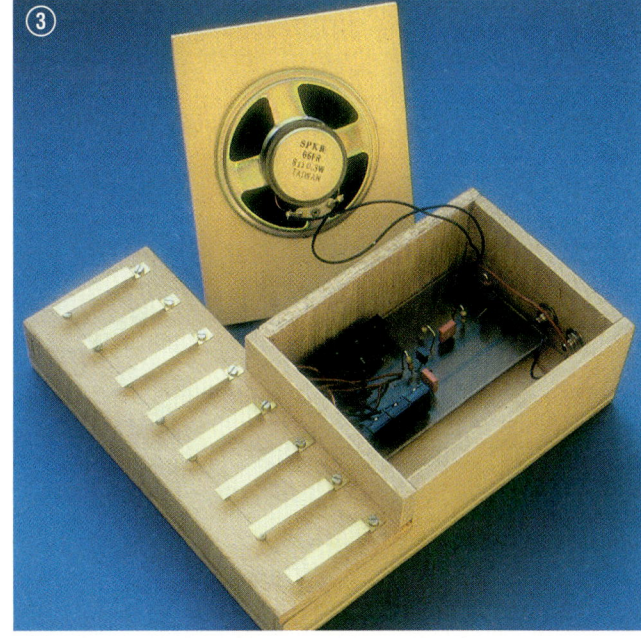

②

③

④

- Aufbau der Schaltung – Funktion der Bauteile
- Kriterien für Bewertung
- Schaltplan, Stückliste
- Bestückungsplan entwickeln
- Leiterbahnenlayout entwerfen
- Platine herstellen
- Fehlersuche
- Bewertung

- Funktion der Schaltung
- Kriterien für Bewertung
- Bauteile auswählen, Gerät planen
- Schaltplan, Stückliste
- Bestückungsplan, Leiterbahnenlayout
- Fertigung
- Stimmen, Fehlersuche, Optimierung
- Bewertung

Beim Experimentieren mit elektrischen und elektronischen Bauteilen und beim Bau elektronischer Schaltungen und Geräte gewinnen wir Erfahrung,

- wie elektronische Bauteile aufgebaut sind und wie sie funktionieren,
- wie man Schaltungen entwickelt und berechnet,
- wie man Schaltpläne zeichnet und nach Schaltplänen arbeitet,
- wie man Bauteile auswählt, folgerichtig anordnet und sachgerecht verbindet,
- wie man Werkzeuge, Geräte und Verfahren richtig auswählt und sicher einsetzt,
- wie man Bauteile und Schaltungen überprüft und misst,
- wie man selbstständig Informationen beschafft und auswertet,
- wie man konzentriert arbeitet und mit Mitschülern kooperiert und kommuniziert,
- welche Gründe zum Einsatz der Elektronik führen und wie sich die Weiterentwicklung der Elektronik auswirkt,
- welche Kriterien geeignet sind, um die erworbenen Kenntnisse, Fertigkeiten und Fähigkeiten zu bewerten,
- wie man Informationen zur Berufswahl gewinnt.

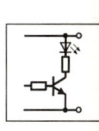

Übungen zum Grundwissen Elektronik

Für das Experimentieren mit elektrischen und elektronischen Bauteilen und beim Bau elektronischer Schaltungen und Geräte ist gesichertes Grundwissen erforderlich.
Dazu gehört:
- Übung und Erfahrung im Umgang mit Experimentiersystemen,
- Kenntnis der gebräuchlichen Bauteile und deren Wirkungsweise in Schaltungen,
- handwerkliche Fertigkeiten beim Schaltungsaufbau, beim Verdrahten und Löten,
- Erfahrungen im Lesen von Schaltplänen, im Berechnen, im Umgang mit dem Vielfachmessgerät und Kenntnis der Gesetzmäßigkeiten von Grundschaltungen.

Testet euer **„Grundwissen Elektrotechnik/Elektronik"**, indem ihr die Aufgaben Seite 50 bis 52 bearbeitet.
In Abb. ① ist ein Vorschlag abgebildet, wie ihr die Bearbeitung der Aufgaben dokumentieren und eure Leistungen bewerten könnt.

> Die Klasse 10b der Graf-Eberhard-Realschule ist so vorgegangen:
>
> Teams (2 bis 3 Schülerinnen und Schüler) haben jeweils einen Experimentierkasten von der Schule erhalten, um über den Zeitraum von zwei Wochen in Hausarbeit die Aufgaben Seite 50–52 zu bearbeiten.
>
> ▼
>
> Danach konnten die Teams Fragen und Probleme im Technik-Unterricht mit anderen Teams und mit der Techniklehrerin klären.
>
> ▼
>
> Die Ergebnisse wurden anschließend durch Teams gegenseitig und durch die Lehrerin bewertet ☞ S. 84, 85.
>
> ▼
>
> In einer Tabelle wurden die Arbeitsergebnisse der Teams (Lernstand) dargestellt und „anonym" bewertet: richtig – falsch – nicht bearbeitet.
>
> ▼
>
> In einem Unterrichtsgespräch einigte man sich auf Themen (Kenntnislücken), die in der Folgestunde im Technikunterricht gezielt wiederholt/aufgearbeitet werden sollten.

Schaltungen mit Solarzellen als Stromquellen

Aufgabe 1
Schaltet 4 Solarzellen (z.B. 4 x 0,45 Volt x 200 mA) nach Abb. ②.
Beleuchtet die Solarzellen gleichmäßig z.B. mit einer Schreibtischlampe (Glühlampe 100 W).
Messt Spannung und Stromstärke wie in Abb. ② angegeben. Wie ist diese Schaltungsart benannt?

Aufgabe 2
Schaltet 4 Solarzellen (z.B. 4 x 0,45 Volt x 200 mA) nach Abb. ③.
Beleuchtet die Solarzellen gleichmäßig z.B. mit einer Schreibtischlampe (Glühlampe 100 W).
Messt Spannung und Stromstärke wie in Abb. ③ angegeben. Wie ist diese Schaltungsart benannt?

Aufgabe 3
Schaltet 4 Solarzellen (z.B. 4 x 0,45 Volt x 200 mA) nach Abb. ④.
Beleuchtet die Solarzellen gleichmäßig z.B. mit einer Schreibtischlampe (Glühlampe 100 W).
Messt Spannung und Stromstärke wie in Abb. ④ angegeben. Wie ist diese Schaltungsart benannt?

① *Grundwissen Elektrotechnik*

Schaltungsart/Schaltungsprinzip	Name/Team

Frage/Problemstellung

Bearbeitung z. B.
- Stückliste
- evtl. Skizzen
- Tabelle für Messergebnisse
- Genauer Verlauf des Experiments
- Bestimmtes Bauteil und dessen Funktion
- Schaltplan (Varianten und Messpunkte farbig eingezeichnet)

Ergebnisse, Erkenntnisse, Erfahrungen	evtl. Skizzen

Leistungsbewertung z. B.
- Übersicht und Sauberkeit der Darstellung mit dem Ziel, für sich und Mitschüler ein „Nachschlagewerk" zu erstellen
- Aktualität
- Sachliche und rechnerische Richtigkeit
- Eindeutige, verständliche Sprache (Fachsprache)
- Entsprechen Inhalte und Ergebnisse der Fragestellung?
- Grad der Selbstständigkeit allein und im Team
- …

Kannst du das Vielfachmessgerät richtig handhaben?
☞ S. 153, 154.

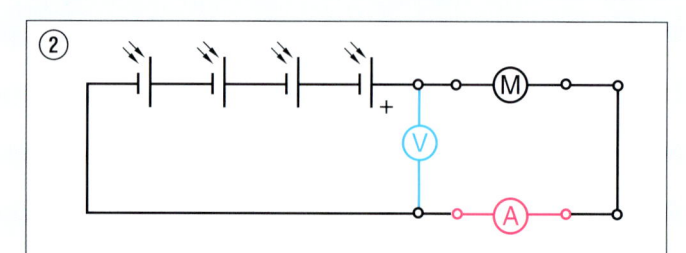

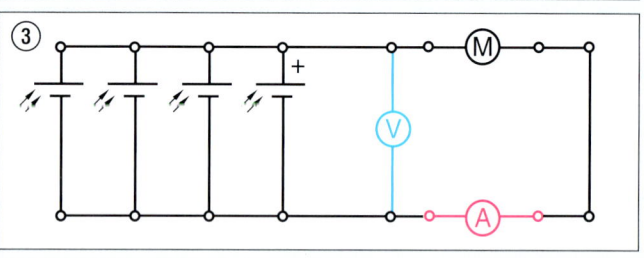

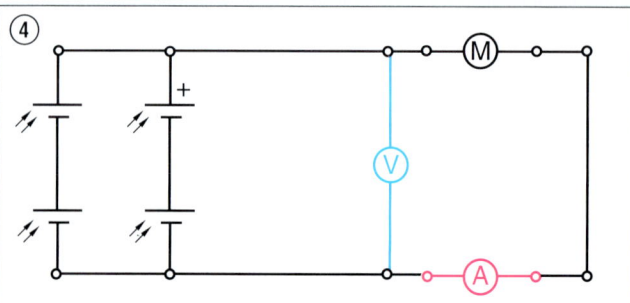

Formuliert eure Erkenntnisse zur Schaltung von Solarzellen als Stromquellen. Gelten diese Erkenntnisse auch für andere Stromquellen – z.B. 4,5-V-Flachbatterien? Informiert euch und schreibt die Ergebnisse auf.
Nennt möglichst mehrere Anwendungsmöglichkeiten dieser Grundschaltungen und skizziert dazu Schaltpläne.

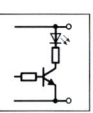

Durchgangsprüfung mit Glühlampe und Leuchtdiode

Wie ist die „Eignung" einer LED im Vergleich zu einer Glühlampe zum Anzeigen schwacher Ströme?

Aufgabe 4
Baut die Versuchschaltung Abb. ①. Es sind zwei getrennte Versuchsdurchgänge erforderlich: a) mit Glühlampe; b) mit LED und Schutzwiderstand. Als Versuchsmaterialien dienen: Kupfer, Eisen, Aluminiumfolie, trockenes Holz, feuchtes Holz, Kunststoff, Konstantandraht.
Legt zum Notieren der Beobachtungen ein Protokoll an (Abb. ②).
Bei der Durchführung des Experiments ist darauf zu achten, dass die Experimentierbedingungen vergleichbar sind (Kontakte, Abstand der Prüfspitzen usw.). Formuliert Erkenntnisse, die ihr bei der Durchführung des Experiments und den notierten Daten gewonnen habt.

Aufgabe 5
Baut die Schaltung nach Abb. ③.
Testet und messt:
a) ob die LED bei unterschiedlichen Spannungen (4,5 V; 3,0 V; 1,5 V) gleich hell leuchtet.
b) Welche Spannungen fallen jeweils an der LED ab?
c) Wie groß ist die jeweilige Stromstärke im Stromkreis?
Die Durchführung des Experiments sollte in 3 Durchgängen erfolgen: Bei 4,5 V, bei 3,0 V und bei 1,5 V jeweils für die Fragen a), b) und c). Betrachtet die LED von oben!
Haltet eure Beobachtungen nach jedem Experimentierschritt im Protokoll fest. Formuliert die Ergebnisse in einem kurzen Text. Vergleicht eure Erkenntnisse mit den Sachinformationen ☞ S. 163, 164.

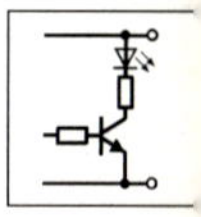

Polprüfung mit Glühlampe und Leuchtdiode

Aufgabe 6
Baut eine Versuchsschaltung nach dem Schaltplan Abb. ⑤.
Vertauscht die Polung der Batterieanschlüsse. Erklärt die Wirkung.
Setzt anstelle der Glühlampe und der Diode eine LED ein (Schaltplan Abb. ③).
Welche Spannung verwendet ihr?
Berechnet nach der Darstellung Seite 161 den Schutzwiderstand. Welches „Gesetz" liegt der Berechnung zugrunde?
Vertauscht erneut die Polung der Batterieanschlüsse und erklärt die Wirkung.

Aufgabe 7
Baut eine Versuchsschaltung nach Abb. ⑥.
Berechnet den Schutzwiderstand nach der Darstellung Seite 161. Testet die Funktion.
Versetzt den Widerstand wie im Schaltplan blau eingezeichnet – welche Folgen vermutet ihr? Testet und erklärt!

Aufgabe 8
Baut eine Versuchsschaltung nach Abb. ⑦ mit zwei Leuchtdioden.
Berechnet den Schutzwiderstand nach der Darstellung Seite 161.
Vertauscht die Polung der Batterieanschlüsse und erklärt die Wirkung.
Wofür könnte diese Schaltung gebraucht werden? Schreibt eine Gebrauchsanleitung.

① Versuchsschaltung 1

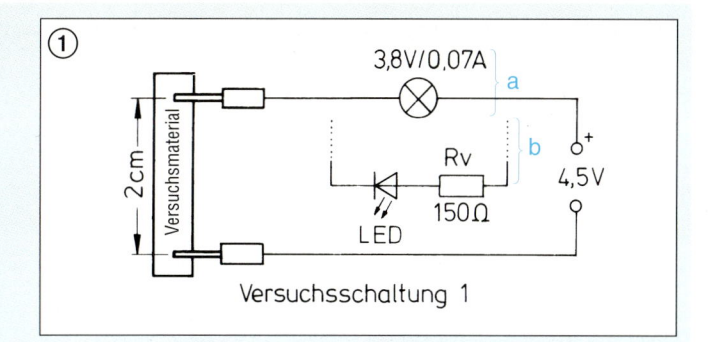

② Protokoll zur Aufgabe 4:

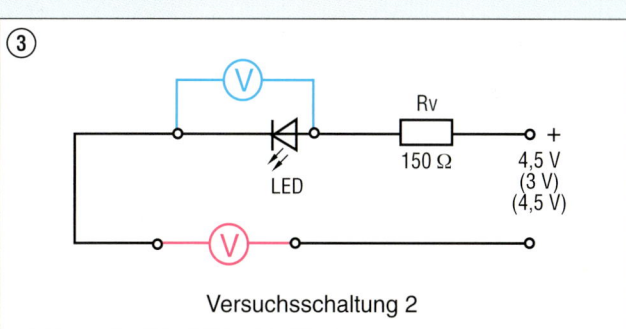

Material	⊗	▷⊦
Kupfer		
Eisen		Musterprotokoll
trockenes Holz		
....		
....		

③ Versuchsschaltung 2

④ Protokoll zur Aufgabe 5:

angelegte Spannung	Leuchtverhalten der LED	V	A
1,5 V			
3 V		Musterprotokoll	
4,5 V			

⑤

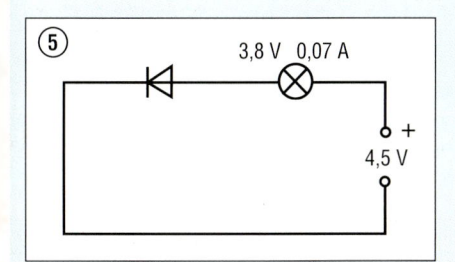

⑥

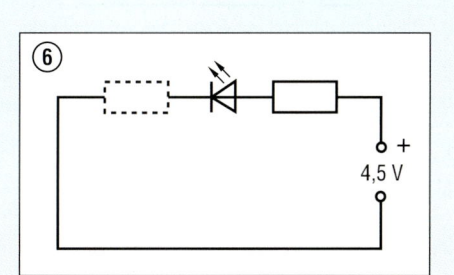

⑦

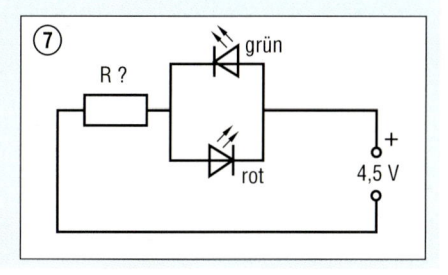

Schaltungen mit Widerständen messen und berechnen

● Verwendet zur Berechnung den Taschenrechner.

Aufgabe 9
Baut eine Versuchsschaltung nach Abb. ①.
Nach welcher Grundschaltung sind die Widerstände geschaltet?
a) Legt Spannung an und messt die Betriebsspannung U_b.
   Berechnet die Teilspannungen U_1 und U_2 ☞ Seite 162.
   Messt anschließend die Teilspannungen U_1 und U_2 und vergleicht.
b) Legt Spannung an und messt den Strom vor den Widerständen und nach den Widerständen.
   Berechnet die Stomstärke I. Vergleicht mit den Messergebnissen.
c) Löst die Schaltung von der Spannungsquelle!
   Messt mit dem Ohmmeter die Einzelwiderstände und den Gesamtwiderstand. Notiert die Ergebnisse und beschreibt eure Erkenntnisse.

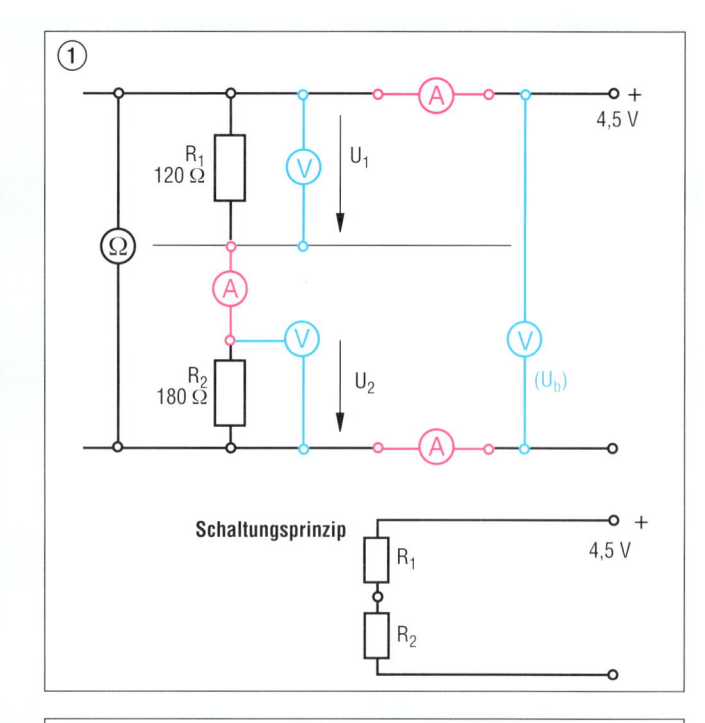

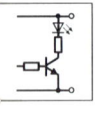

Aufgabe 10
Baut eine Versuchsschaltung nach Abb. ②.
Nach welcher Grundschaltung sind die Widerstände geschaltet? ☞ Seite 162.
a) Legt Spannung an und messt die Spannung U_b sowie die Spannungen U_{R1} und U_{R2}.
   Welche Spannungswerte müssten theoretisch gegeben sein? Sind Unterschiede gegeben? Versucht zu erklären!
b) Legt Spannung an und messt die Teilströme I_1 und I_2 sowie den Gesamtstrom I_{ges}.
   Berechnet den Gesamtstrom und die Teilströme.
c) Löst die Schaltung von der Spannungsquelle!
   Messt mit dem Ohmmeter R_1 und R_2.
   Berechnet nach ☞ Seite 162 und vergleicht.

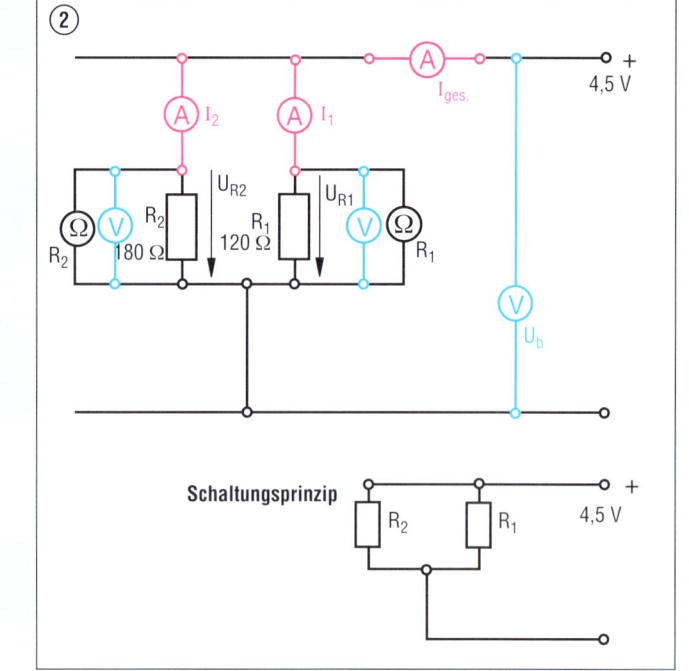

Aufgabe 11
Baut eine Versuchsschaltung nach Abb. ③.
Nach welcher Grundschaltung sind R_1, R_2 und die LED geschaltet?
a) Berechnet den Schutzwiderstand für die LED ☞ S. 161 und versucht aus der Reihe E12 (☞ Seite 161) ein Widerstandspaar (R_1, R_2) zusammenzustellen, das zusammen möglichst genau dem errechneten Widerstand entspricht.
   Prüft den Gesamtwiderstand des vor die LED geschalteten Widerstandspaares mit dem Ohmmeter.
b) Legt 9 Volt Spannung an und messt die Teilspannungen U_1 und U_2.
   Berechnet den Widerstand der LED: $R_{LED} = \dfrac{U_2 \cdot R_{1,2}}{U_1}$
c) Messt den Gesamtstrom (I_{ges}) und prüft euer Messergebnis durch Berechnen nach.

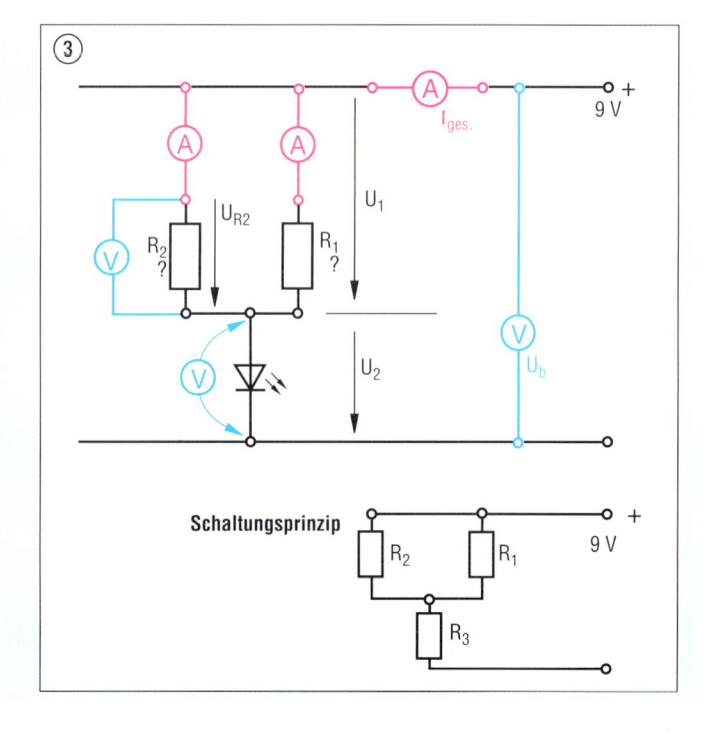

Aufbau und Wirkungsweise von Sensorschaltungen:
Der Transistor – ein Schalter und Verstärker

In der Natur und in der Technik gibt es zahlreiche Vorgänge, die wir als Menschen wahrnehmen können und auf die wir entsprechend reagieren: Es wird dunkel – wir schalten Licht ein; im Zimmer ist es zu kalt – wir heizen; es brennt – wir löschen …
Technische Einrichtungen übernehmen vielfach die Wahrnehmungen von solchen Veränderungen, zeigen diese an und lösen „automatisch" Schaltvorgänge aus.
Wie solche technischen Einrichtungen aufgebaut sind und wie ihre Bauteile funktionieren, lernen wir in Experimenten kennen. Wird der Stromkreis beim Experiment S. 51 mit einem Metallstück geschlossen, so leuchtet die LED. Die Experimente auf Seite 51 zeigen, dass die LED auch noch leuchtet, wenn nur ein schwacher Strom fließt, wie z. B. durch eine nasse Schnur. Zahlreiche Schaltungen, die in speziellen Geräten eingesetzt sind, reagieren jedoch auf noch schwächere Ströme. Das Bauteil, das auf schwache Ströme reagiert und diese verstärkt weitergibt, ist der Transistor.

Der **Transistor** verstärkt in Schaltungen geringe Ströme, die durch Sensoren (z. B. Berührungsschalter an Fernsehgeräten) aufgenommen werden. Die Verstärkerwirkung können wir testen, indem wir uns, wie in Abb. ① dargestellt, die Hand geben und zunächst probieren, ob die LED ohne Transistor leuchtet. Anschließend wiederholen wir das Experiment nach der Schaltung in Abb. ② mit Transistor. Beachtet zum Anschluss des Transistors Abb. ⑤ und ⑥. Leuchtet jetzt die Diode, so ist dies der Beweis dafür, dass durch unseren Körper ein schwacher Strom fließt, was wiederum bedeutet, dass der menschliche Körper für den Strom einen hohen Widerstand darstellt.

Transistoren sind empfindliche Bauteile und müssen deshalb fachgerecht in Schaltungen eingesetzt werden.

Glühlampe, LED, Summer oder Dioden haben alle zwei Anschlüsse. Der Transistor hat drei Anschlüsse. Wenn wir jeweils zwei der drei Anschlüsse in unterschiedlichen Anschlusskombinationen in einen Stromkreis mit einer Glühlampe legen (Abb. ③) und die Wirkung beobachten, können wir über dieses Experiment weitere Erkenntnisse zur Funktion des Transistors erhalten.

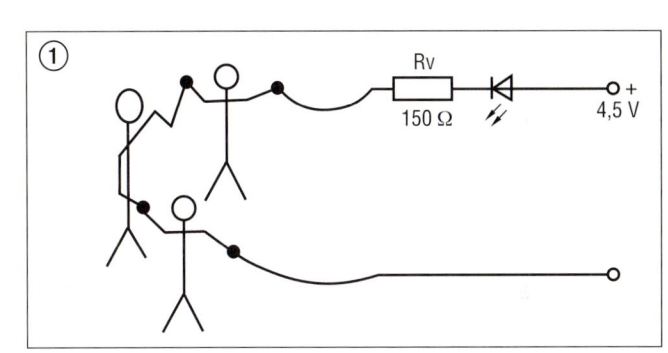

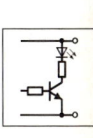

EXPERIMENT

zum Schaltverhalten unterschiedlicher Transistortypen

Fragestellung: Bei welchen Anschlusskombinationen an jeweils zwei der drei Anschlussdrähte des Transistors fließt Strom?

Vermutung: Notiert eure Vermutung.

Planung: Legt jeweils einen Transistor BC 547 und BC 558 (bzw. vergleichbare Typen) bereit und baut die Experimentierschaltung nach der Abb. ③ auf. Zeichnet für den jeweiligen Transistor eine übersichtliche Wertetabelle. Kennzeichnet die Anschlüsse am Transistor mit E, B und C, wie in Abbildung ③ dargestellt.

Durchführung: Schließt den jeweiligen Transistor in den angegebenen 6 Kombinationsmöglichkeiten an (kurz antippen) und kennzeichnet das jeweilige Feld, wenn die Glühlampe leuchtet. Achtet auf die richtige Zuordnung der Polung beim Anschluss der Stromquelle.

Auswertung:

a) Beschreibt die beobachtete Wirkung (Stromdurchlass/Stromsperrung) bei dem jeweiligen Transistor. Versucht eine Regel zu formulieren.

b) Das Experiment geht davon aus, dass funktionsfähige Transistoren verwendet werden. Wie könnte man auf einfache Weise feststellen, ob ein Transistor funktioniert bzw. defekt ist?

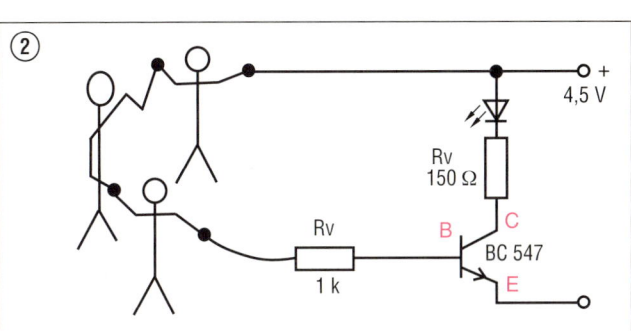

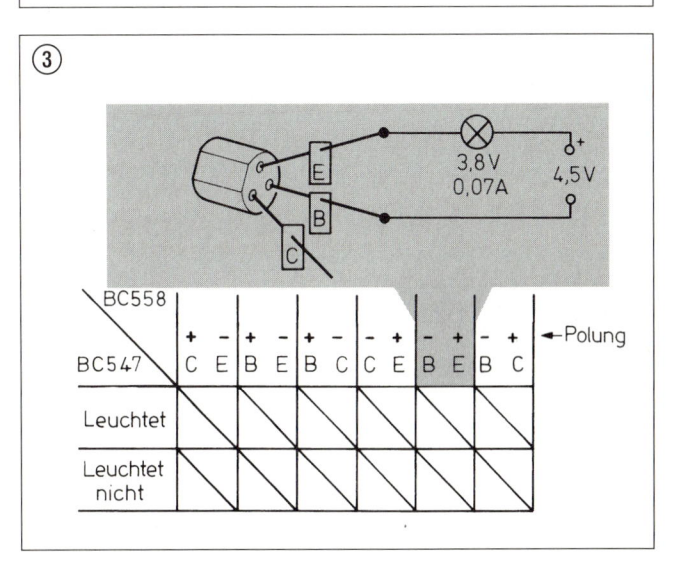

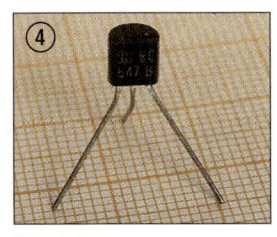

BC558	+	–	+	–	+	–	+	–	+	–	+	–	←Polung
BC547	C	E	B	E	B	C	C	E	B	E	B	C	
Leuchtet													
Leuchtet nicht													

Transistor

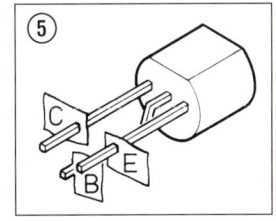

Anschlüsse des Transistors

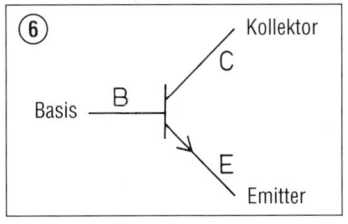

Schaltzeichen Transistor npn

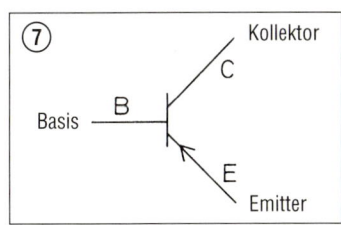

Schaltzeichen Transistor pnp

EXPERIMENT

zur Wirkungsweise eines Transistors

Das Experiment ist in vier Teilexperimente gegliedert, die von der gleichen Grundschaltung ausgehen. Die Grundschaltung umfasst zwei Stromkreise, die von einer Stromquelle aus versorgt werden. Im **Basis-Emitter-Stromkreis** liegen das Potentiometer und der Vorwiderstand zum Schutz des **Transistors.** Im Kollektor-Emitter-Stromkreis liegt die Glühlampe. Das Potentiometer ermöglicht die Einstellung der Stromstärke, die über die BE-Strecke fließt.

Planung:

Die in den Schaltskizzen ② bis ⑤ angegebenen Bauteile werden benötigt, dazu zwei Vielfachmessgeräte und ein Temperaturmessgerät. Mit einem Elektronik-Baukastensystem können die Schaltungen schnell aufgebaut und entsprechend variiert werden. Zu jedem der vier Teilexperimente wird ein Versuchsprotokoll angelegt, das die Schaltskizze, die Beschreibung des Schaltungsaufbaus, die Fragestellung, die vermutete Wirkung und die Auswertung mit dem Ergebnis enthält.

Fragestellungen:

Teilexperiment 1 (Abb. ②): Wir messen die Spannung zwischen Basis und Emitter (U_{BE}). Von welcher Spannung an wird die CE-Strecke leitend (beginnt die Lampe zu glimmen)?

Teilexperiment 2 (Abb. ③): Wir messen den Strom in beiden Stromkreisen: I_{BE} und I_{CE}. Wie verhält sich der Strom der CE-Strecke, wenn wir den Strom der BE-Strecke verändern?

Teilexperiment 3 (Abb. ④): Wir messen die Spannung zwischen Kollektor und Emitter (U_{CE}). Wie verhält sich U_{CE}, wenn über das Potentiometer der Widerstand verringert wird, d. h. U_{BE} steigt?

Teilexperiment 4 (Abb. ⑤): Wir tauschen die Glühlampe 3,8 V/0,07 A gegen eine andere mit 3,8 V/0,3 A aus und messen die Temperatur am Transistor:
a) wenn die Lampe schwach leuchtet,
b) wenn sie ihre größte Helligkeit erreicht.
Wie verhält sich die Temperatur des Transistors jeweils?

Durchführung:

Teilexperiment 1 (Abb. ②): Stellt das Potentiometer auf seinen größten Widerstand ein. Verringert langsam den Widerstand so, dass die Spannung an der Basis des Transistors zu steigen beginnt. Notiert die Spannung an dem Punkt, bei dem die Lampe zu glimmen beginnt.

Teilexperiment 2 (Abb. ③):
a) Stellt das Potentiometer so ein, dass jeweils die Lampe nicht leuchtet, schwach leuchtet und voll leuchtet. Lest die jeweils gemessenen Stromstärken ab.
b) Stellt das Potentiometer so ein, dass die Lampe nicht leuchtet. Verringert den Widerstand am Potentiometer langsam so, dass die Lampe zu glimmen beginnt und schließlich voll leuchtet. Beobachtet dabei die Stromstärken und notiert die jeweils ablesbare „Tendenz".

Teilexperiment 3 (Abb. ④): Stellt das Potentiometer auf seinen höchsten Widerstandswert ein und notiert die gemessene Spannung. Verringert den Widerstand durch Drehen am Potentiometer langsam bis auf den geringsten Widerstandswert. Beobachtet dabei die Spannung, die das Voltmeter anzeigt. Notiert eure Beobachtungen.

Teilexperiment 4 (Abb. ⑤): Verringert den Widerstand am Potentiometer so weit, dass die Lampe deutlich zu leuchten beginnt. Messt die Temperatur am Transistorgehäuse. Verringert den Widerstand am Potentiometer so, dass die Lampe ihre größte Helligkeit erreicht. Messt die Temperatur am Transistorgehäuse erneut (vorherige Abkühlung). Notiert die Messwerte.

Auswertung:

Stellt eure Erkenntnisse zu jedem Teilexperiment in einer kurzen Beschreibung auf dem Versuchsprotokoll dar. Findet über euch bekannte Regeln und Gesetzmäßigkeiten der Elektrotechnik eine Begründung für die jeweilige Wirkung des Transistors.

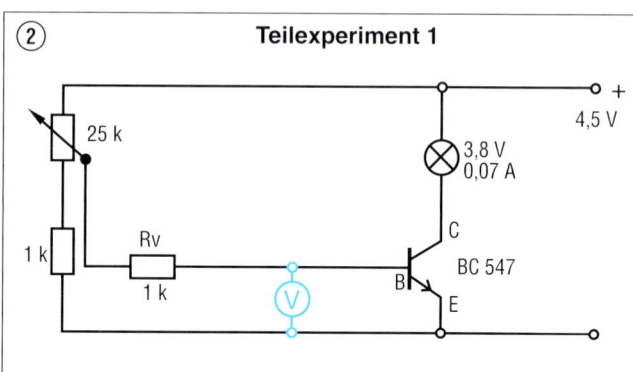

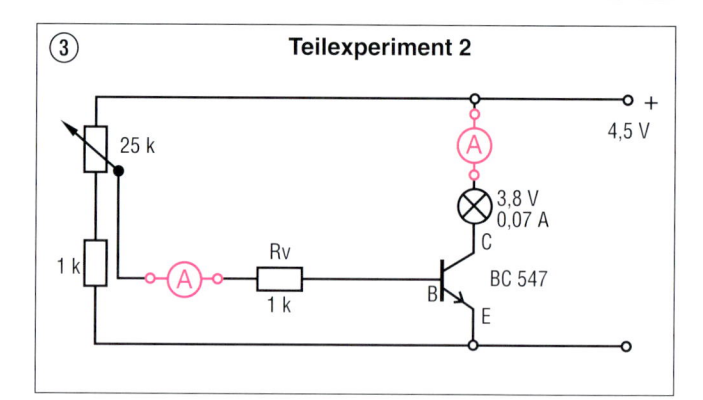

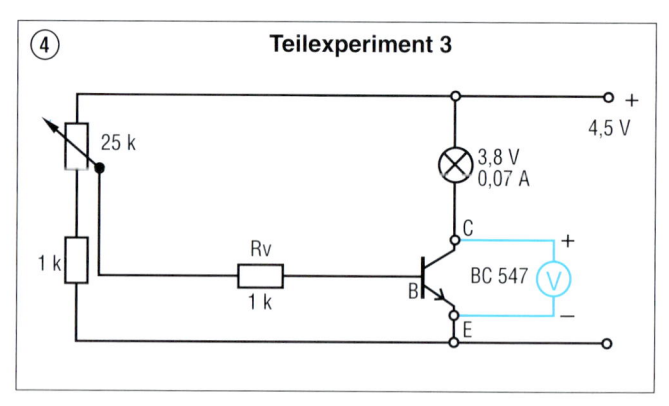

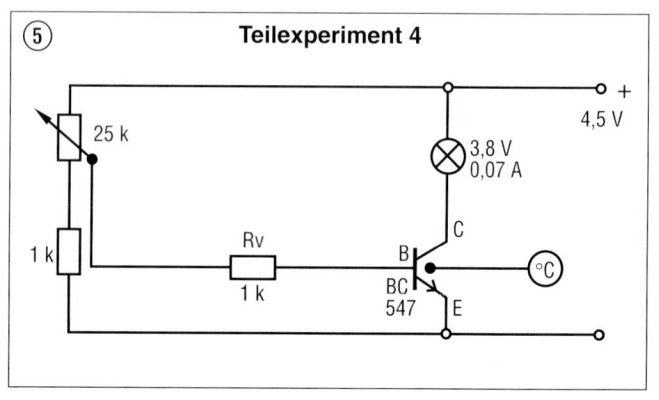

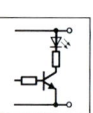

Sensorschaltungen mit Transistoren

Sensoren (lat. Fühler) sind Bauelemente, die auf bestimmte Vorgänge oder Zustände wie Berührung, Bewegung, Helligkeit, Feuchtigkeit, Wärme, Schall, Erschütterung, Druck, Magnetismus, Gasdichte, Radioaktivität elektrisch reagieren, indem sie ihren Widerstand ändern. Je nach Einsatzbereich wurde eine Vielzahl unterschiedlichster Sensoren entwickelt. Das Experiment S. 53 zeigt, wie durch Schließen der CB-Strecke über Berührung eine LED, die im Arbeitsstromkreis des Transistors liegt, zum Leuchten gebracht werden kann. Der Widerstand, der dabei als „Sensor" fungiert, ist der menschliche Körper. Sensoren haben in der Regel einen hohen ohmschen Widerstand und sind so konstruiert, dass sie schon auf kleine Änderungen in ihrer Umgebung (z. B. eine bestimmte Temperatur) ansprechen.

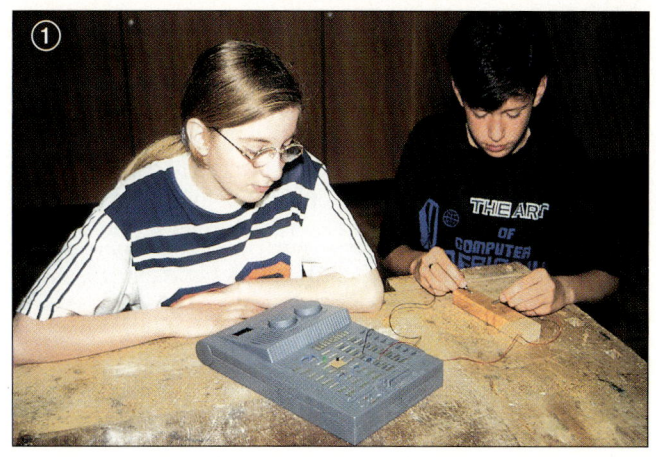

Sensor-Schaltungen werden vielfältig eingesetzt, z. B.:
– als Sicherheitsschaltung an Maschinen und Anlagen (Diebstahl-Sicherung, Unfallschutz, Verkehrsüberwachung und -regelung, Bahnsignale);
– in Geräten, mit denen Vorgänge und Zustände u.a. im Umweltschutz gemessen bzw. überwacht werden (Wassergüte, Luftverschmutzung);
– zur automatischen Schaltung von Straßenlampen, Hofbeleuchtungen oder Heizungsanlagen.

Im Prinzip werden bei Sensorschaltungen schwache Sensorsignale durch einen Transistor verstärkt.
Das „Know-how" einer brauchbaren Schaltung liegt in der feinen Einstellmöglichkeit durch einen so genannten Spannungsteiler (☞ S. 162, 166–168).

Baut funktionsfähige Sensorschaltungen zu folgenden technischen Problemstellungen:
- Eine Beleuchtung soll eingeschaltet werden, wenn es dunkel wird: Dämmerungsschalter; Sensor LDR ☞ S. 169.
- Ein Warnsignal soll ausgelöst werden, wenn die umgebende Temperatur auf ein bestimmtes Maß gestiegen ist: Feuermelder; Sensor NTC ☞ S. 169.
- Eine Pumpe (Motor) soll eingeschaltet werden, wenn ein bestimmter Trockenheitsgrad erreicht ist: Bewässerungsanlage; Sensor Kontakte, Seite 53, Abb. ②.
- Ein Schaltvorgang soll durch ein Geräusch ausgelöst werden: Sensor Mikrofon ☞ S. 171.
- Über ein Zählwerk soll die Anzahl der gefertigten Werkstücke am Ende einer Produktionskette erfasst werden: Stückzahlerfassung; Sensor Fototransistor ☞ S. 168.

Bildet Gruppen, die eine Experimentierschaltung zu einer dieser Problemstellungen bauen.
Informiert euch, wie diese Sensorschaltungen in der Technik eingesetzt werden:
– im Buch (Informationsteil, Sachwortverzeichnis),
– über spezielle Fachliteratur,
– bei Fachleuten.

Tipps:
- Baut die Schaltung zunächst mit einem Baukastensystem und testet die Funktion.
- Sensorschaltungen mit nur einem Transistor haben den Mangel, dass der Transistor nicht wie ein mechanischer Schalter ein- oder ausschaltet, sondern mit der Verringerung des Widerstandes im Sensor allmählich den Arbeitsstromkreis öffnet. Dies kann z.B. zur Folge haben, dass ein Motor nur stockend anläuft oder Lampen lediglich glimmen. Eine Verbesserung des Schaltvorgangs wird durch das Zusammenschalten von zwei Transistoren erreicht: Darlingtonschaltung ☞ S. 168.

Je nach Problemstellung (z. B. Auslösen des Schaltvorgangs bei zunehmender Dunkelheit oder zunehmender Helligkeit) müsst ihr festlegen, ob der Sensor zwischen plus und der Basis des Transistors (Abb. ③) oder minus und Basis des Transistors (Abb. ④) eingesetzt werden muss.
Erprobt in einer Versuchsschaltung!
Wie man Sensorschaltungen berechnet, ist auf Seite 166 und 167 dargestellt.
Funktioniert die Versuchsschaltung, so kann die Schaltung wie in Abb. ⑤ auf eine beschichtete Spanplatte als Funktionsmodell fest aufgebaut werden. Die Anschlüsse der Bauteile können dabei in Kabelendhülsen verlötet werden (Abb. ⑥).

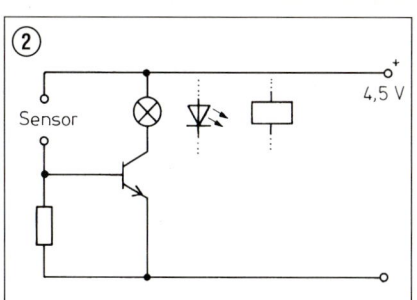

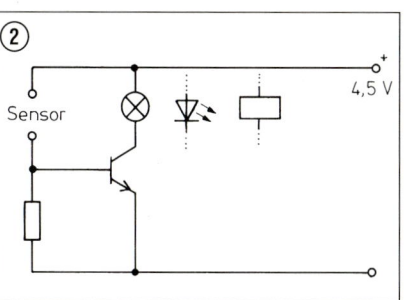

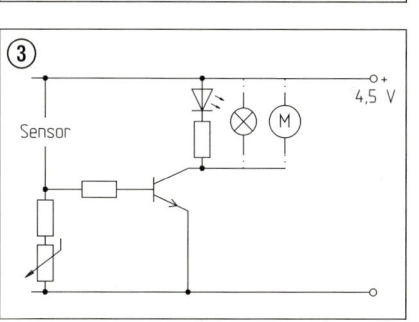

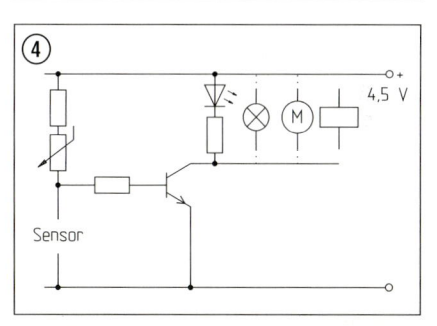

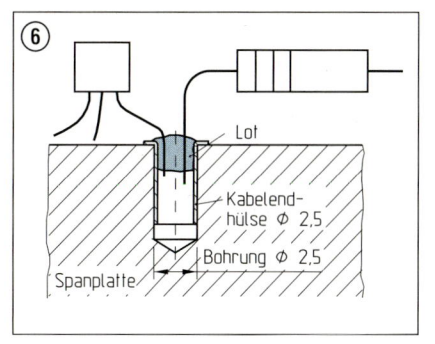

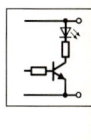

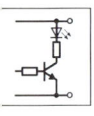

Der Bedenkzeitschalter – eine Verzögerungsschaltung

Für Spiele wird oft eine bestimmte Zeitspanne vereinbart; die Zeit kann dann wie beim Eierkochen mit einer Sanduhr gemessen werden. Für eine „elektronische Sanduhr" mit Leuchtanzeige wird ein Bauteil benötigt, das es ermöglicht, in den Schaltvorgang die Dimension „Zeit" aufzunehmen. Mit einem **Kondensator** (☞ S. 169, 170) kann dieses Problem gelöst werden.

Wirkungsweise von Kondensatoren in Schaltungen

Durch Experimente können wir den Lade- bzw. Entladevorgang eines Kondensators beobachten:

EXPERIMENT 1

Ladet den Kondensator nach Abb. ②, entladet ihn nach Abbildung ③ und beobachtet dabei die Glühlampe (3,8 V / 0,07 A).

Was kann festgestellt werden?
Notiert eure Beobachtungen.

EXPERIMENT 2

Fragestellung/Vermutung:

Mit einer Versuchsschaltung können wir weitere Erkenntnisse gewinnen über den Lade- bzw. Entladevorgang eines Kondensators.
Wie verläuft der Lade- bzw. Entladevorgang, wenn wir durch einen Widerstand den Stromfluss begrenzen?

Planung:

Wir benötigen einen Elko 2200 µF, 2 Taster, jeweils 2 Widerstände mit den Werten 3,3 K, 4,7 K, 6,8 K, eine Stromquelle 4,5 V und ein Multimeter (wenn möglich mit analoger Anzeige) zur Spannungsmessung.

Übertragt den Schaltplan auf ein Protokollblatt, auf dem die verwendeten Widerstände, eure Beobachtungen und die Ergebnisse festgehalten werden. Baut die Versuchsschaltung nach dem Schaltplan Abb. ⑤ mit einem Baukastensystem auf.

Durchführung:

Führt das Experiment nacheinander in Teilexperimenten mit folgenden Widerstandspaaren durch:
(R1 3,3 K I R2 3,3 K);
(R1 6,8 K I R2 4,7 K);
(R1 6,8 K I R2 6,8 K);
(R1 3,3 K I R2 6,8 K);
(R1 6,8 K I R2 3,3 K).

Schließt jeweils zunächst Taster 1 ca. 10 Sek. und beobachtet die Anzeige am Spannungsmesser. Öffnet T1 und schließt T2 ca. 10 Sek., beobachtet die Anzeige am Spannungsmesser.

Notiert jeweils eure Beobachtungen und die Daten übersichtlich auf dem Protokollblatt. Schließt beide Taster ca. 20 Sek. und beobachtet die Wirkung.

Auswertung:

Vergleicht die Einzelversuchsergebnisse miteinander und formuliert eure Erkenntnisse in einem kurzen Text. Der Widerstand ist im Experiment mit dem Kondensator in Reihe geschaltet. Formuliert aufgrund eurer Erkenntnisse aus den Experimenten einen Merksatz über die Schaltwirkung des mit einem Widerstand in Reihe geschalteten Kondensators.

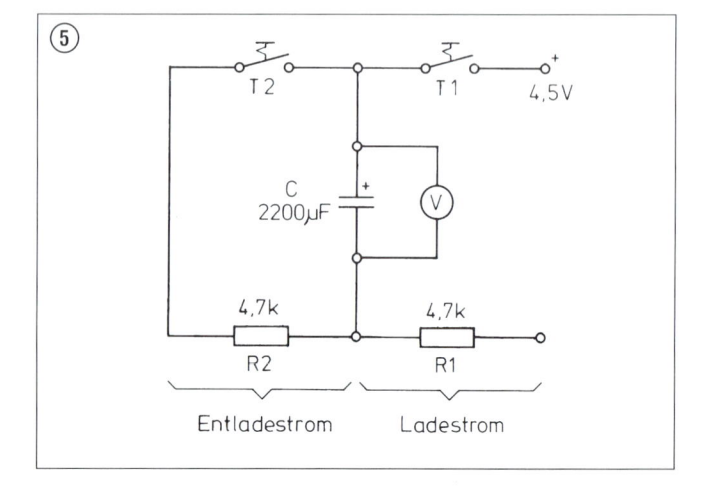

Bau eines Bedenkzeitschalters

Bei **Sensorschaltungen** (☞ S. 55) war es möglich, z.B. durch Licht einen Schaltvorgang auszulösen. Ersetzt man den Sensor-Widerstand des Spannungsteilers durch einen Kondensator (Abb. ①), so erhält man eine Schaltung, die Schaltverzögerungen ermöglicht. Eine Einschaltverzögerung wird erreicht, indem durch einen Widerstand der Ladevorgang des Kondensators verzögert wird. Solange die Kondensatorspannung unterhalb der Schwellenspannung des Transistors bleibt, sperrt dieser, weil kein Basisstrom fließen kann. Eine Ausschaltverzögerung (Abb. ②) wird erreicht, wenn durch kurzes Antippen eines Tasters der Kondensator geladen und der Entladevorgang des Kondensators durch einen Widerstand verzögert wird. Solange die Kondensatorspannung oberhalb der Schwellenspannung des Transistors bleibt, schaltet dieser durch.

- Bei einem Spiel hat jeder Spieler max. 12 Sek. Bedenkzeit, die mit einer Sanduhr überprüft wird. Die Sanduhr soll durch eine elektronische Schaltung, die nach dem Prinzip der Einschaltverzögerung arbeitet und eine Lichtanzeige besitzt, ersetzt werden. Berechnet die Kapazität von C (☞ Seite 170), wenn R 6,8 KΩ beträgt, und baut die **Bedenkzeitschaltung** (Abb. ③) als Versuchsschaltung auf.

Bedenkzeitschalter mit Darlingtonstufe

Die Ausdehnung der Schaltverzögerung auf mehrere Minuten erfordert einen großen Wert des Widerstandes im **RC-Glied**. Muss der Widerstand an der Basis des Transistors relativ klein gehalten werden, damit dieser noch durchschaltet, so ergibt sich rechnerisch für den Kondensator eine hohe Kapazität. Deshalb wird in der Praxis bei Zeitschaltern eine Darlingtonstufe (☞ S. 160) eingebaut. Sie erlaubt einen hohen Basisvorwiderstand und vermindert die Verlustleistung beim Durchschaltvorgang. Allerdings verdoppelt sich dadurch die Schwellenspannung (☞ S. 163), sodass bei einer Schaltung nach dem Prinzip der Ausschaltverzögerung die Anzeige erlischt, wenn die Spannung des Kondensators unter 1,4 V abgesunken ist.

Die genaue Zeit stellt man dadurch ein, dass der Widerstand in einen Festwiderstand und in einen einstellbaren Widerstand aufgeteilt wird. Die Schaltung Abb. ③ ist nach dem Prinzip der Ausschaltverzögerung aufgebaut, wobei die Glühlampe durch eine grüne LED ersetzt wurde. Der geringe Stromverbrauch der LED ermöglicht eine längere Ausschaltverzögerung. Die rote LED dient als Ladekontrolle und erlischt, wenn der Kondensator geladen ist. Der exakte Schaltpunkt der Ausschaltverzögerung wird durch ein parallel zum Kondensator geschaltetes Potentiometer (R3) eingestellt. Die Schaltung ist so dimensioniert, dass eine Ausschaltverzögerung von 8 Min. eingestellt werden kann. Die hohen Widerstandswerte von R_1 und R_2 erlauben aber auch eine längere Ausschaltverzögerung. Nach dem Öffnen des Tasters entlädt sich der Kondensator über R1 und R2, die zusammen mit dem Kondensator das RC-Glied bilden. Durch Justieren an den Potentiometern kann die gewünschte Ausschaltzeit eingestellt werden.

Für diese Schaltung wird auf S. 158–160 dargestellt, wie eine Platine hergestellt und wie die komplette Schaltung in ein Gehäuse eingebaut wird.

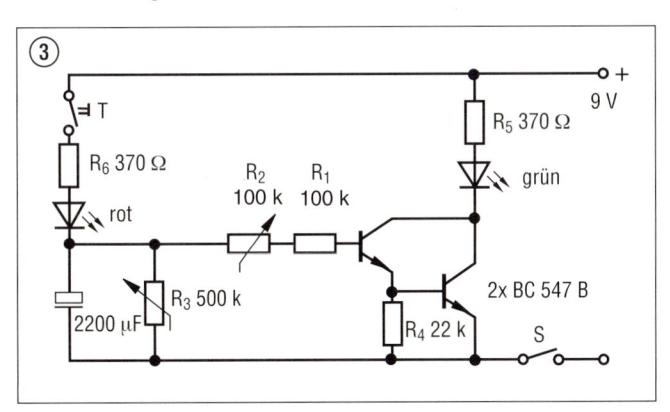

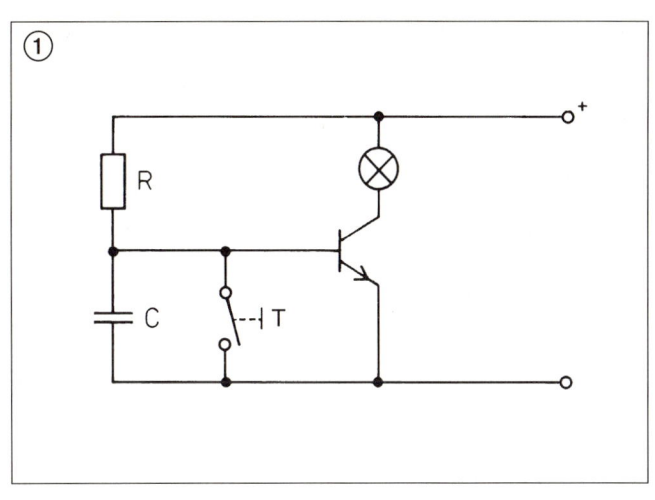

Prinzip einer Einschaltverzögerung: Der Taster T ermöglicht es, den Kondensator zu entladen. Die Einschaltverzögerung kann somit neu gestartet werden.

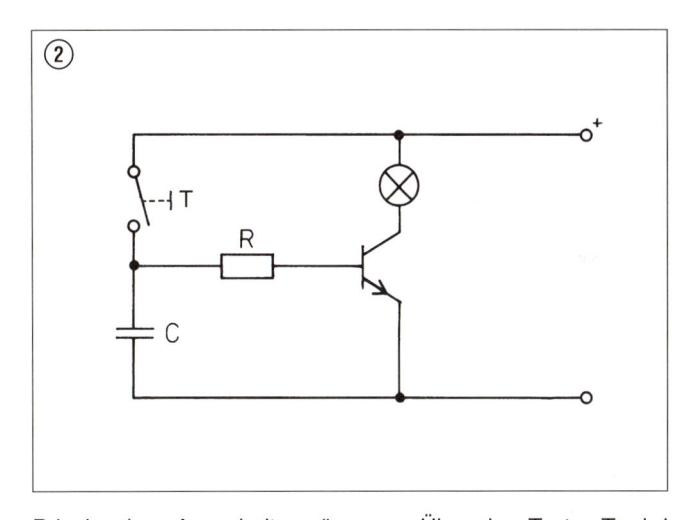

Prinzip einer Ausschaltverzögerung: Über den Taster T wird der Kondensator geladen. Die Ausschaltverzögerung beginnt nach Loslassen des Tasters.

Stückliste für Bedenkzeitschalter			
Lfd. Nr.	Anzahl	Benennung	Maße/Wert
1	1	Platine	50 x 60 mm
2	1	Elko	2200 µF 16 V
3	2	Transistor	BC547B
4	1	Leuchtdiode grün	⌀ 5 mm
5	1	Leuchtdiode rot	⌀ 5 mm
6	1	Potentiometer R3	500 kΩ
7	1	Potentiometer R2	100 kΩ
8	2	Drehknopf	Achs⌀ 6 mm
9	1	Widerstand R1	100 kΩ
10	1	Widerstand R6	330 Ω
11	1	Widerstand R5	270 Ω
12	1	Widerstand R4	22 kΩ
13	1	Taster (Ein)	
14	1	Ausschalter	
15	1	Blockbatterie 9 V	
16	1	Batterieclip	
17	2	Kunststoff-Gehäusehalbschale	123 x 29,5 x 70 mm
18	div.	Schaltlitze	

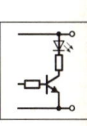

Töne elektronisch erzeugt: Bau einer Miniorgel

Der Einsatz von Elektronik eröffnet neue Dimensionen im Musikinstrumentenbau und in der Klanggestaltung. In Keyboards und elektronischen Orgeln sind Multivibratorschaltungen (☞ S. 172, 173) eingebaut. In der Elektronik gehören sie zu den wichtigsten Grundschaltungen. Sie sind im wahrsten Sinne des Wortes „tonangebend".

Vom Wechselblinker zum Tongenerator

- Baut nach dem Schaltplan Abb. ② mit einem Baukastensystem einen astabilen Multivibrator (AMV) als Wechselblinker. In welchem Rhythmus blinken die LEDs? Was bewirken die beiden Kondensatoren? RC-Glieder und AMV ☞ S. 170, 173.
- Ersetzt die LED 1 mit Schutzwiderstand durch den Widerstand 1 K (Abb. ②). Testet die Schaltung. Wie reagiert LED 2?
- Ersetzt nun Kondensator C1 nacheinander durch andere Kondensatoren nach Tabelle 3. Testet jeweils die Funktion der Schaltung und notiert eure Erkenntnisse. RC-Glieder und AMV ☞ S. 170, 173.

Mit dem **astabilen Multivibrator** lassen sich über **RC-Glieder** rechteckig Impulse (Spannung, keine Spannung) herstellen (Abb. ④). Diese Rechteckimpulse können für die Erzeugung von akustischen Signalen genutzt werden.

Die in der **Multivibratorschaltung** erzeugten elektrischen Impulse können von Lautsprechern (☞ S. 171) in hörbaren Schall, also in Töne umgewandelt werden.

- Baut die Versuchsschaltung nach Abb. ⑤. Ersetzt u. a. LED 2 (Abb. ②) durch einen Lautsprecher und den 470-Ohm-Widerstand durch einen 100-Ohm-Widerstand. Setzt anstelle des Kondensators C1 nacheinander andere Kondensatoren nach Tabelle 3. Was stellt ihr fest? Notiert eure Erkenntnisse.
- Baut die Versuchsschaltung wieder nach Abb. ⑤ auf (RC-Glied: R = 10 K; C1 = 0,047 µF). Verstellt langsam das Potentiometer. Welche Funktion hat das Poti?

Beim astabilen Multivibrator als **Tongenerator** wird durch die sehr kurzen Intervalle der Rechteckimpulse (Spannung, keine Spannung, Abb. ④) die Membran des Lautsprechers in Schwingung versetzt. Dadurch werden Töne erzeugt.

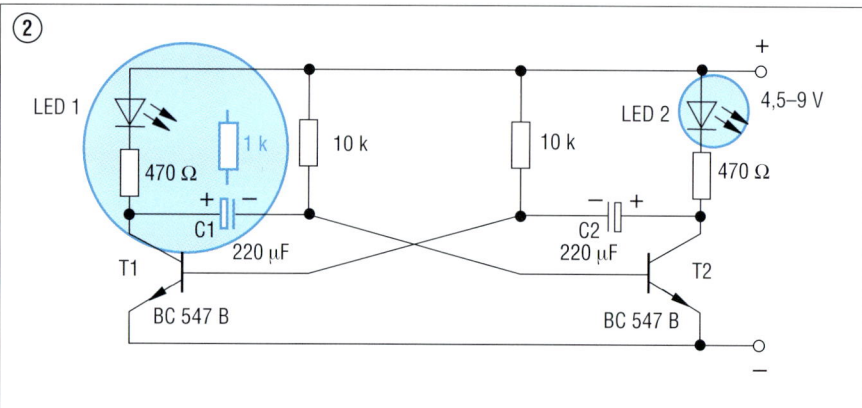

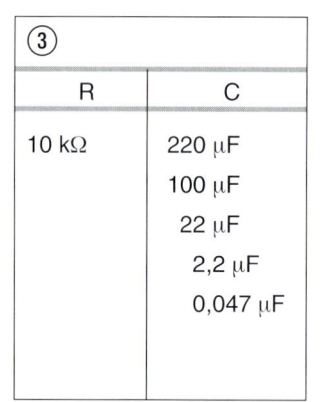

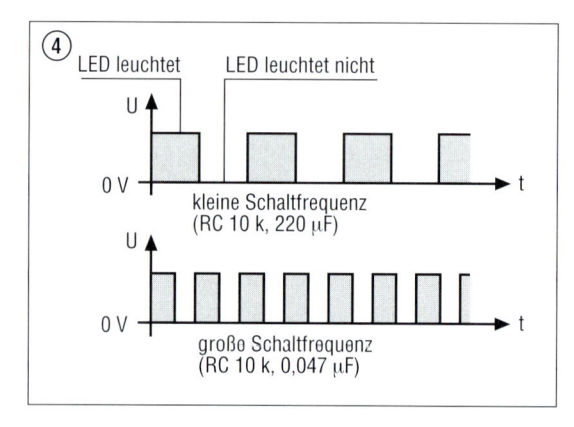

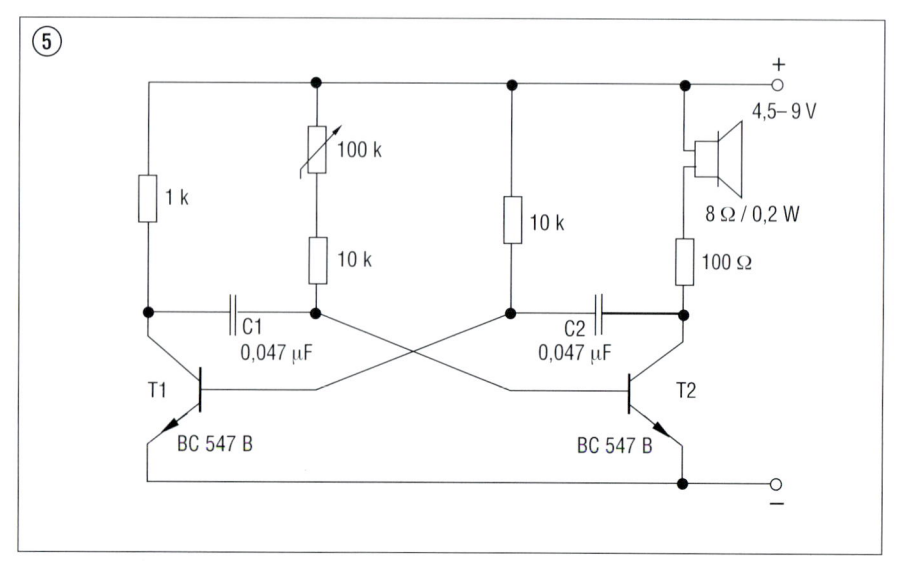

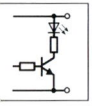

③

R	C
10 kΩ	220 µF
	100 µF
	22 µF
	2,2 µF
	0,047 µF

58

Vom Tongenerator zur elektronischen Miniorgel

Wird in das RC-Glied mit C1 der **Tongeneratorschaltung** Seite 60, Abb. ⑤, ein Taster eingebaut, so kann die gewünschte Tonlänge durch die Dauer, mit der man den Taster gedrückt hält, gesteuert werden. Schaltet man in gleicher Weise 8 Potis mit Taster parallel, wird daraus die Schaltung einer **Miniorgel**. Durch die exakte Einstellung der Potis können 8 verschiedene Töne (1 Oktave) erzeugt werden (Abb. ①).

- Baut eine Versuchsschaltung nach Abb. ⑤, S. 58. Ersetzt den Widerstand 10 K des RC-Gliedes mit C1 durch einen Widerstand mit 4,7 K und baut einen Taster ein (Abb. ①). Testet die Schaltung.
- Erweitert die Schaltung nach Abb. ① mit T3 und dem Widerstand 1 K am Kollektor von T2. Testet die Schaltung erneut. Was ändert sich? Versucht zu erklären (☞ S. 168).

Elektronische Miniorgel mit IC

Interessant ist es, die Miniorgel mit einem IC zu bauen (Abb. ②). Hierfür eignet sich der IC NE 555 (☞ S. 174).

- Baut die Schaltung Abb. ② als Versuchsschaltung für einen Ton auf. Setzt einen Schalter anstelle des Tasters. Betreibt die Schaltung und messt dabei den Strom am Ausgang PIN 3. Übersteigt die Stromstärke 200 mA, solltet ihr den Versuch sofort abbrechen! Befühlt den IC auf Wärmeentwicklung.

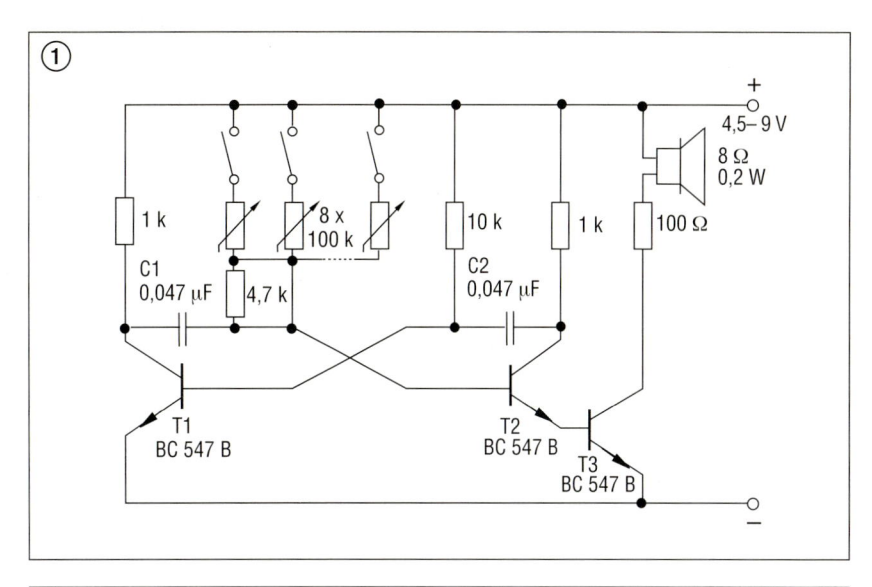

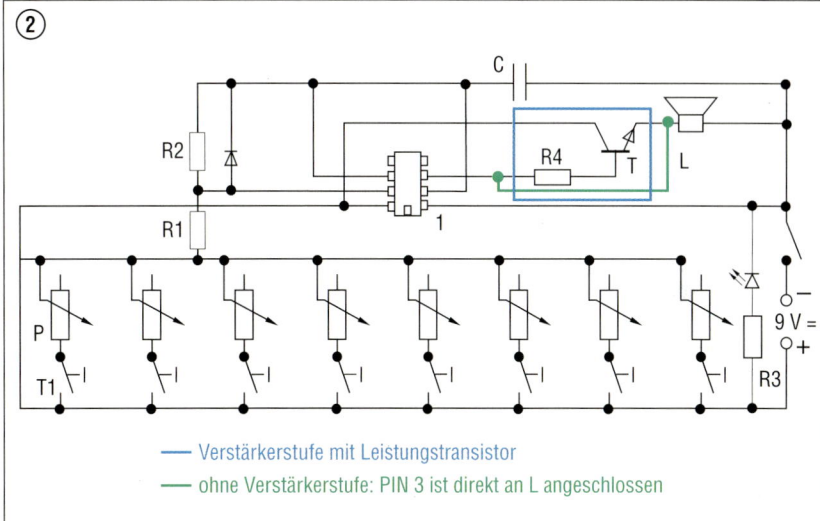

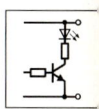

Auf den Transistor BC 140 mit R4 könnte man eigentlich verzichten. Der Kleinlautsprecher bewirkt jedoch, dass an PIN 3 der IC mit einem hohen Ausgangsstrom von mehr als 200 mA belastet wird. Weil der **IC NE 555** nur mit einem maximalen Strom von 200 mA belastet werden sollte, erwärmt er sich hierdurch stark und kann bei längerem Betrieb nicht mehr konstant takten. Es besteht sogar die Möglichkeit der Zerstörung.

Um dies zu verhindern, wird mithilfe des Leistungstransistors BC 140 o. ä. I_{max} = 1 A eine einfache Transistorstufe eingebaut, die den Belastungen standhält. Die Basis des Leistungstransistors muss mit einem Schutzwiderstand von 2,2 k gesichert werden.

Die Diode überbrückt R2 beim Laden des Kondensators. Somit erfolgt der Ladevorgang über dieselbe Widerstandsgröße wie der Entladevorgang. Die Diode fördert somit das symmetrische Schwingen des IC (☞ S. 174).

- Baut eine Miniorgel mit 8 Tönen. Entscheidet euch für die Schaltung Abb. ① oder ② und für eine Fertigungsart des Platinenlayouts: Platine mit Lötstreifen, Ätzverfahren (☞ S. 159, 160). Fräsverfahren (☞ S. 189), wenn ein Koordinatentischsystem zur Verfügung steht.
- Berechnet den Widerstand R1 + R2 ausgehend vom Kammerton a' (440 Hz) (☞ S. 90 und S. 161, 162).
- Entwickelt mit euren Bauteilen einen Bestückungsplan (☞ S. 158). Ändert das Layout Abb. ③, S. 60, entsprechend ab. Berücksichtigt für externe Bauteile die Kabelanschlüsse.
- Wie soll das „Gestell" konstruiert sein? Betrachtet Abb. ①, S. 60, und entscheidet euch für den Werkstoff/das Halbzeug. Bedenkt dabei die Abmessungen der Platine und die Platzierung der Bauteile wie Taster, Lautsprecher etc.

①

②

— Verstärkerstufe mit Leistungstransistor
— ohne Verstärkerstufe: PIN 3 ist direkt an L angeschlossen

Stückliste Bauteile der Schaltung Miniorgel mit IC

Lfd. Nr.	Anzahl	Benennung	Maß/Wert
1	1	IC NE 555	
2	1	IC-Fassung	
3	1	Kleinlautsprecher	8 Ohm
4	1	Stellschalter(Ein/Aus)	
5	1	Kondensator	47 nF
6	1	LED grün	
7	2	Widerstand R1, R2	2 K
8	1	Widerstand R3	330 Ω
9	1	Widerstand R4	2,2 K
10	1	Transistor BC 140 o. ä.	
11	8	Tastschalter T1–T4	
12	8	Potentiometer P1–P8	
13	2	Anschlussbuchse (schw./rot)	HO
14	1	Platine	50 x 160 mm
15		Schaltlitze	0,50

- Erstellt eine Stückliste aller Bauteile eurer **Orgel**.
- Stimmt eure Miniorgel exakt. Greift dabei auf Informationen aus den Fächern Musik und Physik zurück (Schall, Resonanzraum, elektronisches Stimmgerät, Musikinstrument zum Stimmen der Miniorgel, Theorie der Noten).

Bewertung

- Überlegt Kriterien zur Bewertung eurer Arbeit. Berücksichtigt dabei fächerübergreifende (vernetzte) Kenntnisse und Fähigkeiten: Natur und Technik, Physik, Musik, Informatik. Bewertet eure Leistungen entsprechend (☞ S. 84, 85).

Tipps

- Plant die Konstruktion der „Tastatur". In Abb. ② sind einige Beispiele dargestellt: Taster, Messingfederband, Mikroschalter mit Hebel. Habt ihr eine andere Idee?
- Welche Bauform haben eure Potentiometer? Seht bei einem geschlossenen Gehäuse Bohrungen vor, damit die Potis von außen justiert werden können.
- Abb. ③ stellt ein Beispiel für das Layout dar. Es muss wegen unterschiedlicher Rastermaße der Bauteile auf euren Bestückungsplan abgestimmt werden. Die Planung erleichtert ein Karomuster mit dem Rastermaß 2,54 mm.
- Möchtet ihr die Orgel mit dem Computer steuern (☞ S. 75)? Neben den Anschlüssen für den Taster sollten parallel Anschlüsse für das Interface vorgesehen werden.
- Das in Abb. ① dargestellte „Gestell" aus Acrylglas wurde nach den Zeichnungen Abb. ④ gefertigt. Beachtet, dass vor dem Biegen
  - die Acrylglasplatte auf Maß bearbeitet und versäubert wird (Kanten brechen). Achtung: Acrylglas wird leicht zerkratzt!,
  - sämtliche Bohrungen und Aussparungen gefertigt werden. Informiert euch über geeignete Werkzeuge zur Bearbeitung von Acrylglas (Gefahr des Splitterns),
  - rechteckige Aussparungen (z. B. für Mikrotaster) passgenau gefertigt werden. Geht so vor: zwei Bohrungen setzen, mit der Laubsäge aussägen, mit Schlüsselfeilen auf Maß feilen (Abb. ⑤),
  - Biegehilfen aus Holz bereitliegen, in Abb. ④ grün eingezeichnet),
  - Biegezonen markiert werden (Abb. ④).
- Acrylglas in 3 mm Dicke muss sachgerecht warm geformt werden: nur die Biegezone ca. 10 mm breit beidseitig und durchgängig erwärmen; nicht überhitzen (Blasenbildung), zu geringfügige bzw. einseitige Erwärmung bedingt Rissbildung/Bruchgefahr.
  Empfehlung: vorab Warmformversuch mit Reststück durchführen.
- Mikrotaster können mit geeignetem Kleber (z. B. Zwei-Komponenten-Kleber) eingeklebt werden. Von unten einkleben – mit Anschlag fixieren – wenig Klebstoff verwenden, da verschmierte Stellen schlecht zu reinigen sind.
- Der Lautsprecher kann wie in Abb. ⑥ dargestellt mit zwei Senkkopfschrauben, Unterlagscheiben und Muttern befestigt werden.

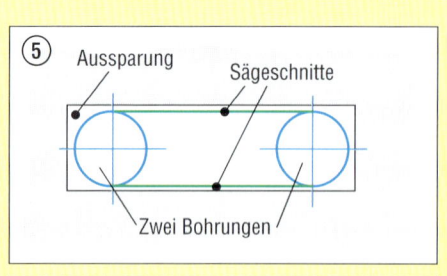

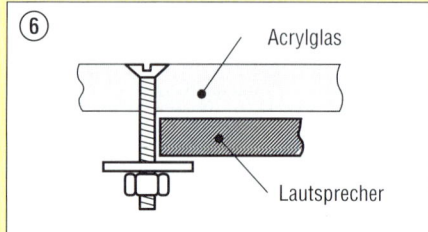

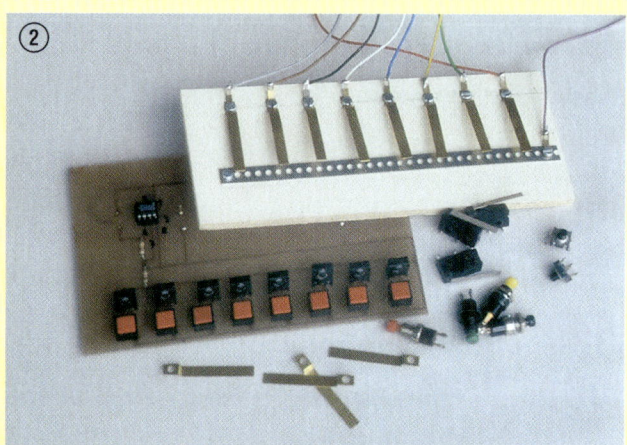

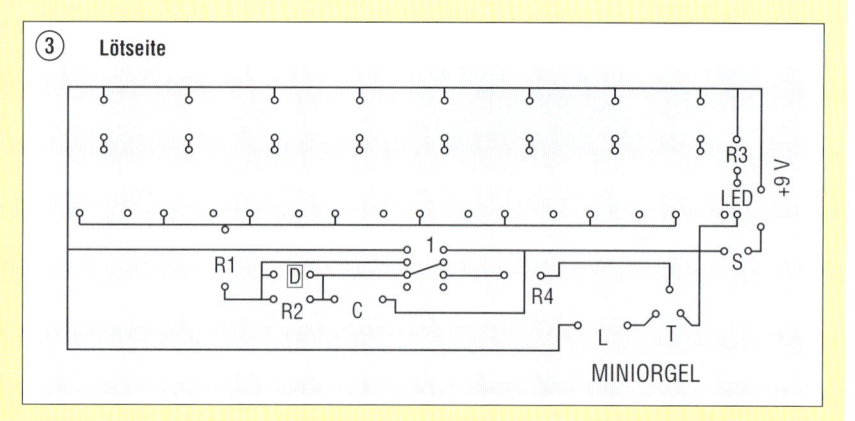

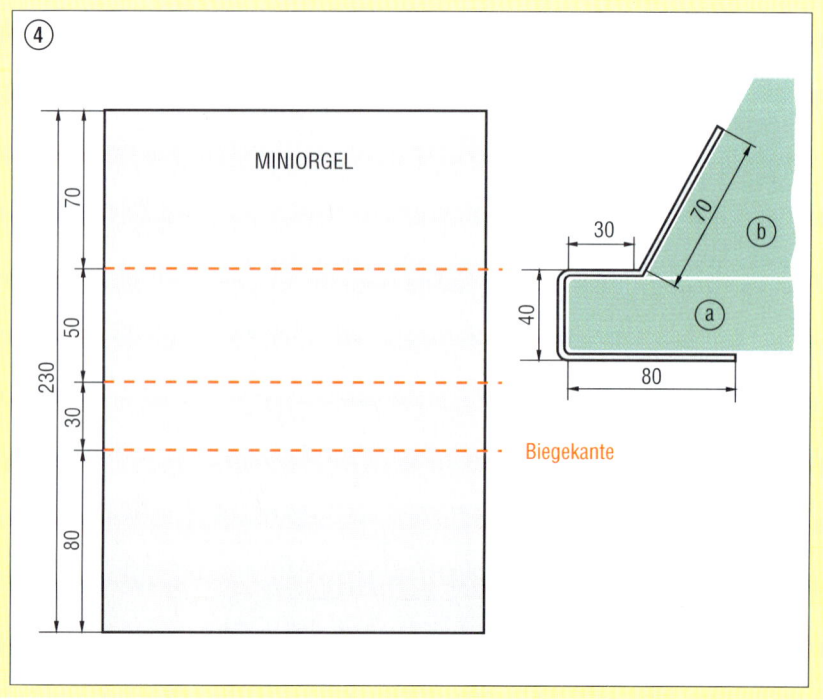

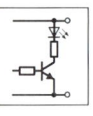

60

Berufe in der Elektrotechnik

Die gültige Ausbildungsordnung für **Elektroberufe** im industriellen Bereich ist in vier Berufsgruppen unterteilt (s. Grafik). Die breit angelegte Grundbildung im ersten Ausbildungsjahr und die gemeinsame Fachbildung im 2. Jahr
- ermöglichen den Erwerb einer umfassenden Grundqualifikation als Voraussetzung für eine zukunftsorientierte Fachausbildung,
- befähigen den Azubi, an vielen Arbeitsplätzen unterschiedlicher Fachberufe und unterschiedlicher Betriebe zu arbeiten,
- bieten den Überblick, um wechselnde Aufgaben fachgerecht lösen zu können,
- erleichtern den Wechsel der Fachrichtung innerhalb eines Berufes bis zum Ende des 2. Ausbildungsjahres.

Industrieelektroniker/in Fachrichtung Gerätetechnik
Ausbildungsdauer: 3 1/2 Jahre

Auszüge aus der Datenbank für Berufsinformation

Schulische Vorbildung (Allgemeinbildung)

Rechtlich: Keine Vorschrift

Praktiziert: Ausbildungsverträge ab 1996
- Realschul- oder gleichwertiger Abschluss (61,7%)
- Hauptschulabschluss (17,1%)
- Hochschul-/Fachhochschulreife (9,1%)
- ohne Hauptschulabschluss (0,1%)

Interessen

Notwendig: keine

Föderlich:
- Neigung zu intellektuell betonter handwerklicher Tätigkeit (z. B: Erstellen von Schaltplänen, Messen, Prüfen)
- Neigung zu handwerklicher Feinarbeit
- Interesse für Elektrotechnik (Hobbies im Elektro- und Funkbereich, im Modellbau, z. B. Fernsteuerungen)

Eher nachteilig:
- Abneigung gegen platzgebundene, überwiegend sitzende Tätigkeit
- Abneigung gegen feine, exakte Arbeit nach Zeichnungen und Plänen
- fehlendes Interesse an komplizierten technischen Abläufen und Zusammenhängen
- Abneigung gegen häufig wechselnde Aufgaben

Kenntnisse

Notwendig:
- durchschnittliche Kenntnisse in Mathematik, insbesondere Lösen von Gleichungen mit einer Unbekannten, Grundbegriffe der Geometrie
- durchschnittliche Kenntnisse in Physik, insbesondere Elektrizitätslehre (Messen von Spannungen, Strömen, Widerständen)
- ausreichende Kenntnisse in Deutsch, insbesondere Lesefertigkeit und mündliches Ausdrucksvermögen (Lesen von Planungsunterlagen, Verbalisieren technischer Probleme)

Förderlich:
- durchschnittliche Kenntnisse im technischen Werken
- durchschnittliche Kenntnisse im technischen Zeichnen
- durchschnittliche Kenntnisse in Englisch (Fachausdrücke, Fachbücher z. T. in Englisch)
- Grundkenntnisse der Datenverarbeitung (Programmieren)

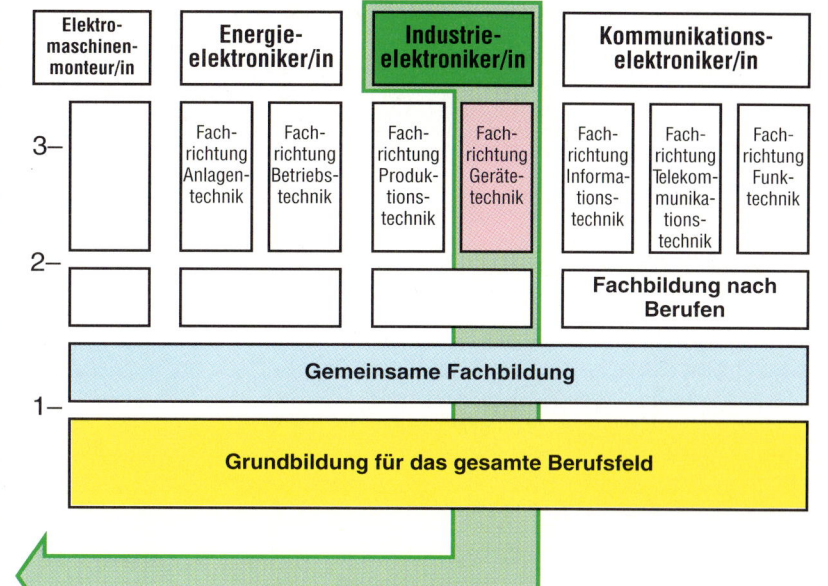

Fähigkeiten

Notwendig:
- durchschnittliche allgemeine Auffassungsgabe und Lernfähigkeit
- gutes logisch-schlussfolgerndes Denkvermögen (Arbeit nach Schaltplänen und mit komplizierten Messgeräten, Eingrenzung von Fehlern)
- durchschnittliche Wahrnehmungsgenauigkeit und -geschwindigkeit
- durchschnittliches räumliches Vorstellungsvermögen und mechanisch-technisches Verständnis

Förderlich:
- Einfallsreichtum (technische Findigkeit bei der Fehlersuche)

Ausbildungsinhalte
- Anfertigen und Bestücken von Leiterplatten
- Zusammenbauen und Verdrahten von Baugruppen und Geräten der Energie- oder Kommunikationstechnik
- Prüfen, Messen, Einstellen und Abgleichen von Baugruppen und Geräten
- Inbetriebnehmen von Baugruppen und Geräten
- Instandhalten von Baugruppen und Geräten

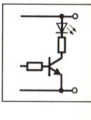

Entwicklung und Einsatz der Mikroelektronik zur Steuerung oder Regelung und zur Datenverarbeitung

Das Kompetenzprofil für Informatiker muss geschärft werden

Schwammiges Berufsfeld

Die Beschäftigten müssen ihr Kompetenzprofil immer wieder additiv erweitern – soziale Fähigkeiten, betriebswirtschaftliche Kenntnisse und Fachwissen aus den Anwendungsfeldern der Informatik werden einfach draufgepackt. Dies kann „kurzfristig durchaus erfolgreich sein", urteilen die Branchenbeobachter Baukrowitz und Boes. Doch längerfristig würde nur ein Weg zum Ziel führen. Diesen Weg, der an einigen Unis sowie da und dort in der betrieblichen Aus- und Weiterbildung ansatzweise verfolgt wird, haben die beiden Branchenbeobachter „ganzheitliche Arbeitsgestaltungskompetenz" genannt. Dahinter steckt tatsächlich ein neues Leitbild von Informatik: Sie gestaltet nicht Technik an sich, sondern sie gestaltet Technik so, dass diese in einem konkreten Arbeitszusammenhang funktioniert. Boes: „Damit ist auch immer der Mensch einbezogen, der mit dieser Technik umgehen soll. Für die Ausbildung heißt das, dass technologische und soziale Qualifikationen eine Einheit bilden müssen."

„Reflexive Fachlichkeit", heißt das Herzstück des Konzepts. Damit ist die Fähigkeit gemeint, „sich zurücklehnen und unterscheiden zu können. Was ist Wald und was sind Bäume". Es ist wie beim Hasen und beim Igel: Der Alleskönner rennt und rennt – und läuft doch nur dem allerneuesten Technikschrei hinterher. Gefragt sind jedoch Fachleute, die erkennen, was ein technologisches Windei und was eine ernst zu nehmende Entwicklung ist, und die Kunden entsprechend beraten.

Beispiel Internet: Noch vor zwei Jahren glaubten Online-Dienste ohne die Internet-Architektur auskommen zu können. Die Kalkulation ging nicht auf. Wer nun heute erahnen will, was morgen gefragt sein wird, muss sich anschauen, was hinter dem augenblicklichen Siegeszug des Internets steckt, sagt Boes und fügt hinzu: „Es ist der stabile Trend zu einem weltweiten Informationsgefüge, das eine leistungsfähige informations- und kommunikationstechnische Struktur benötigt. Darauf kann ich mich einstellen. Ob die konkrete technische Lösung das Internet oder etwas ganz anderes sein wird, ist dann eine zweitrangige Frage."

Wer diesem Ansatz folgt, kann Kriterien für die Aus- und Weiterbildung in der informationstechnischen Branche entwickeln: Nichts gegen eine zusätzliche Schulung, um den Umgang mit einem SAP-Modul oder mit der Programmiersprache Java zu vermitteln. Entscheidend ist aber das, was ein junger Fachinformatiker so ausdrückt. „Mein Ausbilder weiß, wie schnell konkretes Wissen in unserem Arbeitsfeld überholt ist und nimmt sich Zeit für grundsätzliche Fragen. Damit ich verstehe, wie Software funktioniert und wie man Probleme löst, unabhängig davon, um welches System es sich gerade handelt."

(26. 9. 98)

① Betriebe klagen immer noch über zu wenig Nachwuchs bei Informatikern

② **Die Zukunft mit dem Computer**

Der Wandel in der Arbeitswelt wird vom Einsatz moderner Techniken wie Biotechnik, Werkstofftechnik und Lasertechnik, vor allem aber von der Mikroelektronik beeinflusst.

Nach der unten stehenden Expertenberechnung nimmt die Notwendigkeit für Berufstätige rapide zu, sich Kenntnisse in der Datenverarbeitung anzueignen:

Kamen 1980 noch 82 % und 1990 noch 57 % aller Erwerbstätigen ohne Qualifikationen für die Datenverarbeitung aus, werden es im Jahre 2000 nur noch 36 % sein, also müssen 64 % aller Erwerbstätigen bestimmte Qualifikationen haben:

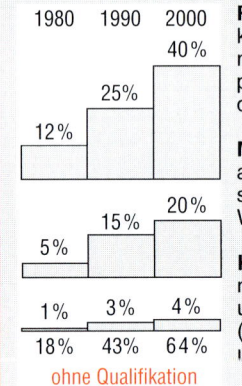

Randberufe brauchen lediglich Grundkenntnisse. Nach kurzer Schulung ermöglichen ihnen komfortable Anwenderprogramme mit Menüsteuerung die Bedienung der Geräte und Maschinen.

Mischberufe brauchen zu ihrer Fachausbildung zusätzlich fundierte Kenntnisse über Soft- und Hardware, die sie in Weiterbildungskursen erlernen müssen.

Kernberufe wie Systemanalytiker (organisieren Datenverarbeitungsverfahren und bereiten sie vor), Programmierer (setzen Ideen in Rechenprogramme um) und Operatoren (bedienen die Anlagen)

	1980	1990	2000
Randberufe	12 %	25 %	40 %
Mischberufe	5 %	15 %	20 %
Kernberufe	1 %	3 %	4 %
	18 %	43 %	64 %
ohne Qualifikation	82 %	57 %	36 %

Neue Techniken bedeuten generell in allen Wirtschaftszweigen steigende Anforderungen an das Qualifikationsniveau der Beschäftigten. Neben der fachlichen Qualifikation werden die berufsübergreifenden Qualifikationen wie Kommunikationsfähigkeit und -bereitschaft, Planen und Arbeiten im Team, Bewertungsfähigkeit und die Übernahme von Verantwortung für Geräte, Maschinen und Anlagen, besonders aber für Menschen und für die Umwelt immer wichtiger.

Quelle: Institut der deutschen Wirtschaft

- Gestaltet eine Collage zur Verwendung eines Multimedia-PCs in Gruppenarbeit.

  Tipp
  - Sammelt Prospekte und Zeitschriften mit geeigneten Bildern und Grafiken. Klebt einen Multimedia-PC in die Bildmitte. Ordnet um den PC Bilder von Anwendungsbereichen, z. B.: Steuerung von Geräten, Textverarbeitung, Bearbeitung digitaler Fotografie, CAD, e-Mail.

- Stellt euch gegenseitig eure Collagen vor und diskutiert die aktuelle und zukünftige Bedeutung des Computers.
- Lest die Texte und klärt Begriffe.
  Welche Informationen zur Bedeutung des Computers bei der **Berufsausbildung** und in der Arbeitswelt sind für euch wichtig? Sprecht darüber!
- Was möchtet ihr bezüglich der Verwendung des Computers lernen?
  Formuliert Ziele und Aufgaben!

Logische Schaltungen bauen und selbstgebaute Geräte steuern

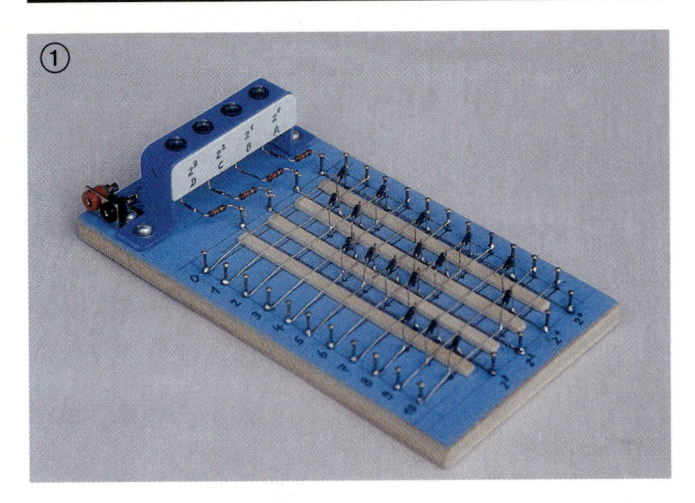

①
- Binäres Zahlensystem
- Funktion der Schaltung
- Funktion der Diode
- Aufbau einer Diodenmatrix
- Bau des Binärcodierers
- Funktionsprüfung (Kodierung: Dekadische Zahl – Binärzahl)
- Bewertung

②
- Logische Schaltungen
- Experimentieren mit Baukastensystemen
- Integrierte Schaltkreise (IC)
- Arbeitsweise eines Computers
- Informationen speichern, lesen
- Bewertung

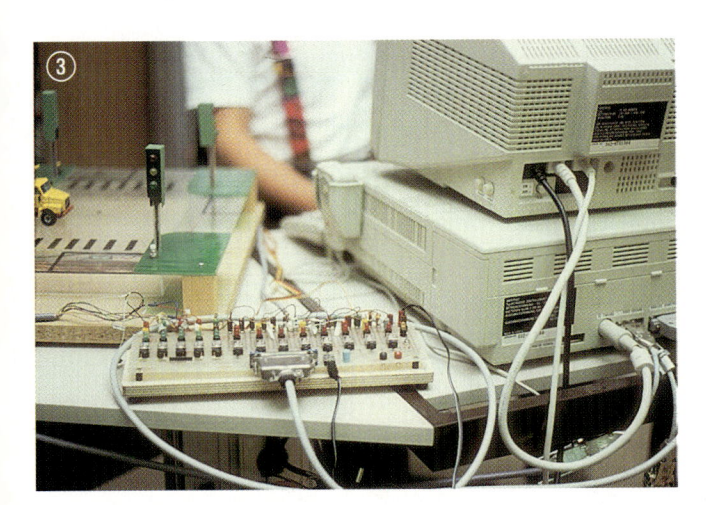

③
- Funktion des fertigen Ampelmodells
- Erkundung: Schaltfolge einer Ampelanlage
- Schaltfolge grafisch darstellen
- Einrichtungen zum Schalten – Steuern – Regeln
- Programmiersprache
- Ampelmodell an PC anschließen: Interface
- Programm entwickeln, programmieren
- Programm testen, optimieren
- Steuerung, Regelung mit dem PC
- Bewertung

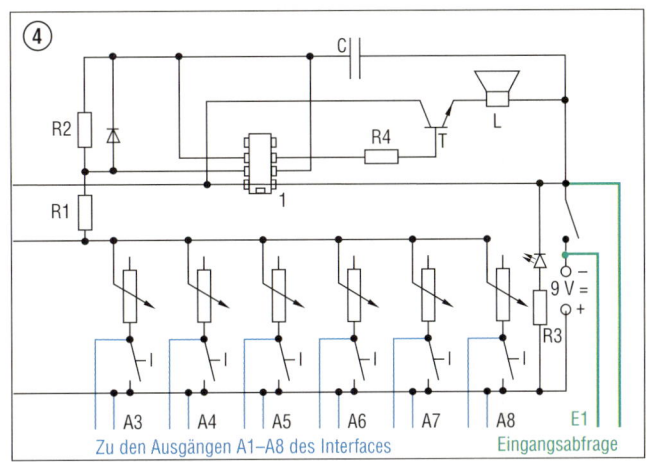

④
- Funktion der fertigen Mini-Orgel
- Melodie festlegen
- Schaltablauf grafisch darstellen
- Einrichtungen zum Schalten – Steuern – Regeln
- Programmiersprache
- Mini-Orgel am PC anschließen: Interface
- Programm entwickeln, programmieren
- Programm testen, optimieren
- Steuerung, Regelung mit dem PC
- Bewertung

Beim Bau logischer Schaltungen, beim Steuern von Anlagen und Geräten mit dem Computer lernen wir:

- welche Bedeutung der Einsatz von Computern im privaten und im beruflichen Bereich hat,
- wie Grundbausteine des Computers funktionieren und welche Bedeutung die Mikroelektronik für die Entwicklung des Computers hat,
- wie Computer bedient und mithilfe einer Programmiersprache programmiert werden,
- verschiedene Einrichtungen zum Steuern oder Regeln kennen im Vergleich mit der Steuerung oder Regelung mit dem Computer,
- wie man Geräte an einen Computer anschließt und sie steuert oder regelt,
- wie man Lern- und Lösungswege eigenständig findet, anwendet und auf weitere Aufgaben überträgt,
- wie elektronische Bauteile funktionieren, wie man sie in logischen Schaltungen einsetzt und wie man Werkzeuge und Geräte sachgemäß handhabt,

dabei
- arbeiten wir konzentriert und zielstrebig,
- schulen wir das logische Denken und unser Abstraktionsvermögen,
- arbeiten wir kooperativ in Teams und in Gruppen,
- bewerten wir die eigene Arbeit (Verhalten, Leistungen, Kenntnisse) und die anderer objektiv und gerecht,
- erfahren wir, ob uns die Arbeit mit logischen Schaltungen und mit dem Computer interessiert und Freude bereitet und ob wir uns für ähnliche Tätigkeiten in einem entsprechenden Beruf eignen würden.

Schaltungen mit Dioden: ein Binärcodierer

Das binäre (duale) Zahlensystem

Die Basis unseres alltäglichen Zählens und Rechnens ist das Zehnersystem. Dabei haben wir 10 Möglichkeiten, eine Stelle zu belegen, nämlich mit den Ziffern 0–9. Der tatsächliche Inhalt einer Stelle ergibt sich aus der Mulitplikation ihres Stellenwerts mit der darin stehenden Ziffer, der Wert einer mehrstelligen Zahl aus der Addition der Stelleninhalte (vgl. Abb. ① mit der Zahl 604). Der Wert einer Stelle ist eine von rechts nach links kontinuierlich steigende Potenz der Basiszahl 10.

Grundsätzlich lässt sich ein Zahlensystem auch mit anderen Basiszahlen aufbauen, die Stellen als Potenzen der Basiszahl besitzen dann jedoch andere Wertigkeiten.

Für die Elektronik ist das Zahlensystem mit der Basiszahl 2 bedeutsam, weil es in Schaltungen zwei Zustände gibt: Es liegt Spannung an oder es liegt keine Spannung an. Nach diesem 2er-System bzw. **binären Zahlensystem** arbeiten elektronische Rechner. Es wurde vor ca. 300 Jahren von dem deutschen Philosophen und Mathematiker Gottfried W. Leibnitz (1646–1716) entwickelt; er dachte damals schon an die Verwendbarkeit in Rechenmaschinen.

In diesem „Binärcode" kann jede Stelle die Zustände 0 oder 1 annehmen, wobei die Stellen als Potenzen der Basiszahl 2 jeweils den doppelten Wert der vorangehenden Stelle haben (vgl. Abb. ②). Den Wert einer mehrstelligen Binärzahl erhält man, indem man die Stellen, die eine 1 aufweisen, mit dem Wert der Stelle multipliziert und die Zeile addiert (Beispiel $5 = 1 \cdot 4 + 1 \cdot 1$; Abb. ③). Die Rechenregeln für das 10er-System gelten auch für das Binärsystem.

In der Praxis der elektronischen Rechentechnik wird trotzdem im 10er-System gerechnet, dabei wird jedoch jede der Ziffern 0–9 bzw. die Ziffern der 10er Stelle durch eine 4-stellige Binärzahl in einem für die Elektronik verarbeitbaren Code ausgedrückt. Beispiel: Die Zahl 87 erhält den **Binärcode** 1000 und 0111. Dieses System wird als BCD-Code (binär codiertes Dezimalsystem) bezeichnet. Eine einzelne Binärstelle, die die Ziffern 0 oder 1 haben kann, heißt bit (binary digit = binäre Ziffer). Gruppen von 4 bits werden häufig gebraucht, sodass es interessant ist, selbst eine Schaltung zu bauen, mit der die Ziffern des 10er-Systems in den Binärcode übertragen werden können.

Aufbau des Binärcodierers

An die Stelle der 4 Binärstellen werden 4 Leuchtdioden gesetzt, wobei „leuchtet" = 1 und „leuchtet nicht" = 0 bedeuten. In der Praxis werden die 4 Stellen mit den Großbuchstaben A (2^0), B (2^1), C (2^2), D (2^3) benannt. Ferner wird der Zustand „Spannung vorhanden" mit H (high) und „keine Spannung vorhanden" mit L (low) bezeichnet. Für die benötigten 4er-Gruppen können die Zustände H und L in einer **Wahrheitstabelle** dargestellt werden (vgl. Tabelle ④). Diese Wahrheitstabelle lässt sich direkt in einen Schaltplan übertragen (vgl. Abb. ①, S. 65). Die Verbindungen müssen über **Dioden** hergestellt werden, um unerwünschte Strombrücken zu verhindern. Sonst würden z.B. bei 0 alle LEDs aufleuchten. Am Beispiel der Ziffer 3 sehen wir, wie die gewünschten LEDs mit Strom versorgt werden und wie mögliche „Rückwege" über Dioden gesperrt werden. Der Aufbau der erforderlichen Diodenmatrix kann, wie in Abb. ②, S. 65, dargestellt, erfolgen.

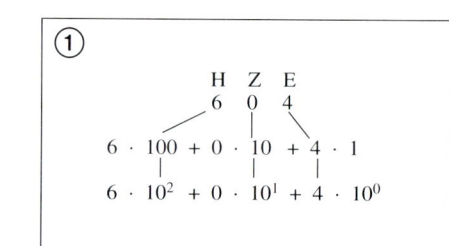

①
$$\begin{array}{ccc} H & Z & E \\ 6 & 0 & 4 \end{array}$$
$$6 \cdot 100 + 0 \cdot 10 + 4 \cdot 1$$
$$6 \cdot 10^2 + 0 \cdot 10^1 + 4 \cdot 10^0$$

②

Zweierpotenz Stellenwert	Binärzahl 2^3 8	2^2 4	2^1 2	2^0 1	dekadische Zahl
	0	0	0	0	0
				1	1
			1	0	2
			1	1	3
		1	0	0	4
		1	0	1	5
		1	1	0	6
		1	1	1	7
	1	0	0	0	8
	1	0	0	1	9
	1	0	1	0	10

③

Binärzahl	dekadische Zahl
$1 \cdot 1$	1
$1 \cdot 2 + 1 \cdot 1$	2
$1 \cdot 2 + 1 \cdot 1$	3
$1 \cdot 1 + 0 \cdot 2 + 0 \cdot 1$	4
$1 \cdot 4 + 0 \cdot 2 + 1 \cdot 1$	5
$1 \cdot 4 + 1 \cdot 2 + 0 \cdot 1$	6
$1 \cdot 4 + 1 \cdot 2 + 1 \cdot 1$	7

④

	D	C	B	A
0	L	L	L	L
1	L	L	L	H
2	L	L	H	L
3	L	L	H	H
4	L	H	L	L
5	L	H	L	H
6	L	H	H	L
7	L	H	H	H
8	H	L	L	L
9	H	L	L	H
10	H	L	H	L

- Lest den Text „Das binäre Zahlensystem" und betrachtet Abb. ① bis ③. Könnt ihr eine dekadische Zahl in eine Binärzahl übertragen? Testet euch gegenseitig in Partnerarbeit.
- Wie sind Dioden und Leuchtdioden aufgebaut und wie funktionieren sie? Informiert euch ☞ S. 163, 164.
- Lest den Text „Aufbau des **Binärcodierers**" und betrachtet Abb. ①, S. 65. Klärt im Team die Funktion der Schaltung.
- Mit welcher Spannung möchtet ihr eure Schaltung betreiben? (z.B. Netzgerät 9 V, Flachbatterie 4,5 V, NC-Akku 9 V). Bestimmt ausgehend von der Betriebsspannung, die ihr anlegen wollt, die Schutzwiderstände für die Leuchtdioden (☞ S. 161).
- Legt die Größe des Schaltbrettes fest und zeichnet die Schaltung als Bestückungsplan M 1:1. Berücksichtigt dabei auch die Platzierung der Messingnägel und den „Pult" für die Leuchtdioden.
- Besprecht Kriterien für die Bewertung eurer Arbeit und entwickelt ein Bewertungsraster.

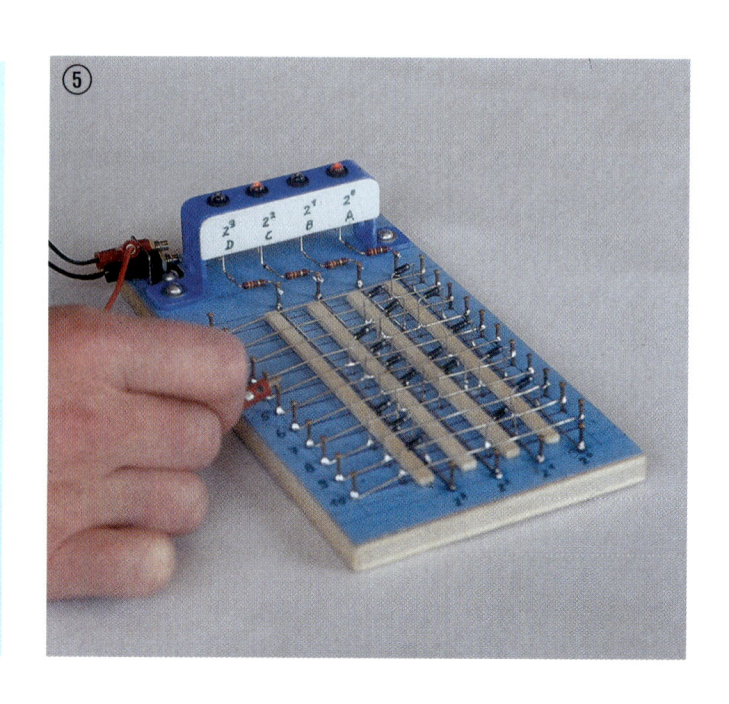

Eine Diodenmatrix

Eine Schaltung mit **Dioden** (☞ S. 163, 164), wie sie beim **Binärcodierer** erforderlich ist, nennt man **Diodenmatrix**. Die Diodenmatrix ist ein Festwertspeicher. Wird ein bestimmter Eingang (Adresse), z. B. die dekadische Zahl 3 gewählt, so wird über den Festwertspeicher am Ausgang (Aufleuchten bestimmter LEDs) immer dasselbe festgelegte „Programm" ablaufen. Festwertspeicher werden in der Elektronik oft gebraucht, häufig in Form einer Diodenmatrix. Ist der Speicher einmal hergestellt (die Dioden eingelötet), so können immer nur die festgelegten Informationen „gelesen" werden. Daher heißen Festwertspeicher **ROM** (englisch: Read Only Memory: „nur Lesespeicher"). Sie werden z. B. als integrierte Schaltungen mit tausenden von Dioden hergestellt und häufig als ROM in Computern eingesetzt (☞ S. 180).

Aufbau der Diodenmatrix

Die Diodenmatrix wird auf einer Furnierholzplatte (z. B. 100 x 180 x 10 mm) aufgebaut. Das Leitungsraster ist aus verzinntem Kupferdraht ⌀ 0,5 mm gespannt – Rastermaß ca. 12 mm. Die Drähte sind am Ende an Messingnägel angelötet. Damit sich die gespannten Drähte in Längsrichtung und die Querdrähte nicht berühren, sind in die Zwischenräume ca. 3 mm dicke Holzstäbchen eingeleimt.

Die Dioden lassen sich zum Löten gut fixieren, wenn man sie auf das gewählte Rastermaß (ca. 12 mm) abwinkelt und die Anschlussdrähte in kleine Löcher steckt, die mit einem spitzen Vorstecher vorgestochen wurden.

- Baut den Binärcodierer.
- Informiert euch über den Bau einer Diodenmatrix auf dieser Seite.
- Plant das Pult für die Leuchtdioden. Bedenkt dabei die Verdrahtung/Platzierung der Widerstände.
- Testet die Funktion und bewertet eure Arbeit ☞ S. 84 und 85.

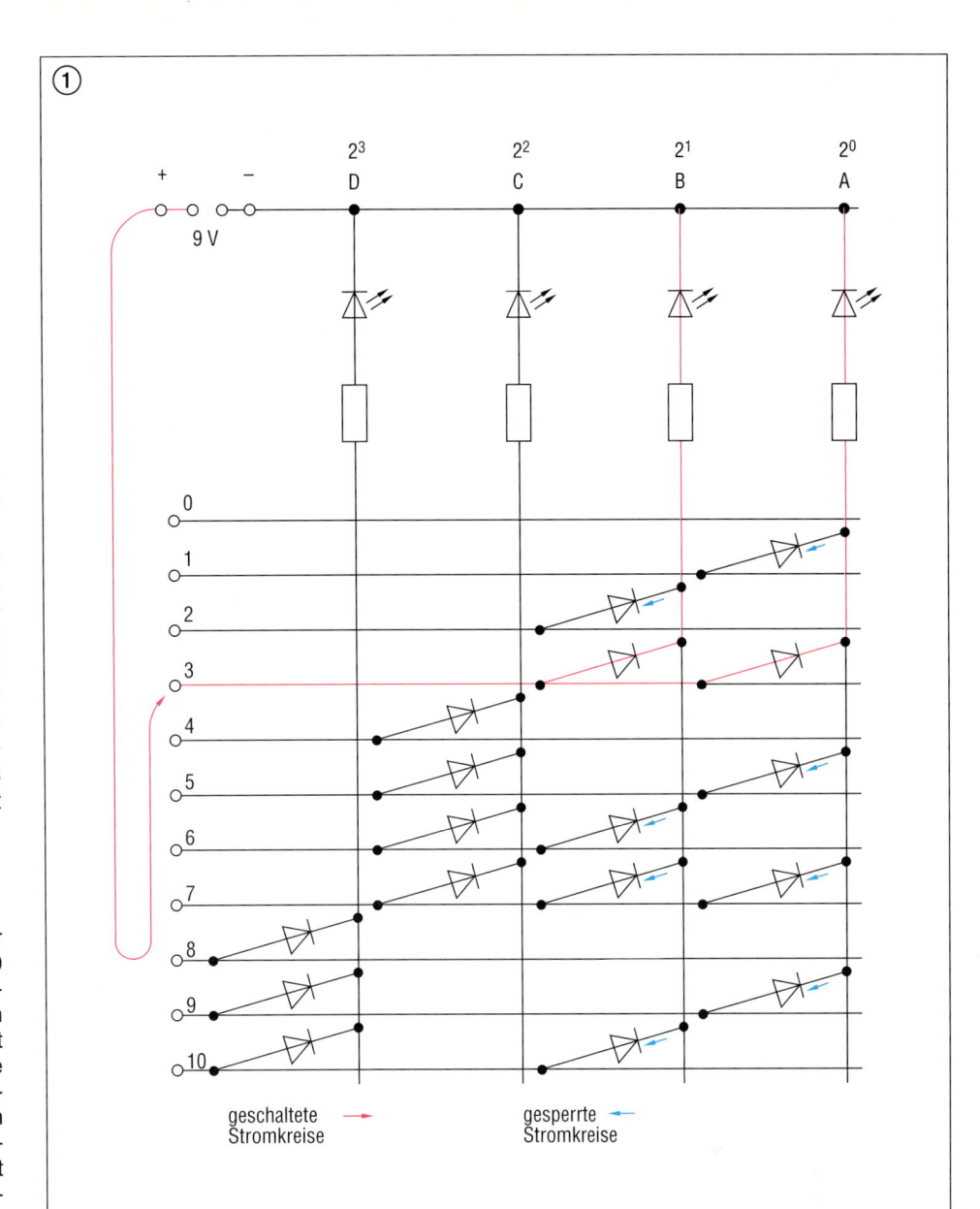

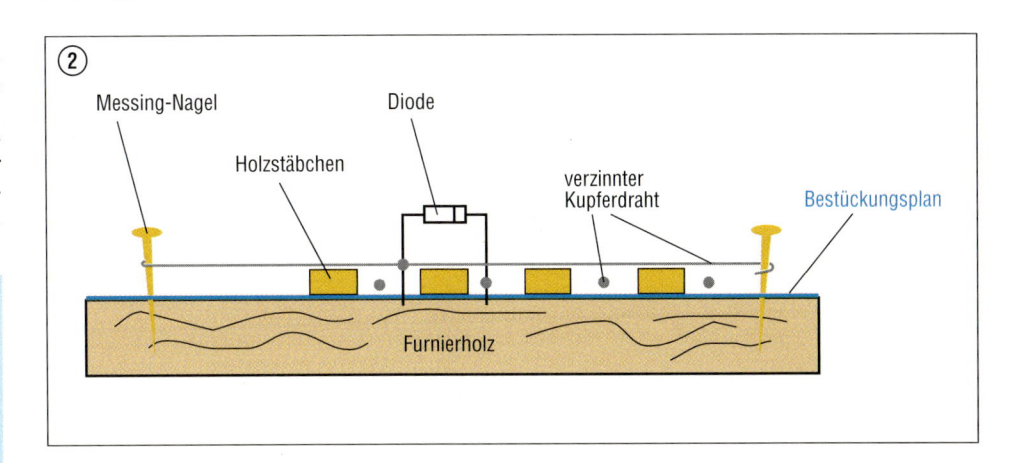

① Binärcodierer-Schaltung mit Eingängen 2^3 D, 2^2 C, 2^1 B, 2^0 A und 9 V Spannungsversorgung; dekadische Zahlen 0–10; geschaltete Stromkreise (→), gesperrte Stromkreise (→)

② Messing-Nagel, Holzstäbchen, Diode, verzinnter Kupferdraht, Bestückungsplan, Furnierholz

Tipps

- Schaltung als Bestückungsplan zeichnen (M 1:1). Punkte einzeichnen, wo die Messingnägel eingeschlagen werden und wo die Dioden eingesteckt werden sollen. Etwas dickeres Papier verwenden.
- Der Bestückungsplan kann auch die saubere Beschriftung aller Positionen enthalten: Dekadische Zahlen und der Binärcode (A 2^0 ...) sollten gut ablesbar sein.
- Bestückungsplan auf Furnierplatte kleben, Punkte für Messingnägel und Diodenanschlüsse vorstechen.
- Verzinnten Kupferdraht an Messingnägel festlöten, spannen, um gegenüberliegenden Messingnagel ziehen (180°), festlöten und an der Lötstelle ablängen.

Logische Schaltungen:
Grundbausteine des Computers

Das „Herzstück" jeder modernen, elektronischen Schaltzentrale und jedes Computers ist ein **Mikroprozessor** ☞ S. 178–180. Sie hören auf Namen wie 80386 oder 80486 oder 80586 …

Alle Daten einer Anlage laufen im Mikroprozessor zusammen. Immer wieder vergleicht er neue Daten mit vorgegebenen Fragen. Bei einer modernen Ampelanlage wären solche Fragen z. B.:
– Fußgängertaste gedrückt? – Ja / Nein
– Verkehr aus Richtung A vorhanden? – Ja / Nein
– usw.

Alle Fragen sind dabei so formuliert, dass die Antwort für den Rechner nur Ja oder Nein heißen kann. Die Fragen müssen jedoch exakt und eindeutig formuliert sein, wie z. B. „Dauer der Rotphase Verkehrsrichtung A länger als 70 Sek.?" Die Antwort kann dann nur Ja oder Nein lauten. Danach kann der Rechner logisch richtig entscheiden, z. B.: „Rotphase länger als 70 Sek., dann Verkehrsrichtung A auf rot-gelb schalten."

In jeder Sekunde verarbeitet ein Prozessor so tausende von Daten exakt und logisch richtig. Grundlage für diese Leistung ist die **Digitaltechnik.**

Die meisten Entscheidungen in der Technik oder im täglichen Leben sind nicht einfach mit Ja oder Nein zu fällen, weil der Entscheidungszusammenhang viel „verschachtelter" ist.

Hierzu ein Beispiel:

Du hast einen Computer gekauft. Dein Vater möchte bezahlen und stellt fest, dass er nur einen geringen Bargeldbetrag bei sich hat. Für ihn gibt es nun mehrere Möglichkeiten:
– Er füllt einen Euro-Scheck aus und legt die Scheckkarte vor.
– Er zahlt mit Scheckkarte und Geheimzahl.
– Der Händler stellt eine Rechnung aus, der Betrag kann später überwiesen werden.

Du bekommst den Computer, wenn dein Vater folgende Zahlungsbedingungen erfüllen kann:
– mit Scheckformular **und** Scheckkarte **oder**
– mit Scheckkarte **und** richtiger Geheimzahl **oder**
– auf Rechnung.

● Betrachtet Abb. ① und erklärt, wie mit dieser logischen Schaltung logische Verknüpfungen so geschaltet werden können, dass am Ausgang „Z" nur dann Spannung anliegt (die Lampe leuchtet), also der Zustand H (high) gegeben ist, wenn damit die Bezahlung erfolgen kann.

Im dargestellten Beispiel „Zahlungsverkehr" besteht die **logische Schaltung** aus den Grundschaltungen „UND" und „ODER".

Für Grundschaltungen gibt es genormte Schaltzeichen, die eine Symboldarstellung ermöglichen (☞ S. 179). Abb. ② zeigt die logische Schaltung „Zahlungsverkehr" in Symboldarstellung.

Neben „UND" und „ODER" unterscheidet man weitere Grundschaltungen: NICHT; NAND (d. h. „nicht UND"); NOR (d. h. „nicht ODER"); EXOR (d. h. „entweder oder") ☞ S. 179.

Durch so genannte „Wahrheitstabellen" (☞ S. 179) ist die Funktion der logischen Schaltung eindeutig zu bestimmen. Für die Darstellung im Technikunterricht haben wir H für high (Schalter geschlossen) und L für low (Schalter offen) gewählt.

Jeweils eine dieser Grundschaltungen bezeichnet man als „**Gatter**". Logische Grundschaltungen können als Transistorschaltungen aufgebaut werden (vgl. Abb. ④ als Beispiel einer ODER-Schaltung). Logische Schaltungen mit Transistoren werden als TTL-Schaltung (**T**ransistor-**T**ransistor-**L**ogik) bezeichnet. Mehrere logische Grundschaltungen des gleichen Typs werden in ICs integriert. So enthält z. B. der IC 7408 vier UND-Verknüpfungen (UND-Gatter), der IC 7432 vier ODER-Verknüpfungen.

Weitere ICs der 74er-Familie, die zur CMOS-Serie gehören, bieten eine große Auswahl an digitalen logischen Schaltungen für unterschiedliche Anwendungen, ☞ S. 178.

Viele Schaltungsaufgaben der Technik wie das Schalten von LEDs, Glühlampen, Relais oder Motoren, ausgelöst von Sensoren, lassen sich mit diesen ICs lösen.

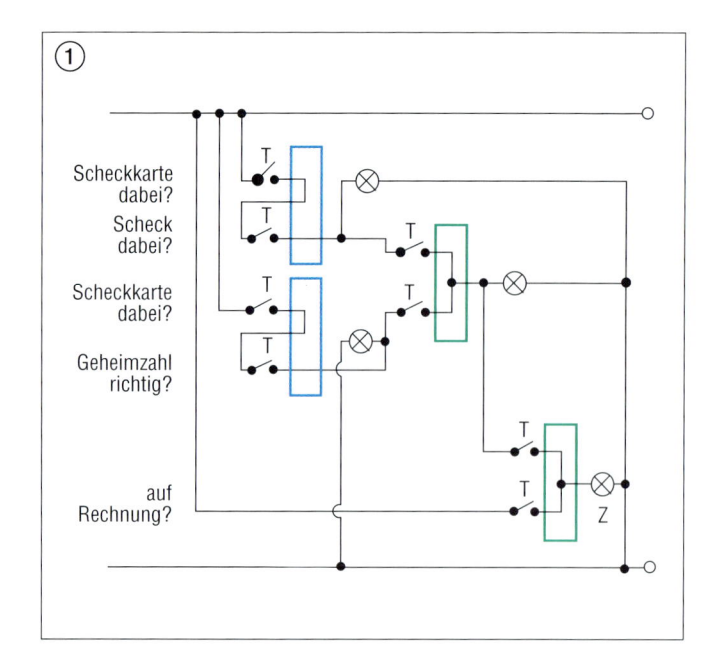

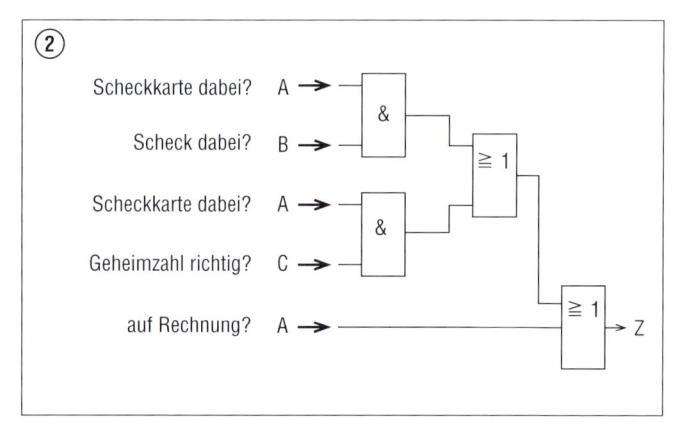

---

③ Mit Schaltern können genau 2 Zustände dargestellt werden:

Schalter ein	Schalter aus
Anzeige leuchtet	Anzeige aus
Spannung liegt an	keine Spannung
HIGH (H)	LOW (L)
ja	nein
1	0

Eine solche ja-/nein-Entscheidung bezeichnet man als 1-Bit-Entscheidung.
Verbindet man Schalter in bestimmter Weise, können mit ihnen logische Entscheidungen getroffen werden. Eine solche Anordnung von Schaltern bezeichnet man als logische Schaltung.

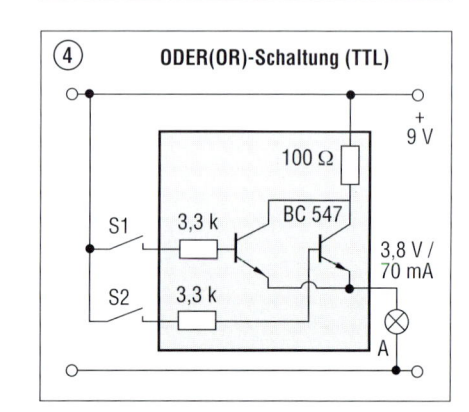

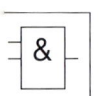

66

Experimente mit logischen Schaltungen

- Baut eine **logische Schaltung** mit den angegebenen **CMOS-ICs** und Eingabe-/Ausgabebausteinen für die Aufgabe „Zahlungsverkehr". Verwendet dabei Teile aus Baukastensystemen und geeignete Platinen.
  Beachtet die Regeln, die für den Einsatz von CMOS-ICs gelten!
  Testet die Funktion.

- Anna möchte ihren Urlaub **nicht** mit ihren Eltern verbringen, sondern lieber allein **oder** mit ihrer Freundin Claudia **oder** mit ihrem Freund David – natürlich **nicht** mit beiden zusammen (Abb. ③).
  Erstellt eine Wahrheitstabelle und schreibt danach die Namen an die Eingänge: Anna, Eltern, Claudia, David.
  Bei welchen Eingangsbedingungen wird die LED am Ausgang (Z) aufleuchten?
  Baut die Schaltung mit ICs auf und überprüft eure Lösungen.

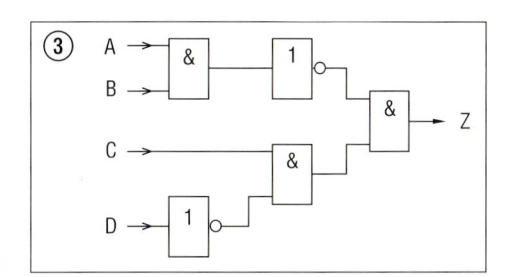

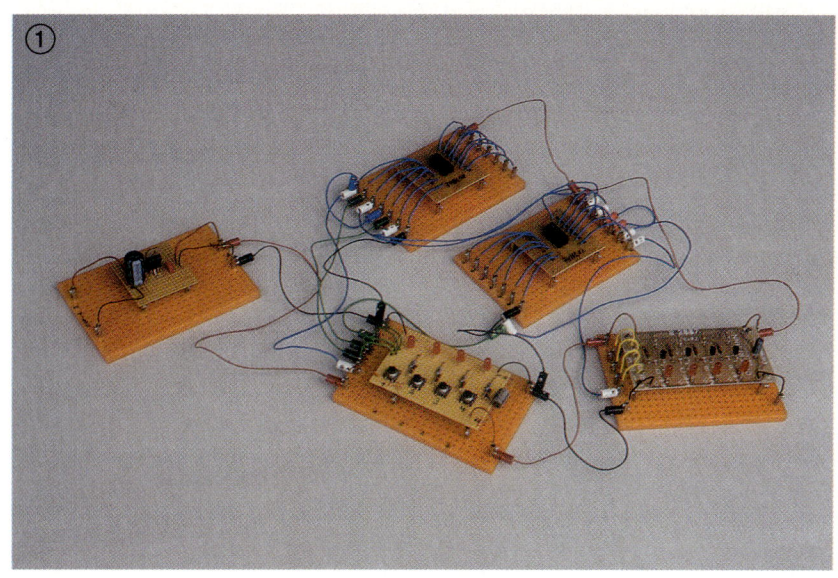

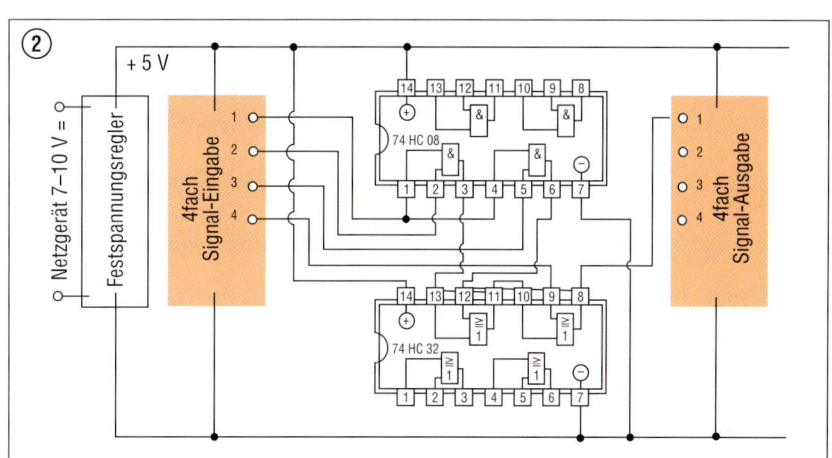

- Stellt euch gegenseitig andere Aufgaben und überlegt, welche logische Schaltung der jeweiligen Aufgabe entspricht. Baut Versuchsschaltungen und testet die Funktion.
  Für unterschiedliche ICs kann jeweils eine Platine hergestellt werden. Es ist aber auch möglich, den **IC** aus der IC-Fassung zu nehmen und einen anderen einzusetzen.

- Besorgt euch weitere Aufgaben/Schaltungsbeispiele (Bibliothek, Elektronikgeschäft, Kataloge von Elektronik-Versandhäusern, Fachbücher oder Zeitschriften). Führt Experimente durch und haltet eure Erkenntnisse schriftlich fest.

Tipps
- Abb. ⑤, ⑥ und ⑦ zeigen den Schaltungsaufbau des **Festspannungsreglers**, der Eingangsschaltstufen und der Ausgangsschaltstufen.

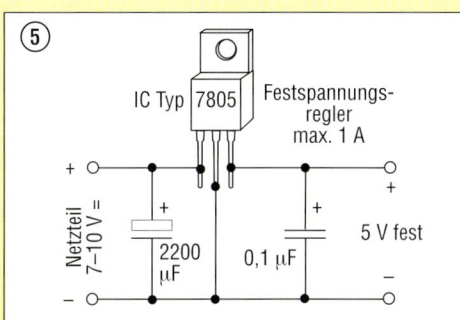

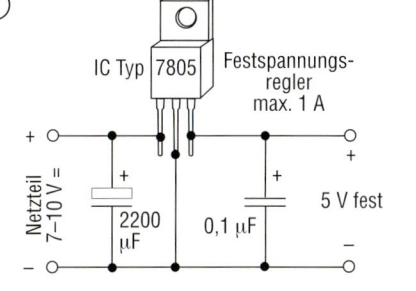

⑤ IC Typ 7805 Festspannungsregler max. 1 A
Netzteil 7–10 V =
2200 μF, 0,1 μF
5 V fest

⑥ Schaltstufe für einen Eingang (4-, besser 6fach ausführen)
Eingangsimpuls 100 k, 47 μF, 220 Ω, Ausgang

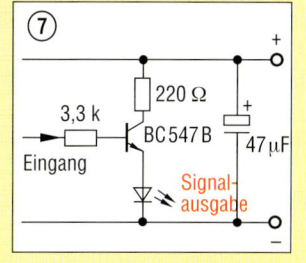

⑦ Schaltstufe für einen Ausgang (4-, besser 6fach ausführen)
3,3 k, 220 Ω, BC 547 B, 47 μF, Eingang, Signalausgabe

Regeln, die für den Einsatz von CMOS-ICs gelten
- Erkennen der Anschlüsse: IC auf Anschlüsse stellen, Kerbe links. In eingezeichneter Richtung zählen (Abb. ⑧).
- Schalte die Spannung bei allen Experimenten erst dann ein, wenn der Versuch bereits fertig aufgebaut ist.
- Denke beim Umbau einer bereits funktionierenden Schaltung immer daran, zuerst die Stromversorgung abzuschalten.
- Eingänge von Gattern (logischen Grundschaltungen in ICs) dürfen untereinander beliebig verbunden werden.
- Ausgänge von Gattern darf man auch mit Eingängen verbinden.

- Ausgänge verschiedener Gatter sollte man nicht direkt untereinander verbinden.
- Werden nicht benutzte Gattereingänge mit dem Minuspol verbunden (Spannungswert low), verhindert dies, dass zufällig auftretende Kleinspannungen Schaltvorgänge auslösen.
- Da der Ausgang eines Gatters mit höchstens 16 mA belastet werden darf, kann eine Leuchtdiode mit Vorwiderstand direkt angeschlossen werden. Für größere Ströme von Lämpchen, Relais, Motoren usw. benötigt man Transistoren oder Darlington-Transistoren als Schaltverstärker.
- Die geringen Abstände der Anschlüsse bzw. Leiterbahnen erfordern exaktes, sauberes Löten mit spitzer Lötspitze.
- Für ICs Fassungen verwenden.

67

Speicherelemente des Computers

ICs werden auch zum Speichern von Informationen eingesetzt. Der Arbeitsspeicher eines Computers (RAM) ☞ S. 180 ist aus bistabilen Kippstufen aufgebaut. Eine solche **bistabile Kippschaltung** bezeichnet man auch als **Flip-Flop-Schaltung,** sie kann genau zwei Schaltzustände einnehmen: einen High- oder Low-Zustand (1 oder 0). Somit stellt ein Flip-Flop (☞ S. 173) ein einfaches digitales Speicherglied dar.

Zum Speichern von Zahlen, Buchstaben oder Zeichen reicht die Speicherkapazität von einem Bit (einem Flip-Flop) nicht aus. Man koppelt deshalb acht Flip-Flops aneinander und kann dadurch die Speicherkapazität von 8 **Bit** gleich 1 **Byte** (256 Zustände) erreichen. Anstelle der SET- und RESET-Taster sind die Flip-Flops mit Kondensatoren zu dynamischen Flip-Flops verbunden (Abb. ①). Dadurch können sie als „binäres Zählwerk" Eingangsimpulse weitergeben.

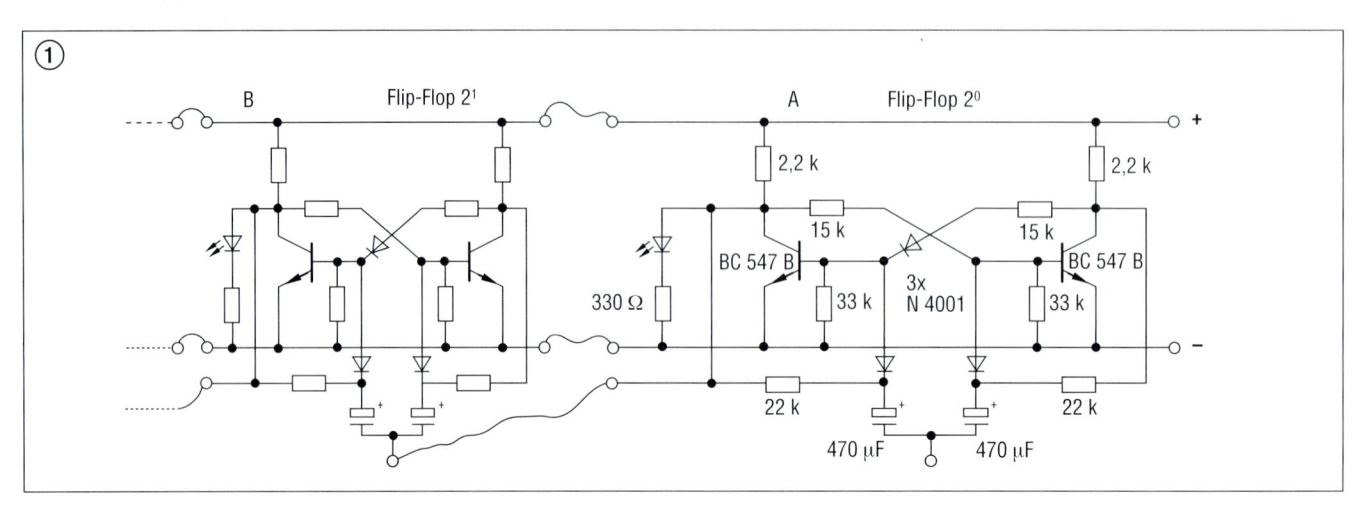

1 Byte	→	2^0 Byte	→	1 Byte	→	8 Bit
1 kByte	→	2^{10} Byte	→	1 024 Byte	→	8 192 Bit
1 Mbyte	→	2^{20} Byte	→	1 048 576 Byte	→	8 388 608 Bit
1 Gbyte	→	2^{30} Byte	→	1 073 741 824 Byte	→	8 589 934 592 Bit

① Flip-Flop 2^1 / Flip-Flop 2^0

Flip-Flops aus NAND-Gattern

Abb. ① zeigt ein Flip-Flop, das aus NAND-Gattern aufgebaut ist. Bei der Transistorschaltung Abb. ① führte eine Verbindung vom Ausgang der einen Transistorstufe zum Eingang der anderen – und umgekehrt; wobei sich die Verbindungsleitungen im Schaltbild überkreuzen. Ähnlich ist dies beim IC-Flip-Flop Abb. ②.

Die NAND-Verknüpfung wird deshalb in einem gestrichelten Rahmen gezeichnet, weil sie selbst kein Bauteil der Schaltung mit „plus"- und „minus"-Anschluss ist, sondern nur ein logisches Symbol darstellt. Ein solches Flip-Flop ermöglicht exakte Signaleingaben für elektronische Zähler (Abb. ②). Man nennt sie **„prellfreie Taster"**.

● Baut ein Spiel „sichere Hand" (Abb. ③) mit zwei Flip-Flops. Nützt dabei die Möglichkeit, dass mit dem IC 74 HC00 zwei Flip-Flops geschaltet werden können.

② Flip-Flop aus NAND 74 HC 00

③ nicht berührt: grüne LED leuchtet / berührt: rote LED leuchtet
Ziel nicht erreicht: grüne LED leuchtet / Ziel erreicht: gelbe LED leuchtet

Prellfreie Taster

Wenn die Spannung eines Eingangssignals mit einem **UM-Taster** (Abb. ④) von low auf high geschaltet wird, „prellt das Signal (Abb. ⑤). D. h., die Unterbrechung der Spannung und das darauf folgende Schließen des Kontakts geschieht mit zeitlicher Verzögerung. Ein Flip-Flop aus **NAND-Gattern** verhindert dieses so genannte „Prellen" (Abb. ⑥).

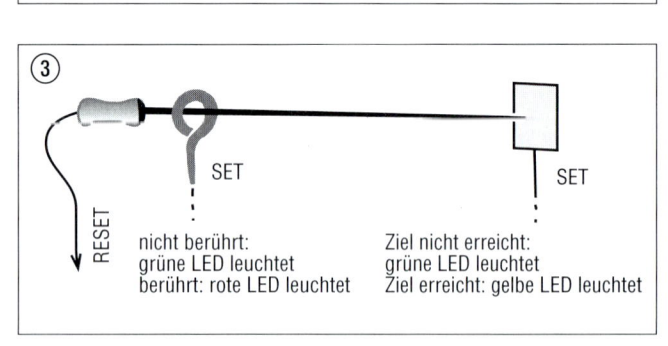

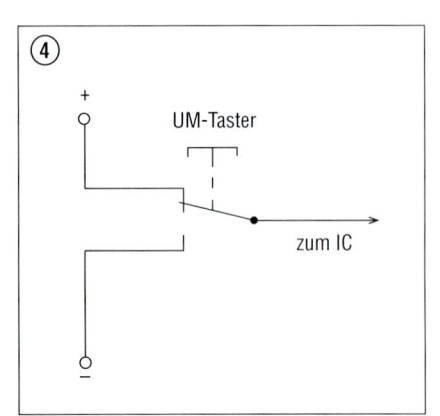

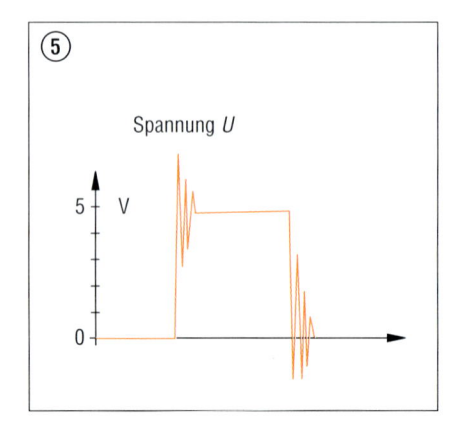

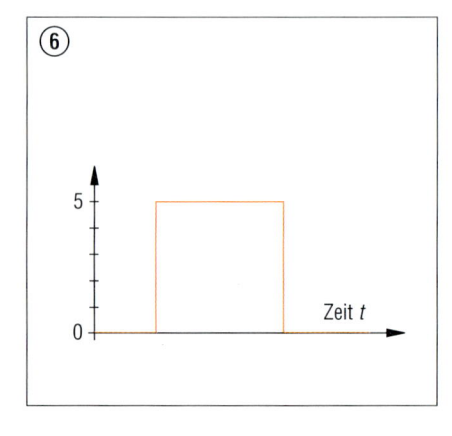

④ UM-Taster / zum IC

⑤ Spannung U

⑥ Zeit t

Ein kleiner Schreib-Lesespeicher (RAM)

Jeder einzelne **RAM-Speicher** kann ein Bit (0 oder 1) speichern. Das Hineinschreiben dieses Bits in den Speicher oder das Herauslesen aus dem Speicher geschieht nicht in einer ganz bestimmten Reihenfolge, sondern ganz zufällig. Jede beliebige Speicherzelle (Adresse) lässt sich einzeln abfragen oder ändern.
Im Experiment mit einem kleinen RAM-Speicher vom IC-Typ 74HC670 kann man die Speicher- und Lesefunktion kennen lernen. Der **IC 74HC670** hat vier Speicheradressen: 0, A, B, AB. In jede kann ein aus vier Bits bestehendes „Wort" hineingeschrieben werden, z. B. 1010. Insgesamt ist dieses IC also ein 16 Bit RAM.
Zum Experimentieren werden zwei Eingaben benötigt mit jeweils 4 Tastern sowie 1 UM-Taster. Die Ausgabe erfolgt über eine Ausgabe mit mindestens vier Ausgängen (LED-Anzeigen). Eingänge bzw. Ausgänge siehe Abb. ⑥ und ⑦, S. 67.

In den Speicher schreiben

Über die IC-Anschlüsse 15, 1, 2 und 3 werden die Daten des zu speichernden „Wortes" eingeschrieben. Die gewünschte Speicheradresse, in die geschrieben werden soll, wird über die IC-Anschlüsse 13 und 14 angesteuert. Geht so vor:
a) 4fach-Eingabe I: Tasten für gewünschtes „Wort" mit seinen Daten gedrückt halten (z. B. 1010, d. h. Taster A (1) und C (3) drücken).
b) 4fach-Eingabe II: Schreibtasten für die gewünschte Speicheradresse gedrückt halten (z. B. SB (4) und SA (3).
c) UM-Taste für die Übernahme in den Speicher einmal drücken. (Das Wort wird nicht automatisch in den Speicher übernommen, vielmehr muss dazu über den UM-Taster ein low-Signal an IC-Anschluss 12 gelegt werden.)

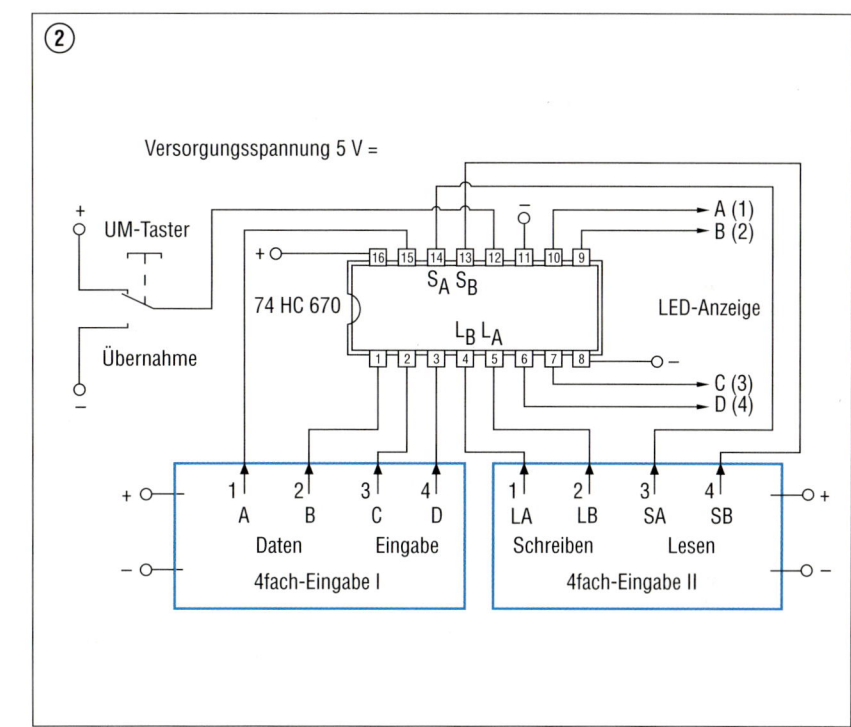

Speicher lesen:

Möchte man den Speicherinhalt lesen, muss am IC-Anschluss 11 ein low-Signal liegen. Bei der Schaltung Abb. ② liegt der Anschluss 11 ständig an minus, es kann somit dauernd gelesen werden. Lesetasten für die Speicheradresse drücken: LB (2) und LA (1).

- Baut die Versuchsschaltung auf. Schreibt und lest vier Datenkombinationen.
- Prüft, was geschieht, wenn nach dem Einspeichern die Stromversorgung ausfällt.

Unterbrechung der Stromversorgung – was dann?

Legt man nach dem Schreiben den Anschluss 11 auf high, so ist kein Lesen möglich, obwohl die Speicheradressen weiter belegt bleiben.
Begründung: Zwischen der Stromversorgung und dem Schaltungsaufbau fließt noch ein ganz schwacher Strom (etwa 0,03 mA). Fällt der Strom ganz aus, „vergessen" die RAMs im Computer ihre eingespeicherten Daten. Deshalb sind in vielen Computern Pufferbatterien oder Kondensatoren für kurzzeitige Überbrückungen eingebaut.
Ein RESET (Leeren des RAM) in der Versuchsschaltung kann man setzen, indem man zuerst die Versuchsschaltung von der Versorgungsspannung abklemmt und anschließend den Plus- und Minuspol der Schaltung kurzschließt.

Zeichen in Bitmuster codiert

Jeder Zahl, jedem Buchstaben und jedem anderen Zeichen, auch den Computeraus- und -eingängen ist computerintern – über eine spezielle „Adresse" – eindeutig ein Bitmuster zugeordnet, z. B. „E" → **Bitmuster** 01000101. Diese Zuordnung ist für die Ziffern, Buchstaben und Zeichen im internationalen **ASCII-Code** festgelegt.

8 Flip-Flops (Abb. ① und ②, Seite 68) bilden ein Byte.

$$1 \text{ Byte} = 2^0 + 2^1 + 2^2 + 2^3 + 2^4 + 2^5 + 2^6 + 2^7$$
$$= 1 + 2 + 4 + 8 + 16 + 32 + 64 + 128 = 255$$

Das bedeutet, dass sich über ein **Byte** genau 256 Zustände (Zeichen) einschließlich dem Zustand „0" darstellen lassen.

Es steht beispielsweise:

ASCII (69) für „E"   ASCII (33) für „!"
ASCII (101) für „e" ASCII (48) für „0"

Auch die Ausgänge eines Computers werden über diese einzelnen „Potenzwerte" angesteuert.

Einrichtungen mit automatischer Wirkung: Schalten und Steuern

Verkehrssteuerung

Um den Verkehr in den Straßen in geordneten Bahnen zu lenken, regelten früher Polizisten den Straßenverkehr.

Beim heutigen Verkehrsaufkommen könnte man nicht so viele Polizisten zum Regeln des Verkehrs einsetzen, wie dazu nötig wären. Außerdem sind Verkehrspolizisten durch Störfaktoren wie Lärm und Abgase, hohes und andauerndes Verkehrsaufkommen stark belastet.

Eine automatische **Verkehrssteuerung** steuert den Verkehrsfluss und macht ihn dadurch sicherer, ohne die Polizisten zu belasten. Einfache mechanische **Steuerungen** beispielsweise über Kurvenscheiben, Nocken, Lochstreifen oder Lochkarten, wie sie von mechanischen Spielzeugen her lange schon bekannt waren (Abb. ③ und ④), standen auch am Anfang der Entwicklung zur Automatisierung der Verkehrssteuerung.

Grundsätzlich arbeiten alle „automatischen" Einrichtungen nach dem **EVA-Prinzip**: **E**ingabe-**V**erarbeitung-**A**usgabe .

	Eingabe	**V**erarbeitung	**A**usgabe
Polizist	Wahrnehmung des Verkehrsflusses mit den Augen. (IST-Zustand).	Aufgrund seines Wissens und seiner Erfahrung vergleicht er die Verkehrssituation (IST-Zustand) mit seiner Vorstellung von einem bestmöglichen Verkehrsablauf (SOLL-Zustand) und trifft seine Entscheidungen.	Handzeichen
Ampel	Erfahrungswerte zum Verkehrsablauf werden bei der Einrichtung der Ampelsteuerung auf die Form der Nocken und ihre Drehgeschwindigkeit umgesetzt.	Form und Drehgeschwindigkeit der Nocken bewirken den festgelegten Schaltablauf.	Lichtsignale

- Entwickelt ein Ampelprogramm für die Verkehrssignalanlage einer Straßenkreuzung mit Haupt- und Nebenrichtung (Abb. ①, S. 74).
  Bildet Erkundungsteams und ermittelt an einer Straßenkreuzung mit Stoppuhren exakt die Zeiten der Schaltphasen der Ampeln für die Hauptstrecke und für die Nebenstrecke: Grünphase, Rotphase, Rot-/Gelbphase und Gelbphase. Stellt die Schaltphasen in einem Ablaufplan (Abb. ②, S. 71) und in einem Streifendiagramm (Abb. ③, S. 71) dar. Wählt eine geeignete Einteilung (z. B. eine Sekunde entspricht 2 mm).
- Betrachtet Abb. ①, S. 71, und erklärt die Funktion der Ampelsteuerung mit Schaltnocken. Wie lassen sich die Schaltphasen mit Nocken „programmieren"? Besprecht Vorteile und Nachteile einer Steuerung mit Schaltnocken.
- Betrachtet Abb. ⑤ und erklärt die Funktion der Ampelsteuerung mit einer Kontaktwalze. Wie können die Schaltphasen mittels der Kontaktwalze „programmiert" werden? Besprecht Vorteile und Nachteile einer Steuerung mit Kontaktwalze.

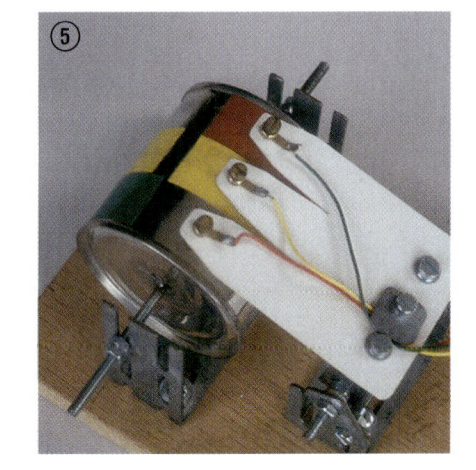

Beispiele für Schaltphasen der Lichtsignale

Bei einer Erkundung wurde die Abfolge der Schaltphasen festgestellt und folgende Schaltzeiten gemessen: grün 50 Sek.; gelb 10 Sek.; rot 50 Sek.; rot/gelb 10 Sek. Daraus ergab sich für die Ampeln der Hauptstrecke (A) und die Ampeln der Nebenstrecke (B) ein zeitlich festgelegter gegenläufiger Schaltablauf (Abb. ② und ③). Die Gesamtdauer des kompletten Schaltablaufs beträgt demnach 120 Sekunden.

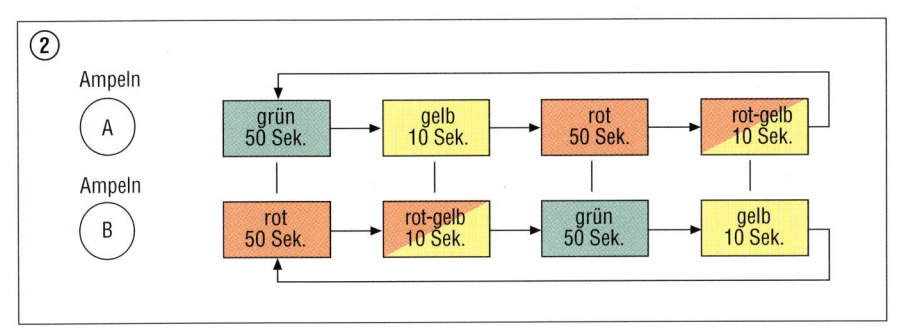

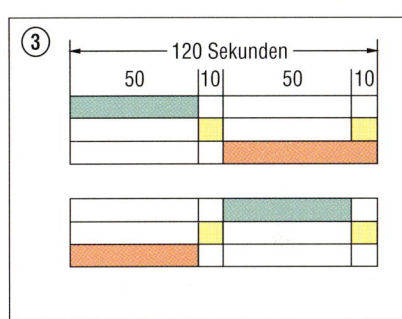

Ampelsteuerung mit dem Computer

Da die Umsetzung eines Programms auf Nocken- bzw. Kurvenscheiben und ggf. eine Programmänderung sehr zeitaufwändig und daher sehr teuer sind, werden Verkehrsampeln heute weitestgehend über Computer gesteuert.

Um mit dem Computer steuern zu können, muss man wissen, dass der Computer

- sich nach dem Einschalten lediglich mit dem Betriebssystem meldet. Bei Personal-Computern (PC) ist das in der Regel das DOS (Disc Operation System),
- nur über eine ihm verständliche „Sprache" bzw. entsprechende Befehle aktiviert werden kann,
- mit dem Betriebssystem die gewünschten Programme oder auch Programmiersprachen von einer Diskette oder einer Festplatte in einen Arbeitsspeicher lädt. Dazu muss die gewünschte Programmiersprache bzw. das gewünschte Programm mit dem Namen aufgerufen und über die ENTER-Taste aktiviert werden,
- externe Geräte wie Monitor, Diskettenlaufwerk, Drucker oder Maschine steuern kann.

Über spezielle Computerausgänge (parallele Schnittstelle = Druckeranschluss) werden beim PC die einzelnen Funktionen der Maschine oder Geräte angesteuert. Dies geschieht auch bei Computern nach dem **EVA-Prinzip,** also über die **E**ingabe von Informationen, über deren **V**erarbeitung und die **A**usgabe der daraus resultierenden Reaktionen.

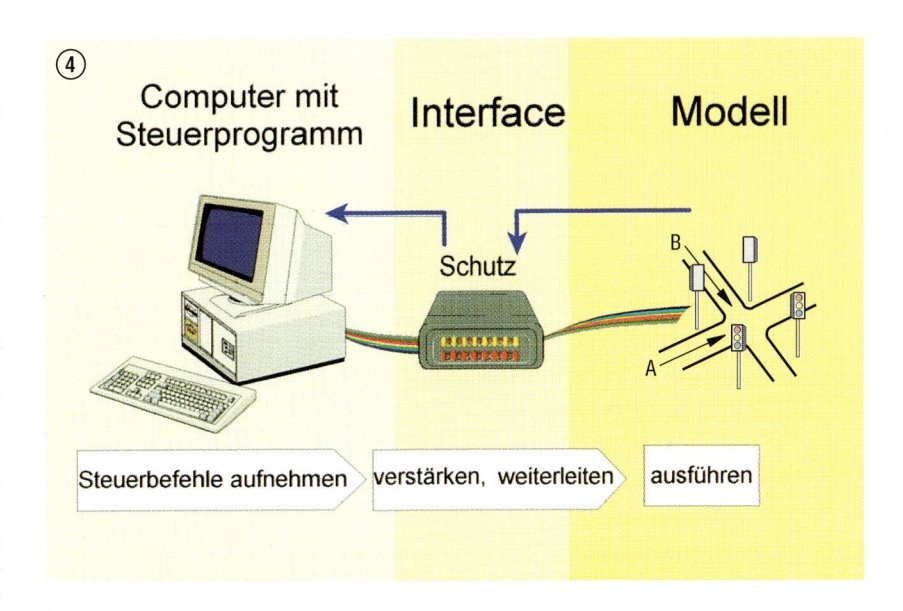

Um den Computer zum Steuern zu benutzen, benötigt man

ein Programm   ein Interface   ein Modell (Ampelanlage)

(vgl. Abb. ④)

Das Interface verstärkt die schwachen Ausgangssignale des Rechners. Zugleich schützt es den Computer vor elektrischen Impulsen, die seine Bausteine zerstören könnten. Deshab sollten alle Anlagen, die angesteuert werden, über ein Interface angeschlossen werden.

Tipp
- Damit Zeit bleibt, sich intensiv mit dem Programmieren am PC zu beschäftigen, sollte ein fertiges Ampelmodell verwendet werden oder ein kurzfristig herstellbarer Ampelbausatz zusammengebaut werden.

Computerprogramm für das Ampelmodell

Nach dem Einschalten meldet sich der PC mit: C:>

Über die Tastatur wird nun der „Name" einer im System gespeicherten Programmiersprache eingegeben und abschließend mit der ENTER-Taste aufgerufen. Der **Computer** lädt jetzt die **Programmiersprache** in seinen Arbeitsspeicher (RAM).

Durch die Direkteingabe spezieller Befehle und deren Bestätigung mit der ENTER-Taste lässt sich die Funktion der **Computerausgänge** überprüfen. Die Befehle setzen die einzelnen PINs der Ausgänge auf „HIGH" oder „LOW". Zur Überprüfung verwendet man ein einfaches 1-Pin-Modell, wie es in Abb. ② dargestellt ist oder gleich ein Interface (☞ S. 182).

Die Verstärkung der Computersignale (+5 Volt, max. 20 mA) im 1-PIN-Modell bewirkt eine Transistor-Verstärkerstufe (☞ S. 168).

Die Ausgänge des Computers erreicht man im Direktmodus wie auch im Programmodus beim PC mit: OUT 888,A (parallele Schnittstelle). Als A-Wert ist dabei der Byte-Wert, der sich aus der Addition der einzelnen PIN-Werte ergibt, über die Tastatur einzugeben.

Beispiel:
(siehe Zeitstreifendiagramm Seite 71, Abb. ② und ③):
Ampel eingeschaltet bedeutet für:

x-rot: PIN $D_1 \Rightarrow 2^0$ y-rot: PIN $D_4 \Rightarrow 2^3$
x-gelb: PIN $D_2 \Rightarrow 2^1$ y-gelb: PIN $D_5 \Rightarrow 2^4$
x-grün: PIN $D_3 \Rightarrow 2^2$ y-rot: PIN $D_6 \Rightarrow 2^5$
usw.

A = 0 lässt alle Lampen erlöschen, setzt alle Ausgänge auf „L" (Low).

- In der Regel besitzen Interfaces LEDs, die anzeigen, ob die Ausgänge im H-(high) oder L-(low)-Zustand sind. Schließt das Interface an den PC an und steuert mit dem Befehl OUT 888, ... die Ausgänge des Interfaces an. Versucht alle Ausgänge auf „H" zu setzen, anschließend alle auf „L".

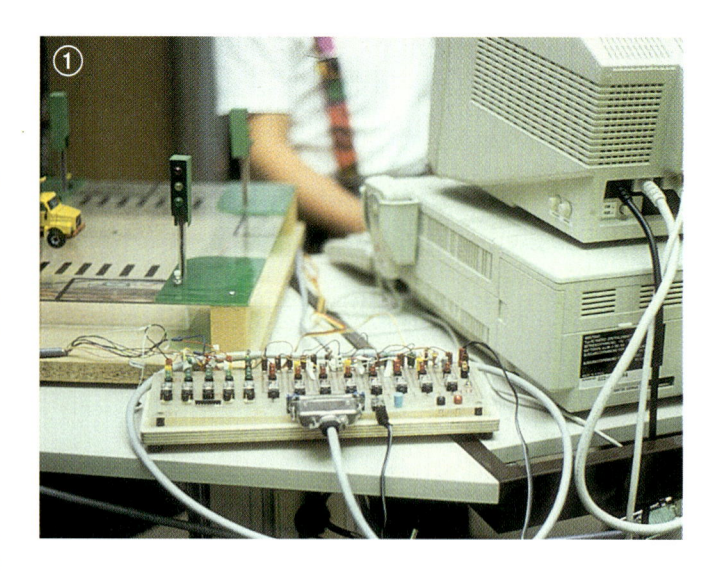

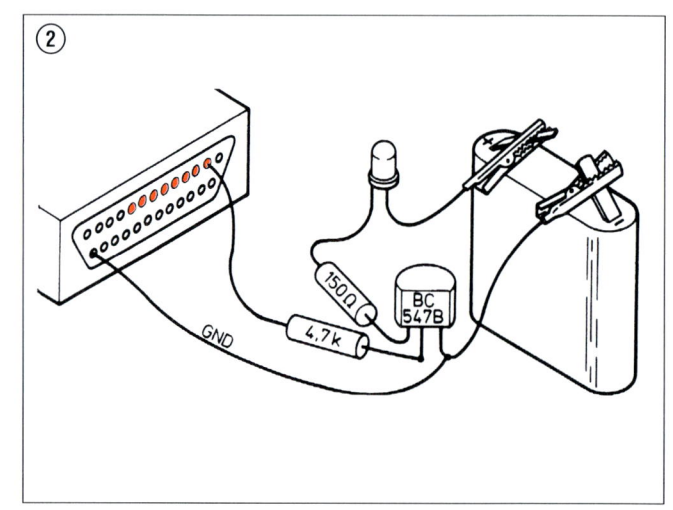

Wie wird ein Computer programmiert?

Der Computer erhält durch ein **Programm** Anweisungen, die Steuerimpulse an die angeschlossene Ampelanlage abzugeben.

In dem Programm wird festgelegt,
- welche Signallampe zu welchem Zeitpunkt des Programmablaufs anzuschalten ist,
- wie lange jede Signallampe anzusteuern ist,
- wie oft das Programm abgearbeitet werden soll.

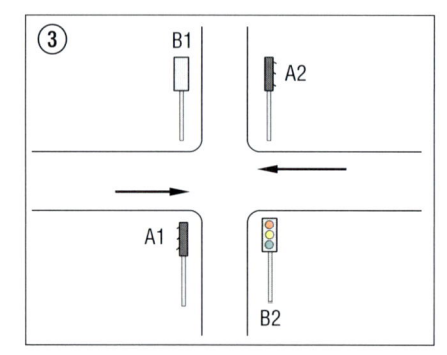

An einem Beispiel (☞ S. 73) wird gezeigt, wie mit Basic-Befehlen die Lichtsignale einer Ampel angesteuert werden können.

Durch Eingabe der Ziffernfolge 888 **(Adresse)** zusammen mit dem Befehl „OUT" wird festgelegt, dass Stromimpulse am Druckerausgang ausgegeben werden sollen (S. 73, Abb. ①). Da es am Druckerausgang 8 Datenleitungen gibt, müssen der Adresse 888 weitere Ziffern zugefügt werden, die angeben, über welche Datenleitung ein Stromimpuls ausgegeben werden soll. Abb. ①, S. 73 zeigt die Zuordnung von Zahlenwerten und Datenleitungen.

Wird die Ampelanlage so angeschlossen, lässt sich die rote LED der Ampel B durch Eingabe des Befehls „OUT" 888,1 ansprechen. Der Befehl „OUT" 888,33 schaltet beispielsweise die rote LED der Ampel B und die grüne LED der Ampel A gleichzeitig ein.

Um den Computer für die Ampelanlage zu programmieren, ist es notwendig, ein Programm, das **Steuerbefehle** enthält, in den Computer einzuladen. Mehrere Programmiersprachen erfüllen diese Aufgaben. Wir arbeiten mit der Programmiersprache **BASIC**.

Hinweis: Die beiden Ampeln A1 und A2 in einer Straßenrichtung (Hauptrichtung) werden im nachfolgenden Beispiel gleichzeitig geschaltet und als Ampel A bezeichnet. Die beiden Ampeln B1 und B2 der Nebenrichtung werden ebenfalls gleichzeitig geschaltet und als Ampel B benannt (Abb. ③).

Programmiersprachen

Programmiersprachen sind u. a. BASIC, Pascal und COMAL:

BASIC (Beginner's All-Purpose Symbolic Instruction Code) 1962/64 entwickelt, ist, worauf der Name hinweist, eine leicht in Stufen erlernbare Sprache. Viele Weiterentwicklungen wie MS-Basic, GW-Basic u.a. wie auch COMAL sind daraus entstanden.

PASCAL (nach franz. Mathematiker Plaise Pascal 1623–1662 benannt) 1971 entwickelt, ist eine nicht ganz einfache Sprache. Sie ist aber strukturiert, wodurch die Programme überschaubar gehalten werden.

COMAL wurde 1973 in Dänemark entwickelt. Es ist ein BASIC-Dialekt, der eine Synthese aus BASIC und PASCAL darstellt.

Für Maschinensteuerungen wurde eine spezielle Programmiersprache für NC-Programmierungen entwickelt, deren Befehle nach DIN 66025 genormt sind.

In den genannten Computersprachen wird jeder Befehl auf die Ebene von „H"- oder „L"-("1" oder „0")-Entscheidungen umformuliert. Diese Umformung legt die Impulsfolgen für das „ein" und „aus" der logischen Schalter fest. Ein fertiges Programm besteht demnach aus unzähligen Nullen und Einsen (☞ S. 64).

Für den Ablauf der Ampelphasen ist es erforderlich, die einzelnen LEDs für bestimmte Zeiten einzuschalten. Hierzu muss dem Rechner über eine „Zeitschleife" mitgeteilt werden, wie lange die LED leuchten soll.

Um z. B die rote LED der Ampel B für 10 Sek. einzuschalten, ist folgende Eingabe erforderlich:

Ein OUT 888,1
Zeitschleife FOR T = 1 TO 50000:NEXT T

Folgt in einem **Programm** nach der Zeitschleife der nächste **Steuerbefehl,** beendet dieser den vorhergehenden Vorgang.

Soll die LED nur 5 Sek. lang aufleuchten, kann die Zeitschleife wie folgt leicht abgeändert werden:

Zeitschleife FOR T = 1 TO 25000:NEXT T

Da PCs mit unterschiedlicher Taktfrequenz ausgestattet sind, muss die Zeitschleife evtl. angepasst werden.

Der große Vorteil der Computersteuerung gegenüber der elektromechanischen Steuerung liegt darin, dass bei sich ändernden Verkehrsbedingungen die Zeitdauer der Ampelphase im Programm einfach und schnell angepasst werden kann.

Für die Ampelsteuerung mit vier Ampeln (2x2) sollen entsprechend der gewünschten Verkehrsregelung 12 Leuchtdioden (2x6) zum jeweils richtigen Zeitpunkt und in der jeweils benötigten Zeitdauer und Kombination angesprochen werden (Abb. ③). Hierzu müssen die Befehle in einem Programm nacheinander angeordnet werden. Der Computer arbeitet das Programm ab, indem er einen Befehl nach dem anderen ausführt und erst nach dem Erledigen einer Anweisung zur nächsten geht. Das Programm steuert so die Leuchtdioden einer **Ampelanlage** in der gewünschten Abfolge.

Im Programmbeispiel der Abb. ③ kennzeichnet „START:" den Beginn des Phasendurchlaufs. So wird am Ende eines Durchlaufs über den Befehl „GOTO START" erreicht, dass sich das Programm ständig wiederholt.

Soll nach einer beliebigen Zeit die Programmausführung z. B. über einen Tastendruck beendet werden, so müssen in das Programm weitere Programmschritte aufgenommen werden.

① Parallele Druckerschnittstelle am PC
Datenleitungen D1–D8

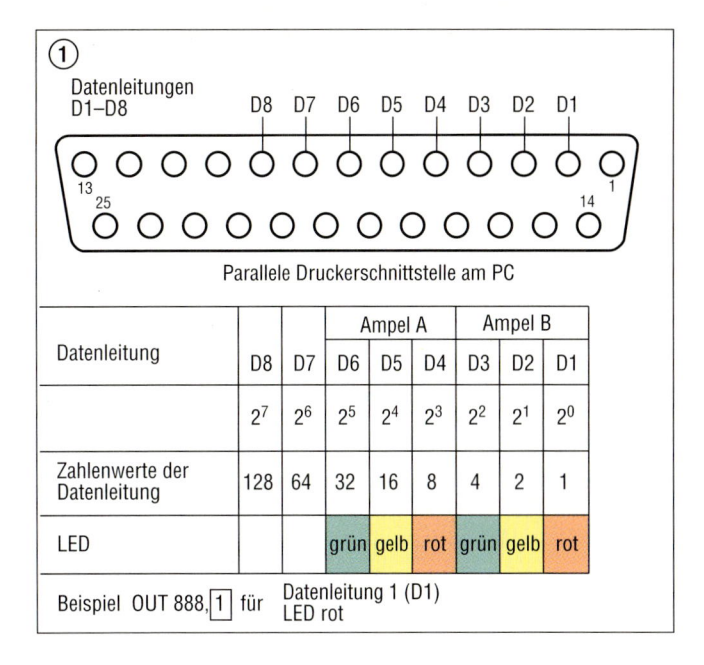

Datenleitung	D8	D7	Ampel A			Ampel B		
			D6	D5	D4	D3	D2	D1
	2^7	2^6	2^5	2^4	2^3	2^2	2^1	2^0
Zahlenwerte der Datenleitung	128	64	32	16	8	4	2	1
LED			grün	gelb	rot	grün	gelb	rot

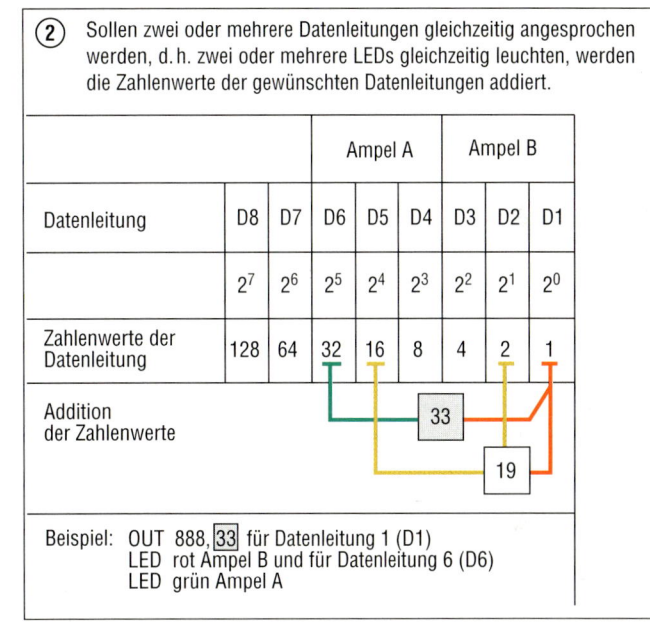

Beispiel OUT 888,1 für Datenleitung 1 (D1) LED rot

② Sollen zwei oder mehrere Datenleitungen gleichzeitig angesprochen werden, d. h. zwei oder mehrere LEDs gleichzeitig leuchten, werden die Zahlenwerte der gewünschten Datenleitungen addiert.

Datenleitung	D8	D7	Ampel A			Ampel B		
			D6	D5	D4	D3	D2	D1
	2^7	2^6	2^5	2^4	2^3	2^2	2^1	2^0
Zahlenwerte der Datenleitung	128	64	32	16	8	4	2	1
Addition der Zahlenwerte				33			19	

Beispiel: OUT 888,33 für Datenleitung 1 (D1) LED rot Ampel B und für Datenleitung 6 (D6) LED grün Ampel A

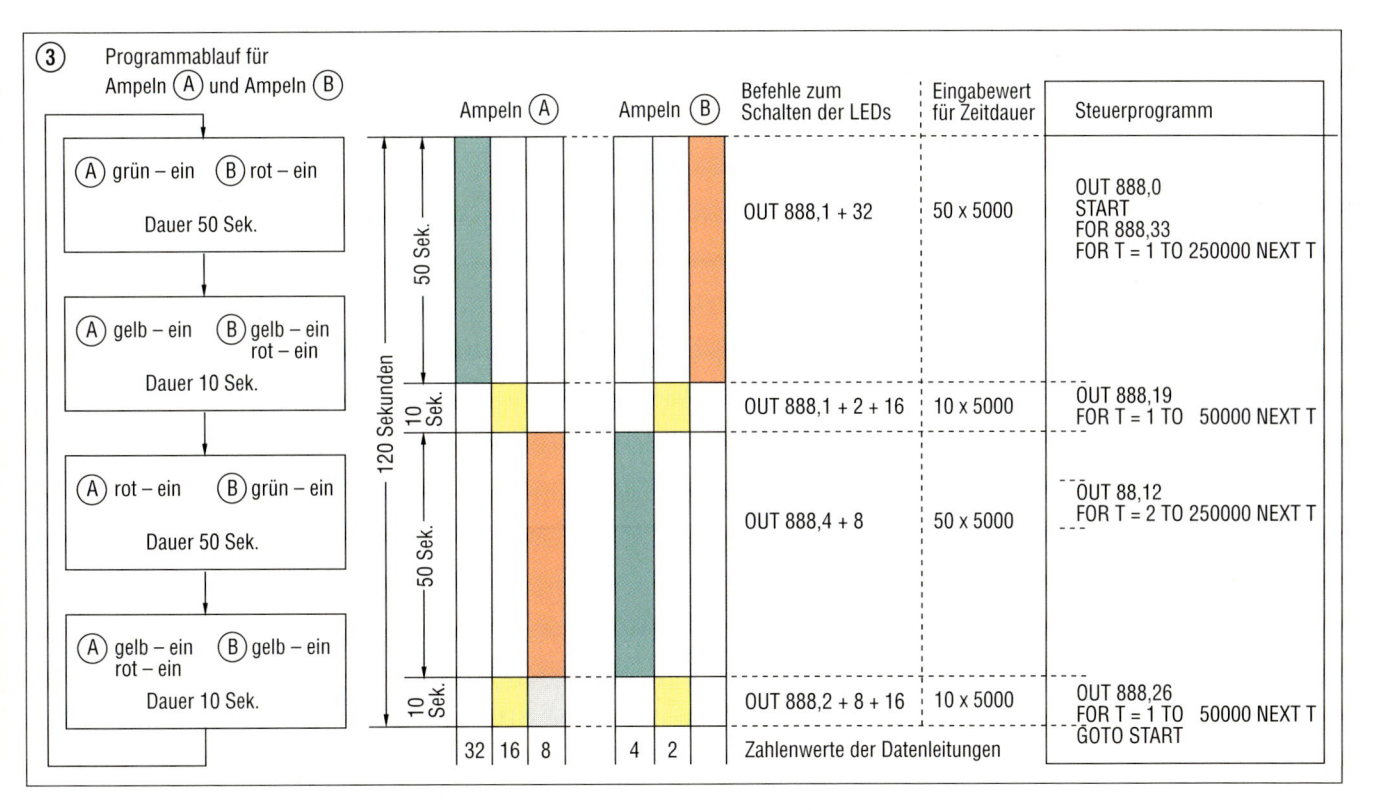

③ Programmablauf für Ampeln Ⓐ und Ampeln Ⓑ

Ablauf	Befehle zum Schalten der LEDs	Eingabewert für Zeitdauer	Steuerprogramm
Ⓐ grün – ein Ⓑ rot – ein Dauer 50 Sek.	OUT 888,1 + 32	50 x 5000	OUT 888,0 START FOR 888,33 FOR T = 1 TO 250000 NEXT T
Ⓐ gelb – ein Ⓑ gelb – ein rot – ein Dauer 10 Sek.	OUT 888,1 + 2 + 16	10 x 5000	OUT 888,19 FOR T = 1 TO 50000 NEXT T
Ⓐ rot – ein Ⓑ grün – ein Dauer 50 Sek.	OUT 888,4 + 8	50 x 5000	OUT 88,12 FOR T = 2 TO 250000 NEXT T
Ⓐ gelb – ein rot – ein Ⓑ gelb – ein Dauer 10 Sek.	OUT 888,2 + 8 + 16	10 x 5000	OUT 888,26 FOR T = 1 TO 50000 NEXT T GOTO START

Zahlenwerte der Datenleitungen: 32 16 8 4 2

120 Sekunden (50 Sek. / 10 Sek. / 50 Sek. / 10 Sek.)

Ampelsteuerung mit Eingangsabfrage

Eine Steuerung soll Rückmeldungen, z. B. für eine Fußgängertaste, eine „Kontaktschleife" oder einen Sensor für Nachtbetrieb berücksichtigen. Dies kann bei PCs über den **Druckeranschluss** (PIN 10–13 und 15, Abb. ④) geschehen. Dabei werden die Signale eines Tasters (Schließer), eines Reedkontaktes oder eines LDR abgefragt. Zur Abfrage benötigt man ein Eingangs- bzw. Universalinterface (☞ S. 182).

Die Grafik (Abb. ④) stellt das Prinzip einer 1-PIN-Datenleitung dar.

① Die Kontaktschleifen sind mit dem Computer verbunden

Die Anlage bleibt in Hauptrichtung auf Grün stehen, bis von der Nebenrichtung eine Aufforderung kommt

Nebenrichtung — Hauptrichtung (x)

Text: „Bis zum Haltestreifen vorfahren"

Eine Induktionsspule aus isoliertem Draht (3–5 Windungen) gibt Impulse an den Computer

Fahren innerhalb einer eingestellten „Zeitlücke" bei Grün weitere Fahrzeuge über die Spule, so wird dadurch eine Grünzeitverlängerung angefordert

Das nachfolgende **Programm** hilft, die Eingangswerte der einzelnen PINs, die bei den PCs (trotz Kompatibilität) unterschiedlich ausfallen können, zu finden. Dazu müssen die Eingangspins nacheinander einzeln angeschlossen und mit dem nachfolgenden Programm abgefragt werden.

```
100 REM-PIN-ABFRAGE-
110 PRINT INP(889)
120 GOTO 110
```

Die so ermittelten PIN-Werte sind in Verbindung mit IF … THEN-Abfragen in die Computerprogramme einzubauen (vgl. Programm, Abb. ③).

Besonderheiten bei der Eingangsabfrage

Die Rückmeldungsleitungen vom Drucker – bei PCs (PIN 10–13 und 15) – liefern abhängig von der Druckerkarte unterschiedliche Eingangswerte, weil einzelne PINs ein umgekehrtes (invertiertes) Signal liefern. Bei dem auf Seite 182 dargestellten Universalinterface lassen sich invertierte Signale durch „Steckverbinder" (Jumper) umkehren.

Für eine **Eingangsabfrage** mit dem Interface muss dieses zum Schalten der Eingangsrelais an Spannung gelegt werden. Leuchtet die grüne LED, liegt ein Eingangssignal an. Der Wert, der dazu auf dem Monitor angezeigt wird, ist der Wert, der danach im Programm abgefragt werden muss.

Durch **Computersteuerungen** wurde es möglich, dass real existierende Werte (IST-Werte) durch Eingangsabfrage dem System „gemeldet" werden können, was den Einsatz von verkehrsabhängigen Regelungen ermöglicht.

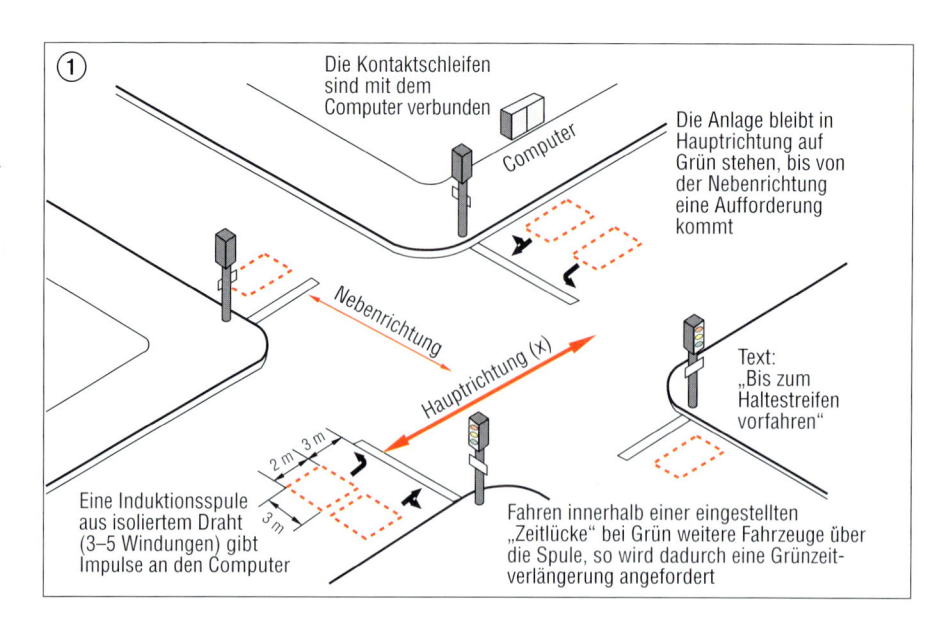

Programm-Ablaufplan

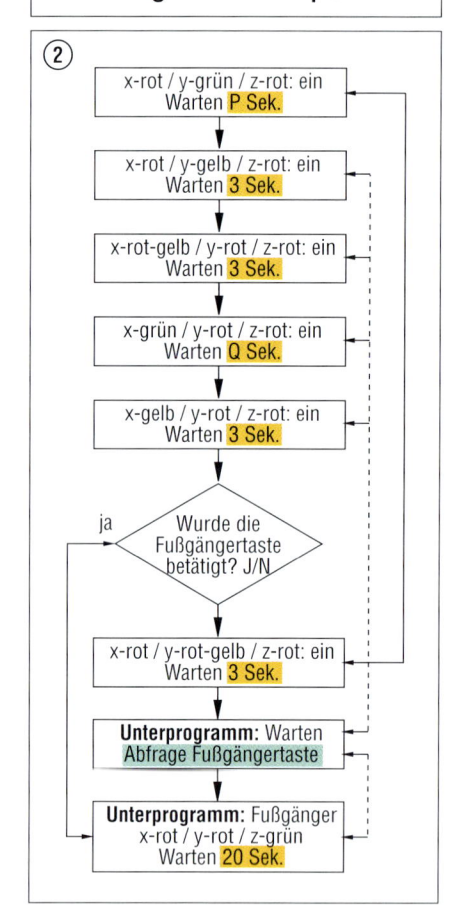

②
- x-rot / y-grün / z-rot: ein Warten P Sek.
- x-rot / y-gelb / z-rot: ein Warten 3 Sek.
- x-rot-gelb / y-rot / z-rot: ein Warten 3 Sek.
- x-grün / y-rot / z-rot: ein Warten Q Sek.
- x-gelb / y-rot / z-rot: ein Warten 3 Sek.
- Wurde die Fußgängertaste betätigt? J/N — ja ↑
- x-rot / y-rot-gelb / z-rot: ein Warten 3 Sek.
- **Unterprogramm:** Warten Abfrage Fußgängertaste
- **Unterprogramm:** Fußgänger x-rot / y-rot / z-grün Warten 20 Sek.

Programm

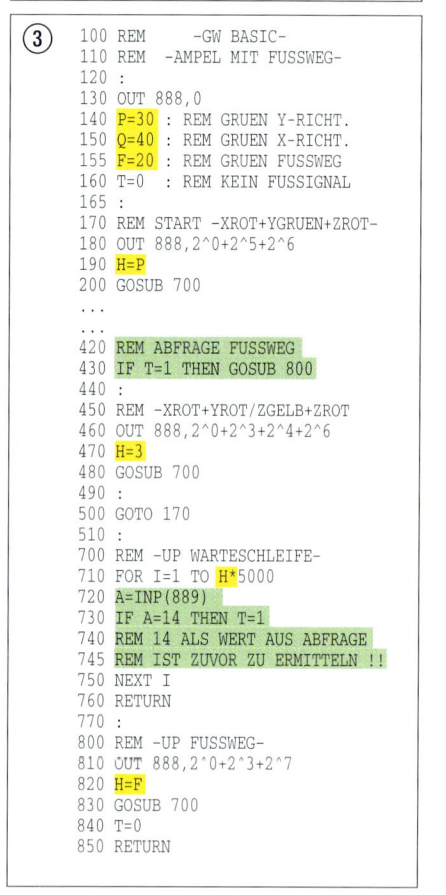

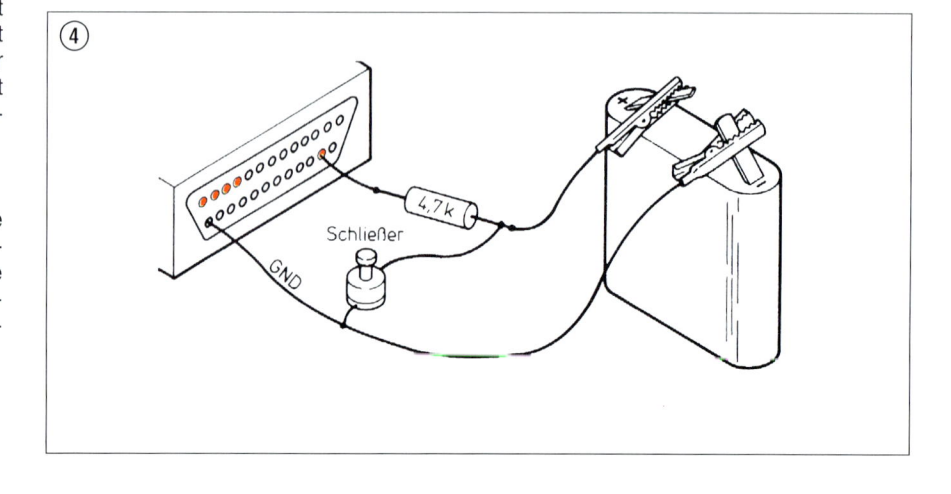

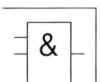

③
```
100 REM    -GW BASIC-
110 REM    -AMPEL MIT FUSSWEG-
120 :
130 OUT 888,0
140 P=30  : REM GRUEN Y-RICHT.
150 Q=40  : REM GRUEN X-RICHT.
155 F=20  : REM GRUEN FUSSWEG
160 T=0   : REM KEIN FUSSIGNAL
165 :
170 REM START -XROT+YGRUEN+ZROT-
180 OUT 888,2^0+2^5+2^6
190 H=P
200 GOSUB 700
...
...
420 REM ABFRAGE FUSSWEG
430 IF T=1 THEN GOSUB 800
440 :
450 REM -XROT+YROT/ZGELB+ZROT
460 OUT 888,2^0+2^3+2^4+2^6
470 H=3
480 GOSUB 700
490 :
500 GOTO 170
510 :
700 REM -UP WARTESCHLEIFE-
710 FOR I=1 TO H*5000
720 A=INP(889)
730 IF A=14 THEN T=1
740 REM 14 ALS WERT AUS ABFRAGE
745 REM IST ZUVOR ZU ERMITTELN !!
750 NEXT I
760 RETURN
770 :
800 REM -UP FUSSWEG-
810 OUT 888,2^0+2^3+2^7
820 H=F
830 GOSUB 700
840 T=0
850 RETURN
```

④

Elektronische Miniorgel mit dem Computer gesteuert

Die selbst gebaute **Miniorgel** Abb. ①, S. 60, kann über ein Interface mit dem Computer gesteuert werden. Der Computer wird dabei so programmiert, dass er eine Melodie spielen kann, indem er jeweils den richtigen Ton (die richtigen Töne) in der vorgesehenen Tondauer steuert.

Natürlich sollte die elektronische Orgel dafür gut gestimmt sein (☞ S. 90).

Ihr könnt eure **Orgel** z. B. in C-Dur stimmen: c′, d′, e′, f′, g′, a′, h′, c″.
Beachtet, dass alle Dur-Tonleitern zwischen der dritten und vierten Stufe und zwischen der siebten und achten Stufe einen Halbtonschritt haben, in C-Dur also zwischen e und f und h und c (Abb. ②).
Die Zeitdauer für einen Ton wird bestimmt durch seinen Notenwert (Ganze, Halbe, Viertel, Achtel) und durch das Tempo, in dem ein Musikstück gespielt wird: Klassische Stücke geben in Italienisch z. B. ein langsameres Tempo als Largo, eine schnelleres als Allegro an. Eine einheitliche Festlegung des Tempos ermöglicht ein Metronom: Ein Pendel mit einem auf einer Skala verschiebbaren Gewicht bewegt sich hin und her. Wird z. B. = 108 eingestellt, macht das Pendel 108 Schwingungen je Minute.
Moderne Songs oder Schlager verwenden englische Bezeichnungen wie Calypso = 162, oder Raggae (2 Takte = 5 Sekunden) und geben mit den Zahlen das metrische Tempo vor.

Am Keyboard ist für die automatische Begleitung das Tempo wählbar. Die Einstellung wird im Display angezeigt: = 108 heißt ca. 2 Schläge in der Sek. (Abb. ④). Um den Ton d′ im Beispiel Abb. ③ als halbe Note erklingen zu lassen, muss er also eine Sekunde gespielt werden.

Ein	OUT 888,1
Zeitschleife	FOR T = 1 TO ... NEXT T

- Informiert euch auf S. 72 und S. 73 über die Grundlagen der Steuerung mit dem Computer.
- Schließt über das Interface (☞ S. 182) den Ton c′ (A1) (vgl. Abb. ①) an und programmiert verschiedene Längen der Tondauer.
- Erstellt ein Programm für die Melodie in Abb. ③. Schliesst die Miniorgel über ein Interface an den Computer an und spielt die Melodie. Testet und optimiert.
- Sucht eine andere Melodie aus, die dem Tonumfang eurer Orgel entspricht und programmiert die Steuerung dieser Melodie.
- Zu Beginn des Programms könnte eine Eingangsabfrage den Benutzer auf das Einschalten der Miniorgel hinweisen. Erstellt ein Programm mit Eingangsabfrage ☞ S. 74 und 181.
- Informiert euch über elektronisch gesteuerte Musikautomaten. Wie funktionieren sie? Aus welchen Bauteilen sind sie aufgebaut?

Bewertung

- Überlegt Kriterien zur Bewertung eurer Arbeit. Berücksichtigt dabei fächerübergreifende (vernetzte) Kenntnisse und Fähigkeiten: Natur und Technik, Physik, Musik, Informatik. Bewertet eure Leistungen entsprechend. ☞ S. 85.

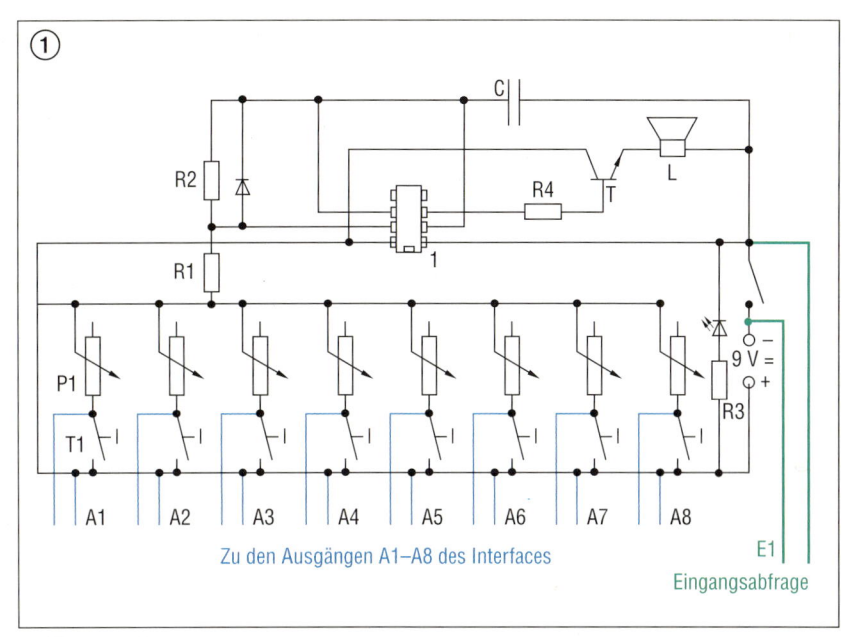

Informationen zu Arbeitssicherheit und Umweltschutz

Sicherheitszeichen

① In den Betrieben und in der Schule sind dort, wo besondere Aufmerksamkeit erforderlich ist, **Sicherheitszeichen** angebracht.
Wo solche Symbole im Buch auftauchen, weisen sie auf **Sicherheitsmaßnahmen** hin.

Sicherheitshinweis

Warnung vor gefährlicher elektrischer Spannung

Warnung vor ätzenden Stoffen

Warnung vor gesundheitsschädlichen Stoffen

Warnung vor feuergefährlichen Stoffen

Schutzkleidung tragen

Im Technikunterricht und bei einer Erkundung müssen die vereinbarten Verhaltensregeln eingehalten und die im Betrieb geltenden Sicherheitsvorschriften beachtet werden.

Sicherheitsbewusster Umgang mit Chemikalien

Bevor wir Chemikalien (z. B. Säuren, Laugen, Lösungsmittel, Reagenzien, Salze) bei Versuchen, bei Experimenten oder bei technischen Verfahren einsetzen, müssen wir Vorkehrungen zum Schutze unserer Gesundheit treffen.
Dies kann beinhalten,
– dass auf den Einsatz von **Gefahrstoffen** verzichtet wird, wenn der Umgang mit ihnen oder ihre **Entsorgung** Risiken enthält,
– dass Schutzkleidung (z. B. Schutzhandschuhe, Schutzbrille) angelegt wird,
– dass Schutzvorrichtungen wie Auffangwannen oder Schutzblenden eingesetzt werden,
– dass Arbeitsräume richtig be- und entlüftet werden,
– dass Arbeitsplätze bei Versuchen, Experimenten und Herstellungsprozessen übersichtlich aufgebaut werden.

② Schutzkleidung und übersichtlicher Aufbau sind Voraussetzungen zur Unfallverhütung.

Sammlung und Entsorgung von Abfallchemikalien

Grundsätzlich müssen wir dafür sorgen, dass Chemikalien, bei oder nach der Benutzung, unsere Umwelt nicht schädigen. Aus diesem Grunde achten wir besonders darauf, dass zu Hause und in der Schule Abfallchemikalien nicht über das Abwasser oder den Mülleimer beseitigt werden. Die Entscheidung, ob eine Chemikalie unbedenklich ins Abwasser gegeben werden kann, ob sie neutralisiert werden muss oder ob sie als Sondermüll zu entsorgen ist, trifft der Fachlehrer. Ratschläge zu diesem Thema können der Gefahrstoffbeauftragte der Schule, der extra geschult wurde, und die Entsorgungsfachleute des Landratsamtes geben.

Abfallchemikalien, die für die Umwelt schädlich sind, müssen in dafür geeigneten, speziell gekennzeichneten Behältern gesammelt und als **Sondermüll** entsorgt werden.

In vielen Schulen werden diese Abfälle in verschiedenen Behältern (Abb. ③) gesammelt. Zu vereinbarten Terminen werden die Abfallchemikalien von Entsorgungsstellen der Gemeinden oder des Landkreises abgeholt.

③ Abfallchemikalien werden in speziell gekennzeichneten Behältern gesammelt.

76

Fahrzeugwartung

Bei der Reinigung und **Wartung** von Fahrrädern, Mofas, Kleinkrafträdern, Rasenmähern und ähnlichen Geräten werden Reinigungsmittel wie Petroleum und Waschbenzin o. Ä. benutzt. Öl wird als Schmiermittel eingesetzt und fällt als Altöl an. Bei diesen Arbeiten müssen wir darauf achten, dass kein Öl, Petroleum o. Ä. in den Boden oder in das Abwasser gelangt, denn ein Tropfen Öl kann 1000 l Trinkwasser ungenießbar machen. Das Altöl muss vom Ölhändler zurückgenommen werden.

Außerdem müssen wir berücksichtigen, dass die o. g. Reinigungsmittel leicht brennen. Benzindämpfe z. B. sind gesundheitsschädlich und sollten nicht eingeatmet werden.

Sicherheitsbewusster Umgang mit Elektrizität

Der **V**erband der **D**eutschen **E**lektrotechniker (VDE) hat Sicherheitsrichtlinien für den Bau und den Umgang mit elektrischen Bauteilen und Geräten erarbeitet. Geräte, die das **VDE-Prüfzeichen** bzw. das **GS-Prüfzeichen** (Abb. ③) tragen, erfüllen diese Richtlinien.

Wirkung von elektrischem Strom auf Menschen

Berühren wir z. B. mit der Hand einen Strom führenden Leiter, so wirkt unser Körper als leitende Verbindung zur Erde und wird vom Strom durchflossen.

Aus Abb. ② kann entnommen werden, welche Körperreaktionen elektrischer Strom beim Menschen bewirkt. Fließt z. B. ein Strom von mehr als 10 mA durch den Körper, besteht Lebensgefahr in Abhängigkeit von der Berührungsdauer. Diese Wirkung kann noch stärker und somit gefährlicher sein, wenn die Leitfähigkeit des menschlichen Körpers z. B. durch Schwitzen erhöht ist.

> Zur Vermeidung von gefährlichen Körperströmen arbeiten wir in der Schule grundsätzlich nur im Schutzkleinspannungsbereich bis 24 Volt.

Geräte mit Netzanschluss

Netzgeräte, Ladegeräte, Kleintransformatoren und andere Geräte, die für den Anschluss an das 220-V-Netz konzipiert sind, dürfen wir grundsätzlich nicht zu Reparaturen, Messungen usw. öffnen (Abb. ④).

Bei Netzgeräten und Transformatoren müssen auf der Stromabgabeseite (Sekundärseite) die vorgeschriebenen Maximalstromstärken eingehalten werden.

Sicherungen in diesen Geräten sind zu unserem Schutz da – an ihnen darf nicht manipuliert werden.

Sicherheitsbewusster Umgang mit Spänen und Stäuben

Späne, die z. B. beim Bohren oder Fräsen entstehen, können Verletzungen bewirken. Diese können verhindert werden, wenn an der Maschine ein Spanschutz angebracht ist und von den Maschinenbedienern Schutzbrillen getragen werden.

Auch durch Stäube, die z. B. beim Schleifen entstehen, ist unsere Gesundheit gefährdet. Sie können Verletzungen der Augen bewirken. Eingeatmete Stäube setzen sich auf den Atmungsorganen ab und können unsere Gesundheit dadurch zeitweilig oder dauerhaft schädigen. Wo immer es geht, sollten Stäube direkt an ihrem Entstehungsort abgesaugt werden (Abb. ⑤).

Beim Ölwechsel oder bei Reinigungsarbeiten müssen besondere Schutzmaßnahmen getroffen werden.

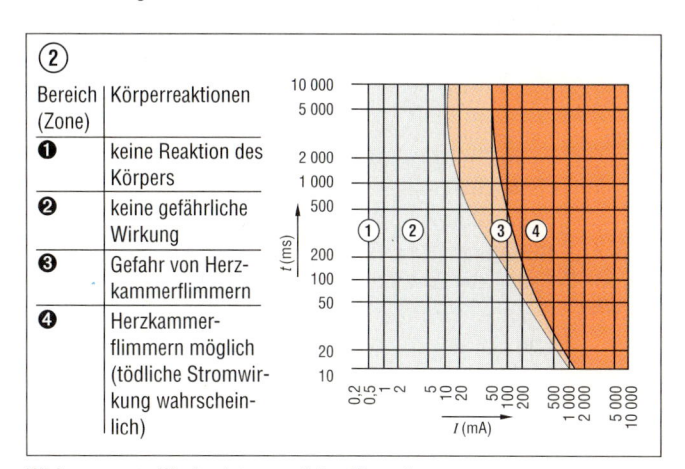

Bereich (Zone)	Körperreaktionen
❶	keine Reaktion des Körpers
❷	keine gefährliche Wirkung
❸	Gefahr von Herzkammerflimmern
❹	Herzkammerflimmern möglich (tödliche Stromwirkung wahrscheinlich)

Wirkungen von Wechselstrom auf den Menschen

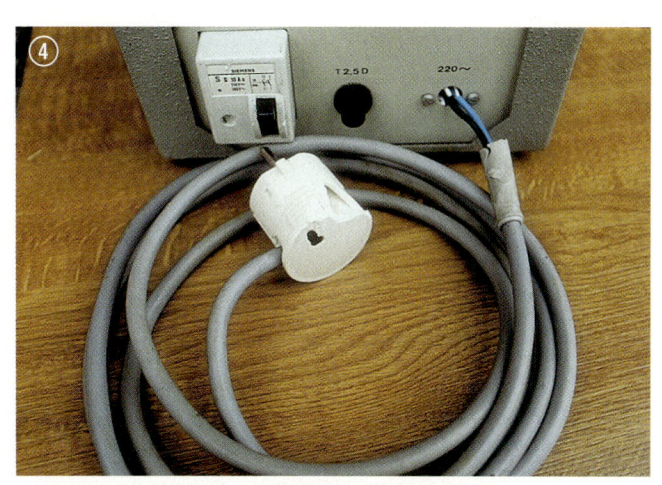

Dieser Transformator muss vom Fachmann repariert werden.

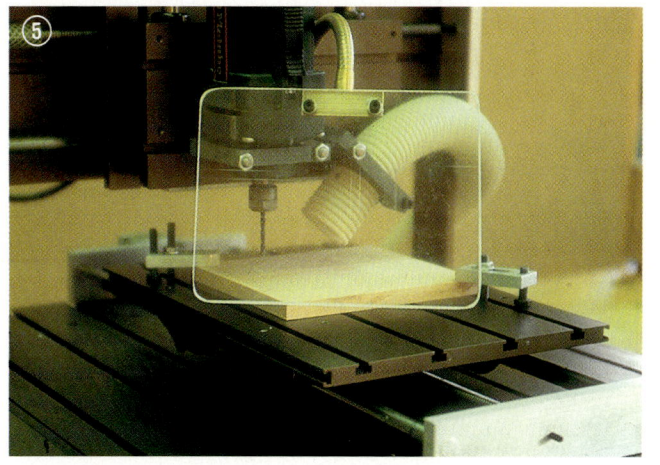

Der Spanschutz schützt die Augen, die Absauganlage die Atemwege vor gesundheitlichen Beeinträchtigungen.

77

Arbeiten mit Geräten, die man als Hitzequellen benötigt

Bevor mit Lötkolben, Heizstäben, Styroporschneidern, Heißluftpistolen, Klebepistolen oder mit Gasbrennern gearbeitet wird, muss man die Gefahren und die Maßnahmen zur Verhinderung von Gesundheitsschäden bedenken:

Sicherheit beim Weichlöten (Abb. ①)

Vor der Arbeit ist das Kabel des Lötkolbens immer auf Beschädigungen zu untersuchen. Ein Schaden ist zu melden.
Der Lötkolben muss sicher in einem Lötkolbenständer abgelegt werden.
Es ist darauf zu achten, dass das Kabel nicht durch die heiße Lötspitze angeschmort werden kann.
Nach Beendigung der Lötarbeit wird die Lötspitze gereinigt und so abgelegt, dass sie gefahrlos abkühlen kann.

Wenn wir mit Hitzequellen arbeiten, achten wir grundsätzlich auf gute Belüftung und Entlüftung.

Der Not-Aus (Abb. ②)

Damit können alle elektrischen Maschinen und Geräte sofort abgeschaltet werden.

„Not-Aus-Schalter" dienen also im Ernstfall der Sicherheit aller.

Zweckmäßige und sichere Kleidung

Am Arbeitsplatz ist **zweckmäßige Kleidung** erforderlich (Abb. ③). Dazu gehören feste Schuhe und eng anliegende Ärmel.
Bei bestimmten Arbeiten ist Schutzkleidung erforderlich.
Ketten, Schals und Ringe sind bei der Arbeit hinderlich und bergen Unfallgefahren.
Anoraks und Mäntel werden außerhalb des Technikraums abgelegt.

Vorgehensweise bei Demontage/Remontage

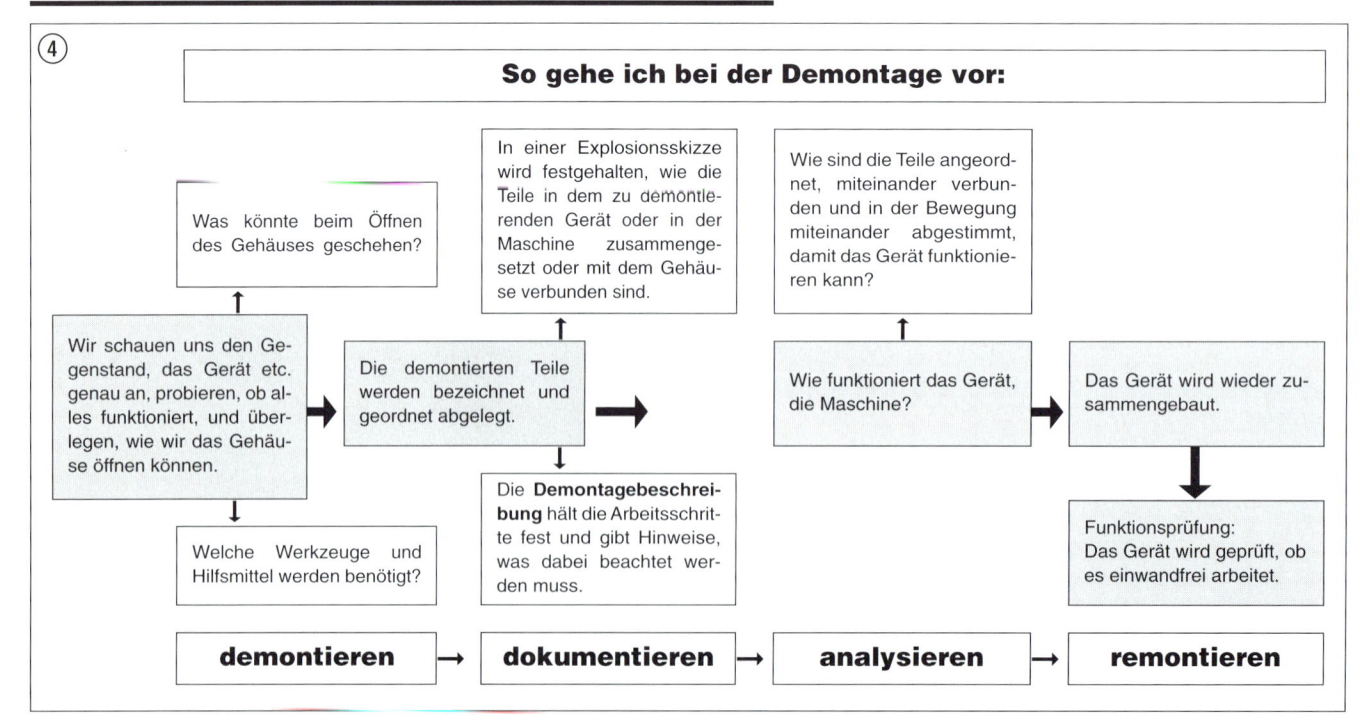

④ **So gehe ich bei der Demontage vor:**

- Wir schauen uns den Gegenstand, das Gerät etc. genau an, probieren, ob alles funktioniert, und überlegen, wie wir das Gehäuse öffnen können.
- Was könnte beim Öffnen des Gehäuses geschehen?
- Welche Werkzeuge und Hilfsmittel werden benötigt?
- Die demontierten Teile werden bezeichnet und geordnet abgelegt.
- In einer Explosionsskizze wird festgehalten, wie die Teile in dem zu demontierenden Gerät oder in der Maschine zusammengesetzt oder mit dem Gehäuse verbunden sind.
- Die **Demontagebeschreibung** hält die Arbeitsschritte fest und gibt Hinweise, was dabei beachtet werden muss.
- Wie funktioniert das Gerät, die Maschine?
- Wie sind die Teile angeordnet, miteinander verbunden und in der Bewegung miteinander abgestimmt, damit das Gerät funktionieren kann?
- Das Gerät wird wieder zusammengebaut.
- Funktionsprüfung: Das Gerät wird geprüft, ob es einwandfrei arbeitet.

demontieren → dokumentieren → analysieren → remontieren

Wenn wir sorgfältig gearbeitet und das Gerät sachgerecht demontiert und wieder zusammengebaut haben, sodass es einwandfrei funktioniert, können wir den Ablauf der **Demontage** und **Remontage** anhand unserer Arbeitskärtchen zusammenfassen und als Anleitung für weitere Demontagearbeiten benutzen.

Informationen zur Gruppenarbeit in der Arbeitswelt, in der Schule und im Technikunterricht

Gruppenarbeit in der Arbeitswelt

Die Einführung von Gruppenarbeit wird dadurch begünstigt, dass viele Firmen ihre Betriebsstruktur verändern müssen, um kostengünstiger produzieren und um flexibel auf sich rasch ändernde Kundenwünsche eingehen zu können.

Bei der Gruppenarbeit wird einer Gruppe von Mitarbeiterinnen und Mitarbeitern die Verantwortung z. B. für die effektive Fertigung ihres Werkstücks in gleich bleibender Qualität übertragen. Sie organisieren ihre Tätigkeiten selbst und entwickeln Vorschläge für die Optimierung der Fertigung (Abb. ②).

Die Gruppenarbeit verfolgt dabei zwei Ziele:
- Gruppenarbeit dient aus der Sicht der Unternehmer besonders der Produktionssteigerung und der Kostensenkung, vor allem dadurch, dass weniger Kapital in Organisation der Fertigung, Fertigungsplanung, Lagerhaltung und in teure Automaten festgelegt werden muss (Abb. ③).
- Aus der Sicht der Mitarbeiterinnen und Mitarbeiter dient die Gruppenarbeit der Humanisierung der Arbeit, indem sie wegführt von der Zerstückelung der Arbeit in monotone kleine Arbeitsgänge hin zu abwechslungsreicherer Arbeit mit eigener Verantwortung für die Arbeitsverteilung, die Zeiteinteilung, die Qualitätskontrolle und die Abstimmung mit anderen Bereichen wie Einkauf, Planung, Optimierung der Fertigung u. a. (Abb. ③).

Innerhalb eines mit der Firmenleitung festgelegten Rahmens wird so die Arbeit nicht nur von „oben" eingeteilt und überwacht, sondern wird von der Gruppe mit verantwortet (Abb. ②).

Gruppenarbeit wird nicht nur bei der industriellen Fertigung angewandt, sondern auch in anderen Bereichen.

So werden z. B. auf einer Baustelle fünf Mitarbeiter mit der Erstellung des Rohbaus eines Einfamilienhauses beauftragt. Sie erhalten eine Zeitvorgabe und können aufgrund der detaillierten Pläne die Erstellung des Rohbaus selbsttätig und weitgehend in eigener Verantwortung organisieren und durchführen.

Der Lohn setzt sich zusammen aus dem Grundlohn (Tariflohn), dem Gruppenakkordlohn für die stückzahlbezogene Leistung und Zulagen, z. B. für Schichtarbeit oder besondere Arbeitsplatzbelastungen. D. h., die Entlohnung für die Gruppenleistung wird von der Gruppe in Absprache mit der Betriebsleitung leistungsbezogen auf die einzelnen Gruppenmitglieder verteilt.

Dies bewirkt, dass die Gruppe bestrebt ist, hohe Fertigungszahlen bei Einhaltung der Qualitätsvorgaben zu erreichen. Dies verlangt von jedem innerhalb der Gruppe die Bereitschaft, eine gleich bleibend hohe Leistung zu erbringen und sich mit seinen Fähigkeiten und Fertigkeiten in die Gruppe einzubringen.

Ein Abfall der Leistungskurve, weil eine Mitarbeiterin/ein Mitarbeiter „nicht gut drauf" ist, jemand „umgeschult" oder an einem Arbeitsplatz „eingearbeitet" wird oder weil jemand bei einer bestimmten Tätigkeit nicht zurechtkommt bzw. Konflikte entstehen, muss von der Gruppe aufgefangen werden. Probleme und Konflikte innerhalb der Gruppe und mit der Betriebsleitung müssen von der Gruppe aufgearbeitet und gelöst werden, wenn die Gruppe ihre Ziele (Abb. ③) erreichen soll.

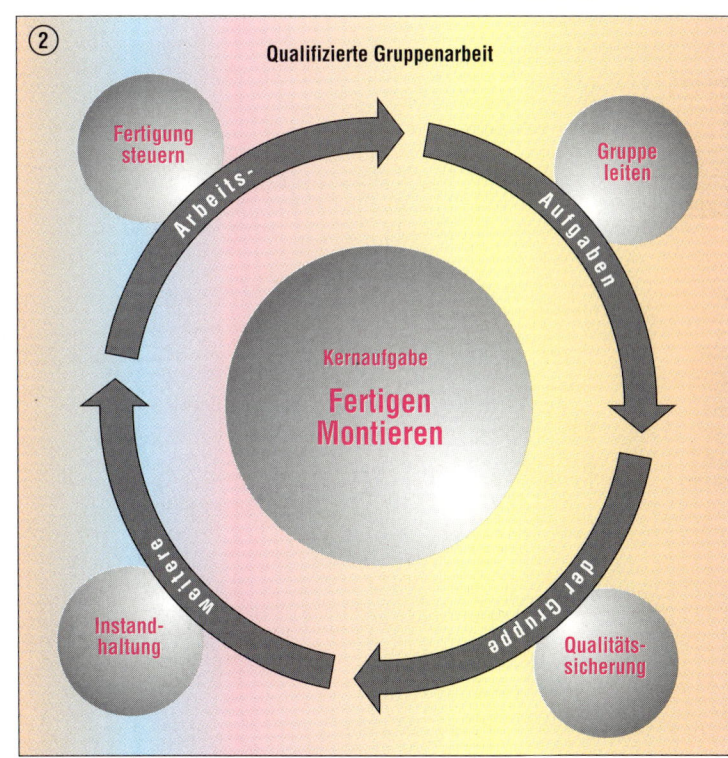

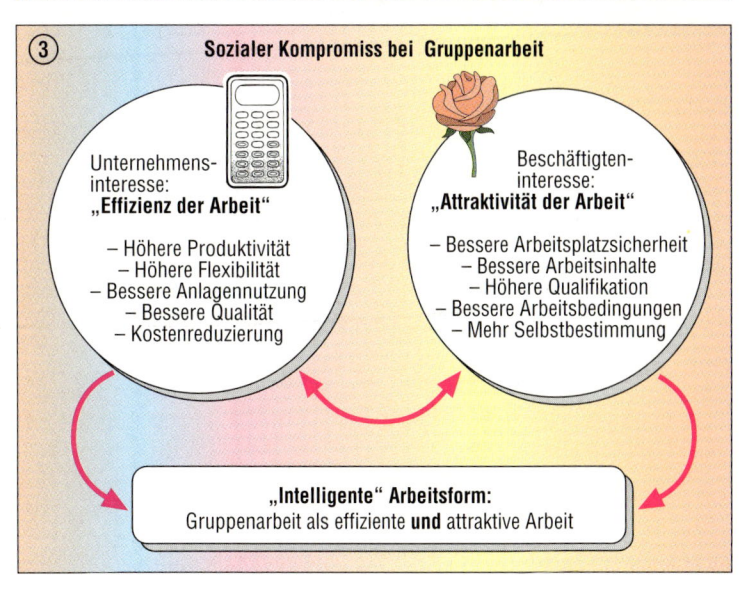

① Gruppenarbeit bedeutet:
- **Job Enrichement:** Vergrößerung der Arbeitsinhalte ...
- **Job Rotation:** Arbeitsplatzwechsel ...
- **Job Enlargement:** Erweiterung der Aufgabenbereiche ...

② Qualifizierte Gruppenarbeit
- Kernaufgabe: Fertigen, Montieren
- Arbeits-Aufgaben der Gruppe weitere: Fertigung steuern, Gruppe leiten, Qualitätssicherung, Instandhaltung

③ Sozialer Kompromiss bei Gruppenarbeit

Unternehmensinteresse: „Effizienz der Arbeit"
- Höhere Produktivität
- Höhere Flexibilität
- Bessere Anlagennutzung
- Bessere Qualität
- Kostenreduzierung

Beschäftigteninteresse: „Attraktivität der Arbeit"
- Bessere Arbeitsplatzsicherheit
- Bessere Arbeitsinhalte
- Höhere Qualifikation
- Bessere Arbeitsbedingungen
- Mehr Selbstbestimmung

„Intelligente" Arbeitsform: Gruppenarbeit als effiziente **und** attraktive Arbeit

Gruppenarbeit und Teamarbeit in der Schule und im Technikunterricht

Gruppenarbeit und **Teamarbeit** sind ähnliche Lern- und Arbeitsformen und weisen deshalb zahlreiche Gemeinsamkeiten auf. Beide sind effektive Lern- und Arbeitsformen.

Deshalb legen Firmen und Dienstleistungsinstitutionen bei Bewerbungen um Ausbildungsstellen bzw. um Arbeitsplätze hohen Wert auf Qualifikationen wie Teamfähigkeit, Kooperationsfähigkeit, selbstständiges Arbeiten, Sozialkompetenz und Bereitschaft zur Übernahme von Verantwortung (☞ S. 84 u. 85).

Gruppenarbeit und Teamarbeit sind aber nur dann effektiv und es können nur dann die genannten Qualifikationen entwickelt werden, wenn es sich um echte Gruppenarbeit und Teamarbeit handelt, d.h., wenn die grundlegenden Arbeits- und Verhaltensprinzipien von Gruppenarbeit und Teamarbeit angewandt werden (Abb. ① und Abb. ② S. 81). Die Arbeit in Gruppen und im Team muss man deshalb erlernen und üben.

Organisation von Gruppen- und Teamarbeit

In Abb. ① sind acht Fragen dargestellt, die vor Beginn der Arbeit bedacht und geklärt werden sollten. Je mehr Klarheit über diese Fragen bei jedem Gruppenmitglied herrscht, desto effektiver ist voraussichtlich das anschließende Arbeiten und Lernen. Dies hängt natürlich auch davon ab, wie „erfahren" ihr mit Gruppenarbeit seid.

Ziel: Umfassendes Ziel einer Arbeit in Gruppen ist es, eine Aufgabe oder ein Problem zu bearbeiten bzw. den eigenen Lernstand zu verbessern, um mit dem Ergebnis das Lernen und Arbeiten der Gruppe und der gesamten Klasse weiterzubringen. In diesem Sinne können für die einzelnen Gruppen folgende Zielsetzungen gegeben sein: Sachinformation erarbeiten, Experiment durchführen, Expertenbefragung, Erkundung, Sachverhalte üben und vertiefen, Meinungsbildung durch Diskussion oder Kurzerörterung.

Beispiel: Die Wirkungsweise eines Transistors soll durch Experimente erarbeitet werden (vgl. S. 54).

Auftrag: Gruppen können unterschiedliche Aufträge bezogen auf die gleiche Zielstellung bearbeiten (arbeitsteilige Gruppenarbeit). Mehrere Gruppen können auch den gleichen Auftrag bearbeiten (arbeitsgleiche Gruppenarbeit).
Bei der Klärung des Auftrags kann die Arbeit und die jeweilige Zuständigkeit in der Gruppe verteilt und damit die Verantwortlichkeit übertragen werden.
Den Auftrag kann die Lehrerin/der Lehrer vergeben. Er kann auch von der Klasse gemeinsam oder von der Gruppe entsprechend der Zielsetzung formuliert werden. Zahlreiche Aufträge zu Sachthemen sind im Buch enthalten. Wichtig ist, dass der Auftrag – bezogen auf das Ziel – präzise formuliert ist und zu Beginn der Gruppenarbeit jedem Mitglied klar ist.

Beispiel: vgl. S. 54 den Text zur Fragestellung und Durchführung von Teilexperiment 1 und den Text zur Auswertung. Arbeitsteilige Gruppenarbeit in vier Gruppen.

Zeit: Zeit für Gruppenarbeit sollte einerseits nicht zu knapp bemessen sein, andererseits kann Zeit auch durch Gespräche, die nicht zur Sache gehören, „vertrödelt" werden. Ein Gruppenmitglied sollte deshalb die Aufgabe „Wächter der Zeit" übernehmen.

Beispiel: (vgl. S. 54) 40 Min. beinhalten Aufbau der Versuchsschaltung nach Abb. ①, das Experimentieren, das Dokumentieren, die Auswertung ohne Präsentation (Erfahrung in Gruppenarbeit wird vorausgesetzt).

Zusammensetzung der Gruppe: Habt ihr damit schon Erfahrung? Die ideale Zusammensetzung einer Gruppe ist schwierig, weil neben sachlichen Gründen hierbei vor allem auch persönliche Beziehungen eine große Rolle spielen.
Wie können Gruppen gebildet werden?
– Die Einteilung wird in der Klasse „ausgehandelt".
– Der Lehrer/die Lehrerin teilt ein (dies kann triftige sachliche oder pädagogische Gründe haben).
– Nach Beziehungen (Freundschaftsgruppen).

Definition Gruppenarbeit

Gruppenarbeit ist eine Form des Lernens, bei der drei bis sechs Schülerinnen und Schüler zur selben Zeit Aufgabenstellungen aus dem Unterricht bearbeiten mit dem Ziel, Kooperationsfähigkeit zu entwickeln und forschend-entdeckend vorzugehen. Es werden gemeinsam Problemstellungen und Aufgaben gelöst als Beitrag zum Lern- und Arbeitsprozess der gesamten Klasse.
(Herbert Gudjons)

Definition Team

Team ist ein Arbeitsbegriff und heißt übersetzt „Gespann". Als Teamarbeit bezeichnet man die Organisationsstruktur der Zusammenarbeit von Menschen und den Arbeits- bzw. Lernstil. Das Ziel ist, komplexere Aufgaben von der Planung bis zum fertigen Produkt oder zur Veröffentlichung der Arbeitsergebnisse zu bearbeiten und zu lösen. Teamarbeit ist „mehr" als Gruppenarbeit.
(Bert Voigt)

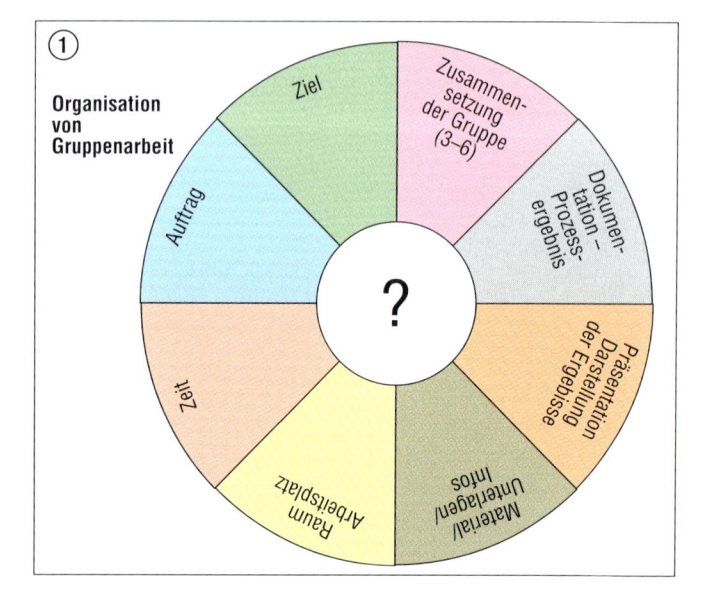

① Organisation von Gruppenarbeit: Ziel, Zusammensetzung der Gruppe (3–6), Dokumentation – Prozess – ergebnis, Präsentation der Ergebnisse, Material/Unterlagen/Infos, Raum/Arbeitsplatz, Zeit, Auftrag

– Nach spezifischen Fähigkeiten, die jeder in Bezug zu Ziel und Auftrag einbringt
– Nach dem Zufallsprinzip

Jede Möglichkeit hat Vor- und Nachteile, wozu euch sicher spontan Beispiele einfallen. Werden Gruppen neu gebildet und sollen sie längerfristig zusammenarbeiten, ist das Aushandeln sinnvoll. Dabei müssen neben den Beziehungen unbedingt auch die spezifischen Fähigkeiten des Einzelnen, die er zur Lösung des Auftrags erbringen kann, berücksichtigt werden. Erfolgreiche Gruppenarbeit orientiert sich an demokratischen Grundsätzen des Zusammenlebens. D.h., Regeln sind gemeinsam festzulegen und ihr müsst bereit sein, diese einzuhalten.

Dazu gehört: Außenseiter und Schwächere zu integrieren und ihnen zu helfen, zuhören können, andere Meinungen und Ansichten zulassen, Toleranz üben sowie gemeinsam Verantwortung für die bestmöglichste und effektive Erledigung des Auftrags zu übernehmen.

Die Mitglieder einer Gruppe sind weniger ein Freundeskreis, vielmehr eine Zweckgemeinschaft, die ein gemeinsames Ziel verfolgt und einen Auftrag zu erledigen hat.

Beispiel: Die Gesamtgruppe in Technik hat sich unter Beteiligung der Lehrerin nach intensiver Diskussion zu zwei 3er- und zwei 4er-Gruppen zusammengefunden, die bis zum Schuljahresende zusammenarbeiten möchten.

Unterlagen/Material: Zunächst sollte geklärt werden, ob das Material, das zur Bearbeitung des Auftrags erforderlich ist, vorliegt oder zusätzliche Unterlagen benötigt werden. Danach ist es sinnvoll zu entscheiden, ob vorhandene, fertige Produkte (Schaltungen, Texte, Bauteile, Halbzeuge) verwendet werden oder solche Produkte erst angefertigt werden müssen. D.h., es sollte geprüft werden, was entsprechend dem Auftrag Vorgabe ist und wo der Arbeitsschwerpunkt tatsächlich liegt. Dabei muss der zeitliche Rahmen beachtet werden.

Beispiel: (vgl. S. 54) Bauteile prüfen, abzählen und Versuchsschaltung mit möglichst geringem Aufwand aus einem Baukastensystem aufbauen. Dabei sich gegenseitig unterstützen.

Die Dokumentation dient einerseits dem Festhalten, Darstellen, Strukturieren des Arbeitsprozesses und der Ergebnisse für die Gruppe selbst. Zum anderen ist die Dokumentation Grundlage für die Präsentation. Deshalb ist es sinnvoll, die Art der Präsentation frühzeitig festzulegen, damit die Dokumentation entsprechend ausgeführt werden kann. Dokumentiert werden kann z. B. mittels Skizzen, Aufschreiben (Tabellen, Protokolle, Texte), Fotos, Videos, Wandzeitungen, Tageslichtfolien, Tonaufzeichnungen, Funktionsmodellen (Produkte, Gegenstände, Werkstücke).

Beispiel: Protokoll zu Teilexperiment 1 S. 54 anlegen (☞ S. 50 Abb. ①), das z. B. Ziel, Auftrag, Schaltskizze, Experimentiervorgang, Beobachtungen, Ergebnisse, Beschreibung der Erkenntnisse/Folgerungen enthält.

Präsentation: Mit der Präsentation stellt die Gruppe ihre Ergebnisse und Erkenntnisse den Mitschülern, dem Lehrer o. a. vor. Empfehlung: möglichst effektive, zeitsparende, auf die Kernaussage zielende inhaltliche Vorbereitung und methodische Gestaltung der Präsentation (Was war der Auftrag? Wie haben wir den Auftrag erledigt? Was sind die Ergebnisse?). Die Präsentation sollte bezogen auf die Zielgruppe (Zuhörer) knapp, präzise, anschaulich, informativ und interessant gestaltet werden. Bedenkt: Für Rückfragen und für vertiefte Betrachtung steht ihr als Experten anschließend zur Verfügung.

Beispiel: Ergebnissatz zum Teilexperiment 1 S. 54 in großer Schrift auf einem Plakat anpinnen. In freiem Vortrag Auftrag und Durchführung des Experiments erklären Gruppenmitglieder anhand der Versuchsschaltung und einer Schaltskizze auf Folie. Dauer ca. 5 Min.

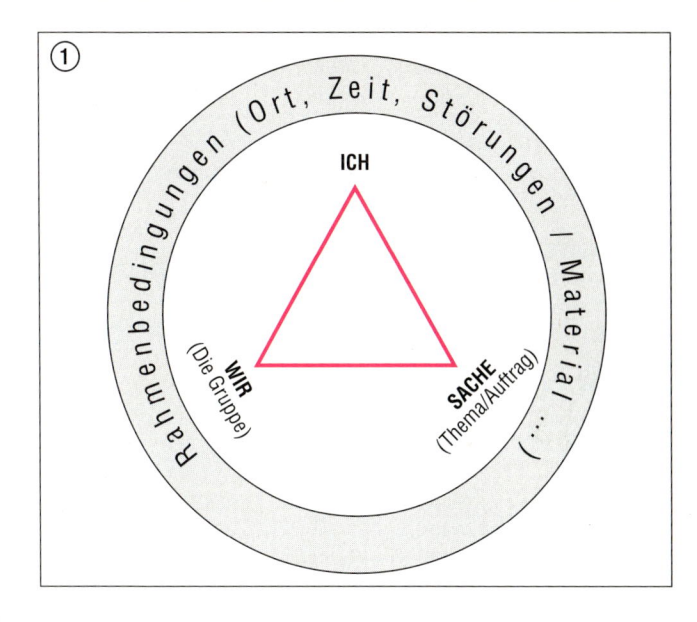

Arbeits- und Verhaltensprinzipien in Gruppen und Teams

Neben diesen acht Fragen zur Gruppenarbeit, die stark auf die Sachfragen und die Organisation bezogen sind, ist die Befindlichkeit und die Einbindung des einzelnen Gruppenmitglieds (ICH) und die soziale Struktur, d. h., die Beziehung der einzelnen Gruppenmitglieder untereinander (WIR) von großer Bedeutung (Abb. ①). Die soziale Struktur kann maßgeblich durch die Zusammensetzung der Gruppe beeinflusst werden. Es darf dabei nicht ausschließlich die „freundschaftliche Beziehung" im Vordergrund stehen. Deshalb ist es wichtig, für eine gute Zusammenarbeit und den Erhalt der Leistungsfähigkeit einer Gruppe Grundsätze und Regeln zu vereinbaren und Erfahrungen in der Kooperation zu sammeln.

Es geht dabei um den Erhalt der Balance in der Dreiecksbeziehung von ICH – WIR – SACHE (Abb. ①). Diese drei Faktoren sind natürlich abhängig von Rahmenbedingungen, wie sie vorab zu den acht Fragestellungen beschrieben wurden (Abb. ① S. 80). Anerkennung, Zufriedenheit, sich bei der Arbeit wohlfühlen haben den gleichen Stellenwert wie der sachliche Erfolg. Die ganze Person – auch mit ihren unausgesprochenen Erwartungen, Befürchtungen und Hoffnungen – muss Beachtung finden und respektiert werden, nicht nur die im Moment erwünschte Kompetenz.

Liegt in einem Bereich der Dreiecksbeziehung eine Störung vor, so muss sich die Gruppe zunächst um diesen Bereich kümmern, damit wieder Balance entsteht.

Dieses ist z. B. eine Regel, die für die Zusammenarbeit gelten sollte. Weitere Regeln und von der Gruppe zu klärende Fragen könnten sein:
– Wenn du einen Beitrag einbringst, so formuliere per ich ... und nicht per wir oder man,
– persönliche, die eigene Meinung wiedergebende Aussagen sind förderlicher als Fragesätze, z. B. *meiner Meinung nach ist diese Aussage falsch, weil ...* und nicht, *was soll diese Aussage, die ihr ...*,
– Störungen haben Vorrang (z. B. wenn sich jemand absondert oder lautstark motzt), d. h., Störungen müssen ausgeräumt werden, bevor ihr euch der Sache wieder zuwendet,
– Einigung auf die Vorgehensweise. Dazu gehört z. B. Ablauf planen, Methoden wählen (Teilproblem definieren und daraus Arbeitsschritte ableiten, Brainstorming, experimentieren, Interview führen, referieren u. a. mehr), ggf. neue Methoden erlernen,
– Gesprächsführung (wer moderiert? Gesprächsregeln),
– den zeitlichen Rahmen überwachen (Wächter der Zeit),
– wie sollen Arbeitsergebnisse, Lernprozess und Kooperationsfähigkeit bewertet werden? (☞ S. 84 und 85),
– Koordination des Informationsflusses in der Gruppe,
– Regeln zum Umgang mit Kritik.

Ort/Raum: Für ungestörte, effektive Arbeit ist der Arbeitsplatz und die Arbeitsumgebung von nicht geringer Bedeutung. Deshalb solltet ihr die Raumfrage/den Arbeitsbereich klären und die Arbeitsumgebung so gestalten, dass der Auftrag gezielt und möglichst ungestört angegangen werden kann.

Beispiel: (vgl. S. 54, Abb. ①) Gruppentisch mit Stühlen herrichten, Bauteile und Messgeräte bereitlegen, Sicherheit prüfen, etc.

① Rahmenbedingungen (Ort, Zeit, Störungen / Material ...) — ICH — WIR (Die Gruppe) — SACHE (Thema/Auftrag)

Wie unterscheidet sich Teamarbeit von Gruppenarbeit?

Für Teamarbeit gilt grundsätzlich dasselbe wie für Gruppenarbeit. Teamarbeit in der Schule ist jedoch mehr als die Arbeit in der Gruppe, weil:
– Teams länger zusammenarbeiten und damit als Personengruppe länger zusammenbleiben,
– die Aufgaben, die bearbeitet bzw. gelöst werden sollen (der Auftrag), komplexer sind,
– das Team von allgemeineren, gröberen Problemstellungen ausgeht, diese präzisiert und Lösungswege selbst findet und plant,
– ein hohes Maß an Autonomie für Veränderungen oder Selbststeuerung gegeben sein sollte,
– weitgehende Selbstkontrolle erwartet wird,
– im Team die Beziehungen enger sind, der Zusammenhalt sich stärker entwickeln kann und die gemeinsame Verantwortung für den Lernprozess und den Lernerfolg größer ist.

Trotzdem: Ein Team unterliegt – wie die Gruppe – einer Zielsetzung und leistet diesbezüglich Dienste zur bestmöglichen Erreichung. Dazu braucht ein Team wie eine Gruppe Führung von außen als nachhaltige Unterstützung und offene Rückmeldung, die in der Regel von positiver Verstärkung ausgeht.

Die selbstständige Erarbeitung von Themen (☞ S. 32, 33) können Teams übernehmen, ebenso können Teams in Projekten arbeiten (☞ S. 25).

Ein erfolgreiches Team
– weiß, was es sein will,
– weiß, was andere von ihm wollen,
– setzt sich realistisch mit der Sache auseinander und hat den Willen zum Miteinander,
– nützt Stärken und kompensiert Schwächen, d. h., baut Rivalität und Konflikte ab und integriert Schwächere bzw. Andersdenkende.

Informationen zur Erstellung von Referaten und Kurzvorträgen

Im Technikunterricht wie in der Arbeitswelt steht man häufig als Gruppe oder allein vor der Aufgabe, anderen
- einen Sachverhalt zu erläutern,
- über eine durchgeführte Erkundung, über die Vorgehensweise und das Ergebnis bei einem Experiment zu berichten,
- über ein bestimmtes Thema zu sprechen und zu einem Standpunkt Pro- oder Kontra-Argumente vorzutragen und diese zu begründen.

Dafür eignet sich die Form des Referats. Auch bei einer Prüfung bietet es die Möglichkeit, aufzuzeigen, dass man sich mit einem bestimmten Problem, einer Fragestellung o. Ä. gründlich auseinander gesetzt hat und dass man in der Lage ist, dies zu präsentieren.

Entsprechend dem Thema, der Zielgruppe etc. variiert zwar die Form des Referats, doch lässt sich eine Grundstruktur des Aufbaus als „roter Faden" aufzeigen. Im Folgenden ist diese Grundstruktur als Checkliste dargestellt. Sie kann für die Erstellung eines Referats hilfreich sein, weil sich bei der Bearbeitung der einzelnen Punkte und den dort getroffenen Entscheidungen die Form des Referats logisch ergibt:

Checkliste
für die schriftliche Ausarbeitung des Referats

Ausgangspunkt für ein Referat ist immer eine spezielle Fragestellung, ein bestimmtes Problem!

Je präziser die Frage/das Problem/der Auftrag S. 80 gefasst wird, desto klarer und überzeugender kann das Referat die gewünschten Informationen geben, Argumente vorbringen oder Stellung beziehen. Deshalb sollte vor Beginn der Arbeit geklärt werden:
- Was soll mit dem Referat erreicht werden?
- Welches ist die Zielgruppe?
- Wie viel Zeit steht zur Verfügung?
  für die Präsentation
  für die Erstellung
- Wird das Referat in Gruppen-, Partner- oder Einzelarbeit erstellt und präsentiert?
- Wie ist mein/unser Vorwissen, Interesse, Standpunkt zum Thema des Referats?

Nur wer selbst umfassend informiert ist, kann entscheiden, welche Informationen sich eignen,
- *als notwendige Informationen für die Zuhörer weitergegeben zu werden,*
- *als besonders wichtig/aktuell/herausgestellt zu werden,*
- *einen Sachverhalt erläutern können!*

Wer andere informieren will, wer etwas erläutern, Argumente für eine Problemlösung vorbringen oder eigene Vorstellungen einbringen möchte, muss selber gründlich informiert sein. Doch genügt es nicht, einfach eine Menge Informationen zu sammeln und diese unreflektiert, „unverdaut" weiterzugeben. Vielmehr müssen die bisher gemachten Erfahrungen, gewonnene Erkenntnisse und die eingeholten Informationen gesichtet, geordnet und gewertet werden:
- Wie groß/von welcher Qualität ist mein/unser Vorwissen? Welche Informationen müssen mindestens, welche als wünschenswert eingeholt werden?
- Welche Infoquellen, Dokumentationen und Ergebnisse von Gruppenarbeiten stehen zur Verfügung? Wie sollen sie „angezapft" werden (schriftlich, mündlich, per Fax …)/wie können sie ausgewertet werden? Wer übernimmt was?
- Nach welchen Kriterien werden die Unterlagen geordnet und als „brauchbar" ausgewählt? Wer übernimmt dann welche Teilaufgabe? Wie werden die Ergebnisse untereinander ausgetauscht?

Tipps/Beispiele im Buch

- Bemüht euch immer, das Thema des Referats so genau wie möglich zu formulieren und so einzugrenzen, dass der Referent weiß, was seine Aufgabe ist und auch die Zuhörer wissen, was sie erwarten können:
„Der Dieselmotor" ist z. B. als Überschrift für eine allgemeine Information richtig (☞ S. 116). Für ein Referat solltet ihr euch auf Teilaspekte beschränken, z. B. „Wie die Verbrennung im Dieselmotor funktioniert".

- Lest keine Texte vor, die ihr nicht auch mit eigenen Worten frei vortragen könntet. Kommen Fachbegriffe/Fremdwörter vor, müssen sie erläutert werden. Am besten kommt ihr an, wenn diese Erklärungen anschaulich an einem Beispiel erfolgen (siehe Ablaufplan).

- Habt ihr viele interessante Informationen eingeholt, so kann die Versuchung groß sein, alles bringen zu wollen. Kalkuliert immer den Zeitfaktor ein! Der Erfolg eures Referats hängt von der Beschränkung auf das Wichtige und damit einer überlegten Auswahl ab.

- Es lohnt sich, wenn ihr euch eine Liste wichtiger Informationsquellen zusammenstellt und für alle zugänglich als „Infothek" z. B. im PC speichert. Notiert euch die wichtigsten Adressen/Telefonnummern von Ansprechpartnern.

- Nennt die in eurem Referat verwendeten Quellen und gebt auch Hinweise auf weitere, damit interessierte Zuhörer sich selbst weiter gehende Informationen beschaffen können.
In eurem Technikbuch findet ihr die Hinweise auf Informationen und Quellen dort, wo die „Hand ☞" erscheint, im Quellenverzeichnis S. 198 oder bei Abbildungen und Statistiken direkt, z. B. S. 92, 142 und S. 29, 61.

- Ein *frei gehaltener* Vortrag ermöglicht es euch, die Fakten mit eigenen Worten darzustellen (nicht „fremde" Texte auswendig lernen!). Beim Vortrag im Team klingt eine „neue" Stimme interessant!

- Ein einführender *Text* ☞ S. 18, 22, 107 weckt Interesse und zeigt auf, worum es geht.

- Eine *Karikatur* mit entsprechenden Fragen ☞ S. 19, ein *Zeitungsbericht* ☞ S. 96, eine Pro-Kontra-Darstellung ☞ S. 40, ein *Interview* ☞ S. 17, ein *Dialog* S. 7, ein *Zitat* ☞ S. 38, eine gezielte *Fragestellung* ☞ S. 30 bieten Möglichkeiten zu variieren.

Ablaufplan für ein Referat (Beispiel)

Thema:
„Die Verbrennung im Dieselmotor" >> *auf Karten*

Aus dem Physikunterricht wissen wir: Beim **Einleitung**
Verdichten von Gasen erhitzen sich diese. >>
Beim Aufpumpen eines Fahrradschlauchs haben wir alle schon gespürt: Die Fahrradpumpe wird sehr heiß, wenn die eingesaugte Luft durch die Pumpbewegung verdichtet wird, bevor sie durch das Ventil in den Schlauch gepresst wird.
>> *auf Karten vorbereiten*

Diese Erkenntnis ist die Grundlage für die **Hauptteil**
Verbrennung im Dieselmotor: In den **Zylinder** strömt durch einen **Einlasskanal** Luft. Der **Kolben** verdichtet – der Techniker sagt „komprimiert" – die eingeströmte Luft. Dabei wird die Luft so stark zusammengepresst, dass sie nur noch z. B. ein Fünfzehntel (Verdichtungsverhältnis 15 : 1) oder ein Fünfundzwanzigstel (Verdichtungsverhältnis 25 : 1) ihres Volumens einnimmt. Dadurch erhitzt sie sich sehr stark auf über 500 Grad. Wird nun Treibstoff in die heiße und komprimierte Luft eingespritzt, entzündet sich dieser sofort selbst. Deshalb nennt man den Dieselmotor auch einen „Selbstzünder". Die Explosion bewirkt den Arbeitstakt des Motors:
>> *Grafik beschriften*

Die bei der Verbrennung frei gewordene Energie des Treibstoff-Luftgemischs wird also in Bewegungsenergie umgesetzt. Die verbrannten heißen Gase strömen als „Abgase" aus dem **Auslasskanal** >>.	*erklären!*
Die Funktionsweise des Dieselmotors können wir nun auf das im Buch S. 113 Abb. 2 dargestellte Viertaktprinzip von Verbrennungsmotoren übertragen >>.	*zeigen!* *aufschlagen (Zeit lassen)*
Dabei wird der Unterschied zwischen Otto- und Dieselmotor deutlich: Im Dieselmotor wird nur Luft angesaugt und komprimiert (Takt 1 und 2).	
Dann wird Kraftstoff eingespritzt, der sich selbst entzündet in der heißen Luft und dabei den Kolben treibt (Takt 3). Im Ottomotor wird ein Kraftstoff-Luftgemisch angesaugt und verdichtet (Takt 1 und 2). Durch einen Zündfunken wird das Gemisch entzündet (Takt 3).	
Die Verbrennung im Kolben wird also beim Diesel nicht durch einen Zündfunken gesteuert, sondern durch das Einspritzen des Kraftstoffs. Die Einspritzpumpe muss dabei	
– die jeweils benötigte Menge genau messen, >>	*erklären*
– den richtigen Zeitpunkt erfassen, >>	*s. Beilage*
– unter hohem Druck einspritzen. >>	*s. Beilage*
Deshalb werden bei modernen Pkw-Dieselmotoren die für den Verbrennungsvorgang wichtigen Faktoren über Sensoren erfasst und von einem elektronischen Steuergerät ausgewertet zur exakten Regelung des Einspritzvorgangs. Die Grafik >> entspricht der Abb. 2 auf S. 116 im Buch. Damit sie übersichtlicher wird, habe ich die Grafik auf der Folie vereinfacht: Sie zeigt die Erfassung der Daten durch Sensoren, >> die Rückmeldung an das Steuergerät >> und die Befehlsausgabe an die Bauteile. >>	*Folie auflegen* *zeigen* *zeigen* *nennen*
Nachdem der erste Dieselmotor gebaut war, begann ein langer Weg der Verbesserungen bis zum heutigen Pkw-Dieselmotor, der dem Otto-Motor ebenbürtig ist.	**Abschluss**
Abschließend möchte ich noch einige der Probleme aufzeigen, vor denen die Motorenbauer standen:	
– Wegen der hohen Drücke und Temperaturen mussten Dieselmotoren sehr robust und damit schwer gebaut werden, >>	*erklären*
– der Dieselmotor erreicht einen hohen Wirkungsgrad, doch war es schwierig, die Kraftstoffeinspritzung >> so zu takten und zu dosieren, dass ein ruhiger gleichmäßiger Lauf zustande kam,	*Folie*
– man sprach von den Dieselautos als „Rußkisten",	
– Dieseltreibstoff wird bei niedrigen Temperaturen „sulzig", >>	
– man muss vor jedem Start „vorglühen".	*erneut erklären*

>> *Wenn das Auto nicht beschleunigt wird, also „rollt", wird weniger Treibstoff benötigt als wenn der Motor mit hoher Drehzahl läuft, weil das Auto beschleunigt, eine Steigung bewältigt oder großes Gewicht bewegen soll.*

>> *Der Verdichtungsvorgang muss ganz abgeschlossen sein, damit die Luft bestmöglich komprimiert wird, bevor Treibstoff eingespritzt wird. Dieser Zeitpunkt verändert sich ständig, wenn der Motor mit unterschiedlicher Drehzahl läuft.*

– Erfolgt die Auslese und Überarbeitung gemeinsam? Wie kann sichergestellt werden, dass alle gleich gut informiert sind und die Entscheidungen gemeinsam treffen können?

Der mündliche Vortrag ermöglicht es, die wichtigsten Fakten in eigenen Worten darzustellen. Dabei sollten nur Wörter/Begriffe verwendet werden, deren Bedeutung die/der Vortragende selbst kennt und auf Nachfrage erklären kann!

Ein Referat wird in der Regel mündlich vorgetragen. Um den Vortrag übersichtlich gliedern und dadurch leichter verständlich darbieten zu können, sollte das Referat komplett schriftlich ausgearbeitet werden oder der geplante Ablauf in einem Ablaufplan mit ausgearbeiteten Texten oder in Stichworten festgehalten werden.

Wichtig ist es, in dem Ablaufplan eine klare Gliederung aufzubauen, damit sich der/die Vortragende z. B. bei Unterbrechungen (Zwischenfragen, Bild-, Folienbetrachtung, Vorlesen von Berichten, Stellungnahmen etc.) sofort wieder zurechtfindet und den „roten Faden" nicht verliert.

Profis arbeiten häufig die Teile ihres Vortrags komplett aus und setzen sie dann wie Bausteine ein, damit sie je nach Verlauf (Echo der Zuhörer, Fragen, Argumente …) die vorgesehene Reihenfolge abändern und so flexibel reagieren können.

Zu entscheiden ist:
– In welcher Form (Textvortrag, Bildbetrachtung, Zitat, Fragestellung, …) erfolgt die **Eröffnung/Einleitung,** wie der **Hauptteil** und wie der **Abschluss,** um die größtmögliche Aufmerksamkeit zu erreichen?
– Werden Zwischenfragen zugelassen und an welchen Stellen, soll erst am Schluss gefragt/diskutiert werden oder gar nicht?
– Werden Abbildungen, Fotos, Tafelanschriebe/Flipchart eingefügt, Kassetten abgespielt, Sachverhalte an Realobjekten oder Modellen erläutert? Muss dazu die Sitzordnung geändert, sollen Geräte bereitgestellt werden?
– Sollen die Zuhörer nur zuhören, Notitzen machen, bestimmte Aufgaben dabei lösen (Arbeitsblatt), Stellung nehmen, eigene Erfahrungen einbringen...?
Wie viel Zeit ist dafür vorgesehen? Wer ist für die Koordination/die Gesprächsleitung zuständig?

Ein guter Vortrag beschränkt sich auf das Wesentliche, bringt dies anschaulich, wird „lebendig" dargeboten, fordert den Zuhörer auf mitzudenken, sich einzubringen, und … „ein guter Schluss ziert alles"!

Den Abschluss kann bilden:
– eine Zusammenfassung des Hauptteils,
– eine Aussage, die sich aus den im Hauptteil dargestellten Infos und deren Begründung ergibt,
– eine kritische Stellungnahme oder die Darstellung der eigenen Meinung,
– ein Ergebnissatz nach einer Diskussion …

Um selbst beurteilen zu können, ob das anhand der Checkliste ausgearbeitete Referat den oben genannten Kriterien entspricht, muss der erste Entwurf noch einmal überprüft werden. Günstig ist es, das ganze Referat probeweise „laut" zu halten, d. h. sich im Referieren zu üben, eventuell vor „neutralen" Zuhörern,

> *das bringt Sicherheit und Selbstvertrauen!* <

Informationen zur Bewertung des Arbeitens und Lernens im Technikunterricht

Leistungsbewertung und Notengebung im Technikunterricht

Die Bewertung dient vor allem der Notengebung im Hinblick auf Versetzung und Erreichung von Schulabschlüssen. Zudem eröffnen Noten bzw. Zeugnisse Zugangsberechtigungen zur Berufsausbildung und zu weiteren schulischen Bildungsgängen.

Was sagen Noten aber aus?

Damit man die eigenen Kompetenzen oder Fähigkeiten einschätzen kann, bedarf es einer differenzierteren Rückmeldung, als es Ziffernoten darstellen. Dazu muss man wissen, welche Kompetenzen erwartet werden bzw. welche Kompetenzen man erwerben möchte. Vergleicht hierzu die Ziele des Technikunterrichts im Vorwort Seite II, die Abb. ① sowie die Seiten 18, 31, 49 und 63.

Dabei wird deutlich, dass im Technikunterricht neben Wissen und Kenntnissen auch Fertigkeiten und Fähigkeiten sowie das persönliche Verhalten von Bedeutung sind. Neben Produkten wie Werkstücken oder Klassenarbeiten werden Kompetenzen berücksichtigt wie Kreativität, Arbeitsverhalten und Teamfähigkeit, referieren/präsentieren. Mithilfe dieser Kriterien hat jeder die Möglichkeit zur Einschätzung seiner Eignung, Befähigung und Leistung für die Berufswahlentscheidung und für Prüfungen bzw. Eignungstests.

Wichtig ist, dass vor Beginn der Arbeit Vereinbarungen darüber getroffen werden, welche Kriterien einer Bewertung zugrunde gelegt und mit welchem Anteil das jeweilige Kriterium bei der Gesamtbewertung berücksichtigt werden soll.

An den entsprechenden Stellen ist in jedem Kapitel des Buches deshalb diesbezüglich ein Hinweis gegeben.

Auf den Seiten 84 und 85 sind Beispiele für Kriterien zur Bewertung des Arbeitens und Lernens im Technikunterricht dargestellt. Diese Kriterien können, orientiert an den Zielen des Technikunterrichts und an dem im Unterricht behandelten Thema, ausgewählt und gegebenenfalls erweitert werden.

Einen möglichst objektiven Eindruck über die persönliche Leistung erhält man auch dadurch, dass verschiedene Personen nach den vorher vereinbarten Kriterien die gleiche Leistung bewerten. Die Bewertung kann jeweils durch den Lehrer/durch die Lehrerin, durch Mitschülerinnen und Mitschüler und durch Selbstbewertung erfolgen. Kommt das Bewertungsergebnis so zustande, ist es vom Betroffenen leichter anzunehmen und zu akzeptieren.

Übersicht: Kriterien zur Bewertung des Arbeitens und Lernens im Technikunterricht

	Bewertung von Produkten	Bewertung des Prozesses
	z. B.: Werkstücke, Zeichnungen, Referate, Dokumentationen, Klassenarbeiten (messbar, ablesbar)	z. B.: Arbeitsverhalten, Kreativität, Darbietung (beobachtbar während der Tätigkeit des Menschen in einem bestimmten Zeitraum)
	Bewertungsbogen	**Protokoll**
Fähigkeiten / **Fertigkeiten**	**Beispiele für Kriterien** ● Funktion ● Maßhaltigkeit ● Übereinstimmung mit Vorgaben der Planung ● Normorientierung ● Sprache ● Konstruktionsidee ● Originalität ● Ergonomie ● sachliche Richtigkeit	**Beispiele für Kriterien** ● sachgerechter Umgang mit Werkzeugen, Maschinen, Materialien, Fertigungsverfahren ● sicheres Arbeiten ● Fertigungsablauf planen ● Sprache ● referieren/präsentieren
Wissen / **Kenntnisse**	**Beispiele für Kriterien** ● Werkstoffe ● Werkzeuge ● Fertigungsverfahren ● Maschinen ● Bauteile ● Funktionszusammenhänge ● Zeichenregeln ● Gesetzmäßigkeiten ● mathematische Berechnungen ● denken in Zusammenhängen ● Präsentationsmöglichkeiten	**Beispiele für Kriterien** ● Informationen beschaffen, auswählen, werten und anwenden ● Ideen zur Problemlösung ● konzentriertes, sorgfältiges, geplantes Vorgehen beim Arbeiten ● Ideen beim Festhalten und Vorstellen der Arbeitsergebnisse ● fächerübergreifende Vernetzung
Verhalten / **Werthaltungen**	**Beispiele für Kriterien** ● Sicherheitsvorschriften ● Auswahl der Fertigungsverfahren ● Anwendung des Wissens ● Umweltfreundlichkeit ● Wirtschaftlichkeit	**Beispiele für Kriterien** ● sicheres Arbeiten ● partnerschaftliches Arbeiten ● Selbstständigkeit ● Verantwortungsbewusstsein ● Ausdauer ● Konzentrationsfähigkeit ● Engagement ● Zielstrebigkeit ● Gemeinschaftssinn ● Kreativität ● Art der Kommunikation mit Lehrer und Mitschülern

Beispiel zur Bewertung

Die hier genannten Bewertungskriterien sind ein Vorschlag. Sie müssen je nach Thema, Einzel- oder Gruppenarbeit, Umfang und Zeitdauer der Erstellung und Präsentation des Referats ergänzt oder neu formuliert werden, um bei der Beurteilung dem Schüler/der Schülerin gerecht werden zu können.

Bewertung von Referaten
☞ S. 82, 83

Klasse 10
Name _____
Schule _____
Datum _____
Thema _____

Kriterien	Punkte	Notenschlüssel
● **Erstellung des Referats**		
– Präzise Fassung des Themas	0 1 2	$6 - \dfrac{5 \times P \text{ (erreichte Punkte)}}{P \max}$
– Beschaffen, Ordnen und Werten von Informationen	0 1 2 3 4	
– Kompetenter Umgang mit Medien	0 1 2 3	
– Verknüpfung mit anderen Bereichen	0 1 2	*Beispiel:*
● **Schriftliche Ausarbeitung/Ideen zur Gestaltung**		$6 - \dfrac{5 \times 32}{48} = 2{,}7$
– Struktur/Gliederung des Referats/Ablaufplan	0 1 2 3 4 5	
– Formulieren des Textes/Erläutern der Sachverhalte	0 1 2 3 4	
– Einsatz von Medien, Modellen	0 1 2 3	
– Gestaltung von Grafiken/Bildern	0 1 2	
● **Präsentation/Vortrag**		
– Sprachlicher Ausdruck	0 1 2 3	
– Anschaulichkeit/Originalität/Vielseitigkeit	0 1 2 3 4	
– Umgang mit Medien	0 1 2 3	
– Darbietung/Engagement/Auftreten	0 1 2 3 4 5	
– Einbeziehung der Zuhörer	0 1 2 3	
● **Teamarbeit**	0 1 2 3 4 5	
Summe erreichte Punkte		P max 48

Anforderungen der Betriebe an Auszubildende

Abbildung ① zeigt die Ergebnisse einer aktuellen Untersuchung des Bundesinstituts für Berufsbildung. Rund 6000 Auszubildende wurden befragt zum Bereich: „Anforderung der Betriebe".

Die Auszubildenden stammten aus den 15 zahlenmäßig bedeutendsten Ausbildungsberufen (Abb. ②).

Je nach spezifischen Anforderungen des Einzelberufes ist die Rangfolge der Anforderungen unterschiedlich. Alle Betriebe legen jedoch in erster Linie Wert auf sorgfältige und präzise Arbeitsleistung, was mit der hohen Qualität der Arbeitsergebnisse und Produkte zusammenhängt. Die Begründung liegt vor allem in der zunehmenden Konkurrenz auf den nationalen und internationalen Märkten.

②
Arzthelfer/-in
Bankkaufmann/-frau
Bürokaufmann/-frau
Elektroinstallateur/-in
Energieelektroniker/-in
Fachverkäufer/-in im Nahrungsmittelhandwerk
Friseur/-in
Gas- und Wasserinstallateur/-in
Hotelfachmann/-frau
Industriekaufmann/-frau
Industriemechaniker/-in
Kaufmann/-frau im Einzelhandel
Kraftfahrzeugmechaniker/-in
Maler/-in und Lackierer/-in
Steuerfachangestellte/-r

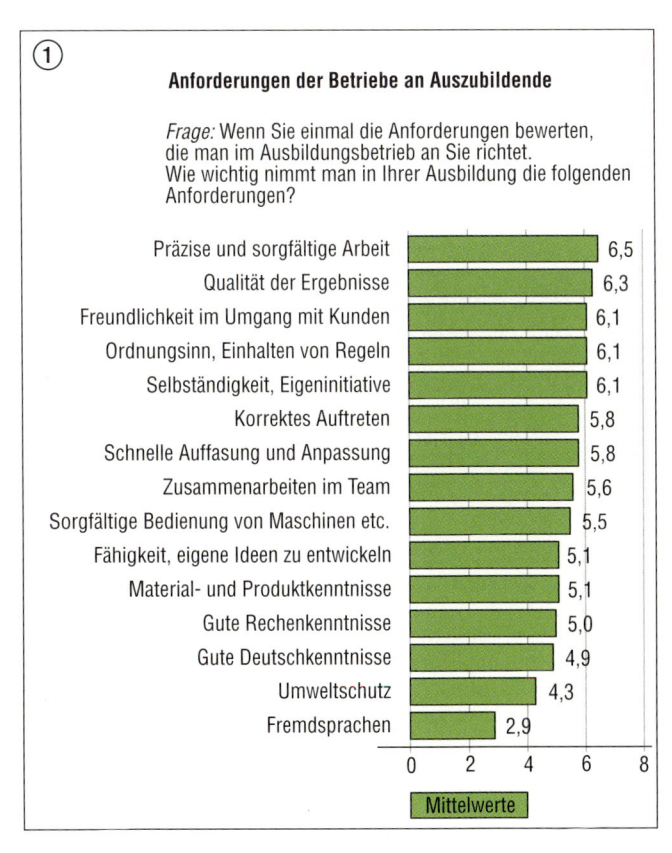

① **Anforderungen der Betriebe an Auszubildende**

Frage: Wenn Sie einmal die Anforderungen bewerten, die man im Ausbildungsbetrieb an Sie richtet. Wie wichtig nimmt man in Ihrer Ausbildung die folgenden Anforderungen?

Anforderung	Mittelwert
Präzise und sorgfältige Arbeit	6,5
Qualität der Ergebnisse	6,3
Freundlichkeit im Umgang mit Kunden	6,1
Ordnungssinn, Einhalten von Regeln	6,1
Selbständigkeit, Eigeninitiative	6,1
Korrektes Auftreten	5,8
Schnelle Auffassung und Anpassung	5,8
Zusammenarbeiten im Team	5,6
Sorgfältige Bedienung von Maschinen etc.	5,5
Fähigkeit, eigene Ideen zu entwickeln	5,1
Material- und Produktkenntnisse	5,1
Gute Rechenkenntnisse	5,0
Gute Deutschkenntnisse	4,9
Umweltschutz	4,3
Fremdsprachen	2,9

Informationen zu „Phänomene untersuchen – Produkte entwickeln, testen, bewerten"

Physikalische Grundlagen der Fotografie

Körper, die leuchten wie z. B. die Sonne oder eine Lampe, senden **Lichtstrahlen** aus. Ebenso Körper oder Flächen, die zwar selber nicht leuchten, aber angestrahlt oder beleuchtet werden und das **Licht** reflektieren, wie z. B. der Mond oder beleuchtete Gegenstände.

Diese Gegenstände kann man abbilden, wenn man folgende Faktoren kennt:

– Von jedem Punkt eines sichtbaren Gegenstandes gehen Strahlenbündel aus. Diese Strahlen setzen sich fort, bis sie auf eine Fläche treffen, die sie entweder absorbiert (verschluckt) oder wieder reflektiert (zurückwirft).
Deutlich zu sehen ist dies, wenn Sonnenlicht durch das Blätterdach des Waldes fällt (Abb. ①) und feine Staub- oder Nebelteilchen aufleuchten: Es sind schmale und breite „Lichtbalken" zu sehen. Diese verlaufen strahlenförmig. Licht breitet sich also geradlinig und nach allen Seiten aus.

– Durch die Lochblende der **„camera obscura"** (☞ S. 10) trifft von jedem abgebildeten Punkt ein Strahlenbündel geradlinig auf die Bildwand, sodass eigentlich kein Lichtpunkt entsteht, sondern ein Lichtfleck. Deshalb sind die Bilder verschwommen.

– Zeichnet man den Lichtstrahl nach, wird deutlich, warum das entstehende Bild „auf dem Kopf stehend" seitenverkehrt erscheint (Abb. ③).

– Durch das kleine Loch fällt wenig Licht ein, sodass die Abbildungen lichtschwach sind. Wird das Loch vergrössert, fällt zwar mehr Licht ein und das Bild wird heller, gleichzeitig aber noch unschärfer, weil die auftreffenden Lichtflecke grösser werden und ineinander verschwimmen. Man kann sagen:
Je größer das Blendenloch, umso unschärfer, aber heller wird das Bild,
Je kleiner die **Blendenöffnung,** umso schärfer aber lichtschwächer wird das Bild.

– Mehr Licht erhält man auch, wenn die Blendenöffnung länger geöffnet bleibt. Das bedeutet, dass man mit kleiner Blendenöffnung bei langer Belichtungsdauer dieselbe Belichtung erhält wie mit großer Blendenöffnung bei kurzer Belichtungszeit.

– Aus Erfahrung wissen wir, dass ein Lichtstrahl „gebrochen", d. h. in seiner Richtung verändert wird, wenn er z. B. auf eine Wasserfläche oder ein **Prisma** aus Glas trifft (Abb. ④). Eine Sammellinse kann man sich wie aus kleinen Prismen zusammengesetzt vorstellen. Sie bricht die einfallenden Strahlen so, dass sie in einem **Brennpunkt** zusammentreffen (Abb. ⑤).
Lichtstrahlen werden beim Übergang von Luft in Wasser zum Einfallslot hin gebrochen.
Lichtstrahlen werden beim Durchgang durch ein Prisma zweimal gebrochen.

– Setzt man eine solche Sammellinse in die Blendenöffnung der **Lochkamera** ein, so werden die auseinander gehenden Lichtbündel von der **Linse** wieder zusammengefasst zu Bildpunkten anstelle der Bildflecke: Das Bild wird scharf, auch wenn die Blendenöffnung vergrößert wird, um mehr Helligkeit zu erhalten. Eine Sammellinse ermöglicht also ein scharfes und lichtstarkes Bild des Gegenstandes (Abb. ⑥). Wenn wir einen Gegenstand über die Linse auf der Bildplatte abbilden wollen, sind Bildgröße (B), Gegenstandsgröße (G), Bildweite (b) und Gegenstandsweite (g) voneinander abhängig (Abb. ⑦).

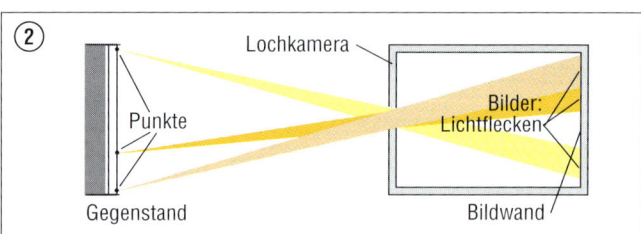

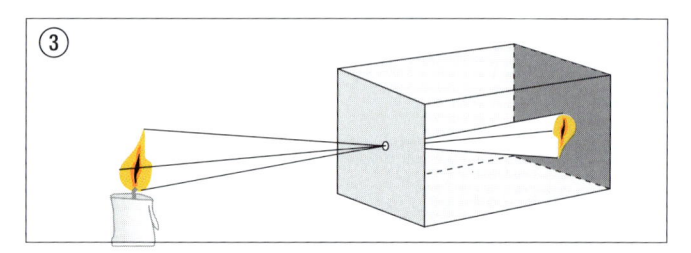

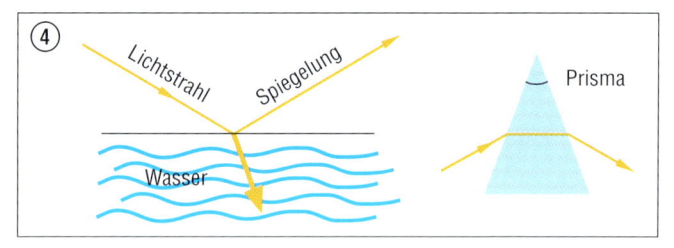

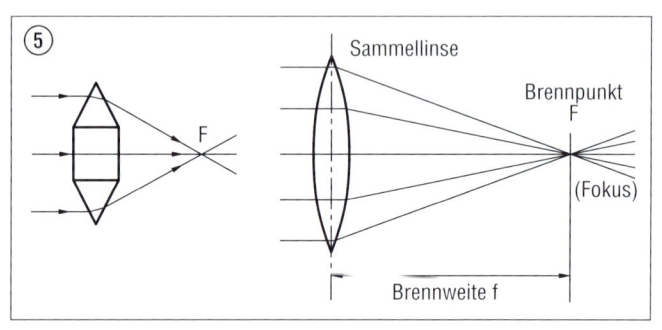

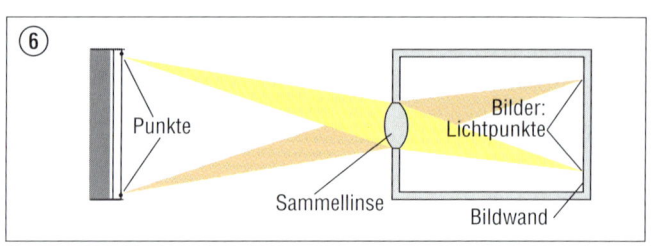

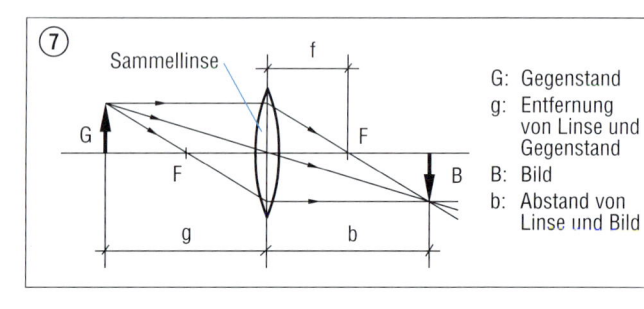

- Hinter den Bildpunkten strebt das Licht wieder auseinander. Das bedeutet, dass ein Bild am schärfsten ist, wenn die Bildplatte genau in der Ebene der Bildpunkte steht (Abb. ①)
- Entscheidend für die Größe und für die Schärfe eines Bildes ist der richtige Abstand
  • von Gegenstand und Linse und
  • von Linse und Bildplatte/Film.

Anwendung im Fotoapparat

Im **Fotoapparat** werden als Objektiv – dies wird so genannt, weil es auf den aufzunehmenden Gegenstand, das Objekt, gerichtet ist – mehrere **Linsen** als Linsensysteme eingebaut.

Den Abstand der Linse zum Gegenstand nennt man Gegenstandsweite (G). Wie sich deren Veränderung auf das Bild auswirkt, zeigen die Beispiele der Abb. ②:

Je näher die Linse an den Gegenstand heranrückt, desto größer wird sein Abbild (Abb. ②). Allerdings bis zum **Brennpunkt** F, näher entsteht kein Bild mehr. Für Nahaufnahmen werden zusätzliche Linsen am Fotoapparat aufgesetzt.

- Ist g > 2 f, entsteht ein Bild umgekehrt, kleiner als G.
- Ist d = 2 f, entsteht ein Bild umgekehrt, gleich groß G.
- Ist g < 2 f, aber > f, entsteht ein Bild umgekehrt, größer als G.
- Ist g = f, entsteht kein Bild mehr.

Blende und Belichtungszeit

Da die **Blendenöffnung** verändert und die **Belichtungszeit** eingestellt werden können, kann die einfallende Lichtmenge genau bestimmt werden.

So werden beleuchtete Objekte Punkt für Punkt seitenverkehrt abgebildet. Auch wenn die Blendenöffnung groß ist, wird die Abbildung scharf, weil die Linsen die von jedem Punkt des Objekts ausgehenden Strahlen wieder zu einem Bildpunkt sammeln.

Die Einstellung der Blendenöffnung und der Belichtungszeit ermöglichen die Anpassung der Belichtung an die Licht-, Bewegungs- und Entfernungsbedingungen des Objekts. So werden z. B. sich schnell bewegende Objekte mit kurzer Belichtungszeit aufgenommen und erfordern deshalb eine große Blendenöffnung.

Die Zahlen an der Blendeneinstellung geben das Verhältnis der Öffnung des Objektivs zur **Brennweite** an (Abb. ③). Wenn also Blende 11 eingestellt ist, bedeutet dies z. B. bei einer Brennweite der Kamera von 50 mm (Entfernung der Linse zur Bildebene), dass die Blende 4,5 mm geöffnet wird, bei Blende 4 aber 12,5 mm.

Ein Problem entsteht, wenn zwei Gegenstände (z. B. eine Person im Vordergrund und die dahinter liegende Landschaft) unterschiedlich weit vom Objektiv entfernt sind, denn ihre Bildpunkte können nicht auf derselben Bildebene liegen (Abb. ④)! Wird dafür eine mittlere Entfernung eingestellt (Abb. ④), bedeutet dies, dass die Linse anstelle des Bildpunktes eine Bildscheibe erzeugt.

Bei vielen Kameras kann abgelesen werden, in welchem Bereich noch Schärfe zu erwarten ist bei einer bestimmten Blendeneinstellung:

Blende	Schärfe von … bis … Normalobjektiv f = 50 mm	Weitwinkelobjektiv f = 35 mm
2,8	4 – 7 m	3,5 – 10 m
5,6	3,5 – 9 m	2,8 – 20 m
11	2,8 – 25 m	2,0 – ∞ m
16	2,4 – ∞ m	1,6 – ∞ m

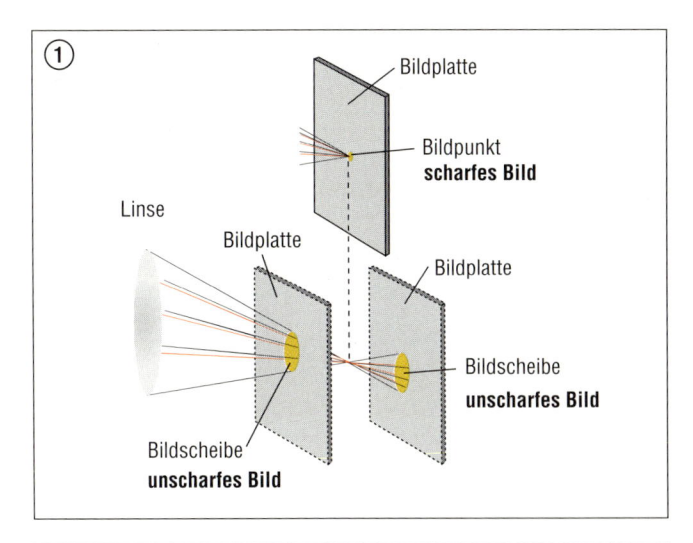

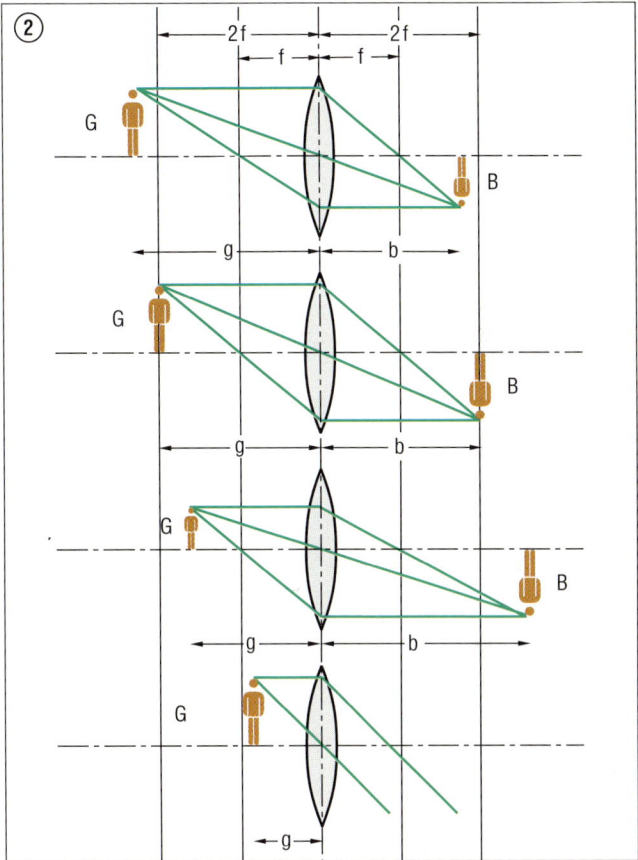

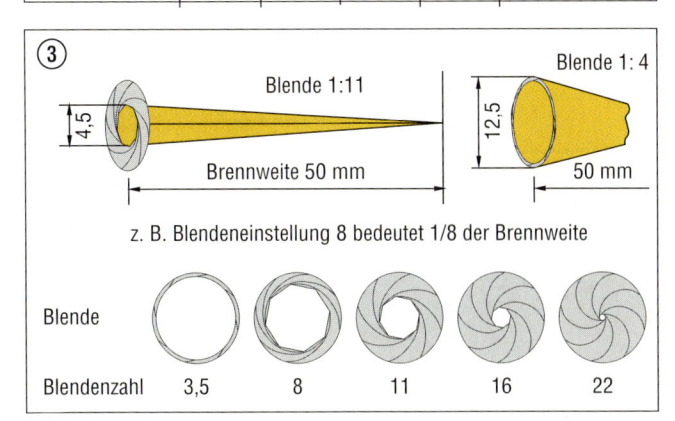

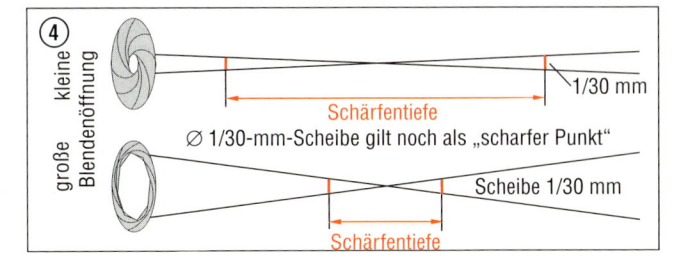

Das Negativ entsteht

Auf dem Fotopapier oder dem Film sind winzige, in Gelatine eingebettete Kristalle eines Silbersalzes gleichmäßig verteilt. Trifft Licht auf diese fotografische Schicht, entsteht ein noch nicht sichtbares Bild, weil die Reduktion (Zurückführung) des Silbersalzes in Silber angeregt wird. Der Entwickler setzt dieses Silber frei, das Bild wird sichtbar. Je nach Dauer und Stärke der Belichtung entsteht so eine Schwärzung, d.h., besonders lichtstarke, helle Stellen des Objekts ergeben eine besonders dunkle Färbung. Schatten/dunkle Stellen ergeben helle Bildfärbung: Zu stark belichtete Aufnahmen ergeben also dunkle Negative, weil der Film überbelichtet ist, zu wenig belichtete Aufnahmen ergeben zu helle Negative, weil der Film unterbelichtet wurde.

Würde das Filmmaterial nun dem Tageslicht ausgesetzt, bevor es fixiert ist, (Abb. ⑥), würde die Umwandlung weitergehen. Deshalb darf in das Filmmaterial beim Einlegen oder Herausnehmen des Films und beim Entwickeln kein Licht auftreffen (Dunkelkammer).

Das Positiv

Um ein „richtiges" Foto zu erhalten, wird das lichtdurchlässige Negativ auf ein Papier projiziert, das mit einer lichtempfindlichen Schicht überzogen ist, dadurch kurz **belichtet** und im Entwickler entwickelt: Jetzt erscheinen die dunklen Stellen des Negativs auf dem Bild hell, also naturgetreu, die hellen Stellen erscheinen dunkel wie beim aufgenommenen Objekt (Abb. ⑤ a und ⑤ b).

Stadien der Bildentstehung auf einem Negativfilm

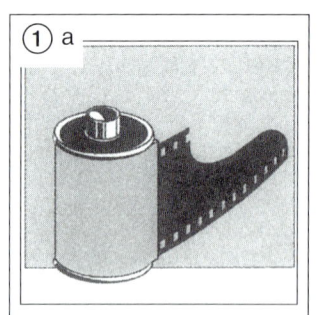

① a / ① b — Die **lichtempfindliche Schicht** des Films enthält fein gekörntes Silberbromid.

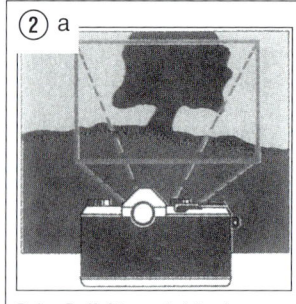

② a / ② b — Beim **Belichten** wird in den vom Licht getroffenen Körnern Silberbromid teilweise in Silber und Brom umgewandelt.

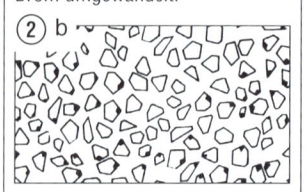

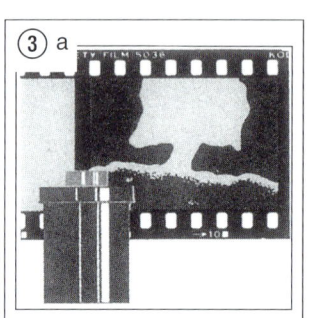

③ a / ③ b — Beim **Entwickeln** werden die belichteten Silberbromidkörner vollständig in Silber umgewandelt. Das Bild wird als Negativ **sichtbar**. Es ist noch nicht lichtbeständig.

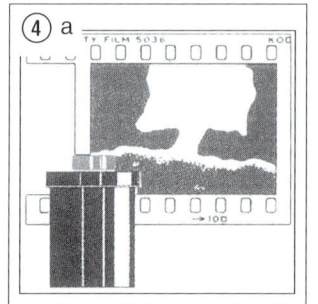

④ a / ④ b — Durch das **Fixieren** werden die nicht belichteten Silberbromidkörner herausgelöst. Das Negativ kann jetzt dem Licht ausgesetzt und zur Herstellung positiver Bilder verwendet werden.

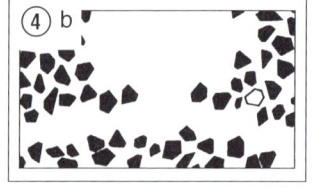

Die Verarbeitung der Aufnahme im Fotolabor

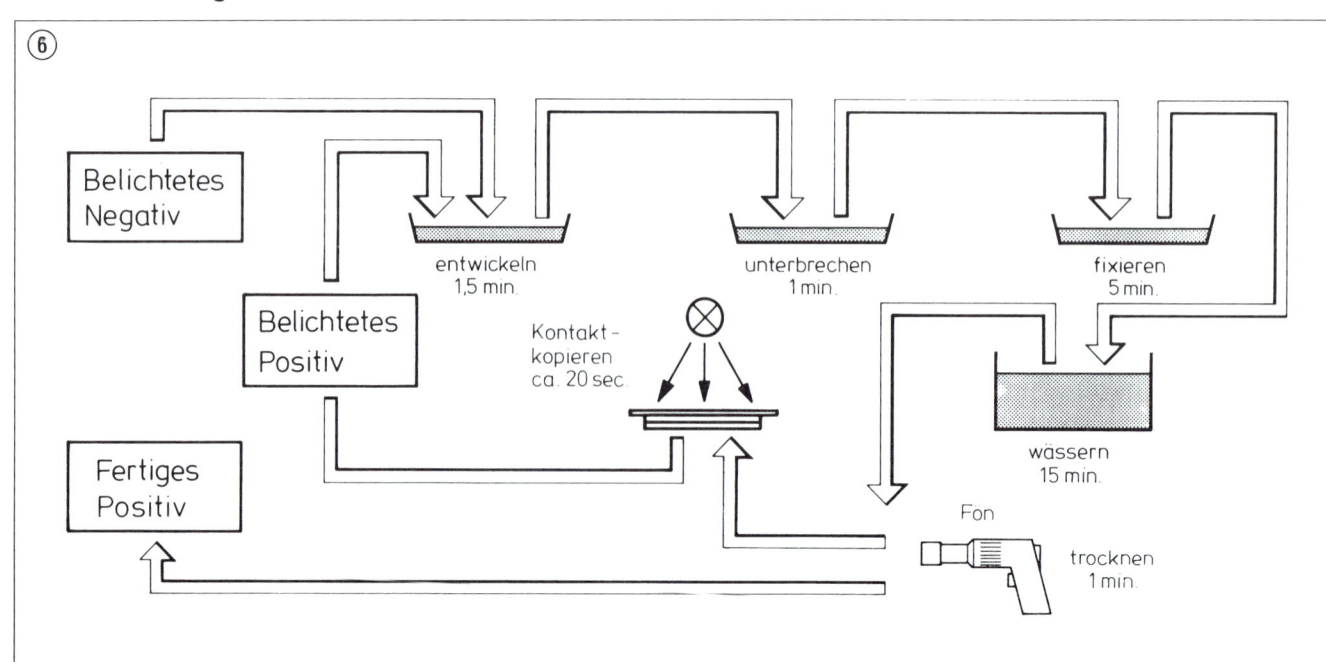

⑥ Belichtetes Negativ → entwickeln 1,5 min. → unterbrechen 1 min. → fixieren 5 min. → wässern 15 min. → trocknen 1 min. (Fon) → Fertiges Positiv

Belichtetes Positiv → Kontaktkopieren ca. 20 sec.

Physikalische Grundlagen zur Erzeugung von Tönen

Schall kommt in verschiedener Form an unser Ohr: als Geräusch, als Knall oder als **Ton.** Ausgangspunkt ist immer ein Gegenstand, der angestoßen wird und dadurch in **Schwingung** gerät.

Verlaufen diese Schwingungen unregelmäßig (Abb. ① a), so sprechen wir von einem Geräusch, z. B. beim Zusammenknüllen eines Papiers, beim Schaben einer Bürste, beim Brummen eines Motors.

Beim Knall oder Klatschen entstehen heftige, unregelmäßige, rasch abklingende Schwingungen (Abb. ① b).

Verlaufen die Schwingungen regelmäßig (Abb. ① c), hören wir einen Ton, z. B. von einem Musikinstrument. Dabei sind folgende Faktoren bestimmend:
– Die Tonhöhe richtet sich danach, wie schnell z. B. eine Saite (Geige, Gitarre, Klavier …), ein Holz- oder Metallstab (Xylophon, Metallophon …) oder die Luft in einer Röhre (Pfeife, Flöte, Klarinette …) schwingt. Die Häufigkeit, mit der sich ein Vorgang (Schwingung) in einer bestimmten Zeit wiederholt, nennt man Frequenz.
– Je höher die Schwingungsfrequenz eines Gegenstandes ist, desto höher ist der Ton, je niedriger, desto tiefer ist der Ton. Die Frequenz (Abb. ②) wird angegeben in Hertz (Hz), so genannt nach dem Physiker Heinrich Hertz (1857–1894). Stimmgabeln schwingen mit 440 Schwingungen in der Sekunde, also mit 440 Hz.
– Um **Töne** zu erzeugen, muss die **Frequenz** eines bestimmten Tones erreicht werden durch Verkleinern oder Vergrößern z. B. einer schwingenden Luftsäule oder eines Metallstabs. Bei der Saite geschieht dies durch Verlängern/Verkürzen, strafferes Spannen bzw. Spielen auf einer dünneren/dickeren Saite.
– Die Lautstärke wird verändert durch die Stärke der Schwingung (Abb. ③).
– Schwingt ein Körper in einer bestimmten Frequenz, kann dadurch ein anderer Körper (Saite, Luftsäule …) ebenfalls in Schwingung versetzt werden, wenn er die gleiche Frequenz hat.
– Die Form und das Material bestimmen die Klangfarbe des Tons (weich, schrill, klar, schmetternd …) z. B. bei einer Flöte, einer Pfeife, einer Saite, einem Gong bei gleicher Frequenz. Dies deshalb, weil Schallquellen neben dem deutlich hörbaren Grundton noch Obertöne erzeugen, d. h., wir hören eigentlich mit dem Grundton noch die Oktave (z. B. c'–c''), die Quinte (c'–g') … mit.

Je nach Anzahl der mitschwingenden Obertöne verändert sich die Klangfarbe.

Entwicklung von Instrumenten

Die wohl älteste bildliche Darstellung eines Musikinstruments stammt aus Ägypten. Sie ist um 300 v. Chr. entstanden und zeigt einen Flötenspieler mit seinem Instrument. Zur Zeit König Davids kannte man das Horn und die Posaune. Den Sumerern war schon die Laute, ein gitarrenähnliches Instrument, bekannt. Die **Panflöte,** die als Flöte der Hirten nach dem griechischen Hirtengott benannt ist, findet man schon in vorchristlicher Zeit in allen Erdteilen. Sie ist der Vorläufer unserer Flöten und Kirchenorgeln.

Ermitteln der Pfeifenlänge einer Panflöte

Beim Blasen über ein Rohr entsteht durch das so erzeugte Schwingen der Luft ein bestimmter Ton. Wird das Rohr auf einer Seite geschlossen, verändert sich der Ton. Nimmt man z. B. zwei Reagenzgläser, füllt eines davon zur Hälfte mit Wasser und bläst im Wechsel über die beiden Gläser, ist zu erkennen, dass
– unterschiedlich lange Luftsäulen in Röhren auch unterschiedlich hohe Töne bewirken,
– mit mehreren unterschiedlich gefüllten Reagenzgläsern eine Tonreihe aufgebaut werden kann,
– mithilfe von acht Reagenzgläsern eine Dur-Tonleiter über einem beliebigen Grundton bis zur Oktave aufgebaut werden kann (☞ S. 7, Abb. ⑧).

Bestimmte Töne können auch direkt ermittelt werden, z. B. mit einer Kunststoffröhre mit dem Durchmesser, wie sie zum Bau der Panflöte verwendet werden soll (Abb. ④).

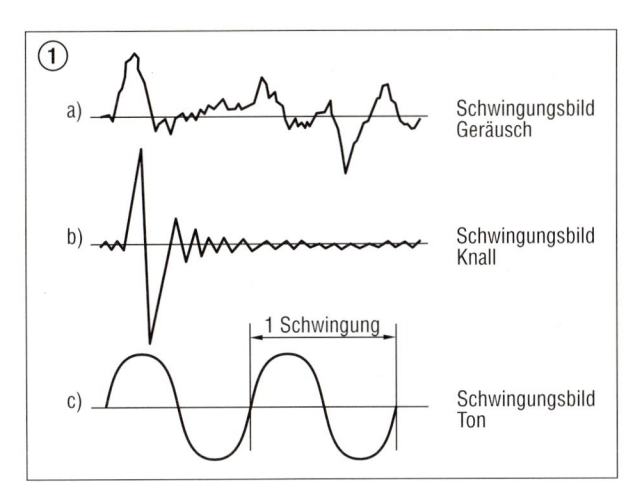

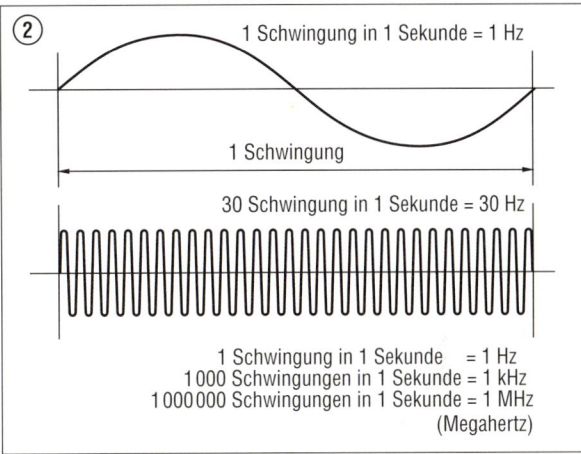

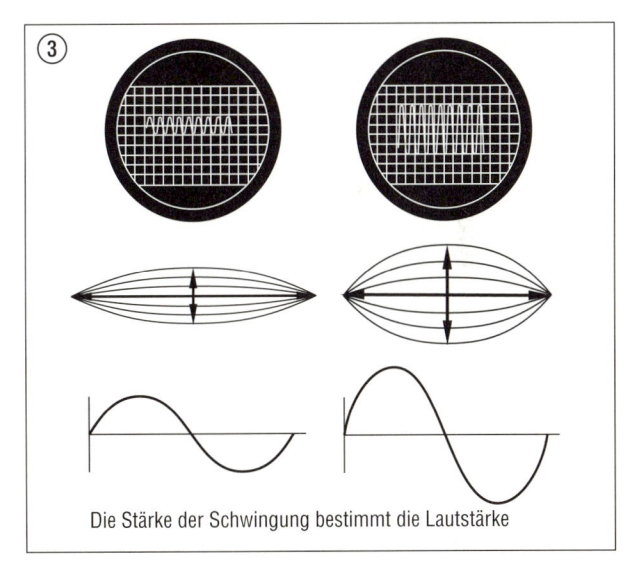

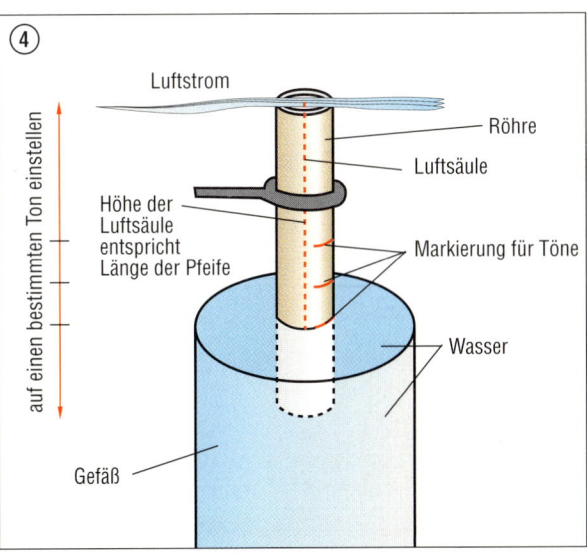

Töne erzeugen

Ebenso können wir Töne erzeugen (Abb. ①).
- mit unterschiedlich langen metallischen Stangen
- mit einer Stimmgabel oder
- mit einem Tongenerator mit Lautsprecher (☞ S. 58, 59).

Wir erkennen:
- Lange Stangen liefern tiefere Töne als kurze Stangen,
- Niedrige Schwingungszahlen (Frequenzen) liefern tiefe Töne. Die Anzahl der Schwingungen wird in Hertz (Hz) angegeben.
- Die Stimmgabel ist genormt. Sie schwingt immer mit der gleichen **Frequenz** (f) von 440 Hz und liefert dabei den so genannten Kammerton a'.
- Töne mit einer Frequenz f < 16 Hz sind für den Menschen nicht mehr hörbar. Bis etwa 20 000 Hz können wir Töne hören.

Frequenzen der C-Dur-Tonleiter

Für die Töne der **C-Dur Tonleiter** von c' nach c" hat man die folgenden Frequenzen (gerundete Werte) ermittelt:

c' mit 262 Hz   f' mit 349 Hz   h' mit 494 Hz
d' mit 294 Hz   g' mit 392 Hz   c" mit 523 Hz
e' mit 330 Hz   a' mit 440 Hz

Berechnen der Pfeifenlänge einer Panflöte

Über solche bekannten Frequenzen lässt sich für jeden einzelnen Ton die Länge des Flötenrohres berechnen:

Nimmt man an, ein Ton hätte eine Frequenz von 4 Hz (Abb. ②), dann bedeutet dies, dass dieser Ton durch 4 Schwingungsdurchläufe erzeugt wird. Dies bedeutet weiter, dass in einer Sekunde einerseits 4 Schwingungen ablaufen und andererseits der Ton in der gleichen Sekunde durch die Schallgeschwindigkeit 340 m weit getragen wird (bei trockener Luft und 20 °C).

Für eine einzige der 4 Schwingungen errechnet sich somit eine Länge von

340 m : 4 Hertz = 85 m pro Schwingung.

Diesen Wert bezeichnet man in der Akustik als Lambda-Wert (λ).

Da bei einer beidseitig offenen Pfeife eine Halbwelle für die **Tonerzeugung** genügt, müsste eine solche Pfeife nach obigem Beispiel

$\frac{\lambda}{2}$ = 85 m : 2 = 42,5 m lang sein.

Eine einseitig geschlossene Pfeife – wie wir sie bei der **Panflöte** haben – ließe bereits bei $\frac{\lambda}{4}$, also bei 21,25 m Länge den Ton mit 4 Hz ertönen.

Da der Mensch nur Töne von etwa 16 Hz bis 20 000 Hz hören kann, ist eine 4-Hz-Pfeife natürlich unsinnig.

Die Pfeifenlängen (l_f) der Panflöte lassen sich also nach der Formel $l_f = \frac{\lambda}{4} = \frac{340}{f \cdot 4}$ [m] berechnen.

Beispiel für die Berechnung der Pfeifenlänge

Nach der obigen Tabelle hat c' eine Frequenz von 262 Hz. Demnach müsste die **Pfeifenlänge** l_f für diesen Ton

$l_f = \frac{340}{4 \cdot 262} = 0{,}342$ m = 32,4 cm lang sein.

Für g' gilt:

$l_f = \frac{340}{4 \cdot 392} = 0{,}216$ m = 21,6 cm Länge.

Liegt der Ton einer Pfeife fest, so hat die zugehörige Oktave nach oben genau die doppelte bzw. nach unten die halbe Frequenzzahl. Das bedeutet, wenn man c' als Grundton mit $\frac{24}{24} = 1$ annimmt, so hat c" $\frac{48}{24} = 2$, also die doppelte Frequenz.

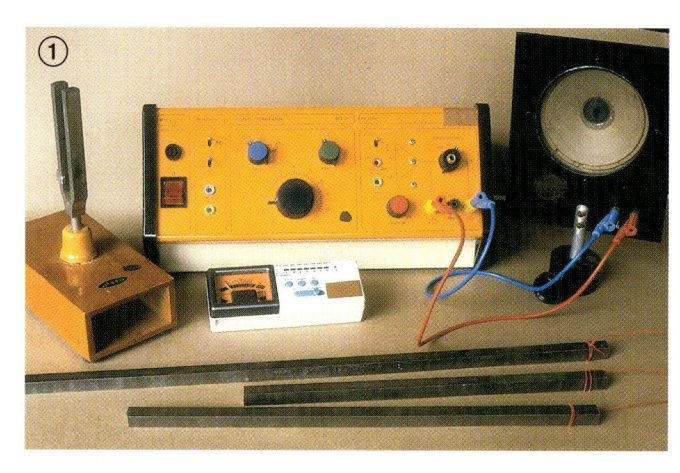

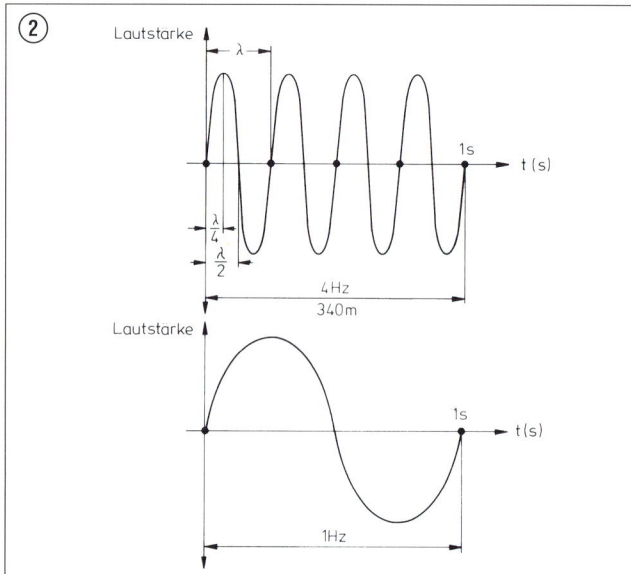

Beispiel für die Tonfrequenzberechnung:

c' mit 262 Hz hat demzufolge in der Oktave dazu, mit c" = 2 · 262 = 524 Hz.

Um Zwischentöne (Pfeifenlänge) einteilen zu können, nehmen wir als Raster $\frac{24}{24} = 1$ für den Grundton an.

Dann berechnet sich anhand der Tabelle die Frequenz für g':

g' = $\frac{262 \text{ Hz} \cdot 36}{24}$ = 392 Hz.

Man erhält damit:

Tonschritte	Multiplikator/Divisor
Sekunde	$\frac{27}{24}$
große Terz	$\frac{30}{24}$
Quarte	$\frac{33}{24}$
Quinte	$\frac{36}{24}$
Sexte	$\frac{40}{24}$
Septime	$\frac{45}{24}$
Oktave	$\frac{48}{24}$

Informationen zu Umweltbelastungen und zu den Möglichkeiten der Reduzierung oder Vermeidung

Kleines Umweltlexikon: Belastungen

Emissionen: Die „Technische Anleitung zur Reinhaltung der Luft" definiert Emissionen als Luftverunreinigungen, die von einer Anlage (Fahrzeug, Feuerung …) ausgehen. Durch solche Gesetze werden Unternehmen und Privatpersonen gezwungen, in Anlagen gegen die Luftverschmutzung zu investieren. Werden nämlich die festgelegten Obergrenzen überschritten, müssen die Anlagen nachgerüstet oder stillgelegt werden.

Immissionen sind die Einwirkungen auf ein Grundstück, ein Gebiet durch Lärm, Dämpfe, Rauch, Schadstoffe in der Luft und im Wasser, Erschütterung, Strahlung.
Im Bundesimmissionsgesetz ist festgelegt, welche Spitzen- und welche Dauerbelastungen z. B. für ein Stadtgebiet oder eine Region zulässig sind. Entsprechende Messungen sind Grundlage für Genehmigungen von Industrieanlagen, für Smogalarmpläne, für Lärmschutzmaßnahmen u. Ä.

Belastungen der Luft

Schadstoffe in der Luft

Kohlenstoffdioxid (CO_2): Kohlensäuregas ist natürlicher Bestandteil der Luft; es entsteht bei der Atmung von Lebewesen und bei Verbrennungsvorgängen.

Kohlenstoffmonoxid (CO): Das bei unvollständiger Verbrennung organischer Verbindungen, zum Beispiel in KFZ-Motoren entstehende Gas, wird schnell zu Kohlenstoffdioxid umgewandelt.

Schwefeldioxid (SO_2): Dieses Gas entsteht beim Verbrennen schwefelhaltiger Energieträger wie etwa Kohle. Es führt bei höherer Konzentration zu Atembeschwerden und lässt bei Pflanzen durch den Abbau von Chlorophyll Gewebepartien absterben. SO_2 ist am sauren Regen beteiligt.

Stickstoffoxide (NO_x): Bei Verbrennungsvorgängen entsteht Stickstoffoxid (NO) und insbesondere Stickstoffdioxid (NO_2). Aus NO_2 bilden sich in der feuchten Luft Salpetersäure und unter Einfluss von Sonnenlicht Ozon, die Mitverursacher für den sauren Regen und die Waldschäden.

Schwermetalle: Cadmium, Blei, Quecksilber u. a. sind als Spurenelemente in Brennstoffen enthalten und belasten im Staub und Rauch gebunden die Umwelt.

Verursacher von Schadstoffen

Die Hauptverschmutzer unserer Luft sind die Abgase von Kraftwerken, Industrieanlagen, Kraftfahrzeugen und die Heizungen der privaten Haushalte.

Der verlustreiche Weg der Energie bei der Umwandlung im Motor

Bei der Umwandlung der im Kraftstoff gespeicherten chemischen Energie stehen beim Dieselmotor ca. 32 %, beim Ottomotor ca. 24 % als Bewegungsenergie tatsächlich zur Verfügung.

Der Großteil der eingesetzten Energie geht als Wärme oder in Form von Abgasen verloren und belastet die Umwelt.

Durch technische Verbesserungen muss versucht werden, einen höheren **Nutzungsgrad** der eingesetzten Energie zu erreichen, (☞ S. 140, 141) und damit gleichzeitig die **Umweltbelastungen** zu vermindern (☞ S. 95).

---

① Auszüge aus dem Bundesgesetzblatt (TA-Luft)

§2 Begriffsbestimmungen: Im Sinne dieser Verordnung bedeuten die Begriffe … 11. Ölderivate: schwer flüchtige organische Substanzen, die sich bei der Bestimmung der Rußzahl auf Filterpapier niederschlagen; … 12. Rußzahl: die Kennzahl für die Schwärzung, die die im Abgas enthaltenen staubförmigen Emissionen bei der Rußzahlbestimmung nach DIN 51402 Teil 1, Ausgabe Oktober 1986, hervorrufen. Maßstab für die Schwärzung ist das optische Reflexionsvermögen; einer Erhöhung der Rußzahl um 1 entspricht eine Abnahme des Reflexionsvermögens um 10 vom Hundert; … §3 Brennstoffe: (1) In Feuerungsanlagen dürfen nur die folgenden Brennstoffe eingesetzt werden: 1. Steinkohlen, nicht pechgebundene Steinkohlenbriketts, Steinkohlenkoks, 2. Braunkohlen, Braunkohlenbriketts, Braunkohlenkoks, … 4. naturbelassenes stückiges Holz einschließlich anhaftender Rinde, beispielsweise in Form von Scheitholz, Hackschnitzeln sowie Reisig und Zapfen, … 8. Stroh oder ähnliche pflanzliche Stoffe, 9. Heizöl EL nach DIN 51603-1, Ausgabe März 1995, sowie Methanol und Äthanol, … (1) Feuerungsanlagen für feste Brennstoffe sind im Dauerbetrieb so zu betreiben, dass ihre Abgasfahne heller ist als der Grauwert 1 der in der Anlage angegebenen Ringelmannskala … (2) Öl- und Gasfeuerungsanlagen zur Beheizung von Gebäuden oder Räumen mit Wasser als Wärmeträger mit einer Nennwärmeleistung bis zu 120 Kilowatt dürfen nur betrieben werden, wenn durch eine Bescheinigung des Herstellers belegt wird, dass der unter Prüfbedingungen nach dem Verfahren der Anlage IIIa Nr. 2 ermittelte Gehalt des Abgases an Stickstoffoxiden … bei Einsatz von Heizöl EL 120 Milligramm je Kilowattstunde zugeführter Brennstoffenergie, jeweils angegeben als Stickstoffdioxid, nicht überschreitet. … § 9 Ölfeuerungsanlagen mit Zerstäubungsbrenner: Ölfeuerungsanlagen mit Zerstäubungsbrenner sind so zu errichten und zu betreiben, dass 1. die nach dem Verfahren der Anlage Nr. 3.2 ermittelte Schwärzung durch die staubförmige Emission im Abgas die Rußzahl 1 nicht überschreitet, 2. die Abgase nach der nach dem Verfahren der Anlage III Nr. 3.3 vorgenommenen Prüfung frei von Ölderivaten sind und 3. die Grenzwerte für die Abgasverluste nach § 11 eingehalten werden … § 13 Messgeräte: (1) Die Messungen nach den §§ 14 und 15 sind mit geeigneten Messgeräten durchzuführen. Die Messgeräte gelten grundsätzlich als geeignet, wenn sie eine Eignungsprüfung bestanden haben. Bei Messgeräten zur Bestimmung der Rußzahl sind das Filterpapier und die Vergleichsskala in die Eignungsprüfung einzubeziehen. Zur Bestimmung der Verbrennungslufttemperatur kann anstelle eines eignungsgeprüften Messgerätes ein geeichtes Quecksilber-Thermometer eingesetzt werden. (2) Die eingesetzten Messgeräte sind halbjährlich einmal in einer technischen Prüfstelle der Innung für das Schornsteinfegerhandwerk oder in einer anderen von der zuständigen Behörden anerkannten Prüfstelle zu überprüfen. … § 16 Zusammenstellung der Messergebnisse: Der Bezirksschornsteinfegermeister meldet die Ergebnisse der Messungen nach §§ 14 und 15 kalenderjährlich […] der für den Immissionsschutz zuständigen obersten Landesbehörde bis zum 30. April des folgenden Jahres …

② Unter der Voraussetzung, dass die bisherigen Luftreinhaltemaßnahmen auch in der Zukunft konsequent fortgesetzt werden, kann nach Abschätzungen des Umweltbundesamtes bei den Schadstoff-Emissionen mit folgenden Verbesserungen gerechnet werden:

	Stand 1989	Prognose 2005	Differenz in Prozent
Schwefeldioxid	6 250	550	–90 %
Stickstoffoxide	3 400	1 700	–50 %
Staub	2 390	240	–90 %
Kohlendioxid	1 084	755	–30 %

③ Empfehlungen der Weltklimakonferenz

Das Protokoll sieht vor, dass die Industriestaaten ihre Treibhausgas-Emissionen bis 2012 um durchschnittlich 5,2 Prozent senken. So soll die europäische Union ihren Ausstoß vor allem von CO_2 um acht Prozent nach unten drücken. Nach einem internen Schlüssel der EU soll Deutschland die Emissionen sogar um 21 Prozent reduzieren, Österreich um 13 Prozent und Großbritannien um 12,5 Prozent. Spanien, Portugal, Griechenland und Irland dürfen den Ausstoß an Treibhausgasen erhöhen.

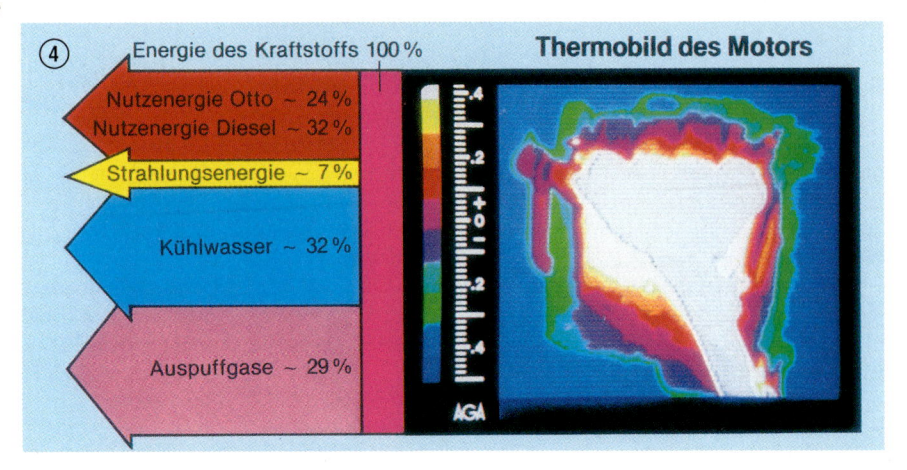

④ Energie des Kraftstoffs 100 %
- Nutzenergie Otto ~ 24 %
- Nutzenergie Diesel ~ 32 %
- Strahlungsenergie ~ 7 %
- Kühlwasser ~ 32 %
- Auspuffgase ~ 29 %

Thermobild des Motors

Folgen der Luftbelastung

Saure Niederschläge

Reines Wasser hat den pH-Wert 7. Höhere pH-Werte charakterisieren ein basisches Verhalten (Lauge), niedrigere ein saures Verhalten (Säure).

Das Regenwasser in Mitteleuropa sollte aufgrund des atmosphärischen Kohlendioxidgehalts und der natürlicherweise in der Luft enthaltenen Spurenstoffe einen Säuregehalt (pH-Wert) von etwa 4,6 bis 5,6 haben. Tatsächlich liegt der pH-Wert des Regenwassers der Bundesrepublik Deutschland im Mittel bei etwa 4,0 bis 4,6. Dies entspricht etwa einer 40fachen Säuremenge gegenüber natürlichen Säureverhältnissen. Diese Übersäuerung ist auf den Gehalt von Schwefel- und Salpetersäure zurückzuführen. Diese Säuren bilden sich in der Atmosphäre als Folgen der Schwefeldioxid- und Stickoxidbelastungen.

Zunächst waren in den skandinavischen Ländern als Folgen dieser sauren Niederschläge Fischsterben in den Seen beobachtet worden. Seit einigen Jahren treten aber auch in Mitteleuropa Übersäuerungen der Gewässer und verstärkt WALDSCHÄDEN auf. Die Folge ist ein Absterben der Mikroorganismen, in schweren Fällen sogar der Fischbrut und das Absterben der Bäume. Einige Alpenseen sind bereits ökologisch tote Gewässer.

Während der Wintermonate, der Zeit der höchsten Schwefeldioxidkonzentrationen, können sich die sauren Schwefelverbindungen in der Schneedecke ansammeln und mit der Schneeschmelze zu einem plötzlichen sehr starken Versauern der Gewässer führen.

Eine indirekte Folge der Versauerung ist eine Freisetzung von Schwermetallen aus den Sedimenten der Gewässer und von Aluminium. Dieser Vorgang kann zur Vergiftung von Organismen führen.

Ozonloch und Smog

O_3 ist eine Form des Sauerstoffs. **Ozon** ist als stärkstes bekanntes Oxidationsmittel giftig und von stechendem Geruch. Es wird zum Sterilisieren von Trinkwasser, bei der Fleischkonservierung und als Bleichmittel (z.B. bei der Herstellung von weißem Papier) verwendet.

Um die Erde bildet sich in der oberen Atmosphäre in ca. 35 km Höhe durch die ultraviolette Strahlung der Sonne eine „Ozonschicht". Diese absorbiert den größten Teil der UV-B-Strahlung. Die zunehmende Schädigung dieser Ozonschicht durch FCKW und andere Industriegase (Ozonloch) bewirkt eine Zunahme des Hautkrebses bei Mensch und Tier und eine Abnahme des Pflanzenwachstums.

In der unteren Atmosphäre bildet sich Ozon durch Reaktion von Stickstoffoxiden mit Kohlenwasserstoffen unter dem Einfluss von Sonnenstrahlung als fotochemischer **Smog.**

Klimaänderung

Abwärme und Abgase können zu einer Änderung von Klein- und globalem Klima führen. Als ein besonderes Problem hat sich in den letzten Jahren die durch die stets wachsende Verbrennung fossiler Brennstoffe erzeugte Zunahme des so genannten „Treibhausgases" Kohlendioxid (CO_2) in der Atmosphäre herausgestellt. Messungen und Modellrechnungen haben ergeben, dass bei einer Verdoppelung des Kohlendioxidgehaltes in der Atmosphäre, die bei Fortdauern der gegenwärtigen Zuwachsraten in etwa 100 Jahren erreicht werden kann, die mittlere globale Temperatur um 1,5 bis 4 °C ansteigen würde. Der Grund hierfür liegt in den optischen Eigenschaften des Kohlendioxids, das zwar Licht und Wärmestrahlung von der Sonne fast ungehindert passieren lässt, die von der Erde reflektierte Wärme aber absorbiert **(Treibhauseffekt).**

Treibhauseffekt: Ursachen – Folgen

■ **Kohlendioxid:** Kohlendioxid (CO_2) ist zu mehr als 50 Prozent an dem von Menschen verursachten Treibhauseffekt beteiligt. Das Gas entsteht bei der Verbrennung von Kohle, Öl und Gas, aber auch bei Brandrodungen. CO_2 ist zwar auch ein natürlicher Bestandteil der Luft, doch ist der Anteil des Gases durch den Einfluss des Menschen in den vergangenen 100 Jahren um rund 30 Prozent gestiegen. Im Jahr jagt jeder Bundesbürger durchschnittlich rund elf Tonnen Kohlendioxid in die Luft – ein Chinese kommt mit etwa 2,5 Tonnen aus. Dabei ist in Deutschland die CO_2-Emission zwischen 1990 und 1997 um 12,4 Prozent zurückgegangen.

■ **Methan:** Das Gas Methan (CH_4) ist zu etwa 13 Prozent an der Erwärmung beteiligt. Es entsteht, wenn organische Stoffe zersetzt werden: zum Beispiel in Sümpfen oder in Mägen von Wiederkäuern. Eine Kuh, an die täglich fünf Kilo Heu verfüttert werden, produziert 191 Liter Methan am Tag. Zum Methan-Anstieg tragen aber auch Nassreisanbau, Verbrennung von Biomasse, Mülldeponien sowie Verluste bei Förderung und Transport von Erdgas bei. In Deutschland betrug der Methan-Ausstoß 1997 etwa 4,7 Millionen Tonnen.

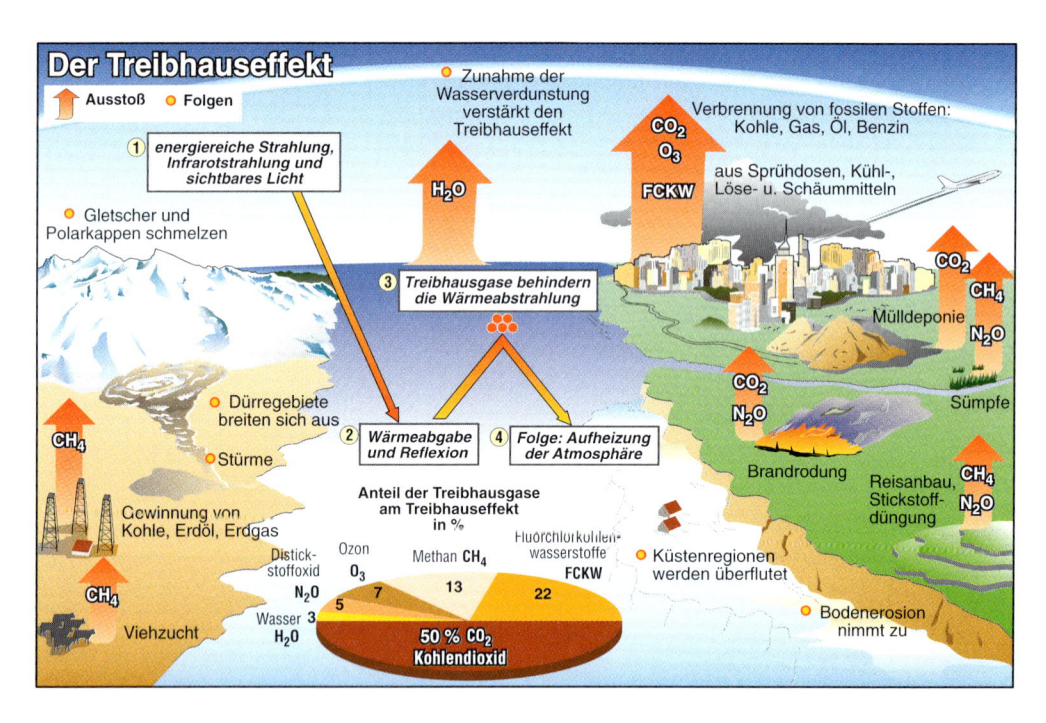

■ **Lachgas:** Das sehr stabile Lachgas (Di-Stickoxid, N_2O), das eine Lebensdauer von 150 Jahren in der Atmosphäre hat, trägt mit zirka fünf Prozent zur Erwärmung bei. Es entsteht bei der Verbrennung fossiler Rohstoffe und beim Einsatz von Kunstdünger. Aus Deutschland gelangten 1997 etwa 228 000 Tonnen in die Atmosphäre. Lachgas trägt zum Abbau der Ozonschicht bei.

■ **Ozon:** Bodennahes Ozon (O_3) ist zu etwa sieben Prozent für den Treibhauseffekt verantwortlich. Das bodennahe Ozon bildet sich aus Stickstoffverbindungen und Kohlenwasserstoffen, die von der Industrie und dem Autoverkehr stammen.

■ **Fluorchlorkohlenwasserstoffe (FCKW)** haben die höchste Treibhauswirkung pro Molekül. Diese künstlich hergestellten Substanzen werden in Kühlmitteln, als Treibsubstanz in Spraydosen und zum Aufschäumen von Kunststoffen verwendet. FCKW sind doppelt gefährlich: Sie heizen das Klima an, zerstören aber auch die schützende Ozonschicht. In der EU sind Produktion und Verbrauch seit 1991 verboten. dpa

Luftverschmutzungen messen

Reflexphotometer selbst gebaut

Schornsteinfeger verwenden zur Auswertung ihrer **Rußmessungen** teilweise auch **Photometer**.

Wenn es nicht darum geht, genaue Messungen zu machen, sondern das Prinzip zu verstehen, kann man auch selbst ein einfaches Reflexphotometer bauen.

Das Kernstück des **Reflexphotometers** ist ein **Sensor** (☞ S. 53), in dem von einer Lichtquelle (Leuchtdiode LED) Licht ausgesandt wird. Dieses wird durch Reflexion auf einen lichtabhängigen Widerstand (LDR oder Photometer) zurückgeworfen. Das Filterpapier ist im Messgerät so zu platzieren, dass es auf der Reflexionsfläche liegt. Je dunkler (verrußter) das Filterpapier ist, umso mehr Licht wird von ihm absorbiert und damit nicht auf den lichtabhängigen Widerstand zurückgeworfen.

Der lichtabhängige Widerstand reagiert auf unterschiedliche Lichtintensitäten, indem er seine Widerstandswerte verändert. Über ein Messwerk oder ein Vielfachmessgerät kann diese durch das reflektierte Licht ausgelöste Widerstandsveränderung gemessen werden. Verrußungsintensität und gemessene Spannung können einander zugeordnet werden.

Vor Inbetriebnahme des Reflexphotometers ist der Vorwiderstand der Leuchtdiode (1 kΩ) so einzustellen, dass die Stromstärke etwa 20 mA beträgt. Dies wird mit einem Amperemeter, das zwischen dem (+)-Anschluss der Schaltung und dem (+)-Pol der Batterie geschaltet ist, durchgeführt.

Zur Eichung des Photometers wird eine Tabelle erstellt, in der bestimmte Verrußungsgrade (☞ S. 21) mit den jeweils gemessenen Spannungen in Beziehung gesetzt werden.

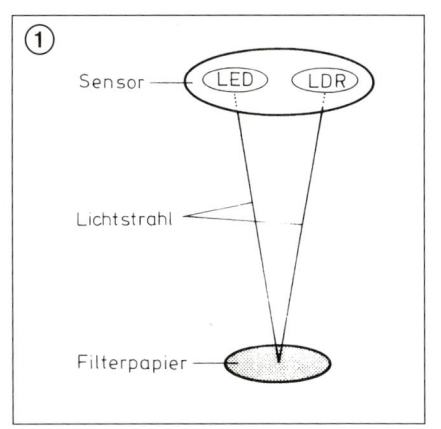

Funktionsprinzip des Sensors

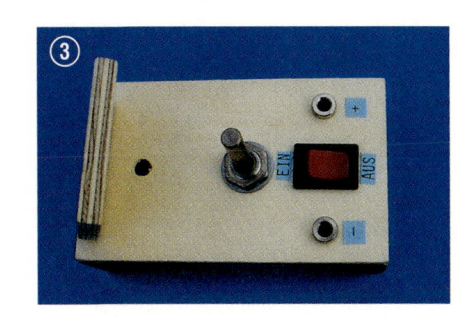

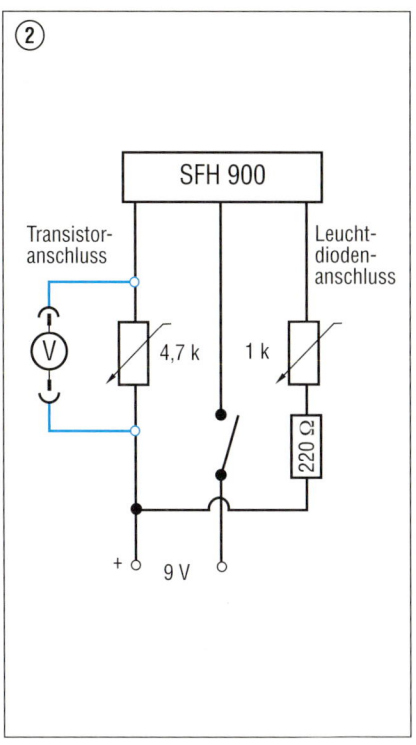

Schaltplan des Reflexphotometers

Stückliste für Reflexphotometer

Lfd. Nr.	Anzahl	Benennung/Material	Abmessungen
1	1	Montageplatte Sperrholz	6 x 60 x 100 mm
2	2	Fuß Sperrholz	6 x 22 x 60 mm
3	1	Klettband zur Batteriebefestigung	ca. 20 mm lang
4	1	IR-Reflexlichtschranke	SFH 900
5	1	Drehpotentiometer für 0-Abgleich	4,7 k
6	1	Drehpotentiometer für Leuchtstärkeregelung	1 k
7	1	Widerstand	220 Ω
8	1	Ein-/Ausschalter	
9	1	Batterie	9 V-Block
10	1	Batterieclip	für 9 V-Block
11	2	Buchse	MS vernickelt für 4 mm
12	1	Verbindungsleitung, rot	0,14 mm² ⌀ ca. 200 mm
13	1	Verbindungsleitung, schwarz	0,14 mm² ⌀ ca. 200 mm
14	4	Lötstützpunkt	
15	1	Isolierband schwarz	ca. 20 mm lang

Vom Schaltplan zum Verdrahtungsplan

Ein Schaltplan (Abb. ②) ist die genormte Darstellung einer Schaltung. In ihm sind Bauteile als Symbole, d. h. nicht in ihrer wirklichen Form und Größe dargestellt und werden möglichst übersichtlich angeordnet.

Ein Schaltplan lässt sich daher nicht direkt als Schaltung umsetzen. Zuerst muss die beste Position der Bauteile entsprechend ihrer Funktion und ihrer Größe und die sinnvollste Anordnung der Schaltdrähte gefunden werden. Daraus kann dann ein Verdrahtungsplan entstehen, der die Position der Teile und die leitenden Verbindungen festlegt.

Vorgehensweise bei der Erstellung des Verdrahtungsplans:

– Auf eine Styroporplatte mit den Maßen der Montageplatte wird ein Millimeterpapier befestigt.
– Alle Bauteile werden gemäß ihrer Funktion (Schaltplan) geschickt angeordnet. Teile mit Anschlussfüßchen können in die Styroporplatte gesteckt werden.
– Mithilfe des Schaltplans wird noch einmal überprüft, dabei geht man von Anschluss zu Anschluss weiter.
– Jetzt können die leitenden Verbindungen auf dem Millimeterpapier eingezeichnet werden.
– Die Bauteile werden aufgezeichnet (umfahren) und abgenommen und der so entstandene Verdrahtungsplan sauber nachgezeichnet.
– Der Verdrahtungsplan auf dem Millimeterpapier wird zum Vorstechen von Bohrungen auf die Montageplatte gelegt bzw. aufgeklebt.

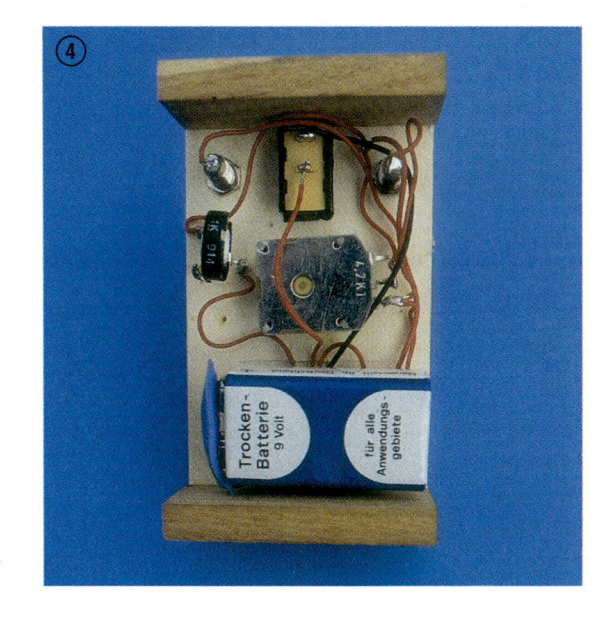

Einsatz von Technik gegen Umweltbelastungen

In Kraftwerken und Industrieanlagen entstehen Abgase und Stäube, die große Mengen an Schadstoffen enthalten. Mit **Katalysatoren** (Abb. ①), Elektrofiltern (Abb. ②) und Rauchgaswäschern (Abb. ③) kann ein Großteil dieser Schadstoffe ausgefiltert werden. Allerdings sind diese Reinigungsanlagen nicht nur teuer, sondern benötigen auch viel Platz. Meist sind sie größer als die Anlagen, die entsorgt werden.

Katalysator (Abb. ①)

In Katalysatoren wird der Anteil der **Stickstoffoxide (NO_x)** im Abgas verringert. Dem heißen Abgas wird ein Ammoniak-Luft-Gemisch zugesetzt. Dadurch findet eine chemische Reaktion statt, bei der etwa 80 % der Stickstoffoxide in Wasserdampf und Stickstoff umgewandelt werden. Beides sind natürliche Bestandteile der Luft, die in die Umgebung freigesetzt werden können.

Der Katalysatorkörper besteht aus Keramik und ist mit verschiedenen Metalloxiden beschichtet. Durch eine technisch ausgeklügelte Form haben Katalysatoren eine sehr große „wirksame" Oberfläche. Der Katalysator im Kohlekraftwerk Heilbronn hat z. B. eine wirksame Oberfläche von 54 000 km² – das entspricht der Fläche der Bundesländer Baden-Württemberg und Rheinland-Pfalz zusammen.

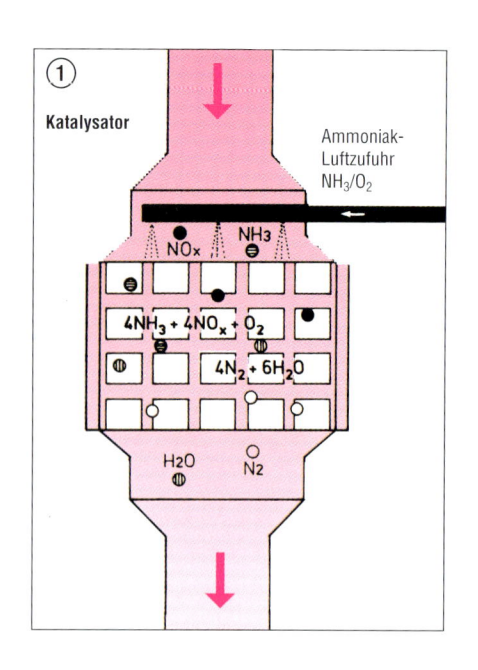

Elektrofilter (Abb. ②)

Mit **Elektrofiltern** können bis zu 99 % der im **Rauchgas** enthaltenen feinen Staub- und Ascheteilchen zurückgehalten werden. Im Elektrofilter werden die Teilchen dabei elektrostatisch aufgeladen. Niederschlagselektroden ziehen die aufgeladenen Teilchen an. Ein Klopfwerk sorgt dafür, dass die an den Niederschlagselektroden abgeschiedene Ascheschicht in die darunter liegenden Lagersilos fällt.

Der Elektrofilter z. B. für Block 7 des Kohlekraftwerkes Heilbronn hält pro Stunde ca. 14 Tonnen Staub zurück, was etwa der Ladung eines Baustellen-Lkw entspricht.

Rauchgasentschwefelung (Abb. ③)

In **Rauchgasentschwefelungsanlagen** können ca. 90 % des im Abgas enthaltenen **Schwefeldioxid (SO_2)** zurückgehalten werden. Dazu wird das Rauchgas in einem Waschturm mit einem Kalkstein-Wasser-Gemisch (Kalkmilch) besprüht. Dabei reagiert das Schwefeldioxid mit dem Kalkstein zu Kalziumsulfid. In einem weiteren Verfahren reagiert das Kalziumsulfid mit Wasser und eingeblasener Luft, es entsteht Gips.

Der Gips wird entwässert und zu eiförmigen Briketts gepresst, die von der Bauindustrie weiterverwendet werden können.

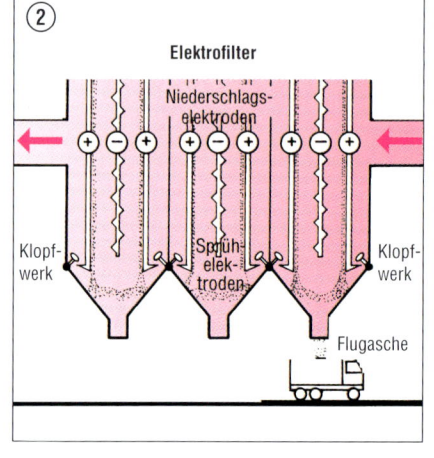

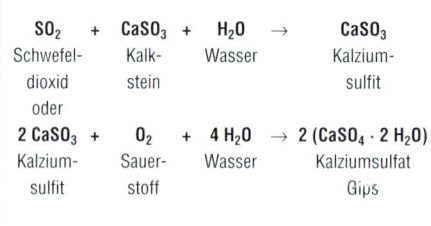

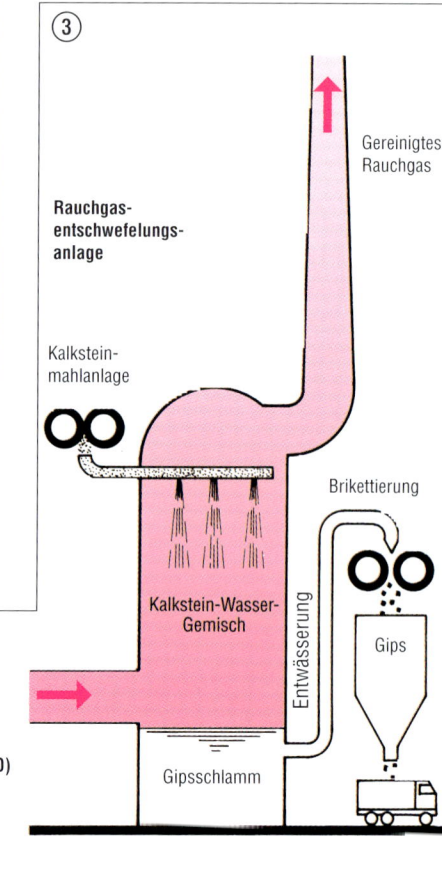

$$SO_2 + CaSO_3 + H_2O \rightarrow CaSO_3$$
Schwefeldioxid + Kalkstein + Wasser → Kalziumsulfit

oder

$$2\,CaSO_3 + O_2 + 4\,H_2O \rightarrow 2\,(CaSO_4 \cdot 2\,H_2O)$$
Kalziumsulfit + Sauerstoff + Wasser → Kalziumsulfat Gips

Umweltbewusstes Verhalten des Kraftfahrers

Die Abbildung ④ zeigt, wo und wie zu viel Kraftstoff verbraucht wird und damit auch, wo und wie gespart werden kann: Jeder Fahrer ist gefordert, den **Kraftstoffverbrauch** zu senken und dadurch mitzuhelfen, die Umweltbelastungen zu verringern, durch
– überlegtes Fahren, z. B. beim Betätigen des Gaspedals,
– optimale Wartung des Fahrzeugs,
– laufende Überprüfung des Reifendrucks,
– überlegte Kaufentscheidung bei der Anschaffung.

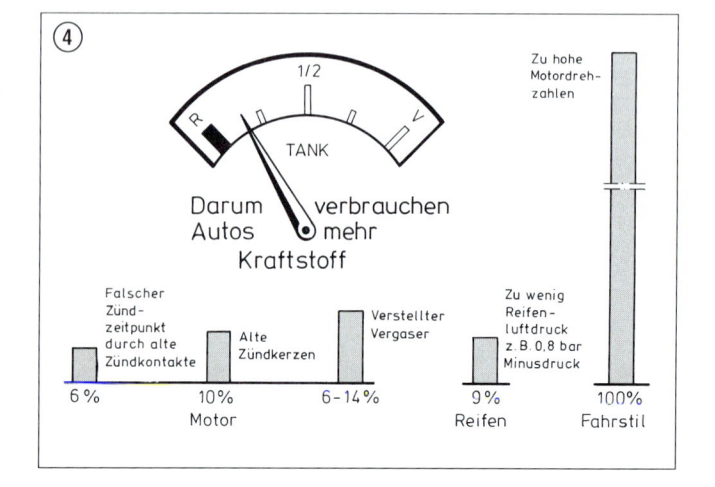

Verminderung des Schadstoffausstoßes im Straßenverkehr

Bei der Verbrennung in Kfz-Motoren entstehen **Abgase,** die umweltschädliche Stoffe enthalten:
- Kohlenmonoxid (CO),
- Stickoxide (NO_x),
- Kohlenwasserstoffe (CH),
- Blei und Rußteilchen.

In Europa und den meisten anderen Industriestaaten der Welt bestehen strenge Abgasnormen, die noch verschärft werden sollen.

Für Ottomotoren hat sich zur Abgasreinigung der **Dreiwege-Katalysator** (mit Lambda-Sonde) durchgesetzt, für den allerdings die Verwendung von bleifreiem Benzin die Voraussetzung ist.

Ein Meßfühler **(Lambda-Sonde)** (Abb. ④) kontrolliert den Abgasstrom und regelt über ein elektronisches Steuergerät (Abb. ④) die Gemischbildung.

Das Abgas strömt durch die feinen Kanäle des Katalysators (Abb. ⑤), der zur Vergrößerung der Oberfläche wabenförmig gestaltet ist. Beim Kontakt mit den katalytisch wirkenden Edelmetallen Platin/Rhodium verwandeln sich die Schadstoffe CH und NO_x nach komplizierten Oxidations- und Reduktionsvorgängen in Kohlendioxid, Wasser (Dampf) und Stickstoff, aber auch Lachgas.

Bei optimaler Gemischbildung und einwandfreiem Zustand des Katalysators können die Schadstoffe um ca. 90% verringert werden.

Die Abgase des Dieselmotors enthalten an Schadstoffen hauptsächlich gesundheitsschädliche Rußteilchen, die aus Kohlenstoff mit angelagerten Kohlenwasserstoffen und Aromaten bestehen. Die Rußteilchen können mit einem in der Abgasanlage eingebauten **Rußpartikelfilter** zurückgehalten werden. Dieser Filter kann aus porösem Keramik, Keramikgarn, Metallgestrick oder gesintertem Stahlgranulat aufgebaut sein.

Der Filter wird „regeneriert", indem die in ihm zurückgehaltenen Rußteilchen oxidiert, d. h. verbrannt werden. Dies kann auf chemische oder thermische Weise geschehen. Beim chemischen Verfahren werden dem Abgas im motornahen Rußfilter Zusätze beigemengt, die eine Verbrennung der Partikel ermöglichen. Nachteilig könnten sich dabei die durch die Zusätze hervorgerufenen Emissionen auswirken.

Beim thermischen Verfahren ist ein Brennerelement in den Rußfilter eingebaut, welches die Rußpartikel verbrennt. Da die Verbrennung im Filter schwierig ist, solange Gase durch ihn hindurchströmen, sollte die Verbrennung dann erfolgen, wenn der Filter nicht in Betrieb ist. In Fahrzeuge, die ständig in Betrieb sind, können Doppelfilter eingebaut werden, von denen jeweils nur einer in Betrieb ist.

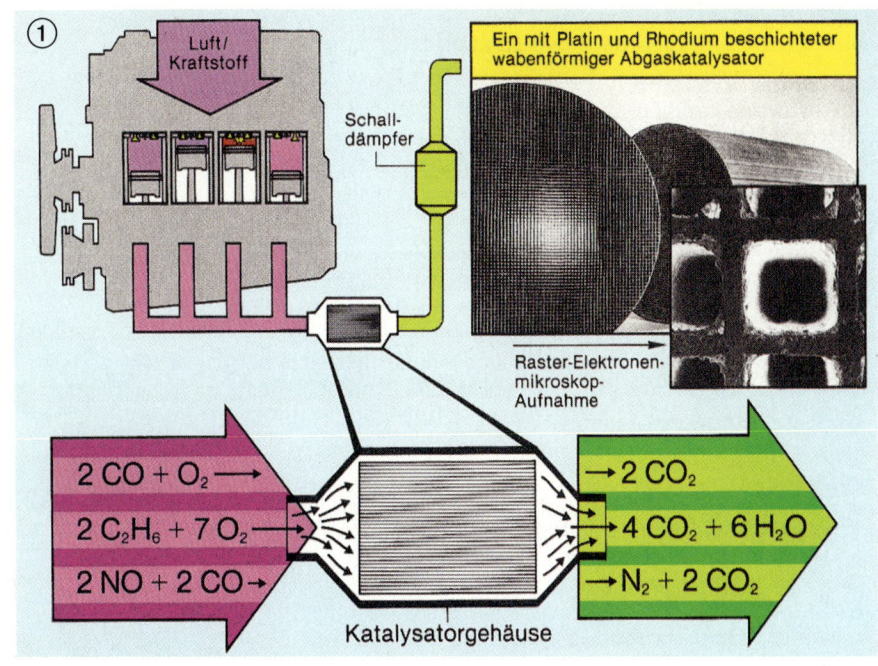

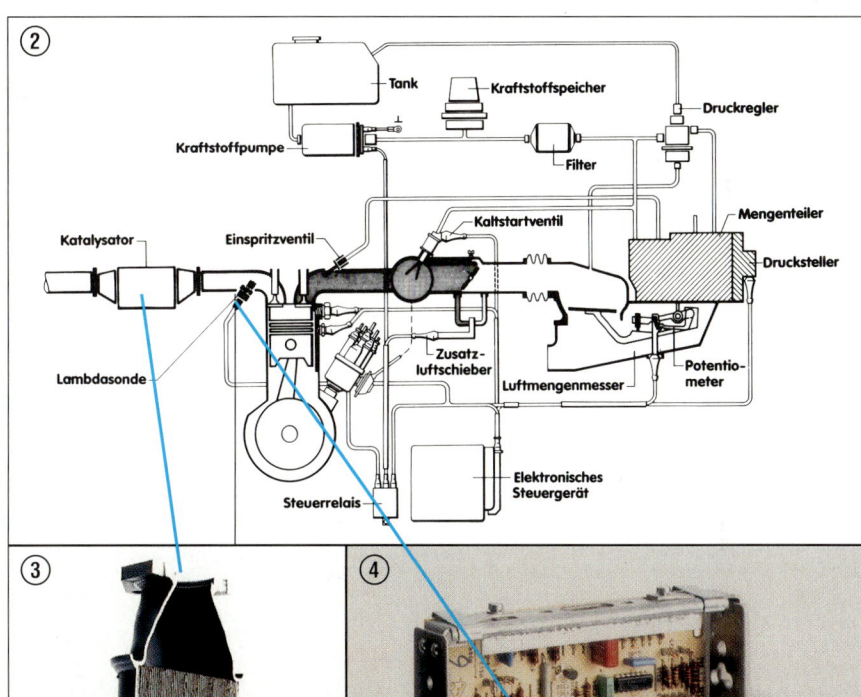

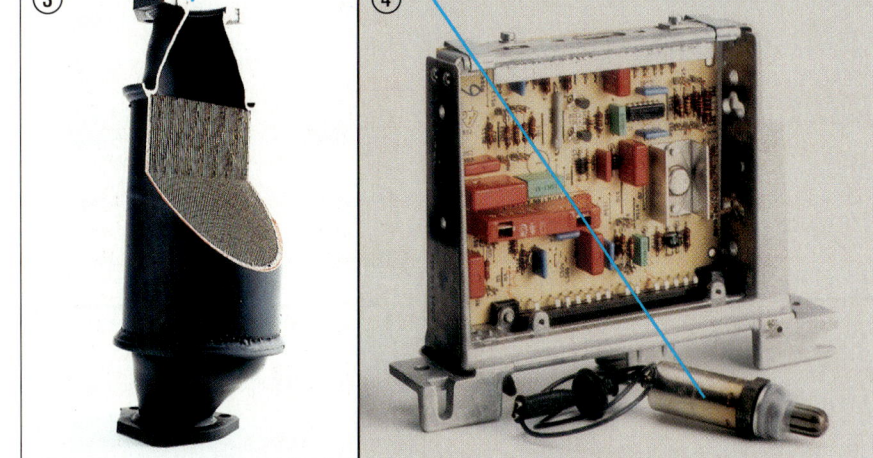

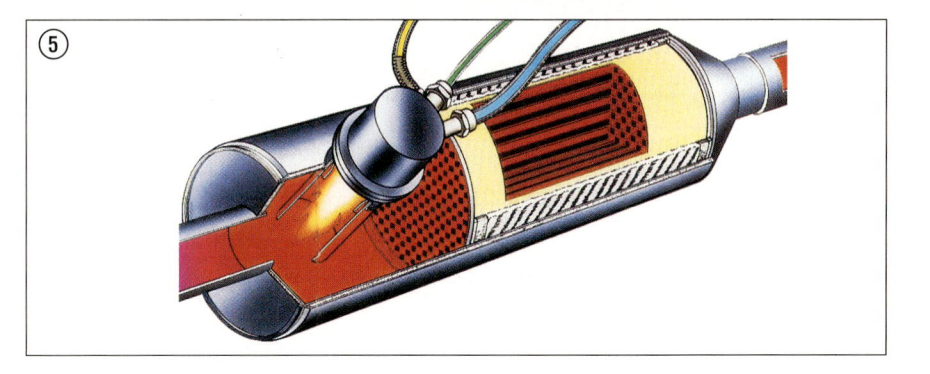

① Luft/Kraftstoff — Schalldämpfer — Ein mit Platin und Rhodium beschichteter wabenförmiger Abgaskatalysator — Raster-Elektronenmikroskop-Aufnahme

$2\,CO + O_2 \rightarrow$
$2\,C_2H_6 + 7\,O_2 \rightarrow$
$2\,NO + 2\,CO \rightarrow$

$\rightarrow 2\,CO_2$
$\rightarrow 4\,CO_2 + 6\,H_2O$
$\rightarrow N_2 + 2\,CO_2$

Katalysatorgehäuse

② Tank, Kraftstoffspeicher, Druckregler, Kraftstoffpumpe, Filter, Kaltstartventil, Mengenteiler, Katalysator, Einspritzventil, Drucksteller, Lambdasonde, Zusatzluftschieber, Luftmengenmesser, Potentiometer, Steuerrelais, Elektronisches Steuergerät

③ ④ ⑤

Zukünftige Entwicklungen: neue Antriebssysteme/neue Kraftstoffe

Gasturbine
Die Gasturbine funktioniert nach dem Prinzip des Strahltriebwerks bei Flugzeugen. Sie ist für den LKW-Bereich wegen des geringen Ausstoßes von Kohlenwasserstoffen und Kohlenmonoxid interessant (☞ S. 144).

Elektroauto
Beim Elektroauto ist das Problem die Speicherung von elektrischer bzw. elektrochemischer Energie, da die herkömmlichen Speicher noch zu groß und damit zu schwer sind. Das Gewicht eines E-PKW wäre zur Zeit – bei gleichem Aktionsradius – je nach Akku 30–100-mal höher als bei einem benzinbetriebenen Motor. Versuche mit Natrium-Schwefel-Akkumulatoren, die mit Temperaturen um 300 °C betrieben werden, verlaufen Erfolg versprechend.

Hybridantrieb
Der Hybridantrieb ist die Verbindung von zwei Antriebssystemen in einem Fahrzeug. In Versuchen wurde diese Koppelung vor allem mit Bussen im Stadtverkehr getestet. Während die Fahrzeuge im Stadtinnenbereich im E-Betrieb fahren, wird in den Außenbereichen auf den Dieselmotor umgeschaltet. Der Dieselmotor hilft dann dabei, die Batterien wieder aufzuladen.

Das Bild zeigt ein elektrisch betriebenes Kraftfahrzeug mit ausgefahrenem Batteriesatz

MOTOR-MOSAIK

Hybrid-Auto aus Frankreich
Ein französischer Hersteller bietet jetzt ein Hybrid-Fahrzeug an, das sowohl mit Benzin als auch mit Flüssiggas (GPL) betrieben werden kann. Als Triebwerk steht ein 1,8-Liter-Vierzylinder zur Verfügung. Er leistet 81 kW/ 112 PS, im Gasbetrieb 4 kW/6 PS weniger. Das Flüssiggas, ein Propan-Butangemisch, das bei der Erdölraffinerie als Nebenprodukt anfällt, enthält weder Blei noch Schwefel noch Benzol. Das Fahrzeug wird vorerst ausschließlich für den heimischen Markt produziert. Mit diesem Kraftstoff betriebene Fahrzeuge sind in Frankreich steuerlich stark begünstigt. Ebenfalls vorerst nur in Frankreich wird ab Frühjahr der Electrique erhältlich sein. Die Nickel-Cadmium-Batterie hat eine Reichweite von knapp 100 km und schränkt das Ladevolumen nicht ein.

Auf Japans Straßen laufen bereits 18 000 PKW mit Hybridantrieb. Im Frühjahr 2000 soll der Mittelklässler auch in Deutschland seine Marktpremiere feiern.
ACHIM FEIST

Der PKW wäre damit das erste Serienfahrzeug, das hierzulande mit zwei Triebwerken unter der Haube, einem Verbrennungs- und einem Elektromotor, antritt.
Das Hybridsystem (THS) regelt den optimalen Einsatz beider Motoren, im Stadtgebiet den reinen Batteriebetrieb und bei höheren Geschwindigkeiten den Einsatz des 1,5-Liter-Verbrennungsmotors. Das System bezieht seine Wirtschaftlichkeit aus der Verwertung bzw. Speicherung überschüssiger Energie. Der Verbrennungsmotor nutzt im Betrieb jede Möglichkeit Leistungsüberschüsse an die Batterie abzugeben.

Leicht und wendig, aber groß genug für vier Personen präsentiert sich die Studie eines japanischen Herstellers. Das Alu-Gefährt verfügt über einen Hybridantrieb: Ein Vierzylinder-Reihenbenziner der „NEO-DI"-Direkt-Einspritzer-Baureihe soll abwechselnd mit einem Synchron-Elektromotor für zügiges Vorankommen sorgen. Der Kraftstoffverbrauch soll nur halb so hoch wie bei einem gleichstarken, herkömmlichen Antrieb ausfallen. Die Karosserie des 3,75 m langen Kompakten wurde in neuartiger Aluminium-Rahmenbauweise hergestellt.

Reduzierung der Abgase

TREIBSTOFFE
Diesel aus Erdgas
Einen neuen, aus Erdgas statt wie bisher aus Rohöl gewonnenen Treibstoff für Dieselmotoren wollen US-Autokonzerne in ausgedehnten Fahrversuchen erproben. Der Kraftstoff soll laut „Spiegel" nahezu rückstandsfrei verbrennen. Nach Angaben des Herstellers könnte der Preis um knapp 50 Prozent über dem derzeitigen US-Benzinpreis liegen.

Auf einen Blick
Klimapapst warnt vor regelmäßigen Hitzetagen
Waren 35 Grad Celsius im Sommer vor Jahrzehnten noch die Ausnahme, drohen sie jetzt auch in gemäßigten Breiten zu einer gängigen Erscheinung zu werden. Klimapapst Hartmut Graßl warnte im Vorfeld der Weltklimakonferenz; aber auch vor heftiger werdenden Niederschlägen, verstärkten Monsunwinden und dem Entstehen immer größerer Dürregebiete. Als Gegenmaßnahme forderte der Klimaforscher eine schnelle und deutliche Senkung des Kohlendioxid-Pegels.

Vom Tag X an Fahrverbot für Autos ohne G-Kat in Stuttgart
Für Fahrzeuge ohne geregelten Katalysator (G-Kat) brechen in Stuttgart schlimme Zeiten an. Die Stadtverwaltung ist fest entschlossen, sie so schnell wie möglich von den Straßen zu verbannen. Zunächst ist der Stuttgarter Stadtteil Vaihingen an der Reihe. Der Umweltausschuss gab gestern der Verwaltung den Auftrag, alles im Detail für den „Tag X" vorzubereiten.
Von Ausnahmen abgesehen dürfen vom „Tag X" an in Vaihingen nur bestimmte Autos fahren. Unklar ist bisher noch, welche als schadstoffarm eingestuften Autos erlaubt sind. Autos, die nicht schadstoffreduziert sind, sollen nur während bestimmter Zeiten rollen. Dadurch könne der Stickstoffdioxidgehalt um ein Viertel, der Benzolgehalt um die Hälfte vermindert werden, besagen Rechenbeispiele.

Energie aus Biomasse

Treibstoffe
Es wird versucht, Biomasse in **Treibstoff** umzuwandeln. Dabei wird Treibstoff aus Rüben, Raps u. a. gewonnen. Diese Alternative bietet sich besonders für landwirtschaftlich strukturierte Länder an.
Realistisch erscheinen aus heutiger Sicht zwei Verfahren, die sich als technisch möglich erwiesen haben.

Bioalkohol
Bioalkohol, genauer Bioethanol (C_2H_5OH), wird durch Vergärung hydratreicher Pflanzensubstrate mithilfe von Hefen und Bakterien gewonnen.
Im großtechnischen Maßstab wird Bioethanol insbesondere in Brasilien – erzeugt aus Zuckerrohr und Zuckerrohrabfällen – als Treibstoff eingesetzt. 1989 erreichte die Jahresproduktion dort 12 Mrd. Liter, wodurch täglich 22 Mio. Liter Benzin ersetzt werden. 5 Mio. Autos laufen mit Bioalkohol, 7,5 Prozent der landwirtschaftlichen Fläche wurden dafür benötigt.

Biodiesel
Pflanzenöle, in Deutschland etwa gewonnen aus Raps oder Sonnenblumen, lassen sich ebenfalls als Treibstoff einsetzen oder können als Grundstoff in der chemischen Industrie oder zur Gewinnung von Schmierstoffen dienen.
Eine kürzlich vom Bundesumweltamt vorgelegte Ökobilanz kommt zu einem ernüchternden Ergebnis: Der guten CO_2-Bilanz von Biodiesel verglichen mit Erdöldiesel – Reduzierung um 65 Prozent – steht eine erhebliche zusätzliche Freisetzung von Lachgas (N_2O) – ein Klimagas mit einer Abbauzeit von 120 Jahren in der Atmosphäre – infolge der Stickstoffdüngung gegenüber (☞ S. 92).

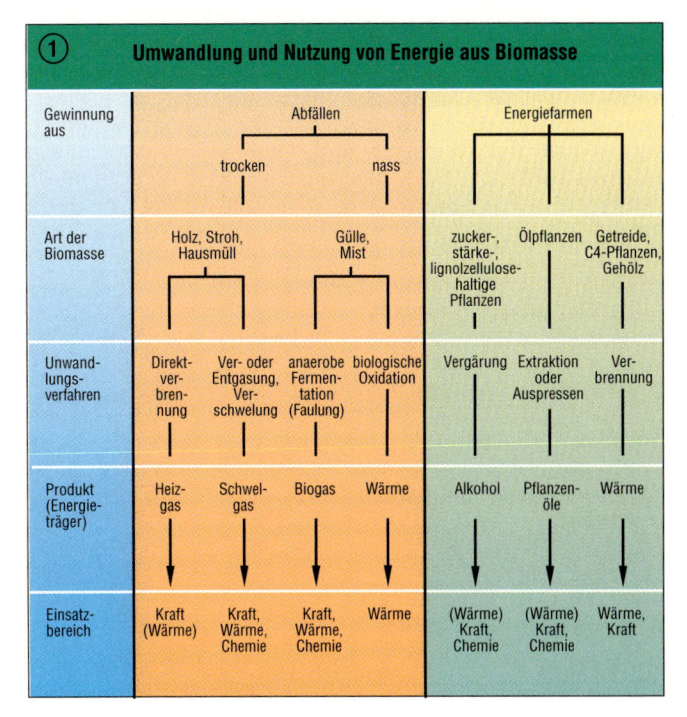

① Umwandlung und Nutzung von Energie aus Biomasse

	Abfällen		Energiefarmen		
Gewinnung aus	trocken	nass			
Art der Biomasse	Holz, Stroh, Hausmüll	Gülle, Mist	zucker-, stärke-, lignozellulose- haltige Pflanzen	Ölpflanzen	Getreide, C4-Pflanzen, Gehölz
Umwandlungsverfahren	Direktverbrennung	Ver- oder Entgasung, Verschwelung / anaerobe Fermentation (Faulung) / biologische Oxidation	Vergärung	Extraktion oder Auspressen	Verbrennung
Produkt (Energieträger)	Heizgas	Schwelgas / Biogas / Wärme	Alkohol	Pflanzenöle	Wärme
Einsatzbereich	Kraft (Wärme)	Kraft, Wärme, Chemie	Kraft, Wärme, Chemie	Wärme	(Wärme) Kraft, Chemie	(Wärme) Kraft, Chemie	Wärme, Kraft

Die Nutzung von Rest- und Abfallstoffen, also von Holz und holzhaltigen Abfällen, Biogas, Klärgas, Deponiegas, Müll usw., wird in ihrer Bedeutung erheblich zunehmen. Beim speziellen Anbau von Energiepflanzen sind noch viele offene Fragen zu klären. Auch die Experten sind noch Pro-Kontra eingestellt.

Pro und Kontra bei der Nutzung von Biomasse

Zukunftshoffnung mit Fragezeichen

Meinungsstreit über den Einsatz nachwachsender Rohstoffe – Energiebilanz positiv

Nachwachsende Rohstoffe – Ressourcen der Zukunft? Auf einer Tagung der Evangelischen Akademie Tutzing wurden jetzt neue Argumente zu dem besonders von der Landwirtschaft mit höchstem Interesse verfolgten Streit zusammengetragen. Wir fassen die Pro-Argumente von Dr. Erich Ortmaier, akademischer Direktor der Technischen Universität München sowie die Kontra-Position von Jürgen Landgrebe vom Umweltbundesamt in Berlin zusammen.

Erich Ortmaier, Technische Universität München:

● Nachwachsende Rohstoffe (Holz, Raps, Stroh etc.) binden beim Wachstum Kohlendioxid (CO_2) im selben Umfang, wie sie bei der Verwertung freisetzen. Demgegenüber tragen fossile Rohstoffe wie Erdöl oder Kohle bei der Verbrennung durch CO_2-Verbrennung zum Treibhauseffekt bei.

● Die Energiebilanz (Verhältnis gewonnene Energie zu eingesetzter Energie bei Ernte, Verarbeitung etc.) ist bei der Gewinnung von Wärme und/oder Strom aus Biomasse aufgrund der technischen Entwicklung in den vergangenen Jahren erheblich besser geworden und in vielen Bereichen positiv (z. B. Verbrennen von Strohballen, aus Biomasse gepressten „Pellets", Holzschnitzeln, Rapsöl).

● Durch stoffliche Verwertung aus nachwachsenden Rohstoffen (insbesondere Raps) gewonnene Schmierstoffe und Hydrauliköle sind leicht biologisch abbaubar und eignen sich deshalb optimal zum Einsatz in sensiblen Umweltbereichen etwa in Wassernähe, im Wald (Motorsägen) oder an Bahnschienen. Es wird geschätzt, dass mehr als drei Millionen Liter Öl jährlich durch Havarien, geplatzte Schläuche etc. im Boden versickern.

● Biologisch abbaubares Verpackungsmaterial aus Stärke, Zucker oder Pflanzenöl (bisher vorwiegend aus fossilen Rohstoffen) hat große umweltpolitische Vorteile.

● Die Wertschöpfung (Arbeitsplätze) bei Anbau, Verarbeitung und Nutzung nachwachsender Rohstoffe kommt der regionalen (Land-)Wirtschaft zugute, anders als beim Import von Erdöl oder -gas.

PRO UND KONTRA

Jürgen Landgrebe, Bundesumweltamt:

Das Bundesumweltamt steht der Verwendung von Rapsöl als nachwachsender Rohstoff positiv gegenüber, wenn es um den Einsatz biologisch abbaubarer Schmierstoffe und Hydrauliköle geht. Für diese Produkte (etwa Kettensägenschmieröle) wurde das Umweltzeichen „Blauer Engel" vergeben. Negativ bewertet das Umweltbundesamt aber den Einsatz von Rapsöl oder Rapsölmethylester als Ersatz für Dieselkraftstoff.

● Das gesamte Rapsölpotential in Deutschland reicht derzeit allenfalls, um 1,6 Prozent des benötigten Dieselkraftstoffs, entsprechend 0,3 Prozent der Rohölimporte, zu substituieren. Es geht also nicht um einen relevanten Beitrag zur Schonung fossiler Energiereserven.

● Eine wesentliche Reduktion klimarelevanter Gase ist durch den Rapseinsatz nicht zu erwarten, da der Anbau mit der Freisetzung von Lachgasen einhergeht, die zum Treibhauseffekt beitragen.

● Im Vergleich zur Stilllegung oder Wiederaufforstung von Flächen ist die Boden- und Grundwasserbelastung beim Rapsanbau durch Einsatz von Stickstoff und Herbiziden größer. Pro erzeugte Tonne Rapsöl bleiben 100 kg Stickstoff in Boden oder Grundwasser.

● Der Flächenverbrauch für nachwachsende Rohstoffe geht oft zu Lasten der Ausweisung von Flächen für Biotopvernetzung, Natur- und Artenschutz.

● Die Erforschung im Hinblick auf Ertragssteigerung oder Herbizidresistenz ist mit gentechnischen Risiken verbunden.

● Die Überschussprobleme der Landwirtschaft sind ökologisch sinnvoller durch flächendeckende Extensivierung zu lösen, als durch Nutzung eines Teils der Anbaufläche zur Stilllegung oder zum Anbau nachwachsender Rohstoffe.

● Mit gleichem finanziellen Aufwand wie zur Subventionierung des Einsatzes nachwachsender Rohstoffe erforderlich, können durch verbrauchs- und abgasmindernde Maßnahmen größere Effekte für Umwelt und Energieeinsparung erzielt werden.

Gefährdetes Trinkwasser

Probleme mit der Qualität des Trinkwassers gibt es seit langem. Große Cholera-, Thyphus- und Ruhrepedemien im 19. Jahrhundert zeugen davon. Allein in Preußen starben von 1831 bis 1873 ca. 400 000 Menschen an Cholera, größtenteils verursacht durch Abwässer, die das Trinkwasser verseucht haben.

Heute wird das Trinkwasser gefährdet durch die:
- Landwirtschaft. Sie setzt zur Ertragssteigerung anorganische phosphat-, stickstoff- und kaliumhaltige Düngemittel ein. Durch Auswaschung dieser nur zum Teil durch die Pflanzen aufgenommenen Nährstoffe kommen diese ins Grundwasser und so kann sich der Nitratgehalt des Grundwassers erhöhen.
  Bei der Schädlingsbekämpfung kommen Pestizide durch Auswaschung ins Oberflächenwasser und somit ins Grundwasser.
- Industrie: Sie trägt zur Gewässerverschmutzung bei. Der durch Einleitung u. a. von Kalibergwerken verursachte hohe Salzgehalt von Rhein, Werra und Weser bringt für die Aufbereitung von Flusswasser zu Trinkwasser große Probleme. Auch heute noch werden unsere Meere zur „Verklappung", also zur Ablagerung von zum Teil sehr gefährlichen Abfallstoffen, benutzt. Oft gelangen auch über Missverständnisse, Pannen, Brände und Unfälle gefährliche Schadstoffe in unsere Gewässer.
- Abwässer der privaten Haushalte. Die dort verwendeten Wasch- und Reinigungsmittel belasten die Abwässer mit Schadstoffen, die in den Kläranlagen oft nur teilweise ausgeschieden werden können. Dies liegt daran, dass man die Neutralisierung bzw. die Ausscheidung verschiedener Schadstoffe in großer Konzentration technisch noch nicht voll im Griff hat.

Schadstoffe im Wasser

Trinkwasser fällt unter das Lebensmittelschutzgesetz „und darf der Gesundheit nicht schaden". In der Trinkwasserverordnung von 1989 (TVO) wurden auf der Basis einer EG-Richtlinie die bakteriologische Beschaffenheit und die Höchstwerte für chemische und radioaktive Substanzen festgelegt.

Höchstwerte in dieser Verordnung sind (Auszug):

Arsen	0,04	mg/l
Blei	0,04	mg/l
Cadmium	0,005	mg/l
Chrom	0,05	mg/l
Cyanid	0,05	mg/l
Nickel	0,05	mg/l
Quecksilber	0,001	mg/l
Fuorid	1,5	mg/l
Nitrat	50,0	mg/l
Nitrit	0,04	mg/l
Polycyclische aromatische Kohlenwasserstoffe	0,0002	mg/l
Organische Chlorverbindungen	0,003–0,025	mg/l
Pestizidwirkstoffe	0,0001	mg/l

Nicht in der **Trinkwasserverordnung**, aber in der EG-Richtlinie sind u. a. für folgende Schadstoffe die Höchstwerte festgelegt:

Ammonium	0,5	mg/l
Chlorid	25,0	mg/l

Nitrat: Salz der Salpetersäure, das dem Boden als Dünger zugesetzt wird, um das Pflanzenwachstum anzuregen. Auch im industriellen Abwasser kann Nitrat enthalten sein. Im menschlichen Körper verwandelt sich Nitrat zu aggressivem Nitrit. Nitrat an sich ist nicht giftig, aber eine hohe Nitratkonzentration ist ein Indikator für die Gefahr, die von Nitrit ausgeht.

Nitrit: Salz der salpetrigen Säure, das z. B. durch Bakterien aus Nitrat gebildet wird. Im Magen des menschlichen Körpers können sich aus Nitrit zusammen mit Eiweiß Nitrosamine bilden, die Krebs erregend sind. Nitrit behindert den Sauerstofftransport des Blutes. Bei Säuglingen kann Nitrit, das sich aus stark nitrathaltigem Wasser gebildet hat, zu extremem Sauerstoffmangel (Blausucht) führen. Trotzdem wird Nitrit manchen Lebensmitteln als Konservierungsstoff beigefügt.

Ammonium: Ammonium entsteht durch die Zersetzung menschlicher und tierischer Ausscheidungen. Es ist ein Indikator für fäkalisch verunreinigtes Wasser, dessen Krankheitserreger bei Mensch und Tier Infektionen auslösen. Liegt der pH-Wert des Wassers stark im alkalischen Bereich, wandelt sich Ammonium in Ammoniak NH_3 um.

Trinkwasseruntersuchungen sind in regelmäßigen Abständen vorgeschrieben.

Chlorid: Chlorid im Wasser kann auf natürliche Weise z. B. durch die Nähe einer Sole verursacht sein. Belastet mit Chlorid werden Wasser und Boden aber hauptsächlich durch Industrieabwässer, Kunstdünger und den Einsatz von Streusalz im Winter. Chlorid im Wasser kann außerdem ein Indikator für fäkalische Verunreinigungen sein. Hohe Chloridkonzentrationen schädigen Pflanzen und Bäume. Beim Menschen können sie zu Nierenerkrankungen führen.

Phosphate: Phosphate kommen durch Waschmittel, Düngung und Fäkalien ins Wasser. Hohe Konzentrationen überdüngen das Wasser und fördern dadurch ein übermäßiges Wachstum von Wasserpflanzen (z. B. Algen). Sie vermindern den Lichteinfall und behindern so die Sauerstoffbildung in den tiefen Wasserschichten. Außerdem entziehen die zu Faulschlamm abgestorbenen Pflanzen dem Wasser Sauerstoff. Diese Vorgänge bezeichnet der Fachmann als Eutrophierung.

Pestizide: Pestizide sind in Pflanzenschutzmitteln enthalten. Überwiegend gehören Pestizide zur Gruppe der chlorierten Kohlenwasserstoffe. Diese bauen sich im Organismus von Lebewesen sehr langsam ab und können bei hoher Konzentration Krebs auslösen und schädlich für das Erbgut sein.

Messung der Wasserqualität

Wichtig ist, dass bei allen Messungen die Anleitungen für die verwendeten Messgeräte und Messverfahren exakt eingehalten werden. Bei extremen Werten empfiehlt sich eine mehrmalige Messung und Verwendung anderer Geräte bzw. Methoden.

Allgemeine Parameter (Messgrößen)
Der Sauerstoffgehalt des Wassers, sein pH-Wert und seine Leitfähigkeit sind Parameter, die grobe Aussagen über die Qualität des Wassers ermöglichen und damit die Grundlage für weitere aussagekräftigere Messungen liefern können.

Sauerstoffgehalt
Sauerstoff befindet sich als gelöstes Gas im **Wasser.** Je wärmer das Wasser ist, desto weniger Sauerstoff kann es binden. Der Sauerstoffgehalt wird in mg/l angegeben. Über eine Tabelle oder mit einem Messcomputer kann die prozentuale Sättigung des Wassers mit Sauerstoff (bezogen auf die max. mögliche) ermittelt werden.

pH-Wert
Der **pH-Wert** 0–14 gibt die Konzentration an Wasserstoffionen an und macht damit eine Aussage darüber, wie viel Säure bzw. Lauge im Wasser ist. Destilliertes Wasser hat den pH-Wert 7. Bei saurem Wasser liegt der pH-Wert unter 7, bei alkalischem Wasser über 7 (bis 14).

Leitfähigkeit
Destilliertes Wasser leitet den elektrischen Strom nicht. Je besser das Wasser den elektrischen Strom leitet, umso mehr Ionen enthält es. Die Ionenkonzentration wiederum ist ein Indikator für die Menge der im Wasser gelösten Salze. Hohe Ionenkonzentrationen sind auch auf natürliche Weise (z. B. im Meer- oder Solewasser) vorhanden. Die Leitfähigkeit des Wassers wird in Siemens pro Zentimeter (S/cm) angegeben.

Messverfahren
Die bei **Wasseranalysen** eingesetzten Messverfahren kann man untergliedern in:
– physikalische Verfahren (Messgeräte),
– chemische Verfahren (Reagenziensätze, Indikatorpapiere) und
– biologische Verfahren (Zeigertierchen).

Messungen mittels physikalischer und chemischer Verfahren können vor Ort ausgeführt werden.

Verschiedene Parameter können mit mehreren Verfahren ermittelt werden. So lässt sich z. B. der pH-Wert über Messgeräte oder über Reagenziensätze (Indikatorpapiere) ermitteln. Die meisten physikalischen und chemischen Messungen haben den Nachteil, dass sie nur eine Aussage über den Zustand des Gewässers zum Zeitpunkt der Messung machen können. Biologische Verfahren, z. B. die Bestimmung der Gewässergüteklasse über Zeigertierchen, lassen dagegen auch Aussagen über den Zustand in der Vergangenheit zu.

Biologische Zeigertierchen
Tiere im Wasser halten sich hauptsächlich in einem für sie günstigen Lebensraum auf. Eine Forelle z. B. bevorzugt im Gegensatz zu einer Ratte klares Wasser. Biologische Forschungen haben ergeben, dass es kleine Tierchen gibt, die in größerer Anzahl nur in Gewässern mit bestimmter Güte vorkommen (Abb. ②). Durch ihre Anwesenheit zeigen sie also die Güte des Gewässers an. Diese **Zeigertierchen** sind damit Repräsentanten für bestimmte Gewässergüteklassen.

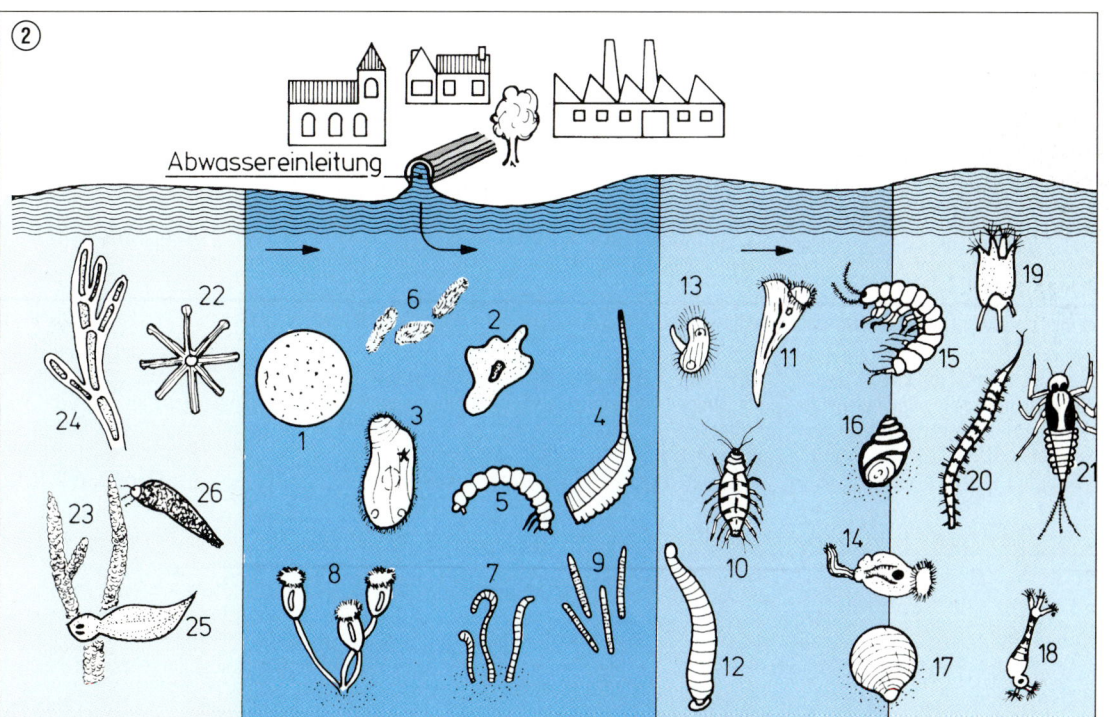

Legende:
1 Bakterien
2 Amöben
3 Pantoffeltierchen
4 Rattenschwanzlarve
5 Rote Zuckmückenlarve
6 Abwasserpilz
7 Schlammröhrenwurm
8 Glockentierchen
9 Schwefelbakterien
10 Wasserassel
11 Trompetentierchen
12 Schlammegel
13 Wimpertierchen
14 Rädertierchen
15 Flohkrebs
16 Deckelschnecke
17 Kugelmuschel
18 Mückenlarve
19 Rädertierchen
20 Borstenwurm
21 Eintagsfliegenlarve
22 Kieselalge (Kolonie)
23 Wassermoos
24 Grünalge
25 Planaria
26 Köcherfliegenlarve

Wassergüteklasse I – reines oder kaum verschmutztes Wasser
Wassergüteklasse IV – sehr stark verschmutztes Wasser
Wassergüteklasse III – stark verschmutztes Wasser
Wassergüteklasse II – mäßig verschmutztes Wasser

Nachweis von Schadstoffen im Wasser

Bau eines Photometers

In vielen Bereichen der Umwelttechnik wird der Nachweis von Schadstoffen und deren Konzentration mithilfe eines Photometers vorgenommen.

Grundprinzip eines Photometers

Beim Durchdringen von Materie (fester, flüssiger oder gasförmiger) wird die Lichtintensität geschwächt. Die Messung dieser „Lichtschwächung" nennt man Photometrie. Sie kann mit dem Auge oder einem lichtempfindlichen Widerstand (LDR) oder einem anderen technischen Bauteil vorgenommen werden.

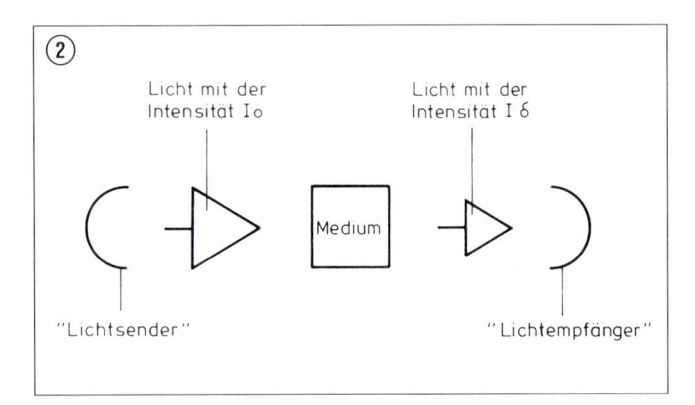

Messen wir die Lichtdurchlässigkeit von Wasser, so brauchen wir einen „Lichtsender" und einen „Empfänger" (Abb. ②). Unser Photometer arbeitet nach diesem Prinzip. Die Lichtschwächung wird verursacht durch die Bestandteile des Wassers, weil diese das Licht absorbieren. Sie ist abhängig von:
– der Länge des Weges durch das Wasser
und
– der Konzentration der absorbierenden Teilchen.

Trübungsmessung von Wasser

Ob Wasser trüb oder klar ist, kann man mit dem Auge erkennen. Allerdings sind Abstufungen mit dem Auge nicht objektiv festzulegen. Der eine hält noch für klar, was der andere schon als leicht trüb einstuft. Hier zeigt der Photometer objektive Werte an. Nun stellt sich aber die Frage: Ist trübes Moorwasser für Menschen und Umwelt schädlicher als ein fast klares, durch Lösungsmittel belastetes Wasser?

Nachweis von Schadstoffen mit dem Photometer

Aus dem Chemieunterricht wissen wir, dass mit Reagenzien in Flüssigkeiten bestimmte Stoffe nachgewiesen werden können. Gibt man eine festgelegte Menge der Reagenzien in die zu untersuchende Flüssigkeit, so zeigt ein Farbumschlag an, dass der gesuchte Stoff enthalten ist. Für viele Schadstoffe, die im Wasser enthalten sein können, gibt es solche Indikatorreagenzien.
Bei professionellen Geräten wird über Filter die Farbe des Lichtes, das von der Lichtquelle ausgeht, auf die Farbe der Nachweisreagenzie eingestellt.
Bei Messungen mit unserem selbst gebauten Gerät achten wir darauf, dass das von der Lichtquelle ausgesandte Licht nicht die gleiche Farbe hat wie der Farbumschlag, der gemessen werden soll. Beispielsweise soll für die Messung eines roten Farbumschlages nicht eine rote, sondern eine grüne LED verwendet werden.

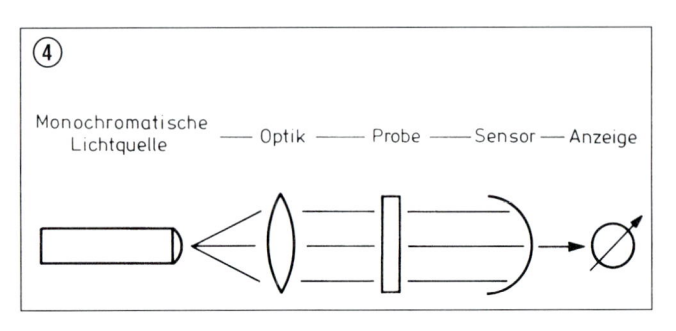

Stückliste zum Photometer			
Lfd. Nr.	Anzahl	Benennung	Werkstoff/Maße
1	1	Grundwinkel	Acrylglas 235 x 100 x 2 mm
2	1	Batteriehalter	Acrylglas 113 x 61 x 2 mm
3	1	Rohrhalter	Acrylglas 180 x 30 x 2 mm
4	1	Lötpunktrasterplatine	45 x 45 mm
5	1	Messkappe	Rundholz $\varnothing$ 25 x 38 mm lang
6	1	Messkappengriff	Rundholz $\varnothing$ 10 x 30 mm lang
7	1	Lichtträger	Rundholz $\varnothing$ 16 x 12 mm lang
8	1	Messrohr	Kupfer d_a = 18/ d_i = 16/l = 175
9	2	Senkkopfschraube	M3 x 20 mm
10	4	Mutter	M3
11	6	Reagenzglas	160 x $\varnothing$ 5 mm
12	1	Acrylglaskleber	
13	1	Zweikomponentenkleber	
14	1	Leuchtdiode	rot oder grün, $\varnothing$ 5 mm
15	1	Drehspulmessinstrument	kleiner 0,3 mA
16		Drehpotentiometer	10 k
17	1	Drehpotentiometer	liegend, 47 k
18	1	Lichtempfindlicher Widerstand	LDR 03
19	1	Flachbatterie	4,5 V
20	1	Widerstand	150 Ω
21	1	Widerstand	5,6 k
22	1	Ausschalter	
23	1	Diodenreflektor	für Leuchtdioden $\varnothing$ 5 mm
24	1	Doppellitze	

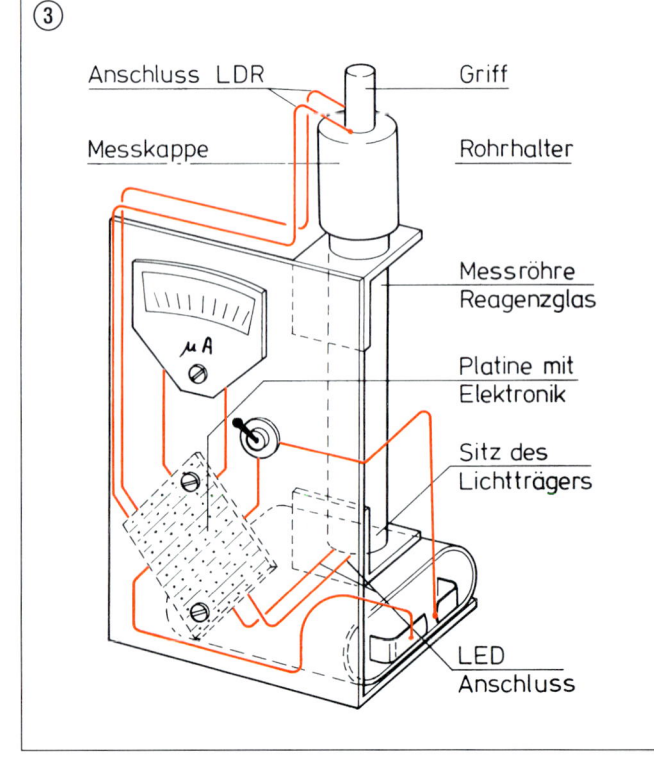

Tipps zur Herstellung eines Photometers

Anzeichnen
- Es empfiehlt sich, den Sägeschnitt, die Biegekanten und die Bohrungen mit einem Fettstift auf das Acrylglas aufzuzeichnen.

Bohren
- Alle Bohrungen in Acrylglas werden vor dem Biegen möglichst mit Acrylglasbohrern (Spitzenwinkel 80°) eingebracht.
- Die **Messkappe** wird im Zentrum mit einem Bohrer ⌀ 2 mm durchgebohrt. Danach wird die Bohrung mit Forstnerbohrern von einer Seite her mit 20 mm Durchmesser und 30 mm Tiefe und von der anderen Seite mit 10 mm Durchmesser aufgebohrt.
- Der **Lichtträger** wird mit einem Bohrer ⌀ 7 mm zentrisch durchgebohrt. Auf einer Seite wird die Bohrung mit einem Krauskopf ausgerieben, bis die Diodenfassung passt.

Warm umformen
- Mit einer Abkantvorrichtung können die Acrylglasteile geradlinig abgekantet werden (Abb. ①).
- Bei der Umformung des Batteriehalters wird die Flachbatterie als Biegehilfe verwendet.

Schaltung bauen
- Die Brückenschaltung wird gesondert auf einer Leiterplatte aufgebaut.
- Für die Befestigungsschrauben der Platine werden 2 Löcher mit ⌀ 2,5 mm gebohrt.

Allgemeine Hinweise
- Der LDR 03 muss leicht abgeschliffen werden, damit er in die Reagenzgläser passt.
- Das Messrohr muss innen mit Lack geschwärzt werden.
- Der LDR wird in das Sackloch der Messkappe eingeklebt.
- Das Messrohr muss auf der Diodenseite lichtundurchlässig gemacht werden.

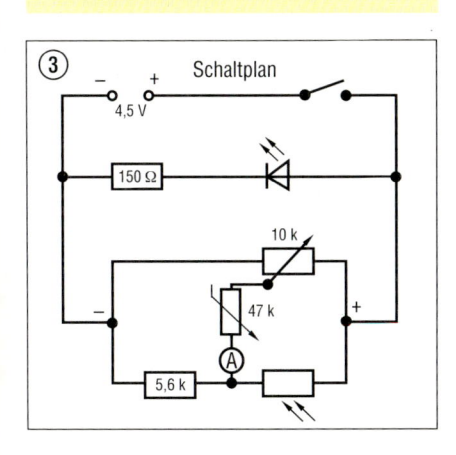

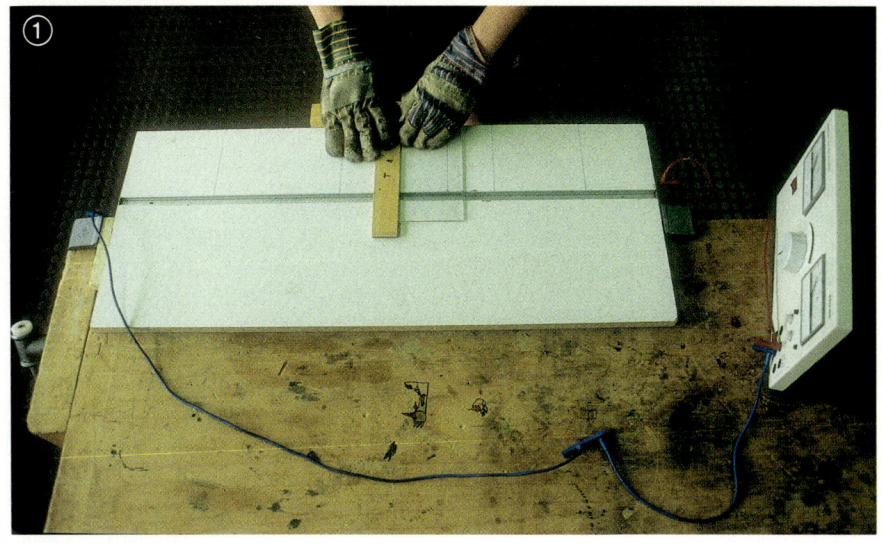

Abkanten der Plexiglasteile

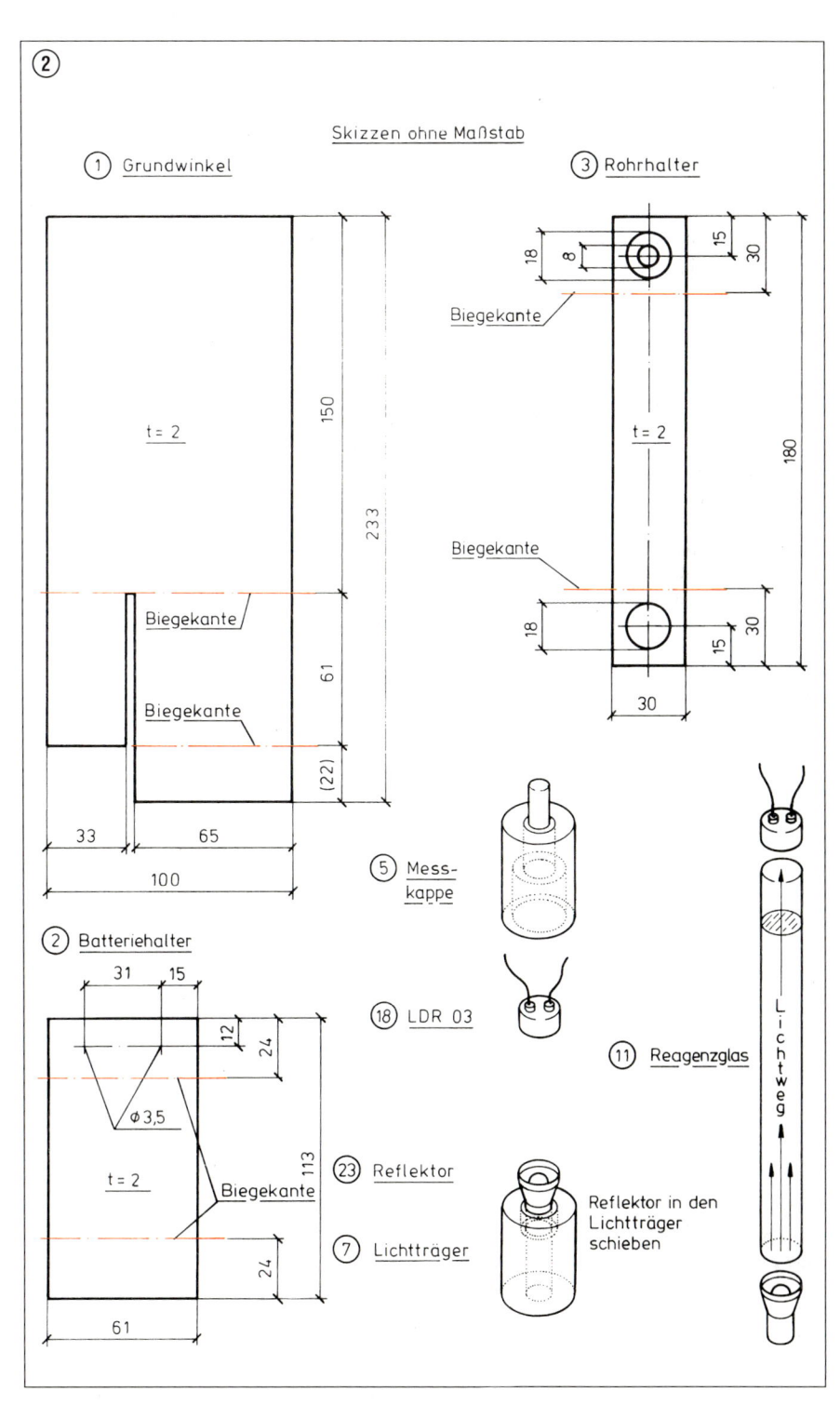

Messen mit dem Photometer

Messen heißt vergleichen. Zum Messen muss ein einheitlicher Maßstab vorhanden sein. Die Messungen müssen unter gleichen Bedingungen durchgeführt werden. Für das Messen mit unserem **Photometer** bedeutet dies, dass für alle Messungen Reagenzgläser des gleichen Typs verwendet werden und dass alle Gläser exakt die gleiche Flüssigkeitsmenge enthalten. Bei den in der Stückliste aufgeführten Duran-Reagenzgläsern 160 x 16 mm eignet sich eine Füllhöhe von 140 mm, was einem Inhalt von 20 ml entspricht. Die Füllhöhe sollte an allen Gläsern mit einem wasserfesten Stift angezeichnet werden.

Beim ersten Einsatz des Photometers oder nach einem Batteriewechsel ist darauf zu achten, dass der Zeigerausschlag von null in Richtung Vollausschlag bei trüber wie auch bei gefärbter Messflüssigkeit verläuft. Polung beachten! Vor jeder neuen Messreihe ist der Nullpunkt des Messwerks abzugleichen. Dazu wird eine klare Wasserprobe ins Messrohr genommen und die Einstellung am Spindelpotentiometer (10 kΩ) so verändert, dass der Zeiger des Messwerks auf null abgeglichen wird.

Messen der Wassertrübung

Eichung des Photometers am Beispiel einer Trübung durch Tinte

Auf unserem Messwerk können wir bei verschieden stark getrübten Messproben unterschiedliche Zeigerausschläge ablesen. Nicht direkt ablesen können wir auf ihm, wie viel Milligramm pro Liter (mg/l) vom nachzuweisenden Stoff in der Probe enthalten sind. Zur Führung eines solchen quantitativen (mengenmäßigen) Nachweises mit unserem Photometer wird eine Eichkurve erstellt. Dazu benötigen wir Eichproben, mit deren Hilfe wir die Eichkurve ermitteln:

- Zwei Tropfen königsblaue Tinte in 100 ml Wasser geben.
- Fünf Tropfen 25%ige Schwefelsäurelösung zur Farbstabilisierung dazumischen.
- Fünf Reagenzgläser bis zum Eichstrich folgendermaßen füllen.

Probe	Anteil an Tintenlösung	Anteil an Wasserzugabe
1	100%	–
2	75%	25%
3	50%	50%
4	25%	75%
5	–	100%

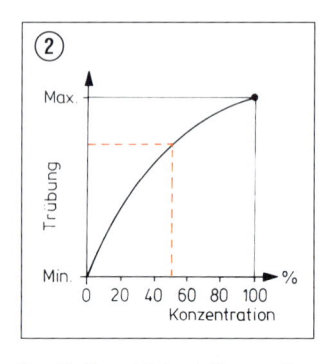

- Mit Probe 5 im Messrohr die Nullpunkteinstellung des Messwerks kontrollieren bzw. am Spindelpoti (10 kΩ) korrigieren.
- Mit Probe 1 im Messrohr den Maximalausschlag am Trimmwiderstand abgleichen (47 kΩ).
- Nach der photometrischen Messung der drei weiteren Proben alle fünf Messwerte in ein Diagramm (siehe Beispiel) eintragen und die Punkte zu einer Eichkurve verbinden.

Nun kann die Trübung von selbst gemischten oder aus Gewässern entnommenen Proben mithilfe des Photometers und der Eichkurve im Diagramm vergleichend bestimmt werden.

Messung von nicht sichtbaren Stoffen

Ermittlung einer Eichkurve für unsichtbare Stoffe im Wasser

Der nachzuweisende Stoff (meist ein Schadstoff) wird exakt dosiert in einer genau festgelegten Menge destillierten Wassers gelöst. Von dieser Ausgangslösung werden durch Verdünnung mit Wasser Proben mit genau festgelegter Konzentration gemischt. Mit der Nachweisreagenzie für den gelösten Stoff wird in den Proben ein Farbumschlag erzeugt. Über die verschieden intensiv gefärbten Proben werden mit dem Photometer Werte für die Eichkurve ermittelt.

Für viele Stoffe im Wasser kann auf diese Weise eine Eichkurve abgeleitet werden. Dabei ist darauf zu achten, dass die Farbe der Lichtquelle im Photometer und die Färbung, die die Reagenzie bewirkt, verschieden sind (☞ S. 100).

Ein Problem bei der Ableitung von Eichkurven für schulische Zwecke liegt darin, dass die zur Messung hergestellte Eichlösung und die verwendeten Reagenzien die Umwelt belasten. Wir wählen deshalb für unsere Versuche Stoffe, die in der verwendeten Dosierung ungefährlich sind.

Wenn die Eichkurve festgelegt ist, kann in beliebigen Wasserproben die Konzentration des nachzuweisenden Stoffes bestimmt werden (siehe Beispiel unten „Chlorid").

Wird ein Hauptbestandteil dieser Messung (Messgerät, nachzuweisender Stoff, Nachweisreagenzie) ausgetauscht, so muss eine neue Eichkurve erstellt werden.

Messung einer Chlorid-Konzentration

- 5 g Streusalz in 10 Liter Wasser lösen.
- Fünf Proben mit verschiedenen Konzentrationen abfüllen (Proben kennzeichnen).

Probe	Anteil an NaCl-Lösung	Wasserzugabe	Konzentration NaCl
1	100%	–	500 mg/l
2	50%	50%	250 mg/l
3	25%	75%	125 mg/l
4	10%	90%	50 mg/l
5	–	100%	0 mg/l

Allen fünf Proben eine Nachweisreagenzie für Chlorid nach Gebrauchsanweisung zugeben.

- Nach der Reaktionszeit mit Probe 1 und Probe 5 den Nullpunkt und den Vollausschlag abgleichen (siehe links).
- Die drei weiteren Proben photometrisch messen.
- Eichgrafik erstellen, gemessene Werte eintragen, Punkte zur Eichkurve verbinden.

Jetzt kann die Chloridkonzentration beliebiger Proben gemessen werden, wenn sie im Messbereich zwischen 0 und 500 mg pro Liter liegt.

Der Messbereich kann durch die Änderung der Konzentration von NaCl in der Ausgangslösung oder durch ein anderes Mischungsverhältnis der Proben vergrößert bzw. verkleinert werden.

Aufschlussreich sind Messungen mit dem Oberflächenwasser der Straßen in „salzreichen" Wintern. Dieses Oberflächenwasser kann in verschiedenen Stadien der Verdünnung (Pfütze auf der Straße, Abwasserkanal, Kläranlage) gemessen werden. Interessant ist auch die Nachprüfung der Angaben auf den Etiketten von Mineralwasserflaschen bezüglich des Chloridanteils. Diese Angaben sind erfahrungsgemäß recht genau, sodass sie auch zur Ableitung einer Eichkurve verwendet werden könnten.

Gewässerschutz – zwar teuer, aber erfolgreich

Der 22. März ist Internationaler Tag des Wassers. Das Landratsamt Esslingen hat aus diesem Anlass Bilanz gezogen und ist dabei zu einem durchaus positiven Ergebnis gelangt: Betrieblicher Umweltschutz hat die Gewässergüte nachhaltig verbessert.

ESSLINGEN ■ Vor zwanzig Jahren schrillten die Alarmglocken: „Das Neckarbett im Bereich des Regierungsbezirks Stuttgart droht im Schlamm zu ersticken. Zwischen Gundelsheim und Plochingen haben sich Millionen von Kubikmetern Schlamm in Neckar angesammelt", schlug der damalige Regierungspräsident Bulling Alarm. Keiner wusste, wohin mit dem Schlamm. Auch im Landkreis Esslingen war die Schwermetallbelastung der Ablagerungen im Neckar so hoch, dass ein Aufbringen auf landwirtschaftlichen Flächen nicht vertretbar gewesen wäre. Die heute für eine Verwertung heranzuziehenden Richtwerte für Kupfer, Chrom, Cadmium und Zink waren deutlich überschritten.

20 Jahre später hat sich die Lage wesentlich entspannt. Durch Ausbau der kommunalen Kläranlagen und insbesondere der Regenwasserbehandlung wurde der Sedimenteintrag um etwa 120 000 Tonnen pro Jahr verringert.

Im Bereich Plochingen bis Stuttgart fallen jährlich nur noch rund 10 000 Tonnen Neckarschlamm an. Neue Ablagerungen sind nur noch vergleichsweise gering mit Schwermetallen und anderen Stoffen belastet. „Ausschlaggebend für die ganz enormen Verbesserungen in diesem Bereich ist die systematische Abwasservorbehandlung aller wesentlichen Gewerbebetriebe. Die enormen Anstrengungen der Industrie und der Einsatz der Behörden zeigen Erfolg", meldet Landratsstellvertreter Dr. Gerhard Haag. Zwischenzeitlich müssen grundsätzlich alle Betriebe und Anlagen, bei denen das Abwasser gefährliche Stoffe enthält, ihr Abwasser vor Einleitung in eine öffentliche Abwasseranlage nach dem Stand der Technik reinigen und den gesamten Produktionsprozess so organisieren, dass möglichst wenig Schadstofte in die Umwelt gelangen können. Wichtig sind dabei auch Maßnahmen zur Verringerung der Abwassermenge. Eine Halbierung der Abwassermenge trägt ebenso zur Frachtverminderung bei wie eine Verdoppelung der Reinigungsleistung.

Im Landkreis Esslingen wurde bei etwa 70 Metall verarbeitenden Betrieben der Schwermetalleintrag in die Kanalisation oder ins Gewässer deutlich verringert. In ausgiebigen Beratungen wurden zwischen den Sachverständigen der Umweltverwaltung und den Betrieben oft neuartige und zukunftsweisende Lösungen gefunden.

Aus den über 200 Zahnarztpraxen im Landkreis Esslingen gelangte bis vor kurzem Quecksilber aus Amalgamfüllungen in bedeutendem Umfang in den Abwasserstrom. Mittlerweile haben alle Praxen die fast 800 Behandlungsplätze an Amalgamabscheider angeschlossen. Damit dürften etwa 95 Prozent der Amalgamreste zurückgehalten werden, im gesamten Landkreis etwa 100 kg/Jahr. In Baden-Württemberg wurden im produzierenden Gewerbe von 1975 bis 1994 für Investitionen in den Gewässerschutz etwa 10 Milliarden Mark aufgewendet.

Die Investitionen für die kommunale Abwasserbeseitigung im gleichen Zeitraum betrugen etwa 35 Milliarden Mark.

Reinigung von belastetem Wasser

Schmutz und Schadstoffe können aus dem Wasser durch
- mechanische,
- chemische,
- biologische

Reinigungsstufen entfernt werden (☞ S. 104, 105).

Die Tatsache, dass Stoffe, die schwerer als **Wasser** sind, absinken, wird in den so genannten Absetzbecken ausgenutzt. Andere Wasserreinigungsgeräte, z. B. der Ölabscheider, arbeiten nach dem Prinzip, dass leichtere Stoffe an der Oberfläche schwimmen und abgeschöpft werden können.

Ölabscheider

Ein Tropfen Öl reicht aus, um 1000 l Trinkwasser ungenießbar zu machen. Damit kein Öl in das Abwassersystem oder ins Erdreich kommt, ist überall dort, wo diese Gefahr besteht, der Einbau eines Ölabscheiders vorgeschrieben (Autowaschplätze, Werkstätten).

Gewässerreinigung durch Filter

Das bekannteste Verfahren zur Entfernung von Schmutz und Schadstoffen ist die Ausfilterung.

Mit Filtersystemen können nicht nur Feststoffe und Schwebstoffe aus dem Wasser entfernt werden, sondern zum Teil auch im Wasser gelöste Schadstoffe: Bestimmte chemische Elemente reagieren miteinander und verbinden sich dabei. Bei der Gewässerreinigung nützt man dieses Bindungsverhalten zur „Ausfällung" von Schadstoffen. Beispiel:

In **Abwässern** befindet sich oft Phosphat in gelöster Form. Gibt man dem Abwasser Eisen(III)chlorid bei, so reagiert dieses mit dem Phosphat zu Eisenphosphat. Dieses bildet sich als Schwebstoff und kann somit ausgefiltert werden.

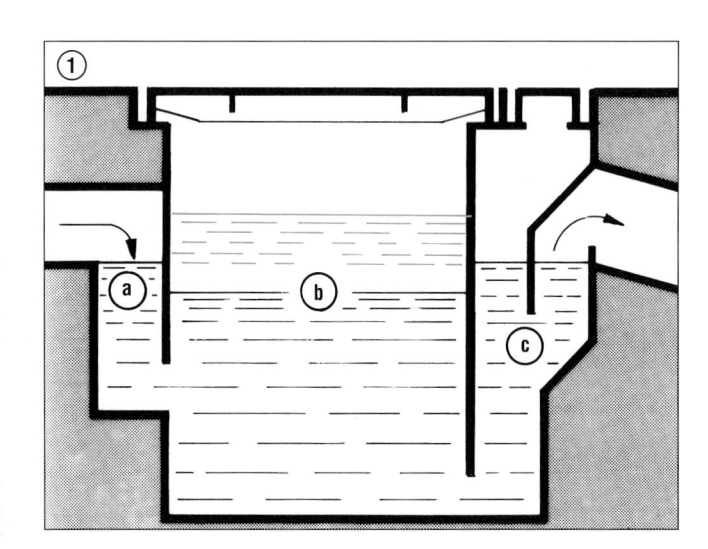

Wie funktioniert ein Ölabscheider?

Die Abbildung zeigt einen **Ölabscheider** ohne selbsttätigen Verschluss. Die Strömgeschwindigkeit des über den Einlauf ⓐ einströmenden verunreinigten Wassers nimmt in der Abscheidekammer ⓑ aufgrund ihres Volumens ab. Öl, das ja leichter ist als Wasser, kann dadurch aufsteigen. Steigt der Wasserstand im Ölabscheider an, so überläuft der Auslauf ⓒ, wobei aus der Abscheidekammer nur Wasser aus dem unteren Bereich, aus dem das Öl abgeschieden ist, nachläuft.

Sicherer arbeiten Ölabscheider mit selbsttätigem Schwimmerverschluss. Der Schwimmerverschluss, der zwar vom Wasser, aber nicht vom Öl angehoben werden kann, bewirkt, dass bei extremen Zuständen, z. B. wenn die Abscheidekammer ganz mit Öl gefüllt ist oder wenn sich in ihr kein Wasser befindet (heißer Sommer), der Verschluss sich nicht öffnet. Damit kann Öl, das einmal im Ölabscheider ist, nicht mehr in das Kanalsystem gelangen.

Die Kläranlage

Verschmutztes und belastetes **Wasser**, also **Abwasser**, kann in einer begrenzten Menge von der Natur gereinigt werden. In einem intakten Gewässer sorgen folgende Faktoren für eine Selbstreinigung auf natürliche Weise:
– Absetzmöglichkeiten für Schwebstoffe,
– Sauerstoffanreicherung durch Sonneneinstrahlung oder Wellen,
– Abbau von Schadstoffen durch Mikroorganismen, Pflanzen und Tiere.

Wir Menschen verschmutzen das Wasser im Haushalt und Gewerbe so stark, dass die Natur bei der Reinigung überfordert ist. Flüsse und Seen würden bei der direkten Einleitung unserer Abwässer „umkippen". Aus diesem Grunde müssen unsere Abwässer in Kläranlagen (Abb. ①) vorgereinigt werden.

Der Prozess, den das Abwasser in einer **Kläranlage** durchläuft, entspricht dem Reinigungsprozess der Natur. Er läuft in der Kläranlage bedingt durch den großen technischen Aufwand intensiver ab, wodurch auf kleinem Raum viel Wasser geklärt, also vorgereinigt werden kann. Moderne Kläranlagen (Abb. ②) verfügen über:
– **mechanische Reinigungsstufen,**
– **biologische Reinigungsstufen**
und
– **chemische Reinigungsstufen.**

Mechanische Reinigungsstufen

Häusliche und gewerbliche Abwässer werden in einem aufwendigen Kanalsystem, der „Kanalisation", gesammelt und der Kläranlage zugeführt.

Damit bei überdurchschnittlichem Abwasseraufkommen, z. B. nach einem Platzregen, Kläranlagen nicht „überschwemmt" werden, wird Regenwasser in Rückhaltebecken aufgefangen. Im Regenrückhaltebecken wird das Wasser durch das Absinken der vom Wasser mitgeführten Stoffe „vorbehandelt". Aus diesen Stauräumen wird es in Zeiten, in denen die Kläranlage nicht ausgelastet ist, dieser zugeführt.

In der Kläranlage gelangen die Abwässer zunächst in die Rechenanlage, wo grobe Schweb- und Schwimmstoffe von gitterartig angeordneten Stäben des Rechens festgehalten werden. Der Rechen wird laufend maschinell gereinigt und das Rechengut einer Mülldeponie zugeführt.

Der nachfolgende Sandfang besteht aus einem runden oder rechteckigen Absetzbecken. In ihm wird die Fließgeschwindigkeit des Abwassers so stark herabgesetzt, dass seine Schleppkraft nicht mehr zur Mitführung von Sand ausreicht. Dieser sinkt auf den Beckenboden ab und wird von dort abgesaugt oder mit Räumern entnommen.

Nach dem Durchfließen eines Fett-Ölabscheiders (☞ S. 103) gelangt das Abwasser in ein Absetzbecken, das als Vorklärbecken bezeichnet wird. Im Vorklärbecken (Seite 105, Abb. ①), setzen sich organische und mineralische Stoffe mit unterschiedlicher Sinkgeschwindigkeit ab.

Die durchschnittliche Durchflusszeit durch dieses Becken beträgt ca. 1,5 Stunden. Das so vorgeklärte Wasser läuft am Beckenende über eine höhenverstellbare Überlaufkante in eine Sammelrinne. Der abgesetzte Schlamm wird von einem Räumer erfasst und ganz langsam, sodass er nicht wieder aufwirbelt, zum Schlammsumpf geschoben und von dort abgesaugt.

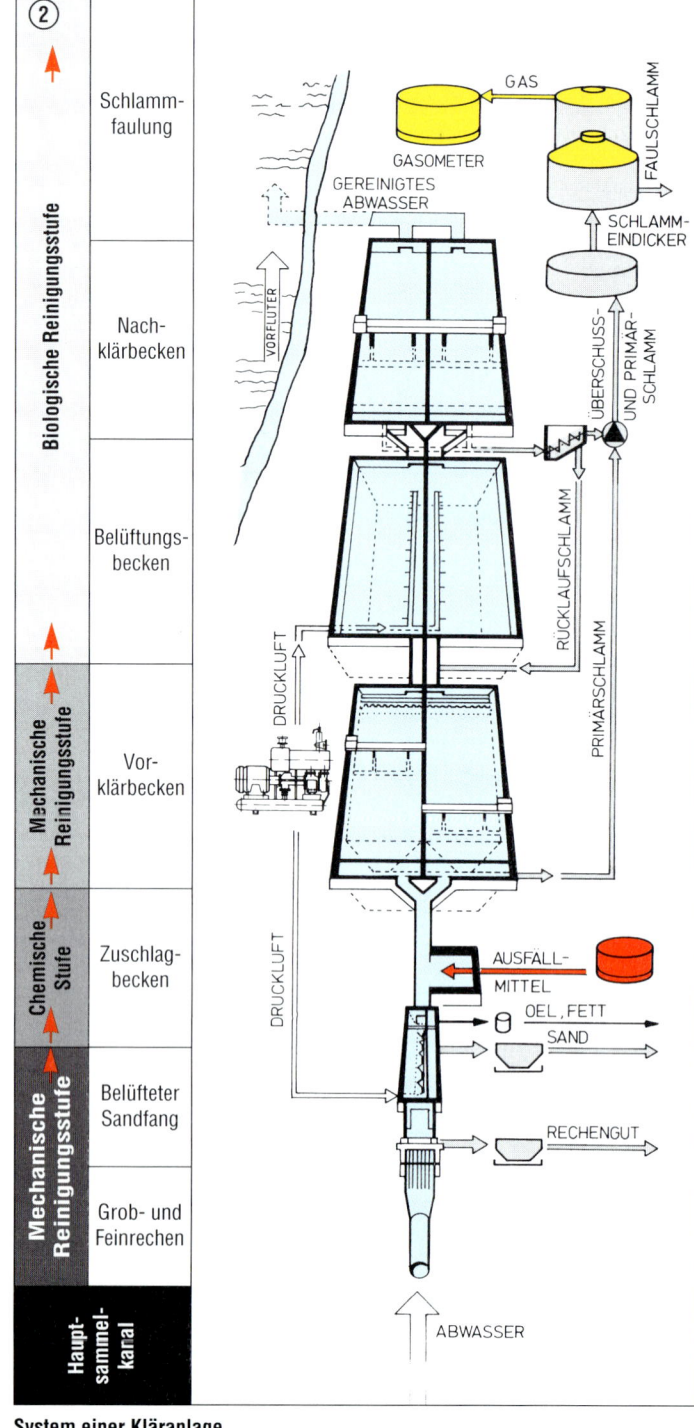

System einer Kläranlage

Biologische Reinigungsstufen

Das Abwasser wird in Belebungsbecken gereinigt, indem die in ihm gelösten Schadstoffe von Mikroorganismen abgebaut (aufgenommen) werden. Die Mikroorganismen setzen sich dann als „**Klärschlamm**" ab.

Der von den Mikroorganismen benötigte Luftsauerstoff wird mit Belüftungskreiseln, die an der Oberfläche des Belebungsbeckens rotieren, eingemischt. In modernen Anlagen wird komprimierte Luft über Luftdüsen, die im Boden des **Belebungsbeckens** eingebaut sind, zugeführt. Die Belüftungszeit beträgt etwa 6,5 Stunden. Die abbauenden Mikroorganismen bilden im Belebungsbecken flockenartige Ansammlungen (Belebtschlamm).

Im **Nachklärbecken,** der letzten Stufe der **Kläranlage,** setzt sich der Belebtschlamm durch sein Gewicht auf dem Boden ab und wird abgeräumt bzw. abgesaugt. Ein Teil des Belebtschlamms wird zur Erhaltung der Mikroorganismenkulturen wieder ins Belebungsbecken zurückgepumpt.

Behandlung des Klärschlamms

Der zu 98 % aus Wasser bestehende Klärschlamm wird durch Absetzen eingedickt und danach in die so genannten Faultürme gepumpt, wo er ca. 20–30 Tage bleibt. Unter Luftabschluss zersetzen anaerobe Bakterien diesen Schlamm, wobei Methangas (CH_4) entsteht, das in den meisten Kläranlagen zur Deckung des Energiebedarfs verwendet wird.

Die weitere Verwendung bzw. der Verbleib des Klärschlamms bereitet den Kläranlagen große Probleme. Grundsätzlich ist er zur Düngung von landwirtschaftlich genutzten Flächen bestens geeignet, wenn er keine Schadstoffe mehr enthält. Da aber in einem Großteil des untersuchten Klärschlamms Schadstoffe wie z.B. Schwermetalle nachgewiesen werden, muss dieser zunehmend entweder in Deponien endgelagert oder in Verbrennungsanlagen verbrannt werden.

Chemische Reinigungsstufe

Oft enthält das Abwasser Substanzen, die nur über eine chemische Reinigungsstufe beseitigt werden können.

Sind in ihm z. B. größere Mengen von Phosphaten enthalten, so kann der Phosphatgehalt folgendermaßen reduziert werden:

Dem Abwasser wird, bevor es in das Belebungsbecken gelangt, Eisen(III)chlorid in flüssiger oder pulveriger Form beigemischt. Damit befinden sich u. a. die chemischen Substanzen Eisen(III)chlorid ($FeCl_3$) und das als Schadstoff enthaltene Natriumphosphat (Na_3PO_4) im Abwasser. Die Eisenionen des Eisens(III)chlorid verbinden sich mit den Phosphationen des Natriumphosphat zu Eisenphosphat.

$Fe_{3+} + PO_4^{3-} \rightarrow FePO_4 \downarrow$

Weiter entsteht Kochsalz (NaCl) in gelöster Form. Das Eisenphosphat bildet sich in Form von Flocken, die sich entweder am Boden absetzen und vom Räumer entfernt oder von einem Filter ausgesiebt werden. Dieser Prozess wird als Ausfällung bezeichnet.

Liegt der pH-Wert des Abwassers, z.B. bei Industrieabwässern, nicht zwischen 6–9, so muss dieses vor der Einleitung in das Kanalnetz durch Zugabe von Säuren oder Laugen neutralisiert werden.

Klärwerk für die Landeshauptstadt

Das Stuttgarter Klärwerk im Stadtteil Mühlhausen wird laufend modernisiert. Gegenwärtig wird die Anlage zur biologischen Reinigung der Abwässer der 585 000 Einwohner der Stadt erheblich erweitert. Die strengen Anforderungen der Europäischen Union, die von 2002 an gelten, verlangen bis dahin Investitionen von mehr als 150 Millionen Mark. Das Klärwerk am Neckar ist das größte seiner Art am Fluss. 4000 Liter gereinigtes Abwasser werden pro Sekunde in den Neckar eingeleitet.

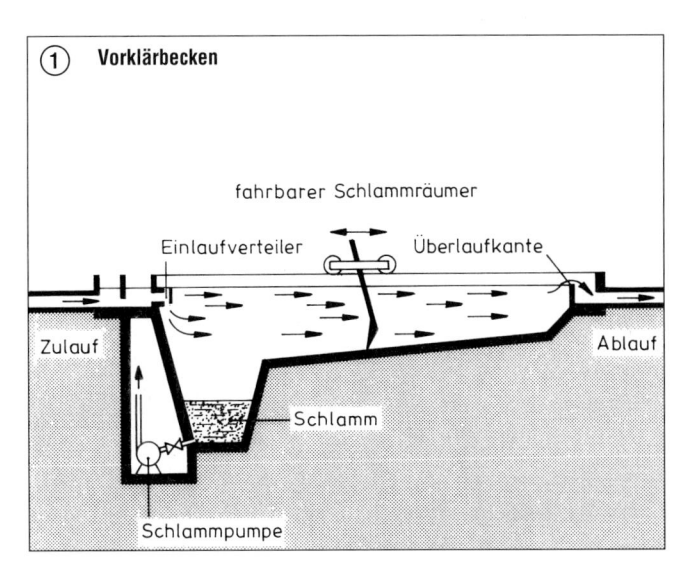

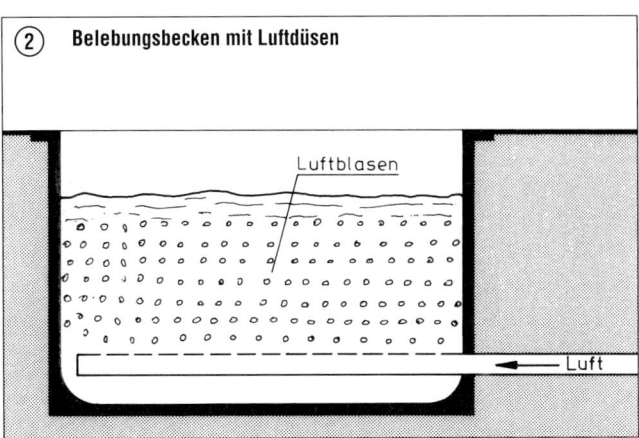

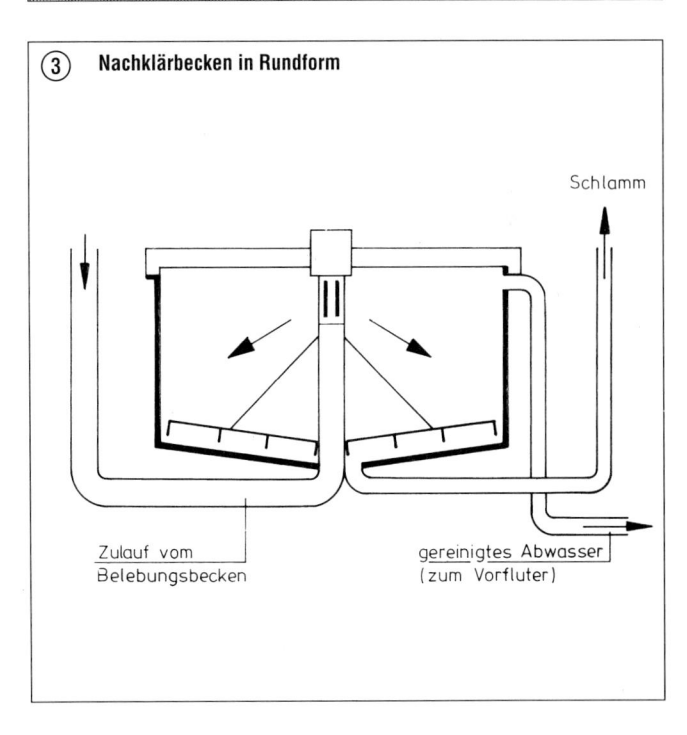

① **Vorklärbecken**

② **Belebungsbecken mit Luftdüsen**

③ **Nachklärbecken in Rundform**

Beispiel für die Mengenverhältnisse in einer Kläranlage:

In der Kläranlage des Abwasserzweckverbandes Riedlingen, die für die Abwässer von 60 000 Menschen ausgelegt ist, fallen innerhalb eines Tages im Durchschnitt etwa folgende Mengen an:

10 000 m³	Schmutzwasser (Rohabwasser)
1,5 m³	Sand
1 m³	Rechengut
100 m³	abgesetzter bzw. ausgefilterter Klärschlamm
1 400 DM	Energiekosten für Strom und Öl
750 kg	Eisen(III)chlorid als Zugabe zur Phosphatausfällung

Trinkwasser sparen

UMWELT / Kostbare Ressource wird verschwendet

1,1 Milliarden Menschen haben nicht genug Wasser zum Leben. In Paris beraten daher Politiker und Experten aus 80 Staaten über einen Ausweg aus der Krise.

PARIS ■ Weltweit hat nur jeder Fünfte Zugang zu sauberem Wasser. Die Folge: Jährlich sterben laut Auskunft der Unicef sechs Millionen Kinder an Krankheiten, die durch verschmutztes Wassers übertragen werden.

Obwohl Wasser vor allem in den Entwicklungsländern knapp ist, wird gerade dort oft verschwenderisch damit umgegangen. Die Landwirtschaft benötigt in diesen Ländern doppelt so viel Wasser pro Hektar wie in den Indtistriestaaten – und das für eine erheblich geringere Produktion. Auch beim privaten Konsum fällt die Bilanz negativ aus: Zwar verbrauchen Afrikaner im Schnitt nur 30 Liter Wasser am Tag, während Europäer täglich 200 Liter und die US-Amerikaner 600 Liter benötigen Doch bei genauerem Hinsehen zeigt sich, dass in den Dritte-Welt-Ländern die Wohlhabenden die Verschwender sind, während die Ärmsten oft überhaupt keinen Zugang zu sauberem Wasser haben.

Doch nicht nur das Trinkwasser, auch das Abwasser ist ein Problem. Nur die Hälfte der Menschen ist weltweit an eine Kanalisation angeschlossen. In Slums sind einfache Latrinen ein Luxus.

Eine weitere Schwierigkeit: In schlechten Leitungen versickern bis zu 50 Prozent des Trinkwassers. Und das nicht nur in den Entwicklungsländern. Auch in Industriestaaten wie Norwegen verschwindet die Hälfte des Trinkwassers im Boden. Neben Italien haben die Skandinavier daher mit 260 Litern den höchsten Wasserverbrauch in Europa.

Wie eine Fontäne ist in den vergangenen Jahren der Kubikmeterpreis für das kühlende Nass in die Höhe geschossen. In 20-Pfennig-Schritten kletterte er von 1,60 Mark im Jahr 1980 auf 3,75 Mark in diesem Jahr. Nur der Grundpreis von sechs Mark blieb seit 1986 unverändert. Die Wasserversorgung hat nicht zu Unrecht ihren Preis: Seit jeher ist sie in Stuttgart ein aufwendiges und kostspieliges Unterfangen. Heute wird es von der Schwäbischen Alb und aus dem Bodensee in die Landeshauptstadt gepumpt.

Das in neun Druckzonen unterteilte Stadtgebiet muss aus 56 Wasserspeichern gespeist werden. Auch die Instandhaltung des 2000 Kilometer langen Leitungsnetzes verschlingt Geld. Ein Prozent der Rohre wird pro Jahr getauscht. „Wir investieren jährlich etwa 15 Millionen Mark", sagt Burkhardt von den Neckarwerken.

Doch die Kapazität wird schon seit langem nicht mehr voll ausgenutzt. Nachdem der Verbrauch in den 70er Jahren mit über 50 Millionen Kubikmetern den Höhepunkt erreicht hatte, wies er 1996 mit 40,5 Millionen den niedrigsten Stand seit 1965 auf.

Diese Entwicklung hat die Industrie wesentlich mitbestimmt. Allein im Daimler-Benz-Werk in Untertürkheim sank der Trinkwasserverbrauch von 1980 bis 1997 um die Hälfte, berichtet der Umweltschutzbeauftragte Gerhard Winter. „Die wichtigsten Maßnahmen sind geschlossene Kreisläufe und optimierte Spültechniken." Aber auch sparsame Haushaltsgeräte und ein wachsendes Umweltbewußtsein der Verbraucher haben dazu beigetragen. Heute liegt der Pro-Kopf-Verbrauch bei etwa 120 Litern täglich – ein Wert, den in den 50er Jahren niemand für möglich gehalten hätte.

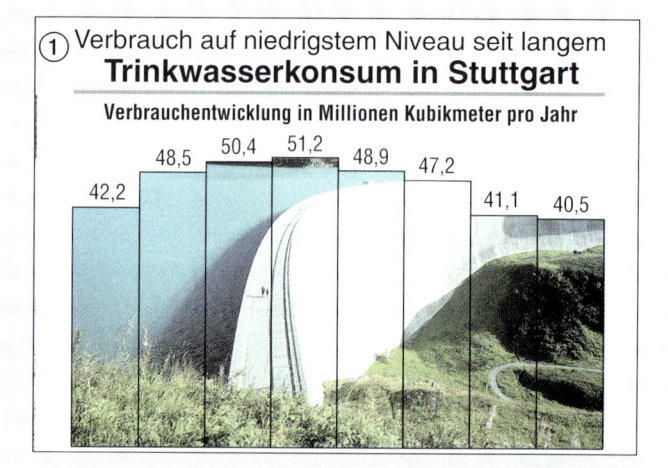

① Verbrauch auf niedrigstem Niveau seit langem
Trinkwasserkonsum in Stuttgart
Verbrauchentwicklung in Millionen Kubikmeter pro Jahr

42,2 | 48,5 | 50,4 | 51,2 | 48,9 | 47,2 | 41,1 | 40,5

WARENTEST /
Wasser sparende WC-Spülungen

Der sparsame Umgang mit Trinkwasser schont die Umwelt und senkt die Wasserrechnung. Zu diesem Ergebnis kommt die Stiftung Warentest nach der Untersuchung von elf Wasser sparenden Spülkästen

BERLIN ■ Wassersparen funktioniert meist auf zweifache Weise: Erstens lässt sich die Wassermenge für eine Vollspülung auf 6 Liter begrenzen – gegenüber 9 bis 14 Litern bei alter Technik eine deutliche Reduzierung. Die zweite Chance zum Sparen bieten die Produkte bei der Urinbeseitigung. Hier kann der Benutzer mit einem speziellen Tastendruck veranlassen, dass nur etwa 3 l Trinkwasser fließen. Da kleine Geschäfte viel häufiger als große sind, ist das daraus resultierende Sparpotential besonders groß. Mit einer Modellrechnung beweist die Stiftung Warentest, dass ein Mehrpersonenhaushalt durch Umrüstung auf Wasser sparende WC-Technologie innerhalb von 10 Jahren mehr als 2000 DM sparen kann.

② **WARENTEST-KOMPASS** — WASSER SPARENDE WC-SPÜLUNGEN

	Mittlerer Preis in DM ca.	Preisspanne in DM ca.	Spülen	Haltbarkeit	Umwelteigenschaften	Handhabung	Qualitätsurteil
Gewichtung			40 %	20 %	20 %	20 %	
Aufputzkästen							
Spülung a)	36,–		++	++	0	–*)	zufriedenst.
Spülung b)	70,–	60,– bis 80,–	+	++	0	+	gut
Spülung c)	78,–	67,– bis 88,–	+	+	+	+	gut
Spülung d)	100,–	95,– bis 110,–	+	++	+	+	gut
Spülung e)	110,–	83,– bis 130,–	+	++	+	++	gut
Spülung f)	120,–	100,– bis 135,–	++	++	+	+	sehr gut
Spülung g)	120,–		+	++	+	+	gut
Spülung h)	145,–	135,– bis 155,–	++	++	+	+	sehr gut
Spülung i)	145,–	135,– bis 155,–	+	++	+	+	gut

Müll als Problem

Alle Ansätze zur Lösung des **Müllproblems** müssen folgende Faktoren berücksichtigen:
1. Müllvermeidung
2. Wertstoffrückgewinnung
3. Kompostierung
4. Deponierung/Verbrennung

Die Reihenfolge 1.–4. stellt eine Wertung dar, die heute allgemein anerkannt ist und in den Abfallgesetzen festgeschrieben wird.

Kleines Abfall-Lexikon

■ **Abfälle** sind bewegliche Sachen, deren sich der Besitzer entledigen will oder deren geordnete Beseitigung zur Wahrung des Wohls der Allgemeinheit, insbesondere des Schutzes der Umwelt, notwendig ist. Abfallarten sind z. B. die kommunalen Abfälle (Hausmüll, Sperrmüll), Gewerbeabfälle, Klärschlamm, tierische Reststoffe, Altreifen, Autowracks und die Sonderabfälle. Der A. besteht aus verwertbaren Bestandteilen (Wertstoffen) und nicht verwertbaren Stoffen (Restmüll). Derzeit beseitigt man die anfallenden Abfälle durch geordnete Ablagerung (auf Deponien), durch Abfallverbrennung und durch Abfallverwertung (z. B. Kompostieren, Recyceln). Die ordnungsgemäße Entsorgung von Abfällen wird im Abfallgesetz geregelt.

Ab 1986 trat das neue Bundes-Abfallgesetz, 1996 das Kreislaufwirtschaftsgesetz, in Kraft. In ihnen wurden erstmals die Grundsätze einer modernen Abfallwirtschaft verankert:
– Abfälle sind grundsätzlich zu vermeiden;
– nicht vermeidbare Abfälle sind zu verwerten;
– nicht verwertbare Abfälle sind umweltschonend zu entsorgen.

■ **Recycling** ist die Rückgewinnung von Rohstoffen aus Abfällen. Vorteile des Recyling sind die Verminderung der Abfallmenge bei gleichzeitiger Schonung knapper werdender Rohstoffe; umweltverträglichstes R. ist die Verwertung. Wachsender Bedarf an Rohstoffen und Energie sowie steigende Rohstoffpreise machen das R. zunehmend wirtschaftlicher.

Voraussetzung für die Rückgewinnung ist entweder leichte Abtrennbarkeit von anderen Abfallbestandteilen (Sortierung) oder eine getrennte Sammlung.

■ **Hausmüll** sind feste Abfälle aus Haushaltungen und aus Gewerbebetrieben, Anstalten, Hotels und Gaststätten, Kantinen, Wirtschafts- und Verwaltungsgebäuden mit hausmüllähnlichem Charakter wie z. B. Speisereste und Küchenabfälle, Papierreste, Heizungsrückstände und kleine Gebrauchsgegenstände, die in die bei der Müllabfuhr ortsüblichen Behälter passen.

■ **Hausmüllzusammensetzung**
– kompostierbarer Anteil 42,4 %
– Papier, Pappe 20,0 %
– Glas 11,6 %
– Kunststoffe 6,1 %
– Metalle 3,9 %
– Textilien 1,4 %
– SONDERABFALL 1,0 %
– Rest (Sonstiges) 13,6 %

■ **Sonderabfall** ist Abfall, der aufgrund seiner Umwelt gefährdenden Eigenschaften nicht auf normalen Hausmülldeponien abgelagert werden kann. Als besonders problematische Sonderabfälle sind z. B. zu nennen: Lösemittel, Industrieschlämme (Härtesalze etc.), Säuren, Krankenhausabfälle, Pflanzenschutzmittel-Reste, Filterstäube aus Verbrennungsanlagen, die Dioxine oder Furane oder PCB enthalten.

Die Entsorgung solcher Stoffe unterliegt einer besonderen Überwachung gemäß § 2 Abs. 2 des Abfallgesetzes (Überwachung durch den Wirtschaftskontrolldienst). Welche Abfallsorten im Einzelnen zum Sonderabfall gehören, regelt die Abfallbestimmungsverordnung.

Müllvermeidung – Einfälle statt Abfälle

„Den Müll, den man erst gar nicht entstehen lässt, braucht man nicht zu entsorgen!" Möglichkeiten zur Anwendung dieser einfachen Weisheit gibt es genug, so z. B.
– keine Plastiktüten, sondern Einkaufstaschen und -körbe verwenden,
– beim Einkauf einfach verpackte Produkte wählen oder die Verpackung beim Verkäufer zurücklassen,
– Mehrwegflaschen bevorzugen,
– Sprühflaschen mit Pumpzerstäuber gegenüber Spraydosen bevorzugen.

Verpackungen haben einen großen Anteil an unserem Hausmüll (Abb. ②). Deshalb lässt sich **Müllvermeidung** hier am besten praktizieren.

Entsorgungsarten

Abfallmenge nahezu halbiert

STUTTGART ■ In den vergangenen acht Jahren haben sich in Baden-Württemberg die Mengen des sogenannten Siedlungsabfalls halbiert. Wie das Statistische Landesamt in Stuttgart berichtete, ging die Menge der Abfälle einschließlich des Mülls aus dem gewerblichen Bereich von 30,9 Millionen Tonnen auf 14,9 Millionen Tonnen zurück.

Es seien 1997 rund 1,1 Millionen Tonnen Bio- und Grünabfälle und 1,5 Millionen Tonnen Wertstoffe gesammelt worden, was nahezu eine Verdreifachung beziehungsweise eine Verdoppelung der wiederverwertbaren Mengen bedeutete.

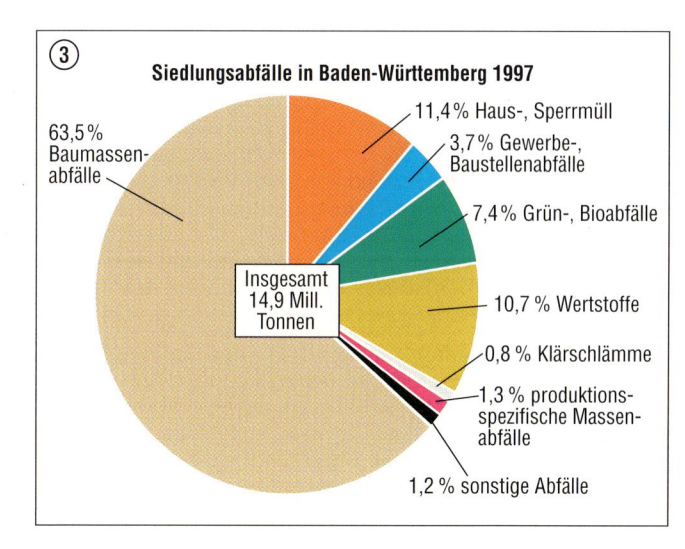

Wertstoffsammlung

Abbildung ① zeigt, welche Arten und welche Mengen von Wertstoffen in Baden-Württemberg gesammelt wurden. Pro Person der Bevölkerung wurden damit ca. 148 kg Wertstoffe gegenüber ca. 40 kg vor zehn Jahren gesammelt. Ca. 4/5 der **Wertstoffe** wurden sortenrein erfasst, was zeigt, dass sich **Wertstofftrennung** (Abb. ②) durchsetzt. Die Tatsache, dass in Städten und Landkreisen mit gut organisiertem Sammelsystem besonders gute Ergebnisse erzielt wurden, zeigt, dass aufgrund von Unwissenheit oder Bequemlichkeit sich noch viele Wertstoffe im Mülleimer oder im Sperrmüll befinden.

Altkleider

Abgelegte Kleider und Textilien sollte man bis zur nächsten Sammlung aufbewahren oder in die entsprechenden Textilcontainer geben.

Altmetall

Eisen, Messing, Blei, Kupfer und Aluminium sind Wertstoffe, die zum Schrotthändler, in den Sammelbehälter oder zu Sammlungen von Vereinen gehören.
Rückgewonnen werden z. B. Zinn (zu 49 %), Blei (zu 48 %), Kupfer zu (40 %), Eisen (zu 90 %), Aluminium (zu 30 %) und Zink (zu 25 %).

Altpapier

Heute schon werden ca. 45 % des verbrauchten Papiers gesammelt und der Wiederverwertung zu Recyclingpapier zugeführt. Zu dieser hohen Rückflussrate tragen aber hauptsächlich die gewerblichen Papierverbraucher bei.
Nur etwa 20 % des in privaten Haushalten verbrauchten Papiers wird als Wertstoff gesammelt. Hinzu kommt, dass das Papier aus den privaten Haushalten eine schlechte „Sortierqualität" hat und deshalb von der Recyclingindustrie nicht stark nachgefragt wird. Die Rückführung des im privaten Haushalt verbrauchten Papiers in den Recyclingprozess kann man sowohl quantitativ als auch qualitativ verbessern, wenn man
– Papier mit Fremdstoffen (Folien, Metalle u. Ä.),
– Verbundstoffpackungen (z. B. Safttüten),
– beschichtetes Papier,
– Windeln und Hygienepapier
aussortiert für den Müll.

Alles andere **Altpapier** (Zeitschriften, Hefte, Illustrierte, Prospekte, Kataloge, Telefonbücher, Papiertüten etc.) sollte gestapelt und als Bündel verschnürt bei der Altpapiersammlung mitgegeben oder zum Papiercontainer gebracht werden.

Recyclingpapier nennt man Papier, dessen Faserstoffanteil nur aus wieder aufbereitetem Papier besteht. Die Faserzusammensetzung solcher Papiere ist unterschiedlich.

Unter den 300 Papiersorten mit den unterschiedlichsten Gebrauchseigenschaften wird der Anteil von Recyclingpapier laufend größer, weil durch Optimierung der technischen Verfahren seine Gebrauchseigenschaften deutlich verbessert wurden. **Recyclingpapier** und **Umweltschutzpapier** werden zu 100 % aus Altpapier hergestellt. Im Gegensatz zum Recyclingpapier bleiben beim Umweltschutzpapier die Druckfarben im Rohstoff und das Papier wird weder gefärbt noch gebleicht.

Verpackungspapiere werden bereits zu über 90 % aus nicht entfärbten Altpapieren hergestellt. Die Herstellung von Papieren aus Altpapier ergibt deutliche Umweltvorteile gegenüber dem Primärfaserpapier. So sind vor allem der Gesamtenergieverbrauch, die Abwasserbelastung und der Frischwassergebrauch erheblich geringer. Darüber hinaus wird das Papierabfallaufkommen wesentlich vermindert und es werden weniger Bäume gefällt. Bei der Herstellung von Papier sollten in allen Fällen chlorfreie Bleichungsverfahren verwendet werden.

Die deutschen Papierfabriken beziehen einen Großteil der Papierrohstoffe (z. B. Zellstoff, Holzschliff) aus dem Ausland, wo ein naturgemäßer, forstwirtschaftlich sinnvoller Holzeinschlag nicht immer gewährleistet ist. Der Wiederverwendung von Altpapier kommt also eine große Bedeutung im Umweltschutz zu, weil dadurch Papierrohstoffe, Wasser und Energie eingespart werden (siehe Abb. ③).

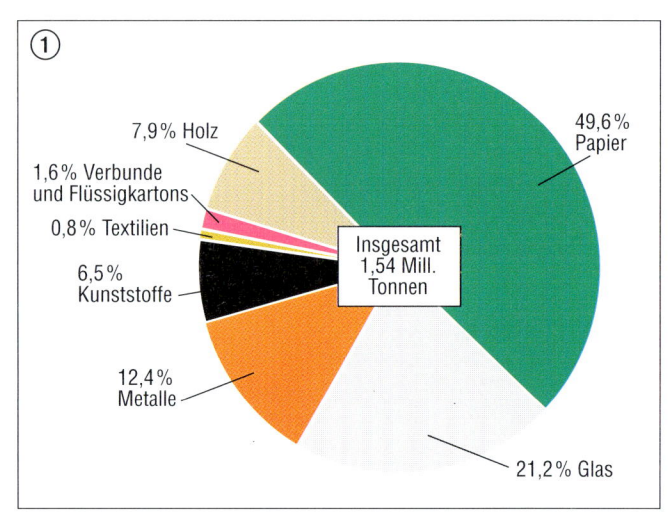

Jährlich gesammelte Mengen an Wertstoffen nach Stoffarten (Baden-Württemberg)

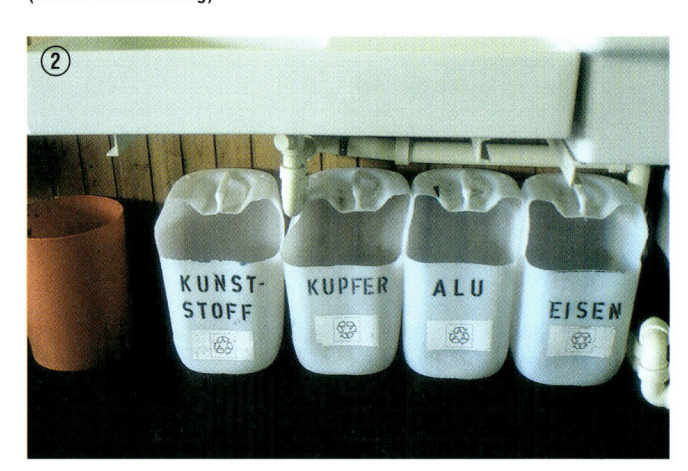

Altpapierlager einer Recycling-Papierfabrik

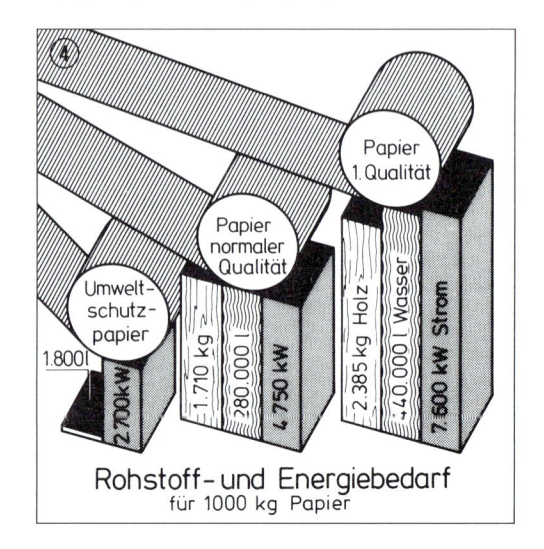

Rohstoff- und Energiebedarf für 1000 kg Papier

In den letzten Jahren haben sich **Recyclingpapiere** sowie auch Mischpapiere aus Frischfaser- und Altpapierstoff in vielen Anwendungsfällen bewährt, wie beispielsweise bei Verpackungen (Haupteinsatzgebiet von Altpapier), im Hygienebereich und bei grafischen Papieren. Unterschiedliche Aufbereitungsverfahren ermöglichen die Optimierung für die verschiedenen Einsatzgebiete. Das DE-INKING-Verfahren zur Druckfarbenentfernung ermöglicht die Herstellung hochwertiger Recyclingpapiere, insbesondere für die Verwendung im grafischen Bereich (erreichbarer Weißegrad 60–70%). Besonders vorteilhaft ist, dass dabei auch die in großen Mengen anfallenden minderwertigen Altpapiermischungen (Tageszeitungen, Illustrierte, Kataloge) als Rohstoff einsetzbar sind. Nicht entfärbte Papiere, die eine intensivere Graufärbung sowie auch unterschiedliche Farbschattierungen aufweisen, werden oft auch als „Umweltschutzpapiere" bezeichnet (erreichbarer Weißegrad 40–50%).

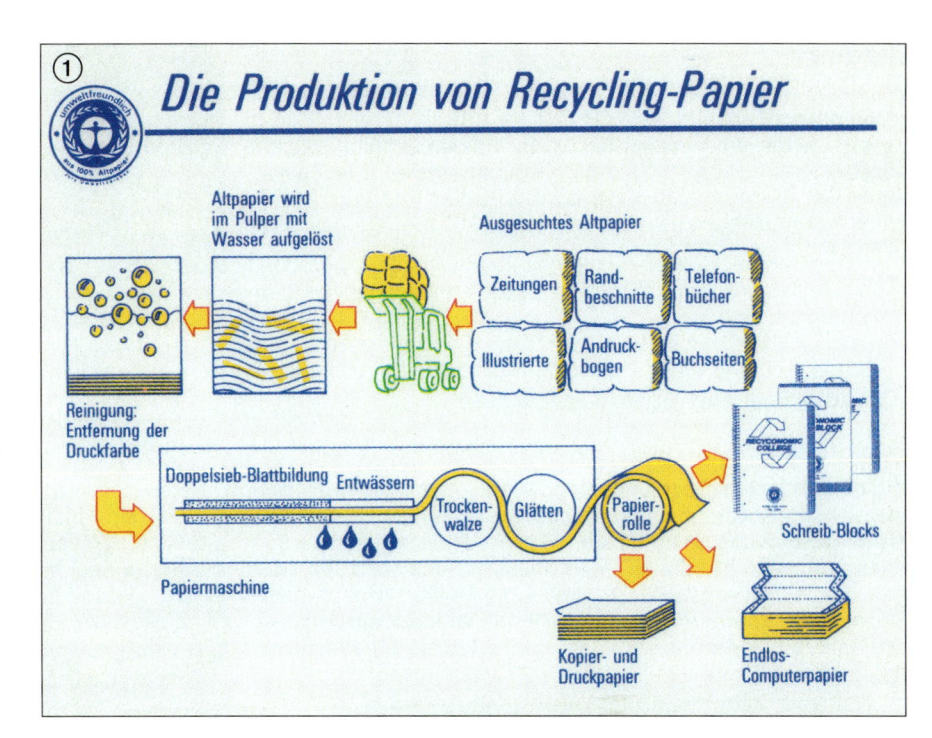

Altglas
Einwegflaschen und Einwegbehältnisse gehören in die Altglascontainer. Dabei ist wichtig, dass die Gläser nach Farben sortiert werden.

Elektronikschrott
Darunter versteht man alle als Abfall anfallenden elektrischen und elektronischen Geräte und Geräteteile: Haushaltsgeräte, Geräte der Unterhaltungselektronik, der Büro-, Informations- und Kommunikationstechnik, für den Geldverkehr, Elektrowerkzeuge, Mess-Steuerungsanlagen, Spielzeuge, medizinische Geräte u. v. m. Jährlich fallen in Deutschland ca. 1,5 Mill. Tonnen **Elektronikschrott** an.
Bisher werden große Mengen mit dem Hausmüll entsorgt. Das Ziel einer in Vorbereitung befindlichen Verordnung wird sein, dass die Hersteller/der Handel Geräte und Geräteteile zurücknehmen und entsorgen. Dadurch sind die Hersteller aufgefordert
– Materialien einzusetzen, die ein möglichst vollständiges Recycling ermöglichen,
– Umwelt belastende Stoffe zu vermeiden,
– durch entsorgungsgerechten Geräteaufbau (demontagefreundliche Techniken) die Verwertung zu fördern.

Kompostierung
In den kommunalen Kompostieranlagen wird Gartenabraum teilweise unter Zugabe von Klärschlamm zu Kompost verarbeitet. Daneben erlangt die **Kompostierung** im privaten Haushalt eine wachsende Bedeutung. Besonders wenn im eigenen Garten Komposterde verwendet werden kann, bietet es sich an, dass an „Ort und Stelle" kompostiert wird. Die Kompostierung kann in einer Kompostlege (siehe Abb. ③) durchgeführt werden.
Gartenabfälle wie Grasschnitt, Laub, Heckenschnitt, Reisig, Gartenabraum und organische Küchenabfälle, wie Obst- und Gemüsereste, Eierschalen und Kaffeesatz können in einer Kompostlege zu wertvoller Komposterde umgewandelt werden.

Autowracks
Die Wiederverwertung von Autos stellt für die Industrie eine große Herausforderung dar. Autowracks sind zu Problemabfällen geworden, weil die ca. 2 Mill. Autos, die in Deutschland jährlich aus dem Verkehr gezogen werden, nicht nur aus Altmetallen, sondern auch zunehmend aus verschiedenen Kunststoffen bestehen. Die Automobilindustrie untersucht, wie die in Schrottautos enthaltenen Wertstoffe wieder zurückgewonnen werden können. Dabei werden neue, besser wieder verwertbare oder schadstoffarm zu entsorgende Materialien eingesetzt. Bei der Konstruktion wird darauf geachtet, dass die Trennung der wieder verwertbaren Stoffe erleichtert wird.
Experten gehen davon aus, dass bis zum Jahr 2007 ca. 90% eines Autos recycelt und wiederverwendet werden können.

Deponien

Bauschutt und Erdaushub, aus denen etwa 65% des Gesamtabfalls bestehen, bereiten bei der Lagerung kaum Probleme, weil sie ohne große Beeinflussung der Umwelt in Landschaftseinschnitten, z. B. in ehemaligen Kiesgruben, gelagert werden können.

Für die Entsorgung von Hausmüll, Sperrmüll, Industriemüll, Klärschlamm usw. ist die Lagerung in **Deponien** erforderlich. Problematisch ist die Deponierung von Müll,
- weil „natürliche" Gegebenheiten (z. B. ehemalige Tongruben und Salzstöcke), die mit relativ geringem Aufwand zu Deponien umgebaut werden können, kaum mehr vorhanden sind,
- weil die Sicherheitsmaßnahmen, die bei bestehenden Deponien zum Schutz von Boden, Luft und Wasser getroffen wurden, von Fachleuten für nicht ausreichend angesehen werden (Abb. ①).

Müllverbrennung

Als eine Alternative zur Deponierung kann die **Müllverbrennung** angesehen werden. Die Müllverbrennung kann das Müllproblem sicher dadurch entschärfen, dass sie gewichtsmäßig den Müll auf 2,5% der Ausgangsmenge reduziert. Gefahren von Müllverbrennungsanlagen liegen in den Schadstoffen, die diese Anlagen im Rauchgas an die Luft abgeben. Besonders die Gefahr, dass in diesem Rauchgas neben Stickoxiden, Schwefeldioxiden und Kohlenmonoxiden auch hochgiftige Substanzen wie Dioxine und Furane enthalten sind, erfordert teure technische Einrichtungen zur Rauchgasreinigung.

Organische Reststoffe ...

... können unter Luftabschluss vergoren werden. Bei diesen Prozessen lassen sich aus Müll von Deponien Deponiegase und aus festen Rest- und Abfallstoffen Brenngase gewinnen, die, was die Verbrennungseigenschaften sowie den Energiegehalt betreffen, denen von Erdgas ähnlich sind.

Ablauf in einer Schwelbrandanlage

Dem durch Rotorscheiben zerkleinerten Müll kann Klärschlamm beigemischt werden, bevor er in die Schweltrommel gelangt. In der langsam rotierenden Schweltrommel wird der Müll unter Luftausschluss bei ca. 450°C verschwelt. Dabei entstehen Schwelgas und Reststoffe. Das Schwelgas wird in einer Hochtemperaturschmelzkammer bei ca. 1300°C verbrannt, wobei alle organischen Verbindungen zerstört werden. Die Reststoffe werden nach Sorten getrennt ausgeschieden bzw. gemahlen und als Staub ebenfalls in der Schmelzkammer verbrannt. Die aus der Schmelzkammer in flüssiger Form austretende Schlacke erstarrt zu Granulat. Dem Rauchgas wird Wärme entzogen, die, wie im Kraftwerk, zur Stromerzeugung genutzt wird. Das Rauchgas wird gewaschen, gereinigt und gefiltert.

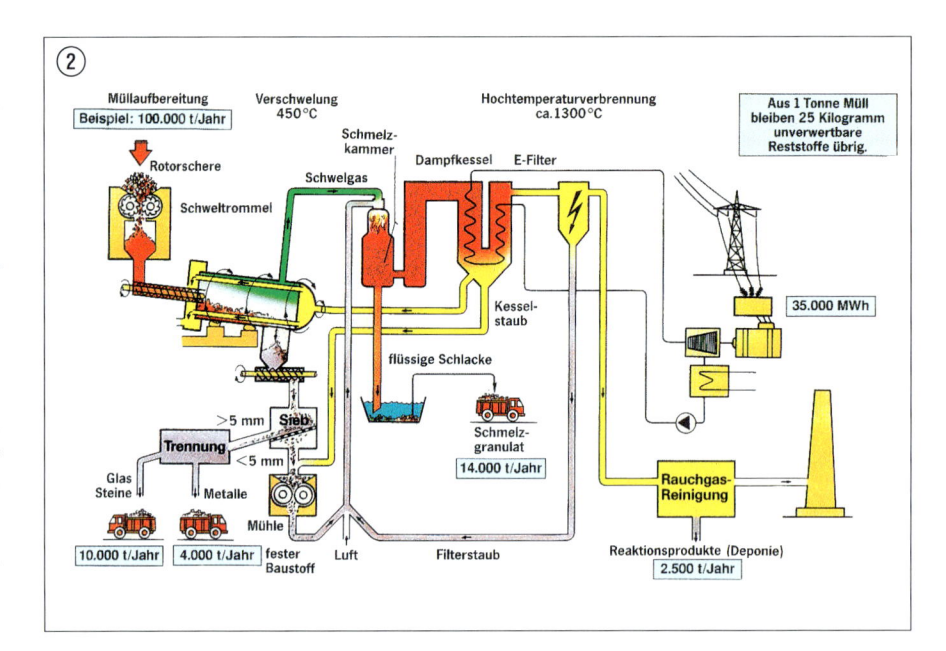

Entsorgung von Problemabfällen

Leuchtstoffröhren

Unbrauchbar gewordene Leuchtstoffröhren, Niederdruck- und Hochdrucklampen sollten bis zur **Problemstoffsammlung** aufbewahrt oder dem Elektrohändler zurückgegeben werden.

Farben, Lacke, Lösungsmittel

Die Vermeidung von umweltschädlichen Farb-, Lack- und Lösungsmittelabfällen durch Verwendung von wasserlöslichen Farben ist am wirkungsvollsten. Sind aber unbrauchbare Reste von Lacken, Lösungsmittel und Chemikalien vorhanden, so müssen diese bis zur **Problemstoffsammlung** aufbewahrt werden.

Batterien

Beim Kauf von **Batterien** ist zu prüfen:
- ob diese nicht durch Akkus oder Netzgeräte sinnvoll ersetzt werden können,
- ob die angebotenen Batterien möglichst schadstoffarm (erkennbar am Umweltzeichen) sind.

Altbatterien und nicht mehr funktionierende Akkus können dem Fachhändler zurückgegeben werden oder müssen der **Problemstoffsammlung** zugeführt werden (Abb. ③).

Eine Batteriesammelbox mit eingebautem Batterieprüfer

Probleme der „Abfallentsorgung" im Spiegel der Presse

Um die rasant anwachsenden **Abfallmengen** bewältigen zu können und gleichzeitig die Deponien zu entlasten, wurden in den 80er Jahren mit großem finanziellem und technischem Aufwand „Müllöfen" **(Müllverbrennungsanlagen)** und Schwelbrandanlagen gebaut. Heute sind es Thermoselect-Anlagen, die in der Planung oder im Bau sind.

Mithilfe dieser Anlagen sollten die laut Statistik zu erwartenden riesigen Müllmengen möglichst umweltschonend „entsorgt" werden, um die Auflagen der Abfallgesetze erfüllen zu können.

Städte und Landkreise stehen heute vor dem Problem, dass infolge des nicht vorhergesehenen enormen Rückgangs der Abfallmengen die Verbrennungsanlagen nicht mehr ausgelastet werden können und damit unrentabel arbeiten.

Hauptgründe für diesen an sich erfreulichen und gewollten Rückgang waren
- die Abfalltrennung durch die Bürger, die zu einem nicht erwarteten Anstieg der gesammelten Wertstoffe bei gleichzeitiger Verminderung des Restmülls führte,
- die bewusste Müllvermeidung bei der Produktion, beim Einkauf und dem Verbrauch der Waren
und
- die großen Anstrengungen von Gewerbe und Industrie, ihre Abfälle intern zu reduzieren bzw. im betrieblichen Kreislauf wieder aufzubereiten und zu verwerten, nicht zuletzt wegen der hohen Entsorgungskosten.

Mittwoch, 15. April 1998 — STUTTGART

Schrumpfen des Abfallberges verursacht Sorgen
Stuttgarts Müllmenge seit 1988 fast halbiert – Auslastung der Verbrennungsanlage immer schwieriger

Der Abfallberg in Stuttgart schrumpft mächtig. 1988 hatten die Einwohner und die Firmen noch mehr als 305 000 Tonnen Müll produziert, 1997 sind es noch knapp 175 000 Tonnen gewesen. Die Müllverbrennungsanlage in Münster ist immer schwerer auszulasten.

Das Kreislaufwirtschaftsgesetz hat den Müllmarkt mächtig durcheinander gebracht. Vor Jahren waren funktionierende Verbrennungsanlagen der Stolz der Kommunen, heute werden sie immer mehr zur Bürde. Was früher Gewerbemüll war, wird in großen Massen „energetisch verwertet", zu geringen Preisen in Zementwerken und ähnlichen Anlagen verfeuert. Längst schaufeln die Neckarwerke Stuttgart im Auftrag der Stadt fremden Müll in die Öfen, damit die Fixkosten der Verbrennungsanlage die Stuttgarter Müllgebühren nicht rasant in die Höhe treibt.

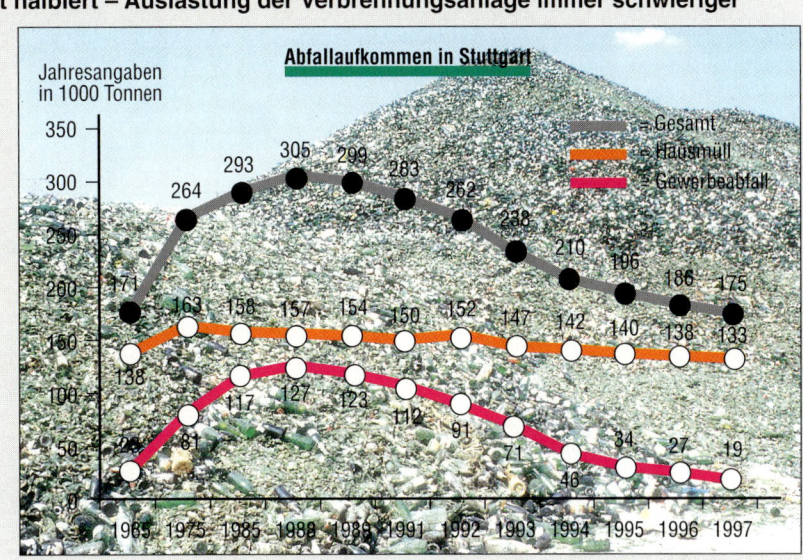

Müllgebühren im Kreis Ludwigsburg zu hoch

Ludwigsburg/Böblingen (sas/uha) – Der Kreis Ludwigsburg mutet seinen Einwohnern zu hohe Müllgebühren zu. Das hat jetzt der Verwaltungsgerichtshof nach einer Klage von vier Privatpersonen entschieden. Etwa 55 000 Haushalte, die Widerspruch gegen die Abfallsatzung des Jahres 1997 eingelegt haben, können nun mit einer Rückerstattung rechnen. Das Gericht schloss sich der Meinung der Kläger an, dass der Schuldenberg aus den Finanzmitteln der Kreiskasse abgebaut werden muss. Der Kreistag hatte die Fehlplanungen der AVL jeweils abgesegnet. Außergerichtlich hat sich dagegen der Kreis Böblingen mit der Herstellerfirma seines Kompostwerks geeinigt. Weil die 27,5 Millionen Mark teure Anlage weniger Biomüll als zugesagt verarbeitet, erhält der Kreis 5,62 Millionen Mark Entschädigung.

Abwärtstrend beim Abfall:
Besonders das Gewerbe schafft weniger Müll nach Münster

Seit Ende der achtziger Jahre ist die gesamte Abfallmenge (Haus- und Gewerbemüll, Sperrmüll und Kehricht), die von der Stadt beseitigt wird, stark zurückgegangen. Besonders bei den Gewerbeabfällen verläuft die Kurve nach unten. Ausschlaggebend dafür waren Gesetzesänderungen. Längst muss auch Müll aus Nachbarkreisen herangekarrt werden, damit die Verbrennungsanlage in Münster besser ausgelastet ist.

MÜLLVERBRENNUNG / Ofen schluckt 225 000 Tonnen Abfall jährlich
Karlsruher Thermoselect-Anlage vor dem Start

KARLSRUHE ■ Anfang kommenden Jahres soll die weltweit erste Thermoselect-Großanlage im Karlsruher Rheinhafen ihren Betrieb aufnehmen. Die „deutlich über 200 Millionen Mark" teure Anlage sei preisgünstiger und umweltfreundlicher als herkömmliche Müllöfen und werde auch den neuesten Umweltschutzauflagen problemlos gerecht, sagt Friederike Eggstein, Sprecherin der Thermoselect Südwest GmbH. Die Firma, eine Tochter der Energie Baden-Württemberg AG, hat die Vertriebsrechte für das Verfahren erworben, das seit 1992 in Italien erprobt wird.

In gewaltigen Stahlpressen wird dabei Haus- und Gewerbemüll extrem verdichtet und bei etwa 600 Grad Celsius in ein Kohle-Mineral-Gemisch umgewandelt. Mineralien und Metalle werden zu industriell nutzbarem Granulat verschmolzen, der Kohleanteil zu Gas verbrannt. Die Abwärme der Anlage soll künftig die Hälfte des Fernwärmebedarfs in Karlsruhe decken. 225 000 Tonnen Müll jährlich schluckt die Anlage.

Informationen zu Wärmekraftmaschinen

Verbrennungsmotor – ein komplexes System

Der Zweitaktmotor (Abb. ①)

Im **Zylinder** wird bei der Verbrennung des Kraftstoffs Energie frei, die den **Kolben** antreibt. Mit der Pleuelstange wird die Hin- und Herbewegung des Kolbens in die Drehbewegung der **Kurbelwelle** umgewandelt (Abb. ②). Deren Bewegung wird auf die Antriebsräder übertragen.

Funktionsweise von Zweitaktmotoren (Abb. ③)

1. Takt: Überströmkanal und Auslasskanal sind geöffnet. Das vorverdichtete Gas strömt in den Brennraum und verdrängt das verbrauchte Gas. Durch die Aufwärtsbewegung des Kolbens werden beide Kanäle geschlossen und das Gas im Brennraum verdichtet. Gleichzeitig wird der Einlasskanal geöffnet. Bedingt durch das entstehende Vakuum in der Kurbelkammer strömt das Frischgas ein.

2. Takt: Das verdichtete Gas im Brennraum wird gezündet, dadurch bewegt sich der Kolben nach unten. Der Einlasskanal wird dabei geschlossen und das Gas in der Kurbelkammer vorverdichtet. Jetzt öffnet der Auslasskanal und das verbrannte Gas kann entweichen. Nach dem Öffnen des **Überströmkanals** beginnt der Zyklus erneut.

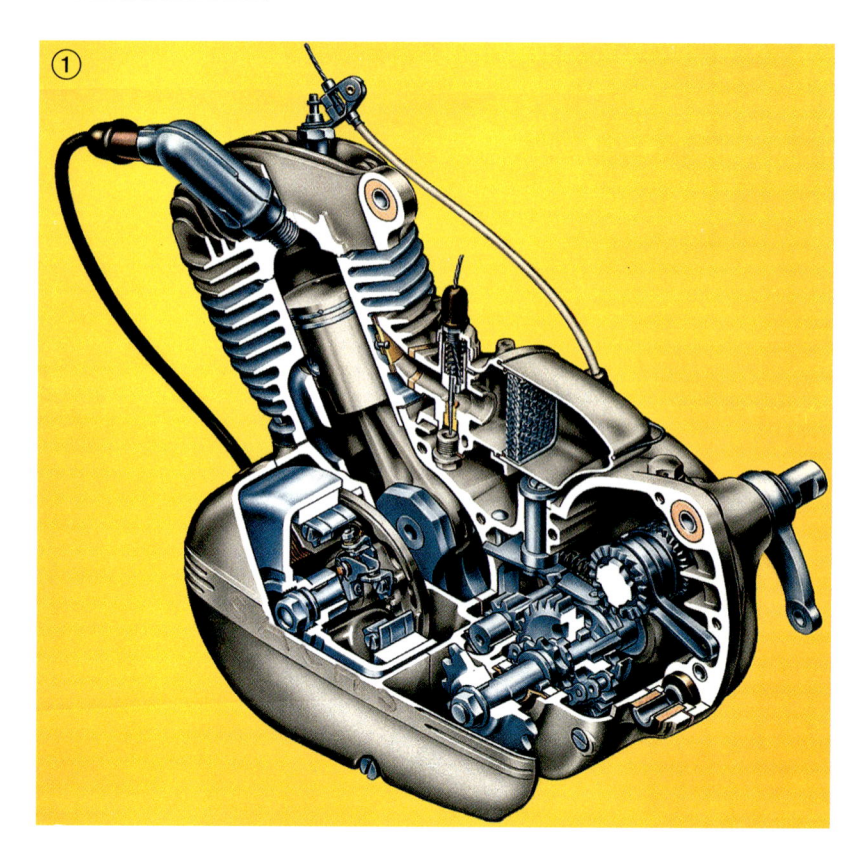

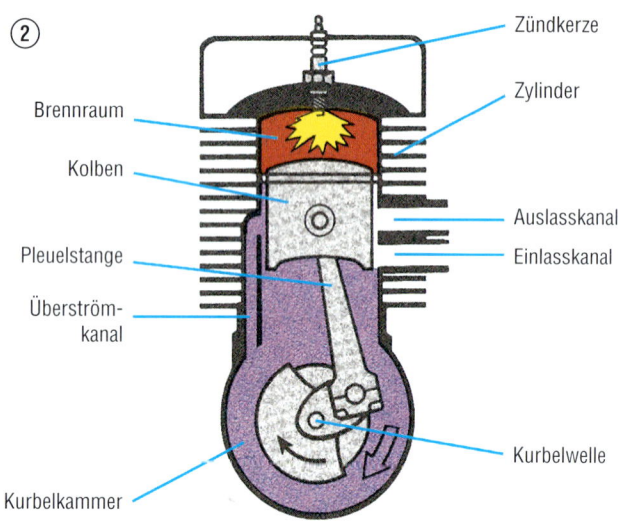

② Zündkerze, Zylinder, Brennraum, Kolben, Auslasskanal, Einlasskanal, Pleuelstange, Überströmkanal, Kurbelwelle, Kurbelkammer

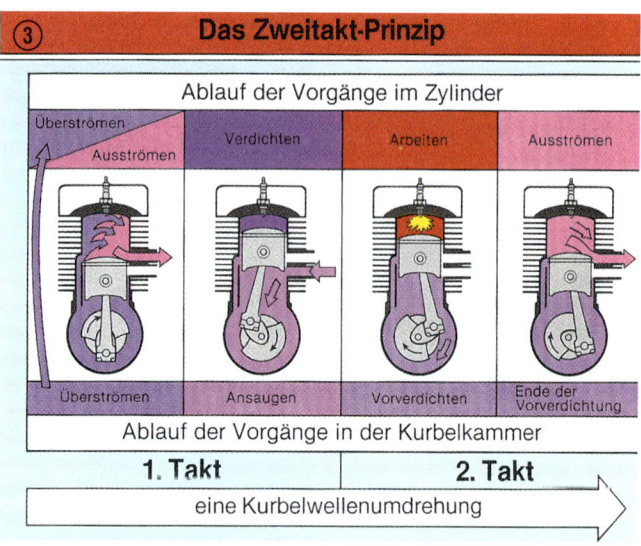

③ **Das Zweitakt-Prinzip**
Ablauf der Vorgänge im Zylinder

Überströmen / Ausströmen	Verdichten	Arbeiten	Ausströmen

Ablauf der Vorgänge in der Kurbelkammer

Überströmen	Ansaugen	Vorverdichten	Ende der Vorverdichtung
1. Takt		2. Takt	

eine Kurbelwellenumdrehung

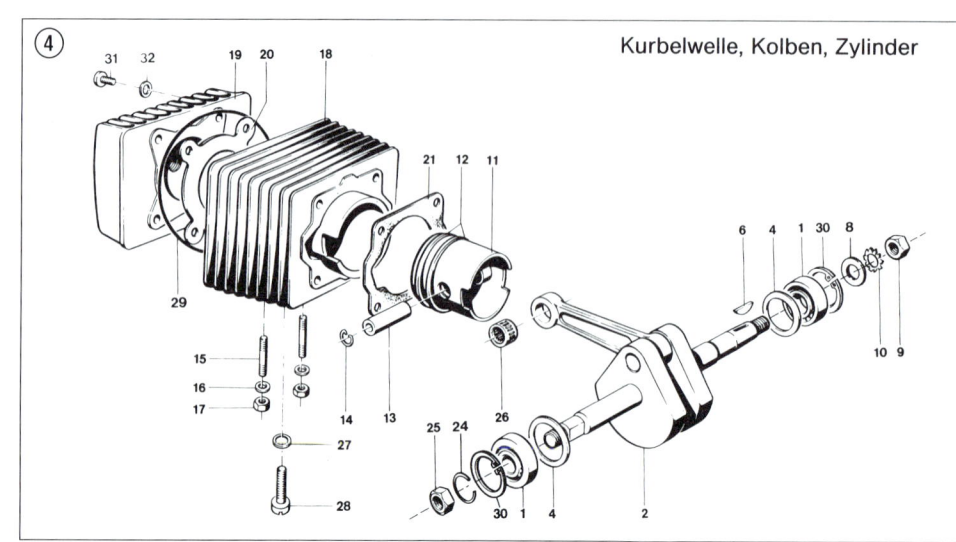

④ Kurbelwelle, Kolben, Zylinder

Pos.
1 Rillenkugellager 15 x 35 x 11
2 Kurbelwelle (nur m. Pos. 26 vwb.)
– Kurbelwelle (nur m. Pos. 26 vwb.) (enth. Pos. 4, 9, 10, 24, 25)
4 Scheibe
6 Scheibenfeder 2 x 3,7
8 Scheibe 8,4
9 Spannmutter
10 Schnorr-Sicherung 10
11 ZB Kolben (enth. Pos.12)
12 Kolbenring
13 Kolbenbolzen 10 x 6 x 32
14 Kolbenbolzensicherung A 10
15 Stiftschraube
16 Scheibe 6,4
17 Sechskantmutter M 6 Thermac
18 Büchsenzylinder für 25 km/h
19 Zylinderkopf für 25 km/h
20 Zylinderkopfdichtung
21 Zylinderfußdichtung
23 Anlaufscheibe
24 Federring
– Sicherungsblech 10,5
25 Sechskantmutter 10 x 1
26 Nadelkäfig
27 Fiberdichtung 5,2 x 10 x 1,5
28 Zylinderschraube M 5 x 12
29 O.-Ring 101,27 x 2,62
30 Sicherungsring 35
31 Verschlussschraube M 10 x 1
32 Dichtring 10 x 14

Der Viertaktmotor

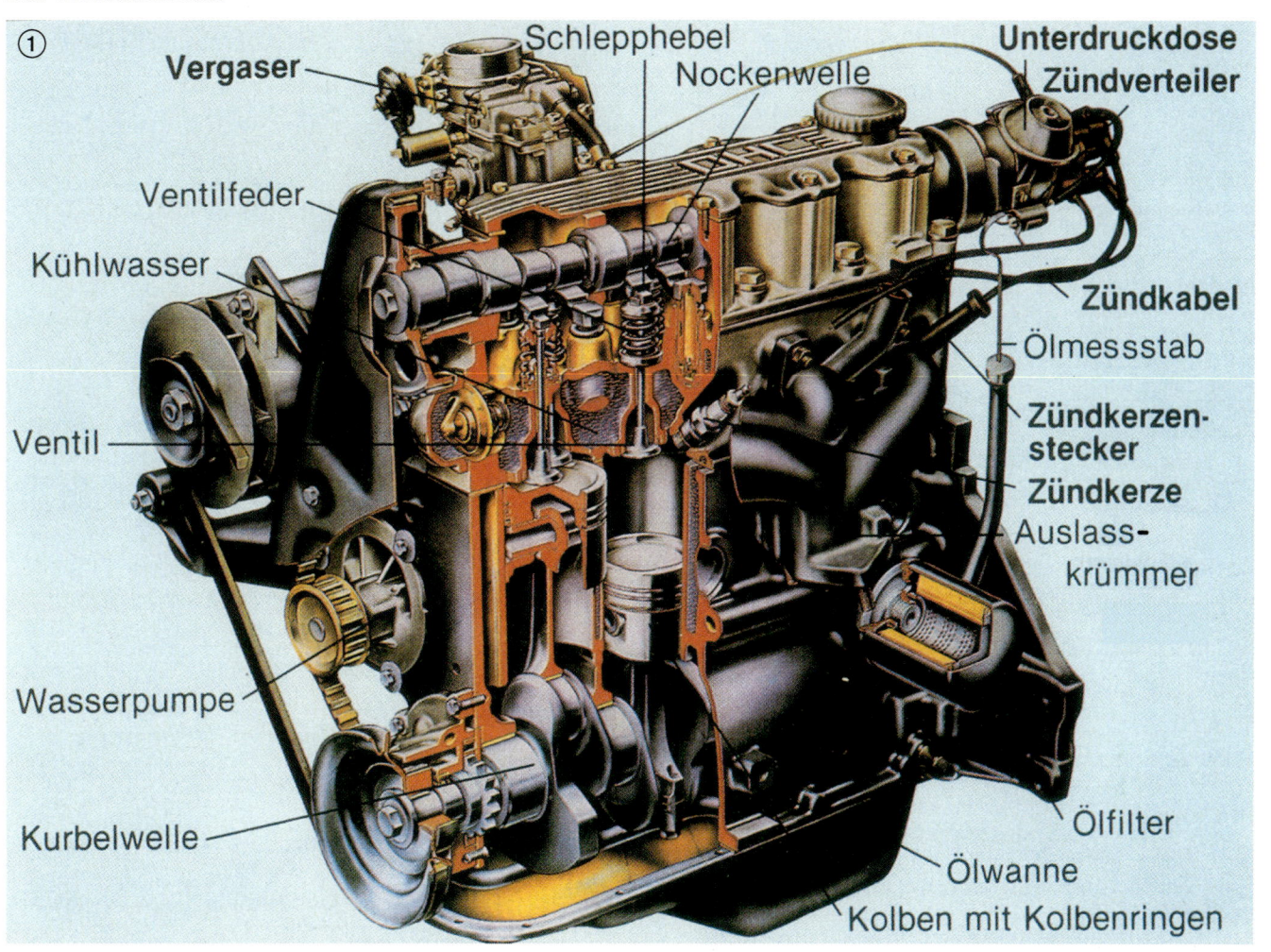

① Vergaser, Schlepphebel, Nockenwelle, Unterdruckdose, Zündverteiler, Ventilfeder, Kühlwasser, Zündkabel, Ölmessstab, Ventil, Zündkerzenstecker, Zündkerze, Auslasskrümmer, Wasserpumpe, Ölfilter, Kurbelwelle, Ölwanne, Kolben mit Kolbenringen

Funktionsweise von Viertaktmotoren

Pkw-Motoren sind Verbrennungsmotoren. Im **Zylinder** wird der Kraftstoff verbrannt und die dabei frei werdende Energie in die Bewegungsenergie des **Kolbens** umgewandelt. Diese Hin- und Herbewegung überträgt die **Pleuelstange** als Drehbewegung auf die **Kurbelwelle** (☞ S. 126, Abb. ①).

Diesel- und **Ottomotoren** arbeiten beim Kraftfahrzeug nach dem **Viertaktprinzip:** Nur bei jeder zweiten Umdrehung der Kurbelwelle wird die Antriebskraft des Kolbens wirksam. Den Gaswechsel steuern die **Ventile,** indem sie entsprechend den **Steuerzeiten** die Ein- und Auslasskanäle freigeben bzw. verschließen. Dies geschieht durch eine **Nockenwelle,** die unterhalb oder oberhalb der Kolben liegt und über Kipphebel oder Stößel die Ventile öffnet – gegen den Druck von Federn, die sie wieder schließen. Dieser Vorgang ist exakt auf die Kolbenbewegung abgestimmt (**Steuerdiagramm,** Abb. ②).

Um die Reibung zu vermindern, ist das gesamte Motorinnere von einem dichten Ölnebel ausgefüllt, der alle Bauteile des Motors mit Öl überzieht und damit schmiert und gleichzeitig kühlt. Bei der Verbrennung im Zylinder entstehen Temperaturen bis zu 2000 °C. Deshalb muss der Motor immer gekühlt werden. Bei der Luftkühlung geschieht dies über Kühlrippen, z.T. mithilfe eines Gebläses. Bei der Wasserkühlung ist der Brennraum von einer Kühlflüssigkeit umspült, deren Wärme im Kühler durch die Luft wieder abgekühlt wird.

Die Kraftübertragung erfolgt beim Viertakter wie beim Zweitakter über eine Pleuelstange auf die Kurbelwelle. Welchen Belastungen solche Präzisionsteile ausgesetzt sind, soll das folgende Beispiel zeigen: Geht der Kolben vom unteren Totpunkt wieder nach oben, beschleunigt er so schnell, dass er auf halber Strecke eine Geschwindigkeit von ca. 140 km/h erreicht. Am oberen Totpunkt wird er jäh auf 0 km/h abgestoppt und beschleunigt wieder. Dieser Ablauf wiederholt sich 6000-mal in der Minute, 360000-mal in der Stunde bei Höchstgeschwindigkeit.

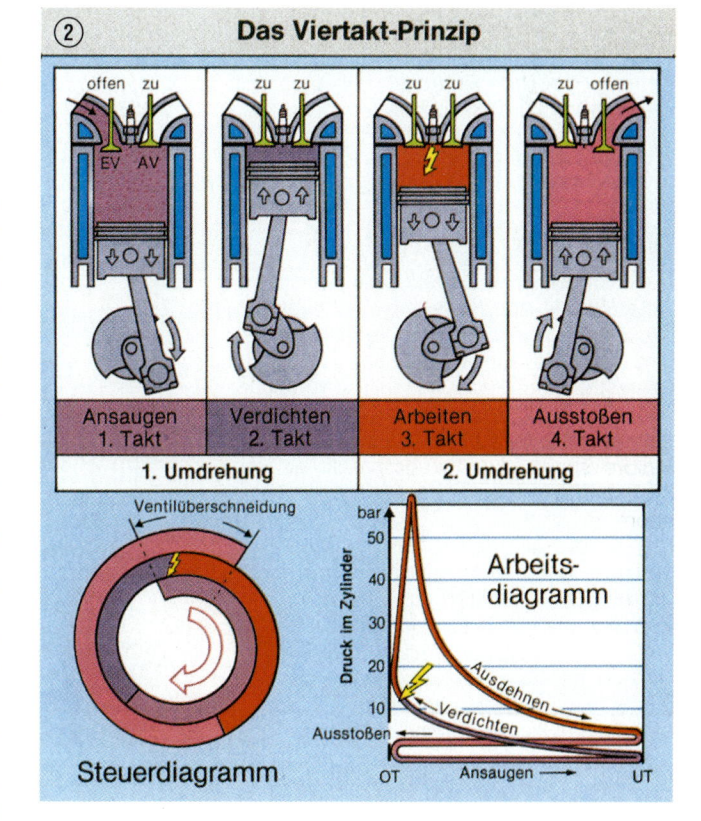

② **Das Viertakt-Prinzip**

Ansaugen 1. Takt – Verdichten 2. Takt – Arbeiten 3. Takt – Ausstoßen 4. Takt
1. Umdrehung – 2. Umdrehung

Steuerdiagramm – Ventilüberschneidung

Arbeitsdiagramm – Ausstoßen, Ansaugen, Verdichten, Ausdehnen, OT, UT, Druck im Zylinder (bar)

Gemischbildung im Ottomotor

Der Motor soll unter allen Umgebungs- und Betriebszuständen (Start, Voll- oder Teillast, Beschleunigung, Verzögerung) ein zündfähiges Gemisch aus Luft und Kraftstoff erhalten, und zwar in der jeweils günstigsten Zusammensetzung und in der jeweils benötigten Menge. Nur so bringt der Motor die beste Leistung bei sparsamem Kraftstoffverbrauch und geringstem Schadstoffausstoß.

Im Zylinder des Verbrennungsmotors wird der Kraftstoff mittels Luftsauerstoff verbrannt. Die bei der Verbrennung frei werdende Energie wird in mechanische Arbeit umgewandelt. Um 1 Liter Kraftstoff ideal verbrennen zu können, braucht man ca. 10 000 Liter Luft, da nur der Sauerstoff in der Luft benötigt wird (Luft enthält 21% Sauerstoff, 78% Stickstoff).

Die **Gemischaufbereitung** kann über das Vergasersystem (Abb. ①) oder über eine elektronisch gesteuerte **Benzineinspritzung** (Abb. ②) erfolgen.

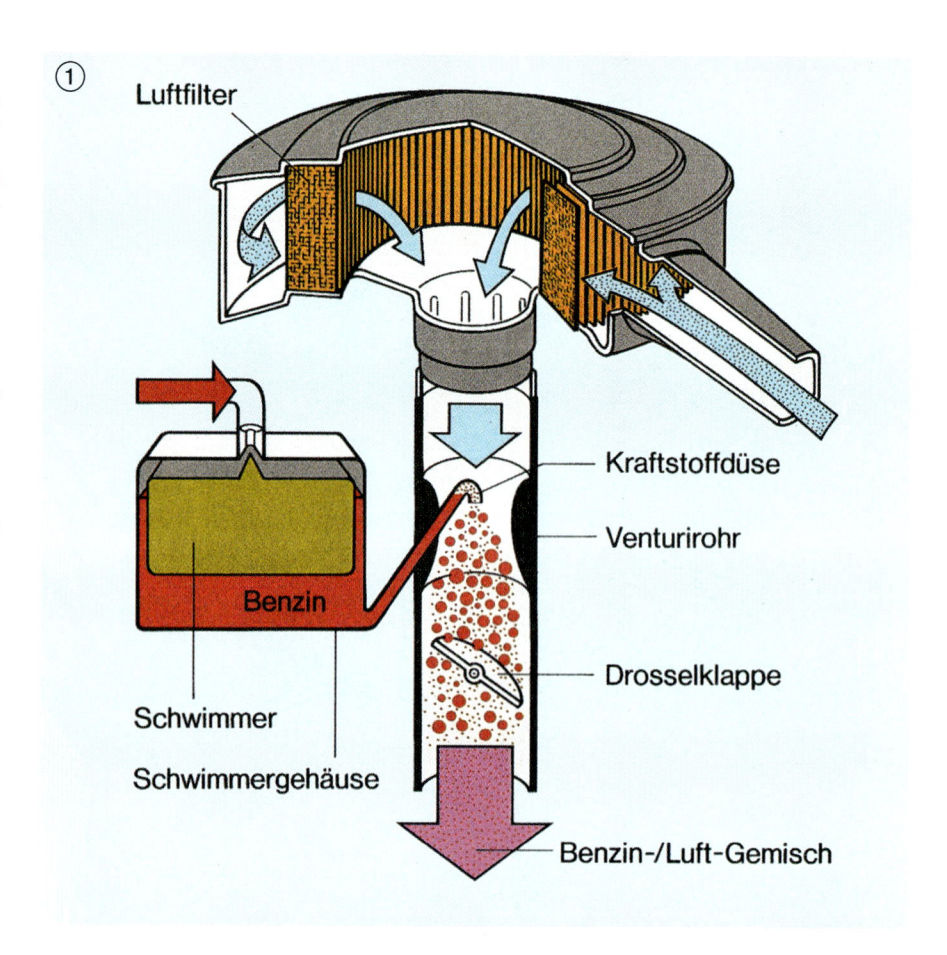

Vergasermotor

Der Vergaser hat die Aufgabe, den Kraftstoff fein zerstäubt mit Luft im richtigen Verhältnis zu mischen und dem Brennraum im Motor zuzuführen.

Je nach Betriebszustand des Motors, also z. B. bei Kaltstart, Vollgasfahrt, Teillastbereich, Leerlauf, muss das Gemisch angepasst werden. Durch das **Vergaserrohr** wird die Luft beim Ansaugtakt des Motors angesaugt. Das Rohr ist an einer Stelle verengt **(Venturirohr).** Dadurch entsteht ein Unterdruck. Wenn hier die Luft mit hoher Geschwindigkeit an einem mit Kraftstoff gefüllten Röhrchen (dieses ist mit der **Schwimmerkammer** verbunden) vorbeiströmt, saugt sie Benzin in sehr feinen Tröpfchen heraus und reißt diese mit.

Die Menge des vom Motor angesaugten Gemisches und damit seine Leistung wird bestimmt durch den Querschnitt im Vergaserdurchlass, den der **Gasschieber** oder eine **Drosselklappe** (gesteuert mit dem Gaspedal) verengt oder öffnet.

Vergaser sind komplizierte Gebilde, deren Einregulierung, Wartung und Reparatur Spezialkenntnisse und Spezialeinrichtungen erfordern.

Die richtige Einstellung des Vergasers und seine Wartung (z. B. Filter) sind besonders wichtig, weil der Motor bei falscher Einstellung mehr Kraftstoff verbraucht und mehr Schadstoffe ausstößt (☞ S. 91–95).

Einspritzmotor

Beim **Einspritzer** fördert eine elektrische Pumpe den Kraftstoff über einen Druckregler (2,5 bis 3 bar Überdruck) zu den Einspritzventilen. Die vom Motor benötigte Luftmenge wird vom **Luftfilter** über die Drosselklappe in das Saugrohr geführt. Kurz vor dem Einlassventil des Motors sprüht das Einspritzventil den Kraftstoff fein vernebelt in den Luftstrom.

Um jeweils die benötigten Kraftstoffmengen exakt bemessen zu können, müssen die Einspritzventile Präzisionsteile sein und die Mess- und Steuereinrichtungen präzise arbeiten.

Dies ist die Voraussetzung dafür, dass ein 3-Wege-Katalysator optimal arbeiten und damit seine Funktion der Abgasreinigung erfüllen kann.

Eine elektronische Zentrale (Steuergerät) übernimmt die Steuerung der Einspritzventile. Deren Öffnungsdauer bestimmt die Menge des einzuspritzenden Kraftstoffs. Die erforderlichen Daten (Luftmenge, Motordrehzahl, -temperatur, Stellung der Drosselklappe u. a.) werden von Messfühlern erfasst.

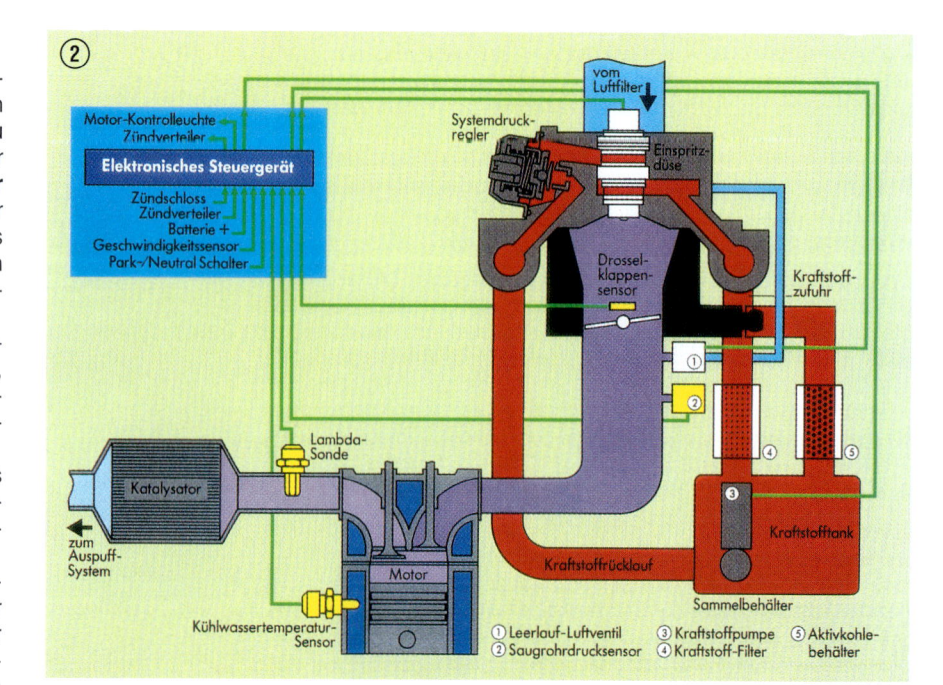

Funktionsweise des Vergasers (Schiebervergaser)

Die Funktionsweise des **Vergasers**:

- Durch das Venturirohr (1) wird Luft angesaugt.
- Über den Gasschieber (2) wird die Menge des Gemisches und damit die Leistung des Motors geregelt.
- Aus der Schwimmerkammer (3) wird der Kraftstoff durch das Düsensystem angesaugt:
  - Bei Volllast (Vollgas) wird die Gemischmenge durch die Größe der Hauptdüse (4) bestimmt.
  - Bei Teillast wird der Zufluss durch eine mit dem Gasschieber verbundene **Düsennadel** (5) gedrosselt, die zur Feineinstellung in verschiedenen Positionen im Gasschieber befestigt werden kann.
  - Bei Leerlaufbetrieb beeinflusst eine Aussparung (Nut) die Kraftstoffmenge.
  - Die Leerlaufdrehzahl kann mithilfe der **Gasschieberstellschraube** (9) eingestellt werden (der Gasschieber wird angehoben).
- Der Zulauf des Kraftstoffs aus dem Tank ist durch die Schwimmervorrichtung geregelt:
  - Auf dem Kraftstoffspiegel schwimmt der **Schwimmer**, der durch ein **Nadelventil** (6) den weiteren Zufluss stoppt, bis der Motor Kraftstoff verbraucht und damit der Benzinstand absinkt.
  - Wenn sich Fremdkörper (trotz **Kraftstofffilter**) zwischen Nadelsitz und Nadelspitze schieben, läuft auch bei stehendem Motor Kraftstoff nach. Deshalb muss der Kraftstoffhahn am Tank geschlossen werden.
  - Der Schwimmer ist unter dem Vergaserdurchlass ringförmig angeordnet, sodass der Vergaser weit geneigt werden kann, ohne dass Störungen auftreten.
- Der Start erfordert ein besonders fettes **Kraftstoffluftgemisch:**
  - Beim Vergaser mit **Tupfer** (7) kann gegen die Kraft der Feder der Schwimmer (8) unter den Kraftstoffspiegel gedrückt werden.

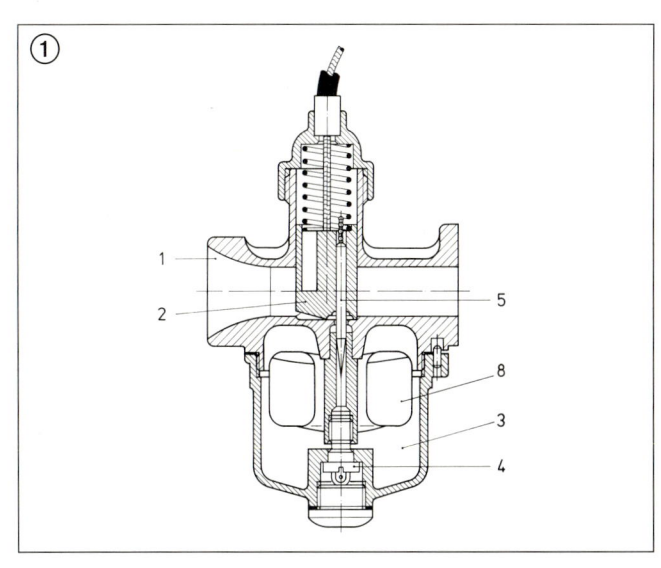

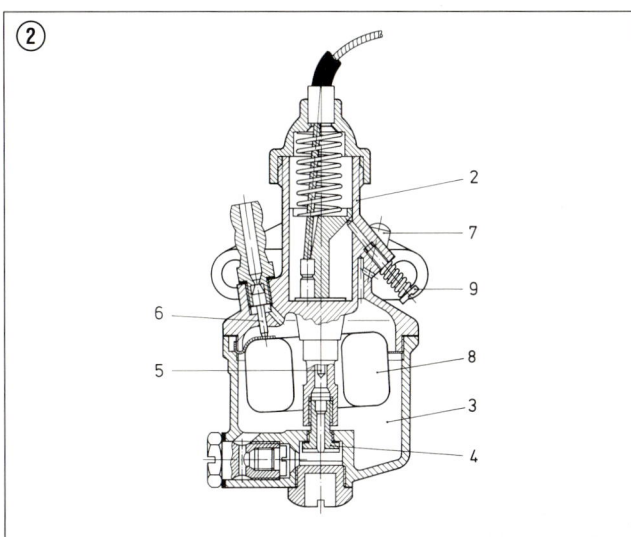

Warum sind Wartungs- und Einstellarbeiten erforderlich?

Das **Kraftstoffsieb** muss ab und zu gereinigt werden, damit die Kraftstoffzufuhr gewährleistet ist.

Um einen einwandfreien Leerlauf zu erreichen, muss der Bowdenzug für die Starterklappe nachgestellt werden.

Der Zustand der **Zündkerzen** gibt Aufschluss darüber, ob der Vergaser richtig eingestellt ist. Wir können feststellen, ob das Gemisch zu fett oder zu mager ist.

Ein sauberer Luftfilter ist Voraussetzung für die lange Lebensdauer des Motors.

Kerze richtig/normal

Kerze verrußt

Kerze verölt

Kerze überhitzt

Luftfilter neu

Luftfilter verschmutzt

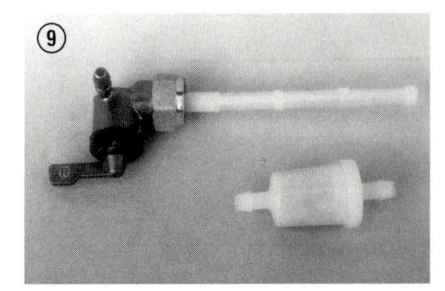

Kraftstoff-Filter

PKW-Dieselmotor

Wenn Luft verdichtet wird, erwärmt sie sich. **Dieselmotoren** (Abb. ①) haben ein Verdichtungsverhältnis von 15:1 bis 25:1, d.h. die vom Zylinder angesaugte Luft wird vom Kolben so zusammengepresst, dass sie nur noch ein Fünfzehntel bis Fünfundzwanzigstel ihres Volumens einnimmt. Dabei erhitzt sich die Luft auf über 500 °C. Durch eine Pumpe wird mit sehr hohem Druck der Kraftstoff in den Zylinder eingespritzt. Der fein versprühte Kraftstoff vermischt sich mit der Luft und entzündet sich selbst.

Dieselmotoren sind also **Einspritzer,** allerdings ohne Drosselklappe (☞ S. 114), weil die Luftzufuhr nicht wie beim Ottomotor je nach Betriebsstellung dosiert wird, sondern der Kolben immer ganz mit Luft gefüllt wird.

Der Dieselmotor zeichnet sich aus durch seinen niedrigen Verbrauch und seine niedrigen gasförmigen Emissionen z.B. von CO_2 (☞ S. 91–95). Er kann auch relativ einfach umgestellt werden auf alternative Kraftstoffe (☞ S. 96, 97). Probleme machen die emittierten Rußpartikel, der NO_x-Ausstoß und die Lärmentwicklung.

Entwicklung des Dieselmotors

Der Dieselmotor erreicht durch seine starke Verdichtung einen hohen Wirkungsgrad, musste aber aus dem gleichen Grund (hohe Drücke und Temperaturen) robuster und damit schwerer gebaut werden als der Ottomotor.

Deshalb wurden Dieselmotoren in Lkws und Schiffe eingebaut, bis 1936 der erste Pkw mit Dieselmotor auf den Markt kam.

Ab 1988 kamen Pkw-Dieselmotoren mit Direkteinspritzung zum Einsatz (die Einspritzpumpe war noch mechanisch geregelt, in heutigen Motoren wird sie elektronisch geregelt). Diese TDI-(Turbo Diesel with direct injection) Motoren haben den Anteil der Dieselfahrzeuge sprunghaft ansteigen lassen.

Seither wurde und wird der Dieselmotor für den Pkw laufend weiterentwickelt
- durch Verwendung leichterer, hochbelastbarer Materialien zur Reduzierung des Gewichts,
- durch optimale Verwirbelung und hohe Verdichtung des Kraftstoff-Luft-Gemischs zur besseren Kraftstoffnutzung,
- durch konstruktive Maßnahmen beim Wirbelkammerverfahren oder Entwicklung der „Drall-Einlasskanäle",
- durch Einsatz von Elektronik, z.B. bei der elektronisch geregelten Direkteinspritzung zur optimalen Regelung des Einspritzbeginns,
- durch die Entwicklung des elektronischen Motormanagements (Abb. ②), bei dem ein Einspritzpumpen-Steuergerät mit dem Motor-Steuergerät kommuniziert (dieses verarbeitet die eingehenden Daten und gibt sie als Steuerbefehle weiter),
- durch Einbau von Turboladern zur Nutzung der Abgasenergie und zur Ladeluftkühlung,
- durch Einbau von Rußfiltern und Abgaskatalysatoren,
- durch Entwicklung der Mehrventiltechnik für höhere Leistung vor allem bei niedrigen Drehzahlen und für geringeren Verbrauch …
- ☞ S. 96, 97

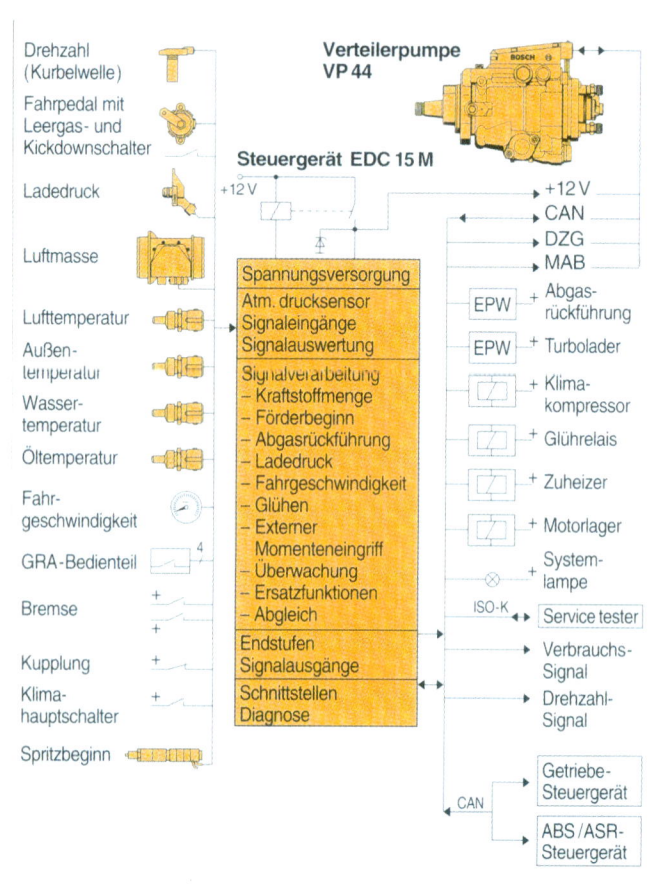

Vollelektronische Dieselregelung

Gemischbildung

Um eine optimale Nutzung hinsichtlich niedrigem Verbrauch bei hoher Leistung, geringen Abgas- und Rußemissionen und geringer Geräuschentwicklung zu erzielen, muss der Kraftstoff mit der angesaugten Luft im Kolben so vermischt werden, dass die Kraftstoffteilchen ganz von Luftteilchen umgeben sind. Dies geschieht bei der so genannten Verwirbelung:

Beim **Wirbelkammerverfahren** wird Luft vom Hauptbrennraum über einen „Schusskanal" so in eine kugelförmige Kammer gedrückt, dass ein starker Wirbel entsteht. In diesen Luftwirbel wird der Kraftstoff eingespritzt und entzündet sich wegen der hohen Tenperaturen. Als Flammfront gelangt dieses Kraftstoff-Luftgemisch zurück in den Hauptbrennraum (Kolben), wo es zusammen mit der dort befindlichen komprimierten Luft verbrennt. Die Verwirbelung wird so gesteuert, dass sie bei steigender Motordrehzahl zunimmt. Dadurch arbeitet der Motor in allen Drehzahlbereichen ruhig und gleichmäßig.

So genannte **Drall-Einlasskanäle** sind eine weitere Möglichkeit, um die für eine optimale **Gemischbildung** notwendige Rotation der angesaugten Luft im Zylinder zu erreichen (Abb. ①). Wichtig ist die Stellung der Einlasskanäle zur Brennmulde im Kolben (Abb. ② und Abb. ③).

Durch den Bau von Mehrventil-Zylinderköpfen kann die Einspritzdüse für den Kraftstoff in der Mitte des Zylinderkopfs angebracht werden. Dadurch erfolgt die Verbrennung zentral, was zu einer rußarmen Verbrennung beiträgt. Abb. ② zeigt die Anordnung am Beispiel einer Ventileinspritzung.

Damit die Kolben die großen Belastungen im „Sraßendauerlauf" durch hohe Temperaturen aufgrund der Verbrennungswärme und große Druckbelastungen leisten können, werden die Kolben mit einer „hochwarmfesten" Aluminium-Legierung versehen und im Kolbenschaft graphitbeschichtet. Durch den Einbau eines Kühlkanals, in dem Öl fließt, kann die Temperatur um bis zu 30 % reduziert werden, um Ermüdungsfehler des Materials zu vermeiden.

Der wichtigste Teil des Kraftstoffsystems beim Dieselmotor ist die Einspritzpumpe. Sie muss entsprechend dem Betriebszustand des Motors (Leerlauf bis Volllast) die jeweils erforderliche Kraftstoffmenge exakt messen und mit hohem Druck genau zum richtigen Zeitpunkt einspritzen. Dies ist schwierig, weil z. B. die maximale Menge bei Volllast etwa so groß ist wie ein Streichholzkopf. Durch den Einbau eines elektronischen Steuergeräts werden über Sensoren die für den Verbrennungsvorgang wichtigen Faktoren erfasst und verwertet zur exakten Regelung des Einspritzvorgangs (Abb. ②, Seite 116).

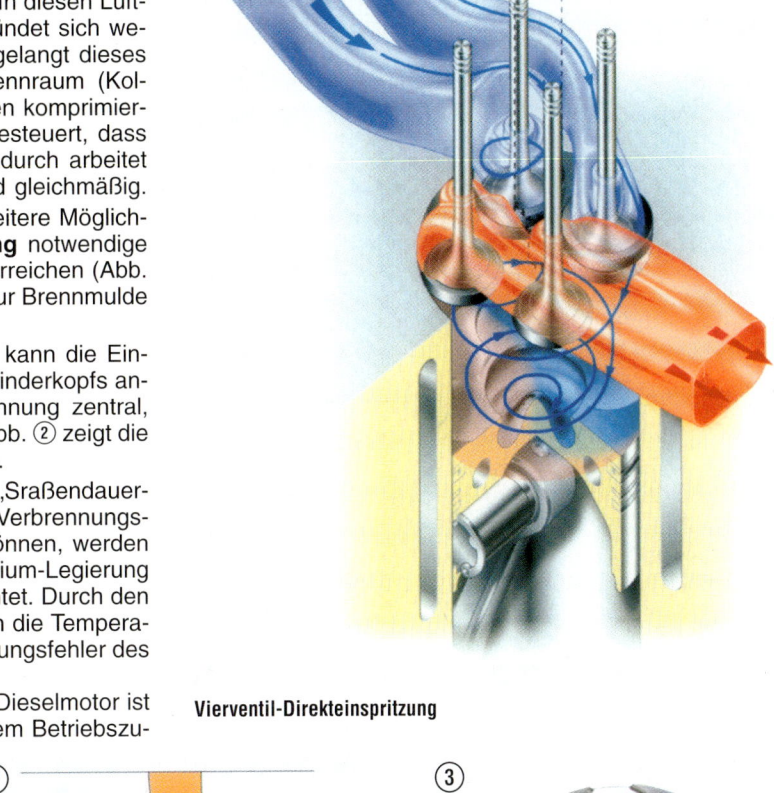

Vierventil-Direkteinspritzung

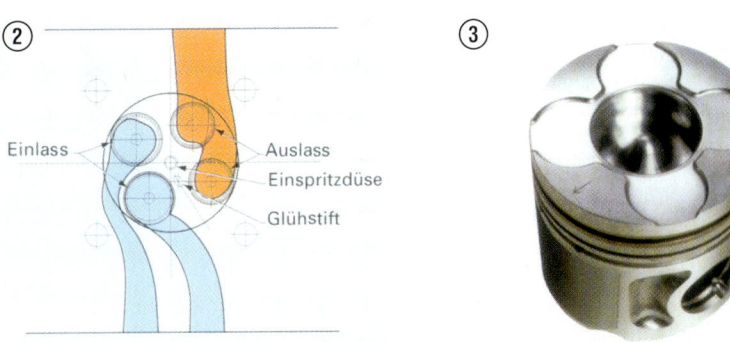

Turbolader nutzt Abgasenergie

Im **Turbolader** wird das Turbinenrad von den ausströmenden heißen Gasen angetrieben, deren Energie wird also zusätzlich genutzt.

Auf der gleichen Welle ist ein Verdichterrad angeordnet, das die angesaugte Frischluft komprimiert und mit erhöhtem Druck (0,5–1,5 bar) über einen Kühler dem Ansaugkrümmer des Motors während des Ansaugtaktes zuführt. Durch die zusätzliche Verbrennungsluft steigt die Leistung des Motors.

Die Kühlung bewirkt, dass eine noch größere Luftmenge in die Zylinder gepresst werden kann. Durch den Turbolader steigt die Nennleistung (kW) bei gleicher oder kleinerer Drehzahl und gleichem oder geringerem Kraftstoffverbrauch.

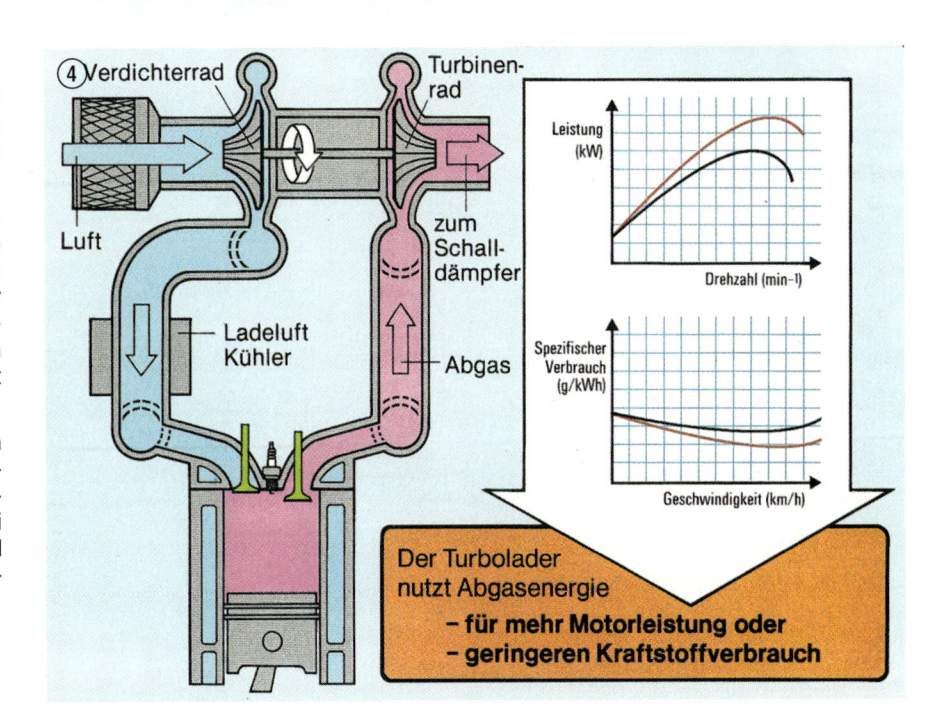

Der Turbolader nutzt Abgasenergie
– für mehr Motorleistung oder
– geringeren Kraftstoffverbrauch

Der Kreiskolbenmotor als Antrieb von Fahrzeugen

Der **Wankelmotor,** benannt nach seinem Erfinder Felix Wankel, ist ein **Kreiskolben-** oder **Rotationskolbenmotor,** d.h.: Der Kolben (ein Rotor) hat die Form eines Dreiecks mit gerundeten (konvexen) Seiten (Abb. ①) und rotiert in einem ovalen Gehäuse, der Kammer. Er führt also nicht wie der übliche Otto- oder Hubkolbenmotor eine Hin- und Herbewegung aus, sondern eine Drehbewegung, welche ohne die Hilfe eines Kurbelgetriebes direkt auf die Motorwelle übertragen werden kann. Da der Kolben nicht wie beim Hubkolbenmotor am unteren und am oberen Endpunkt abgebremst wird, können höhere Drehzahlen erreicht werden.

Die Kanten des Rotors tragen Dichtleisten aus Kohlenstoff-Fasern. Diese geben bei der Drehung Schlitze frei oder schließen diese und ermöglichen so den Gaswechsel ohne Einlass- und Auslassventile. Die Dichtleisten berühren bei der Drehung ununterbrochen die Gehäusewand. So entstehen durch die Form des Rotors drei in sich abgeschlossene Räume, die sich entsprechend der Form des Gehäuses im Laufe der Umdrehung vergrößern und verkleinern. Dies wird zum Ansaugen des Kraftstoff-Luftgemischs, zur Verdichtung, zum Arbeitstakt und zum Ausstoßen der verbrannten Gase genutzt. Jede Umdrehung entspricht so dem Viertaktablauf des Ottomotors (Abb. ②).

1. Takt: Der Kreiskolben gibt den Einlasskanal frei, das gasförmige Brennstoff-Luftgemisch strömt ein.
2. Takt: Das Gemisch wird verdichtet. Um eine gleichmäßigere und vollständigere Verbrennung zu erreichen, zünden zwei Zündkerzen gleichzeitig.
3. Takt: (Arbeitstakt) Das verdichtete Gemisch wird durch Zündfunken gezündet. Das Gemisch verbrennt und treibt den Kolben an.
4. Takt: Das Abgas wird durch den Auslasskanal hinausgeschoben.

Diese Vorgänge spielen sich in allen drei Brennräumen ab, nur um 120° versetzt nacheinander. Bei einer Kolbenumdrehung erfolgen also drei Zündungen, d.h. drei Arbeitstakte. Die Abbildungen zeigen, dass der Kreiskolbenmotor nur zwei bewegliche Teile besitzt: den Kolben und die Antriebswelle. Der Kolben (Abb. ②) hat eine Innenverzahnung (1). Diese bildet auch die Lagerung für den Exzenter der Motorwelle. Die Innenverzahnung (1) wälzt sich auf einem zur Motorwelle konzentrischen, mit dem Gehäuse fest verbundenen Zahnrad (2) ab **(Planetengetriebe).** Die Zahl der Zähne bei den beiden Zahnrädern verhält sich wie 3:2. So wird die Drehbewegung des Kolbens über die Verzahnung direkt auf die Motorwelle (3) übertragen.

Bei der Konstruktion des Kreiskolbenmotors war das größte Problem, die drei Brennräume trotz des Weiterdrehens völlig voneinander zu trennen, denn wenn die Dichtleisten eine Vermischung der Kammerinhalte zulassen, ist die Funktion des Motors nicht gewährleistet.

Wankelmotor – Motor der Zukunft?

Seit einigen Jahren wird versucht, einen Motor serienreif zu entwickeln, bei dem als Treibstoff Wasserstoff verwendet werden kann (☞ S. 151).

Beim Hubkolbenmotor ergibt sich die Schwierigkeit, dass Ventile und Kolben im Zylinder gekühlt werden müssen, damit sich das Wasserstoff-Sauerstoff-Gemisch nicht an den heißen Teilen entzündet, sondern am getakteten Zündfunken der Kerze.

Beim Rotationskolbenmotor verändert die Brennkammer während der Rotation ständig ihre Position. So gibt es beim Einlass des Gemischs keine heißen Teile, weil die Verbrennung zu diesem Zeitpunkt in einer anderen Kammer erfolgt. Da der Ansaugtakt beim Rotationskolbenmotor 1,5-mal länger als beim Hubkolbenmotor dauert, wird diese Zeit genutzt, Wasserstoff und Sauerstoff getrennt einzuleiten:
Zuerst wird die Kammer mit Luft gefüllt (kühlt die Kammer), erst dann wird Wasserstoff eingespritzt und das Gemisch verdichtet. So entzündet es sich erst durch den Zündfunken beim Arbeitstakt und der Motor arbeitet gleichmäßig.

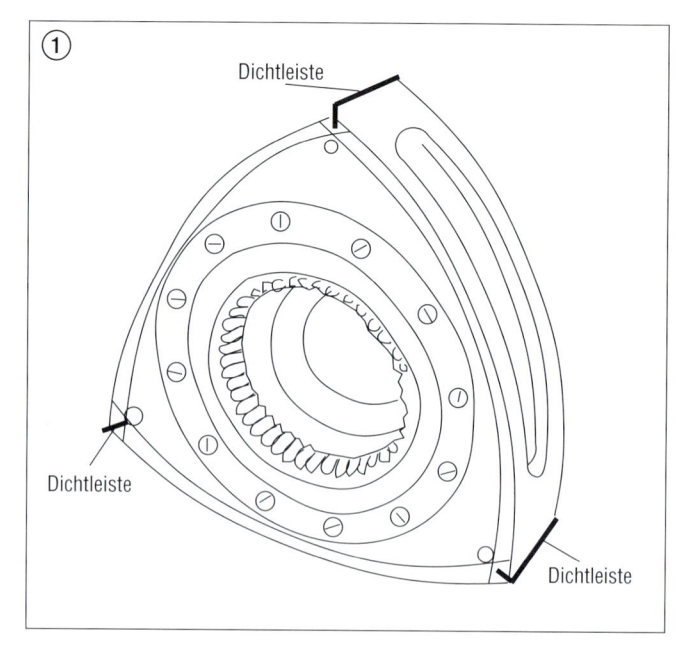

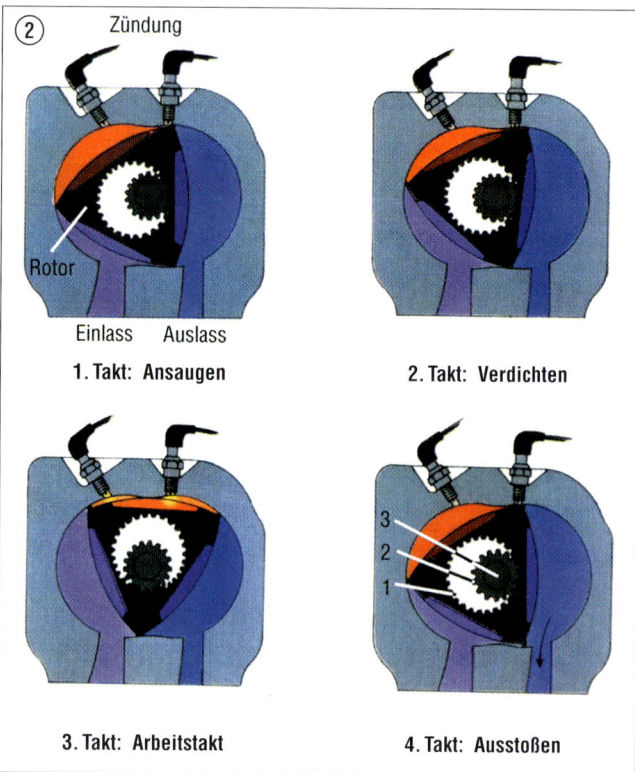

Ventilsteuerung beim Viertaktmotor

Die exakte Steuerung der Ventile ist für die Motorenkonstrukteure eine große Herausforderung, weil von ihr wesentlich die Leistung und die Laufruhe des Motors abhängt.

Die verschiedenen **Ventilsteuerungen** (Abb. ①), die entwickelt wurden, unterscheiden sich hauptsächlich darin, dass die **Nockenwelle** unterhalb oder oberhalb der Ventile angeordnet ist. Stößel oder Schwinghebel übertragen die Bewegung der Nocken auf die **Ventile**. Die Nockenform liefert die gründlich entwickelte, auf den Motor abgestimmte und computerberechnete „Ventilhebungskurve":

– Die OHC-Steuerung gibt es in vielen Varianten: Eine oben liegende Nockenwelle steuert über einarmige oder mehrarmige Schwinghebel die parallel oder V-förmig angeordneten hängenden Ventile. Die V-förmige Anordnung ist für Hochleistungsmotoren (Mehrventiler, Abb. ③) typisch.
– Bei der CIH-Steuerung werden die Ventile von der im Zylinderkopf liegenden Nockenwelle über Stößel und Kipphebel gesteuert.
– Beim OHV-Motor liegt die Nockenwelle unten, sodass durch Stößelstangen die Bewegung auf die Kipphebel übertragen werden muss.
– SV-Motoren mit Seitensteuerung (die Ventile befinden sich neben dem Zylinder) und stehenden Ventilen werden heute nur noch als stationär eingesetzte Motoren verwendet.

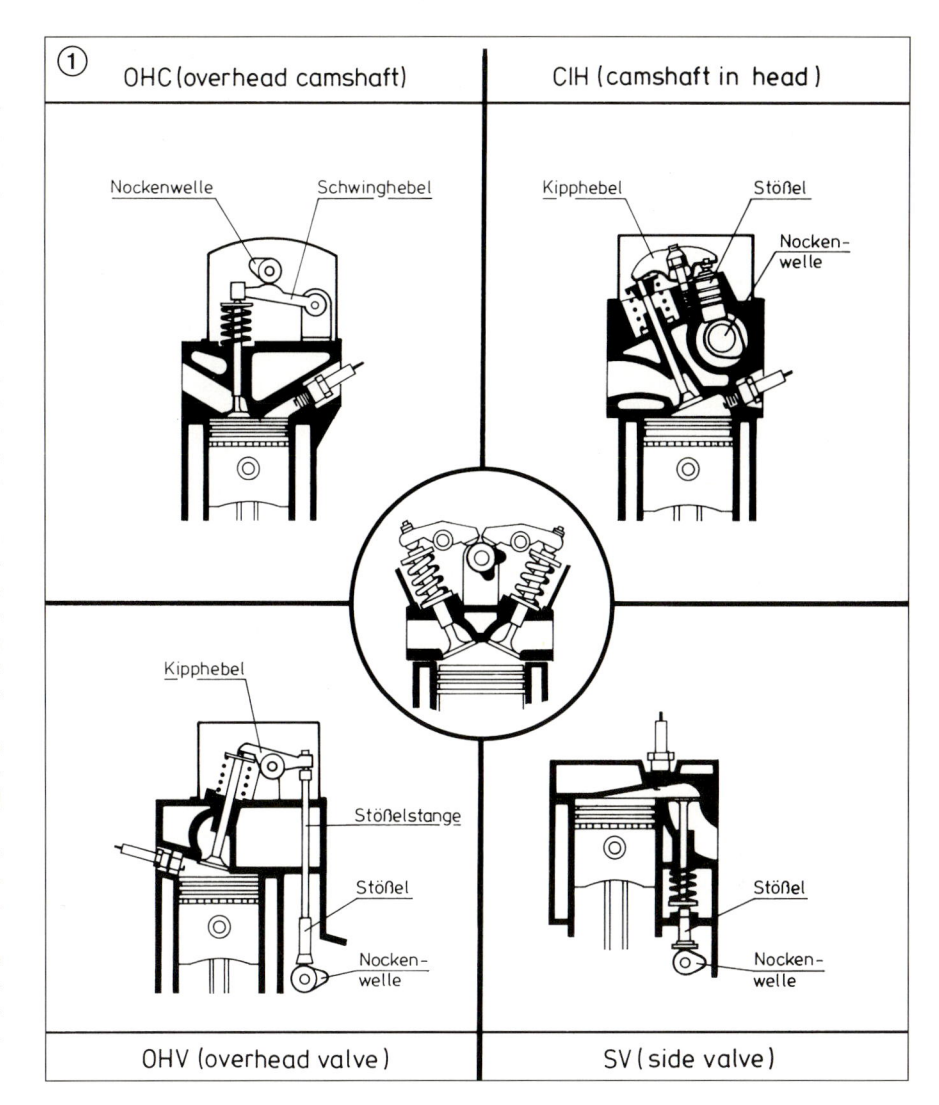

Mehr Ventile – bessere Nutzung des Kraftstoffs

Die Verbesserung der Motorleistung ist das Ziel aller, die Motoren entwickeln. Schon im Jahr 1912 brachte Peugeot einen **Vierventiler** heraus. Heute wird er von fast allen Herstellern vor allem beim Benzinmotor angeboten (Abb. ② und ③).
Herkömmliche Motoren haben ein **Einlass- und ein Auslassventil** pro Zylinder. Werden zwei Einlass- und zwei Auslassventile angebracht, erhält der Motor theoretisch die doppelte Menge an Benzin-Luft-Gemisch und bringt so eine höhere Leistung.
Beim Vierventiler kann das Gemisch (☞ S. 114) besonders hoch verdichtet werden. Damit steigt der Wirkungsgrad und der Verbrauch sinkt.
Entsprechend der Zylinderzahl kommt man beim Vierzylinder auf 16, beim Fünfzylinder auf 20 und beim Sechszylinder auf 24 Ventile.

Die Zündanlage am Mofa (Abb. ⑥)

Im Zylinder wird das Kraftstoff-Luftgemisch durch einen Funken entzündet.

Dieser springt bei der **Zündkerze** (Abb. ②) zwischen den beiden Elektroden über: Im **Zündsystem** müssen 2 Stromkreise vorhanden sein, ein Primärstromkreis mit niedriger Spannung und ein Sekundärstromkreis mit sehr hoher Spannung. Den Strom liefert beim Auto die Batterie bzw. die Lichtmaschine, beim Mofa der **Magnetzünder-Generator** (Abb. ①, ③).

In der Zündspule wird die unterschiedlich hohe Spannung durch verschiedene Wicklungen erreicht. Der Kondensator ermöglicht eine schnelle Unterbrechung des Primärstromkreises ohne Funkenbildung zum Unterbrecher. Über einen Nocken wird der Unterbrecher gesteuert.

Die Zündkerze besteht aus einem Metallmantel, in den ein Isolator aus Porzellan eingesetzt ist. Durch diesen führt ein dicker Draht, die Mittelelektrode. Sie wird mit einem isolierten Zündkabel an den **Verteiler** angeschlossen.

Eine zweite Elektrode, die Masseelektrode, ist über das Gehäuse an den Zylinder angeschlossen. Über den Verteiler fließt der Strom zur Mittelelektrode, springt dann zur Außenelektrode über und fließt über den Motor (Masse) zurück. Damit der Funke überspringen kann,

- muss der Abstand der beiden Elektroden stimmen.
- müssen die Elektroden sauber sein (verrußte oder verölte Elektroden müssen gereinigt werden),
- müssen Kerzen mit stark abgebrannten Elektroden oder defekten Isolatoren ausgewechselt werden.

Von Zeit zu Zeit müssen die **Unterbrecherkontakte** (Abb. ④) auf Abbrand, Brückenbildung und Beschädigung überprüft, ausgewechselt und neu eingestellt werden. Dies muss sehr sorgfältig anhand der Wartungsanleitung geschehen, damit eine gleichmäßige Zündfolge im Motor gewährleistet ist und dieser „rund" läuft.

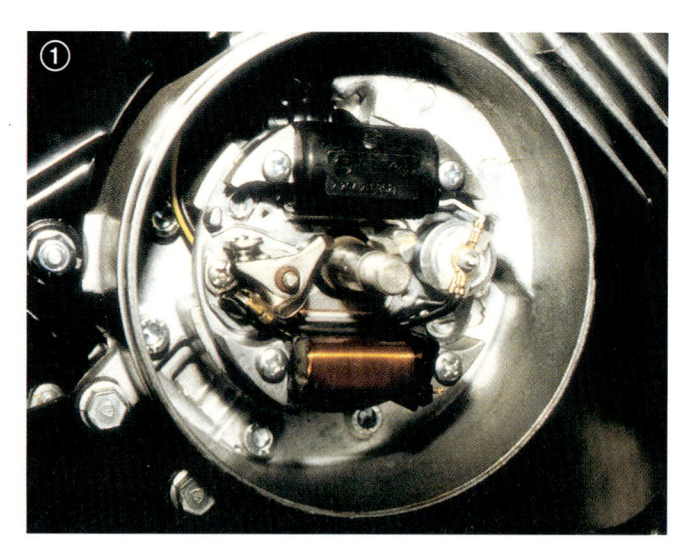

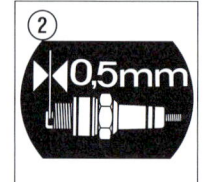

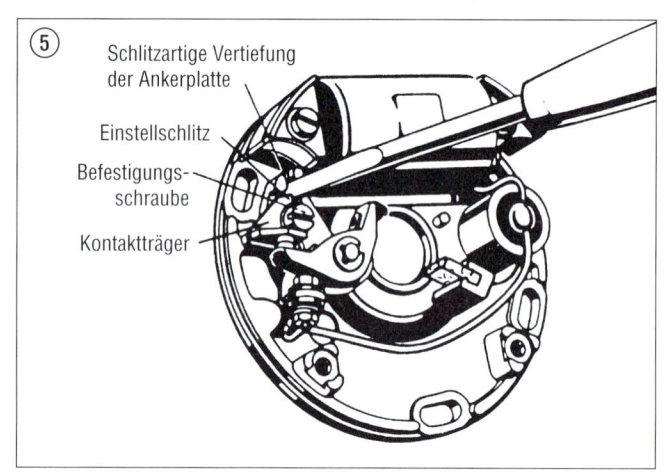

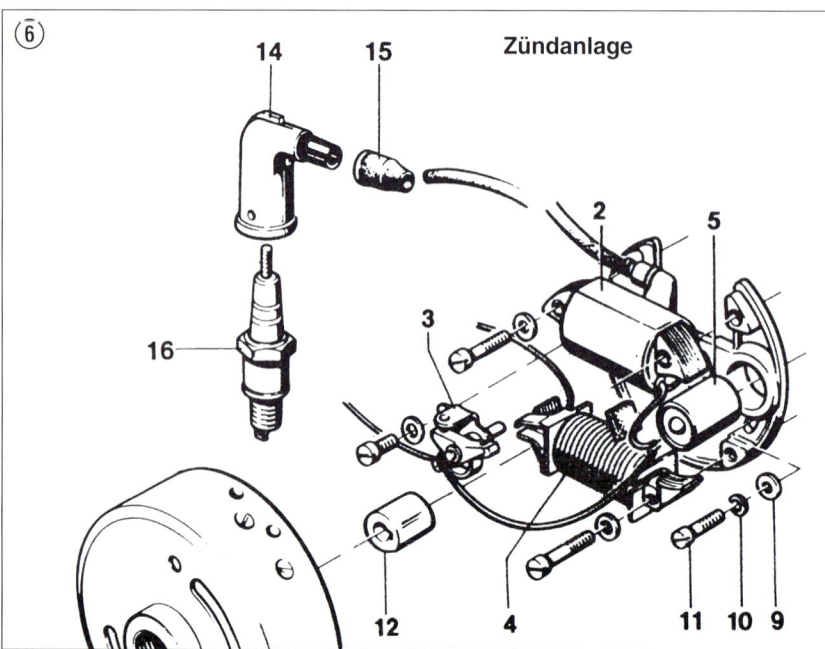

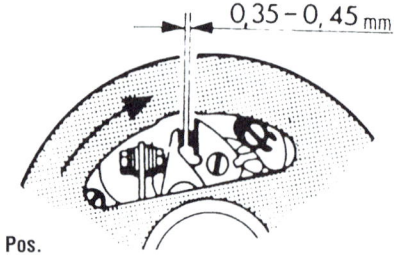

⑤ Schlitzartige Vertiefung der Ankerplatte
Einstellschlitz
Befestigungsschraube
Kontaktträger

⑥ Zündanlage

Pos.
- ZB Magnetzünder-Generator (enth. Pos. 2–13)
2 Zündspule
3 Unterbrecher
4 Lichtspule
5 Kondensator
9 Scheibe 4,3
10 Federing
11 Zylinderschraube 4 × 16
12 Zündnocken
14 Kerzenstecker – entstört
15 Regenschutzkappe
16 Zündkerze W 175 für 25 km/h
- Zündkerze W 225 für 40 km/h

Die Zündanlage beim Ottomotor

Die Energie für den Zündfunken wird von der Batterie bzw. der Lichtmaschine geliefert. Bei der „Batteriezündung mit Zündspule und Unterbrecherkontakt" waren für die mechanische Unterbrechung der Kontakte sorgfältige Wartungsarbeiten und der periodische Ersatz der Kontakte notwendig.

Bei **elektronischen Zündanlagen** übernehmen in einem Schaltgerät Tyristoren die Steuerung der Funkenzündung. Elektronische Zündsysteme werden bereits beim Hersteller justiert und sind wartungsfrei. Da der Zündzeitpunkt immer korrekt eingestellt ist, arbeitet der Motor optimal und produziert bei guter Leistung weniger Schadstoffe und verbraucht weniger Kraftstoff.

Die **Zündkerze** (Abb. ①) ist eines der wenigen Bauteile, das noch nach gewissen Laufzeiten ausgetauscht werden muss. Durch Abbrand verschleißen die Elektroden so stark, dass der Motor nicht mehr einwandfrei zündet und so der Kraftstoffverbrauch und die Abgasemissionen ansteigen. Den Aufbau der Zündkerze zeigt die Abbildung, die Funktion ist auf S. 120 beschrieben.

Die **Zündspule** (Abb. ②) arbeitet wie ein Hochspannungstrafo:

a) In einer Spule aus dickem Draht mit wenigen Windungen (Primärstromkreis) fließt Strom von der Batterie oder Lichtmaschine, wenn die Zündung eingeschaltet ist. Dabei wird ein starkes Magnetfeld aufgebaut.

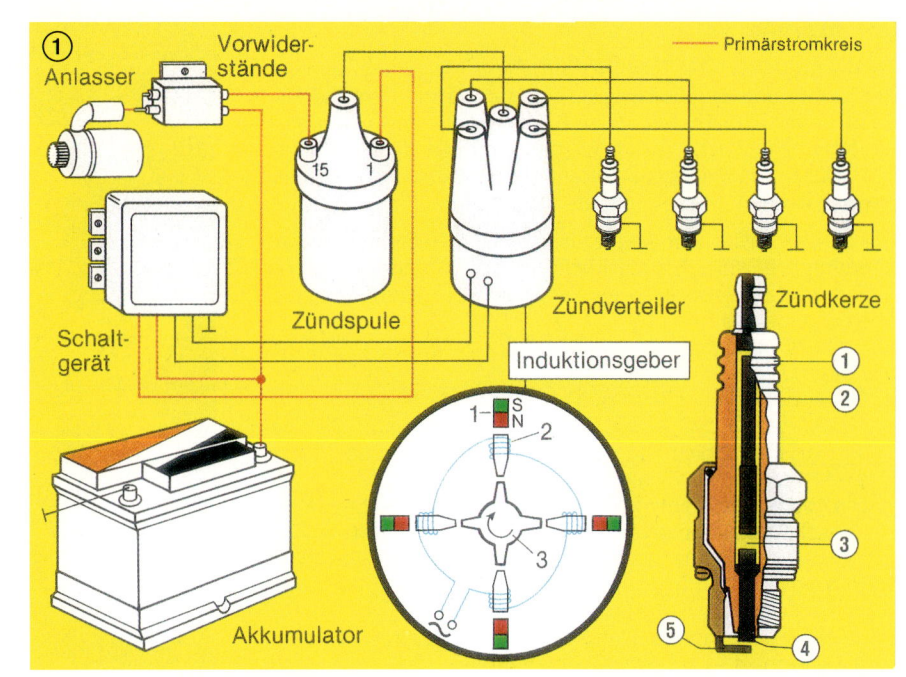

b) Die Sekundärwicklung (10 000 – 25 000 Windungen mit einer Gesamtlänge von über 1 km) umschließt die Primärwicklung; beide Wicklungen sind sorgfältig voneinander isoliert.

Wird der Primärstrom unterbrochen, bricht das Magnetfeld schlagartig zusammen und induziert in der Sekundärwicklung die Hochspannung für den Zündfunken (18 – 35 000 V). Die Unterbrechung des Primärstromkreises wird vom Impulsgeber des Zündverteilers gesteuert.

Entsprechend der Zündfolge in den 4 bzw. 6 Zylindern des Motors muss der **Zündverteiler** die Hochspannungsstöße auslösen und den einzelnen Zündkerzen im richtigen Moment zuleiten. Welche Präzision der Teile und des Zusammenspiels notwendig ist, zeigt das folgende Beispiel: Wenn ein Sechszylindermotor mit nur 4000 Umdrehungen der Kurbelwelle/min. arbeitet, muss die Zündspule etwa 200 Funken in der Sekunde auslösen (12 000 in der Minute oder 5 Mill. für eine Fahrt von 1000 km). Der Zündverteiler muss also 200 Funken je Sek. präzise abgetaktet steuern.

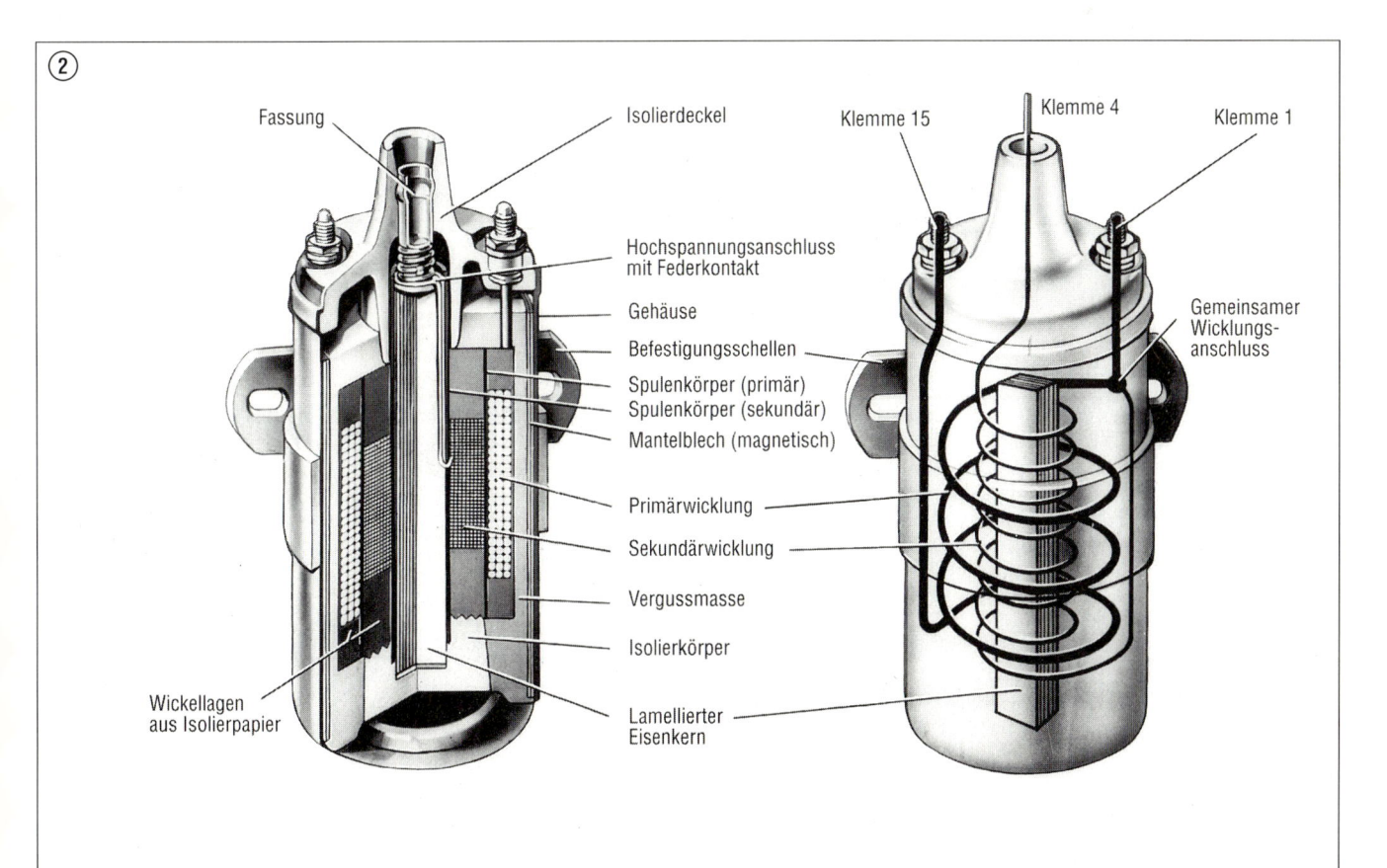

① Isolator ② Stromzuführung ③ Entstörwiderstand ④ Mittelelektrode ⑤ Masseelektrode

Schmierung

Im Motor gleiten viele Teile (Kolben, Pleuel, Nocken) aufeinander. Dabei entsteht Reibung und damit Wärme. Um die Reibung zu vermindern, benötigen Kraftmaschinen ein **Schmiersystem.** Ohne Schmierung würden die Teile des Motors so heiß, dass sie sich festklemmen oder „festfressen" und damit zerstört würden.

Ein dünner Ölfilm vermindert nicht nur die Reibung, sondern übernimmt darüber hinaus noch weitere wichtige Aufgaben:
– Die an den Gleitstellen entstehende Hitze wird vermindert bzw. abgeleitet.
– Es wird weniger Kraft zur Bewegung der Maschine gebraucht.
– Die Abnutzung der Teile wird wesentlich verringert.
– Moderne „HD-Öle" (heavy duty, also Höchstleistung) bewirken die Feinabdichtung der Kolbenringe, bilden den Korrosionsschutz für die Metallteile.
– Die Öle haben dispergierende (d.h. Schmutz tragende) Eigenschaften, nehmen also Schmutz, Abrieb, Verbrennungsrückstände mit und lagern diese in der Ölwanne und im Ölfilter ab.

Um diese Funktionen erfüllen zu können, muss das Öl sauber sein (Ölwechsel, Wechsel der Filterpatrone).

Beim Ölwechsel muss der Umwelt zuliebe sehr sorgfältig gearbeitet werden. Die Entsorgung von Altöl, Filtern etc. erfolgt bei den Tankstellen! Man muss wissen, dass 1 Tropfen Öl ca. 1000 l Trinkwasser unbrauchbar macht.

Die **Schmierung für Viertakter** und die für Zweitaktmotoren unterscheiden sich grundsätzlich:

Beim Viertakter (Abb. ①) befindet sich unten die Ölwanne. In diese wird die in der Betriebsanleitung vorgeschriebene Ölmenge eingefüllt. Am Peilstab lässt sich der Ölstand ablesen. Fehlt Öl, muss dieses unbedingt nachgefüllt werden.

Eine Pumpe drückt das Öl durch den Feinfilter (4) entlang dem Überdruckventil (3) in die Ölkanäle. Der Hauptkanal (2) führt zu den Kurbelwellenlagern, eine Steigleitung zur Nockenwelle („hydraulischer Stößel") (1) beim abgebildeten Motor.

Im Motor wird das Öl von den laufenden Teilen „verspritzt" und füllt den Innenraum des Kurbelgehäuses mit einem dichten Ölnebel aus.

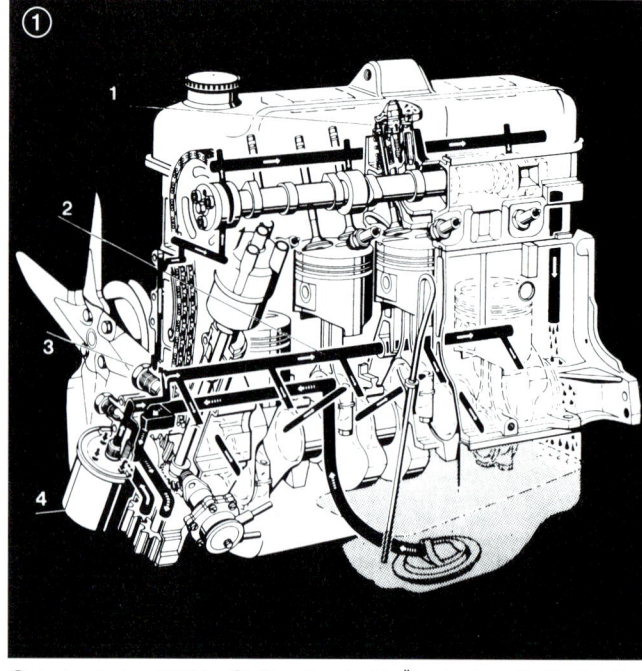

① hydraulischer Stößel ② Hauptkanal ③ Überdruckventil ④ Feinfilter

Beim **Zweitaktmotor** erfolgt die **Schmierung** mit dem Kraftstoff als Mischungsschmierung. Dies ist deshalb praktisch, weil Zweitaktmotoren „lagenunabhängig" geschmiert werden müssen (Rasenmäher am Hang, Motorsägen in verschiedenen Lagen).

Mischung 1 : 25 bedeutet, dass auf 25 l Kraftstoff 1 l Öl zugemischt wird. An der „Mopedzapfsäule" tankt der Kunde die gewünschte Menge fertig gemischt!

Die Mischungsschmierung
– gewährleistet die Versorgung des Motorinnern mit Schmierstoff vom ersten Tropfen Kraftstoff an,
– bringt dem Motor immer Frischöl und zwar belastungsabhängig (mehr Leistung = mehr Gas = mehr Öl),
– erfordert keinen Ölwechsel.

Jeder, der dies weiß, weiß auch, warum er nicht längere Strecken im Leerlauf bergab fahren darf!

Markenmotorenöle werden nach international gültigen Anforderungen SD, SE bezeichnet. Die Viskosität (Zähflüssigkeit) hängt stark von der Temperatur ab (Sommer-, Winteröle). Die modernen „Mehrbereichsöle" überdecken Temperaturunterschiede und werden mit SAE z.B. 20 W/50 bezeichnet, wobei W für Winter steht.

Kupplung

Oft ist es notwendig, Wellen durch **Kupplungen** miteinander zu verbinden. Damit ein Getriebe geschaltet werden kann, muss die vom Motor kommende Antriebskraft während des Schaltvorgangs vom Getriebe abgekoppelt werden. Dies geschieht beim Kraftfahrzeug mit einer Kupplung. Beim Einkuppeln muss die Motorkraft sanft und allmählich zunehmen, weil die Drehzahl der Räder nicht mit der des Motors übereinstimmt und so bei direktem Eingriff ein starker Schlag auf die **Kraftübertragung** erfolgt.

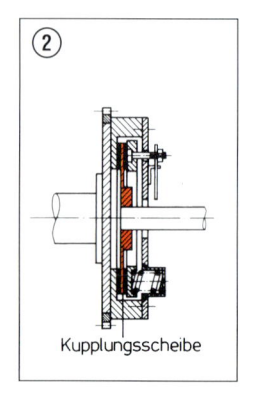

② Die **Kupplungsscheibe** ist eine flache Scheibe aus Stahl mit einem Reibbelag auf beiden Seiten. Kupplungsscheibe

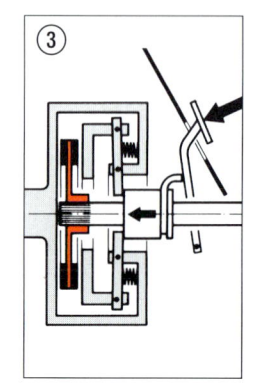

③ Der Fußhebel ist nach unten gedrückt; dadurch wird die Kupplung ausgerückt und die Verbindung zur Kupplungsscheibe gelöst: Es kann geschaltet werden.

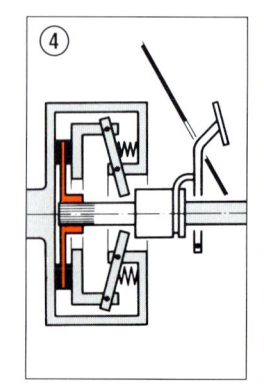

④ Der Fußhebel ist in Ruhestellung; dadurch wird die Kupplung eingerückt und die Kupplungsscheibe zwischen die drehenden Teile fest eingepresst: Motorwelle und Getriebe sind fest verbunden.

Getriebe

Zahnradgetriebe

Bei einem **Stirnradgetriebe** (Abb. ①) mit zwei gleich großen Stirnzahnrädern dreht sich das getriebene Rad gleich schnell wie das antreibende Rad. Die Räder drehen sich in entgegengesetzter Drehrichtung.

Bei einem Getriebe mit einem kleineren Antriebsrad (Abb. ②) dreht sich das getriebene größere Rad mit geringerer Drehzahl. Die **Drehkraft** am getriebenen Rad ist größer als die Drehkraft am antreibenden Rad. Die Räder drehen sich in entgegengesetzter Drehrichtung.

Ist das **Antriebsrad** größer, dreht sich das getriebene kleinere Rad mit größerer Drehzahl (Abb. ③). Die Drehkraft am getriebenen Rad ist kleiner als die Drehkraft am antreibenden Rad. Die Räder drehen sich in entgegengesetzter Drehrichtung.

Setzt man zwischen zwei gleich große Stirnzahnräder ein drittes Rad als **Zwischenrad** (Abb. ④), drehen sich antreibendes und getriebenes Rad mit gleicher Drehzahl. Damit ändert sich auch die Drehkraft nicht. Durch das Zwischenrad haben das antreibende und das getriebene Rad die gleiche Drehrichtung.

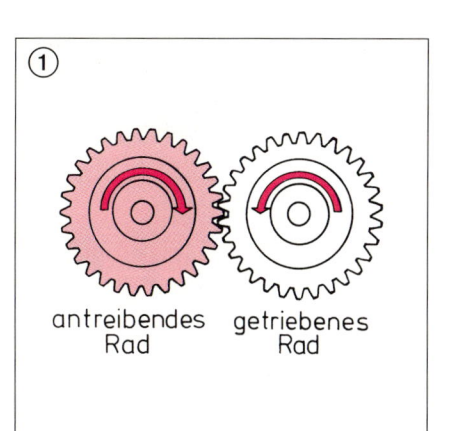

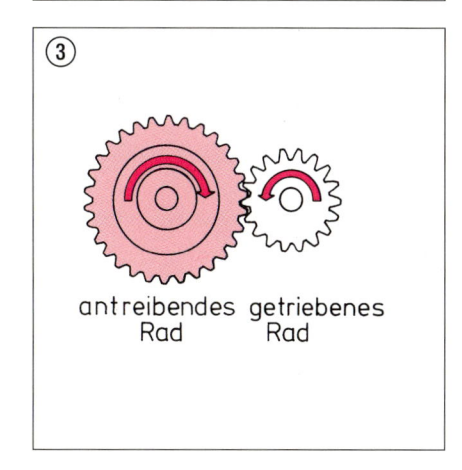

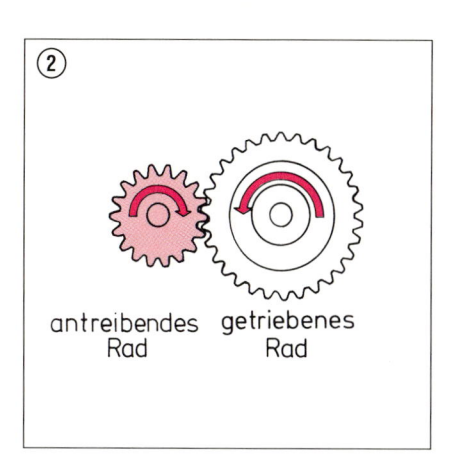

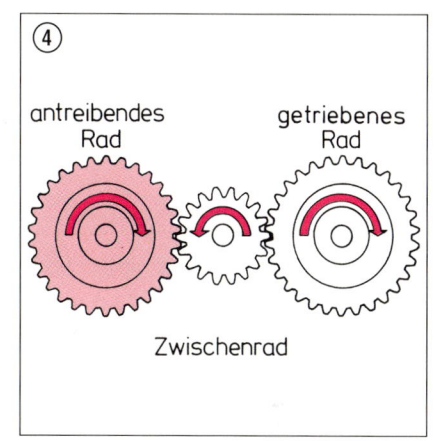

Getriebe werden eingesetzt, um
- die **Antriebskraft** von der **Antriebswelle** über eine bestimmte Entfernung auf die **Abtriebswelle** zu übertragen,
- die geeignete **Drehzahl** und die benötigte **Drehkraft** am Abtrieb zu erreichen,
- die gewünschte **Drehrichtung** am Abtrieb zu erzielen.

Übersetzung von Zahnradgetrieben berechnen

Übersetzung ins Langsame bei einem 2-stufigen Getriebe:

1. Stufe (Abb. ⑤)
Das antreibende Zahnrad (Z_1, 10 Zähne) muss sich 3-mal drehen, bis sich das angetriebene Zahnrad (Z_2, 30 Zähne) 1-mal dreht.
Es handelt sich also um eine 3fache Übersetzung ins Langsame.

Übersetzungsverhältnis i = Zähnezahl des **angetriebenen** Rades Z_2 geteilt durch die Zähnezahl des **treibenden** Rades Z_1

$$i = \frac{Z_2}{Z_1} = \frac{30}{10} = 3$$

2. Stufe (Abb. ⑥)
Zahnrad 3 (Z_3, 10 Zähne) treibt Zahnrad 4 (Z_4, 40 Zähne).

Übersetzungsverhältnis $i = \frac{Z_4 \text{ (angetr. Rad)}}{Z_3 \text{ (treib. Rad)}} = \frac{40}{10} = 4$

Bei einer Übersetzung von „4 zu 1" dreht sich das angetriebene Rad 4-mal langsamer als das treibende Rad.

Zur Berechnung des gesamten Übersetzungsverhältnisses (Abb. ⑦) von Zahnrad 1 zu Zahnrad 4 werden die Übersetzungsverhältnisse der einzelnen Stufen miteinander multipliziert:

$$i_{gesamt} = i_1 \cdot i_2 = 3 \cdot 4 = 12$$

Das angetriebene Rad (Zahnrad 4) dreht sich somit 12-mal langsamer als das „treibende Rad (Zahnrad 1).

Die **Drehzahl** eines Motors mit 2400 Umdrehungen in der Minute (2400 U/min) kann mit diesem Getriebe auf 200 U/min reduziert werden:

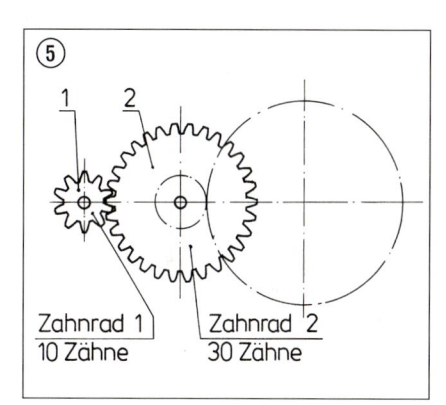

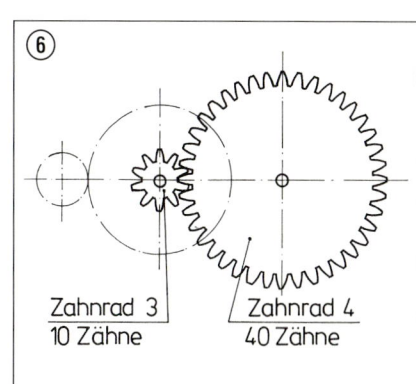

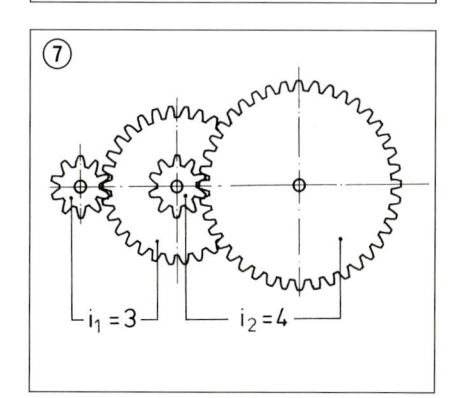

$$\frac{\text{Drehzahl des Motors}}{\text{Übersetzungsverhältnis des Getriebes}} = \frac{2400 \text{ U/min}}{12} = 200 \text{ U/min}$$

Schaltgetriebe

Bei Fahrzeugen ermöglicht ein **Schaltgetriebe** (Abb. ①) die Anpassung des Motordrehmoments an die Fahrbedingungen: Lasten ziehen, Steigungen, Geschwindigkeit, Rückwärtsfahren, Leerlauf.

Im abgebildeten Schaltgetriebe erfolgt der Kraftfluss von den fest auf der Vorgelegewelle montierten Zahnrädern auf die Zahnräder der Hauptwelle. Diese Zahnräder sind nicht fest mit der Welle verbunden, sondern laufen immer alle im „Schluß" mit den Zahnrädern der Vorgelegewelle mit, d.h., sie sind zwar laufend im Eingriff, treiben aber nicht an, da sie ja nur lose auf der Welle sitzen.

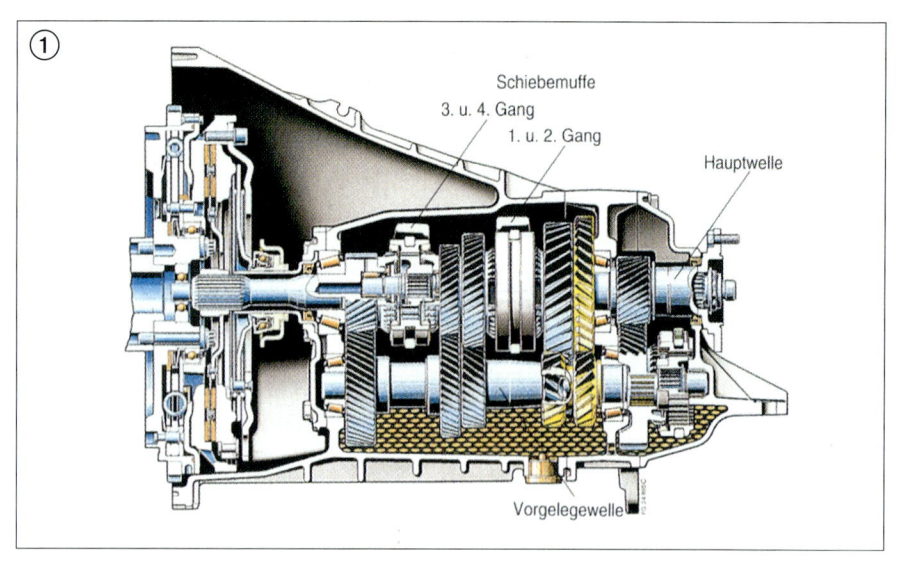

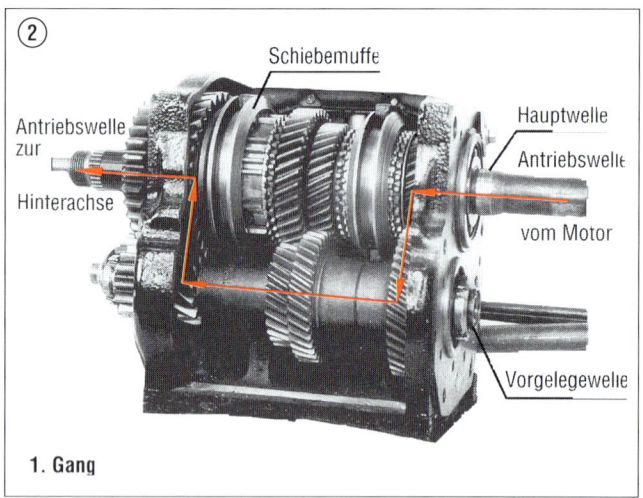

Die Abbildung zeigt den Kraftfluss für den 1. Gang: Ein kleineres Zahnrad auf der Vorlegewelle treibt ein größeres Zahnrad auf der Hauptwelle an, diese dreht dadurch langsamer, aber kraftvoller.

Die Abbildung zeigt den Kraftfluss für den 3. Gang: Über das größere Zahnrad auf der Vorlegewelle wird das kleinere Zahnrad auf der Hauptwelle angetrieben, diese dreht schneller, verliert aber an Kraft.

Nachbau eines Schaltgetriebes als Modell

Material für nebenstehendes 3-Gang-Schaltgetriebe:

1. Experimentier- bzw. Montagelochplatte
2. Kunststoffzahnräder Modul m = 1 mit den Zähnezahlen: Z10, Z15, Z30, Z45, Z50, Bohrungsdurchmesser 4 mm
3. Lochstreifen, Langlochstreifen, Gewindestangen M4, Skt-Muttern und Zylinderkopfschrauben M4, Sperrholzreste für das Schaltbrett

	Originalgetriebe	gewählt für das Funktionsmodell
1. Gang	2,5–3:1	5:1
2. Gang	1,6:1	3:1
3. Gang	1:1	1:1
R-Gang	3–4:1	4,5:1

Die Übersetzungsverhältnisse muss man so abwandeln, damit das Getriebe mit den gegebenen Zahnrädern gebaut werden kann.

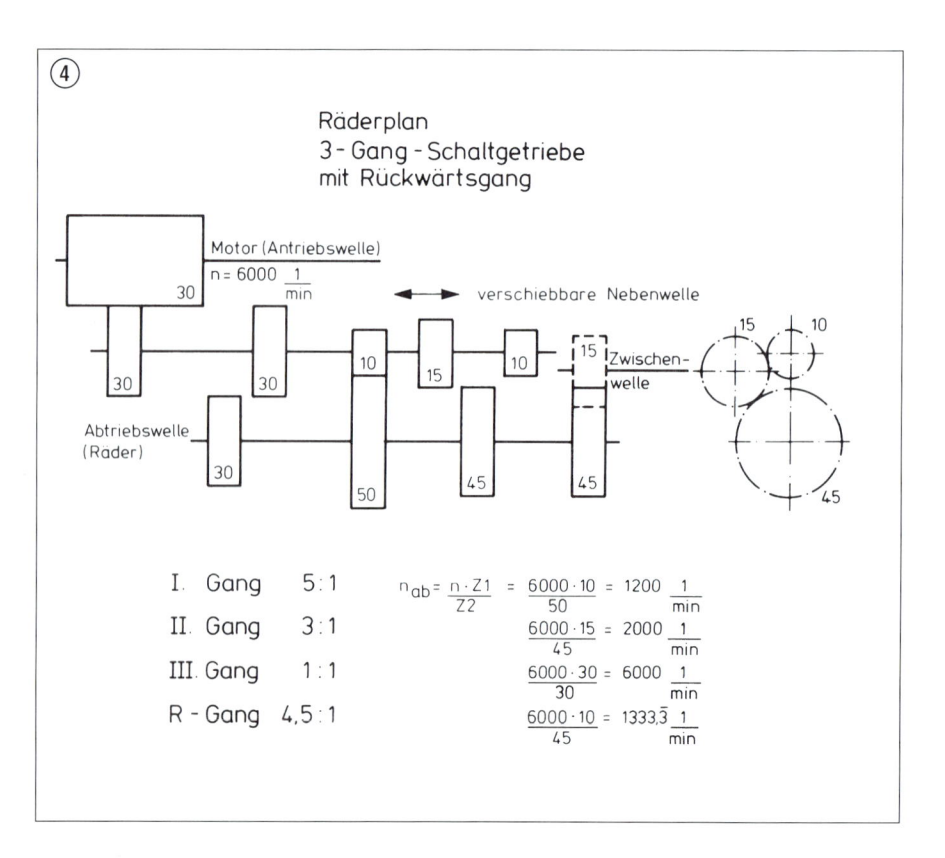

Räderplan 3-Gang-Schaltgetriebe mit Rückwärtsgang

I. Gang	5:1	$n_{ab} = \dfrac{n \cdot Z1}{Z2} = \dfrac{6000 \cdot 10}{50} = 1200 \ \dfrac{1}{min}$
II. Gang	3:1	$\dfrac{6000 \cdot 15}{45} = 2000 \ \dfrac{1}{min}$
III. Gang	1:1	$\dfrac{6000 \cdot 30}{30} = 6000 \ \dfrac{1}{min}$
R-Gang	4,5:1	$\dfrac{6000 \cdot 10}{45} = 1333,\overline{3} \ \dfrac{1}{min}$

Zugmittelgetriebe

Beim **Riemengetriebe** überbrückt ein Riemen die Entfernung zwischen Antriebsrad und getriebenem Rad. In Abb. ① und ② dreht sich das getriebene, größere Rad mit geringerer Drehzahl, beide Räder drehen sich in die gleiche Richtung.

Als Riemen werden Flach-, Rund-, Zahn- oder Keilriemen eingesetzt. Wichtig ist die richtige Einstellung der Riemenspannung. Wenn das Riemengetriebe keine Verzahnung hat, kann der Riemen bei Überbelastung oder zu schwacher Spannung rutschen.

Beim **Kettengetriebe** überbrückt eine Kette die Entfernung zwischen Antriebsrad und getriebenem Rad. In Abb. ④ dreht sich das getriebene, kleinere Rad mit höherer Drehzahl, die Räder drehen sich in die gleiche Richtung. Gegenüber dem Riemengetriebe hat das Kettengetriebe den Vorteil, dass es auch bei starker Belastung nicht rutscht.

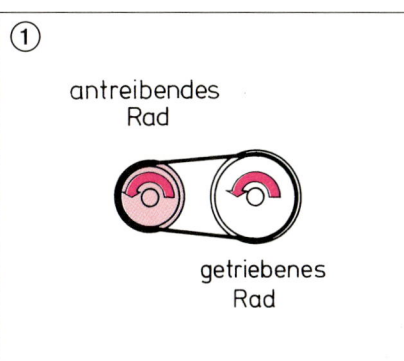

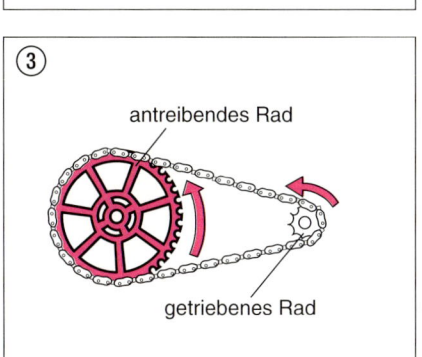

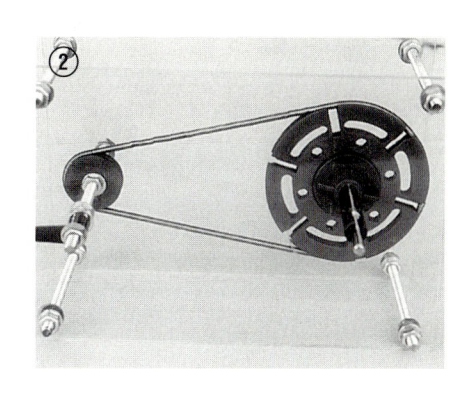

Lagern

Teile, wie **Achsen** oder **Wellen,** die sich drehen, müssen gelagert werden.

Lager sollen
- die Belastungen aufnehmen,
- als Halterung bzw. Befestigung dienen,
- so gebaut sein, dass sich Wellen oder Achsen bei geringem „Spiel" leicht drehen können.

Lochstreifen aus Metall können dann als Lager dienen, wenn die Bohrung nur geringfügig größer ist als der Durchmesser der Welle.

Ist das Bohrloch zu groß, sodass die Welle zu viel „Spiel" hat, kann durch Aufbohren und Einsetzen einer passenden Messinghülse eine gute Lagerung erreicht werden (Abb. ⑥).

Kugellager laufen besonders leicht, weil das Drehteil jeweils nur an einem Punkt der Kugel aufliegt. In Abb. ⑧ läuft die Welle in Kugellagern. Sie ist dadurch leichtgängig und trotzdem gut geführt. Im **Drucklager** der Fahrradlenkstange (Abb. ⑨) und an Bohrspindeln werden die Druckkräfte abgestützt, gleichzeitig sind sie leichtgängig.

Lager müssen geschmiert werden, damit sie leicht laufen, nicht heiß werden und sich nicht „festfressen". Wir verwenden hierzu säurefreies Öl.

Gewindestangen dürfen sich nicht in einer Lagerbohrung drehen, weil die Gewindegänge das Lager zerstören. Werden Gewindestangen als Wellen oder Achsen verwendet, müssen sie wie in Abb. ⑥ dargestellt mit einer Messinghülse fest verbunden werden.

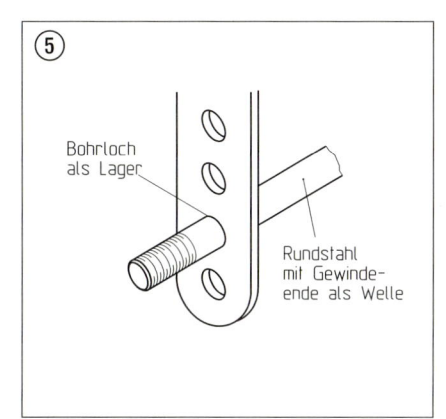

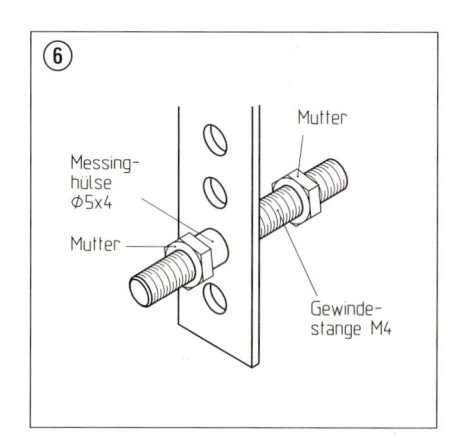

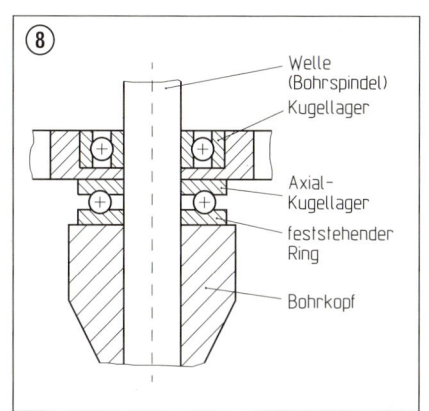

125

Kurbelgetriebe

Antriebskraft für Maschinen steht entweder in Form von Drehbewegung (z. B. Wasser und Windräder, Elektromotor) oder als Hin- und Herbewegung (z. B. Dampfmaschine, Verbrennungsmotor) zur Verfügung.

Die Hin- und Herbewegung der Kolben im Zylinder muss als Drehbewegung auf die Antriebsachse des Fahrzeugs gebracht werden, und beim Scheibenwischer stehen die Konstrukteure vor der Aufgabe, die Drehbewegung des E-Motors in die Hin- und Herbewegung der Scheibenwischerarme umzusetzen.

Die Konstruktionsaufgabe heißt: „Die Scheibenwischerblätter sollen so hin- und hergeführt werden, dass sie eine möglichst große Fläche der Scheibe sauberhalten".

Dies kann durch die Konstruktion einer so genannten „**Kurbelschwinge**" (Abb. ③) erreicht werden.

Mit einem Modell aus Lochstreifen, z. B. Pappstreifen (Abb. ④) (in gleichen Abständen gelocht), lassen sich Kurbelschwingen konstruieren, um durch unterschiedliche Anordnungen die beste Lösung zu finden.

Es ist zu beachten, dass die Kurbel durch einen E-Motor angetrieben wird und deshalb voll drehbar sein muss. Dies ist nur möglich, wenn die Längen der Teile der Kurbelschwinge in einem bestimmten Verhältnis zueinander stehen.

Ingenieur **Grashof** hat dazu einen Lehrsatz formuliert, dessen Richtigkeit wir an unseren Modellen ganz einfach durch Verändern der Längen in unserem Lochstreifensystem nachprüfen können.

Lehrsatz: Die Kurbel als kleinstes Glied einer Kurbelschwinge (Viergelenkkette) ist voll drehfähig, wenn die Kurbel zusammen mit dem längsten Glied der Kurbelschwinge kleiner ist als die anderen beiden Glieder.

Für die Abbildungen ③ und ④ lässt sich der Lehrsatz vereinfacht so ausdrücken:

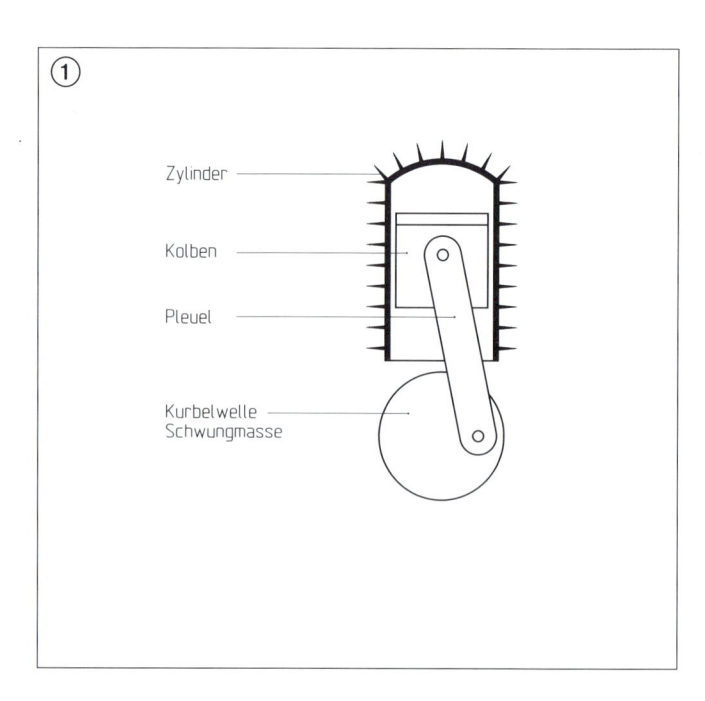

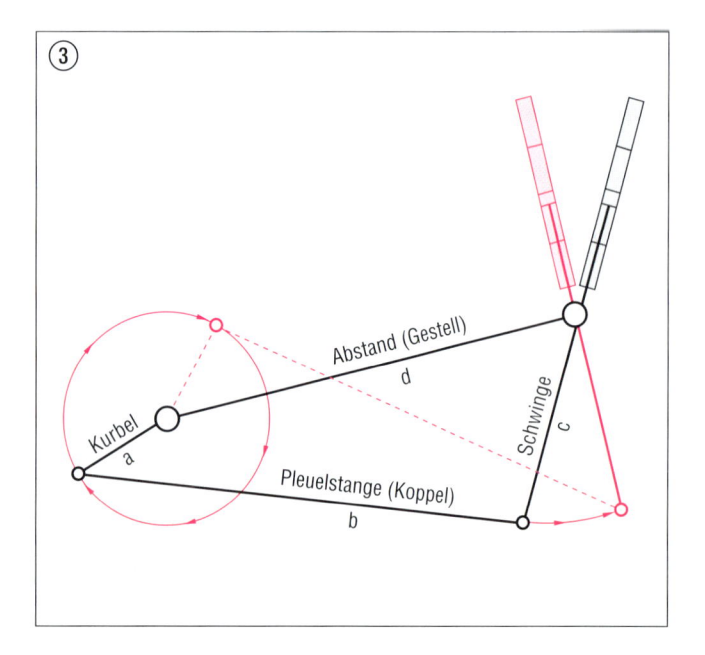

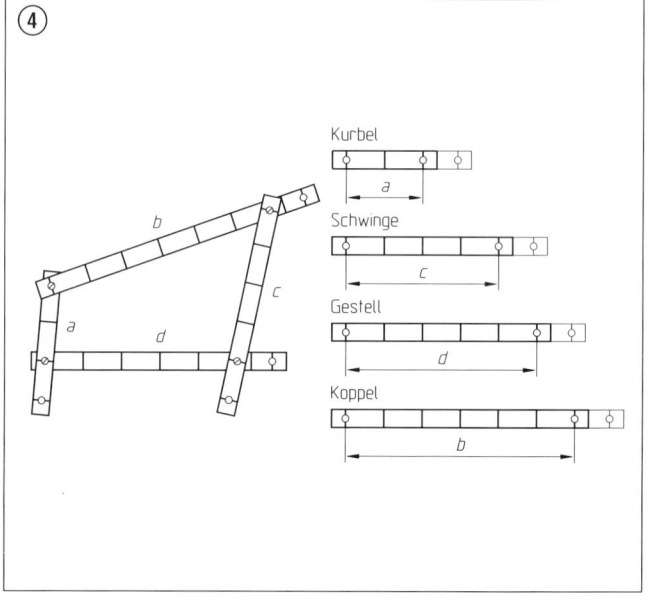

(Kurbel + Koppel) < (Schwinge + Gestellabstand)
   (a + b)   <   (c + d)

Beispiel für ein Pappstreifenmodell

Entwicklung des Verbrennungsmotors

Gasmotor

Etienne Lenoir entwickelte den ersten **Verbrennungsmotor** nach dem Prinzip der inneren Verbrennung (Abb. ②). Sein 1860 gebauter Motor unterschied sich kaum nennenswert vom Typ einer horizontalen Dampfmaschine, jedoch wurde als Brennstoff Gas benutzt. Er hatte die Lösung gefunden, nämlich eine Leistungsquelle, bei der man keine Feuerung, keinen Kessel, keinen Heizer brauchte. Doch stellte sich bald heraus, dass die daran geknüpften Erwartungen nicht erfüllt werden konnten, weil die „Gaskraftmaschinen" viel zu groß und zu schwer waren, um sie in einem Fahrzeug unterbringen zu können. Außerdem war man von einem Gasleitungsnetz abhängig.

Otto-Viertaktmotor

Nikolaus Otto hatte sich zur Aufgabe gestellt, für Betriebe, für die eine Dampfmaschine nicht lohnend war, einen wirtschaftlichen Verbrennungsmotor in Anlehnung an den Lenoir-Motor zu schaffen. 1876 entstand der Otto-Viertaktmotor (Abb. ①), er leistete 3 PS bei 180 Umdrehungen/min. Jetzt wurde es möglich, Antriebsmaschinen mit kompakten Ausmaßen zu bauen.
Den entscheidenden Beitrag zur Verkehrsmotorisierung leisteten Gottlieb Daimler und Karl Benz.
Zusammen mit seinem Ingenieur **Wilhelm Maybach** entwickelte **Gottlieb Daimler** einen Viertakt-Einzylindermotor, der scherzhaft „Standuhr" genannt und 1885 patentiert wurde (Abb. ③). Er hatte einen Hubraum von 212 cm^3, seine Leistung betrug etwa 1 PS. 1886 wurde der verbesserte Motor für den Einbau in einen Kutschwagen fertig gestellt.
Im gleichen Jahr stellte **Karl Benz** sein Dreiradfahrzeug mit einem eingebauten, liegenden Viertaktmotor vor (Abb. ④). Dieser Motor war bereits mit einer elektrischen Zündeinrichtung ausgerüstet.

Dieselmotor

Rudolf Diesel hatte die Idee, einen besonders wirtschaftlichen Verbrennungsmotor zu bauen. Dies wollte er durch ein starkes Verdichten der Luft im Zylinder erreichen. Um eine vorzeitige Selbstzündung zu vermeiden, sollte das Kraftstoffgemisch erst am Ende der Verdichtung in den Zylinder eingespritzt werden. Mit der Einspritzung von Petroleum für Lampen über ein steuerbares Nadelventil konnte sich das Kraftstoff-Luft-Gemisch ohne Zündfunken entzünden. 1897 konnte der erste Motor mit Selbstzündung vorgestellt werden. Heute ist der Dieselmotor nach vielen Versuchen und Verbesserungen das Aggregat, das sich im Verkehrswesen als Antrieb von PKW, Schiffen, Lokomotiven, Lastkraftwagen und landwirtschaftlichen Maschinen bewährt.

Wankelmotor

Im Jahr 1926 begann **Felix Wankel** in selbst eingerichteten Werkstätten mit Versuchen, einen Rotationsmotor zu entwickeln. Dabei löste er zwei Probleme: das Finden einer optimalen Form für ein viertaktendes Rotationssystem und die Abdichtung des Rotationskolbens. Im März 1954 entdeckte er die Grundfigur für den Kolben und arbeitete nun zusammen mit der Zweiradfabrik NSU an der Entwicklung eines Kreiskolbenmotors für ein Auto. 1963 wurde das erste Serienauto mit einem NSU-Wankel-Kreiskolbenmotor vorgestellt: der NSU Spider (Abb. ⑤) mit 500 cm^3 und 50 PS bei 6000 Umdrehungen/min.

Heute werden Wankelmotoren weltweit von vielen Firmen in Lizenz gebaut für Autos, Bootsantriebe, Motorräder, Kettensägen, Modellflugzeuge u.v.m.

Otto-Viertaktmotor, 1876

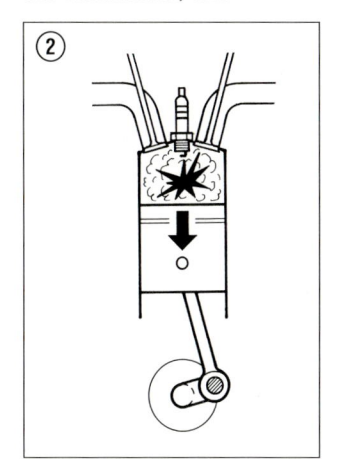

Prinzip der inneren Verbrennung

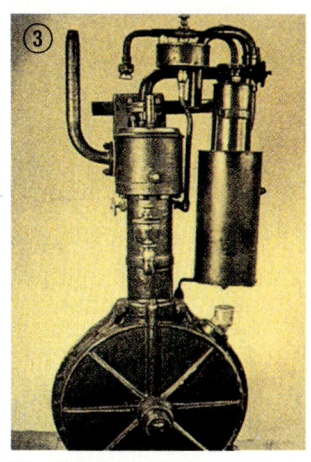

Die „Standuhr", 1885
1 PS, 600 U/min^{-1}

Benz-Motorwagen, 1886

Erstes Auto mit Kreiskolbenmotor: der NSU Spider

Berufsgruppe Fahrzeugtechnik

Die Ausbildungsverordnungen für die **Metallberufe** im Handwerk zeigen, dass die Grundbildung für alle **Berufe** der drei Berufgruppen Feinwerktechnik, Installations- und Metallbau sowie **Fahrzeugtechnik** gleich angelegt ist.

Hierbei werden umfassende gemeinsame Grundqualifikationen mit besonderer Gewichtung der Steuerungstechnik mittels Elektrik/Elektronik, Pneumatik und Hydraulik erworben. Dies ermöglicht, während der Ausbildung die Fachrichtung zu wechseln, solange die jeweilige Spezialisierung noch nicht eingesetzt hat.

In der Berufgruppe Fahrzeugtechnik sind folgende 5 Berufe zusammengefasst:
- Karosserie- und Fahrzeugbauer/in
- Landmaschinenmechaniker/in
- Kraftfahrzeugmechaniker/in
- Zweiradmechaniker/in
- Kraftfahrzeugelektriker/in

Gemeinsame Grundlagen sind die Wartung, Reparatur und das Ausrüsten mit Zusatzeinrichtungen. Ein inhaltlicher Schwerpunkt ist die systematische Fehlersuche an komplexen Systemen sowie das Prüfen und Beurteilen von Funktion und Zustand von Aggregaten und Systemen.

Dazu kommen Qualifikationen, die auf Schonung der Umwelt, Schadstoffreduzierung und geringen Energieverbrauch abzielen, z.B. durch Prüfen, Optimieren, Warten der Systeme und deren Feinabstimmung mithilfe spezieller Test- und Prüfgeräte.

Kennzeichnend für die Anforderungen an den hohen Ausbildungsstand ist
- der Sicherheitsstandard von Kraftfahrzeugen, Landmaschinen oder Zweirädern,
- der Kundenbezug,
- das Arbeiten im Team.

Die Ausbildungsdauer beträgt für alle Berufe der Berufsgruppe Fahrzeugtechnik einheitlich $3^1/_2$ Jahre.

Kraftfahrzeugelektrikerin/ Kraftfahrzeugelektriker

Qualifikation durch die Ausbildung für selbstständige Tätigkeiten zur Instandhaltung, Diagnose und Wartung und Prüfung der Regel- und Steuersysteme von Kraftfahrzeugen unter Beachtung von Vorschriften und Sicherheitsbestimmungen.

Tätigkeiten:
- Prüfen, einstellen und beurteilen von Funktion und Zustand und Feinabstimmung der Systeme,
- systematische Fehlersuche und -behebung an den mechanischen, pneumatischen, elektrischen und elektronischen Systemen von Kraftfahrzeugen mithilfe von Testeinrichtungen, Prüfgeräten, Regel- und Steuereinrichtungen,
- Funktionsüberprüfung der Elektronik und elektrischer Leitungen und deren Installation,
- Aus- und Umrüstung von Fahrzeugen mit Zubehör und Zusatzeinrichtungen entsprechend der Sicherheitsbestimmungen und Vorschriften.

Zweiradmechanikerin/ Zweiradmechaniker

Qualifikation durch die Ausbildung für selbstständige Tätigkeiten zur Instandhaltung, Ausrüstung und Umrüstung von Motorrädern, Fahrrädern und Behindertenfahrzeugen unter Beachtung der Sicherheitsbestimmungen und Vorschriften.

Tätigkeiten:
- Prüfen und warten, instandsetzen, ausrüsten von Geräten, Teilsystemen und Fahrzeugen,
- Fehlersuche an mechanischen, pneumatischen, hydraulischen, elektrischen und elektronischen Systemen,
- demontieren und montieren, prüfen und einstellen von Funktionseinheiten und Abstimmung der Teilsysteme nach Angaben der Hersteller,
- Endmontage vormontiert gelieferter Maschinen für den Verkauf anhand von Montageanleitungen,
- aus- und umrüsten mit Zubehör und Zusatzausrüstungen.

Kraftfahrzeugmechanikerin/ Kraftfahrzeugmechaniker

Qualifikation durch die Ausbildung für selbstständige Tätigkeiten zur Inspektion und Wartung, Instandsetzung und Instandhaltung von Fahrzeugen und Anhängerfahrzeugen unter Beachtung der Vorschriften und Sicherheitsbestimmungen .

Tätigkeiten:
- Systematisches Vorgehen bei der Fehlersuche und -behebung an mechanischen, pneumatischen, elektrischen und elektronischen komplexen Systemen von Kraftfahrzeugen,
- prüfen und beurteilen von Funktion und Zustand von Motoren, Bauteilen, Systemen und Fahrzeugen,
- demontieren, montieren und auswechseln von Teilen.

Schwerpunkte sind
- Instandhaltung von Personenkraftwagen,
- Instandhaltung von Nutzfahrzeugen,
- Instandhaltung von Krafträdern.

Automobilmechanikerinnen/Automobilmechaniker, Kfz-Elektrikerinnen/Kfz-Elektriker und **Kfz-Mechanikerinnen/Kfz-Mechaniker** legen sich in der Regel auf einen Arbeitsplatz in einem der ca. 60 000 Betriebe in der Automobilindustrie oder im Kfz-Gewerbe fest.
Kfz-Mechanikerinnen/Kfz-Mechaniker und Kfz-Elektrikerinnen/Kfz-Elektriker werden auch bei den technischen Überwachungsbehörden und Begutachtern, im Ersatzteilhandel und Recyclingsektor gebraucht.
Wer seine Ausbildung abgeschlossen hat, kann die Karriereleiter weiter hinaufsteigen. Eine Fortbildung zum Meister oder Techniker bietet sich in vielen Berufen an.

Berufswelt im schnellen Wandel

Stuttgart (lsw) – Die Büroberufe und die kaufmännischen Berufe zählen zu den beliebtesten Arbeitsfeldern der rund 4,77 Millionen Erwerbstätigen in Baden-Württemberg. Nach einer jetzt veröffentlichten Auflistung des Statistischen Landesamtes verdienten im Jahr 1997 etwa 575000 Frauen und Männer ihr Geld in dieser Berufssparte. Auf Platz zwei machten die Statistiker die Gesundheitsberufe aus. Hier arbeiteten von der Krankenschwester bis zum Chefarzt knapp 280000 Menschen, darunter auch ungefähr 55000 Ärzte und Apotheker. Als am wenigsten beliebt gelten die landwirtschaftlichen Berufe mit knapp 75000 Beschäftigten. Die Entwicklung seit 1993 zeige eindrucksvoll den sich fortsetzenden schnellen Wandel der Berufswelt. So ist allein die Zahl der in sozialen Berufen Tätigen um mehr als ein Drittel gestiegen. Auch Informatiker und Rechnungskaufleute zählen zu einer stark expandierenden Gruppe. Nach den weiteren Untersuchungen wurde die Rangliste im vergangenen Jahr bei den Frauen von den Büro- und kaufmännischen Berufen mit 22 Prozent angeführt. Als Spitzenreiter bei den Männern gelten die Berufe der Unternehmensleitung und -beratung, die Bau- und Ausbauberufe, die Ingenieure und Architekten sowie die Büro- und kaufmännischen Berufe mit jeweils fünf Prozent.

① **Die beliebtesten Berufe im Land** (in Tausend)

Büroberufe, kfm. Angestellte	575,4
Gesundheitsberufe	279,1
Unternehmensleitung, -beratung	184,0
Verkaufspersonal	182,3
Lehrberufe	167,5
Ingenieure, Architekten	141,7
Groß- und Einzelhandelskaufleute	141,5
Informatiker, Rechnungskaufleute	140,6
Bau- und Ausbauberufe	139,0
Techniker/innen	133,8
Soziale Berufe	131,5
Verkehrsberufe	123,0
Reinigung, Entsorgung	122,2
Bank-, Versicherungsberufe	108,5
Ernährungsberufe	107,0
Elektroberufe	104,4
Lagerverwalter, -arbeiter	103,3
Maschinenbauer	100,4
Hilfsarbeiter	98,8
Blechkonstrukteure, Installtionsb.	91,0
Warenprüfer	84,3
Hotel und Gaststätten	79,2
Landwirtschaftliche Berufe	74,9

Eine Qualifizierung zur Meisterprüfung wird bereits erwogen. Denn das neue Tätigkeitsfeld verlangt Selbstständigkeit und Verantwortungsbewusstsein, die Weiterbildung zum Industriemeister ist denkbar. Übrigens hält Ursula Kropf (Ausbilderin) diesen Job auch für einen „schönen Frauenberuf", viele Arbeiten könnten auch in den eigenen vier Wänden erledigt, Beruf und Familie gut miteinander vereinbart werden.

Technische und kaufmännische Berufe rund um die Energieversorgung

Energieversorgungsunternehmen bieten Arbeitsplätze in verschiedenen technischen und kaufmännischen Bereichen und bilden dementsprechend männliche und weibliche Azubis aus:

Im technischen Bereich	Im kaufmännischen Bereich
IT-System-Elektroniker, Industrieelektroniker, Energieelektroniker, Anlagenmechaniker und **Konstruktionsmechaniker**	**Kaufmann für Bürokommunikation** und den **Industriekaufmann**

IT-System-Elektronikerin/IT-System-Elektroniker
– ein neuer Beruf!

Erstmals wird bei den Neckarwerken AG in Stuttgart ab September 99 ein neuer Beruf angeboten. In der Ausschreibung wird erläutert:
Um der technischen Entwicklung Rechnung zu tragen und vor allem, um den Anforderungen der Praxis gerecht werden zu können, ist das Berufsbild breit angelegt. So wird es möglich, auf den jeweiligen Betrieb zugeschnittene Schwerpunkte zu setzen. Um einen echten „Dienstleister" zu bekommen, wird die traditionelle Trennung zwischen kaufmännischer und technischer Ausbildung aufgehoben. Die Azubis im Bereich IT-Elektroniker
– *planen Informations- und Kommunikationssysteme,*
– *installieren entsprechende Geräte, Komponenten und Netzwerke einschließlich deren Stromversorgung und Software,*
– *nehmen diese Geräte und Systeme in Betrieb,*
– *stellen Anwendungsprogramme dafür bereit, die exakt auf die Bedürfnisse des jeweiligen Kunden zugeschnitten sind,*
– *lernen in betriebswirtschaftlichen, vertrieblichen und arbeitsorganisatorischen Zusammenhängen zu handeln.*

Als Zugangsvoraussetzung wird ein guter Mittlerer-Reife-Abschluss erwartet. Die Bewerber werden betriebsintern einem Auswahlverfahren unterzogen, vor allem in Bezug zur Technik und zu sozialen Qualifikationen.

Neues Berufsbild: Fotomedienlaborant

In diesen Tagen konnten bei der Firma Heudorfer GmbH + Co. Kommunikation mit Bildern in Kirchheim/Teck die ersten vier Auszubildenden in den neuen Beruf „Fotomedienlaborant/in" starten. Die Jugendlichen werden bei Heudorfer eine dreijährige Berufsausbildung absolvieren. Erstmals ist jetzt dieses Berufsbild gemäß einer staatlichen Verordnung vom 1. 8. 1998 als neuer Ausbildungsberuf anerkannt.
Der Fotomedienlaborant ist die logische Folge der rasanten technologischen Entwicklung im Fotolabor.
Die neue Ausbildung, die nach zehnjähriger Vorarbeit jetzt möglich ist, berücksichtigt insbesondere die Bearbeitung und Ausgabe von digitalen Texten und Bildern. Als weiterer Inhalt gehört dazu: das umfangreiche Gebiet der Beratung, Planung und Vorbereitung von Arbeitsabläufen, das Qualitätsmanagement in modernen Dienstleistungsbetrieben und nicht zuletzt auch Fragen zum betrieblichen Umweltschutz. Aber auch der Einsatz von Schrift, Bild und Farbe als Gestaltungsmittel sowie das Kombinieren von typografischen und grafischen Elementen zählt künftig zu den Fertigkeiten und Kenntnissen, die vermittelt und gelernt werden müssen.
Bewusst technik-offen formuliert, soll das neue Berufsbild den Ausbildungsinhalten und Prüfungsanforderungen künftiger Entwicklungen der Branche Rechnung tragen.

SYSTEMGASTRONOMEN
Standards

Im Steakhouse, an Bord des Urlaubsjets, im Speisewagen des Fernschnellzugs unterwegs bei der Fastfood-Kette: Hinter all diesen Bemühungen um Verpflegung steckt eine Menge System. Will heißen: vorgegebene Standards für gleichen Geschmack, gleiche Portionsgröße, gleiche Qualität und streng kalkuliert. Jedes dieser Unternehmen betreibt Systemgastronomie und verkauft Markenartikel. Der Markt wird genau beobachtet, das Angebot den notwendigen Veränderungen angepasst. Im Vordergrund steht professionelles Marketing.
Deshalb gibt es jetzt den neuen Ausbildungsberuf „Fachmann/Fachfrau für Systemgastronomie". Auch alle Formen der Gemeinschaftsverpflegung und des Caterings gehören dazu, beispielsweise die Versorgung von Sanatorien, Kliniken, Altersheimen, Mensen oder Kantinen. Gefordert sind Organisationstalent, Teamfähigkeit und eine gewisse Belastbarkeit. Mittlere Reife oder Abitur sind von Vorteil. Als Systemgastronom(in) lernt man alles über rationelle Lagerhaltung, hygienisch einwandfreie Herstellung, Präsentation und Verkauf. Die Einhaltung der vorgegebenen Standards hat allererste Priorität. Personaleinsatz und das Managen von Küche und Service gehören ebenso zu den Aufgaben wie Kenntnisse in Werbung und Verkaufsförderung.
Die Ausbildung dauert drei Jahre. Wer weiterkommen will, kann den Küchen-, Verkaufs- oder Filialleiter, Marketing- oder Personalleiter anstreben.

Entwicklung und Einsatz der Dampfmaschine (äußere Verbrennung)

Viele Epochen der menschlichen Zivilisation wurden durch die Erfindung des Rades und seiner Verwendung als Transportmittel wesentlich beeinflusst. Da der Muskelkraft der Tiere und Menschen Grenzen gesetzt waren, haben sich die Menschen schon früh damit beschäftigt, Wind- und Wasserkraft für ihre Zwecke zu nutzen.

Erst als man entdeckt hatte, dass Wasserdampf Arbeit verrichten kann, enstanden Maschinen, die sich vielseitiger einsetzen ließen. Mit der Entwicklung der Naturwissenschaften und der Technik im 17. Jh. konnten die in der Antike gewonnenen ersten Erfahrungen über die Kraft des Dampfes genauer untersucht und erforscht werden.

Thomas Savery suchte einen **Dampfantrieb** für Wasserhebewerke. Bei seinen Experimenten kam er auf die Erzeugung eines nutzbaren Vakuums durch Kondensation. Mit einem Dampfkessel entwickelte er 1698 eine Pumpenanlage ohne Kolben, eine so genannte Dampfpumpe (Abb. ①).

Dampfüberdruck entsteht, wenn Wasser in einem geschlossenen Kessel bei ständiger Wärmezufuhr auf über 100 °C erhitzt wird. Wird der Dampf in einem Kondensator – ebenfalls ein geschlossenes Gefäß – abgekühlt, entsteht wieder Wasser. Da dieses ein kleineres Volumen als der Dampf hat, entsteht im Kondensator ein Unterdruck.

Die Dampfpumpe

Savery nutzte dies in seiner **Dampfpumpe**: Aus dem Kessel (a) strömt Dampf in den Kondensatorbehälter (b). Ventil (V1) wird geschlossen und der Dampf im Kondensator durch Wasser (V2) abgekühlt. Der Dampf kondensiert, im Behälter entsteht Unterdruck. So wird das abzupumpende Wasser bei geöffnetem Ventil (V3) abgesaugt. Ventil (V3) wird geschlossen und man lässt wieder Dampf einströmen, der das angesaugte Wasser über das Ventil (V4) nach oben presst.

Thomas Newcomen verbesserte um 1712 das Savery-System. In seiner „**atmosphärischen Dampfmaschine**" nach dem Prinzip der inneren Verbrennung wurde die Kondensation durch das Einspritzen von Wasser in den Zylinder bewirkt. In einem Bergwerk eingesetzt, verrichtete diese Maschine mit 12 Hüben pro Minute die Arbeit von 50 Pferden, allerdings unter enormem Verbrauch von Kohle als Brennstoff (Abb. ②).

Newcomens **Dampfmaschine** arbeitete mit einem Kolben in einem Zylinder, der durch seine Bewegung zwei Pumpen bediente: Der Dampf strömt aus dem Kessel in den Zylinder, der Kolben befindet sich oben, da er vom Gewicht des Pumpengestänges hochgezogen wird. Nun wird die Dampfzufuhr gesperrt und durch eine Düse kaltes Wasser in den Zylinder gespritzt, sodass der Dampf kondensiert.

Dabei entsteht ein Unterdruck und dieser zieht den Kolben nach unten. Gleichzeitig fördern die Pumpenkolben Wasser nach oben. Das Kondensat wird aus dem Zylinder abgelassen und erneut Dampf zugeführt.

Die Dampfmaschine von James Watt

James Watt begann sich für die Dampfkraft zu interessieren, als er eine Newcomen-Dampfmaschine zu reparieren hatte. Nach intensiven Experimenten stellte er 1765 seine Verbesserungen vor: Der Kondensator wurde vom Arbeitszylinder getrennt. Dadurch musste der Zylinder nicht immer wieder gekühlt werden. Außerdem isolierte er den Zylinder, um ihn heiß zu halten, und ersetzte den Luftdruck als Antrieb des Kolbens durch Dampf, den er oberhalb des Kolbens in den Zylinder leitete. 1780 führte er eine Kurbel und ein Schwungrad ein, welche die auf- und abgehende Bewegung in eine Drehbewegung umsetzten. Watts Dampfmaschine brauchte nur noch ein Drittel der Brennstoffmenge der Necomen-Maschine und führte etwa 60 Hübe pro Minute durch.

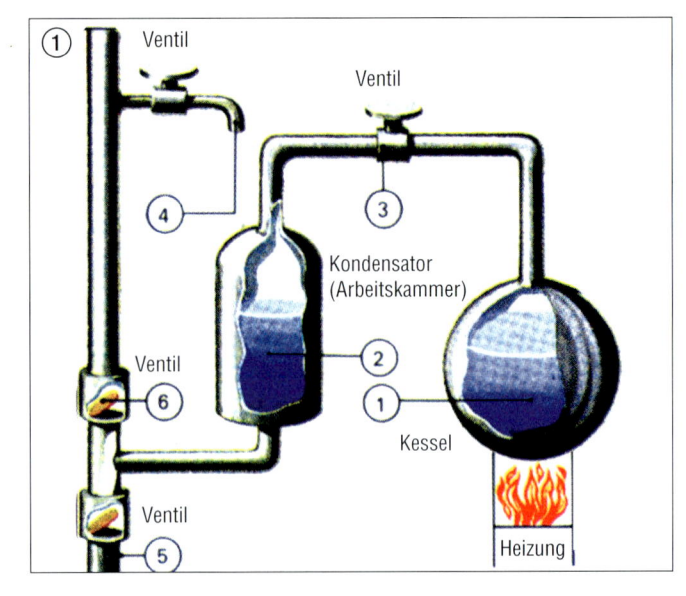

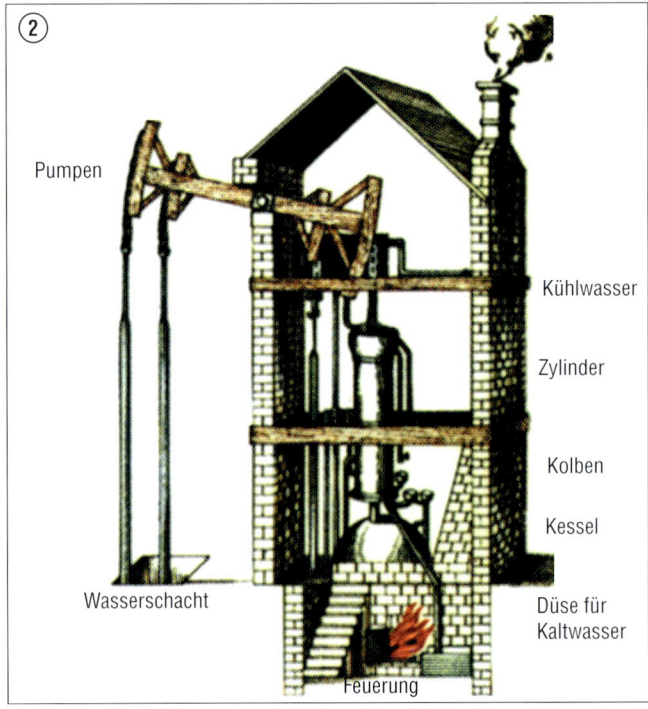

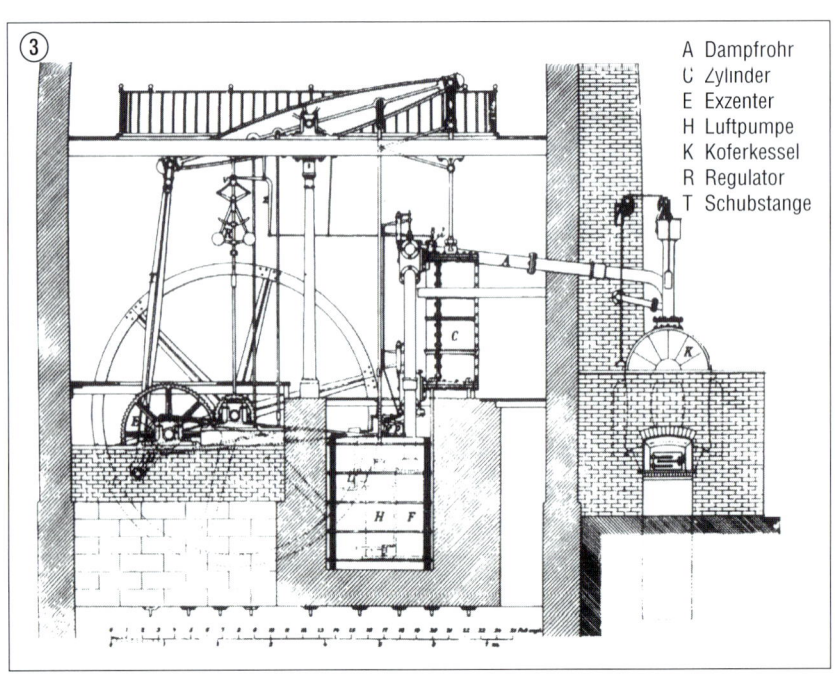

Dampfmaschine von James Watt, ca. 1805

1784 präsentierte Watt eine **Dampfmaschine** mit einem doppelt wirkenden Kolben (Abb. ③), die so konstruiert war, dass sie über eine durch die Fabrikhalle geführte Transmissionswelle (Abb. ②) und daran angeschlossene Riementriebe die einzelnen Arbeitsmaschinen antrieb. Allerdings lag der Wirkungsgrad (☞ S. 136, 141) solcher Dampfmaschinen sehr niedrig, denn sie setzten nur ca. 5% der Brennstoffenergie in mechanische Energie um.

Doppelt wirkende Dampfmaschine (Abb. ③): Der im Kessel überhitzte Dampf strömt in den Zylinder (A) und drückt den Kolben nach rechts. Der Dampf wird ausgestoßen. In Mittelstellung (B) sind beide Ventile geschlossen. In Stellung (C) strömt Dampf von rechts ein und drückt den Kolben nach links, wieder wird der Dampf ausgestoßen.

Dampflokomotiven und Dampfschiffe

Dampfmaschinen wurden auch als Antriebsmaschinen bald in Schienenfahrzeuge und Schiffe eingebaut. Eine der ersten Dampflokomotiven war von **Robert Stephenson** 1829 entwickelt worden (☞ S. 32). 1835 fuhr zwischen Nürnberg und Fürth in Deutschland die erste Eisenbahn.

1843 überquerte das erste stählerne **Dampfschiff** – bisher fuhren Segelschiffe mit Holzrumpf –, die SS Great Britain (Abb. ④), den Atlantik. Gegen Ende des 19. Jahrhunderts fuhren fast nur noch Dampfschiffe.

Die Weiterentwicklung der Dampflokomotive ermöglichte die rasche Ausbreitung der Eisenbahnen im 19. Jahrhundert. Durch den Bau druckfesterer Kessel und exakter gefertigter Kolben und Zylinder entwickelten die Lokomotiven mehr Zugkraft und erreichten höhere Geschwindigkeiten. Fast ein Jahrhundert lang fuhren alle Züge mit Dampflokomotiven, bis durch die elektrische Lokomotive und die Diesellok Konkurrenten entstanden.

Die europäischen **Lokomotiven** waren mit windschnittigen Verkleidungen ausgestattet und erreichten als Reisezüge hohe Geschwindigkeiten – Weltrekord 1938 durch die britische „Mallard" mit sieben Pullmanwagen (Abb. ⑤) 203 km/h.

Die Lokomotiven in Amerika waren mehr für hohe Zugkraft konstruiert für schwer beladene Güterzüge. Die „Big-Boy"-Lokomotive wog 540 Tonnen – auf Radanordnung 4-8-8-4 gebaut (Abb. ⑥).

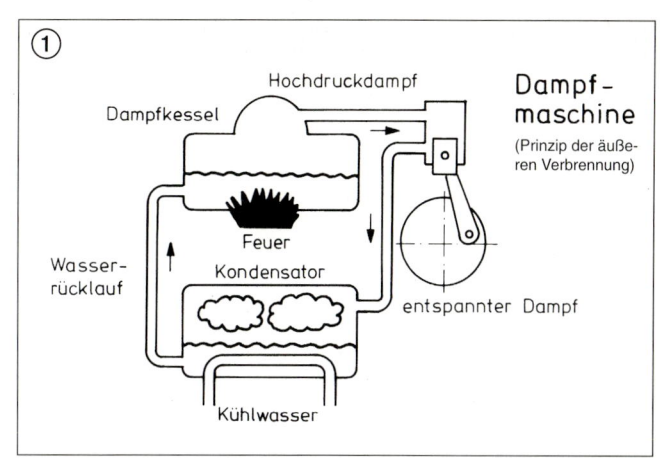

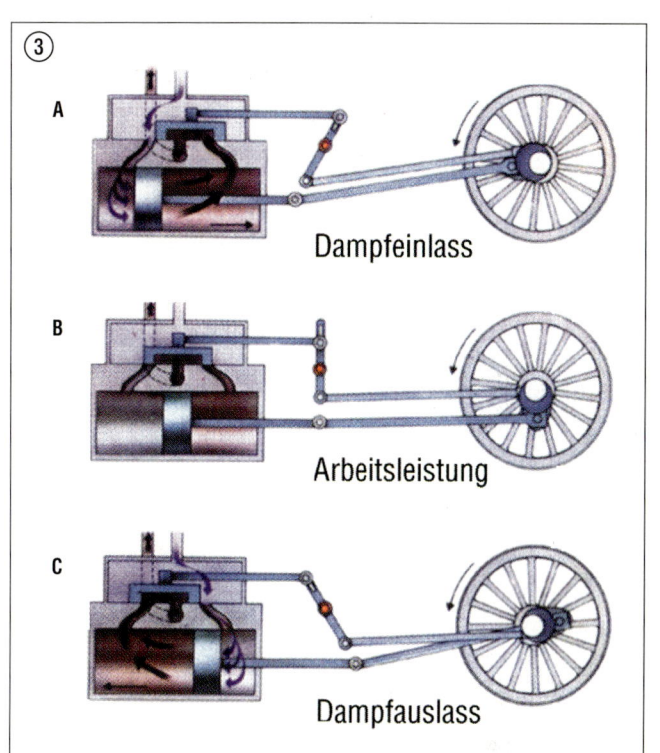

Entwicklung und Einsatz der Dampfturbine

1884 erfand **Sir Charles Parsons** die **Dampfturbine**: Die Dampfturbine hat im Gegensatz zur Dampfmaschine keinen Kolben (Hin- und Herbewegung) und keinen Kurbeltrieb (Übertragung in Drehbewegung).

Der Dampf strömt durch Düsen gegen die Schaufeln eines Turbinenrades und bringt dieses in Drehbewegung (Abb. ①). Dieses **Turbinenrad** wird durch die Geschwindigkeit, mit der die Dampfmenge auf die Schaufeln trifft, in Drehung versetzt. Um die im Dampf enthaltene Druckenenergie möglichst vollständig in Geschwindigkeitsenergie umzusetzen, wird der Dampf in den Leitschaufeln durch so genannte Lavaldüsen geführt (Abb. ②), deren Querschnittsverengung für die Umwandlung in Geschwindigkeit sorgt. Zur vollen Nutzung dieser Geschwindigkeit ist es wichtig, dass der Dampfstrahl auf die Laufschaufeln am Umfang des Schaufelrads trifft, sodass die Kraft am Umfang wirkt.

Damit nicht zu große Zentrifugalkräfte entstehen, werden auf einer Welle hintereinander mehrere Turbinenstufen angeordnet (Abb. ③). So kann die Drehzahl der Turbinenwelle genau geregelt und konstant gehalten werden.

Wirkungsweise von Kraftwerksdampfturbinen

Der Dampf wird überhitzt, d.h auf Temperaturen um 600 °C gebracht. Vom Überhitzer strömt der Dampf direkt in die Dampfturbine (Abb. ④). Zunächst gelangt er in den Hochdruckteil und passiert einen Ring feststehender Leitschaufeln. Diese wirken als Düsen und leiten den Dampfstrahl auf die mit der Turbinenwelle verbundenen Laufschaufeln. Diese werden in Drehung versetzt. Nach Passieren des Hochdruckteils kommt der Dampf in den Kessel zurück und wird nochmals erhitzt und dann in den Mittel- und Niederdruckteil der **Turbine** geleitet, wo er stufenweise seine Energie abgibt und das Drehmoment der Welle weiter erhöht wird.

Ein Teil des einströmenden Dampfs wird durch die Lavaldüse (Abb. ②) entspannt und in Geschwindigkeit umgewandelt. Diese wird in den Laufschaufeln in Bewegungsenergie umgesetzt. Im folgenden Turbinenteil wird der Dampf wieder entspannt und die Geschwindigkeit im Laufrad umgesetzt, ebenso in der dritten Stufe. Durch alle Turbinenräder strömt nacheinander dieselbe Menge Dampf. Da aber mit dem Abbau des Dampfdrucks das Dampfvolumen entsprechend zunimmt, müssen die Querschnitte in den Schaufeln und in den Düsen auch größer werden, die Turbinenstufen also größer sein.

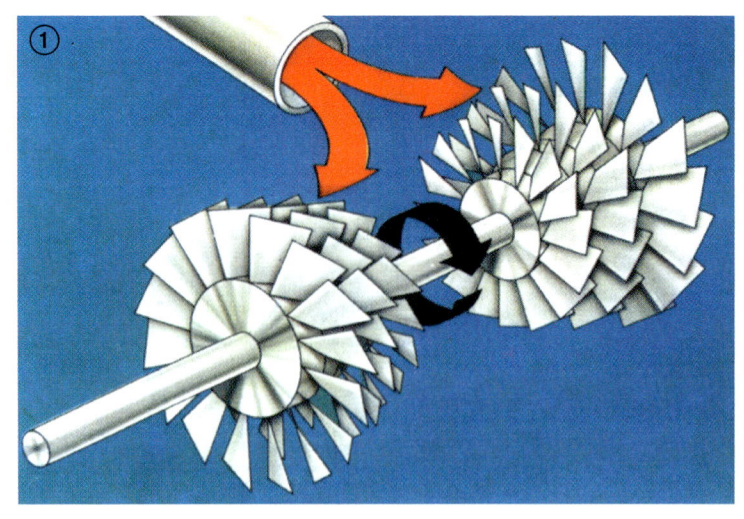

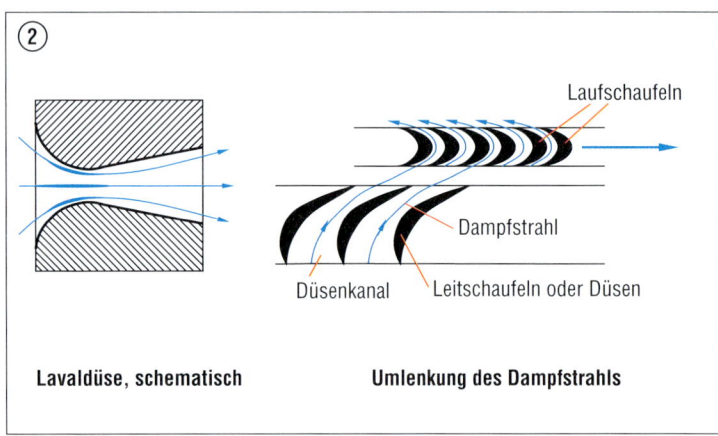

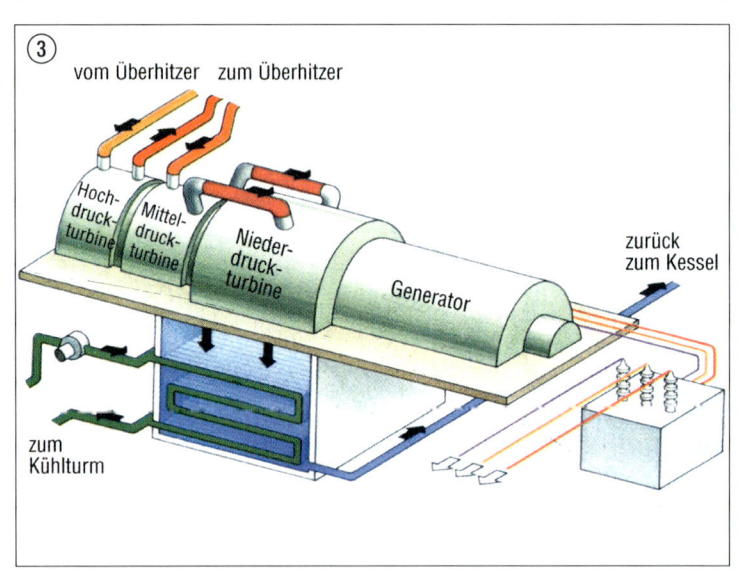

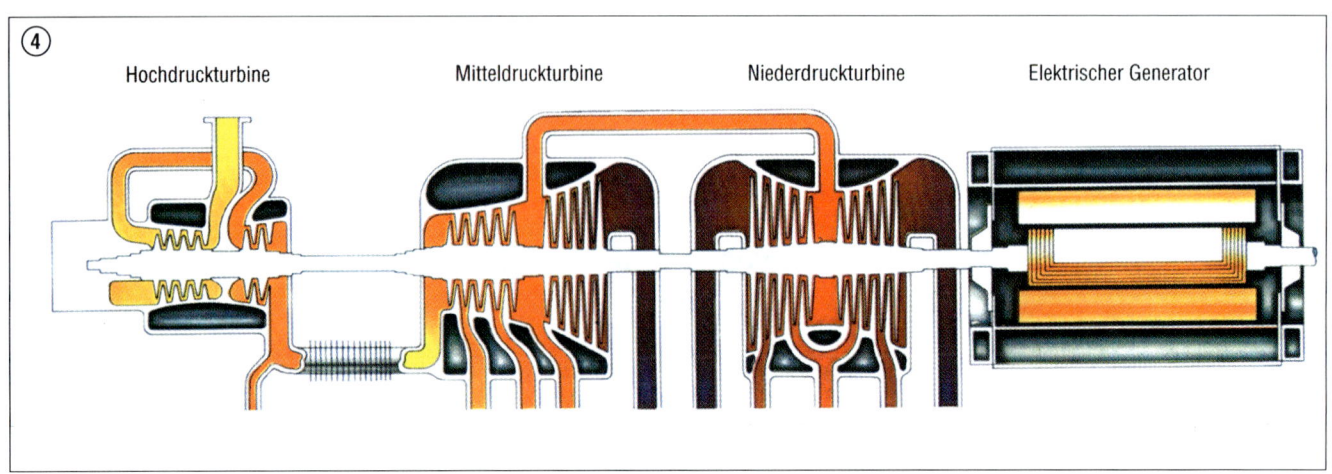

Einsatz der Dampfturbine zur Stromerzeugung in Wärmekraftwerken

Blick ins Innere auf die Schaufelräder der Kraftwerksturbine

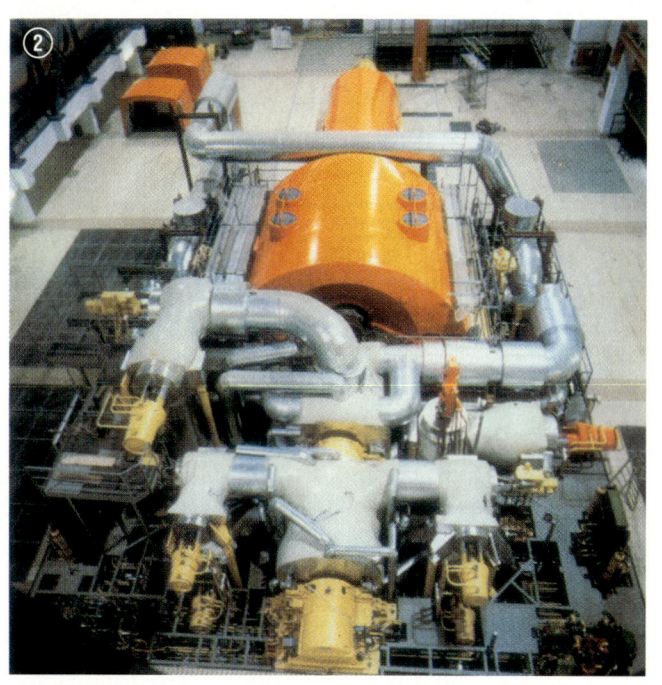

Blick ins Maschinenhaus des Kraftwerks auf die Turbinenanlage

Der fast völlig entspannte Dampf wird im Kondensator wieder zu Wasser kondensiert. Dieses noch warme Wasser wird in den Kessel zurückgepumpt und neu erhitzt (☞ S. 136).

Die Turbinenwelle ist starr mit einem Generator verbunden. Die Drehzahl der Turbinenwelle wird so geregelt, dass sie der vorgeschriebenen Frequenz des entstehenden elektrischen Stroms entspricht. In Europa arbeitet man mit 3000 Umdrehungen in der Minute, das ergibt im angeschlossenen **Generator** einen Wechselstrom von 50 Hertz (50 Schwingungen pro Sekunde).

Der Generator hat zwei Wicklungen: eine im Gehäuse, die mit Gleichstrom gespeist wird und das **Magnetfeld** erzeugt, und eine im drehenden Teil, dem Läufer. Durch die Rotation der Läuferwicklung im Magnetfeld wird in ihr eine elektrische Wechselspannung induziert. Generatoren entwickeln starke Hitze und müssen ständig gekühlt werden. In modernen Generatoren sind die Wicklungen aus Kupferrohren, in denen flüssiger Wasserstoff mit −200 °C zirkuliert. Durch diese Art der Kühlung verdoppelt sich die Generatorleistung.

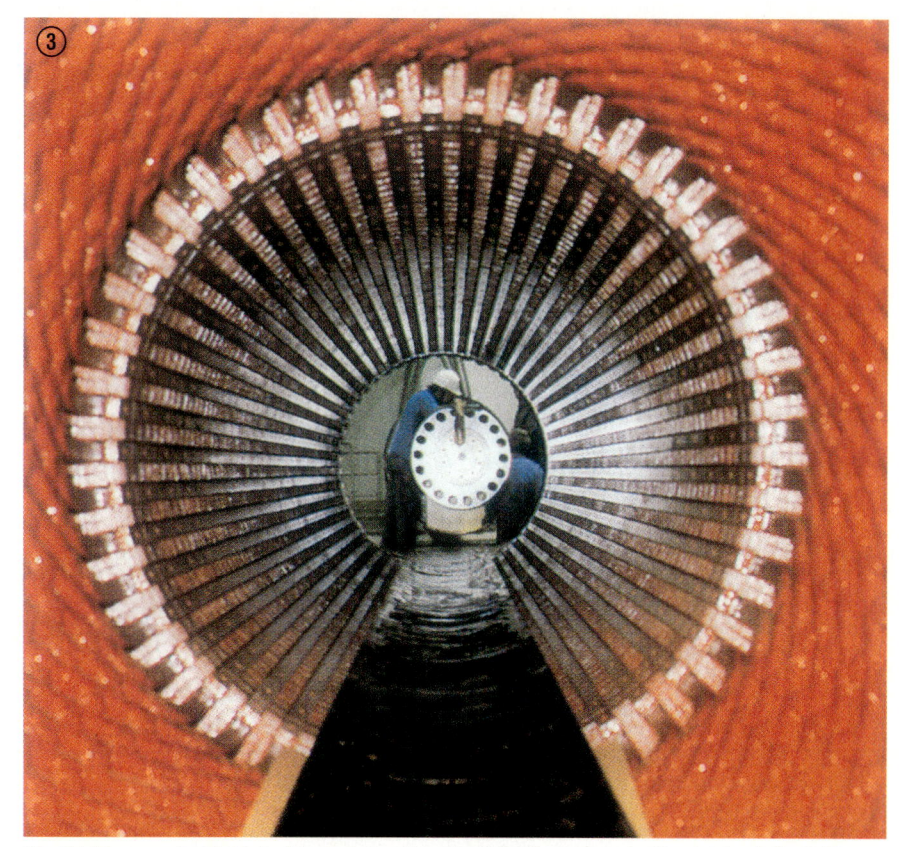

Die Abbildung verdeutlicht die Dimensionen eines Kraftwerkgenerators im Vergleich mit der Größe des Mannes, der im Innern mit Montagearbeiten beschäftigt ist.

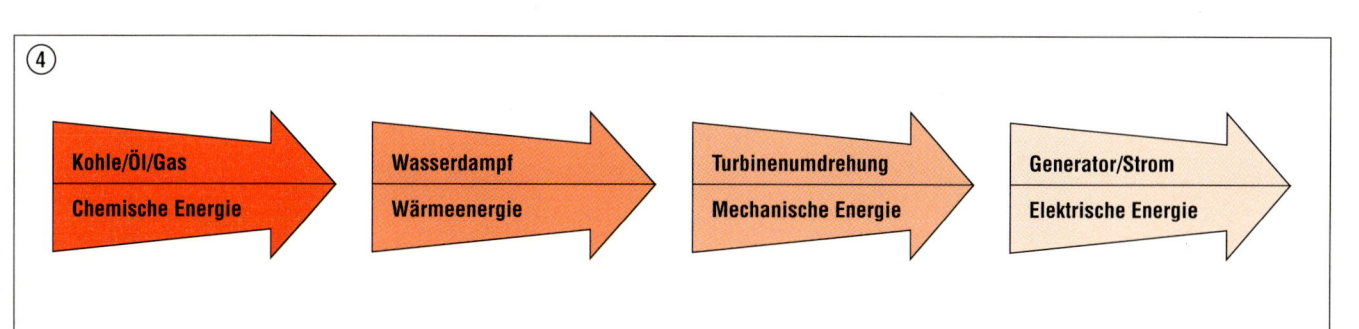

Kohle/Öl/Gas	Wasserdampf	Turbinenumdrehung	Generator/Strom
Chemische Energie	Wärmeenergie	Mechanische Energie	Elektrische Energie

Umwandlungskette im Wärmekraftwerk

Funktion und Einsatz von Gasturbinen

Um 1920 wurden **Gasturbinen** entwickelt und rasch optimiert. Gasturbinen arbeiten wie der Ottomotor nach dem Prinzip der **inneren Verbrennung,** im Gegensatz zu Dampfturbinen, bei denen die Antriebsenergie außerhalb der **Turbine** erzeugt wird (äußere Verbrennung):

Die Gasturbine besitzt keine Kolben in Zylindern, sondern Brennkammern, in denen der eingespritzte Brennstoff fortwährend mit verdichteter (komprimierter) Luft verbrennt. Auf einer Welle sind Schaufelräder angebracht, die teils als Turbine wirken und die Welle antreiben, teils als Verdichterräder mit ihren Schaufeln Luft ansaugen, diese komprimieren und in die Brennkammern drücken.

Nutzung der Leistung

Grundsätzlich wird die Leistung auf zwei Arten genutzt:
a) Die Turbinenwelle treibt die Maschine an, und zwar ohne Kurbelgetriebe direkt – Drehbewegung der Turbinenwelle auf Drehbewegung der Maschinenwelle (Räder, Propeller, Generatoren).
b) Die Verbrennungsgase werden in einer Düse entspannt und erzeugen so den Antriebsschub (Düsenflugzeuge).

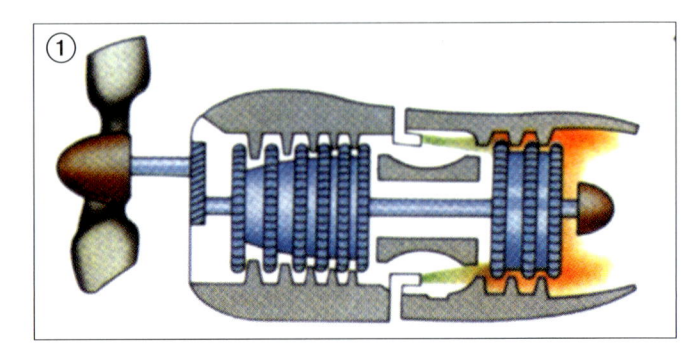

Turbinenarten

a) Für Fahrzeuge, Schiffe und Flugzeuge (bis zu einer Geschwindigkeit von ca. 700 km/h) wird die Antriebskraft von der Welle der Gasturbine abgenommen (Abb. ①): Die eingesaugte Luft wird komprimiert (a) und Brennstoff in die Brennkammern eingespritzt (b).
Die Verbrennungsgase treiben die Laufräder (c) an. Über die Drehbewegung der Welle wird der Propeller angetrieben (d). Aus der Düse treten die Abgase aus und geben zusätzlichen Schub.

c) So genannte **Mantelstromtriebwerke** (Abb. ②) werden z. B. in Verkehrsflugzeugen eingesetzt und ermöglichen Geschwindigkeiten nahe der Schallgeschwindigkeit (1200 km/h). Sie sind verhältnismäßig leise, weil die angesaugte Luft wie ein „Mantel" das Innere des Triebwerks umfließt: In den Brennkammern (1) wird Brennstoff in komprimierte Luft eingespritzt und verbrannt. Die Abgase treiben die Turbinenräder (2) und so auch über die Welle (3) die Verdichterräder (4). In der Düse (5) werden die Abgase entspannt und so der Schub erzeugt, der das Flugzeug vorwärts bewegt.

Um Überschallgeschwindigkeiten zu erreichen, werden so genannte **Strahltriebwerke** eingesetzt: Hinter die Düse ist ein Nachbrenner angebaut, in den zusätzlich Brennstoff eingespritzt wird, um so den Schub noch einmal zu erhöhen.

Im Jahr 1950 testete die Firma Rover in England erstmals die Gasturbine als Antrieb für ein Fahrzeug (Abb. ③). Die Vorteile sind der leise Lauf, eine hohe Leistung und die Verwendung von einfachem bleifreiem Benzin. Der Nachteil ist, dass die Herstellungskosten noch zu hoch sind, um ein rentables Fahrzeug auf den Markt bringen zu können.

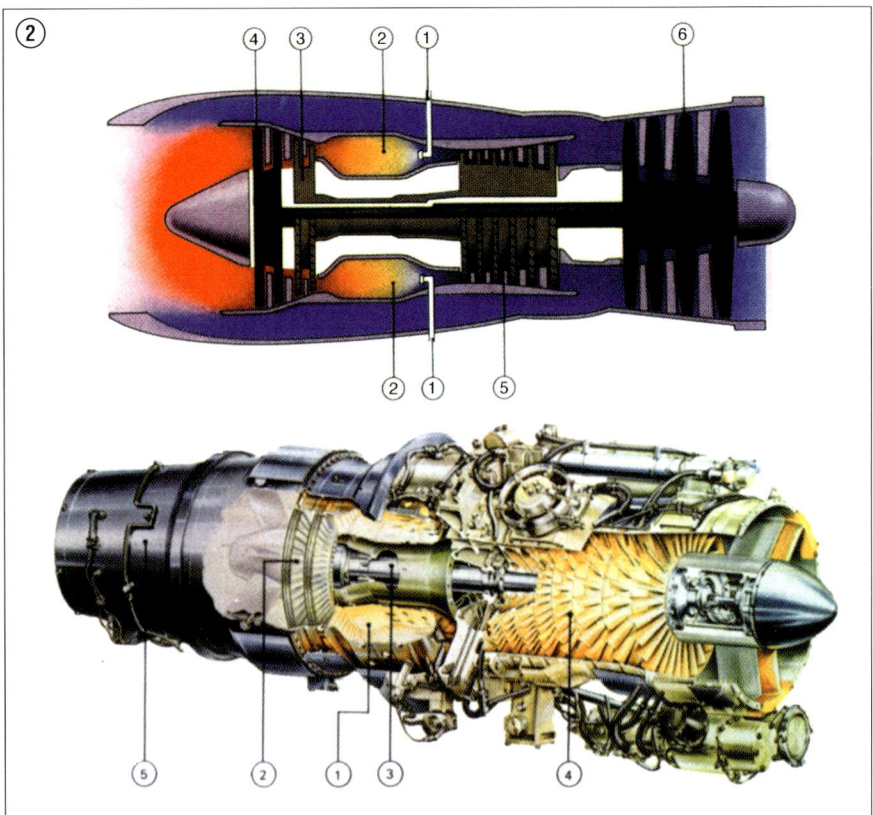

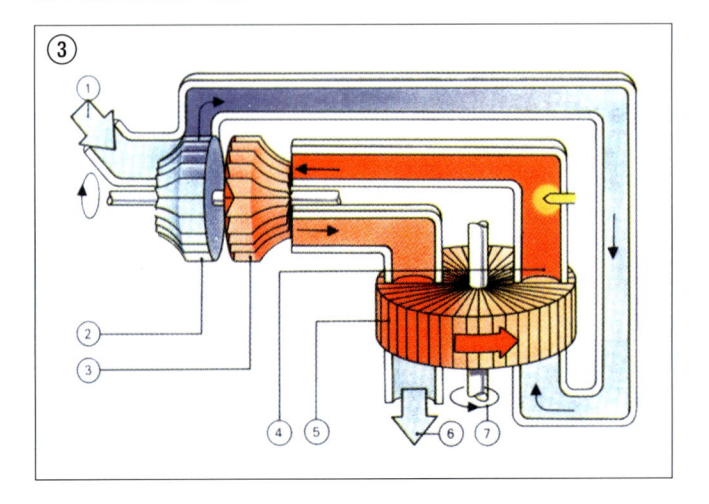

Die Verbrennungsgase sind sehr heiß und stehen unter hohem Druck. Sie strömen durch die Turbinenräder und treiben so über die Welle die Verdichterräder an zur Komprimierung der Luft. Dadurch wird ein Teil der Leistung wieder zur Verdichtung verbraucht, doch ist der Leistungsanteil an der abgebenden Welle (Abb. ①) oder als Schub (Abb. ②) sehr hoch.

Gasturbinen sind sehr leistungsfähige Arbeitsmaschinen. Sie leisten ca. dreimal so viel wie Kolbenmotoren gleichen Gewichts und eignen sich deshalb vor allem für Flugzeugantriebe.

In Kraftwerken werden Gasturbinen zur Stromgewinnung eingesetzt (☞ S. 136).

134

Stromerzeugung in Wärmekraftwerken

Die Grafik (Abb. ①) zeigt, dass in fossil-befeuerten Kraftwerken (Kohle, Gas, Öl) wie auch in Kernkraftwerken die eingesetzte Primärenergie in **Wärmeenergie** umgewandelt wird.

Im **Kohlekraftwerk** wird die in der Kohle gebundene chemische Energie durch Verbrennen der Kohle und im Reaktor des Kernkraftwerks die im Uran oder Plutonium physikalisch gebundene Energie durch eine fortgesetzte Spaltung von Atomkernen in Wärmeenergie umgesetzt.

Bei diesen Umwandlungen entstehen Probleme:

a) fossil befeuerte **Kraftwerke** belasten die Umwelt durch die bei der Verbrennung entstehende Wärme, durch Rauchgase und Lärm. Riesige technische wie auch finanzielle Anstrengungen seitens der Kraftwerksbetreiber sind notwendig, um die Bestimmungen des Bundesemissionsschutzgesetzes zur Reinhaltung von Luft und Wasser einzuhalten.

b) **Kernkraftwerke** belasten die Umwelt nicht mit Rauchgasen. Hier liegen die Probleme in der Entsorgung und Wiederaufbereitung der eingesetzten strahlenden Substanzen und in der Möglichkeit, dass bei Störfällen Strahlungen freigesetzt werden können.

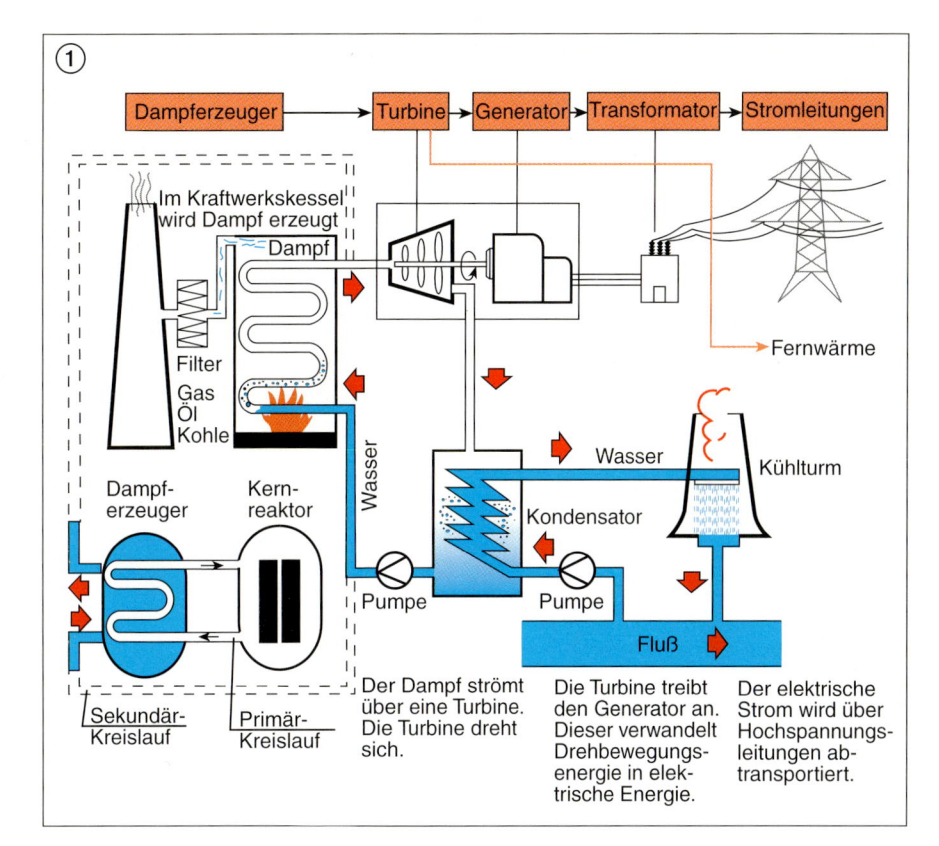

In den beiden genannten Kraftwerksarten sind die weiteren Energieumwandlungsschritte gleich. Die erzeugte Wärme wird im Wasserdampfkreislauf über den Dampf als Bewegungsenergie der Turbine zugeführt: Über den angekoppelten Generator wird somit elektrische Energie erzeugt.

Neue Kraftwerkstechnologie

Bei **Energieumwandlungsprozessen** entstehen Verluste: Die Umwandlung chemischer Energie in Wärmeenergie gelingt fast vollständig. Die mechanische Energie lässt sich in modernen Generatoren zu mehr als 95 % in elektrische Energie überführen. Die Umwandlung der Wärmekraft in mechanische Energie gelingt nur mit einem viel kleineren Wirkungsgrad. Dieser thermische Wirkungsgrad bestimmt entscheidend den Gesamtwirkungsgrad des Kraftwerks, weil dieser Wirkungsgrad (η = eta) berechnet wird als Verhältnis der abgegeben, elektrischen Energie zur eingesetzten chemischen Energie.

Kann der thermische Wirkungsgrad erhöht werden, dann kann mit weniger chemischer Energie (fossile Brennstoffe) die gleiche Abgabe elektrischer Energie erzielt werden: Bei Steigerung des Wirkungsgrads eines Wärmekraftwerks von 40 % auf 50 % lassen sich 20 % der eingesetzten Brennstoffe einsparen. Dies bedeutet, dass gleichzeitig die CO_2-Emission (☞ S. 92) gesenkt wird.

Bei Dampfkraftwerken sind entscheidende Verbesserungen vor allem in zwei Bereichen möglich:
- Verwendung neuer Werkstofftechnologien, um höhere Temperaturen (z. Z. 540 °C) und Drücke (z. Z. 250 bar) in den Leitungen und in den Turbinen zu erreichen und die unteren Temperaturen bei der Kühlung niedriger zu halten,
- Ausbau der Fernwärmenetze für private Verbraucher und Betriebe, die mithilfe der überschüssigen Wärme bei der Abkühlung des Dampfs im Kondensator versorgt werden.

So wird z. B. im Kraftwerk Altbach/Neckar der Wirkungsgrad von ca. 40 % durch die Wärmekopplung bei voller Auslastung auf über 60 % gesteigert. Mit dieser Fernwärme kann der Wärmebedarf von 28 000 Wohnungen gedeckt werden. Ein weiterer wichtiger Faktor bei der **Fernwärmeversorgung** ist, dass die belieferten Betriebe und Häuser keine eigenen CO_2-Emissionen haben, was die Emission pro Jahr um ca. 90 000 t verringert.

Fernwärmenetze sind teuer. Sie lassen sich nur in dichten Siedlungsgebieten wirtschaftlich betreiben, wenn neben Wohngebieten auch Kunden angeschlossen sind, die das ganze Jahr über Wärme brauchen, wie Krankenhäuser, Hallenbäder und Betriebe. Das etwa 130 °C heiße Wasser kommt in Rohrleitungen unter Druck zu den angeschlossenen Städten und Gemeinden und über Wärmetauscher in die Häuser und Fabriken. Die Rohre sind mit einer 10 cm dicken Isolierung ummantelt (Abb. ②), sodass kaum Wärme verloren geht.

Gasturbinenkraftwerk

Die **Gasturbine** (Abb. ①) ist ein komplettes **Kraftwerk.** Sie arbeitet mit Erdgas oder leichtem Heizöl. Die über den Verdichter angesaugte Luft wird auf ca. 1000 °C erhitzt bei 10 bis 15 bar Druck. Dieser entspannt sich in der Turbine, die Abgastemperaturen liegen noch bei ca. 500 °C. Wegen dieser hohen Temperaturen müssen Brennkammern und Schaufeln mit innerer Luftkühlung versehen werden und bestehen aus speziellen Metall-Legierungen. Wegen der hohen Endtemperaturabgabe und dem Eigenverbrauch für den Verdichter liegt der **Wirkungsgrad** bei ca. 33 %. Deshalb werden Gasturbinen nur für die Spitzenlastversorgung (☞ S. 137) eingesetzt. Kann die Abwärme als Fernwärme voll genutzt werden, erhöht sich der Wirkungsgrad auf ca. 80 %.

Koppelung von Gas- und Dampfkraftwerk

In neuen Kraftwerksanlagen und bei der Nachrüstung von **Dampfkraftwerken** werden die Vorteile beider Systeme durch Koppelung genutzt (Abb. ①):
– Die heißen Abgase der Gasturbine werden nicht ungenutzt an die Umgebung abgegeben, sondern direkt dem Dampfkessel des Dampfkraftwerks zugeführt,
– die hohe Eintrittstemperatur der Gasturbine und die niedrige Temperatur der Abwärme im Dampfwerk ergeben gekoppelt ein viel höheres Temperaturgefälle und damit die entscheidende Verbesserung des thermischen Wirkungsgrads,
– die sauerstoffreichen heißen Abgase der Gasturbine können auch dem Brennraum des Dampfkraftwerks zugeführt werden und erhöhen dessen Effektivität.

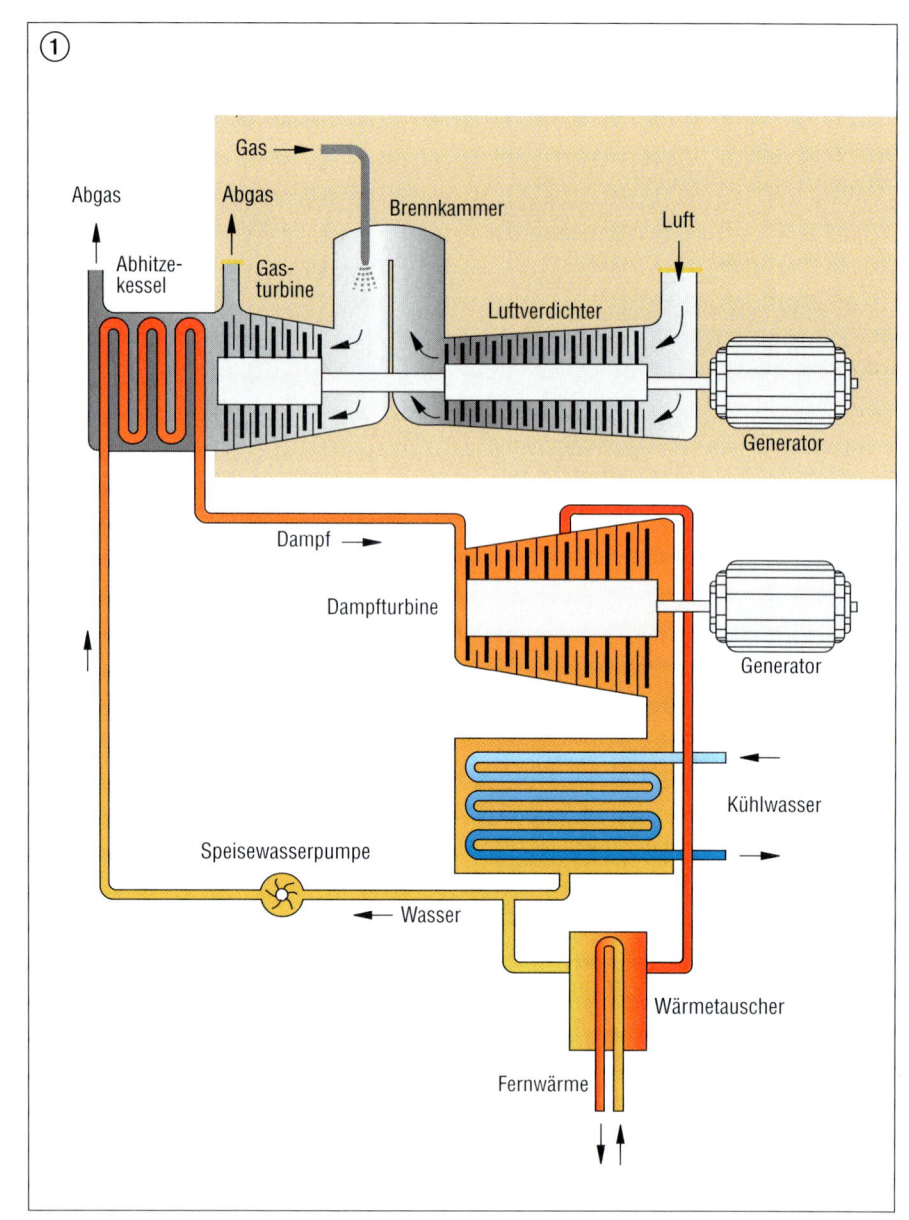

Funktionsschema eines Gas- und Dampfturbinenkraftwerks mit Fernwärmekoppelung

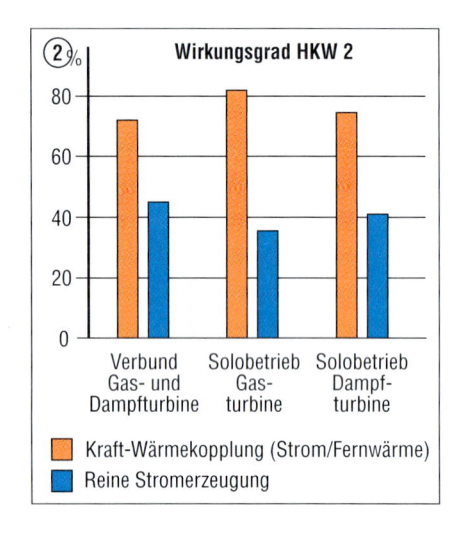

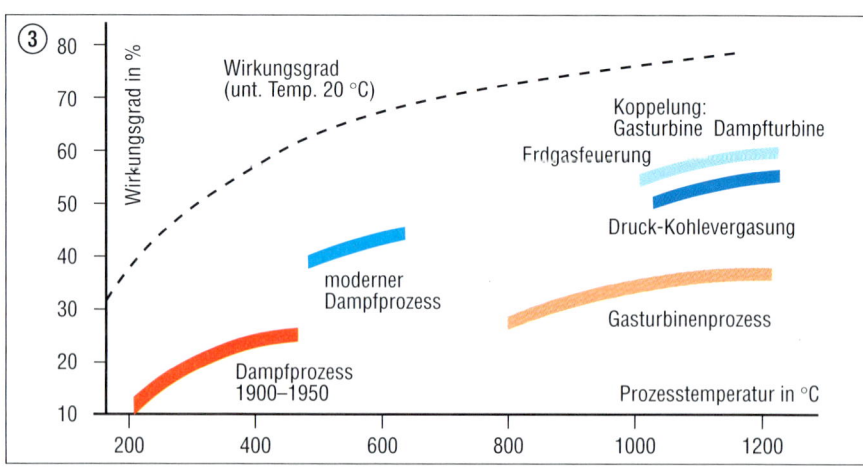

② Wirkungsgrad HKW 2
- Kraft-Wärmekopplung (Strom/Fernwärme)
- Reine Stromerzeugung

③ Wirkungsgrade verschiedener Kraftwerksprozesse

Beispiel eines modernen Kraftwerks (Altbach/Neckar)

Hoher Wirkungsgrad (Abb. ③) und damit verminderte Schadstoffentstehung und geringerer Verbrauch fossiler Energien durch Verbundblocksysteme: Dampfturbine und Gasturbine mit Fernwärmeauskoppelung.

Leistung: 330 Megawatt elektrisch (MW_{el}) und gleichzeitig
280 Megawatt thermisch (MW_{th}) als Fernwärme.

Dies entspricht einer Nutzung des eingesetzten Brennstoffs (Steinkohle und Erdgas) bis zu 83 %. Wird nur Strom im Verbundbetrieb erzeugt (ohne Wärmeauskoppelung), beträgt der Wirkungsgrad 44 %.

Kleines Lexikon zu Energiefragen und Maßeinheiten ☞ S. 140

Elektrische Arbeit	Maßeinheit	
1 Ws	= 1 Wattsekunde	
1 Wh	= 1 Wattstunde	= 3600 Ws
1 kWh	= 1 Kilowattstunde	= 1000 Wh
1 MWh	= 1 Megawattstunde	= 1000 kWh
1 GWh	= 1 Gigawattstunde	= 1000 MWH

Elektrische Leistung	Maßeinheit	
1 W	= 1 **Watt**	
1 kW	= 1 Kilowatt	= 1000 W
1 MW	= 1 Megawatt	= 1000 kW
1 GW	= 1 Gigawatt	= 1000 MW

① **Was leistet eine Kilowattstunde?**

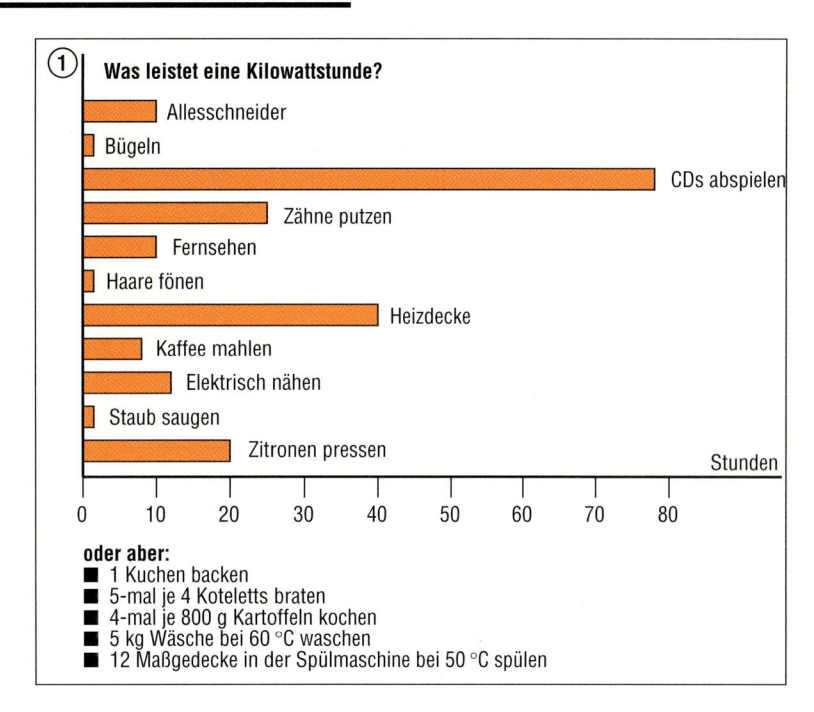

Balkendiagramm (Stunden):
- Allesschneider
- Bügeln
- CDs abspielen
- Zähne putzen
- Fernsehen
- Haare fönen
- Heizdecke
- Kaffee mahlen
- Elektrisch nähen
- Staub saugen
- Zitronen pressen

oder aber:
- 1 Kuchen backen
- 5-mal je 4 Koteletts braten
- 4-mal je 800 g Kartoffeln kochen
- 5 kg Wäsche bei 60 °C waschen
- 12 Maßgedecke in der Spülmaschine bei 50 °C spülen

Bezeichnung bei Maßeinheiten

Bezeichnung	Zeichen	Bedeutung
Peta	P	10^{15}fach
Tera	T	10^{12}fach
Giga	G	10^{9}fach
Mega	M	10^{6}fach
Kilo	k	10^{3}fach
Hekto	h	10^{2}fach
Deka	da	10fach
Dezi	d	10^{-1}fach
Zenti	c	10^{-2}fach
Milli	m	10^{-3}fach
Mikro	µ	10^{-6}fach
Nano	n	10^{-9}fach
Piko	p	10^{-12}fach
Femto	f	10^{-15}fach
Atto	a	10^{-18}fach

Formeln	Zeichen	Größen	Maßeinheiten
Energie, Arbeit – mechanisch $W = F \cdot s$ – elektrisch $W = U \cdot I \cdot t$	W	Arbeit/Energie – mechanisch	Nm (Newtonmeter)
		Arbeit/Energie – elektrisch	Ws (Wattsekunde)
Leistung – mechanisch $P = \dfrac{F \cdot s}{t}$ – elektrisch $P = U \cdot I$ $P = \dfrac{U^2}{R}$	P	Arbeit/Energie – thermisch	J (Joule)
		Leistung – mechanisch	$\dfrac{N}{s}$ $\left(\dfrac{Newton}{Sekunde}\right)$
		Leistung – elektrisch	W Watt
ohmsches Gesetz $I = \dfrac{U}{R}$; $R = \dfrac{U}{I}$; $U = R \cdot I$	F	Kraft	N (Newton)
	s	Weg	m (Meter)
	t	Zeit	s (Sekunde)
	I	Stromstärke	A (Ampere)
	U	Spannung	V (Volt)
	R	Widerstand	Ω (Ohm)

Strombedarf – Stromversorgung

Strom muss im Moment seines Verbrauchs erzeugt werden. Deshalb bestimmen die Abnehmer, wie viel Strom die Kraftwerke erzeugen müssen.

Die Grundlast ist der Anteil an der **Stromversorgung,** der im Verlauf von 24 Stunden ständig in Haushalten, vom Gewerbe und der Industrie in Anspruch genommen wird.

Als Mittellast wird die zusätzliche Leistung zu unterschiedlichen Tageszeiten bezeichnet. Nachts wird weniger Strom verbraucht als tagsüber (Abb. ②).

Spitzenlast wird nur über eine kurze Zeit oder bei besonderen Anlässen eingespeist, z. B. kurz vor Mittag, wenn überall gekocht wird, oder an eiskalten Wintermontagen, wenn die Industrie ihre Anlagen aufheizt, oder bei Großveranstaltungen.

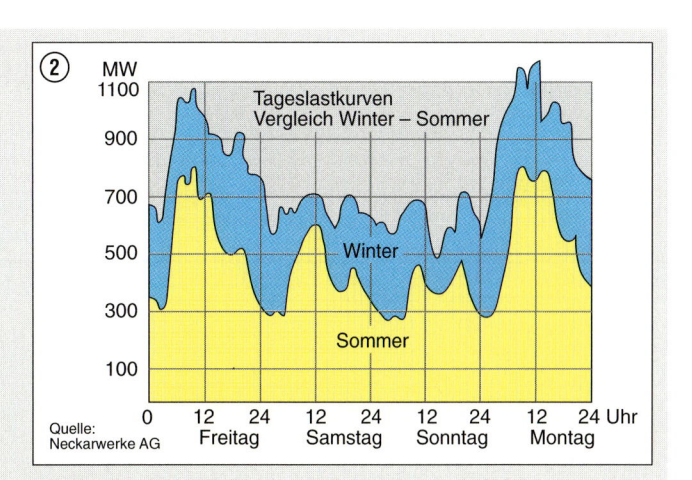

② Tageslastkurven Vergleich Winter – Sommer (MW)
Quelle: Neckarwerke AG

Je nach Bedarf und Eignung werden verschiedene Kraftwerkstypen eingesetzt:

Grundlastkraftwerke arbeiten rund um die Uhr und sind in der Regel mehr als 5 000 Stunden jährlich im Einsatz. Die Grundlast wird durch Laufwasser-, Braunkohle- und Kernkraftwerke bereitgestellt. Grundlaststrom ist der preiswerteste.

Mittellastkraftwerke arbeiten jährlich 2 000–5 000 Stunden. Sie decken den erhöhten Tagesbedarf, besonders im Winter, jedoch nicht die Lastspitzen. Es sind in der Regel Steinkohlekraftwerke.

Spitzenlastkraftwerke erzeugen nur Strom für kurzfristige Lastspitzen, sie werden bei raschen Stromverbrauchserhöhungen in Minuten angefahren. Hier werden Gasturbinen- und Pumpspeicherkraftwerke eingesetzt. Spitzenlaststrom ist der teuerste.

Informationen zur Gewinnung und Nutzung von Energie

Alle **Energie** kommt von der Sonne. Sie sendet die Sonnenstrahlen aus, die das Wachstum der Pflanzen ermöglichen (Fotosynthese). Und Pflanzen waren es auch, die im Laufe der Erdgeschichte in Meeren versunken und von Erd- oder Gesteinsschichten überdeckt wurden, sodass wir sie heute als Kohle nutzen können.

Aus Kleinlebewesen, die vor ein paar hundert Millionen Jahren Sonnenenergie aufnahmen, entstanden durch Ablagerungen Erdöl und Erdgas. Aus Erdöl können wir heute Treibstoffe, Farben, Kunststoffe oder Medikamente herstellen.

Die Sonne bewirkt aber auch den Wasserkreislauf und damit den Regen, der wiederum Seen und Flüsse speist. Mit deren Wasser können Wasserräder und Turbinen angetrieben werden. Auch die Winde entstehen durch die Einstrahlung der Sonne über unterschiedliche Wärmezonen.

Nach heutigen Erkenntnissen sind die fossilen Energievorkommen (z. B. Kohle, Erdgas, Erdöl) nicht unerschöpflich. Der zunehmende Einsatz regenerativer Energien (z. B. Wasser- und Windkraft, Solarenergie) und die bessere Nutzung der vorhandenen Energien ist daher zwingend notwendig.

Bei der Nutzung von Energie geht nach dem Energieerhaltungsgesetz die eingesetzte Energie grundsätzlich nicht verloren, sie wird lediglich in eine andere **Energieform** umgewandelt. So wird z. B. im Verbrennungsmotor die eingesetzte Energie (Kraftstoff) in Kraft und Wärme umgesetzt. Die Kraft nützen wir als Antrieb, die Wärme bleibt weitgehend ungenützt.

Um Energie technisch nutzen zu können, muss die in den **Primärenergieträgern** (Abb. ①) gespeicherte Energie mithilfe von Energiewandlern wie Verbrennungsmotoren, Sonnenkollektoren, Dampfturbinen, Wind- und Wasserräder oder Solarzellen entsprechend umgewandelt werden (Abb. ①).

① Primärenergie

	Öl
	feste Brennstoffe (Holz, Kohle)
	Gas
	Kernenergie
	Sonnenenergie
	Wasserkraft
	Windkraft
	Erdwärme

Energieverbrauch

② Einsatz von Primärenergien in Deutschland (Anteile in %)

Energieträger	1973	1980	1987	1990	1993	1997
Mineralöl	46,8	40,4	34,6	35,4	40,7	39,5
Erdgas	8,8	14,6	14,9	15,6	17,9	20,6
Steinkohle	19,3	16,6	15,8	15,6	15,1	14,1
Braunkohle	22,1	22,6	23,8	21,6	14,0	11,0
Kernenergie	0,8	3,8	8,9	9,8	10,2	12,8
Wasserkraft	1,8	1,6	1,7	1,1	1,2	0,5
Sonstige (Wind-, Solarenergie, Holz, Müll, Erdwärme ...)	0,4	0,4	0,8	0,9	1,0	1,5
Insgesamt (100 %) in Petajoule	14.267	15.002	15.297	14.795	14.140	14.490
(in Mill. t. SKE)	(486,8)	(511,9)	(521,9)	(504,8)	(483,5)	(494,4)

Die Tabelle (Abb. ②) ermöglicht den Vergleich der Anteile verschiedener Primärenergieträger und zeigt die Gewichtung der einzelnen Energieträger innerhalb des gesamten Energieaufkommens.

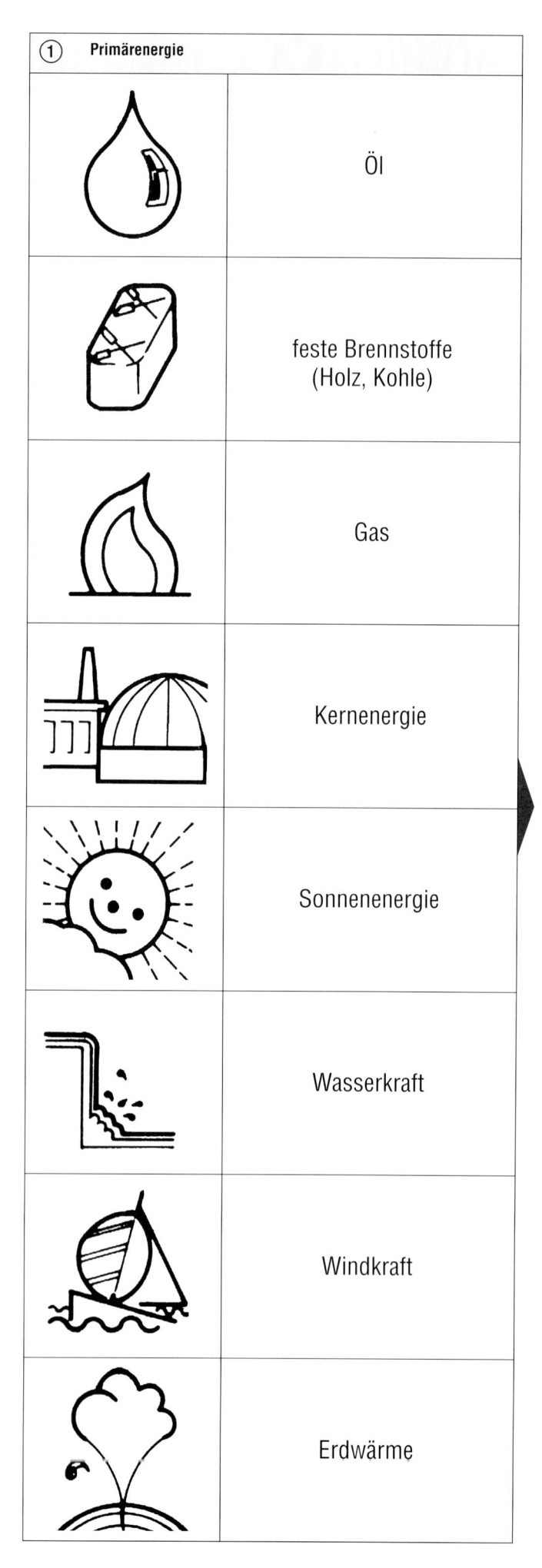

Energiewandler	Nutzenergie

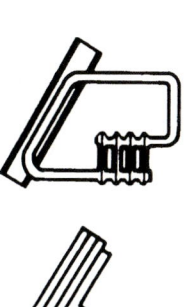

Energiewandler:
- Verbrennungsmotor
- Heizanlage (Kessel, Heizkörper, Mischventil)
- Kraftwerk (Öl, Kohle, Gas, Kernreaktor → Turbine → Generator → Stromnetz, Fernwärme)
- Sonnenkollektor 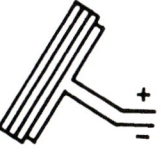
- Solarzelle 
- Wasserkraftwerk 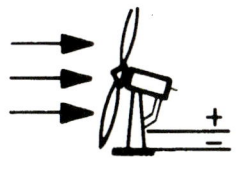
- Windrad und Generator

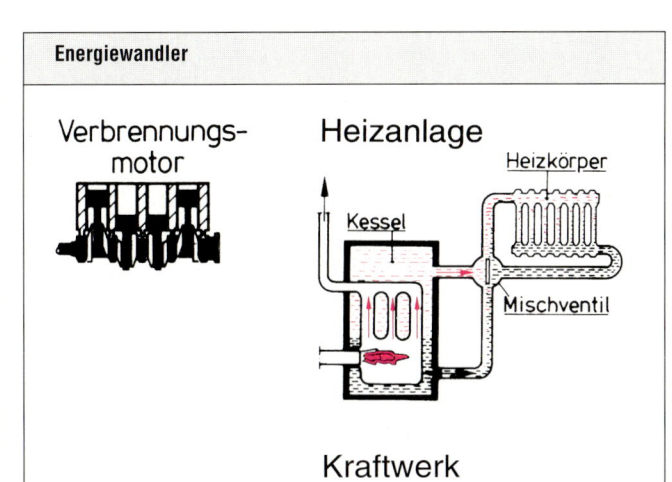

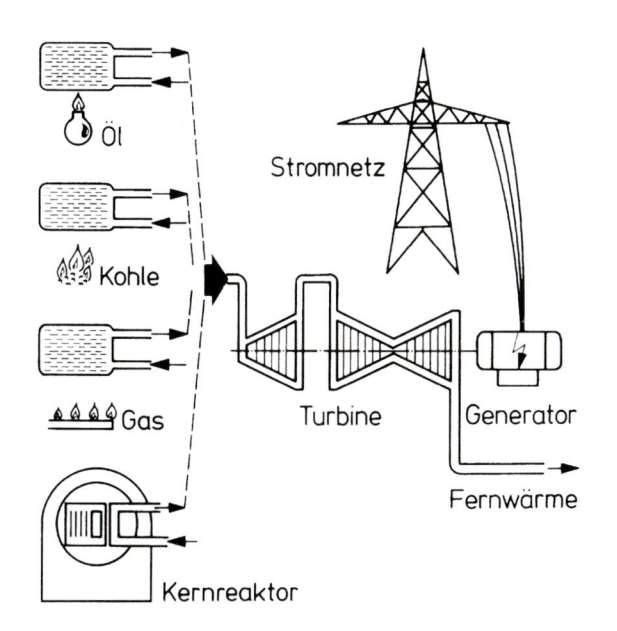

Nutzenergie:
①
②
③
④

139

Der verlustreiche Weg der Energie

Zur Deckung des Energiebedarfs dienen
- **fossile Energieträger** (Erdöl, Erdgas, Kohle),
- **Kernbrennstoffe** (Uran),
- **regenerative Energieträger** (Wasser, Biomasse u. Ä.).

Das **Energieflussbild** zeigt den Einsatz der verschiedenen Primärenergien und die Verluste bei der Energieumwandlung zur Nutzenergie (Abb. ①).

Schon bei der Umwandlung von **Primärenergie** zu der Energie, die der Verbraucher beziehen und einsetzen kann, entstehen Verluste.

Verluste entstehen dann nochmals bei den Verbrauchern (Industrie, Haushalte, Kleinverbraucher und Verkehr).

So konnte von der gesamten Primärenergie nur ein Teil für den gewünschten Zweck genutzt werden.

Die Verringerung der hohen Energieverluste stellt eine große Herausforderung für die Technik dar.

Maße der Energie (☞ S. 137)

Maßeinheiten der Energie = Maßeinheiten für Arbeit

Wärmeenergie	J	(Joule)
Mechanische Energie	Nm	(Newtonmeter)
Elektrische Energie	Ws	(Wattsekunde)

So wie Energie von einer Form in die andere umgeformt werden kann, lässt sich die Energie von einer Maßeinheit in die andere umrechnen.

Es entspricht: $1\ J = 1\ Nm = 1\ Ws$

Vorsätze und Vorsatzzeichen

Kilo = k = 10^3 = Tausend   Tera = T = 10^{12} = Billion
Mega = M = 10^6 = Million   Peta = P = 10^{15} = Billiarde
Giga = G = 10^9 = Milliarde   Exa = E = 10^{18} = Trillion

International gebräuchliche Energieeinheiten

1 barrel (b) Öl = 159 l Öl; 7,3 b = 1 t Öl
1 Mill. b/d (barrel pro Tag) = 50 Mill. t/a (Tonnen pro Jahr)

Anteil am Weltenergieverbrauch

In den Industriestaaten leben etwa 25 % der Weltbevölkerung, 75 % leben in den anderen Ländern. Die Industriestaaten beanspruchen aber drei Viertel des Weltenergieverbrauchs, sodass sich der jährliche **Energieverbrauch** je Einwohner so darstellt wie in Abb. ③.

Energieprobleme

Wenn wir uns mit den Energieproblemen befassen, wird uns bewusst,
- dass in den Industriestaaten beim heutigen Stand der Technik ohne Energie „nichts mehr geht";
- dass die Bevölkerung in den Entwicklungsländern rasch anwächst, dass sie sich zu Industriestaaten entwickeln und damit einen rapide steigenden Energiebedarf anmelden;
- dass die Lücke in der Stromversorgung, die durch den geforderten Verzicht auf die Nutzung der Kernenergie entsteht, durch andere Energieträger geschlossen werden muss;
- dass abzusehen ist, dass die heute wichtigsten Energieträger (fossile Energien) schnell knapper werden;
- dass die Belastung der Umwelt bei der Gewinnung, beim Transport und bei der Nutzung von Energie weltweit dramatische Ausmaße annimmt.

① **Energiefluss in der Bundesrepublik Deutschland 1993**

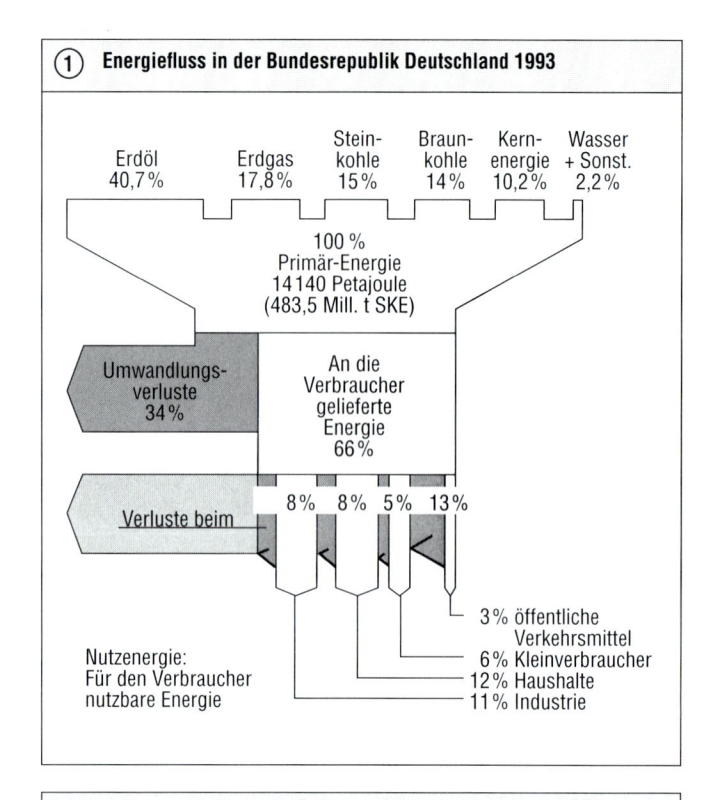

Erdöl 40,7% | Erdgas 17,8% | Steinkohle 15% | Braunkohle 14% | Kernenergie 10,2% | Wasser + Sonst. 2,2%

100 % Primär-Energie 14 140 Petajoule (483,5 Mill. t SKE)

Umwandlungsverluste 34%
An die Verbraucher gelieferte Energie 66%

Verluste beim: 8% | 8% | 5% | 13%

Nutzenergie: Für den Verbraucher nutzbare Energie
- 3% öffentliche Verkehrsmittel
- 6% Kleinverbraucher
- 12% Haushalte
- 11% Industrie

② **Umrechnungstabellen**

Arbeit Energie	J	kWh	kcal	1 t SKE
1 J (Joule)	1	$2{,}778 \cdot 10^{-7}$	$2{,}388 \cdot 10^{-4}$	$34{,}12 \cdot 10^{-12}$
1 kWh (Kilowattstunde)	$3{,}6 \cdot 10^6$	1	859.845	$12{,}28 \cdot 10^{-5}$
1 kcal (Kilokalorie)	4.168,8	$1{,}163 \cdot 10^{-3}$	1	$14{,}29 \cdot 10^{-8}$
1 t SKE (Steinkohleneinheit)	$29{,}208 \cdot 10^9$	$8{,}141 \cdot 10^3$	$7 \cdot 10^6$	1

Leistung	kW	PS	kcal/s
1 kW (Kilowatt)	1	1,35962	0,238846
1 PS (Pferdestärke)	0,735499	1	0,1757
1 kcal/s (Kilokalorie je Sekunde)	4,1868	5,692	1

③ **Energieverbrauch je Einwohner in Gigajoule – GJ –   (t / SKE)**

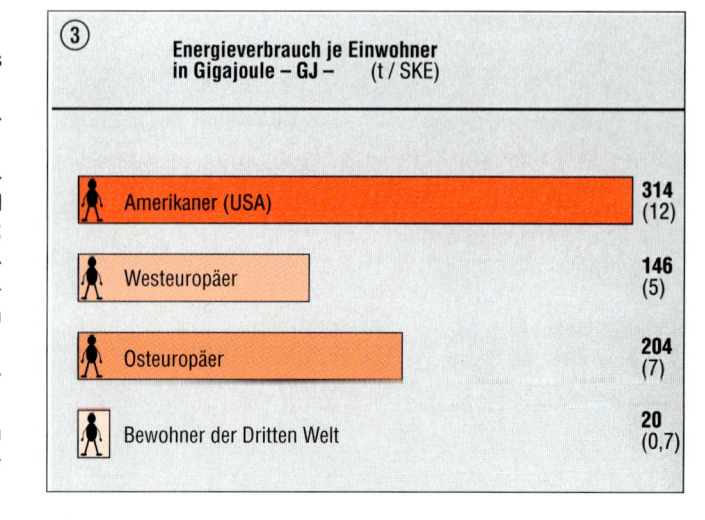

Amerikaner (USA)	314 (12)
Westeuropäer	146 (5)
Osteuropäer	204 (7)
Bewohner der Dritten Welt	20 (0,7)

Wirkungsgrade und Wirtschaftlichkeit von Energiewandlern

In jedem **Energieumwandler** entstehen Umwandlungsverluste. Durch Verbesserung der jeweiligen Technik wird versucht, die eingesetzte Energie bestmöglich auszunutzen.

Das Verhältnis genutzter Energie zur eingesetzten Energie heißt Wirkungsgrad:

> **Wirkungsgrad η (Eta)** = $\frac{\text{genutzte Energie}}{\text{eingesetzte Energie}} \cdot 100\%$

Der **Wirkungsgrad** wird in % angegeben und kennzeichnet u. a. die technische Güte einer Maschine oder Anlage.

Abb. ① zeigt den verlustreichen Weg der Energie bei der Umwandlung im Kohlekraftwerk (☞ S. 91 im Kraftfahrzeugmotor).

Wirkungsgrade von Energieumwandlern im Vergleich

	Wirkungsgrad in %
Generator, E-Motor	95
Wasserturbine	90
Akkumulator	70
Haushaltskohleofen	60
Kohlekraftwerk	36
Flugzeug-Gasturbine	35
Benzinmotor	25
Leuchtstofflampe	20
Solarzelle	12
Dampflokomotive	8
Glühlampe	2

Quelle: Informationszentrale der Energieversorgungsunternehmen

Energieeinsparung im Sinne bestmöglicher Energieausnutzung und damit der Verringerung der Umweltbelastung ist eine Herausforderung an die Techniker und Ingenieure.

Nachstehender Vergleich zeigt Möglichkeiten der Einsparung von elektrischem Strom im Haushalt.

Wirtschaftlichkeitsvergleich

(Kosten bei Haushaltsbedarf)	Standardglühlampe E 27	Kompaktleuchtstofflampe mit elektrischem Vorschaltgerät E 27
Lampendaten	A60 – 75 W	TC-DSE 15 W
• Lampen-Nennleistung	75 W	15 W
• Lampenpreis inkl. Entsorgung	1,50 DM	23,50 DM
• Mittlere Lebensdauer	1.000 h	10.000 h
• Betriebsstunden	10.000 h	10.000 h
• Lampenkosten im Betriebszeitraum	15,00 DM	23,50 DM
Energieverbrauch	750 kWh	150 kWh (– 600 kWh)
Stromkosten	192,34 DM	38,47 DM (–153,87 DM)
Betriebskosten	207,34 DM	61,97 DM (–145,37 DM)

Energieeinsparung
Durchschnittlicher Stromverbrauch (pro Monat)

Gerät	Verbrauch in Betrieb in kWh	Verbrauch in Stand-by-Betrieb in kWh
Fernseher	7,65 bei 3 Std./Tag	8,64 bei 21 Std./Tag
Video	0,61 bei ca. 40 Min./Tag	9,36 bei 23 Std. 20 Min./Tag

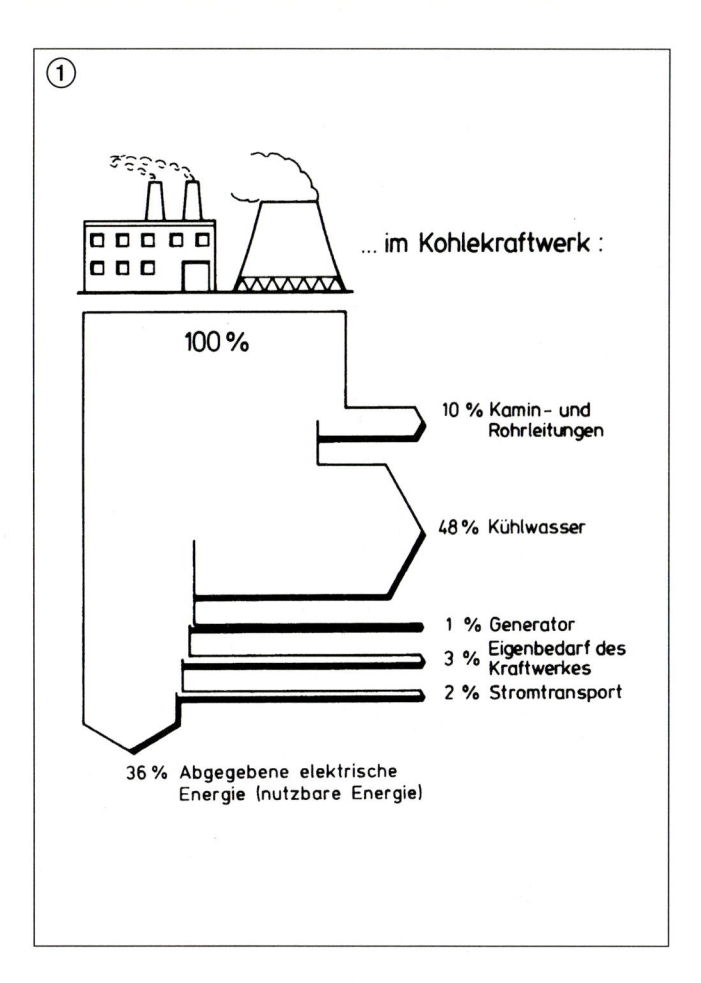

① ... im Kohlekraftwerk:

- 100 %
- 10 % Kamin- und Rohrleitungen
- 48 % Kühlwasser
- 1 % Generator
- 3 % Eigenbedarf des Kraftwerkes
- 2 % Stromtransport
- 36 % Abgegebene elektrische Energie (nutzbare Energie)

②

Ermittlung des Wirkungsgrads bei der Dampfmaschine (Abb. ②).

Mit 2 Esbit-Tabletten wird die Dampfmaschine beheizt. Der vom Schwungrad angetriebene Generator läuft 5 Minuten (300 Sekunden) lang. Es wird eine Spannung von 4 Volt und eine Stromstärke von 0,04 Ampere gemessen.

Berechnung:

Brennstoffmasse: 7,8 g (2 Esbit-Tabletten)
Heizwert von Esbit: 23 kJ/g
eingesetzte Energie: 23 kJ/g · 7,8 g = 179,4 kJ = 179 400 J

Genutzte Energie:

Elektr. Arbeit W_{el} = Spannung (U) · Stromstärke (I) · Zeit (t)
W_{el} = 4 V · 0,04 A · 300 s = 48 Ws = 48 J

Wirkungsgrad (η) = $\frac{\text{genutzte Energie}}{\text{eingesetzte En.}} = \frac{48 \text{ J}}{179\,400 \text{ J}}$ = 0 000 267
≈ 0,027 %

Nutzung der Windenergie

Etwa 0,2 % der Sonnenenergie, die auf die Erdoberfläche einstrahlt, wird in **Windenergie** umgewandelt. Windenergie ist eine sich nie erschöpfende Energie, mit deren Hilfe fossile Energieträger eingespart werden können.
Bereits seit mehr als 3000 Jahren wird der Wind als Antriebsenergie genutzt. Segelschiffe und Windmühlen sind Beispiele dafür. So wurden Windmühlen bevorzugt zum Mahlen von Getreide und zur Wasserförderung eingesetzt. Seit Anfang des 20. Jahrhunderts werden Windenergieanlagen zur Erzeugung von elektrischer Energie verwendet.
Windenergieanlagen belasten die Umwelt nicht mit Schadstoffen.

Eine Anlage besteht aus verschiedenen Baugruppen:

– Das Windrad setzt die Windenergie in Bewegungsenergie um und treibt über ein Getriebe den Generator an.

– Das Getriebe bringt die Rotordrehzahl auf die erforderliche Generatordrehzahl.

– Der Generator erzeugt über eine Drehbewegung elektrische Energie.

	Propellerwindrad	Savoniusrotor
Wirkungsgrad	bis 45 %	23 %
Rotorblätter	1–4	2
max. Drehzahl	900/min	100/min
max. Durchmesser	100 m	3 m
Leistung	400 kW	5 kW
Anlaufgeschwindigkeit	3–6 m/s	2–3 m/s
Anwendung	Dreh- und Wechselstrom	Wasserförderung Gleichstrom

Windstärke	Windgeschwindigkeit nach Beaufort	
	in m/s	in km
1	0,3– 1,5	…5
2	1,6– 3,3	6– 11
3	3,4– 5,4	12– 19
4	5,5– 7,9	20– 28
5	8,0–10,7	29– 38
6	10,8–13,8	39– 50
7	13,9–17,1	51– 61
8	17,2–20,2	62– 73
9	20,3–24,4	74– 88
10	24,5–28,4	89–102
11	28,5–32,6	103–117
12	32,7–36,9	118–133

In Kalifornien werden am Altamontpass mithilfe von 8000 Windgeneratoren auf einer Fläche von 120 km² zurzeit 700 MW elektrische Energie aus der **Windenergie** gewonnen. Dies entspricht der Leistung eines modernen Heizkraftwerks. Windenergie liefert Strom jedoch schadstofffrei und hilft die Energiereserven zu schonen. Allerdings haben die Windgeschwindigkeiten in Kalifornien, speziell im Sommer – bedingt durch die Temperaturunterschiede zwischen Land und Meer – Werte um 7–12 m/s. Der Mindestwert für eine wirtschaftliche Nutzung beträgt etwa 4 m/s.

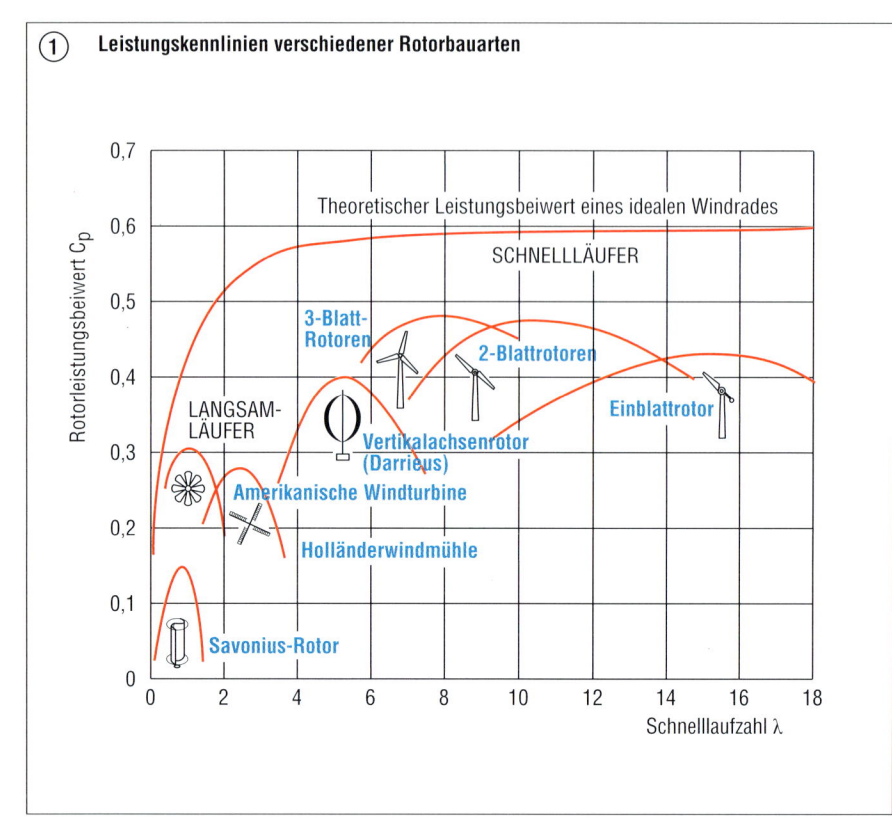

① Leistungskennlinien verschiedener Rotorbauarten

Der **Rotorleistungsbeiwert Cp** kennzeichnet den Wirkungsgrad eines Windrades; damit wird angegeben, welcher Teil einer vorhandenen Windleistung als reale Leistung an der Rotorwelle zur Verfügung steht.

Der ideale Leistungsbeiwert von 0,59 würde erreicht, wenn die Windgeschwindigkeit unmittelbar hinter der Rotorfläche auf ein Drittel ihrer ursprünglichen Anströmgeschwindigkeit reduziert wäre.

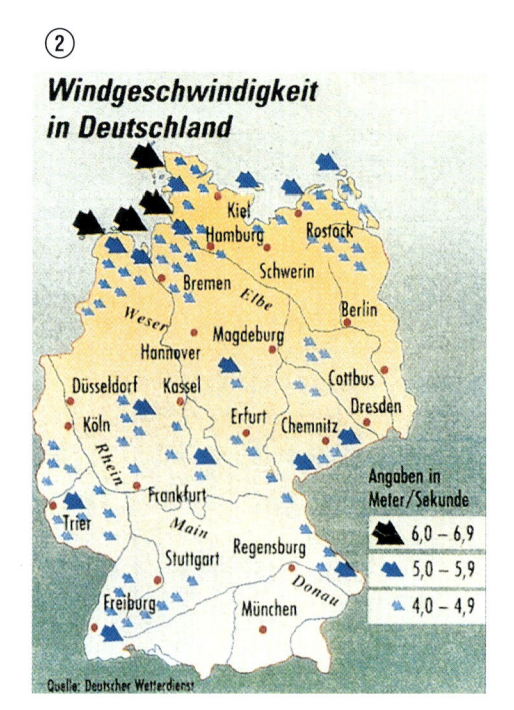

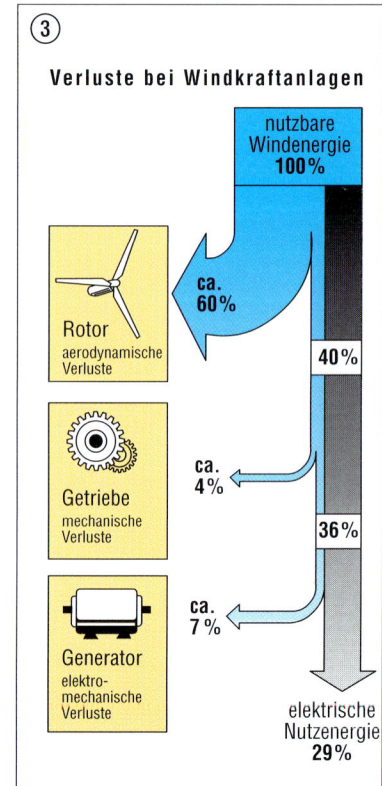

② Windgeschwindigkeit in Deutschland

Angaben in Meter/Sekunde
6,0 – 6,9
5,0 – 5,9
4,0 – 4,9

Quelle: Deutscher Wetterdienst

③ Verluste bei Windkraftanlagen

nutzbare Windenergie 100 %
Rotor aerodynamische Verluste ca. 60 %
40 %
Getriebe mechanische Verluste ca. 4 %
36 %
Generator elektromechanische Verluste ca. 7 %
elektrische Nutzenergie 29 %

Nutzung der Wasserkraft

Peltonturbine

Bei Fallhöhen über 400 m werden Freistrahl- oder **Peltonturbinen** eingesetzt. Mittels einer Düse wird ein freier Strahl gebildet. Dieser trifft auf ein Laufrad, das über seinen ganzen Umfang mit becherförmigen Schaufeln versehen ist. Sie bewirken eine fast wirbelfreie und damit verlustarme Energieumwandlung von 85–90% bei hoher Drehzahl (Abb. ①, ②).

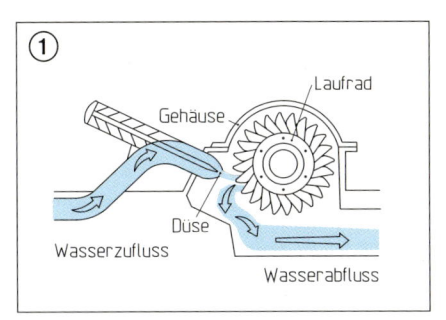

Spiralturbine

Speicherkraftwerke werden meist an hoch gelegenen Seen mit natürlichem Zu- und Abfluss gebaut. In Rohrleitungen wird das Stauwasser auf **Francis-Spiralturbinen** geleitet (Abb. ③). Diese werden durch Verstellen der Schaufeln reguliert. Ihre Energieumwandlung beträgt 85%. Ihr Nachteil ist ein schlechtes Teillastverhalten, weshalb sie immer genügend Wasser brauchen.

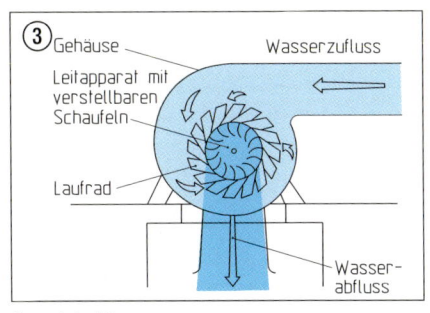

Kaplanturbine

Im Laufwasserkraftwerk an Flüssen mit starken Schwankungen der Durchflussmengen im Laufe des Jahres werden **Kaplanturbinen** (Abb. ④, ⑤) mit verstellbaren Leitrad- und Laufradschaufeln eingebaut. Ihr Wirkungsgrad liegt bei 85–90% bei gutem Teillastverhalten.

An der Mosel stehen auf 240 km Länge 12 Staustufen (Stauhöhe zwischen 5 m und 10 m) mit Kaplanturbinen.

Durchströmturbine

Bei kleineren Laufwasserkraftwerken werden Durchströmturbinen (Abb. ⑥) eingebaut. Das Wasser durchströmt ein walzenförmiges Laufrad mit gekrümmten Schaufeln. **Durchströmturbinen** haben bei gutem Teillastverhalten einen Wirkungsgrad von 80% und sind aufgrund ihrer einfachen, robusten Konstruktion kostengünstig.

Besonders wirtschaftlich arbeiten Kleinanlagen (Leistung bis 1000 kW), die den Eigenbedarf an Strom decken und den übrigen Strom ins öffentliche Netz einspeisen (Abb. ⑦).

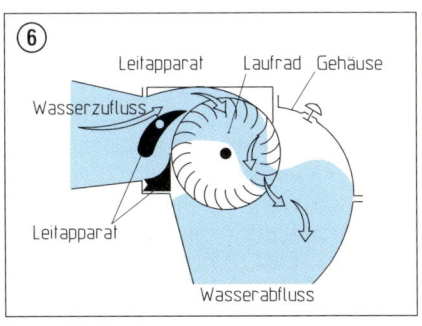

Wasserräder

Im Mittelalter wurde für Mühlen, Tuchwalken und Hammerwerke die Wasserkraft durch **Wasserräder** genutzt. Über Riemengetriebe wurde die Bewegungsenergie weitergeleitet zum direkten Antrieb der Maschinen und Arbeitsgeräte.

Beispiel für ein oberschlächtiges Wasserrad:

Rad-Durchmeser:	6,00 m
Rad-Breite:	1,14 m
Wassermenge:	70 l/sec
Leistung:	2,9 kW

① Peltonturbine

② Peltonturbine

③ Francisturbine

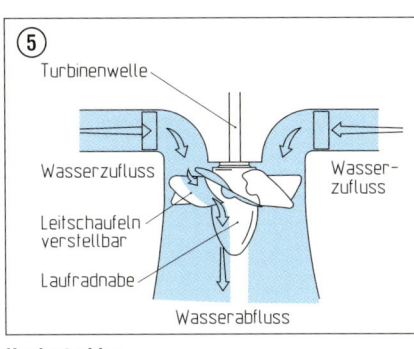

④ Kaplanturbine

⑤ Kaplanturbine

⑥ Durchströmturbine

⑦ **Beispiel für ein kleines Laufwasserkraftwerk** (Läufertsmühle in Neckargerach, BW):

Laufrad-Durchmesser:	0,30 m
Drehzahl:	325 1/min
Wassermenge:	200 l/sec
Gefälle:	6,8 m
Leistung (Turbine):	10,9 kW

⑧ Oberschlächtiges Wasserrad

⑨ Unterschlächtiges Wasserrad

Energiekonzepte für Gebäude

Das **Energiekonzept** für Neubauten und für die Sanierung von Altbauten umfasst alle Maßnahmen, die dazu dienen,
- das Gebäude mit Energie für Heizung, Warmwasser, elektrische Geräte etc. zu versorgen,
- den Energieverbrauch so gering wie möglich zu halten und
- die Energie bestmöglich zu nutzen bzw. Verluste zu vermeiden.

Dies gilt für Wohnhäuser, für Industrie- und Bürogebäude und für öffentliche Gebäude wie Schulen, Sporthallen und Ämter.

Das Energiekonzept bündelt also die aufeinander abgestimmten Maßnahmen, die dazu dienen sollen, den Energieverbrauch – vor allem fossiler Energien – zu senken, die Umweltbelastung zu verringern, ein gesundes Wohn- und Arbeitsklima zu schaffen und eine günstige Relation von Kosten und Nutzen zu erreichen. Die Mindestanforderungen sind gesetzlich festgelegt in der Wärmeschutzverordnung 1995 (☞ S. 146).

Darüber hinaus werden immer mehr Gebäude als Niedrigenergiehaus gebaut.

Niedrigenergiehaus

Von einem **Niedrigenergiehaus** spricht man, wenn nicht mehr als 7 l Heizöl je m^2 Wohnfläche im Jahr für die Heizung verbraucht werden.

Die Reduzierung des Energieverbrauchs und damit auch der Energiekosten ist durch die Kombination verschiedener Baumaßnahmen zu erreichen, die allerdings auch höhere Baukosten verursachen. So müssen z. B. durch stärkere Dämmung die k-Werte (☞ S. 146) für das Dachgeschoß unter 0,15 W/m^2, für die Außenwände unter 0,25 W/m^2 gesenkt werden.

Die Reihenhäuser (Abb. ①)
- sparen Heizenergie durch die Reihenhausbauweise,
- sind mit ihrem Wohnbereich nach Süden ausgerichtet, sodass über große, dreifachverglaste Fenster Sonnenenergie ins Haus kommt, aber aufgrund der hohen Dämmung der Fenster die eingefangene Wärme nicht mehr nach außen verloren geht,
- speichern durch vorgelagerte Wintergärten die Sonnenwärme,
- halten mittels hoch wärmegedämmter Außenwände die Wärme im Haus,
- erreichen durch ein Frischluftsystem ein gesundes Raumklima,
- gewinnen zusätzlich aus Bad und Küche Wärme zurück.

Energieautarkes Haus

Das „energieautarke Haus" (Abb. ②), das sich selbst versorgen kann, ist heute keine Utopie mehr. Energie und Wärme liefern Sonne, Luft, der Wind und im Notfall einige Liter Bio-Diesel aus Rapsöl. Erreicht wurde dies durch folgende Maßnahmen:

Stromversorgung: An der Ostseite des Hauses und auf dem Dach sind Fotovoltaik-Module angebracht (Abb. ③). Der dort erzeugte Strom wird in 36 Nickel-Cadmium-Batterien (insgesamt 2 m lang, 40 cm breit, 30 cm hoch) in der Energiezentrale gespeichert (Abb. ④). Strom, der nicht direkt verbraucht oder in den Zellen gespeichert wird, heizt im Pufferspeicher Wasser auf.

Brauchwassererwärmung: Vakuum-Sonnenkollektoren auf dem Dach nützen die Sonnenenergie und heizen den Pufferspeicher auf. Dieser 1000-l-Speicher ist ein druckloser Kunststofftank. In ihm wird Wasser in einem geschlossenen Kreislauf für die Heizung erwärmt. Für Brauchwasser wird frisches Wasser erhitzt.

Blockheizkraftwerk: Scheint die Sonne längere Zeit nicht und sind die Batterien halb leer, schaltet sich automatisch ein Generator ein, der mit Rapsöl betrieben wird. Dieser nutzt die Energie zu 90% und Abgase enthalten fast keine Schadstoffe, doch kostet das Rapsöl ca. 1,– DM je Liter.

Energiezentrale: Im Keller sind in der „Energiezentrale" der Rapsölgenerator, der Pufferspeicher, die Batterien, die Wärmetauscher zur Wärmerückgewinnung und die Schaltzentrale untergebracht.

Wärmedämmung: Der Gesamtwert der Wärmedämmung liegt bei k = 0,19. Zur normalen Dämmung als Niedrigenergiehaus ist zusätzlich eine 10 cm dicke Außendämmung angebracht, die Fenster sind dreifach verglast.

Lüftung mit Wärmerückgewinnung: Aus Bad, Küche und Toilette wird die verbrauchte Warmluft abgesaugt. Durch den so entstehenden Unterdruck wird von draußen Frischluft ins Haus gesaugt. In einem 30 m langen gewundenen Rohrsystem in Fundament erwärmt sie sich und wird dann in einem Wärmetauscher durch die abgesaugte Warmluft auf 17–18°C erwärmt, sodass die Heizung nur die Differenz zur gewünschten Raumtemperatur aufheizen muss.

Kosten: Die Kosten für die Einrichtungen, die das Haus (240 m^2 Wohnraum) energieautark machen, liegen bei 100.000,– DM, die jährlichen Kosten für Rapsöl und zwei Gasflaschen zum Backen und Kochen bei 600,– DM. Die beteiligte Fertighausfirma hat sowohl das ganze Paket als auch die Einzelinstallationen in ihr Programm aufgenommen, sodass das Haus auch nachträglich schrittweise energieunabhängig ausgebaut werden kann.

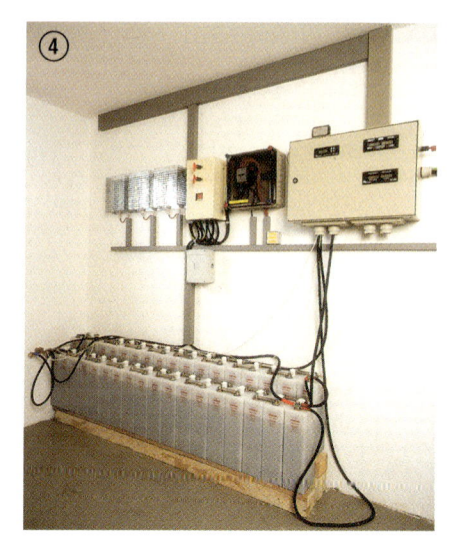

Gesamtkonzept:

Wichtig ist, dass alle Maßnahmen aufeinander abgestimmt sind, um Fehler zu vermeiden. So bringt z. B. das Hereinholen von Sonnenwärme durch große Glasfenster im Süden nicht den erhofften Effekt, wenn nicht gleichzeitig durch eine kompakte Form des Gebäudes, durch starke Dämmung von Boden, Dach, Decken und Außenwand verbunden mit einem dafür notwendigen Lüftungssystem die technischen Voraussetzungen für eine optimale Nutzung geschaffen werden.

In Pilotprojekten Erfahrung sammeln

In Pilotprojekten (Abb. ②), die vom Staat mit Zuschüssen gefördert werden, können Ideen verwirklicht und technische Möglichkeiten erprobt werden. Solche Projekte werden häufig von Instituten wie dem Fraunhofer-Institut begleitet. So können die Erkenntnisse und die bei der Erprobung gewonnenen Erfahrungen ausgewertet und als Beispiele für bereits erprobte Konzepte an Planer, Energieberatungsbüros, Bauträger und Genehmigungsbehörden weitergegeben werden. Die Institute erstellen auch Kosten-Nutzen-Berechnungen als Entscheidungshilfe, welche Maßnahmen für das spezielle Bauvorhaben möglich und sinnvoll sind.

Beispiel:
Energiekonzept „Solargarten"

In der Reihenhaussiedlung „Solargarten" in Freiburg (Abb. ②) wird
– durch die fächerartige Ausrichtung aller Häuser nach Süden,
– durch die Ausstattung jedes Hauses mit Solarkollektoren,
– durch die Verwendung von Wärmeschutzverglasung,
– durch die Überdachung der Terrassen und Balkone mit Glas und
– durch hohe Wärmedämmung (Nordseite)

erreicht, dass der Energieverbrauch für Heizung und Warmwasser trotz attraktiver Gestaltung und hoher Wohnqualität „nahe null" liegt.

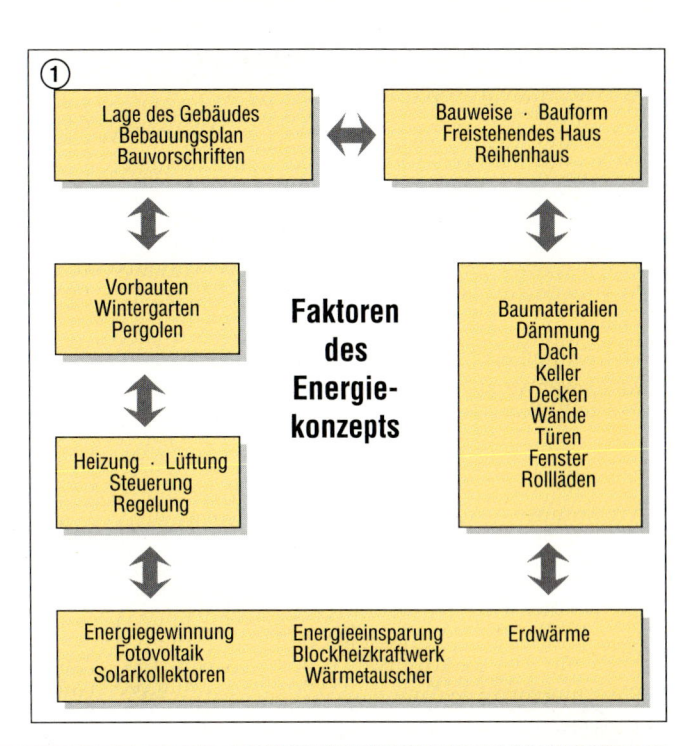

① Faktoren des Energiekonzepts

②

Umsetzung des Energiekonzeptes

Lage des Gebäudes

Plan des Architekten als Beratungsgrundlage (Abb. ③) (Stand der Sonne am 21. Dezember):
– Welche Möglichkeit bietet die im Lageplan vorgeschriebene Lage des Gebäudes?
– Wie kann durch die Anordnung der Räume eine optimale Nutzung erreicht werden?

Vorbauten (Abb. ④)

Sonnenenergie lässt sich durch besondere Konstruktionen wie Wintergarten, Glasdach oder Pergola nutzen.

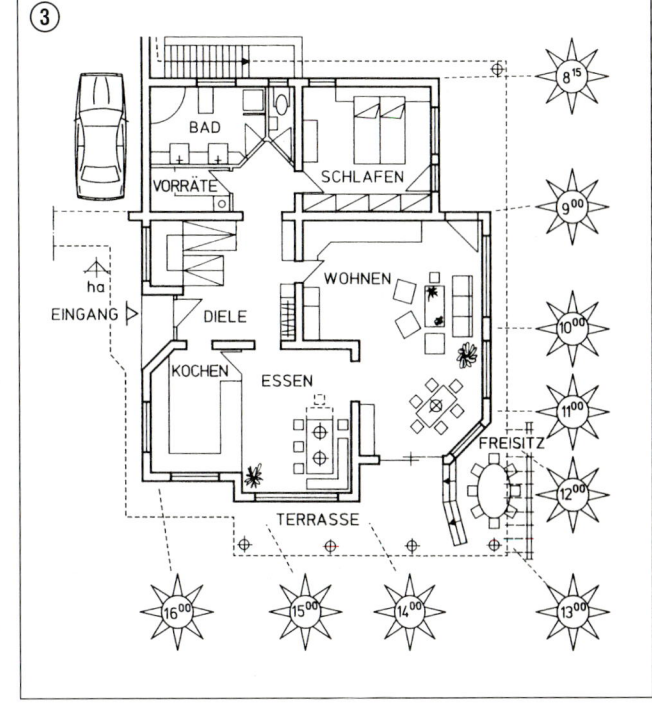

145

Maßnahmen zur Energieeinsparung bei Neubauten und bei der Sanierung von Altbauten

Wärmeschutzverordnung 1995

Die erzeugte oder „eingefangene" Wärme soll nicht durch die Wände und Decken des Hauses wieder entweichen. Deshalb ist eine optimale **Wärmedämmung** das „A und O" der Energieeinsparung: Mit der neuen Wärmeschutzverordnung (gültig seit 1. Januar 1995) ist für alle Neubauten, An- und Umbauten die Obergrenze der k-Werte neu festgelegt. Was dies im Einzelnen bedeutet, ist aus der Zusammenstellung Abb. ① ersichtlich.

Durch die Einhaltung dieser Werte werden in Zukunft Ein- und Zweifamilienhäuser für die Heizung jährlich weniger als 12 l Öl je m² Wohnfläche benötigen.

Die Baustoffindustrie gibt als Maß für die **Wärmeleitfähigkeit** eines Baustoffs den k-Wert an:

> Der **k-Wert** dient zur Beurteilung des Wärmedurchgangs verschiedener Bauteile, er beschreibt den Wärmestrom in Watt (W) pro Quadratmeter Bauteilfläche und einer Temperaturdifferenz von 1 K ($\triangleq$ 1 °C). Je kleiner der k-Wert ist, desto besser ist der Wärmedämmeffekt des Bauteils.

Als Faustregel gilt: Je mehr „stehende Luft" ein Bauteil einschließt, desto schlechter leitet es die Wärme ab. Dies bedeutet, dass solche Bauteile auch leichter sind. Allerdings ist ihre Tragfähigkeit meist geringer.

① Maximale k-Werte nach der **Wärmeschutzverordnung** 1995

a Fenster
Maximaler k-Wert:
k_{eg} = 0,7 W/m²K

Entscheidend für den erreichten k-Wert ist die Art der Verglasung. Zwei-Scheiben-Wärmeschutz-Verglasung (k-Wert der reinen Verglasung ca. 1,5 W/m²K) erfüllt die neuen Anforderungen.

Das bisher verwendete Zweifach-Isolierglas (k = 2,8 W/m²K) genügt in aller Regel nicht mehr den Anforderungen.

b Dach/oberste Geschossdecke
Maximaler k-Wert:
k = 0,22 W/m²K

Übliche Dämmstoffdicke 16–20 cm. Wichtig ist die absolut winddichte Ausführung der Dachkonstruktion. Nur so kann der Dämmstoff seine Aufgabe voll erfüllen.

c Außenwände
Maximaler k-Wert:
k = 0,5 W/m²K

Die üblichen Außenwandkonstruktionen sind hoch wärmedämmende Steine wie z. B. Porenbeton (Gasbeton) ab 30 cm Dicke, Leichtziegel ab 36,5 cm Dicke, Massivwände mit ca. 10 cm Außendämmung, zweischalige Mauern mit Kerndämmung und Fertighauskonstruktionen.

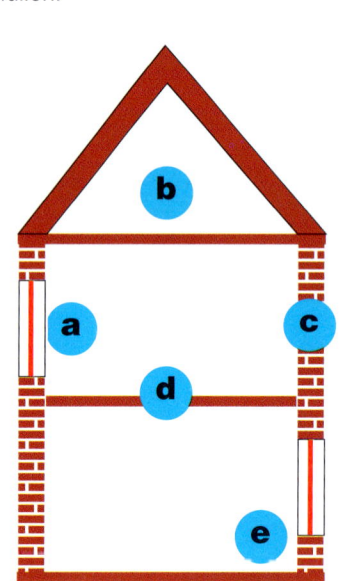

d Kellerdecken
Maximaler k-Wert:
k = 0,35 W/m²K

Die Dämmschicht kann je nach Bedarf, auch teilweise auf oder unter der Decke, angebracht werden. Bei Betondecken sind üblicherweise mindestens 10 cm Dämmstoff erforderlich.

e Kellerwände und Fußböden (beheizter Räume)
Maximaler k-Wert:
k = 0,35 W/m²K

Bei Beton-Außenwänden bedeutet dies, dass in der Praxis eine Außendämmung von mindestens 10 cm eines dafür geeigneten Dämmstoffs erforderlich ist.

Tragende Massivwände mit Dämmung

Obwohl Betonwände schlecht dämmen, wird Beton im Hausbau oft verwendet, und zwar für tragende Wände, Kellerwände und als Stahlbeton für Decken. Dies deshalb, weil
– Betonwände sehr druckfest, also tragfähig sind,
– Stahlbetondecken sehr druck- und zugfest sind,
– dieselbe Druck- und Zugfestigkeit mit anderen Materialien nur durch entsprechende Dicke der Wände erreicht werden kann und damit mehr Raum für Wände benötigt wird.

Um dies auszugleichen, werden häufig tragende Betonteile mit gut dämmenden Materialien kombiniert. Die Grafik Abb. ① zeigt Möglichkeiten der **Außendämmung** und der **Innendämmung** von tragenden Wänden.

② ungedämmte Außenwand | Außendämmung 6 cm Dämmschicht | Innendämmung 6 cm Dämmschicht

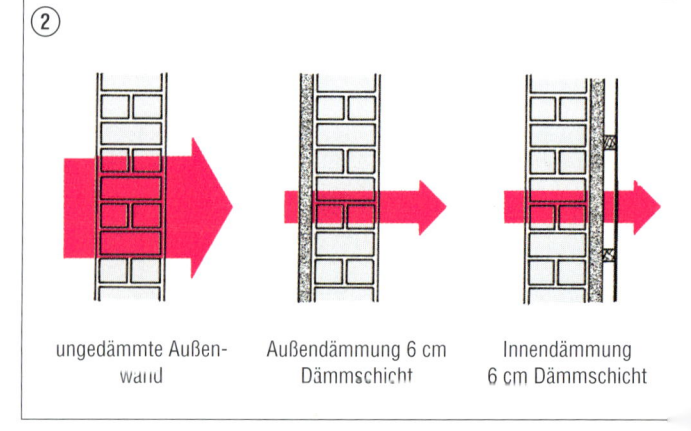

Reduzierung des Wärmeverlusts durch Dämmung

Mauern – Mauerverbände

Der **Mauerwerksbau** aus einzelnen Steinen lässt sich bis in die ältesten Kulturstufen der Menschheit zurückverfolgen. Anfangs wurden „passende" Steine oder behauene Steinquader ohne Mörtel übereinander getürmt. Später konnten durch die Verwendung von Mörtel die Steine fest miteinander verbunden werden.

Die Babylonier stellten Tonziegel als gleich große Steine in Formen her. Die Abbildung ① zeigt die Ziegelsteinfertigung im Mittelalter.

Zur Erstellung von Wänden haben sich im Laufe der Jahrtausende bestimmte **Mauerverbände** als „Grundelemente des Bauens mit Steinen" herausgebildet (Abb. ②, ③, ④).

Heute wird mit einer Vielzahl unterschiedlicher Steine mit speziellen Eigenschaften **gemauert**. Diese werden in rationeller Serienproduktion im Werk gefertigt und dann zur Baustelle befördert. Genormte Größen garantieren Passgenauigkeit und ermöglichen den exakten und rationellen Aufbau von Wänden genau nach den Bauplänen.

Gebräuchliche Mauersteine – Eigenschaften (Abb. ⑤)

Kalksandsteine werden aus Kalkquarzsand und Wasser hergestellt und unter Dampfdruck bei 160 °C bis 220 °C gehärtet. Sie sind gut wärmedämmend und nicht sehr durchlässig für Wasserdampf. Zur Schalldämmung sind sie gut geeignet. Aus **Kalksandsteinen** werden Außen- und Innenwände gemauert, häufig werden sie als Sichtmauerwerk verwendet.
Abmessungen in mm (z. B.): 240 x 115 x 52/71/113
240 x 240 x 113 und
300 x 240 x 113

Tonziegel (Backsteine) sind aus gebranntem Ton. Sie eignen sich für Außen- und für Innenwände. Sie lassen Wasserdampf durch und bilden einen guten Schallschutz.
Abmessungen in mm: 240 x 115 x 52/71

Hochlochziegel sind ebenfalls aus gebranntem Ton. Sie haben aufgrund ihrer Hohlräume gute Dämmeigenschaften.
Abmessungen in mm: 240 x 115/175 x 113
490 x 115/178 x 238

Porenbeton- oder Gasbetonsteine (z. B. Ytong) bestehen aus Kalk, Zement, Gips und Sand. Mit Treibmitteln (Aluminiumpulver), die verdampfen, werden sie aufgeschäumt und bei ca. 190 °C dampfgehärtet, sodass sie viele lufthaltige Poren enthalten. Dadurch sind sie leicht und können gut bearbeitet werden. Die Wärmedämmung ist sehr gut.
Abmessungen in mm: 300/310/490/615 x 240 x 50 ... 365
310/500/625 x 250/500/600 x 175/200/250 ...

Leichtbetonsteine sind **Mauersteine** aus porigen, mineralischen Zuschlagstoffen und Zement als Bindemittel.

Naturbims (Bimssteine) ist ein Kies von besonders geringem Gewicht. Er ist vulkanischen Ursprungs und lagert in Schichten im Neuwieder Becken. Die Bimskörner sind voller Luftbläschen.

Blähton (Liraporsteine) wird hergestellt als Tonperlen: Ton wird gemahlen, mit Wasser in großen Tellern zu Perlen gerollt und im Drehofen bei 1200 °C gebrannt. Die Perlen blähen sich auf, die Außenhaut versintert und wird unempfindlich gegen Säuren und Laugen, Feuer oder Wasser.

Leichtbetonsteine werden als Vollsteine und als Hohlblocksteine hergestellt.
Abmessungen in mm: Bims 490/372/240 x 175/240/30 x 238
Lirapor 497/372/238 x 240/300/365 x 23

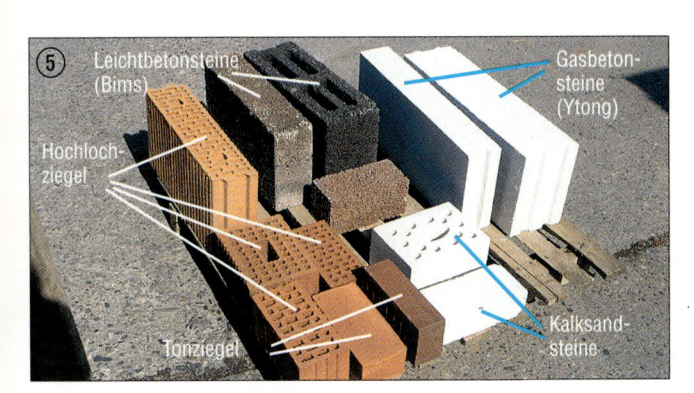

①

Mauerverbände

② **Läuferverband**

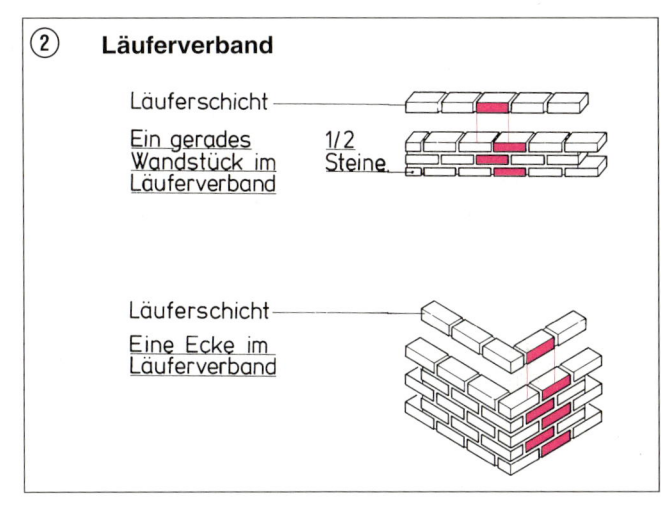

Läuferschicht
Ein gerades Wandstück im Läuferverband — 1/2 Steine

Läuferschicht
Eine Ecke im Läuferverband

③ **Blockverband**

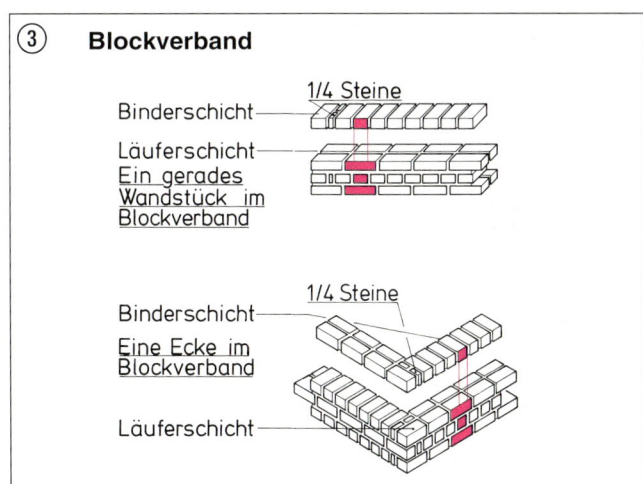

Binderschicht — 1/4 Steine
Läuferschicht
Ein gerades Wandstück im Blockverband

Binderschicht — 1/4 Steine
Eine Ecke im Blockverband
Läuferschicht

④ **Kreuzverband**

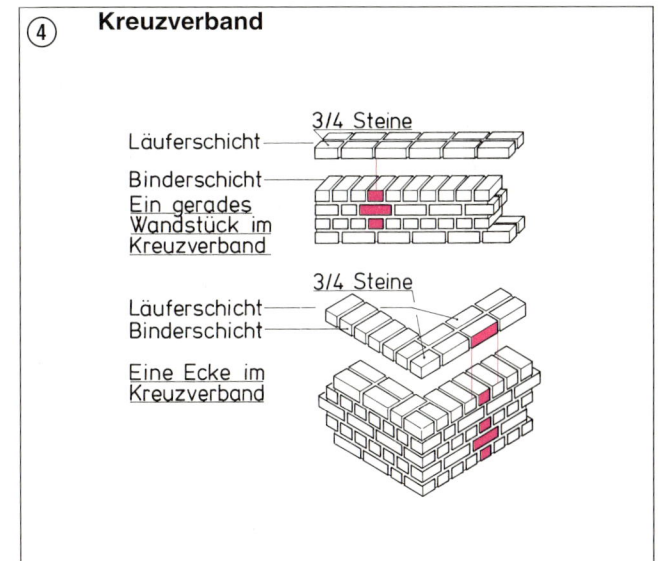

Läuferschicht — 3/4 Steine
Binderschicht
Ein gerades Wandstück im Kreuzverband

Läuferschicht — 3/4 Steine
Binderschicht
Eine Ecke im Kreuzverband

⑤ Leichtbetonsteine (Bims), Hochlochziegel, Gasbetonsteine (Ytong), Tonziegel, Kalksandsteine

Transparente Wärmedämmung zur Nutzung der Sonnenenergie

Baumaterialien, die viel Luft umschließen, z. B. Holzfaserplatten, haben oft nicht die erforderliche Druck- und Zugfestigkeit. Bei sehr druckfesten Materialien aber ist der Energieverlust zu stark. Deshalb muss eine Dämmung erfolgen (Abb. ①).

Eine konventionell gedämmte, massive Außenwand hält zwar die Wärme im Haus, nutzt aber die auftreffende Sonnenenergie kaum. Der Wärmedämmstoff hindert die Sonnenwärme, in den anschließenden Raum zu dringen (Abb. ①a). Eine **transparente Dämmung** lässt einen Großteil der Strahlung auf die Innenwand auftreffen. Die schwarz eingefärbte Wand absorbiert (speichert) die Wärme und wirkt wie eine Heizung (Abb. ①b) für den Innenraum. Im Sommer werden die Wände durch Rollos beschattet, um eine Überhitzung zu vermeiden. Die Anlage wird elektronisch gesteuert und kann je nach Ausführung den Heizenergieverbrauch gegenüber konventionell gedämmten Häusern bis zu 80% reduzieren!

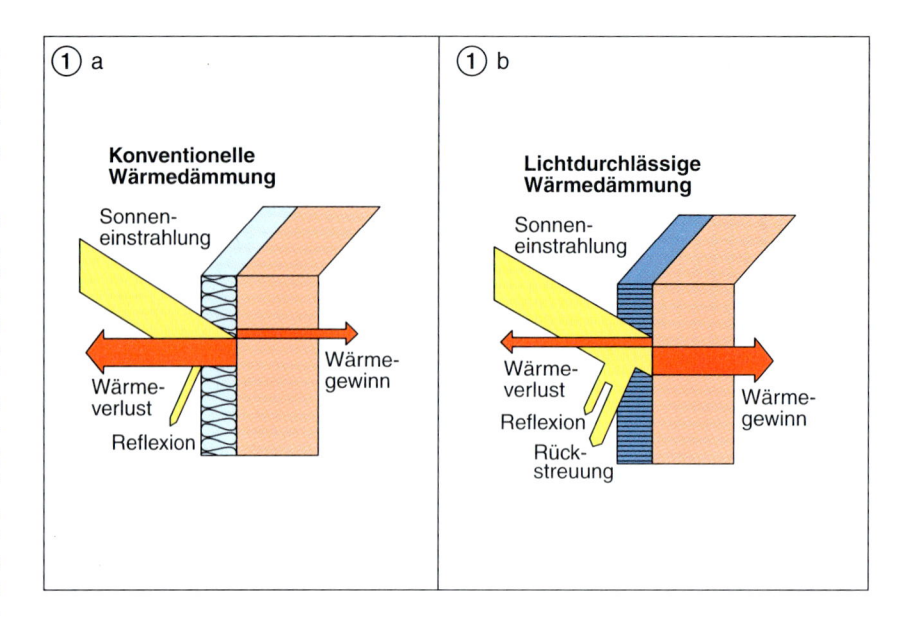

① a Konventionelle Wärmedämmung
① b Lichtdurchlässige Wärmedämmung

Temperaturregelung im Wohnraum

Wird die Heizung eingeschaltet, liefert die Heizanlage so lange Wärme, bis sie wieder ausgeschaltet wird. Damit die Heizung dann abgestellt wird, wenn die gewünschte Raumtemperatur erreicht ist (z. B. Zimmertemperaturen von 21 °C) und sich wieder automatisch einschaltet, wenn die Temperatur absinkt, muss eine **Regeleinrichtung** die tatsächliche Raumtemperatur laufend messen und mit der eingestellten, gewünschten Temperatur vergleichen. Der **Bi-Metall-Thermostat** regelt die Raumtemperatur, indem er die Heizung entsprechend ein- oder ausschaltet (Abb. ②).

Am Heizkörper direkt angebracht ist der Thermostatventil-Regler (Abb. ③ und ④). So kann jeder Heizkörper individuell auf die gewünschte Temperatur eingestellt werden.

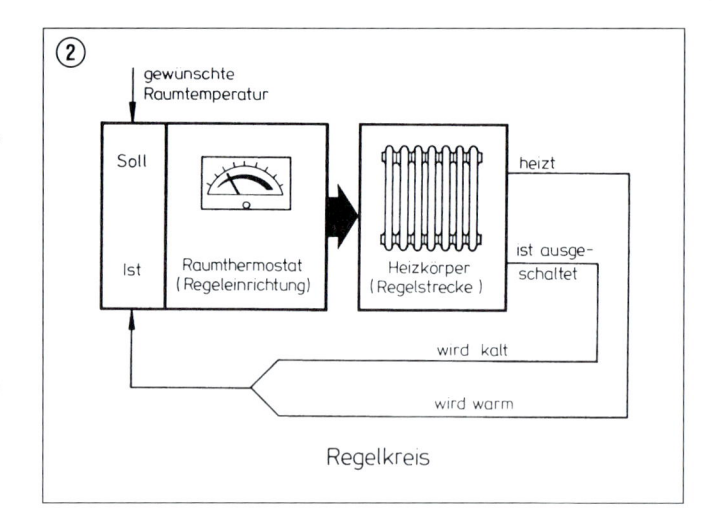

② Regelkreis

Funktion eines Thermostatventils für die Warmwasserheizung

Steigt die Temperatur im Raum, dehnt sich der Feststoff, das Gas oder die Flüssigkeit im Temperaturfühler aus. Der Übertragungsstift schiebt dann den Ventilteller gegen die Ventilöffnung und schließt so das Ventil. Der Strom des Heizmittels zum Heizkörper wird dadurch unterbrochen. Sinkt die Temperatur im Raum gegenüber dem eingestellten Wert zu weit ab, zieht sich der Fühler wieder zusammen und öffnet über den Stift das Ventil. Der Einbau solcher **thermostatischer Ventile** an den Heizkörpern ermöglicht die Einstellung der gewünschten Wärmeabgabe für jeden Raum, je nach Bedarf: Badezimmer ca. 24 °C, Wohnräume 21/22 °C, Flure, Arbeitsräume ca. 16/18 °C.

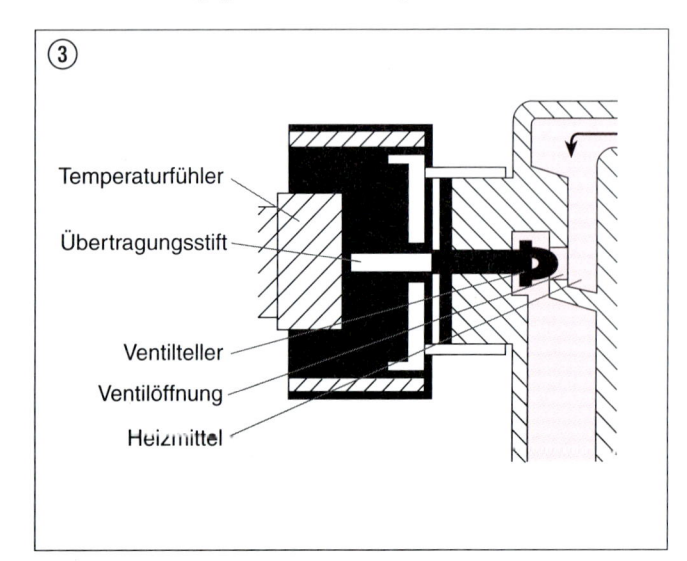

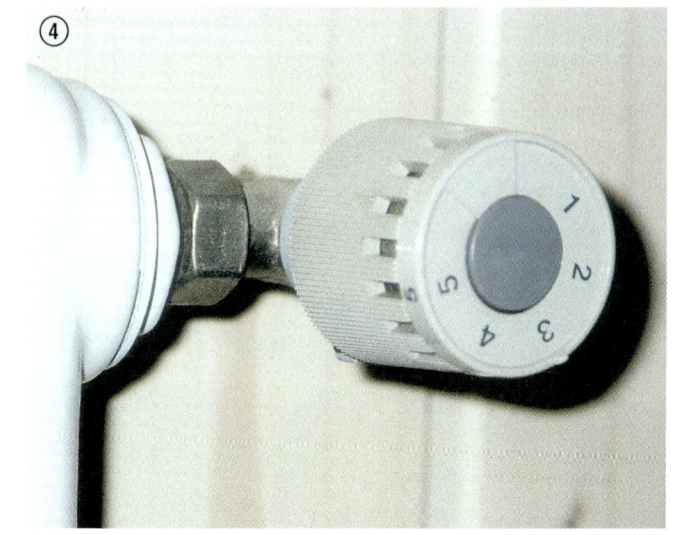

Isolierfenster und Belüftung

Wärmeschutzverglasung (Abb. ①b) hat einen k-Wert unter 1,5 W/m² (☞ S. 146). **Wärmeschutzverglasungen** haben spezielle, für das Auge nicht erkennbare Beschichtungen. Diese lassen die Sonnenstrahlen fast ungehindert in das Gebäude, verringern aber die Wärmestrahlung von der inneren, warmen Scheibe zur äußeren, kalten. Durch Füllung des Zwischenraums mit dem Edelgas Argon wird die Strömung der Wärme verringert. Die Wärmeschutzverglasung macht sich gegenüber einer **Isolierverglasung** (Abb. ①a) in 12–15 Jahren bezahlt.

Weitere Wärmeschutzmaßnahmen:
- nächtlicher **Wärmeschutz** durch Läden,
- kontrollierte, über Messfühler gesteuerte Lüftung durch Absaugung und
- Wärmerückgewinnung.

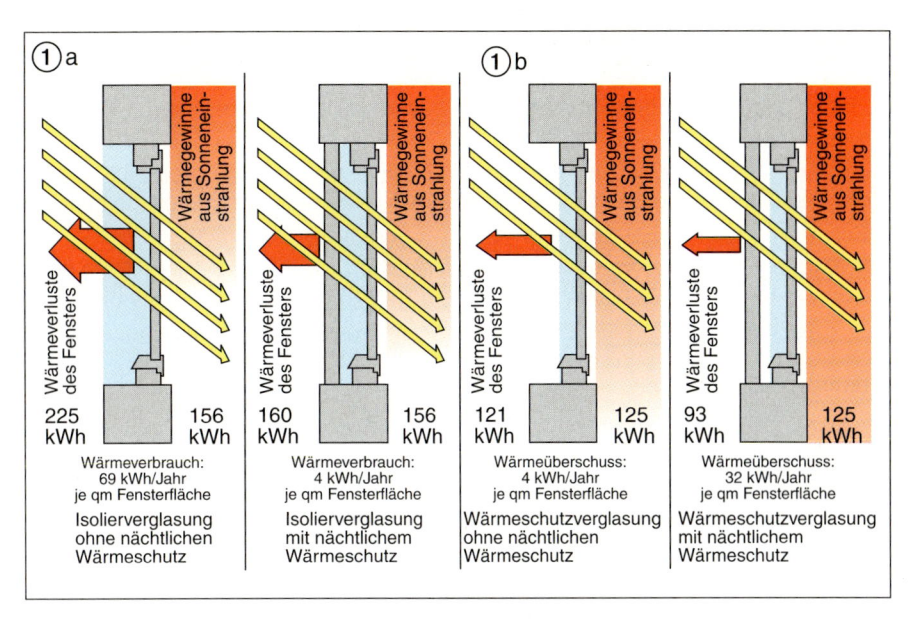

①a			①b	
225 kWh / 156 kWh	160 kWh / 156 kWh	121 kWh / 125 kWh	93 kWh / 125 kWh
Wärmeverbrauch: 69 kWh/Jahr je qm Fensterfläche	Wärmeverbrauch: 4 kWh/Jahr je qm Fensterfläche	Wärmeüberschuss: 4 kWh/Jahr je qm Fensterfläche	Wärmeüberschuss: 32 kWh/Jahr je qm Fensterfläche
Isolierverglasung ohne nächtlichen Wärmeschutz	Isolierverglasung mit nächtlichem Wärmeschutz	Wärmeschutzverglasung ohne nächtlichen Wärmeschutz	Wärmeschutzverglasung mit nächtlichem Wärmeschutz

Alternative Heiztechniken

Heizenergie aus dem Glasturm

Der Bauherr setzte vor sein Haus einen „Glasturm", um es im Haus hell und sonnig zu haben. Zudem sammelt sich bei Sonnenschein im Turm Warmluft. Diese wird im Dach durch Luftkollektoren gesammelt und in Röhren durch die Wände ins Haus geleitet. Dabei werden wie bei einer Kachelofenheizung die Wände erwärmt und diese geben die Wärme an die Räume ab. So kann Heizenergie gespart werden, sodass die Mehrkosten für die Anlage in etwa 10 Jahren durch die Ersparnis ausgeglichen werden.

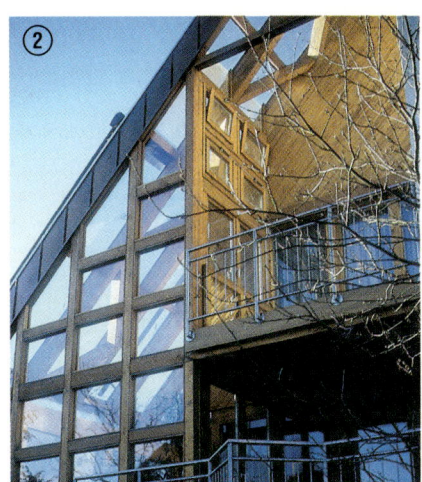

Heizen mit der Energie der Erde

In ca. 15 Meter Tiefe herrscht in der Erde eine konstante Temperatur von etwa 10 °C. Alle 30 Meter steigt sie um ein Grad, sodass bei ca. 100 Meter rund 13 °C zu erwarten sind. Bei den Erdwärmeanlagen werden je nach Größe des Gebäudes ein oder mehrere Bohrlöcher von 15 cm Durchmesser ins Erdreich getrieben. Jedes Bohrloch wird mit zwei Erdsonden bestückt und das Bohrloch wieder verfüllt. Durch die beiden Leitungen läuft ein Wasser-Solegemisch, das sich im Erdreich auf 15 °C aufwärmt und diese Energie an eine Wärmepumpe (☞ S. 151) abgibt, die für eine Heiz- und Brauchwassertemperatur von 30 bis 40 Grad sorgt. Diese Erdwärmeheizung, die nur einen Energiezuschuss für die Pumpe braucht, also umweltschonend arbeitet, ist sowohl für Neu- als auch für Altbauten einsetzbar.

Energie aus dem eigenen Blockheizkraftwerk

Das kleine Kraftwerk arbeitet mit einem Verbrennungsmotor, der mit Gas, fossilen oder Biotreibstoffen z. B. Rapsöl betrieben wird. Der Motor ist mit einem Generator gekoppelt und erzeugt so Strom. Mit der Abwärme des Motors kann gleichzeitig geheizt oder Wasser erwärmt werden. Dabei ist durch die Kraft-Wärme-Kopplung ein Wirkungsgrad von über 90 % zu erreichen. Der Einbau ist sowohl in Häuser als Kleinanlage möglich, etwas größer dimensioniert vor allem in größere Wohneinheiten und wird in der Regel mit anderen Energiesystemen wie z. B. Solaranlagen gekoppelt.

Überschüssiger Strom kann in das öffentliche Stromnetz eingespeist werden. Dieser Strom wird dann vergütet.

Nutzung der Sonnenenergie

Ein Leben ohne Sonne wäre nicht denkbar. Wir alle brauchen die Wärme und das Licht der Sonne: die **Sonnenenergie**. Sie lässt die Pflanzen wachsen und Wasser fließen, lenkt die Winde und die Meeresströmungen.

Sie sorgte schon vor Millionen von Jahren für die Entstehung der fossilen Energieträger: Kohle, Erdgas und Erdöl. Die Sonne strahlt unvorstellbare Energiemengen ins Weltall aus.

Der winzige Teil der Sonnenstrahlung, der unsere Erde erreicht, beträgt in den oberen Schichten der Erdatmosphäre ca. 1,35 kW/m^2 (Abb. ①).

Die jährliche Einstrahlung von Sonnenenergie von rund 1,5 Trillionen (eine Zahl mit 18 Nullen) Kilowattstunden entspricht ungefähr dem 17 000fachen des Weltenergiebedarfs.

Von dieser gewaltigen Energiemenge erreicht nur etwa die Hälfte die Oberfläche der Erde, die andere Hälfte wird von der Erdatmosphäre reflektiert und absorbiert.

Durch die Verdunstung über Ozeanen und Kontinenten hält die Sonnenenergie den ewigen Kreislauf des Wassers in Gang.

Wie lässt sich die Sonnenstrahlung technisch nutzen? Wir unterscheiden drei Verfahren: die solarthermische Nutzung, die fotovoltaische Nutzung und die direkte Nutzung (☞ S. 145).

① Einstrahlung von der Sonne 1,5 · 10^{18} kWh/Jahr
33 % werden von der Lufthülle reflektiert
17 % werden von der Lufthülle aufgenommen
rund 50 % erreichen die Erdoberfläche
rund 16 % strahlen auf die Kontinente
rund 34 % strahlen auf die Meere

Die solarthermische Nutzung

Mithilfe von **Solarkollektoren** (Kollektor = Sammler) wird die Sonnenstrahlung in Wärme umgewandelt (Abb. ②).

Das Kernstück des Systems ist ein **Absorber** (Abb. ③). Dessen schwarze Oberfläche wandelt den Großteil der Solarstrahlung in Wärme um. Dies wird erreicht durch eine besondere Beschichtung: Die Aufnahme der Wärmestrahlung wird gefördert, gleichzeitig verhindert die Beschichtung, dass die Wärme wieder abgegeben wird.

Damit möglichst wenig Wärme an die Umgebung verloren geht, wird der Absorber in einen wärmegedämmten Kasten mit Glasabdeckung eingebaut (Abb. ④). Wie bei einem Gewächshaus lässt das Glas das kurzwellige Sonnenlicht herein, die langwellige Wärmestrahlung bleibt im **Kollektor** gefangen.

In Regionen mit einer hohen direkten Sonneneinstrahlung, so z. B. in Wüstengebieten der Erde, können solarthermische Kraftwerke betrieben werden. Die Solarstrahlung wird konzentriert und über ein Wärmekraftwerk in elektrische Energie umgewandelt (☞ S. 151).

③ Absorber: Auslauf, Absorber, Wärmeträger, Einlauf

④ Kollektor: Auslauf, Glasplatte, Absorber, Wärmeträger, Einlauf, Dämmung

Kollektorwirkungsgrad

Abb. ⑤ zeigt verschiedene Wirkungsgradkennlinien eines **Flachkollektors** bei 1000, 600, 300, 100 W/m^2 Sonneneinstrahlung. Mithilfe des Diagramms kann abgelesen werden, wie viel Prozent der einfallenden Sonnenenergie unter bestimmten Voraussetzungen dem Kollektor entnommen werden können. Ein Beispiel: Bei einer Kollektortemperatur von 50 °C und einer Außentemperatur von 0 °C ergibt sich ein **Kollektorwirkungsgrad** von 44 % bei einer Sonneneinstrahlung von 1000 W/m^2 und von 29 % bei 600 W/m^2.

Berechnungen haben ergeben, dass in unserem Klima eine vollständige Deckung des Warmwasserbedarfs im Sommer möglich wäre. Der Jahresenergiebedarf für Warmwasser könnte zu 60 % über Flachkollektoren gedeckt werden. Bei einem nach Süden ausgerichteten und um 30 bis 40 Grad geneigten Dach werden für einen 4-Personenhaushalt 6–9 m^2 Kollektorfläche benötigt. Um sonnenarme Tage überbrücken zu können, sollte der Speicher mindestens 300–400 l fassen.

⑤ Wirkungsgrad in % / Temperaturdifferenz ($t_{Kollektor} - t_{außen}$) in K
Optische Verluste durch Glas und Absorber
☐ = nutzbare thermische Energie
Thermische Verluste durch Abstrahlung
100 W/m^2, 300 W/m^2, 600 W/m^2, 1000 W/m^2

Thermische Solaranlage

Solaranlagen werden in der Regel „bivalent" gefahren, d. h., die je nach Sonnenscheindauer verfügbare Energiemenge wird durch die Kopplung mit einer zusätzlichen Heizung oder einer Wärmepumpe (☞ S. 151) ergänzt. Um sonnenarme Zeiten zu überbrücken, wird über einen Wärmetauscher (Abb. ⑥) das Wasser in einem Warmwasserspeicher mit der „eingefangenen" Sonnenenergie erwärmt.

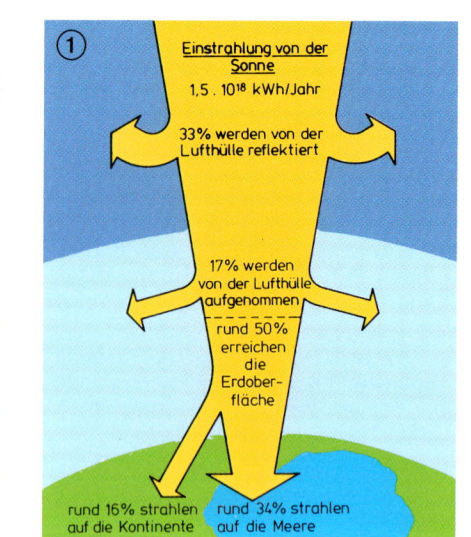

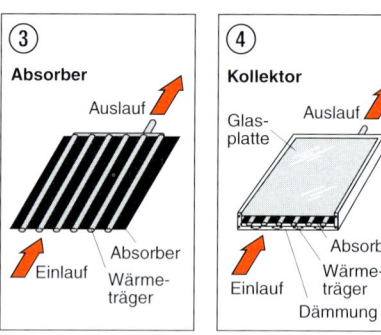

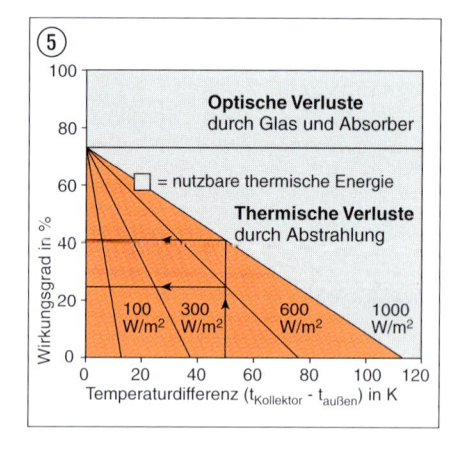

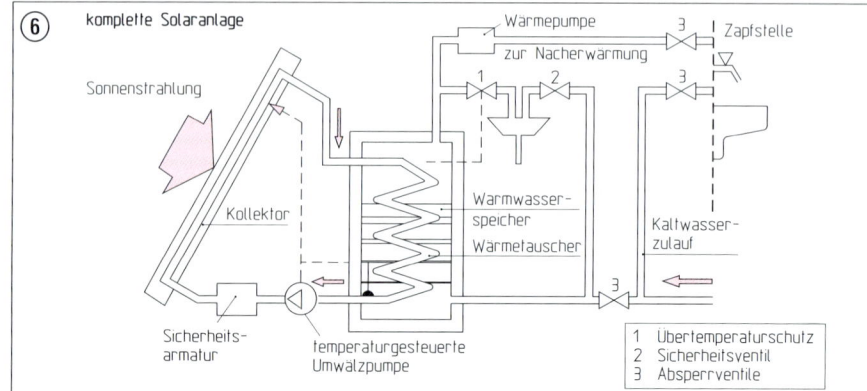

⑥ komplette Solaranlage: Sonnenstrahlung, Kollektor, Wärmepumpe zur Nacherwärmung, Zapfstelle, Warmwasserspeicher, Wärmetauscher, Kaltwasserzulauf, Sicherheitsarmatur, temperaturgesteuerte Umwälzpumpe
1 Übertemperaturschutz
2 Sicherheitsventil
3 Absperrventile

Wärmepumpe

Eine **Wärmepumpe** ist ein geschlossenes System, in dem eine bei niedriger Temperatur siedende Flüssigkeit als Arbeitsmittel fließt. Durch seine geringe Eigentemperatur – z. B. 2 °C – kann es aus der Umgebungsluft, aus dem Boden, aber auch aus Abwärme schon bei geringen Unterschieden Wärme übernehmen. Dabei verdampft die Flüssigkeit und kommt in gasförmigem Zustand in den Verdichter. Dieser besteht aus einem Kompressor – er benötigt Antriebsenergie –, der das Gas ansaugt und zusammenpresst. Dabei steigt die Temperatur des Gases an, z. B. auf 60 °C. Wir kennen diesen Vorgang vom Aufpumpen eines Fahrradschlauches: Die Luft wird in der Luftpumpe zusammengepresst und erwärmt sich dabei – dies ist mit der Hand spürbar. Im Verflüssiger gibt das Gas Wärme an das durchgeleitete Heizungssystem ab, wobei das Arbeitsmittel sich wieder verflüssigt und etwa so viel Wärme abgeben kann, wie es bei der Verdampfung aufnahm. Im Expansionsventil wird der Druck wieder vermindert und so die Ausgangstemperatur erreicht. Der Kreislauf beginnt von vorne.

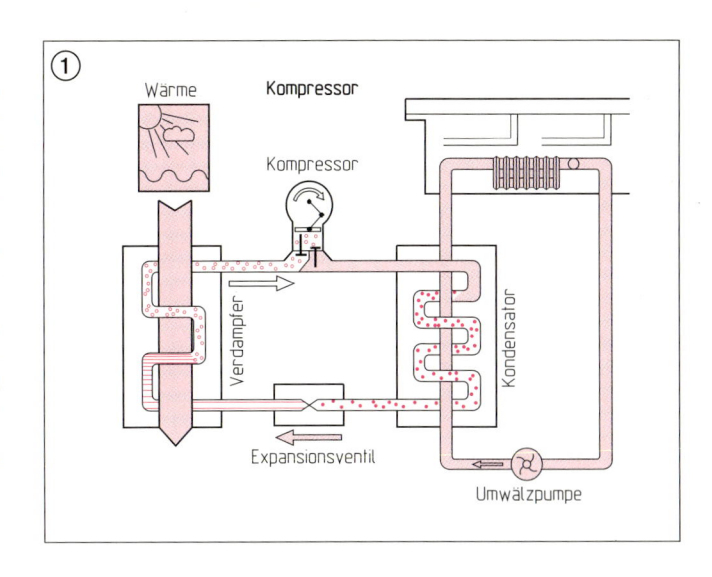

Thermische Solarkraftwerke in der Wüste

Riesige Parabolspiegelrinnen (100 m lang, 6 m breit) werden computergesteuert immer optimal zur Sonne ausgerichtet. Sie konzentrieren das Sonnenlicht auf eine Brennlinie, wo Thermoöl in Absorberröhren bis 400 °C erhitzt wird. Das heiße Öl gibt seine Energie in einem Wärmetauscher ab, wo Wasser verdampft und eine Turbine mit Generator zur Stromerzeugung antreibt.

Das Kraftwerk ist gekoppelt mit einem fossil befeuerten Dampfkessel für „sonnenarme" Zeitabschnitte. Gebaut werden solche Solarkraftwerke in Wüstengebieten mit hoher direkter Sonneneinstrahlung. Allerdings stellt das raue Wüstenklima (extreme Temperaturunterschiede zwischen Tag und Nacht; Sandstürme bis 140 km/h, die wie „Schleifpapier" wirken) hohe Anforderungen an die technische Ausführung der Anlagen.

In der Mojave-Wüste in Kalifornien erzeugten thermische **Solarkraftwerke** 1992 etwa 350 Megawatt Strom für das öffentliche Stromnetz (Abb. ②).

Die fotovoltaische Nutzung

Solar-Wasserstoff = die Energie von morgen?

Bei der Erforschung zukünftiger Energiesysteme gewinnt die Solar-Wasserstoff-Technik zunehmend an Bedeutung. Ihre Entwicklung eröffnet uns möglicherweise den Weg in ein neues Energiezeitalter. Für die solare Wasserstoff-Herstellung eignen sich sowohl fotovoltaische als auch solarthermische Kraftwerke. Mit dem erzeugten Solarstrom kann über die Elektrolyse Wasser ohne größere Umweltbelastung in Sauerstoff und Wasserstoff zerlegt werden. Die Möglichkeiten der Nutzung des Wasserstoffs reichen von der Beheizung von Häusern, der Warmwasserbereitung bis zum umweltfreundlichen Kraftstoff für Straßenfahrzeuge (Abb. ③).

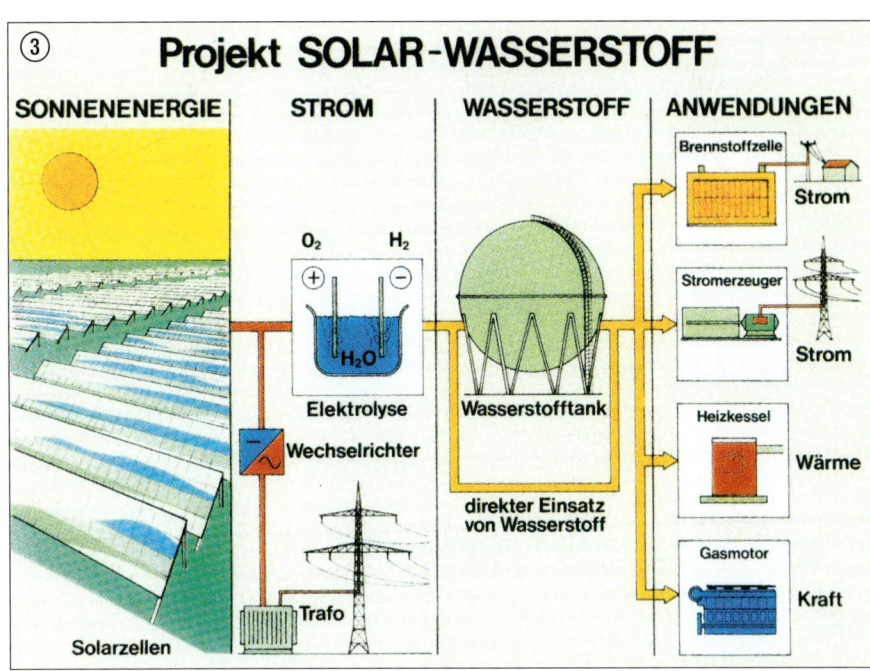

Bauen auf der Sonnenseite

Das wahrscheinlich größte Fotovoltaik-Modul der Welt wurde auf der Messe „Bau 97" in München vorgestellt. Eine Firma präsentierte dieses Strom erzeugende Modul, das mit insgesamt 416 Zellen eine Spitzenleistung von fast 1.000 Watt Solarstrom erzeugt. Fotovoltaikmodule in dieser Größe werden bereits im Großbau zur Erzeugung von Strom für den Eigenverbrauch und zur Abgabe ins Netz eingesetzt. Die Firma selbst hat in Bielefeld Teile der Fassaden ihrer neuen Verwaltungsgebäude als „Synergie-Fassade" gestaltet (Abb. ④).

Prinzip einer Fotovoltaik-Anlage (Abb. ①)

Vorteile der **Fotovoltaik** sind: direkte Erzeugung der hochwertigen Energieform Strom, kein Brennstoffverbrauch, umweltfreundlich, verschleißfrei, wartungsarm, leichter Einbau und vielfältige Einsatzmöglichkeiten durch variable Module (von $\mu W - GW$).

Nachteile ergeben sich durch die Wetterabhängigkeit und den großen Flächenbedarf für hohe Leistungen. Deshalb wird Fotovoltaik mit Batterien oder Dieselmotoren (Abb. ⑥) oder mit dem öffentlichen Stromnetz gekoppelt. Damit man keine zusätzliche Energie zur Nachführung des Solarmoduls entsprechend dem Sonnenstand benötigt, übernimmt diese Aufgabe ein mechanisches System, das von einer Flüssigkeit angetrieben wird, die sich je nach Sonneneinstrahlung unterschiedlich ausdehnt.

Fotovoltaik-Anlagen sind nicht nur in sonnenverwöhnten Ländern funktionstüchtig. Eine für ein durchschnittliches Einfamilienhaus ausgelegte Anlage produziert in Deutschland im Jahr rund 1800 – 2000 kWh elektrischen Strom und deckt damit mindestens 50 % des durchschnittlichen Jahresverbrauchs einer vierköpfigen Familie ab.

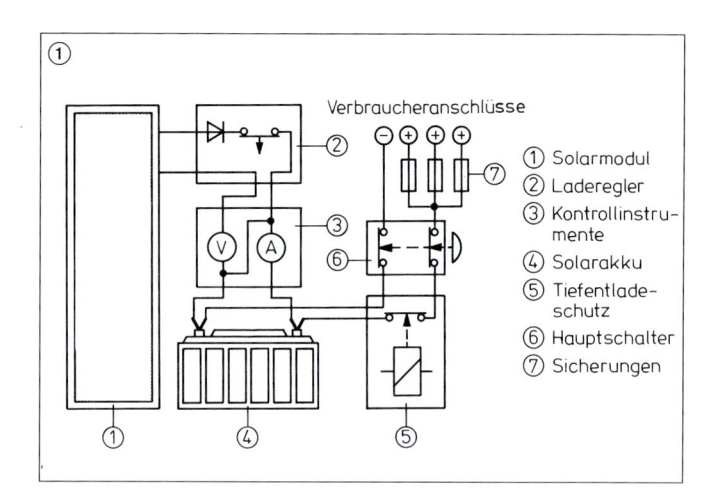

① Solarmodul
② Laderegler
③ Kontrollinstrumente
④ Solarakku
⑤ Tiefentladeschutz
⑥ Hauptschalter
⑦ Sicherungen

③ **Beipiel Bundesrepublik Deutschland**

Durchschnittliche **Sonnenscheindauer** in Stunden pro Jahr

- 1300–1400
- 1400–1500
- 1500–1600
- 1600–1700
- 1700–1800
- 1800–1900

Das „energieautarke **Solarhaus**" (Wohnfläche 145 m², Abb. ②) steht in Freiburg und wird von einer dreiköpfigen Familie bewohnt. Mit diesem Experiment wird demonstriert, dass ein Haus auch bei mitteleuropäischem Klima mit hohem technischen und finanziellen Aufwand allein mit der auf Dach und Wände auftreffenden Sonnenenergie versorgt werden kann. Durch laufende Messungen werden Erfahrungen gesammelt und für die Weiterentwicklung durch das Fraunhofer-Institut für Solare Energiesysteme in Freiburg genutzt.

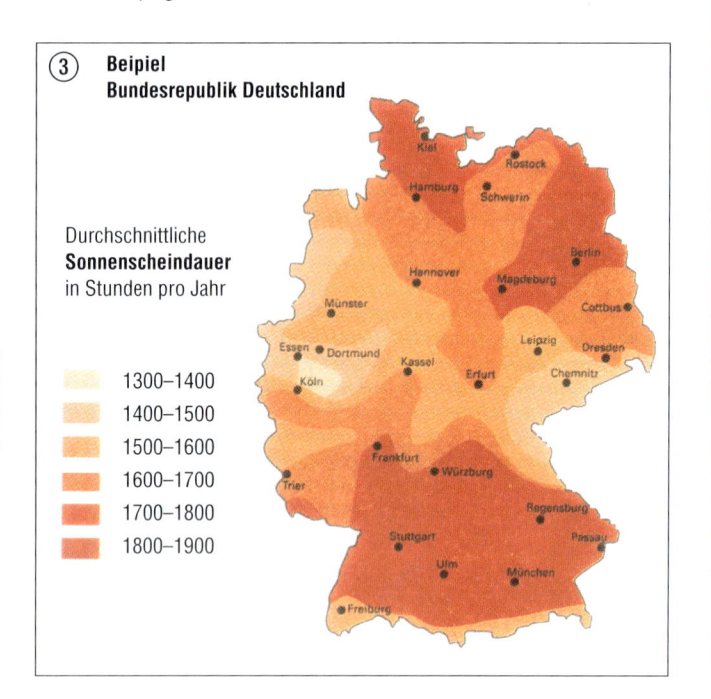

Unabhängige Energieversorgung eines Bauernhofs

Bei den Wetterverhältnissen in Deutschland wird für die fotovoltaische Hausversorgung eine große Anlage benötigt.
Eine Koppelung von Fotovoltaik und Dieselgenerator gewährleistet eine Versorgungssicherheit wie aus dem öffentlichen Netz.
Bei günstiger Sonneneinstrahlung wird der gesamte Energiebedarf des Hauses durch den Solargenerator gedeckt. Überschüssige Energie wird in Batterien gespeichert. Kann durch Solargenerator und Batterie der Energiebedarf nicht mehr gedeckt werden, produziert der diesel- oder gasgetriebene Generator den Strom und lädt gleichzeitig die Batterie. Abbildung ⑤ zeigt die Anteile der Energieversorgung durch den Solargenerator und den Dieselgenerator im Jahresverlauf.
Zum Vergleich: Die Investitionskosten der Anlage „Rappenecker Hof" inkl. Wartung/Reparatur über eine Nutzungsdauer von 25 Jahren belaufen sich auf ca. 95 000,– DM. Allein schon der Anschluss des Hofes an das 5 km entfernt gelegene Stromnetz hätte 380 000 DM gekostet. Berechnungen zeigen, dass der in Baden-Württemberg benötigte Jahresstrombedarf mittels Fotovoltaik-Anlagen gedeckt werden könnte. Bei einem Wirkungsgrad der Solarmodule von 10 % entspräche die dazu notwendige Solarzellenfläche etwa 1 % der Landesfläche, das ist weniger als die bereits vorhandene Fläche an Dächern.

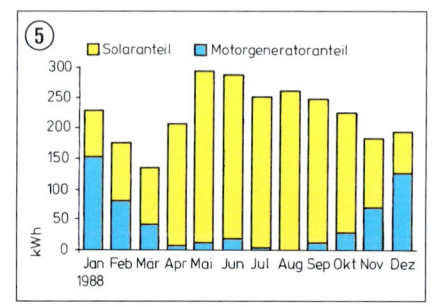

Gesamtstromverbrauch Rappenecker Hof

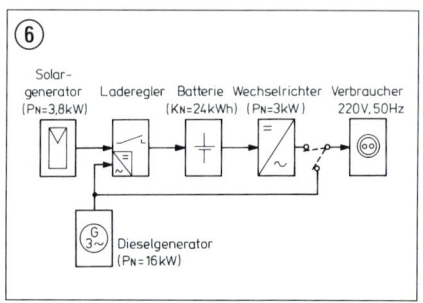

Blockschema mit Dieselgenerator

Informationen zur Elektronik

Messen von Spannungen, Strömen und Widerständen

Messgeräte

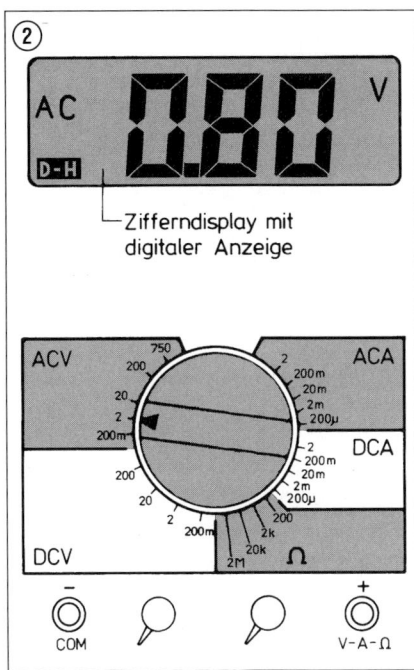

Bei **Messgeräten** zum Messen elektrischer Größen unterscheidet man zwischen Geräten mit analoger und Geräten mit digitaler Anzeige.
Bei Messgeräten mit analoger Anzeige (Abb. ①) wird der zu messende Wert über einen Zeigerausschlag auf einer Skala angezeigt. Bei solchen mit digitaler Anzeige (Abb. ②) geschieht dies über ein Zifferndisplay.

Weil mit diesen Messgeräten Spannungen, Ströme und Widerstände sowohl im Wechselstrom- wie auch im Gleichstrombereich gemessen werden können, bezeichnet man sie als **Vielfachmessgeräte** oder auch **Multimeter**.

Durch die große Bedeutung der Elektronik und durch die weltweiten Verbindungen im industriellen Bereich sind internationale Normen und Standardisierungen wichtig. Deshalb sind bei vielen elektronischen Geräten die Benennungen in englischer Sprache angegeben.

Bei Vielfachmessgeräten werden Wechselstromwerte mit **AC** (Alternating-Current) und Gleichstromwerte mit **DC** (Direct-Current) angegeben.
Misst man Spannungen, die mit der Maßeinheit Volt (V) angegeben werden, wird in den Bereichen **ACV** bzw. **DCV** gemessen.
Misst man Stromstärken, die mit der Maßeinheit Ampere (A) angegeben werden, wird mit den Bereichen **ACA** bzw. **DCA** gemessen.

Mit Vielfachmessgeräten können wir messen:
– Spannungen bei Gleichströmen (DCV – Direct-Current-Voltage)
– Spannungen bei Wechselströmen (ACV – Alternating-Current-Voltage)
– Stromstärken von Gleichströmen (DCA – Direct-Current-Ampere)
– Stromstärken von Wechselströmen (ACA – Alternating-Current-Ampere)
– Widerstandswerte.

> Da wir in der Elektrotechnik und Elektronik nur mit Gleichströmen im Kleinspannungsbereich (bis 24 Volt) arbeiten, sind für uns die DCV- und DCA-Messbereiche und der Ohm-Messbereich wichtig.

Kennzeichnung von Messgeräten:

Messgeräte werden für vielfältige Aufgabenbereiche mit unterschiedlichen Qualitätsanforderungen hergestellt. Die Sinnbilder und Grafiken geben Hinweise über deren Einsatz- und Anwendungsmöglichkeiten wie auch ihre Funktionsweise.

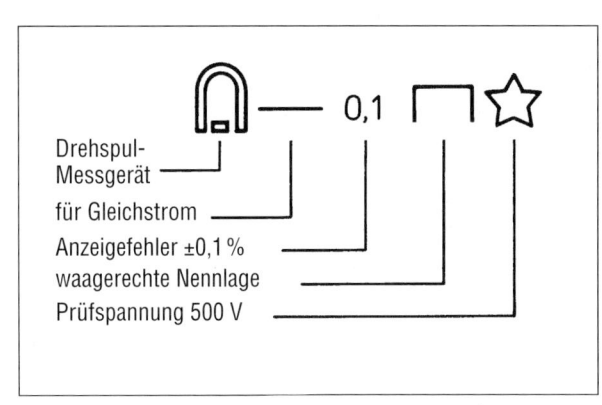

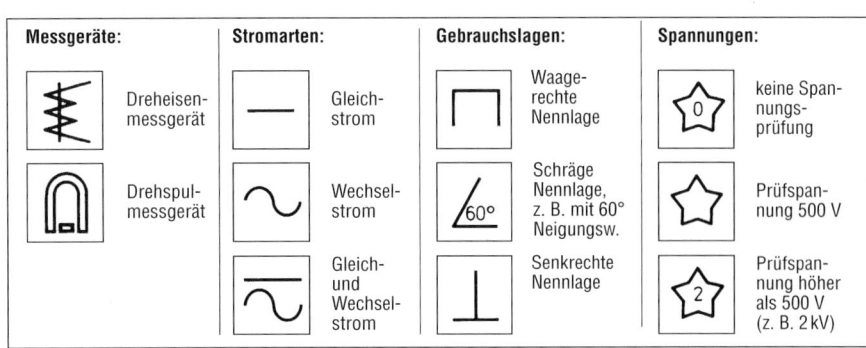

- Drehspul-Messgerät
- für Gleichstrom
- Anzeigefehler ±0,1 %
- waagerechte Nennlage
- Prüfspannung 500 V

Messgeräte:	Stromarten:	Gebrauchslagen:	Spannungen:
Dreheisenmessgerät	Gleichstrom	Waagerechte Nennlage	keine Spannungsprüfung
Drehspulmessgerät	Wechselstrom	Schräge Nennlage, z. B. mit 60° Neigungsw.	Prüfspannung 500 V
	Gleich- und Wechselstrom	Senkrechte Nennlage	Prüfspannung höher als 500 V (z. B. 2 kV)

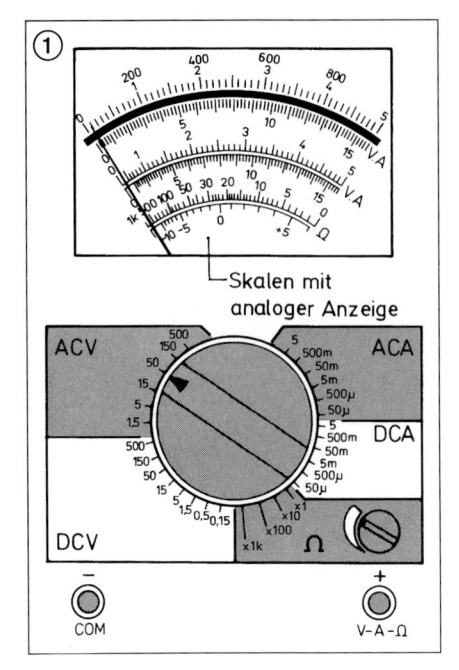

— Skalen mit analoger Anzeige

— Zifferndisplay mit digitaler Anzeige

Vorbereitung des Messgerätes

Vor dem Einsatz eines Vielfachmessgerätes an einer Schaltung muss Folgendes beachtet werden:

– Messgerät auf Durchgang und auf Eigenbatteriespannung prüfen. Dazu das Gerät in den kleinsten Ohmbereich schalten und die Prüfspitzen zusammenführen. Die Anzeige muss gegen null gehen,
– Messbereich einstellen,
– Polung des Gerätes durch kurzes Antippen an der Messstelle prüfen.

Messgeräte mit analoger Anzeige

Messgeräte mit analoger Anzeige (Abb. ①) sind meist mit einem „Spiegel" versehen. Für eine korrekte Messung muss der Zeiger des Vielfachmessgeräts mit seinem eigenen Spiegelbild zur Deckung gebracht werden. Dadurch will man erreichen, dass die Messwerte senkrecht von oben her abgelesen werden. Bei Messgeräten mit Analoganzeige lassen sich wechselnde Strom- bzw. Spannungswerte am Zeigerausschlag deutlich erkennen.

Messgeräte mit digitaler Anzeige

Messgeräte mit digitaler Anzeige (Abb. ②) erlauben ein einfacheres und genaueres Ablesen der Messwerte.

153

Spannungen messen:

Zum Messen von Gleichspannungen (U) muss das Vielfachmessgerät als Voltmeter (DCV) verwendet werden (Abb. ①). Die Spannung, die an einem Bauteil anliegt, wird innerhalb eines geschlossenen Stromkreises „vor" und „hinter" diesem Bauteil mit den Prüfspitzen – parallel zum Bauteil – abgegriffen (Abb. ②).

Vorgehensweise:
1. Gewünschten Messbereich einstellen.
   Ist dieser nicht bekannt, den größten Messbereich wählen.
2. Messprobe.
3. Bei geringem Zeigerausschlag prüfen, ob feinerer Messbereich einstellbar ist.

Ströme messen:

Zum Messen von Gleichströmen (I) muss das **Vielfachmessgerät** als Amperemeter (DCA) verwendet werden (Abb. ③). Dazu muss der Stromkreis geöffnet und das Vielfachmessgerät an den Trennstellen angeschlossen werden (Abb. ④).

Vorgehensweise:
1. Gewünschten Messbereich einstellen.
   Ist dieser nicht bekannt, den größten Messbereich wählen.
2. Messprobe.
3. Bei geringem Zeigerausschlag prüfen, ob feinerer Messbereich einstellbar ist.

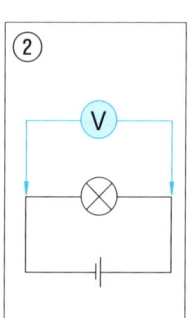

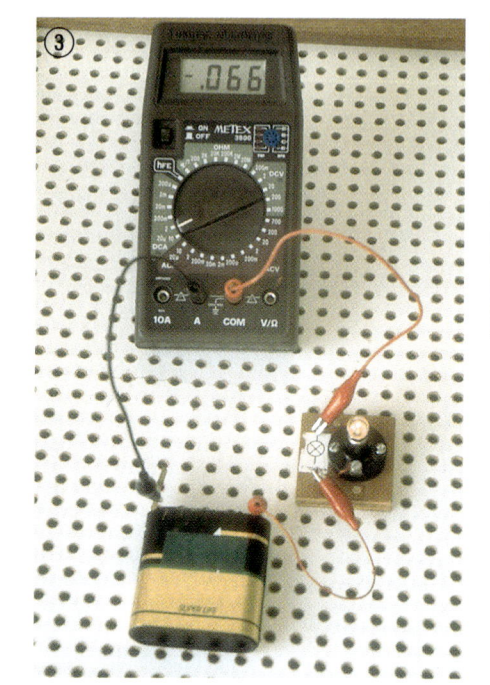

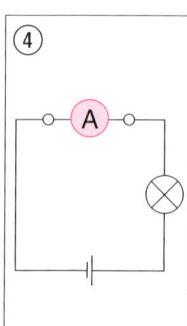

Widerstände messen:

Widerstandswerte lassen sich außer über den Farbcode auch mithilfe eines Ohmmeters bestimmen. Allerdings können Widerstände nur außerhalb von Schaltungen gemessen werden.

Vielfachmessgeräte mit analoger Anzeige besitzen für die Widerstandsbestimmung eine Skala, die zu den übrigen Skalen entgegengesetzt verläuft. Zur Widerstandsbestimmung muss bei diesen Geräten ein Multiplikator berücksichtigt werden. Ist der Wählschalter eines Vielfachmessgerätes beispielsweise auf:
– X10 eingestellt, müssen die Messergebnisse mit dem Faktor 10 multipliziert werden,
– X1K eingestellt, müssen die Messergebnisse mit einem Kiloohm, also dem Faktor 1000 multipliziert werden.

Um in allen Fällen korrekte Messwerte zu erhalten, ist beim Messen folgende Vorgehensweise zu beachten:
1. Ω-Bereich am Multimeter vorwählen.
2. Prüfspitzen zusammenführen. Erfolgt keine Anzeige, ist die eingebaute Batterie bzw. die Sicherung des Geräts zu überprüfen. Steht bei Messgeräten mit analoger Anzeige der Zeiger nicht genau auf null, ist auf der Widerstandsskala ein Nullabgleich vorzunehmen. Dies geschieht mithilfe des Rändelrades auf der Geräteoberseite. Sollte die Nullposition nicht einstellbar sein, ist die eingebaute Batterie zu überprüfen.
3. Zum Messen des Widerstandswertes eine Prüfspitze des Ohmmeters vor und eine hinter dem Bauteil anlegen (Abb. ⑤, ⑥). Nicht mit den Fingern festhalten.
4. Messwert ablesen.
5. Bei analog anzeigenden Messgeräten den Messwert gegebenenfalls mit dem gewählten Faktor multiplizieren.

Übungen zum Einsatz des Messgerätes

Aufgabe 1: **Widerstände sortieren**

In der „Sammelbox" für elektronische Bauteile befinden sich ungeordnet zahlreiche Festwiderstände, deren Widerstandswert nicht bekannt ist.
Bestimmt mit dem Messgerät (☞ S. 154) den Wert der Widerstände (Abb. ①) und ordnet diese in den dafür bestimmten Sortimentskasten ein.

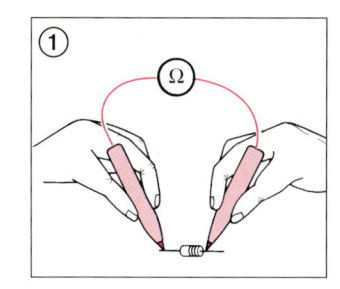

Aufgabe 2: **Durchgangsprüfung an Platinen**

Eine Platine sollte grundsätzlich vor dem Bestücken daraufhin überprüft werden, ob zwischen den durch Leiterbahnen verbundenen Lötpunkten Kontakt besteht.
Überprüft die Platine mithilfe des Ohmmeters oder mit dem Durchgangsprüfer (Abb. ②).

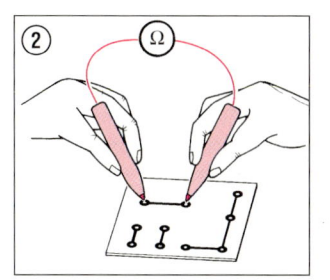

Aufgabe 3: **Diode auf Sperrverhalten prüfen**

Vor dem Einsetzen einer Diode in eine Schaltung lässt sich diese mithilfe des Ohmmeters überprüfen (Abb. ③). Dazu legt man die Prüfspitzen an die beiden Ausgänge der Diode und misst den Widerstandswert.
Danach vertauscht man die beiden Prüfspitzen und kontrolliert erneut den Widerstandswert.
Im einen Fall muss das Ohmmeter einen bestimmten Widerstandswert anzeigen, im anderen Fall muss der Widerstandswert unendlich hoch sein.

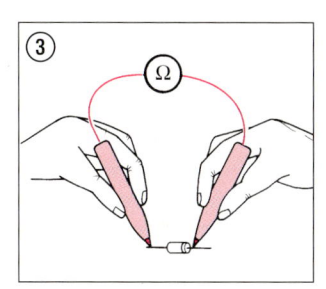

Aufgabe 4: **Schaltverhalten des Transistors**

Schließt das Ohmmeter am Emitter und am Kollektor an. Der Widerstandswert muss dabei unendlich hoch sein.
Verbindet nun mit einem Finger den Kollektor mit der Basis und lest erneut ab. Zeigt das Ohmmeter jetzt immer noch einen unendlich hohen Wert an, werden die Prüfspitzen am Kollektoranschluss und am Emitteranschluss getauscht (Abb. ④).
Verbindet erneut mit dem Finger den Kollektor und die Basis und lest das Ohmmeter ab. Ist der Transistor in Ordnung, muss der Widerstandswert ≤ 1000 Ω sein.

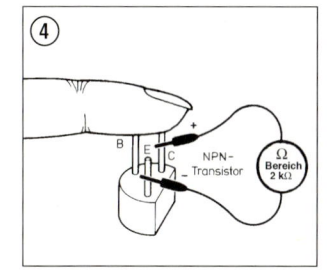

Aufgabe 5: **Überprüfen der Widerstandsberechnung durch Messen**

Eine LED benötigt zu ihrem Schutz einen Vorwiderstand, dessen Wert durch die im Stromkreis anliegende Spannung und durch den Betriebsstrom der LED bestimmt wird (☞ S. 164).
Berechnet den Vorwiderstand über das ohmsche Gesetz nach der Formel: $R_v = \dfrac{U_g - U_{LED}}{I}$

Vergleicht den für R_v errechneten Wert mit dem in der Skizze angegebenen Farbcode.
Baut die Schaltung nach Abbildung ⑤ auf.
Überprüft durch Messen mit dem Amperemeter (☞ S. 154) den tatsächlich fließenden Strom.

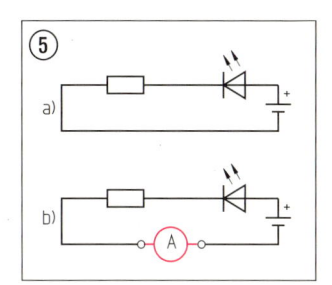

Aufgabe 6: **Messen und Berechnen des Verstärkungsfaktors eines Transistors**

Um den Verstärkungsfaktor eines Transistors genau zu bestimmen, wird die Versuchsschaltung mit 2 Amperemetern aufgebaut (Abb. ⑥).
Stellt das Potentiometer (25 kΩ) auf einen der beiden Endausschläge ein.
Lest die Stromstärke an beiden Messgeräten ab und notiert die Werte.
Dreht das Potentiometer auf die Mittelposition und auf den zweiten Endausschlag und notiert jeweils die Messwerte.
Bestimmt den Verstärkungsfaktor aus dem Verhältnis der jeweils abgelesenen Wertepaare.

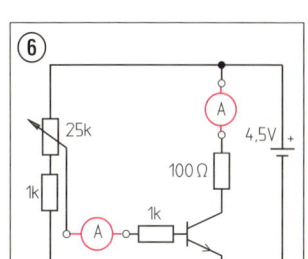

Aufgabe 7: **Ermitteln der Stromstärke an eingebauten Widerständen**

Legt an den beiden Enden des eingebauten Widerstandes das Voltmeter an. Die Schaltung muss dazu an der Spannungsquelle angeschlossen sein (Abb. ⑦).
Beobachtet, ob die am Widerstand anliegende Spannung konstant bleibt.
Lest die Spannung ab und bestimmt über den Farbcode den Widerstandswert.
Berechnet über das ohmsche Gesetz den Strom, der durch den Widerstand fließt.

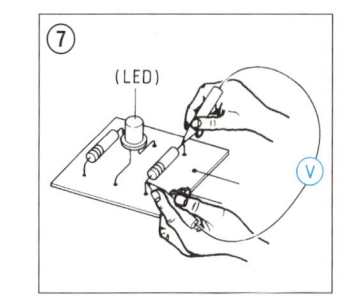

Aufgabe 8: **Prüfen einer eingebauten Diode auf Funktion**

Legt an den beiden Enden der eingebauten Diode das Voltmeter an. Die Schaltung muss dazu an der Spannungsquelle angeschlossen sein (Abb. ①).
Beobachtet, ob eine Spannung anliegt und, wenn ja, ob diese konstant bleibt. Lest die Spannung ab und stellt mithilfe des Datenblattes fest, ob sie der Schwellenspannung der Diode entspricht. Ist dies der Fall, so ist die Diode in der Regel in Ordnung.
Ist diese Spannung größer als die Schwellenspannung, ist die Diode ebenfalls in Ordnung, aber eventuell falsch eingebaut.
Ist die Spannung kleiner als die Schwellenspannung, ist die Diode in Ordnung, aber die anliegende Spannung reicht zum Durchschalten nicht aus.
Ist die anliegende Spannung gleich null, so ist die Diode oder die Schaltung defekt.

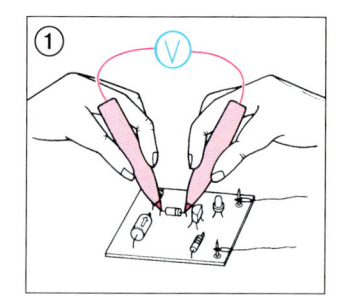

Aufgabe 9: **Prüfen eines eingebauten Transistors auf Funktion**

Messt die Spannung zwischen Basis und Emitter mit dem Voltmeter (Abb. ②). Die Schaltung muss dazu an der Spannungsquelle angeschlossen sein. Liegt der gemessene Wert unterhalb der Schwellenspannung des Transistors, kann der Transistor nicht durchschalten.
Messt die Spannung zwischen Kollektor und Emitter. Ist die gemessene Spannung nahe null, so ist der Transistor durchgeschaltet, also in Ordnung.

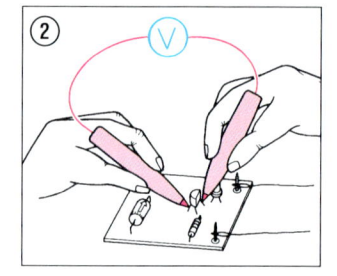

Aufgabe 10: **Prüfen eines in eine Transistorschaltung eingebauten Kondensators auf Funktion**

Messt die Spannung zwischen den Anschlüssen des Kondensators (Abb. ③). Die Schaltung muss dazu an der Spannungsquelle angeschlossen sein.
Beobachtet am Messgerät, wie sich die am Kondensator anliegende Spannung verhält.
Ändert sich die Kondensatorspannung oder bleibt sie auf einem konstanten Niveau ungleich null, ist der Kondensator in der Regel in Ordnung.
Liegt am Kondensator keine Spannung an, kann entweder der Kondensator beschädigt oder die Schaltung fehlerhaft sein. Prüft in diesem Fall auch die anderen Bauteile der Schaltung.
Ist die Spannung geringer als die erforderliche Schwellenspannung des zugehörigen Transistors (siehe Datenblatt), ist zu vermuten, dass der Fehler in der Schaltung liegt und nicht am Kondensator.

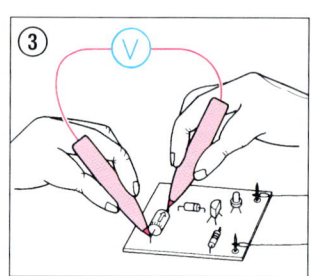

Schaltzeichen/Symbole

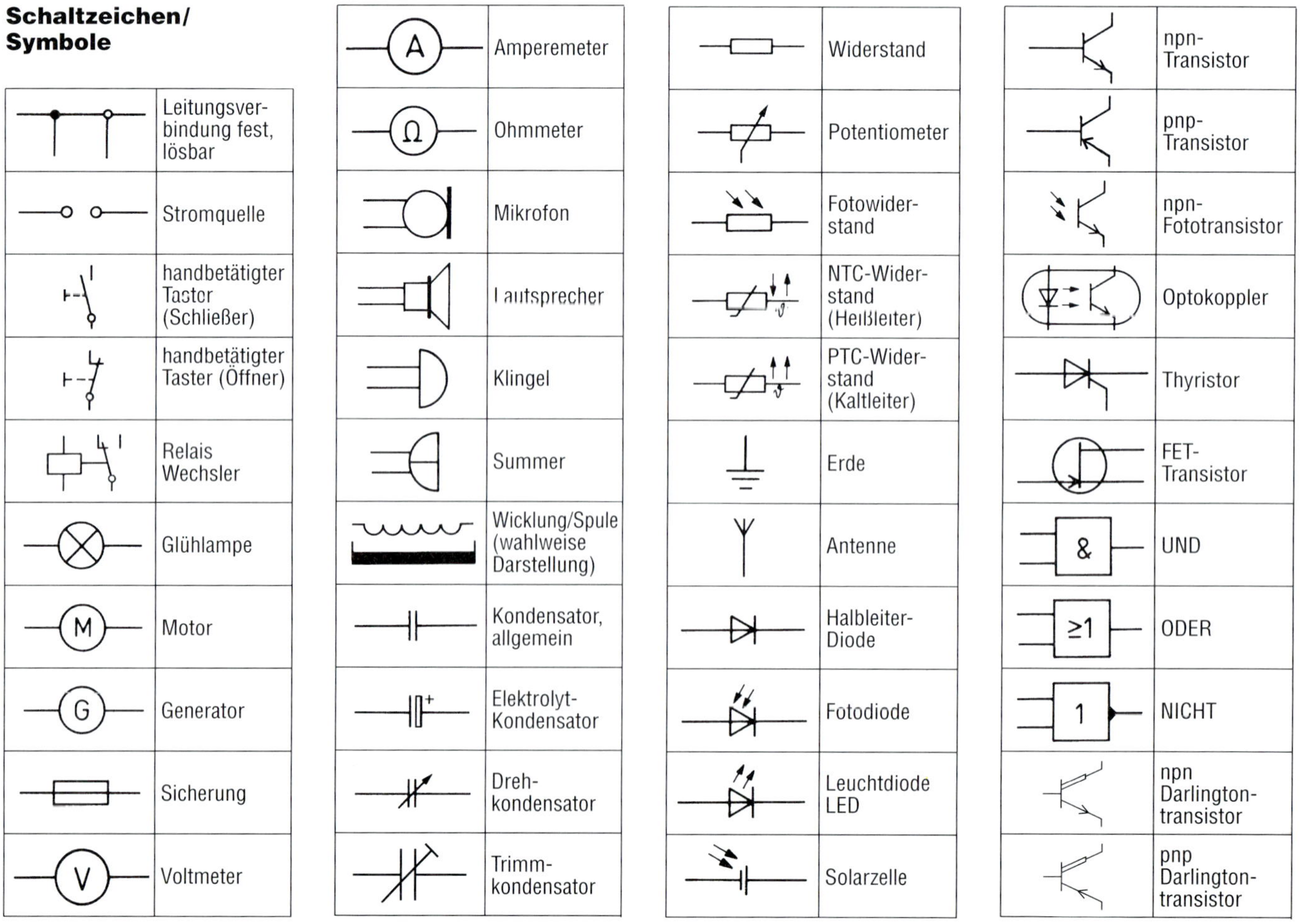

Symbol	Bezeichnung	Symbol	Bezeichnung	Symbol	Bezeichnung	Symbol	Bezeichnung
	Leitungsverbindung fest, lösbar	(A)	Amperemeter		Widerstand		npn-Transistor
	Stromquelle	(Ω)	Ohmmeter		Potentiometer		pnp-Transistor
	handbetätigter Taster (Schließer)		Mikrofon		Fotowiderstand		npn-Fototransistor
	handbetätigter Taster (Öffner)		Lautsprecher		NTC-Widerstand (Heißleiter)		Optokoppler
	Relais Wechsler		Klingel		PTC-Widerstand (Kaltleiter)		Thyristor
	Glühlampe		Summer		Erde		FET-Transistor
(M)	Motor		Wicklung/Spule (wahlweise Darstellung)		Antenne	&	UND
(G)	Generator		Kondensator, allgemein		Halbleiter-Diode	≥1	ODER
	Sicherung		Elektrolyt-Kondensator		Fotodiode	1	NICHT
(V)	Voltmeter		Drehkondensator		Leuchtdiode LED		npn Darlingtontransistor
			Trimmkondensator		Solarzelle		pnp Darlingtontransistor

Aufbau der Schaltung auf einer Platine

Elektronische Bauteile sind verhältnismäßig klein. Um sie auf kleinem Raum zu einer Schaltung aufbauen und verbinden zu können, empfiehlt sich der **Schaltungsaufbau** auf einer **Platine** (Leiterplatte). Diese besteht aus einer Isolierplatte aus Kunststoff, auf die eine leitende Kupferschicht bzw. Lötpunkte oder Lötstreifen aus Kupfer aufgebracht sind.

Die industrielle Schaltungsherstellung hat aus wirtschaftlichen Gründen zum Ziel, den Schaltungsaufbau möglichst Platz- und Material sparend auf engem Raum zu verwirklichen. Diese Platinen als „gedruckte Schaltung" oder als „Printplatte", kurz Print genannt, werden in der Industrie exakt und zeitsparend in Serien gefertigt (Abb. ①).

Die Abbildungen zeigen
– eine industriell gefertigte Leiterplatte (Abb. ①);
– eine genormte Universal-Europaplatine mit Lötstreifen (dem Normabstand der Bohrungen entsprechen auch die Abstände der Anschlüsse von Bauteilen) (Abb. ②);
– eine kupferkaschierte Platine (Abb. ③).

Am Beispiel des Bedenkzeitschalters (☞ S. 56) wird nachfolgend dargestellt, wie Schaltungen mit Platinen hergestellt werden.

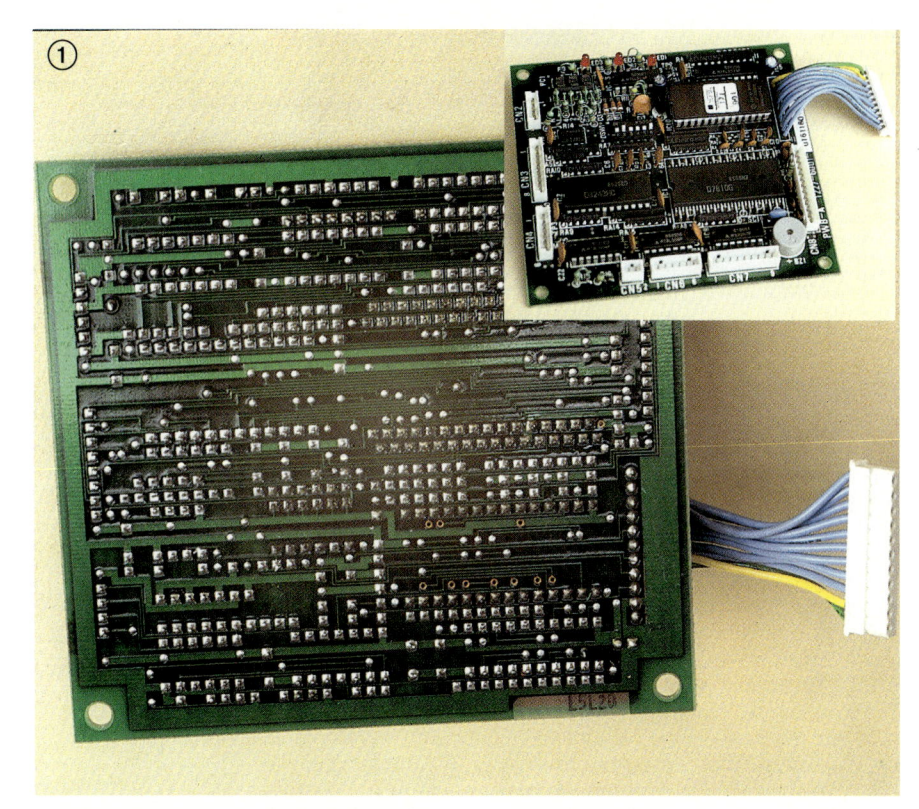

Schaltungsaufbau auf einer Platine mit Lötstreifen (Abb. ④ u. ⑦)

Platinen mit Lötstreifen ersparen das Ätzen, weil die Bauteile nebeneinander eingesteckt und angelötet werden können. Durch die Kupferbahnen werden die Bauteile miteinander verbunden. Deshalb müssen die Anschlüsse der Bauteile, die nach dem **Schaltplan** leitend miteinander verbunden sein müssen, auf dieselbe Bahn gelötet werden. Die Nummerierung der Leiterbahnen hilft bei der Entwicklung eines **Bestückungsplans** (Abb. ⑥) und beim Bestücken der Platine mit den Bauteilen. Der Schaltungsaufbau mit Lötstreifen findet auch in der Industrie Anwendung bei Versuchsschaltungen oder einmaliger Fertigung einer Schaltung.

Die Enden der Anschlussdrähte werden nach dem Einstecken leicht seitwärts gebogen, damit das Bauteil in der Platine hält, bis die Verbindung durch Löten erfolgt ist.

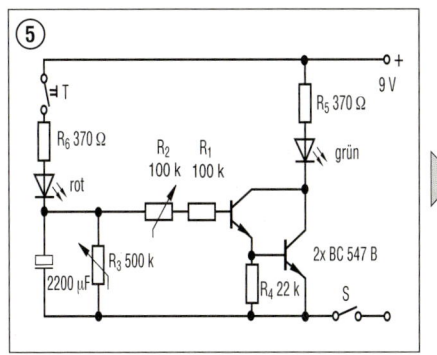

Schaltplan

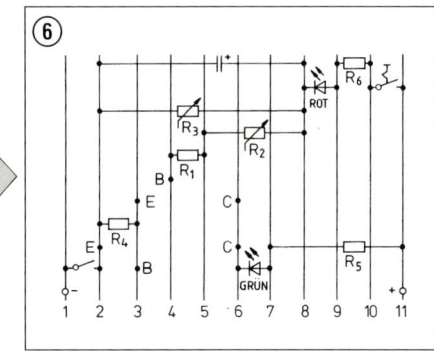

Bestückungsplan

157

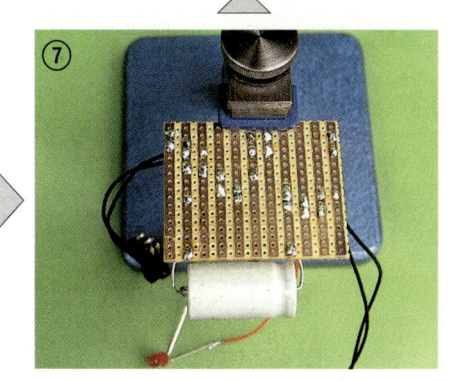

Vom Schaltplan zur bestückten Platine

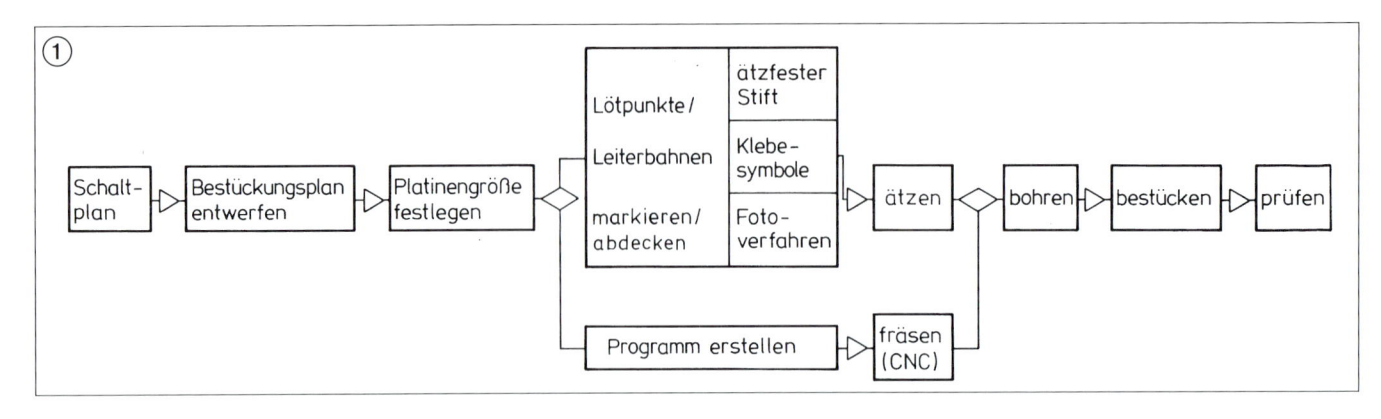

① Schaltplan → Bestückungsplan entwerfen → Platinengröße festlegen → { Lötpunkte/Leiterbahnen markieren/abdecken → { ätzfester Stift / Klebesymbole / Fotoverfahren } → ätzen ; Programm erstellen → fräsen (CNC) } → bohren → bestücken → prüfen

Vom Schaltplan zum Bestückungsplan

Alle Bauteile werden nach der Stückliste bereitgestellt und nach dem **Schaltplan** übersichtlich angeordnet. Der **Bestückungsplan** wird auf transparentes Millimeterpapier oder auf eine dünne Klarsichtfolie gezeichnet. Die räumlich günstigste und Platz sparendste Anordnung der Bauteile kann geschickt entwickelt werden, indem die transparente Vorlage mit Stecknadeln auf einer 2 cm dicken Styroporunterlage befestigt wird und die Bauteile am gewünschten Ort durch das Papier in die Styroporschicht gesteckt werden (Abb. ③). Die Anschlüsse dürfen hierzu nicht gekürzt werden, weil sie später zur Wärmeabfuhr beim Löten dienen. Das Einstechen der Teile wird durch Vorstechen mit einer Stecknadel erleichtert.

Für Bauteile, die nicht auf der Platine selbst untergebracht werden (z. B. Batterie, Schalter), müssen Anschlüsse vorgesehen und eingezeichnet werden.

Nachdem alle Bauteile fixiert sind, werden die Lötpunkte markiert, die Verbindungen eingezeichnet und die Größe der benötigten Platine umrissen. Beachtet: Die Verbindungen dürfen sich nicht kreuzen! Für die Leiterbahnen würde dies „leitende Verbindung" bedeuten!

Oft ist es geschickt, den Raum zwischen den Anschlussstellen eines Kondensators oder zwischen den Anschlüssen eines Transistors für die Durchführung einer Leiterbahn zu nutzen. Das Blatt wird anschließend abgenommen, Lötpunkte und Leiterbahnen werden exakt nachgezogen (Abb. ④).

Platinengröße festlegen

Die groben Abmessungen der **Platine** entnehmen wir dem Bestückungsplan. Bevor die exakten Maße feststehen, muss die Größe der Platine mit den Maßen des Gehäuses und mit der Lage der Bauteile (Schalter, LED etc.), die am Gehäuse befestigt werden, abgestimmt werden (Abb. ⑤). Dabei sind ggf. Zugaben für Befestigungsbohrungen zu berücksichtigen. Nachdem die Abmessungen der Platine feststehen, wird diese zugeschnitten und entgratet.

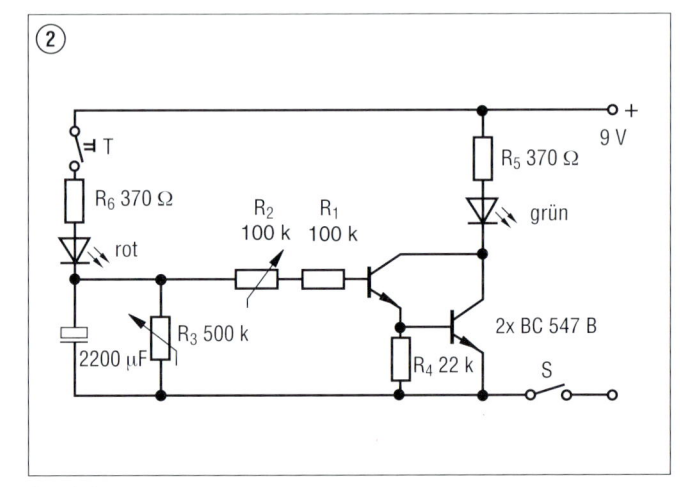

② Schaltplan

③ Bestückungsplan entwickeln

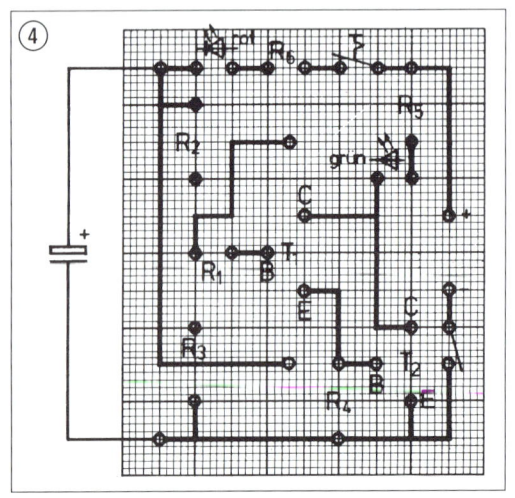

④ Bestückungsplan

⑤ Platinengröße festlegen

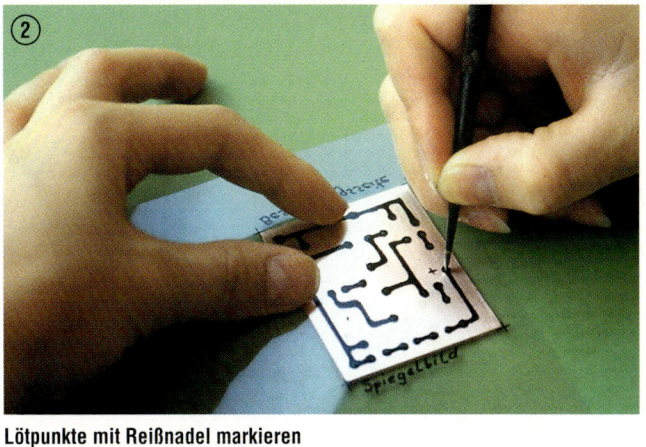

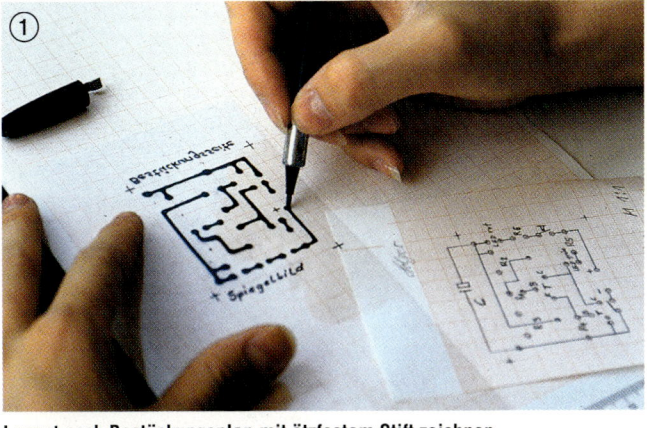

Layout nach Bestückungsplan mit ätzfestem Stift zeichnen

Lötpunkte mit Reißnadel markieren

Leiterbahnenherstellung durch Aufzeichnen oder Abdecken

Leiterbahnen oder **Lötpunkte,** die im **Ätzbad** nicht angegriffen werden sollen, müssen mit ätzfesten Materialien vorher beschichtet werden. Dies geschieht mit einem ätzfesten Stift, durch Abkleben oder durch eine Fotoschicht.

Der Bestückungsplan mit der Anordnung der Bauteile ist für die unbeschichtete Oberseite der Platine gezeichnet. Leiterbahnen und Lötpunkte müssen deshalb spiegelbildlich auf die kupferbeschichtete Unterseite der **Platine** übertragen werden. Dazu wendet (spiegelt) man den Plan und überträgt ihn so spiegelbildlich auf die Kupferschicht. Hierzu wird der Plan auf der kupferbeschichteten Seite der Platine fixiert. Mit einer Reißnadel werden die Lötpunkte markiert (Abb. ②), anschließend wird die Kupferfläche sauber gereinigt (Stahlwolle, Ata). Bei der weiteren Arbeit müssen Fettabdrücke bzw. Oxidation der Kupferfläche vermieden werden! Beim Zeichnen der Lötpunkte und Leiterbahnen mit einem ätzfesten Stift (Abb. ③) ist zu beachten, dass Leiterbahnen nicht bis zum Platinenrand geführt werden, da sonst ungewünschte Kontakte entstehen können.

Beim Aufkleben von Reibesymbolen für Lötaugen oder Leiterbahnstreifen (Abb. ④) muss sehr exakt und sauber gearbeitet werden, insbesondere an den Verbindungsstellen.

Das Aufzeichnen und Aufkleben des Leiterbahnenschutzes zum Ätzen ist zur Einzelanfertigung von Platinenlayouts geeignet.

Leiterbahnen aufzeichnen

Leiterbahnen aufkleben

Leiterbahnenherstellung im Fotoverfahren

Für das **Fotoverfahren** ist eine exakte, kontrastreiche Vorlage des Leiterbahnensystems **(Layout),** das auf eine Folie gezeichnet oder geklebt ist, erforderlich. Das Layout kann laufend wieder verwendet werden, deshalb eignet sich das Fotoverfahren zur Serienfertigung von Platinen. Solche Platinen müssen auf der Kupferseite mit einer Fotobeschichtung versehen sein. Empfehlenswert ist die Anschaffung von Platinen, die bereits die Fotobeschichtung haben. Die Fotoschicht kann aber auch aufgesprüht werden.

Die Folie mit dem Layout wird spiegelbildlich auf die Fotoschicht gelegt und mit einer Glasplatte beschwert. Anschließend erfolgt die Belichtung mit **UV-Licht** (Abb. ⑤), wobei der Abstand zwischen UV-Lampe und Platine und die Belichtungsdauer von der verwendeten UV-Lampe abhängen (Bedienungsanleitung für Lampe beachten). Nach der Belichtung muss die Platine entwickelt werden, dazu wird Ätznatron als Entwicklerlösung verwendet (Abb. ⑥). Die Entwicklung ist beendet, wenn sich die Leiterbahnen deutlich von der restlichen blanken Kupferfläche abheben. Die Platine wird mit klarem Wasser abgespült und kann danach geätzt werden.

Belichtung mit UV-Licht

entwickeln

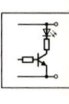

Ätzen

Werden die Leiterbahnen mit einem ätzfesten Stift aufgezeichnet, so muss die „Tinte" vor dem Ätzen trocken sein, damit sie ätzfest wird.

Die Platine wird genau nach Gebrauchsanweisung des **Ätzgerätes** und des Ätzmittels (Ammoniumpersulfat oder Eisen-III-Chlorid) in das Ätzbad gelegt und bei ca. 50–70 °C geätzt (Abb. ①).

Der **Ätzvorgang** dauert bis zu 20 Min., die Ätzzeit hängt stark vom Sättigungsgrad des Ätzmittels ab. Wenn das überschüssige Kupfer vollkommen weggeätzt ist, wird die Platine dem **Ätzbad** entnommen und mit Wasser abgespült. Die ätzfeste Schicht auf den Leiterbahnen (Fotolack, ätzfester Stift etc.) wird mit Spiritus entfernt.

„Verbrauchtes" **Ätzmittel** muss gesammelt und entsorgt werden! Anstelle des Ätzens kann die Platine gefräst werden; dadurch entfallen die Zwischenarbeitsgänge. Zudem ist dies ein umweltfreundlicheres Verfahren.

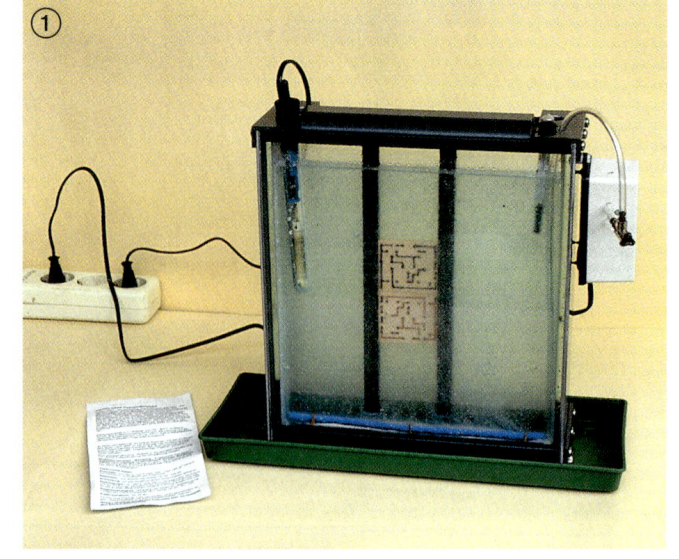

Schütze dich vor Verletzungen

Bohren

Die Lötpunkte werden durchgebohrt (Abb. ②). Eine interessante Aufgabe ist es, nach einem selbst erstellten Programm die Platine mit einer computergesteuerten Werkzeugmaschine zu bohren.

Die fertige Platine wird mit **Lötlack** besprüht oder mit **Löthonig** bestrichen. Dies verhindert das Oxidieren der Leiterbahnen und erleichtert das Löten.

Bestücken

Die Platine wird nach dem Bestückungsplan **bestückt,** die Bauteile werden eingelötet. Für Bauteile, die nicht auf der Platine selbst untergebracht werden (z. B. Schalter, Batterie) können Lötstifte als Anschlussstellen eingelötet werden. Die Kabelenden werden mit Steckschuhen versehen, die auf die Lötstifte passen. In die vorgesehene Anschlussstelle kann auch anstelle des Lötstiftes ein Kabel direkt eingelötet werden.

Beim **Löten** von Elektronikteilen verwendet man kein Lötfett oder Lötwasser, sondern Elektroniklot (SN 60 mit Kolophoniumseele, säurefrei). Als Wärmequelle sind Lötkolben bis 30 W geeignet. Damit hitzempfindliche elektronische Bauteile nicht zerstört werden, muss zügig gelötet werden. An der fertig bestückten Platine werden nach der Funktionsprobe überstehende Anschlussdrähte der Bauteile abgetrennt.

Funktioniert die fertig aufgebaute Schaltung nicht so wie gewünscht, muss die Stromzufuhr sofort unterbrochen werden. Nun beginnt die **Fehlersuche!**

Fehlersuche

Mit Geduld und Konzentration sollte man systematisch vorgehen:

– **Sichtkontrolle:** saubere Lötstellen (ggf. nachlöten), Überbrückungen durch Zinnreste, nicht vollständig getrennte Leiterbahnen, Berührung von Drahtenden usw.
– **Aufbau der Schaltung:** Prüfen nach Bestückungsplan und Schaltplan: richtige Polung der Stromquelle, richtiger Anschluss von Schalter bzw. Taster, richtige Anschlussfolge der Transistoren, richtige Polung der Elkos, richtige Polung der Dioden (LED), Übereinstimmung der gewünschten Werte der Bauteile (insbesondere der Widerstände).
– **Messen:** von Anschlusspunkt zu Anschlusspunkt auf „Durchgang" prüfen. An bestimmten Messpunkten nachprüfen, ob die angegebenen Werte übereinstimmen (☞ S. 155, 156).

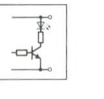

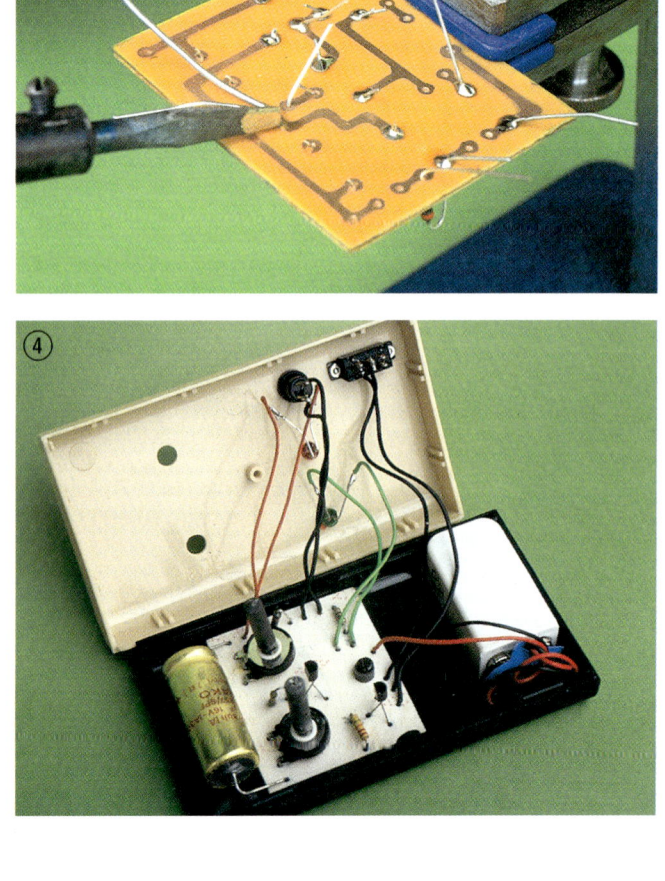

Widerstände

Aus unserer Erfahrung wissen wir, dass es Materialien gibt, die den elektrischen Strom leiten. Man bezeichnet sie als **Leiter**. Materialien, die den Strom nicht leiten, sind demnach **Nichtleiter**.

Konstantandraht – eine Legierung aus 56% Kupfer und 44% Nickel – leitet den elektrischen Strom schlechter als Kupfer- oder Eisendraht.

Man hat ermittelt, dass die **Leitfähigkeit** von Kupfer ca. 6-mal höher als die von Eisen und ca. 26-mal höher als die von Konstantan ist.

In der Umkehrung bedeutet dies:
– Der elektrische Widerstand von Eisen ist 6-mal höher als der von Kupfer,
– der **elektrische Widerstand** von **Konstantan** ist 28-mal höher als der von Kupfer.

Je länger der „Widerstandsdraht" Konstantan ist, desto höher ist sein Widerstand.

Hochbelastbare Widerstände werden deshalb als Drahtwiderstände gewickelt.

Aus Kostengründen und dem Trend zu immer kleineren Bauteilen hat man so genannte Schichtwiderstände entwickelt. Eine auf einen Keramikkörper aufgebrachte Schicht aus Kohle oder Metall übernimmt hier die Funktion des Widerstandsdrahtes.

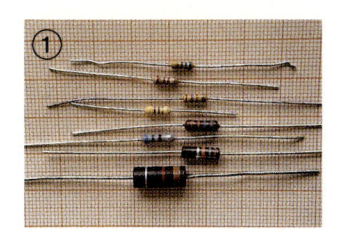

① Kohleschicht-Festwiderstände
② Einstellbare Kohleschicht-Widerst. 
③ Schaltzeichen für Festwiderstände 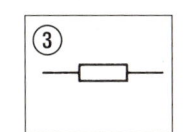
④ Schaltzeichen für einstellbare Widerstände (Potentiometer) 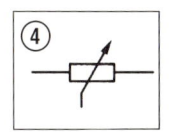

Widerstände werden verwendet, um Spannungen und Ströme zu begrenzen. Man schützt dadurch elektrische und elektronische Bauteile vor Überlastung.

Die Maßeinheit für elektrische Widerstände ist das **Ohm** (Ω), benannt nach dem deutschen Physiker Georg Simon Ohm (1789–1854).

Bei höheren Widerstandswerten wird der Ω-Wert abgekürzt angegeben in:

1 KΩ = 1 Kiloohm = 1.000 Ω
1 MΩ = 1 Megaohm = 1.000.000 Ω

Bestimmen von Widerstandswerten

Widerstandswerte lassen sich auch mithilfe des **internationalen Farbcodes** (Abb. ⑤) bestimmen. Der 3. Ring gibt dabei den Exponenten **n** für den Multiplikator 10^n an (10^0, 10^1, 10^2, 10^3 …).

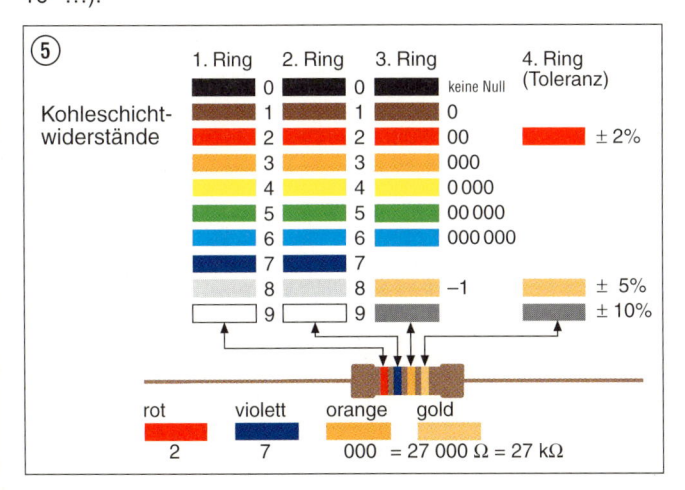

⑤ Kohleschichtwiderstände

1. Ring	2. Ring	3. Ring	4. Ring (Toleranz)
0	0	keine Null	
1	1	0	
2	2	00	± 2%
3	3	000	
4	4	0 000	
5	5	00 000	
6	6	000 000	
7	7		
8	8	–1	± 5%
9	9		± 10%

rot – violett – orange – gold
2 – 7 – 000 = 27 000 Ω = 27 kΩ

Widerstandswerte können auch durch Messen mit dem Vielfachmessgerät (☞ Ohmmeter S. 154) ermittelt werden.

Damit man beim Messen korrekte Werte erhält, muss die Vorgehensweise – wie auf Seite 154, 155 beschrieben – eingehalten werden.

Widerstände sind in den Werten erhältlich, die sich durch fortlaufende Multiplikation der Zahlen mit 10 ergeben (Abb. ⑥).

Zum Beispiel E 12: 5,6 als 56 Ω, 560 Ω, 5600 Ω, …

Berechnen von Widerstandswerten

Widerstandswerte können nach dem ohmschen Gesetz berechnet werden:

Ohmsches Gesetz: $R = \dfrac{U}{I}$

R = Widerstand Ω (Ohm)
U = Spannung V (Volt)
I = Stromstärke A (Ampere)

Beispiel: Beim Einbau einer LED in eine Schaltung berechnen wir den **Schutzwiderstand** entsprechend der anliegenden Spannung.

Dabei müssen wir berücksichtigen,
– dass durch die LED nur ein Strom von ca. 20 mA fließen soll und
– dass sich durch den Anschluss einer LED die Spannung im Stromkreis gegenüber der Batteriespannung um etwa 1,6 V vermindert.

Bei 3 V Batteriespannung: $R = \dfrac{3\,V - 1{,}6\,V}{20\,mA} = \dfrac{1{,}4\,V}{0{,}02\,A} = 70\,\Omega$

Bei 4,5 V Batteriespannung: $R = \dfrac{4{,}5\,V - 1{,}6\,V}{20\,mA} = \dfrac{2{,}9\,V}{0{,}02\,A} = 145\,\Omega$

Bei 9 V Batteriespannung: $R = \dfrac{9\,V - 1{,}6\,V}{20\,mA} = \dfrac{7{,}4\,V}{0{,}02\,A} = 370\,\Omega$

Widerstände werden nach internationaler Norm **(IEC-Norm)** mit den in der Tabelle angegebenen Werten im Handel angeboten (Abb. ⑥).

Die berechneten Widerstandswerte entsprechen oft nicht den Werten der im Handel angebotenen Widerstände. Wir wählen grundsätzlich den höheren Wert.

Beispiel: 70 Ω → 82 Ω; 145 Ω → 150 Ω; 370 Ω → 390 Ω.

⑥ Widerstände — IEC-Reihen E 6, E 12 und E 24

E 6	1,0				1,5				2,2				3,3				4,7				6,8			
E 12	1,0		1,2		1,5		1,8		2,2		2,7		3,3		3,9		4,7		5,6		6,8		8,2	
E 24	1,0	1,1	1,2	1,3	1,5	1,6	1,8	2,0	2,2	2,4	2,7	3,0	3,3	3,6	3,9	4,3	4,7	5,1	5,6	6,2	6,8	7,5	8,2	9,1

Leistung von Widerständen

Wird ein **Widerstand** in einer Schaltung zu heiß, ist seine Leistungsfähigkeit (Watt) zu prüfen. Dazu wird der anliegende Spannungswert (V) mit der Höhe des durch den Widerstand fließenden Stromes (A) multipliziert. **P(W) = U(V) · I(A)**

Der Widerstand muss mindestens diesen Leistungswert P(W) aufweisen.

Also wird ein Widerstand außer durch seinen ohmschen Wert auch durch seinen Leistungswert bestimmt. Die nebenstehenden Umrisse von Widerständen (Abb. ①) entsprechen der tatsächlichen Größe der Widerstände in Abhängigkeit von ihrer Leistung (Maßstab 1 : 1).

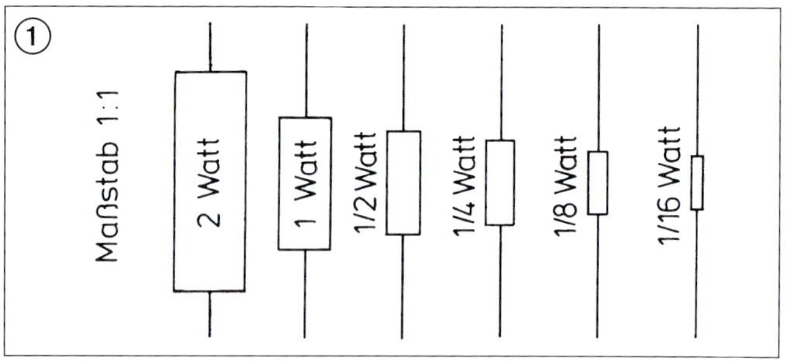

① Maßstab 1:1 — 2 Watt, 1 Watt, 1/2 Watt, 1/4 Watt, 1/8 Watt, 1/16 Watt

Widerstände in Reihe geschaltet

Mit der **Reihenschaltung** werden Spannungen aufgeteilt, wobei der Strom überall der Gleiche bleibt (Abb. ②). Das heißt, die Summe aus den Teilspannungen ergibt die Gesamtspannung:

$$U_g = U_1 + U_2 + U_3 + \ldots$$
$$I_g = I_1 = I_2 = I_3 = \ldots$$

Berechnung des Gesamtwiderstandes:

$$R_g = R_1 + R_2 + R_3 + \ldots$$

Beispiel: $R_g = R_1 + R_2 + R_3 = 300\,\Omega + 150\,\Omega + 100\,\Omega = \mathbf{550\,\Omega}$

Mit dem **ohmschen Gesetz** lässt sich mithilfe des Gesamtwiderstandes R_g der Gesamtstrom der Schaltung berechnen.

$$I_g = \frac{U_g}{R_g} = \frac{4{,}5\,[V]}{550\,[\Omega]} \approx 0{,}0082\,A \approx \mathbf{8{,}2\,mA}$$

Mit dem **ohmschen Gesetz** lässt sich nun für jeden Teilwiderstand die daran anliegende Spannung berechnen.

$$U_1 = R_1 \cdot I_1 = 300 \cdot 0{,}0082 \approx \mathbf{2{,}45\,V}$$
$$U_2 = R_2 \cdot I_2 = 150 \cdot 0{,}0082 \approx \mathbf{1{,}23\,V}$$
$$U_3 = R_3 \cdot I_3 = 100 \cdot 0{,}0082 \approx \mathbf{0{,}82\,V}$$

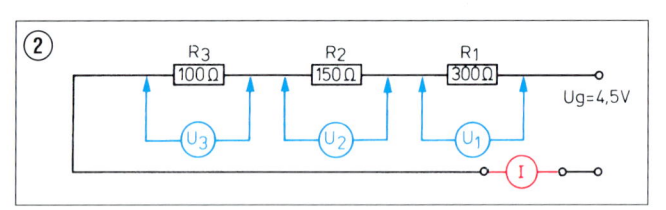

② Schaltung mit R3=100Ω, R2=150Ω, R1=300Ω, Ug=4,5V

Widerstände parallel geschaltet

Mit der **Parallelschaltung** werden Ströme aufgeteilt (Abb. ③). Die Summe aus den einzelnen Teilströmen ergibt also den Gesamtstrom. Die anliegende Spannung ist überall die Gleiche.

$$I_g = I_1 + I_2 + I_3 + \ldots \quad U_g = U_1 = U_2 = U_3 = \ldots$$

Berechnung des Gesamtwiderstandes:

$$\frac{1}{R_g} = \frac{1}{R_1} + \frac{1}{R_2} + \frac{1}{R_3} + \ldots$$

Beispiel:

$$\frac{1}{R_g} = \frac{1}{R_1} + \frac{1}{R_2} + \frac{1}{R_3} = \frac{1}{150} + \frac{1}{300} + \frac{1}{150}$$

$$\frac{1}{R_g} = \frac{5}{300} = \frac{1}{60} \Rightarrow \mathbf{R_g = 60\,\Omega}$$

Mit dem ohmschen Gesetz lassen sich nun die Teilströme und der Gesamtstrom der Schaltung berechnen.

$$I_g = \frac{U_g}{R_g} = \frac{4{,}5}{60} = \mathbf{0{,}075\,A}$$

$$I_1 = \frac{U_1}{R_1} = \frac{4{,}5}{150} = \mathbf{0{,}030\,A}$$

$$I_2 = \frac{U_2}{R_2} = \frac{4{,}5}{300} = \mathbf{0{,}015\,A}$$

$$I_3 = \frac{U_3}{R_3} = \frac{4{,}5}{60} = \mathbf{0{,}030\,A}$$

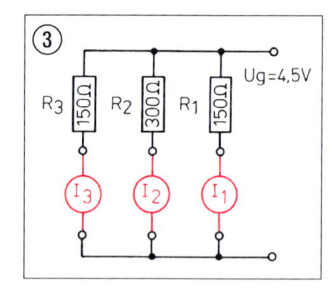

③ Parallelschaltung R3=150Ω, R2=300Ω, R1=150Ω, Ug=4,5V

Widerstände gemischt geschaltet

In **gemischten Schaltungen** sind Widerstände sowohl parallel als auch in Reihe geschaltet.

Zur Berechnung des Gesamtwiderstandes einer solchen gemischten Schaltung müssen zuerst die Werte der parallel geschalteten Widerstände zu einem Widerstand (Ersatzwiderstand R_E) zusammengefasst werden.

Für die Berechnung gilt allgemein: $\frac{1}{R_E} = \frac{1}{R_1} + \frac{1}{R_2} + \frac{1}{R_3} + \ldots$

Für das abgebildete Beispiel (Abb. ④) gilt:

$$\frac{1}{R_E} = \frac{1}{R_3} + \frac{1}{R_4} + \frac{1}{R_5} = \frac{1}{150} + \frac{1}{300} + \frac{1}{150} = \frac{5}{300} = \frac{1}{60} \Rightarrow \mathbf{R_E = 60\,\Omega}$$

Der Gesamtwiderstand der dargestellten Schaltung wird nun so berechnet wie für in Reihe liegende Widerstände.

$$R_g = R_1 + R_2 + R_3 + \ldots$$

Für das abgebildete Beispiel gilt:
$R_g = R_1 + R_2 + R_E = 150\,\Omega + 300\,\Omega + 60\,\Omega = \mathbf{510\,\Omega}$

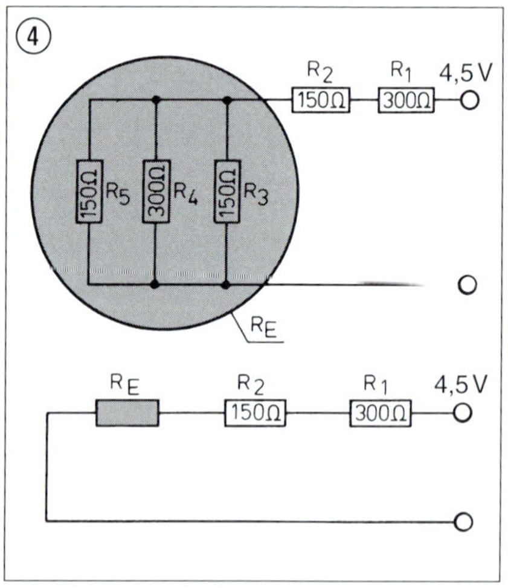

Mit dem ohmschen Gesetz lässt sich mithilfe des Gesamtwiderstandes R_g der Gesamtstrom der Schaltung berechnen.

$$I_g = \frac{U_g}{R_g} = \frac{4{,}5}{510} \approx 0{,}0088\,A \approx \mathbf{8{,}8\,mA}$$

Mit dem ohmschen Gesetz lässt sich nun für jeden Teilwiderstand die daran anliegende Spannung berechnen.

$$U_1 = R_1 \cdot I_1 = 300 \cdot 0{,}0088 \approx \mathbf{2{,}65\,V}$$
$$U_2 = R_2 \cdot I_2 = 150 \cdot 0{,}0088 \approx \mathbf{1{,}32\,V}$$
$$U_E = R_E \cdot I_E = 60 \cdot 0{,}0088 \approx \mathbf{0{,}53\,V}$$

④ Gemischte Schaltung mit R2=150Ω, R1=300Ω, R5=150Ω, R4=300Ω, R3=150Ω, 4,5V; Ersatzschaltung mit RE, R2=150Ω, R1=300Ω, 4,5V

Danach lässt sich mit dem ohmschen Gesetz der Strom berechnen, der durch jeden der parallel liegenden Widerstände fließt.

$$I_3 = \frac{U_E}{R_3} = \frac{0{,}53}{150} \approx 0{,}0035\,A \approx \mathbf{3{,}5\,mA}$$

$$I_4 = \frac{U_E}{R_4} = \frac{0{,}53}{300} \approx 0{,}0018\,A \approx \mathbf{1{,}8\,mA}$$

$$I_5 = \frac{U_E}{R_5} = \frac{0{,}53}{150} \approx 0{,}0035\,A \approx \mathbf{3{,}5\,mA}$$

Aufbau und Wirkungsweise einer Diode

Dioden sind **Halbleiter.** Als Halbleiterwerkstoffe werden in der Elektronik u. a. Silizium und Germanium verwendet. Im periodischen System der Elemente nehmen diese Halbleiterwerkstoffe eine bestimmte Stelle ein: Sie sind „4-wertig". Dadurch, dass sich die Atome dieser Elemente zu einem regelmäßig gebauten Kristall zusammenschließen (Paarbindung), gibt es in seinem Kristallgitter keine frei beweglichen Elektronen (Abb. ⑥). Somit sind Halbleiter mit reinem Kristallaufbau Nichtleiter. Die Leitfähigkeit des Halbleitermaterials kann jedoch auf zweierlei Weise erreicht werden: durch Erwärmen, durch gezieltes Verunreinigen des Halbleiterkristalls mit Fremdatomen (Abb. ⑦ und ⑧), daher auch die Bezeichnung „Halbleiter".

Bei Raumtemperatur ist die Leitfähigkeit dieser „verunreinigten Werkstoffe" jedoch noch so gering, dass man sie als Nichtleiter betrachten kann. Das gezielte Verunreinigen mit 5-wertigen Elementen (z. B. Arsen) (Abb. ⑦) oder 3-wertigen Elementen (z. B. Bor) (Abb. ⑧) nennt man Dotieren. Bei dotierten Kristallen findet jeweils ein Elektron keinen Bindungspartner und kann als frei beweglicher Ladungsträger die Leitung des Stroms übernehmen. Ein Stoff leitet also nur dann, wenn in seinem Kristallgitter Elektronenüberschuss oder Elektronenmangel herrscht. Ein Kristall, das mit 5-wertigen Atomen dotiert ist, nennt man n-leitend, weil dabei ein Überschuss an negativen Ladungsträgern (−) besteht. Eine **Dotierung** mit 3-wertigen Atomen nennt man p-leitend, weil dabei ein Überschuss an positiven Ladungsträgern (+) entsteht.

Die Erkenntnisse über den Aufbau von **Halbleiter**-Kristallen werden in Dioden technisch nutzbar, indem man einen Kristall auf der einen Seite n-leitend (negativ) und auf der gegenüberliegenden Seite p-leitend (positiv) dotiert (Abb. ⑨). Die „Grenzschicht" von p nach n nennt man pn-Übergang. In dieser sehr dünnen Grenzschicht (ca. 1/1000 mm dick) dringen Elektronen aus dem n-leitenden Bereich in den p-leitenden Bereich ein und besetzen die Stellen, an denen Elektronen fehlen. So erhalten wir wieder eine regelmäßige Kristallstruktur, also einen Nichtleiter. Im p-leitenden Bereich entsteht dadurch jedoch ein Überhang an negativer Ladung (−) und im n-leitenden Bereich ein Überhang an positiver Ladung (+). So baut sich am pn-Übergang eine Sperrschicht auf, die weitere Elektronenbewegungen verhindert und wie ein Isolator wirkt. Diese Sperrschicht kann überwunden (leitend) werden, wenn eine Spannung so angelegt wird, dass der (+)-Pol der Stromquelle am p-Bereich und der (−)-Pol am n-Bereich angeschlossen ist (Abb. ⑪). Bei Zimmertemperatur ist für ein Germaniumkristall eine Spannung von ca. 0,3 V und für ein Siliziumkristall von ca. 0,7 V erforderlich. Der Elektronenfluss wird dadurch bewirkt, dass sich gleiche Ladungen abstoßen und somit die Elektronen durch die Grenzschicht gedrückt werden. Vertauscht man die Pole, so verbreitert sich die Sperrschicht, da sich ungleiche Ladungen anziehen (Abb. ⑩). Die Spannung, die nötig ist, um die Sperrschicht der Diode in Durchlassrichtung zu überwinden, wird als **Schwellenspannung** bezeichnet. Um den Betrag dieser Schwellenspannung verringert sich die Spannung in dem Stromkreis, in dem die Diode liegt. Wird die Schaltung z. B. mit einer 4,5-V-Batterie versorgt, so erhält die Glühlampe bei einer in Reihe und auf Durchlass geschalteten Siliziumdiode nur noch 3,5 V. Dieser Spannungsverlust muss bei der Verwendung von Dioden in Schaltungen berücksichtigt werden. Der Anschluss am p-Bereich heißt **Anode,** der am n-Bereich **Katode.** Der Elektronenstrom fließt bei „Durchlass" von n nach p, d. h. von der Katode zur Anode. Der Pfeil im Schaltzeichen zeigt jedoch entgegengesetzt in die **technische Stromrichtung.** In Schaltplänen wird grundsätzlich die technische Stromrichtung angegeben „von (+) nach (−)". Der Elektronenfluss bewegt sich physikalisch gesehen jedoch in entgegengesetzter Richtung „von (−) nach (+)". Die Festlegung der **Stromrichtung** von (+) nach (−) (technische Stromrichtung) kommt aus einer Zeit, in der man die physikalischen Grundlagen noch nicht erforscht hatte. Der pn-Übergang, der je nach Material, Dotierung usw. veränderte Eigenschaften aufweist, spielt bei allen Halbleiter-Bauelementen wie Dioden, Transistoren und integrierten Schaltkreisen eine wichtige Rolle. Dieses „Geheimnis" eines Halbleiters muss man kennen, will man ihn „genau berechnet" einsetzen.

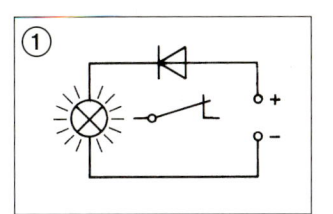

① Der Strom fließt durch die Diode: Die Glühlampe leuchtet.

② Das aufgedruckte Minuszeichen oder ein Ring kennzeichnen den Minuspol der Diode.

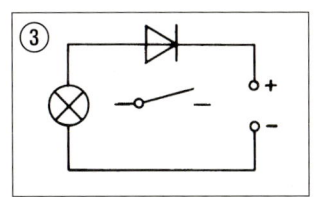

③ Die Diode sperrt den Stromdurchfluss: Die Glühlampe leuchtet nicht.

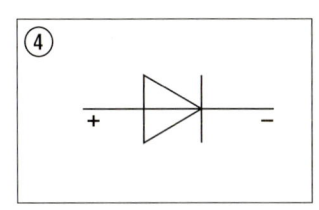

④ Schaltzeichen für Diode

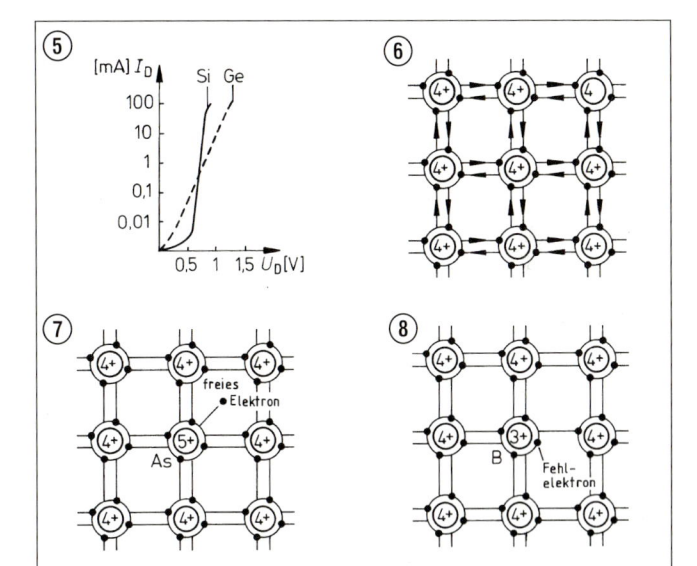

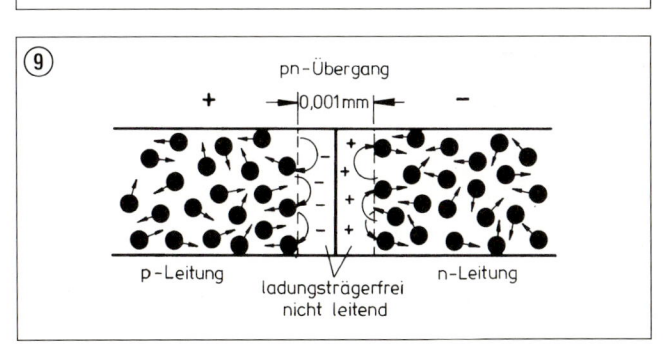

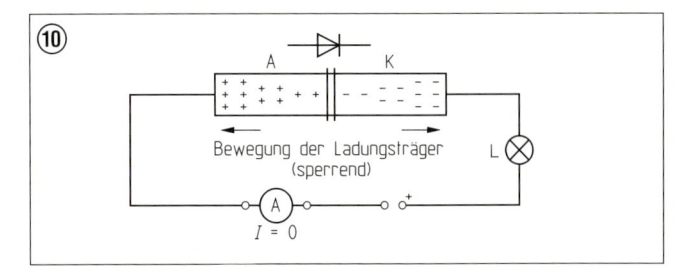

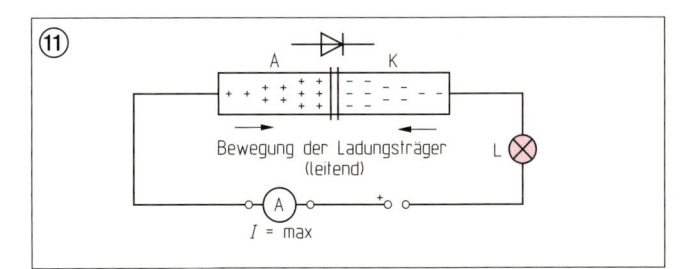

⑨ pn-Übergang

⑩ Bewegung der Ladungsträger (sperrend), I = 0

⑪ Bewegung der Ladungsträger (leitend), I = max

Die Leuchtdiode

Leuchtdioden (Abb. ①) werden als „Anzeigelampen" verwendet; eine besondere Form ist die so genannte **7-Segmentanzeige** (Abb. ②). Eine Leuchtdiode wirkt im Stromkreis als Ventil wie jede andere Diode, da sie eine „Durchlassrichtung" und eine „Sperrrichtung" besitzt. Umgangssprachlich wird die Leuchtdiode kurz **LED** (light emitting diode = Licht ausstrahlende Diode) genannt. Durch die Verwendung bestimmter Materialien (3- oder 5-wertige Elemente) und durch einen speziell ausgeführten Aufbau der Schichten p und n (z. B. sehr dünne p-Schicht) geben die Valenzelektronen überschüssige Energie als Lichtstrahlung ab. Gallium-Arsenid-Phosphid (GaAsP)-LEDs leuchten rot, Galliumphosphid (GaP)-LEDs leuchten grün oder gelb, Galliumarsenid (GaAs)-LEDs geben Infrarotstrahlung (Fernbedienung von Geräten) ab.

Die Schwellenspannung liegt bei rot leuchtenden LEDs bei ca. 1,6 V und erhöht sich bei grün oder gelb leuchtenden LEDs bis auf 2,8 V. Die Sperrspannung ist gering und sollte 5 V nicht überschreiten.

LEDs beginnen bei einem Durchgangsstrom von 0,5 bis 2 mA zu leuchten (zum Vergleich: Glühlampen 3,8 V benötigen 70 mA bis 300 mA). Der Durchgangsstrom sollte 50 mA nicht überschreiten. LEDs werden in der Regel auf einen Strom von ca. 20 mA eingestellt. Dies wird mit einem **Schutzwiderstand** erreicht, der nach dem **ohmschen Gesetz**

$R = \dfrac{U}{I}$ berechnet wird.

Beispiel bei 4,5 V Spannung: $R = \dfrac{4{,}5\,V - 1{,}6\,V}{0{,}02\,A} \approx 150\ \text{Ohm}$

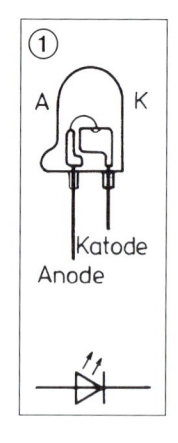

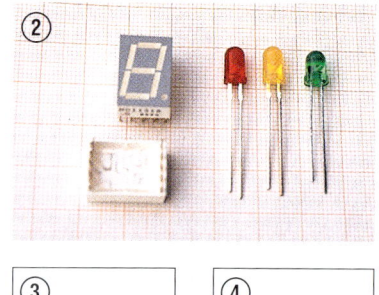

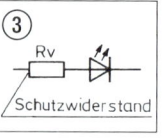

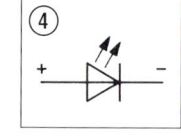

Schaltzeichen für Leuchtdiode

Gründe, die für den Einsatz von Leuchtdioden sprechen, sind:
– sie sind billiger als Anzeigelämpchen,
– ihre Lebensdauer ist höher,
– der Stromverbrauch ist wesentlich geringer,
– sie sind unempfindlich gegen Vibration.

Der Transistor

Aufbau eines Transistors

Der **Transistor** ist wie die Diode ein **Halbleiter**-Bauelement (☞ S. 163). Sein Name setzt sich aus den englischen Wörtern „transfer" (= übertragen) und „resistor" (= Widerstand) zusammen, was auch auf sein Funktionsprinzip hinweist: elektrisch steuerbarer Halbleiterwiderstand. Gegenüber einer Diode (2 Schichten: p und n) ist ein Transistor aus drei Schichten aufgebaut. Je nach Anordnung der Schichten entsteht ein npn- oder ein **pnp-Transistor.** Im Schaltzeichen erkennt man einen **npn-Transistor** an der nach außen zeigenden Pfeilspitze, beim pnp-Transistor zeigt die Pfeilspitze nach innen. Bei beiden Transistoren heißt die mittlere Schicht Basis. Sie ist sehr dünn (unter 0,05 mm). Die äußeren Schichten werden nach ihrer Funktion benannt: Emitter (lat. emittere = aussenden) und Kollektor (lat. colligere = einsammeln). Der Strom kommt über den Kollektor und verlässt den Transistor über den Emitter in technischer Stromrichtung (☞ S. 163). Durch die drei Schichten mit unterschiedlicher Dotierung ergeben sich zwei pn-Übergänge: pn 1 und pn 2. Theoretisch könnte der Transistor aus gegensinnig geschalteten Dioden aufgebaut sein. Aus zwei Dioden einen Transistor herzustellen ist jedoch nicht möglich, weil sich seine Funktion aus der gemeinsamen dünnen Basisschicht ergibt (Abb. ⑤). Von der Wirkungsweise her unterscheidet sich ein pnp-Transistor grundsätzlich nicht von einem npn-Transistor, die Stromrichtung durch den Transistor ist jedoch verschieden (vgl. Pfeilrichtung B → E oder E → B). Die Wirkungsweise des Transistors können wir am besten kennenlernen, wenn wir über Versuche Grunderfahrungen mit dem Transistor machen (☞ S. 53, 54).

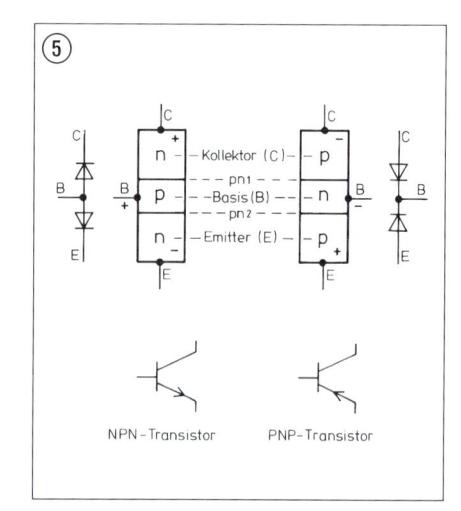

Wirkungsweise eines Transistors

Beim Betrieb eines Transistors unterscheidet man grundsätzlich zwei Stromkreise:
– den **Steuerstromkreis,** in dem die BE-Strecke liegt, und
– den **Arbeitsstromkreis,** in dem die CE-Strecke liegt (☞ Abb. ③ S. 166).

Steuert man einen Transistor über die BE-Strecke so, dass an der CE-Strecke zwei Zustände erreicht werden können (Sperren oder größtmöglicher Durchlass), wirkt er wie ein Schalter **(Schalterbetrieb).** Die CE-Strecke beginnt jedoch erst leitend zu werden, wenn die Schwellenspannung U_{BE} erreicht wird. Bei einem Silizium-Transistor, z. B. BC 547, beträgt die Schwellenspannung etwa 0,7 V. Die BE-Strecke funktioniert wie eine „normale" Silizium-Diode, daher gilt für die BE-Strecke die typische Dioden-Kennlinie (☞ Abb. ⑤ und S. 163). Wird der Transistor nur teilweise durchgesteuert – wobei viele Zwischenstufen möglich sind –, verwendet man ihn als Verstärker **(Verstärkerbetrieb).** Steigt der Strom an der Basis, so nimmt auch der Kollektorstrom zu, wobei schon ein geringer Basisstrom den Widerstand der CE-Strecke so vermindert, dass über CE – je nach Transistor-Typ – ein bis zu 1000-mal höherer Strom fließen kann (Verstärkerprinzip, s. Abb. ⑥ und ⑦). Die grafische Darstellung des Verhältnisses von I_C in Abhängigkeit von I_B zeigt einen linearen Verlauf (☞ Abb. ② S. 165) und wird als **Strom-Steuerlinie** bezeichnet. Demnach gilt für den **Stromverstärkungsfaktor** (B):

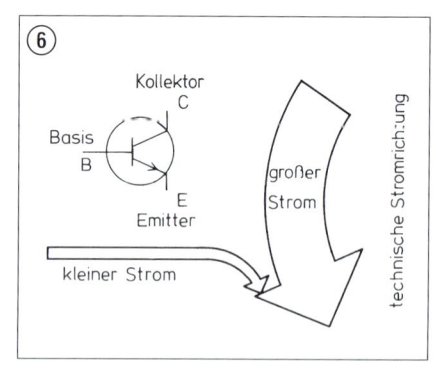

$$\text{Stromverstärkungsfaktor} = \frac{\text{Kollektorstrom}}{\text{Basisstrom}} \qquad B = \frac{I_C}{I_B}$$

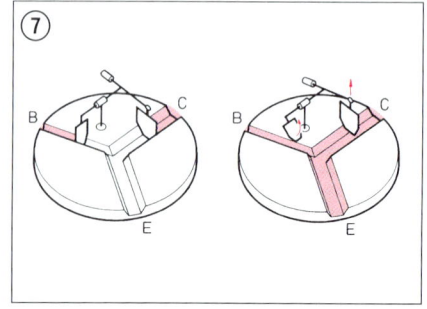

Technische Stromrichtung

Der über Widerstände eingestellte Grad der Durchsteuerung wird als Arbeitspunkt des **Transistors** bezeichnet. Oft ist in Schaltungen ein präzise eingestellter Arbeitspunkt Voraussetzung für die exakte Funktion eines Gerätes.

Fließt kein Basisstrom, so steht zwischen C und E die angelegte Spannung. Erhöht man den Basisstrom, so steigt der Kollektorstrom, wobei die Spannung zwischen C und E sinkt (s. Teilexperiment 2, ☞ S. 95). Die Spannung wird aber nie 0 V, auch wenn ein noch stärkerer Kollektorstrom fließt. Diese „Restspannung" zwischen C und E heißt **Kollektor-Emitter-Sättigungsspannung** ($U_{CE\,Sat}$). Sie beträgt je nach Transistor-Typ und Kollektorstrom 0,1 bis 1,5 V. Diese Sättigungsspannung geht im Kollektorstromkreis „verloren", vergleichbar der Schwellenspannung einer Diode. Dieses Verhalten der Spannung zwischen C und E (U_{CE}) in Abhängigkeit vom Kollektorstrom (I_C) wird grafisch als **Ausgangskennlinie** eines Transistors dargestellt (vgl. Abb. ③). Die Linienschar in Abb. ③ wird als **Ausgangskennlinienfeld** eines Transistors bezeichnet und gibt Aufschluss über den Zusammenhang von Kollektor-Emitterspannung und Kollektorstrom, bei unterschiedlichen Basisströmen. Im Schaltungsbetrieb erwärmt sich ein Transistor. Wird die Leistungsfähigkeit eines Transistors nicht überfordert, so ist die Erwärmung kaum fühlbar. Ist der Transistor z. B. nur teilweise durchgesteuert, so erwärmt er sich wesentlich stärker. Ursache für die Erwärmung ist die Höhe der Spannung zwischen C und E, d. h. die Spannung, die an der CE-Strecke abfällt. Ist ein Transistor nur halb durchgesteuert, ist die Spannung zwischen C und E wesentlich höher. Am Beispiel des Teilexperiments 3, ☞ S. 54, fließen bei halber Durchsteuerung ca. 150 mA, die Spannung zwischen C und E beträgt dabei ca. 3 V. Das heißt, 3 V fallen im Transistor ab und werden wie in einem Widerstand „vernichtet". Rechnerisch entsteht dadurch eine **Verlustleistung** (P_{tot}) von:

$$P_{tot} = U_{CE} \cdot I_C \qquad P_{tot} = 3\,V \cdot 0{,}15\,A = 0{,}45\,W$$

Diese 0,45 W werden in Wärme umgesetzt, was manche Transistoren, die laut ihren Kenndaten $P_{tot\,max} = 0{,}3\,W$ vertragen, nicht lange aushalten; sie werden durch Verlustwärme zerstört. Bei Leistungstransistoren kann es erforderlich werden, dass die Verlustwärme über Kühlkörper abgeführt wird.

Entsprechend dem Zweck, den ein Transistor erfüllen soll, und entsprechend den Verwendungsbedingungen in einer Schaltung wurden vielfältige Bauformen und spezielle Transistoren entwickelt. So erfahren wir an anderen Stellen im Buch, wie Transistoren eingesetzt werden als
– Lichtsensor (Lichtschranke ☞ S. 168)
– Verstärker von Sensor-Signalen ☞ S. 166–168

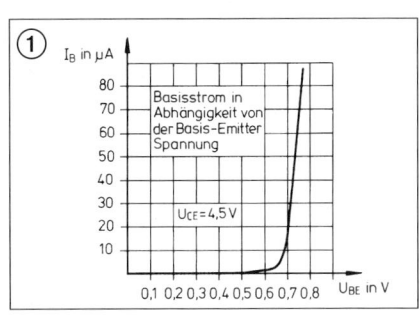

Eingangskennlinie

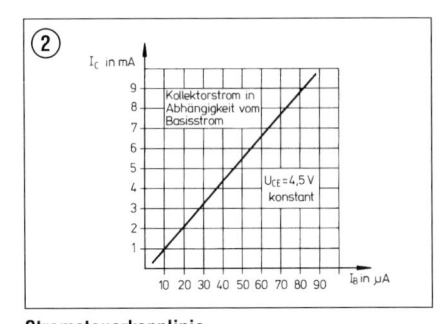

Stromsteuerkennlinie

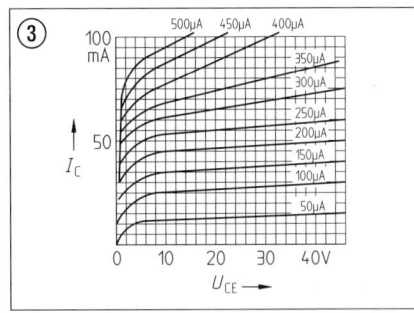

Ausgangskennlinie

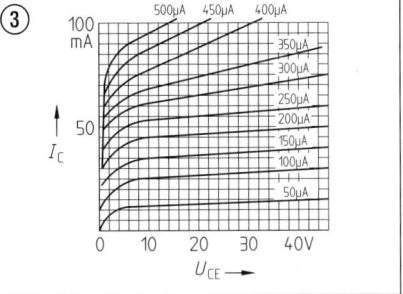

Kenndaten und Bauformen von Transistoren

Vergleichstabelle für Transistoren (Auszug)

Transistor-Typ	N P	Hersteller	Valvo-Typ	Gehäuse	M K G	A P_{tot} W	B U_{CBO} (U_{CES}) V	C U_{CEO} (U_{CER}) V	D I_{CAV} (I_{CM}) A	E B (β)	F f_T MHz
								Daten des Ausgangstyps			
BC 517	N	TI	(BSR 50)	TO 92	K	0,625	40	30	0,4	> 30000	220
BC 547 A	N	S,SE,T,V	BC 547 A	SOT-54	K	0,5	50	45	0,1	110–220	300
BC 547 B	N	S,SE,T,V	BC 547 B	SOT-54	K	0,5	50	45	0,1	200–450	300
BC 547 C	N	S,SE,T,V	BC 547 C	SOT-54	K	0,5	50	45	0,1	420–800	300
BC 558	P	S,SE,T,V	BC 558	SOT-54	K	0,5	30	30	0,1	75–475	150
BC 558 A	P	S,SE,T,V,	BC 558 A	SOT-54	K	0,5	30	30	0,1	125–250	150
BC 558 B	P	S,SE,T,V	BC 558 B	SOT-54	K	0,5	30	30	0,1	240–500	150
BC 558 C	P	S,SE,T,V	BC 558 C	SOT-54	K	0,5	30	30	0,1	420–800	150
BD 182	N	V	BD 182	TO-3	M	/117/	70	60	15	20–70	

Aus **Datenblättern** und Gehäusezeichnungen können die benötigten Informationen für Transistoren entnommen werden. Ein BC 547 hat z. B. ein Kunststoffgehäuse des Typs SOT-54. Nach der Zeichnung kann nun die Anschlussbelegung festgestellt werden: Liegt der Transistor so, dass die Anschlüsse dir entgegenzeigen und die abgeflachte Gehäusestelle nach oben zeigt, liegt C links, B in der Mitte und E rechts (☞ S. 166, Abb. ①).

Kurzzeichen	Erklärung	Beispiel BC 547 B
U_{CEO}	höchstzulässige Spannung zwischen Kollektor- und Emitteranschluss bei nicht angeschlossener Basis	45 V
U_{EBO}	höchstzulässige Spannung zwischen Emitter- und Basisanschluss bei nicht angeschlossenem Kollektor	50 V
I_C	höchstzulässiger Kollektorstrom	100 mA
SOT 54 K	Kunststoffgehäuse	Typ SOT 54
P_{tot}	höchstzulässige in Wärme umgewandelte Verlustleistung	500 mW
B	Verhältnis von Kollektor- zu Basisstrom bzw. Stromverstärkungsfaktor je nach den Betriebsbedingungen	200–450
f_T	leistet bis zu 300 Mio. Schaltvorgänge pro Sekunde und eignet sich für Hochfrequenz bis 300 MHz	300 MHz

①

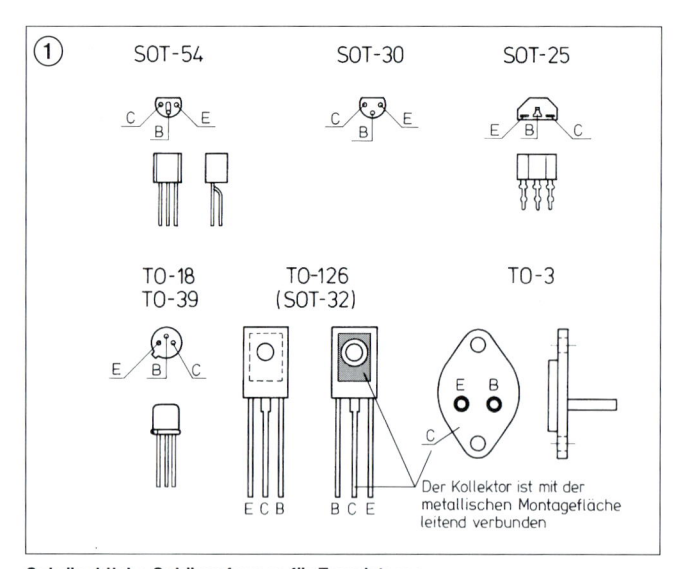

Gebräuchliche Gehäuseformen für Transistoren

Grundschaltung mit einem Transistor

In Schaltungen werden Transistoren – wie **Relais** – zum Schalten und Verstärken von Strömen und Spannungen eingesetzt. Wie bei der Schaltung mit Relais unterscheidet man dabei den **Steuerstromkreis** und den **Arbeitsstromkreis.** Transistoren haben gegenüber Relais den Vorteil, dass sie ohne mechanische Bewegung arbeiten, schneller schalten (über 100 Mio. Schaltungen/Sek.) und sehr geringe Steuerströme benötigen. Durch die fehlende Mechanik treten bei Transistoren praktisch keine Verschleißerscheinungen auf.

In der Praxis verwendet man für den Steuerstromkreis und den Arbeitsstromkreis eine gemeinsame Stromquelle. Steuer- und Arbeitsstrom fließen dabei streckenweise in den gleichen Leitungen. Ein Anschluss des Transistors muss dabei gemeinsam für den Steuer- und Arbeitsstromkreis verwendet werden. Wie in der nebenstehenden Abbildung dargestellt, ist dies der Emitter. Deshalb wird diese Schaltung als **Emitter-Schaltung** bezeichnet. Sie ist die wichtigste Schaltung beim Einsatz von Transistoren.

②

Verschiedene Transistoren mit und ohne Kühlkörper

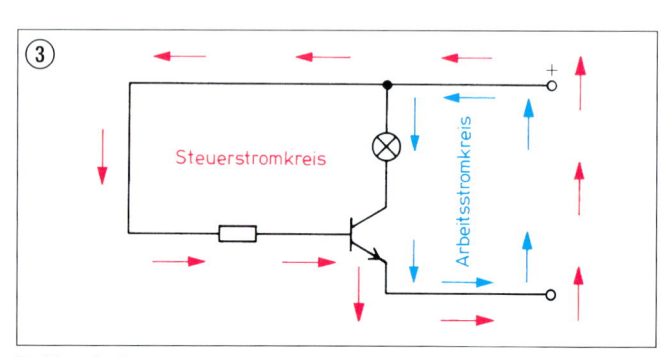

③

Emitterschaltung

④

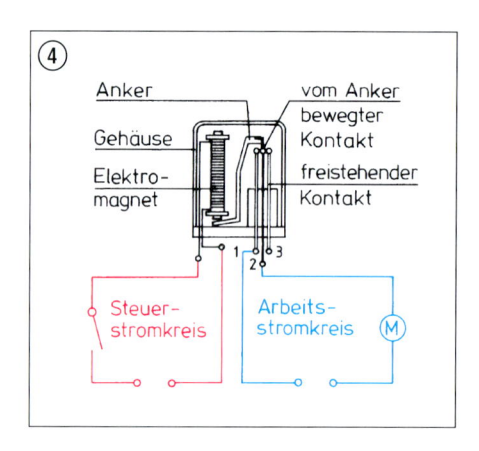

Relaisschaltung

Aufbau und Berechnung einer Sensorschaltung

Am Beispiel einer **Dämmerungsschaltung** (Abb. ⑤) wird nachfolgend dargestellt, wie man eine Sensorschaltung berechnet. Dazu müssen die Daten der Bauteile bekannt sein. Für das gewählte Beispiel sind dies: ein Transistor BC 547 C; ein Relais mit einem ohmschen Widerstand von 80 Ω, eine Spannungsquelle von 4,5 V und ein LDR M 9960 (Widerstand bei 1000 l_x 75–300 Ω, bei völliger Dunkelheit R = 10 MΩ, U_B = max. 15 V, P = max. 0,2 W). Mit der Schaltung soll bei Dämmerung (ca. 100 l_x) über ein Relais eine Beleuchtung automatisch eingeschaltet werden. Messungen bei dem verwendeten LDR ergaben, dass er bei Dämmerung einen Widerstand von ca. 2 kΩ aufweist. Zur Berechnung des Basis-Spannungsteilers müssen zunächst der Kollektorstrom I_C, der Basisstrom I_B und der Basisvorwiderstand R_v berechnet werden.

Berechnung des Kollektorstroms (I_C)

Der Widerstand des Relais bildet zusammen mit der CE-Strecke einen Spannungsteiler (☞ Abb. ④, S. 167). Sperrt der Transistor, so liegt die Spannung von 4,5 V voll am Transistor an (☞ Abb. ②, S. 167). Schaltet er durch, so liegt die Betriebsspannung am Relais (☞ Abb. ③, S. 167). Wird der Transistor voll durchgesteuert (☞ Abb. ①, S. 167), dann fließt folgender **Kollektorstrom** I_C:

$$I_C = \frac{U_b}{R_R} \qquad I_C = \frac{4{,}5\ V}{80\ \Omega} = 0{,}05625\ A \approx 56\ mA$$

Mit 56 mA ist I_C kleiner als der Grenzwert, der für den Transistor BC 547 B mit 100 mA angegeben ist. Damit liegt die Verlustleistung (P_{tot}) auch unter dem zulässigen Grenzwert.

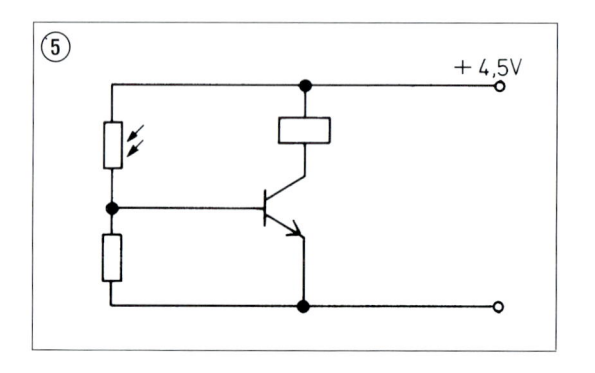

⑤

Prinzip einer Sensorschaltung mit LDR

166

Berechnung des Basisstroms (I_B)

Die niedrigste Stromverstärkung für den Transistor BC 547 C ist mit B = 420 angegeben. Mit diesem Wert wird gerechnet, um zu gewährleisten, dass der Transistor auch sicher durchschaltet. Die Berechnung des **Basisstroms** (I_B) lässt sich von der Berechnung des Verstärkungsfaktors (B) ableiten und ergibt dann:

$$B = \frac{I_C}{I_B} \rightarrow I_B = \frac{I_C}{B} \quad I_B = \frac{56\,\text{mA}}{420} \approx 0{,}13\,\text{mA}$$

Bei einem Basisstrom von I_B = 0,13 mA schaltet der Transistor voll durch.

Berechnung des Basisvorwiderstandes (R_v)

Der **Basisvorwiderstand** und die BE-Strecke sind in Reihe geschaltet. Die Spannung an der BE-Strecke beträgt ca. 0,7 V (Schwellenspannung). Für R_v gilt dann:

$$R_v = \frac{U_b - 0{,}7\,\text{V}}{I_B} \quad R_v = \frac{4{,}5\,\text{V} - 0{,}7\,\text{V}}{0{,}13\,\text{mA}} = \frac{3{,}8\,\text{V}}{0{,}00013\,\text{A}} \approx 29{,}2\,\text{k}\Omega$$

Berechnung der Widerstände an der Basis des Transistors mit LDR

Die in Reihe geschalteten Widerstände (☞ S. 162) an der Basis des Transistors bilden einen sog. **Spannungsteiler**, d. h., mit zunehmender Dunkelheit soll die Spannung am Punkt Q steigen. Über einen Versuch (Abb. ⑥ bzw. ⑦) kann man ausprobieren, wie der LDR eingebaut werden muss, damit der Transistor mit zunehmender Dunkelheit über den Punkt Q die erforderliche Spannung erhält und durchschaltet. R_V ist abhängig vom Querstrom I_q. Bei der Berechnung gehen wir von 2 kΩ als Widerstand des LDR aus. Die BE-Strecke bildet mit dem LDR eine Parallelschaltung von 2 Widerständen (☞ S. 162). Somit liegt am LDR praktisch die Schwellenspannung von 0,7 V an. Nach dem **ohmschen Gesetz** gilt:

$$I = \frac{U}{R}; \quad I_q = \frac{U_{BE}}{LDR} \quad I_q = \frac{0{,}7\,\text{V}}{2000\,\Omega} = 0{,}35\,\text{mA}$$

Der Strom durch R_1 setzt sich aus dem Basisstrom (I_B) und dem Querstrom I_q zusammen, wir nennen ihn I_{RV}. Demnach gilt:

$$I_{Rv} = I_B + I_q \quad I_{Rv} = 0{,}13\,\text{mA} + 0{,}35\,\text{mA} = 0{,}48\,\text{mA}$$

U_{Rv} (Abb. ⑤) haben wir bereits berechnet (U_{Rv} = 3,8 V); somit lässt sich R_v nach dem ohmschen Gesetz berechnen:

$$R = \frac{U}{I}; \quad R_v = \frac{U_{Rv}}{I_{Rv}} \quad R_v = \frac{3{,}8\,\text{V}}{0{,}00048\,\text{A}} \approx 7917\,\Omega \approx 8{,}2\,\text{k}\Omega \text{ (E 12)}$$

Rechnerisch können zwar die Widerstandswerte der Schaltung grundsätzlich bestimmt werden, durch die Toleranzen der Bauteile ergeben sich jedoch Abweichungen. Mit einem Potentiometer lässt sich eine Sensorschaltung auf den gewünschten Arbeitspunkt exakt einstellen (vgl. Abb. ⑤). Festwiderstand und Poti werden hierzu in Reihe geschaltet. Ihre Werte werden so gewählt, dass der mittlere Wert des Potis und der Wert des Festwiderstandes etwa gleich groß sind. Nach der Widerstandsreihe E 12 wählen wir für den Festwiderstand 3,9 kΩ und für den Poti 10 kΩ.

Das **Relais** ist ein Verbraucher mit einer Spule, wie sie Klingeln oder Elektromotoren auch besitzen. Beim Ausschalten der Spule entsteht über das Zusammenbrechen des Magnetfeldes eine Induktionsspannung mit einer gegenüber der Batterie umgekehrten Polarität. Je nach Windungszahl der Spule kann ein so großer Spannungsstoß entstehen, dass der Transistor zerstört wird. Deshalb wird in die Schaltung eine Diode eingesetzt, die so gepolt wird, dass über sie die Induktionsspannung abfließen kann (Abb. ⑤).

Schaltung für ein Straßenbeleuchtungsmodell

Die Abbildung ⑨ zeigt das Modell einer Straßenbeleuchtung. Das Relais im Arbeitsstromkreis des Transistors schaltet den Stromkreis der Lampen für die Beleuchtung. Das Relais trennt den Stromkreis der Beleuchtung vom Stromkreis, in dem der Transistor liegt. Somit kann für die Glühlampen eine andere Stromquelle gewählt werden; bei der Straßenbeleuchtung die Netzspannung von 220 V.

Die Schaltung hat jedoch einen Mangel: Der Transistor schaltet nicht – wie ein mechanischer Schalter – ein oder aus, sondern erhöht mit zunehmender Dämmerung den Strom an der CE-Strecke allmählich (☞ Experiment S. 54). Am Transistor tritt also eine zunehmende Verlustleistung auf.

Eine Verbesserung des Schaltvorgangs (Verringerung der Verlustleistung) wird auch erreicht durch das Zusammenschalten von zwei Transistoren (vgl. Schaltplan Abb. ⑧). Der zweite Transistor (eigentlicher Schalter) wird dabei sehr schnell voll durchgesteuert. Gleichzeitig erhöht sich durch diese „Darlington-Schaltung" (☞ S. 168) die Empfindlichkeit des Sensors wesentlich. Eine technisch einwandfreie Lösung erhält man aber nur über die Kombination des **Dämmerungsschalters** mit einer Kippschaltung (☞ S. 172, 173).

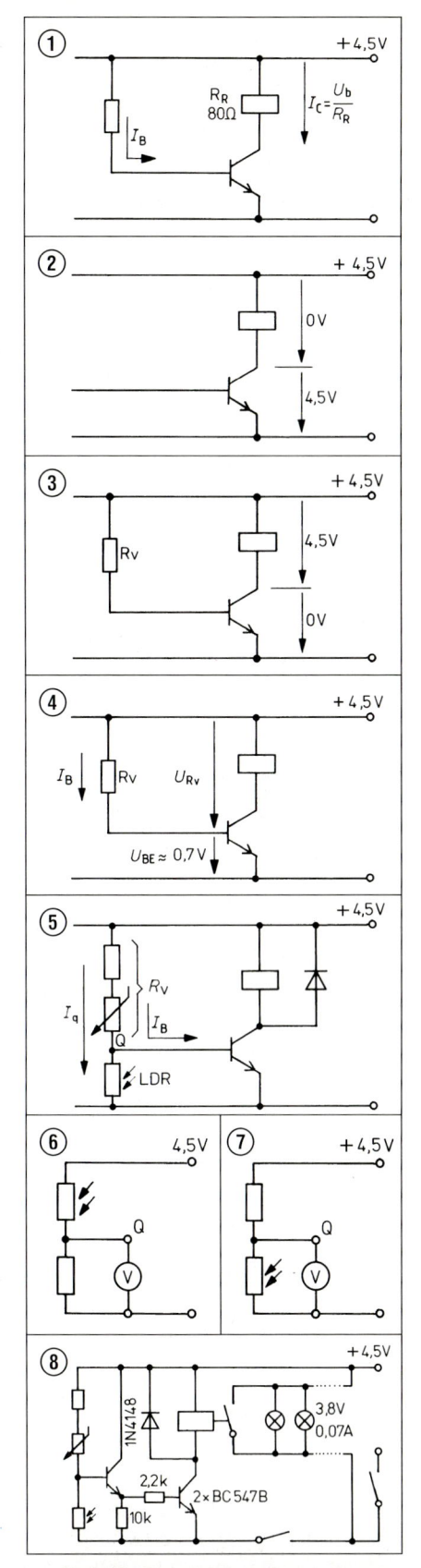

Darlingtonschaltung von Transistoren

Eine empfindlichere Sensorschaltung erhält man, wenn Transistoren so geschaltet werden, dass der Emitterstrom des ersten Transistors (T 1) als Basisstrom durch den zweiten Transistor (T 2) fließt (Abb. ①). Diese Art der Schaltung von Transistoren nennt man **Darlingtonschaltung.**

Den Gesamtverstärkungsfaktor B_{ges} errechnet man, indem die **Verstärkungsfaktoren** der beiden Transistoren miteinander multipliziert werden: $B_{ges} = B_1 \cdot B_2$

Am Beispiel des BC 547 B ist $B_{ges} = 300 \cdot 300 = 90\,000$. Dieser hohe Verstärkungsfaktor bewirkt die hohe Empfindlichkeit der Schaltung: Grundsätzlich könnten weitere Transistoren nach diesem Prinzip aneinander gereiht werden, sie würden jedoch zu empfindlich auf Störeinflüsse reagieren und somit nicht mehr korrekt schalten. Deshalb werden höchstens dreistufige Darlingtonschaltungen gebaut. Zur Stabilisierung der Schaltung (Ableitung von Leckströmen) wird ein Widerstand $10\,k\Omega < R_1 < 50\,k\Omega$ eingesetzt (☞ Abb. ⑨ u. ①).

Eine Darlingtonschaltung lässt sich auf einen Halbleiterkristall integrieren. Die Industrie bietet eine Vielzahl von Darlington-Transistoren an; so z. B. den BC 517, dessen Stromverstärkungsfaktor $B > 30\,000$ ist. Diese Darlington-Transistoren haben die gleiche Gehäuseform wie „normale" Transistoren und besitzen ebenfalls drei Anschlüsse: E, B und C. Im Schaltzeichen erkennt man sie an der Doppelung der Kollektorlinie (Abb. ② und ③).

Ein **Darlington-Transistor** ist für den Schalterbetrieb besonders geeignet, weil der zweite Transistor (der eigentliche Schalter) schnell voll durchgesteuert wird.

Bei Darlington-Schaltungen ist zu beachten, dass sich die Schwellenspannung der beiden Transistoren addiert und somit doppelt so groß ist (ca. 1,4 V) wie bei einem Einzeltransistor.

Der Fototransistor

In der Automatisierungstechnik werden **Sensorschaltungen** häufig als „**Lichtschranken**" eingesetzt: bei Sicherheitsschaltungen an Maschinen, als automatische Türöffner, bei Wasserspülungen, als Prüfeinrichtungen u. a. Sensoren sind hierbei LDR, Fotodioden oder Fototransistoren. Fotodioden zeichnen sich durch eine hohe Reaktionsgeschwindigkeit bei Lichtveränderungen aus, **Fototransistoren** schalten geringfügig langsamer als Fotodioden, nehmen aber sehr empfindlich Lichtveränderungen auf. LDR sind relativ träge in ihrer Reaktionsgeschwindigkeit auf Hell-Dunkelimpulse.

Bei Fototransistoren ist die BE-Strecke großflächig offen gelegt und über eine linsenförmige Glaskuppel dem Licht zugänglich. Fällt Licht auf die BE-Strecke, so wirkt diese als Fotoelement, dessen Strom als Basisstrom den Transistor steuert. Deshalb werden Fototransistoren in der Regel ohne Basisanschluss hergestellt und haben nur Anschlüsse für den Kollektor (C) und den Emitter (E).

In Abb. ⑥ ist eine Schaltung dargestellt, bei der über den Eingangskanal eines Computers eindeutig erfasst werden kann, ob die BC-Strecke des Transistors T1 leitend oder nicht leitend ist. Der jeweilige Zustand „high" (1) oder „low" (0) ermöglicht es, über ein Programm beispielsweise eine Maschine zu stoppen. Die Schaltung ist als so genannte Hellschaltung aufgebaut, d. h., T1 schaltet durch, wenn Licht auf den Fototransistor auftrifft.

Zur Dimensionierung der Schaltung messen wir den Widerstand der CE-Strecke des Fototransistors in eingebautem Zustand, ohne dass er abgedunkelt wird. Mit diesem Wert kann die Schaltung wie auf Seite 166 und 167 dargestellt berechnet werden.

Abb. ⑦ zeigt ein einfaches Programmierbeispiel für einen Ein- bzw. Ausschaltvorgang in Abhängigkeit vom Zustand „hell" oder „dunkel" am Transistor.

In Abb. ⑨ ist eine Schaltung zur Stückzahlerfassung dargestellt.

Entsprechend der Transporteinrichtung (Rutsche, Schiene etc.) muss der Fototransistor so angebracht werden, dass das Werkstück auf dem Transportweg nahe am Fototransistor vorbeikommt und ihn kurz abdunkelt (Abb. ⑧). Im Gegensatz zur Schaltung in Abb. ⑥ soll T2 schalten (einen Zählimpuls geben), wenn es „dunkel" wird. Deshalb wird dieser Schaltungsaufbau als **Dunkelschaltung** bezeichnet. Über ein entsprechendes Programm kann die Stückzahl durch die Zählimpulse der Dunkelschaltung auch direkt am Computer-Bildschirm angezeigt werden. Zur Erhöhung der Empfindlichkeit (z. B. bei frei fallenden Werkstücken) wurde eine Darlingtonschaltung vorgesehen. Für die Dimensionierung der Schaltung messen wir den Widerstand der CE-Strecke des Fototransistors im abgedunkelten Zustand bei durchgeschaltetem Transistor. Die Berechnung der Widerstände des Spannungsteilers erfolgt nach der Darstellung S. 166 und 167. Dabei muss die Verdopplung der Schwellenspannung (ca. 1,4 V) beachtet werden. Die erforderliche Helligkeit lässt sich durch die Verwendung von weiß beschichteten Flächen, die gegenüber dem Fototransistor angebracht werden, erzielen. Bei beiden Schaltungen kann durch anfallenden Staub die Funktion der Fototransistoren beeinträchtigt werden.

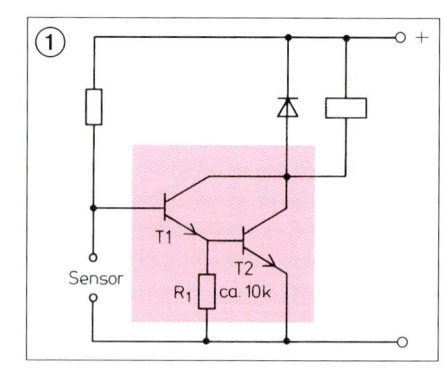

Prinzip eines Sensors mit Darlington-Schaltung

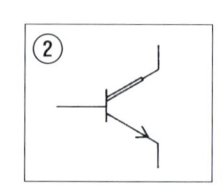

Schaltzeichen für npn-Darlington-Transistor

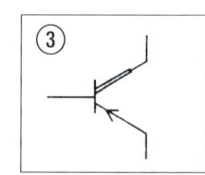

Schaltzeichen für pnp-Darlington-Transistor

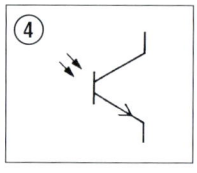

Schaltzeichen für Fototransistor npn

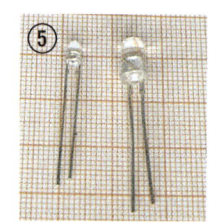

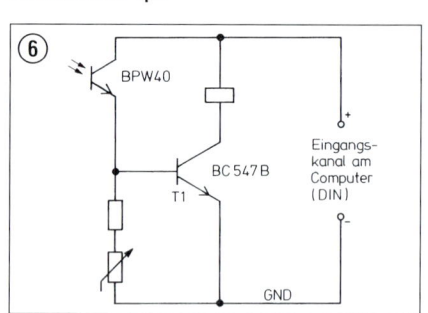

```
10 IF INP(889)=56  THEN OUT 888,0   Aus)
20 IF INP(889)=120 THEN OUT 888,1   Ein)
30 GOTO 10
```

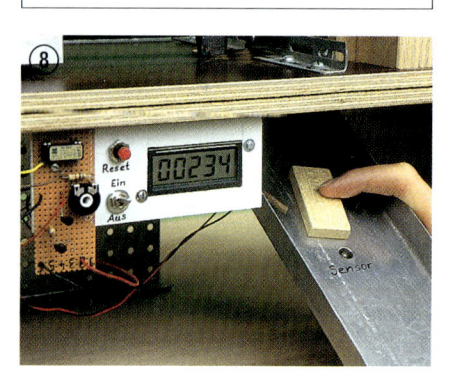

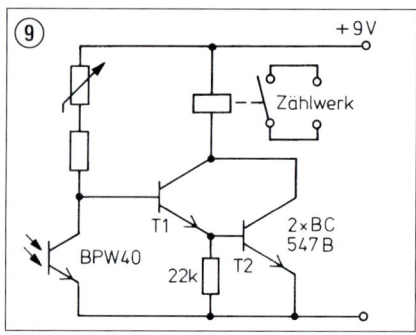

Der lichtabhängige Widerstand (LDR)

Ein **LDR** (Abb. ①) (engl. **L**igth-**D**ependent-**R**esistor = lichtabhängiger Widerstand) verändert seinen Widerstand durch Auftreffen von Licht. Sein Widerstandswert wird um so geringer, je stärker die Lichteinstrahlung ist. Diesen „**fotoelektrischen Effekt**" bewirken Materialien wie Calciumsulfid oder Bleisulfid. Der veränderbare Widerstandsbereich eines LDR liegt zwischen einigen Ohm (starke Beleuchtung) und 100 MΩ bei völliger Dunkelheit.

Die Beleuchtung wird in **Lux** (l_x, Maß für Helligkeit) gemessen. Im Sommer kann bei direkter Sonnenstrahlung die Helligkeit bis zu 100 000 l_x betragen, bei bedecktem Himmel bis zu 20 000 l_x. Ein Büroarbeitsplatz sollte mit 500 l_x ausgeleuchtet sein.

Ein LDR verändert seinen Widerstandswert nicht schlagartig, er benötigt dazu einige Millisekunden (ms). Für besonders flinke Schaltungen sind LDR nicht geeignet, sie reagieren aber sehr empfindlich auch auf geringe Lichtstärke-Schwankungen. Bei der Planung einer Schaltung mit einem LDR ist zu beachten, dass die höchstzulässige Verlustleistung des gewählten LDR (P_{max}) nicht überschritten wird. Durch gleichzeitige Messung des ohmschen Widerstandes am LDR und der Umgebungshelligkeit in l_x können entsprechende Wertepaare (R_{LDR}/l_x) ermittelt werden.

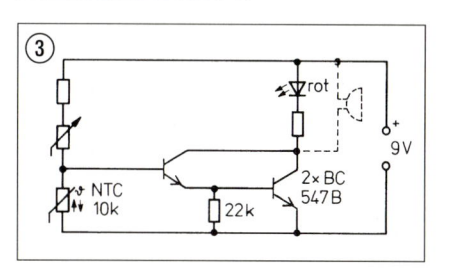

Kaltleiter (PTC) und Heißleiter (NTC)

Ein **Kaltleiter, PTC** (engl. **P**ositive-**T**emperature-**C**oefficient), leitet in kaltem Zustand besonders gut. Sein Widerstand nimmt bei steigender Erwärmung zu.

Ein **Heißleiter, NTC** (Abb. ⑥) (engl. **N**egative-**T**emperature-**C**oefficient), leitet in warmem Zustand besonders gut. Sein Widerstand nimmt bei steigender Temperatur ab.

Mit beiden Bauelementen wird eine vergleichbare Wirkung erzielt: Sie lösen einen Schaltvorgang bei einer bestimmten Temperatur aus. Lediglich der Schaltungsaufbau ändert sich, je nachdem, ob ein PTC oder ein NTC verwendet wird (☞ S. 167, Abb. ⑥ und ⑦). Üblicherweise werden Heißleiter (NTC) verwendet. Mit ihnen kann man nahezu alle „Temperaturfühler" bauen.

Wesentliche Kenndaten eines NTC sind: der Temperaturbereich, in dem er einsetzbar ist, und der ohmsche Widerstand, bezogen auf eine bestimmte Temperatur (in der Regel 25 °C). Diese Temperatur wird als Nenntemperatur bezeichnet.

Beispiel für einen NTC: K 164, 10 kΩ bei 25 °C.

Abb. ③ zeigt ein Schaltungsbeispiel: Ausgehend von der angelegten Spannung (9 V), den Daten des verwendeten NTC, seines Widerstandes bei der vorgesehenen Temperatur von 50 °C und den Eigenschaften der eingesetzten Transistoren lassen sich die Widerstände des Spannungsteilers und der Vorwiderstand der LED berechnen (☞ S. 166, 167). Dabei muss beachtet werden, dass durch die Darlington-Schaltung der Transistoren die doppelte Schwellenspannung (ca. 1,4 V) berücksichtigt werden muss. In der abgebildeten Schaltung werden zwei Transistoren BC 547 B und ein NTC des Typs K 164 (10 kΩ/Nenntemperatur 25 °C, Temperaturbereich – 55 °C bis + 125 °C) verwendet.

Kaltleiter und Heißleiter werden in den unterschiedlichsten Bauformen hergestellt und eingesetzt: als Temperaturfühler für Bordcomputer oder als Regelelemente der Heizung, der Klimaanlage oder des Kühlsystems in Kraftfahrzeugen, zur Temperaturregelung als Feuermelder in Gebäuden.
Wie Transistoren teilweise Relais ersetzen können, werden Heißleiter oder Kaltleiter anstelle eines Bimetalls eingesetzt.

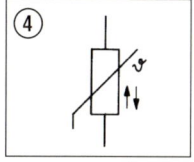

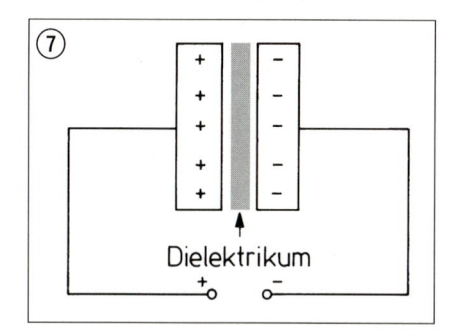

Kondensatoren

Neben Widerständen sind **Kondensatoren** (Abb. ⑧) die in der Elektronik am häufigsten gebrauchten Bauteile. Sie werden in unterschiedlichen Bauformen hergestellt.

Kondensatoren können nur in sehr kleinen Mengen „Strom" speichern. Sie werden aufgeladen und können die gespeicherte elektrische Ladung wieder abgeben. Sie wirken also wie eine Spannungsquelle. Wenn der Kondensator aufgeladen ist, fließt kein Strom mehr.

Jeder Kondensator besteht im Prinzip aus zwei leitenden Platten oder Folien, die sich – voneinander isoliert – gegenüberstehen (vgl. Schaltzeichen Abb. ⑨). Der Isolierstoff zwischen den Platten heißt **Dielektrikum** (Abb. ⑦). Schließt man eine Batterie an, so laden sich die Platten – entsprechend dem angeschlossenen Pol – mit entgegengesetzter Polarität auf.

Die **Kapazität** (Aufnahmefähigkeit) für eine bestimmte elektrische Ladung ist abhängig von der Größe der Metallflächen und von der Beschaffenheit des Dielektrikums. Die Speicherkapazität C wird in der Einheit **Farad** angegeben (nach dem englischen Physiker Michael Faraday 1791–1867). 1 Farad ist eine sehr große Einheit, die so in der Praxis nicht vorkommt. Gebräuchliche Größen liegen im Bereich von einem Millionstel eines Farad, dem Mikrofarad (mF).

Mikrofarad (µF)	Nanofarad (nF)	Picofarad (pF)
$\frac{1}{1\,000\,000}$ F = 1 µF	$\frac{1}{1\,000}$ µF = 1 nF	$\frac{1}{1\,000}$ nF = 1 pF

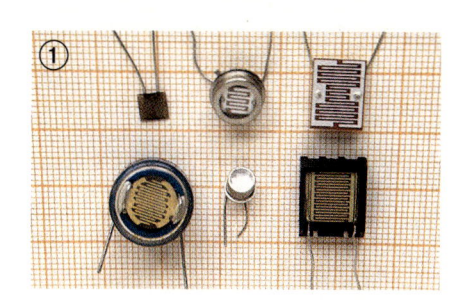

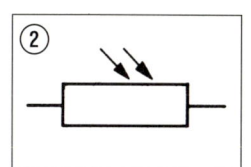

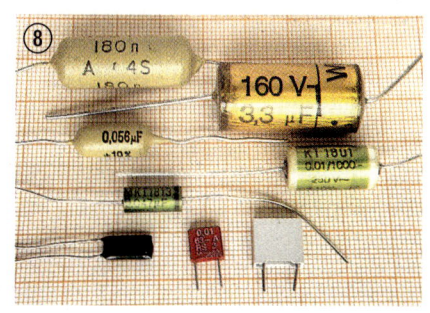

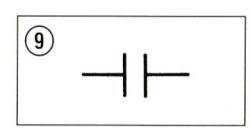

Schaltzeichen für lichtabhängige Widerstände LDR

Schaltzeichen NTC   Schaltzeichen PTC

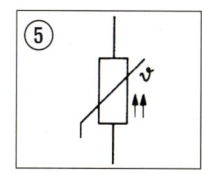

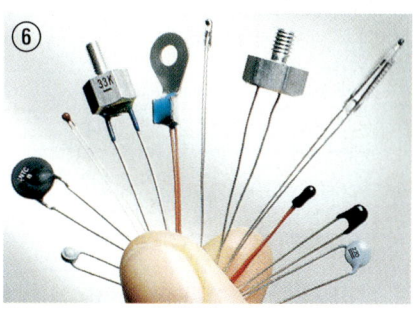

Bauformen von Heißleitern (NTC)

Schaltzeichen für Kondensatoren

Elektrolyt-Kondensatoren (Abb. ② und ⑥), kurz „**Elkos**" genannt, haben bei kleinerer Bauart eine höhere Speicherkapazität. Dies wird erreicht, indem zwei lange Alubänder übereinander gewickelt werden, wobei als Dielektrikum eine Aluminiumoxid-Schicht verwendet wird.

Elkos sind gepolt. Eine falsche Polung führt beim Einbau in eine Schaltung zur Zerstörung! Vor dem Einbau (Gebrauch) sollte ein Elko grundsätzlich über einen niederohmigen Widerstand entladen werden (Abb. ①). Elkos können „altern", d. h., sie verlieren mit zunehmendem Alter an Kapazität und erfüllen dadurch ihre vorgesehene Funktion in einer Schaltung nicht mehr vollständig.

Einstellbare Kondensatoren

Bei **Drehkondensatoren** (Abb. ⑤) ist das „Kondensatorprinzip" deutlich zu erkennen: Es stehen sich Plattensätze gegenüber, als Dielektrikum dient Luft oder eine Kunststofffolie. Durch das Ineinanderdrehen der Plattensätze wird die Größe der Plattenflächen, die sich direkt gegenüberstehen, verändert. Somit ändert sich auch die Kapazität. Drehkondensatoren werden zur Abstimmung von Schwingkreisen benötigt, z. B. zur Senderabstimmung beim Radioempfang.

Zum Zwecke der Feinabstimmung sind die Kapazitäten von einstellbaren Kondensatoren gering. Sie betragen höchstens einige hundert pF. Für den Anschluss des Drehkondensators ist zu beachten, dass der Rotor (beweglicher Teil) an der Masse und der Stator (feststehender Teil) an den Spuleneingang angeschlossen wird.

Trimmkondensatoren (Abb. ④) dienen zum einmaligen oder korrigierenden Einstellen eines bestimmten Kapazitätswertes, um z. B. die Toleranz eines Bauteils auszugleichen.

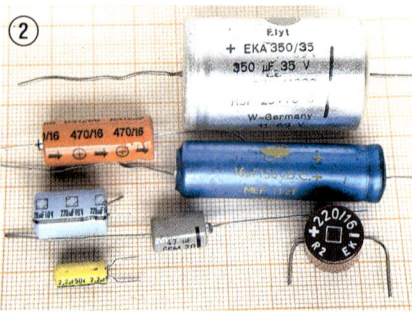

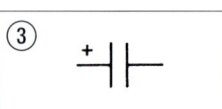

③ Schaltzeichen für Elektrolyt-Kondensatoren

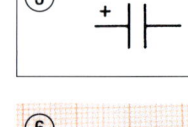

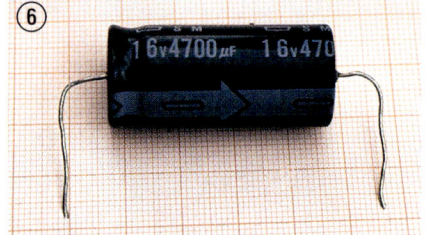

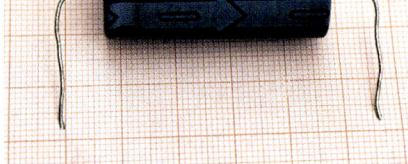

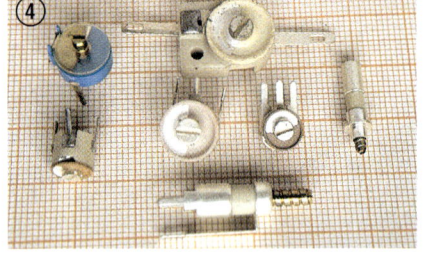

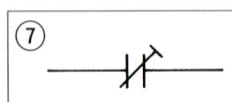

⑦ Schaltzeichen für Trimmkondensatoren (einstellbar)

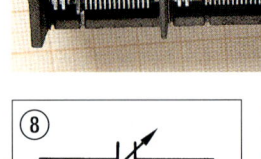

⑧ Schaltzeichen für Drehkondensatoren (veränderbar)

Elektrolytkondensator bis 16 V, 4700 µF

Schaltung und Berechnung von Kondensatoren

Schaltet man Kondensatoren parallel, so addiert sich ihre Kapazität (Abb. ⑨). Bei in Reihe geschalteten Kondensatoren vermindert sich die Kapazität (Abb. ⑩).

Ist ein Kondensator in einem Gleichstromkreis aufgeladen, so sperrt er den Stromfluss. Die Faustformel für die Lade- bzw. Entladezeit eines Kondensators lautet:

$t = 5 \cdot R \cdot C$ (t in Sekunden [s]; R in Ohm [Ω]; C in Farad [F]).

Im Gleichstromkreis kann mit Widerständen die Aufladezeit und Entladezeit eines Kondensators verzögert werden. Für Wechselstrom (Radioempfang) sind Kondensatoren „durchlässig", da sie sich im Takt der Frequenz aufladen und entladen: Je höher die Frequenz, desto „durchlässiger" der Kondensator; d. h., für Wechselstrom stellt ein Kondensator einen frequenzabhängigen Widerstand dar. Die Reihenschaltung eines Widerstandes mit einem Kondensator nennt man **RC-Glied**. Durch die berechenbare Verwendung von R und C lassen sich Zeitkonstanten einstellen, die von wenigen Sekunden bis zu einigen Minuten ausgedehnt werden können.

Der mit einem Widerstand in Reihe geschaltete Kondensator bildet ein sog. RC-Glied oder **Zeitglied.**

Zeitglieder spielen in der Elektronik eine sehr große Rolle. Sie sind fast immer so aufgebaut, dass die Lade- und Entladezeit eines Kondensators genutzt wird.

Die Ladezeit bzw. Entladezeit des Kondensators (t_{RC}) ist jedoch nicht gleichzusetzen mit der gewünschten Schaltverzögerung (t_V), da neben dem Zeitglied noch die Eigenschaften des Transistors, die Höhe der angelegten Spannung etc. berücksichtigt werden müssen. Zur Berechnung der Schaltverzögerung t_V genügt uns eine Näherungsformel: $t_V \approx 0{,}7 \cdot R \cdot C$ (Sekunden [s]; R in Ohm [Ω]; C in Farad [F]).

Damit der Transistor noch sicher durchschaltet, darf der Widerstand des Zeitgliedes, der zugleich Basisvorwiderstand des Transistors ist, den Strom nur auf den Wert begrenzen, der das Durchschalten noch ermöglicht (vgl. Berechnung von R_V Seite 167).

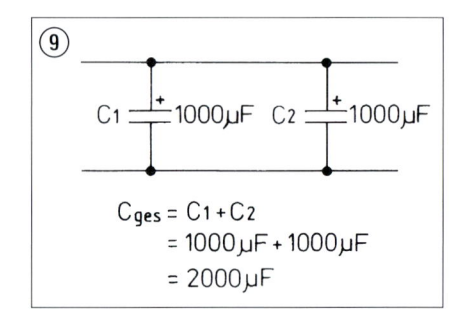

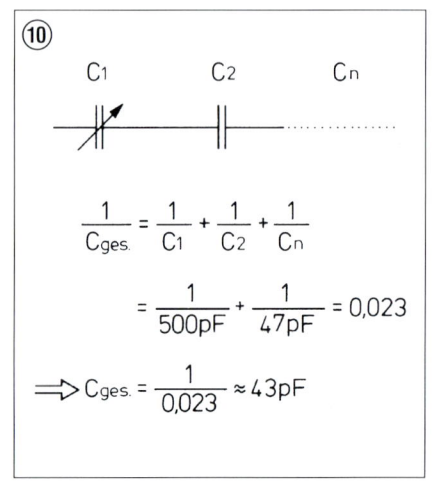

⑨
$C_{ges} = C_1 + C_2$
$= 1000\,\mu F + 1000\,\mu F$
$= 2000\,\mu F$

⑩
$\dfrac{1}{C_{ges.}} = \dfrac{1}{C_1} + \dfrac{1}{C_2} + \dfrac{1}{C_n}$

$= \dfrac{1}{500pF} + \dfrac{1}{47pF} = 0{,}023$

$\Rightarrow C_{ges.} = \dfrac{1}{0{,}023} \approx 43\,pF$

Thyristor

Mit einem „Klatschschalter" können Schallimpulse in elektrische Signale umgewandelt werden. Dabei soll ein kurzzeitiger Schallimpuls („Klatschen") einen Schaltvorgang auf Dauer auslösen (d. h. zum Beispiel ein Gerät einschalten). Diese Schaltfunktion übernimmt ein Thyristor.

Aufbau des Thyristors

Der **Thyristor** besteht aus 4 Halbleiterzonen (Abb. ②). Die obere Zone P1 heißt Anode, die untere Zone N4 Katode. P3 ist der Gateanschluss. Die Zone N2 ist von außen nicht zugänglich.

Funktion des Thyristors

Wir bauen einen Thyristor (BRX 46 o. Ä.) zusammen mit einer Glühlampe in einen Gleichstromkreis (Anode positiv) ein (Abb. ③). Der Gateanschluss bleibt frei. Die Lampe leuchtet nicht, auch dann nicht, wenn wir die Anschlüsse an der Spannungsquelle vertauschen. Der Thyristor sperrt in beiden Richtungen. Wir ergänzen die Schaltung mit einem Schalter S1 und erweitern sie durch einen zweiten Stromkreis mit dem Schalter S2 und einem Schutzwiderstand von 4,7 kΩ. Der Thyristor sperrt nach dem Drücken von S1, wie vorher bei offenem **Gate**. Nach dem Betätigen von S2 leuchtet die Lampe auf und zeigt an, dass der Thyristor leitend geworden ist. Er bleibt leitend, auch wenn wir S2 wieder öffnen, d. h. den Gate-Anschluss unterbrechen. Der Schaltvorgang wurde durch einen kleinen Strom am Gate ausgelöst.

Um die Lampe wieder auszuschalten, müssen wir den Arbeitsstromkreis mit dem Schalter S1 unterbrechen. Dadurch wird der Thyristor wieder gesperrt.

Der Thyristor verhält sich also wie ein Relais in Selbsthalteschaltung.

Thyristoren werden vorwiegend als kontaktlose und verschleißfreie „Hochleistungs"-Schalter sowohl im Wechsel- als auch im Gleichstromkreis verwendet. Sie werden besonders in der Kfz-Elektronik, in der Maschinentechnik und bei Haushaltsgeräten wie z. B. Waschmaschinen und „Dimmern" eingesetzt.

„Klatschschalter"

Nach Schaltplan (Abb. ④) kann ein **Klatschschalter** gebaut werden. Dabei übernimmt ein Transistor einer Sensorschaltung die Funktion des Schalters S2 aus Abb. ③.

Die Lampe leuchtet erst dann, wenn am Ohrhörer ein Geräusch z. B. durch Pfeifen oder Klatschen erzeugt wird. Über diesen Schalldruck entsteht im Ohrhörer ein Spannungsimpuls: Der Transistor (S2) schaltet durch. Somit wird der Steuerstromkreis des Thyristors geschlossen, der Thyristor schaltet durch. Die Lampe im Arbeitsstromkreis leuchtet so lange, bis der Schalter S1 wieder geöffnet wird.

Mit dem Potentiometer 10 kΩ kann die Ansprechempfindlichkeit eingestellt werden.

Der Lautsprecher

Die am häufigsten verwendete Bauart ist der dynamische **Lautsprecher**. Fließt durch die an einer Membran (1) aufgehängte Schwingspule (2) ein Wechselstrom, so wechseln die Magnetpole (3), d. h., die Spule wird abwechselnd vom Magneten angezogen oder abgestoßen. Jede Schwingung des Wechselstroms erzeugt eine Hin- und Herbewegung der Spule und der an ihr befestigten Membran. Diese regt dadurch die umgebende Luft zu Schallschwingungen an.

Umgekehrt kann auch durch einen auftretenden Schalldruck (Stimme) die Membran bewegt werden. Die aufgehängte stromdurchflossene Spule (Magnetfeld) bewegt sich im Magnetfeld des Dauermagneten und erzeugt elektrische Impulse. Ein Lautsprecher kann deshalb auch als Mikrofon eingesetzt werden. Beim Anschluss von Lautsprechern muss der Widerstandswert der Spule beachtet werden.

In Abb. ⑧ sind **Ohrhörer** dargestellt.

Bauformen von Thyristoren

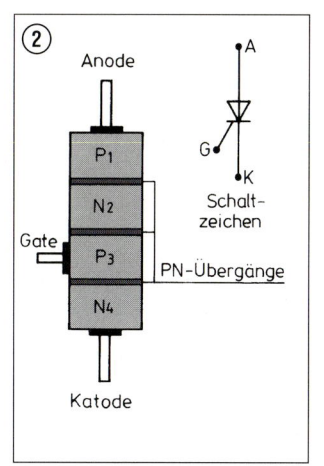

Aufbau eines Thyristors

Schaltprinzip

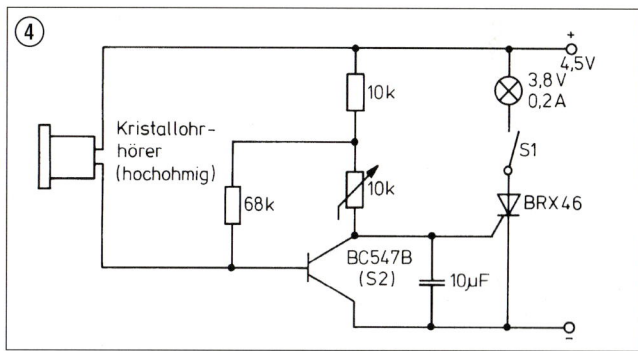

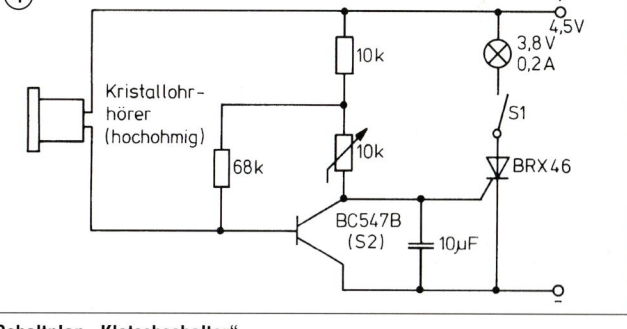

Schaltplan „Klatschschalter"

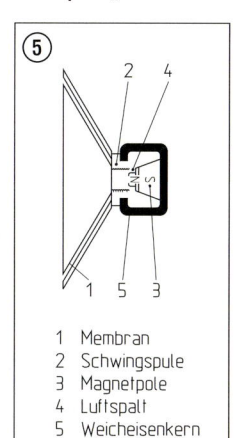

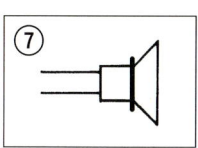

1 Membran
2 Schwingspule
3 Magnetpole
4 Luftspalt
5 Weicheisenkern

Schaltzeichen für Lautsprecher

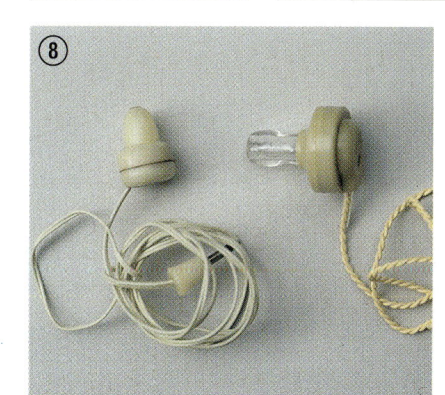

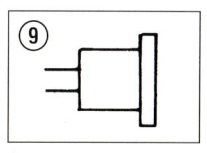

Schaltzeichen für Ohrhörer

Kippschaltungen

Bei der Schaltung für ein Straßenbeleuchtungsmodell (☞ S. 167 oder beim Bedenkzeitschalter (☞ S. 57) besteht das Problem, dass die Transistoren nicht schlagartig vom Zustand „sperren" in den Zustand „leitend" schalten. Transistorschaltungen, die „ohne Zwischenzustand" vom Zustand „sperren" in den Zustand „leitend" kippen, bezeichnet man als Kipp- oder Multivibratorschaltungen.

Vier Variationen von **Kippschaltungen** werden häufig verwendet:

die **Schmitt-Trigger-Schaltung** (nach ihrem Entwickler Schmitt und engl. to trigger = auslösen). Sie ist eine besondere Form der Kippschaltung, mit der auch Sensorschaltungen oder Zeitschaltungen optimiert werden können;

die **astabile Kippschaltung,** die selbsttätig und unablässig vom einen in den anderen Zustand kippt (z. B. Taktgeber, Blinker, Tongenerator, Alarmanlage);

die **monostabile Kippschaltung,** die einen stabilen Zustand hat, in dem sie nach dem „Kippen" eine bestimmte, einstellbare Zeit verweilt und dann wieder zurückkippt (Monoflop, z. B. als Schaltung für die Verschlusszeit einer Kamera, Bedenkzeitschalter ☞ S. 57);

die **bistabile Kippschaltung,** die zwei stabile Zustände hat und so lange in dem jeweiligen Zustand verharrt, bis sie durch einen Impuls zum Umschalten gebracht wird (Flipflop ☞ S. 173).

Der Schmitt-Trigger

Der **Schmitt-Trigger** ist ein Schwellwertschalter, der beim Über- bzw. Unterschreiten einer bestimmten Steuerspannung schlagartig umschaltet. Somit kennzeichnen ihn zwei eindeutige und stabile Schaltzustände. Diese Schalteigenschaft wird z. B. bei der Bedenkzeitschaltung in Abb. ② erreicht, indem zwei Transistoren, T3 und T4, so geschaltet werden, dass T4 bei geringerer Spannung durchschaltet und T3 dadurch sperrt. Wenn die Spannung U_E steigt, kehrt sich der Vorgang um: T3 schaltet bei einem bestimmten Punkt durch, wonach T4 sperrt. Die Ausgangsspannung U_A kann daher nur zwei Werte annehmen: „Ein" oder „Aus". Ursache für das plötzliche „Kippen" der Schaltzustände ist R11. Er bewirkt, dass eine gewisse Bandbreite der Eingangsspannung U_E zugelassen wird, ohne gleich einen Schaltvorgang auszulösen. Der Schaltvorgang „Ein" wird erst beim Erreichen von U_{E2} ausgelöst, der Schaltvorgang „Aus" erst beim Absinken der Spannung auf U_{E1} (vgl. Abb. ①).

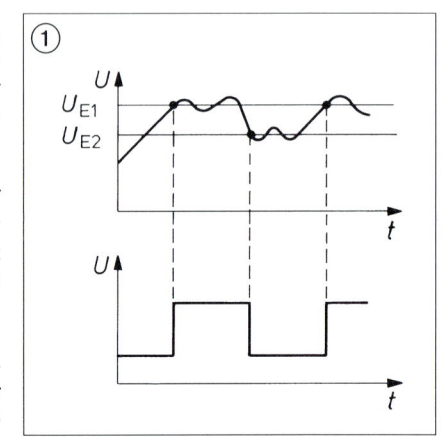

Somit wird ein „schleichendes" Umschalten, das sich z. B. durch Flackern der Glühlampe oder durch Flattern des Relais bemerkbar macht, vermieden. Der Schmitt-Trigger formt aus Eingangssignalen saubere Rechtecksignale (Abb. ①). Mit R12 kann die Schaltschwelle zur universellen Verwendung in unterschiedlichen Schaltungen entsprechend eingestellt werden. Beim Einsatz in der Bedenkzeitschaltung werden R5 und die grüne LED als Leistungsstufe ausgelegt und an den Ausgang des Schmitt-Triggers gesetzt. An ihre Stelle wird ein Widerstand mit 1 kΩ eingesetzt. Die Ankoppelung des Sensors an den Schmitt-Trigger (z. B. bei der Dämmerungsschaltung des Straßenbeleuchtungsmodells ☞ S. 167) ermöglicht eine direkte Nutzung der beschriebenen Schalteigenschaften. Die Darlingtonstufe kann dabei entfallen. Gegenüber der Bedenkzeitschaltung auf ☞ S. 57 ist festzustellen, dass sich die grüne LED umgekehrt verhält: Sie erlischt während des Zeitablaufs und leuchtet nach Ablauf der Bedenkzeit schlagartig auf. Die Begründung liegt im Schaltverhalten des Transistors. In Emitterschaltung kehrt er das Signal um. Sind mehrere Transistoren hintereinander geschaltet, so gilt: Eine ungerade Anzahl kehrt das Eingangssignal um, eine gerade Anzahl verändert es nicht.

Weil die Schmitt-Trigger-Funktion häufig Anwendung findet, wurden integrierte Schaltkreise (IC) entwickelt, die komplette Schmitt-Trigger enthalten und darüber hinaus für weitere Kippschaltungen einsetzbar sind (☞ S. 174).

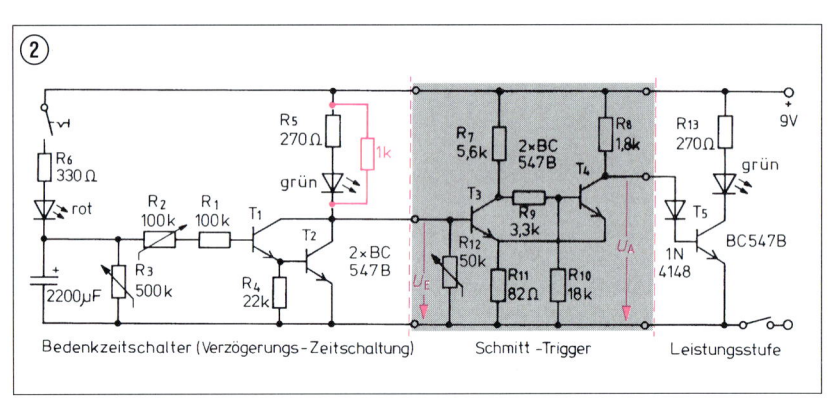

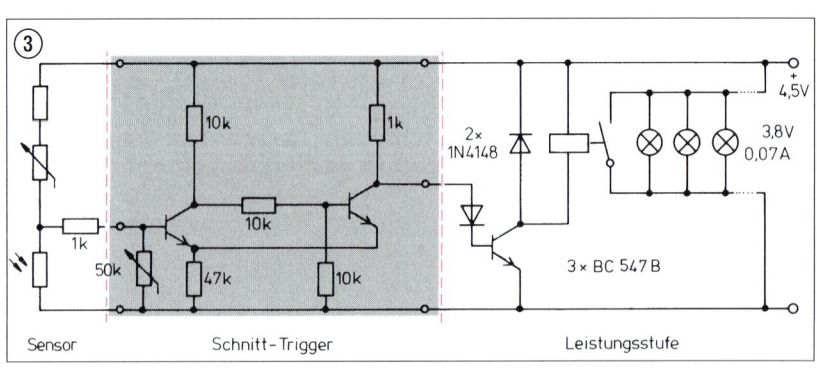

Die astabile Kippschaltung

Bei den bisherigen Schaltungen musste der Transistor durch einen Vorgang von außen geschaltet werden (z. B. Licht trifft auf LDR). Oft benötigt man jedoch Schaltungen, die in regelmäßigen Zeitabständen eine wiederkehrende Änderung des Schaltzustandes bewirken wie z. B. beim Blinker eines Kfz, Abb. ④). Durch ihr beständiges Ein- und Ausschalten ist die astabile Kippschaltung ein solcher Taktgeber, der gleiche Impulse erzeugt.

Das Funktionsprinzip kann in 3 Phasen erklärt werden, die mittels einer Experimentierschaltung überprüft werden können (☞ Abb. ① bis ④, S. 173).

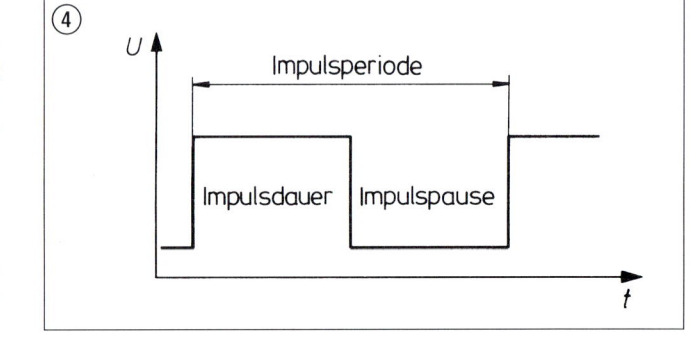

1. Phase (Abb. ①): Schließt man an die Basis von T1 einen Kondensator und verbindet ihn mit dem Pluspol, so lädt sich C1 auf. Während des Aufladevorgangs fließt ein erhöhter Basisstrom, der T1 voll durchschaltet. T1 bleibt auch nach dem Aufladen durchgeschaltet, die LED leuchtet.

2. Phase (Abb. ②): Verbindet man C1 nur mit dem Minuspol, so liegt (+) am Emitter und (−) an der Basis von T1. T1 sperrt und schaltet die LED aus. C1 entlädt sich über R1 und die Batterie. Danach lädt sich C1 über R1 mit umgekehrter Polarität wieder auf. Sobald C1 bis zur Schwellenspannung von T1 aufgeladen ist, schaltet T1 wieder durch.

3. Phase (Abb. ③): Statt den Anschluss E1 abwechselnd am Plus-, danach am Minuspol anzuschließen, kann dieser Vorgang auch mit einer 2. Transistorstufe erreicht werden.

Wenn T2 sperrt, liegt C1 über R4 und die LED am Pluspol (Zustand wie Abb. ①). Wenn T2 durchschaltet, liegt C1 über die CE-Strecke von T2 am Minuspol. Es folgen also die Zustände 2a und 2b wie in Abb. ②. T2 kann wie T1 geschaltet werden, wenn man seine Basis über den Kondensator C2 (Anschluss E2) mit dem Kollektor von T1 (Anschluss A1) verbindet. Die Transistoren schalten abwechselnd durch bzw. sperren abwechselnd, was ein wechselweises Blinken der Leuchtdioden bewirkt.

Abb. ③ zeigt den typischen Schaltplan einer **astabilen Kippschaltung** als Wechselblinker mit symmetrischer Darstellung der Transistorschaltstufen.

Die Schaltzeiten können über die Dimensionierung der Zeitglieder (RC-Glieder ☞ S. 170) berechnet werden. Die Ausschaltzeit t von T1 entspricht der Einschaltzeit von T2 und die Einschaltzeit t von T1 der Ausschaltzeit von T2. Für die Berechnung der Ausschaltzeit gilt die Näherungsformel:

$$t_{T2} \approx 0{,}7 \cdot R1 \cdot C1 \quad \text{bzw.} \quad t_{T2} \approx 0{,}7 \cdot R2 \cdot C2$$

Eine ganze Schaltperiode setzt sich aus Einschaltzeit und Ausschaltzeit eines Transistors zusammen, danach gilt:

$$T \approx 0{,}7 \cdot R1 \cdot C1 + 0{,}7 \cdot R2 \cdot C2$$

(T in Sek.; R in Ohm; C in Farad).

Die monostabile Kippschaltung – das Monoflop (Abb. ⑤)

Ersetzt man in der **astabilen Kippschaltung** einen Kondensator durch einen Widerstand (R6, roter Kreis), so nimmt die Schaltung einen stabilen Zustand ein: Tippt man den Taster an, so sperrt T2; T1 erhält Basisspannung und schaltet durch. Auch wenn man den Taster wieder öffnet, bleibt T2 so lange gesperrt, bis C1 aufgeladen ist. R1 und C1 bilden ein Zeitglied ($t_v \approx 0{,}7 \cdot R \cdot C$). Wenn C1 so weit aufgeladen ist, dass über T2 ein Basisstrom fließen kann, schaltet T2 durch. Damit ist der Ausgangspunkt wieder erreicht. Die Abschaltverzögerung beginnt mit dem Loslassen des Tasters. Wird der Taster während der Abschaltverzögerung nochmals gedrückt, so beginnt nach dem Öffnen des Tasters die volle Abschaltverzögerung erneut. Das Durchschalten der Transistoren erfolgt schlagartig, vergleichbar mit den Schaltvorgängen im Schmitt-Trigger. Somit ist das **Monoflop** ein verbesserter Bedenkzeitschalter, der mit einem „dynamischen Eingang" (blauer Kreis) auf Schaltimpulse schnell reagiert.

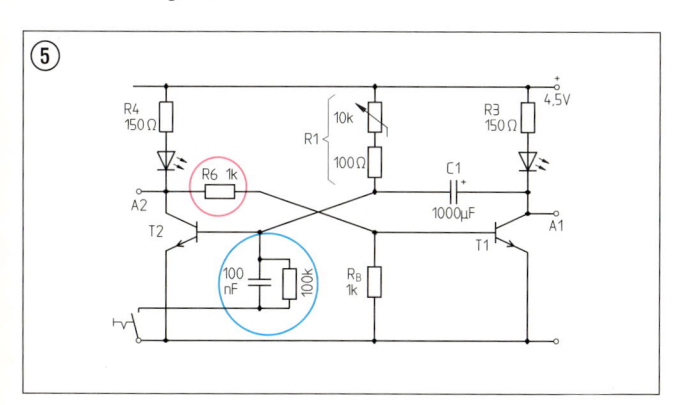

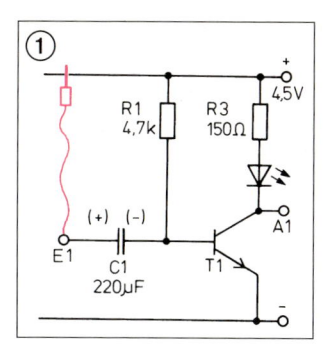

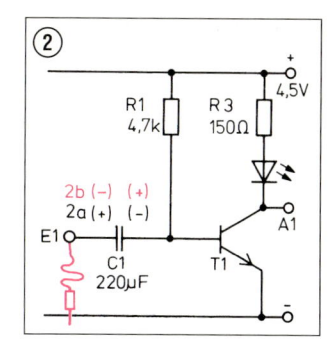

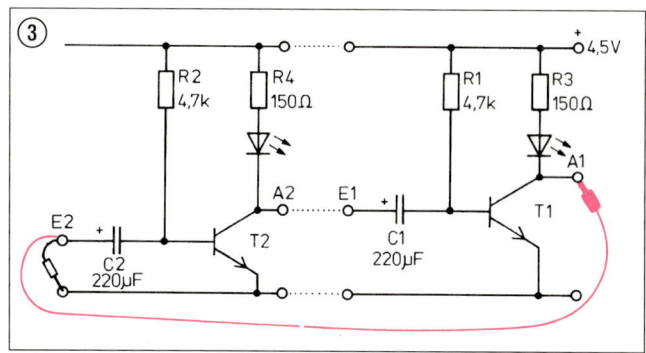

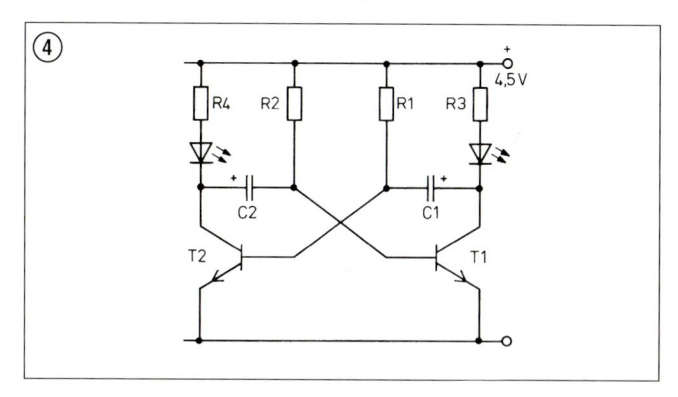

Die bistabile Kippstufe – das Flipflop (Abb. ⑥)

Werden beide Kondensatoren durch je einen Widerstand (R5, R6) ersetzt, so kann die Kippschaltung in beiden Zuständen verharren. Beide Basiswiderstände sind an Masse gelegt, die Transistoren sperren. Schließt man den Taster 2 kurz (negativer Impuls), so geht A2 von „low" auf „high" und T1 schaltet durch; dadurch fällt A1 von „high" auf „low". T2 erhält keine Basisspannung mehr, egal ob Taster 2 geschlossen oder offen ist. T1 bleibt weiterhin durchgeschaltet, der erste Impuls von E2 ist also gespeichert. Erst wenn man über den Taster 1 einen negativen Impuls an die Basis von T1 gibt, sperrt T1 und T2 leitet wieder. Der Vorgang ist der Gleiche, nur seitenverkehrt. Über den Taster 1 wurde der „Speicher" gelöscht. Die Grundschaltung Abb. ⑥ ist zu einer Schaltung für ein Geschicklichkeitsspiel „sichere Hand" ausgebaut (blau gekennzeichnet), bei dem „mogeln" kaum möglich sein dürfte. Der Eingang ist über den Kondensator so ausgeführt, dass er auf schnelle Spannungsänderungen einwandfrei reagiert. Der **Flipflop**-Baustein ist somit universell einsetzbar.

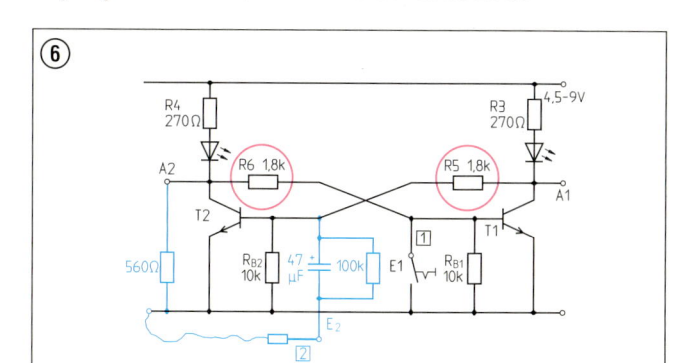

Integrierte Schaltkreise: Schalten mit dem IC NE 555

Der **NE 555** ist ein im Bereich von Zeitgeberschaltungen universell einsetzbarer **integrierter Schaltkreis (IC)**. Die Schaltung besteht aus einem Spannungsteiler, zwei Komparatoren, einem Speicher-Flipflop, einer Ausgangsstufe (Pin 3) und einem Transistorschalter (Pin 7) (Abb. ②). Komparatoren sind Verstärker und Spannungsvergleicher, die, sobald die Eingangsspannung den Wert der Vergleichsspannung übersteigt, den Zustand des Ausgangs sprunghaft ändern. Die Eingänge der beiden Komparatoren sind nach außen geführt und bilden die Haupteingänge Pin 2 (Trigger-Eingang) und Pin 6 (Einschaltschwelle).

Der NE 555 kann auch als Schmitt-Trigger eingesetzt werden (☞ S. 172).

Über den Steuereingang Pin 5 kann eine Spannung angelegt werden, mit der die Schaltschwellen der Komparatoren geändert werden können. Wird Pin 5 nicht benötigt, so schaltet man zwischen Pin 5 und der Masse einen Kondensator. Störeinflüsse können somit vermieden werden. Nach dem Flipflop ist eine Endstufe geschaltet, sodass Ströme bis max. 200 mA verarbeitet werden können.

Abb. ③ vermittelt einen Eindruck von dem komplizierten Aufbau des IC, mit 16 Widerständen und 25 Transistoren, wovon 2 als Dioden geschaltet sind. Die unten abgebildeten Grundschaltungen (④ – ⑦) zeigen die wesentlichen Anwendungsbereiche des NE 555. Dabei wird deutlich, dass der Aufwand zur Herstellung der Platine, der Platzbedarf und damit die Kosten durch die Verwendung des IC wesentlich geringer werden. Aus diesen Grundschaltungen lassen sich je nach Problemstellung und Verwendungszweck durch Berechnen und Experimentieren zahlreiche Varianten entwickeln.

Das **monostabile Schaltverhalten** ist abhängig von R_A ($R_2 + R_3$) und von C_1.
Für die Berechnung gilt: $t_v \approx 1{,}1 \cdot R_A \cdot C$ (t_v in Sek.; R in Ohm; C in Farad)

Das **astabile Schaltverhalten** (die Taktfrequenz) wird bestimmt durch die Widerstände R_A, R_B und den Kondensator (Abb. ⑤). Die Periodendauer (T) eines Schaltvorgangs setzt sich zusammen aus der Impulsdauer (t_1) und der Impulspause (t_p). Für die Berechnung gilt:

$t_1 \approx 0{,}7 \cdot C \cdot (R_A + R_B); \; t_p \approx 0{,}7 \cdot C \cdot R_B; \; T \approx 0{,}7 \cdot C \cdot (R_A + R_B)$

Die Frequenz (f) ist der Kehrwert der Periodendauer (T).

Für die Berechnung gilt: $f = \dfrac{1}{T}; \; f = \dfrac{1}{0{,}7 \cdot C \cdot (R_A + 2R_B)}$

(f in Hertz; C in Farad; R in Ohm).

Soll die Impulspause so groß wie die Impulsdauer sein, so kann dies durch die Diode erreicht werden, die parallel zu R_B geschaltet wird. Durch die Überbrückung von R_B während des Aufladevorgangs dauert die Lade- bzw. Entladezeit des Kondensators gleich lang. Unter der Voraussetzung, dass R_A und R_B gleich groß sind, gilt für die Berechnung der Blinkfrequenz:

$f = \dfrac{1}{1{,}4 \cdot R_A \cdot C}; \; (R_A = R_B)$

Wird anstelle der Glühlampen zwischen dem Ausgang (Pin 3) und Masse ein Lautsprecher geschaltet), so erhält man einen Tonsignalgeber, dessen **Tonfrequenzen** nach den unten dargestellten Formeln berechnet werden können.

Das **bistabile Schaltverhalten** (Abb. ⑥) kann über eine einfache Beschaltung des IC als Befehlsspeicher **(Flipflop)** genutzt werden. Ein Trigger-Impuls (z. B. Geschicklichkeitsspiel „sichere Hand") an Pin 2 setzt den Speicher, die Zurückstellung erfolgt über einen Resetimpuls an Pin 4.

Das **Schwellwert-Schaltverhalten (Schmitt-Trigger)** des NE 555 kann dort genutzt werden, wo bei einem bestimmten Wert einer Messgröße (Helligkeit, Temperatur, Feuchtigkeit, Schall) ein Schaltvorgang ausgelöst werden soll (Abb. ④).

> **Tipp zum Einbau:** Auf die Platine wird ein zum IC passender Sockel gelötet, in den der IC eingesteckt wird. Das Platinenlayout muss exakt aufgebracht und im Pin-Abstand von 2,54 mm gebohrt sein, damit die Anschlüsse passen und sauber verlötet werden können.

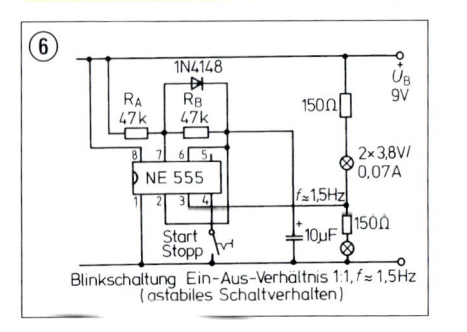

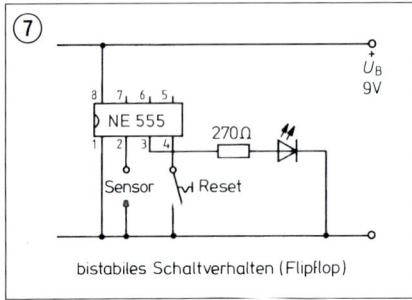

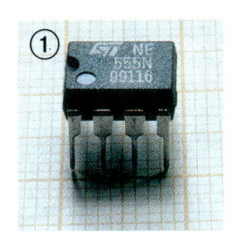

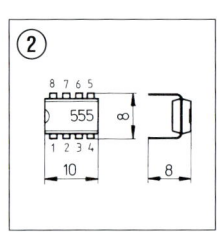

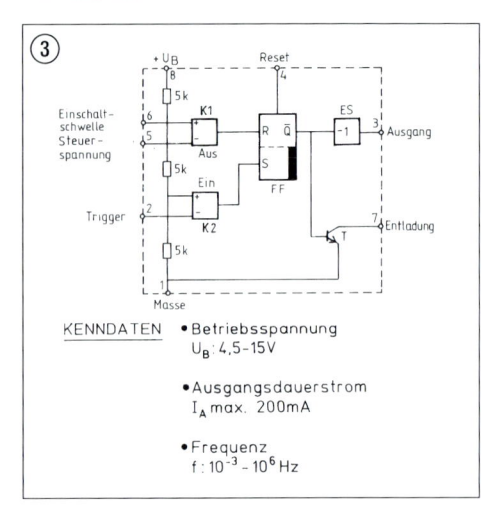

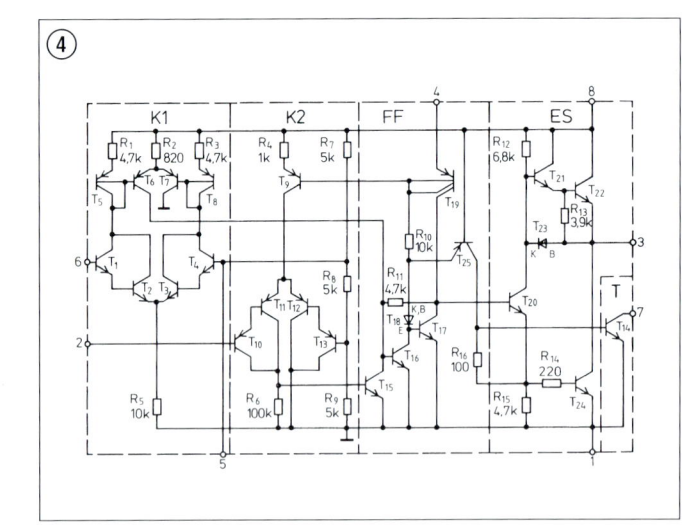

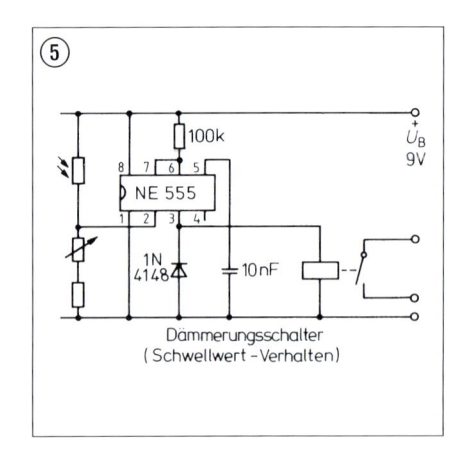

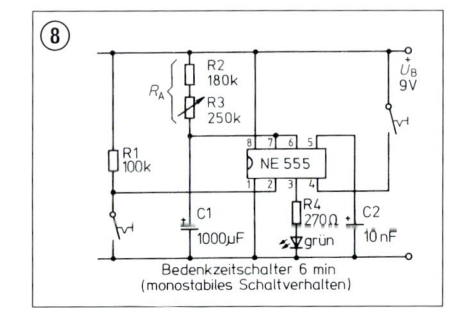

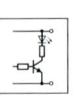

KENNDATEN
- Betriebsspannung U_B: 4,5–15V
- Ausgangsdauerstrom I_A max. 200mA
- Frequenz f: $10^{-3} - 10^6$ Hz

① ② ③ ④ ⑤ Dämmerungsschalter (Schwellwert-Verhalten)

⑥ Blinkschaltung Ein-Aus-Verhältnis 1:1, f ≈ 1,5Hz (astabiles Schaltverhalten)

⑦ bistabiles Schaltverhalten (Flipflop)

⑧ Bedienzeitschalter 6 min (monostabiles Schaltverhalten)

Informationen zur Mikroelektronik und zum Computer

Die Entwicklung der Rechenmaschine: Vom Abakus zum Mikrocomputer

Vor weniger als einem halben Jahrhundert waren Computeranlagen noch so groß wie ganze Häuser und kosteten Millionen von Dollar. Auf keinem anderen Gebiet der Technik hat sich in einer vergleichbaren Zeit eine solche rasante Entwicklung vollzogen wie in der Mikroelektronik.

Heute gibt es elektronische Rechner im Taschenformat, die für ein Taschengeld zu haben sind und die Rechenoperationen schneller durchführen können als die ersten riesigen Computeranlagen. Die Entwicklungsgeschichte der automatischen Rechner hat viele Wurzeln und Entwicklungsrichtungen:

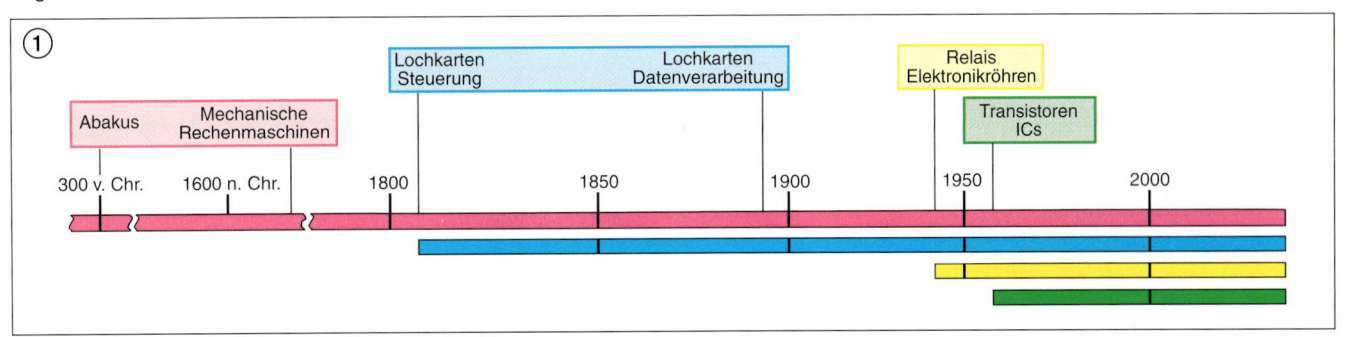

① Abakus (300 v. Chr.) – Mechanische Rechenmaschinen (1600 n. Chr.) – Lochkarten Steuerung (1800) – Lochkarten Datenverarbeitung (1850–1900) – Relais, Elektronikröhren (1950) – Transistoren, ICs (2000)

Der Abakus

Um sich das Zählen und Rechnen zu erleichtern, benutzten die Menschen ihre Finger. Mit dem Aufkommen des Handels in der Antike erleichterten sich die Kaufleute die Rechenarbeit mit den verschiedensten Zählhilfen wie Steinchen, Perlen usw. Der **Abakus** (Abb. ②) gilt als das erste Rechenhilfsmittel der Römer, Chinesen und Japaner. Er weist in seiner Grundform bereits das Stellenprinzip auf und vereinfacht die Grundarten des Rechnens. Der Abakus wird auch noch heute in Ostasien, Indien und Russland verwendet. Man schätzt, dass er bei mehr als der Hälfte der Erdbevölkerung im Gebrauch ist.

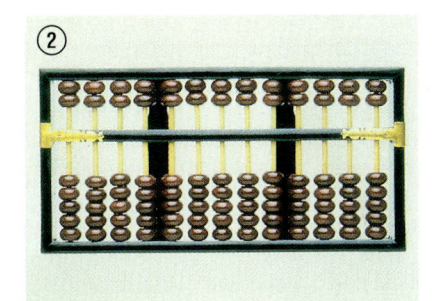

Abakus

Erste mechanische Rechenmaschinen

Wissenschaftliche Entdeckungen im 17. und 18. Jahrhundert, der Handel und ein umfangreicheres Steuersystem waren Gründe, um Rechenvorgänge weiter zu vereinfachen und zu automatisieren.

Wilhelm Schickard, Prof. an der Universität in Tübingen, entwickelte 1623 die erste urkundlich nachweisbare, funktionsfähige **Rechenmaschine** der Welt (Abb. ③). Mit ihr konnten alle vier Grundrechnungsarten durchgeführt werden. Er benutzte erstmals ein Zählrad mit 10 Zähnen. Nach einer Umdrehung schaltete ein zusätzlicher Übertragungszahn das Zählrad der höherwertigen Stelle um einen Schritt weiter. Dadurch wurde der selbstständige Zehnerübertrag realisiert.

Im oberen Teil befand sich das Multiplizierwerk mit sechs drehbaren Zylindern. Die Teilprodukte konnten in den Fensterchen mit seitlich angebrachten Schiebern sichtbar gemacht werden. Schickards Rechenmaschine konnte nur aufgrund von schriftlichen Aufzeichnungen rekonstruiert werden.

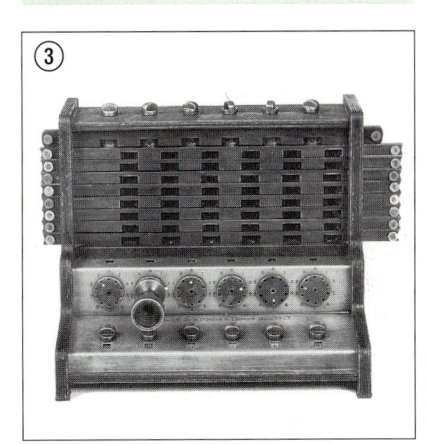

Rechenmaschine von Schickard

Blaise Pascal baute 1642 als 19-Jähriger für seinen Vater, der in der französischen Finanzverwaltung tätig war, eine Rechenmaschine (Abb. ④). Mit ihr konnten achtstellige Additionen und Subtraktionen durchgeführt werden. Sie hatte Zahnräder mit 10 Zähnen, der Zehnerübertrag wurde durch eine Klaue mit Mitnehmerstift ermöglicht. Eine Sperrklinke verhinderte eine Drehung in die falsche Richtung, dadurch wurde die Ablesestelle arretiert. Pascals Rechenmaschine regte viele andere Mathematiker an, ähnliche Apparate zu bauen.

Etwa ab 1670 beschäftigte sich Leibniz mit der Konstruktion von Rechenmaschinen für alle vier Rechenarten (Abb. ⑤). Er war es auch, der das duale Zahlensystem mit seinen Rechengesetzen entwickelte – die Grundlage der heutigen Computertechnik.

Erst 100 Jahre später ermöglichte es die Technik der Feinmechanik, Rechenmaschinen serienmäßig zu bauen.

Der schwäbische Pfarrer Philip M. Hahn nutzte seine Erfahrungen, die er bei der Herstellung von Weltuhren machte, 1770 für die Konstruktion einer mechanischen Rechenmaschine.

Die erste Herstellung von Rechenmaschinen in größerer Zahl geht auf das 1820 in Paris erteilte Patent von Charles X. Thomas zurück. 1878 waren in Europa ungefähr 1500 solcher Rechenmaschinen im Einsatz.

Am Ende des 19. Jahrhunderts begann dann vor allem in Deutschland und in den USA die industrielle Produktion von mechanischen Tischrechnern, wie sie zum Teil auch heute noch benutzt werden.

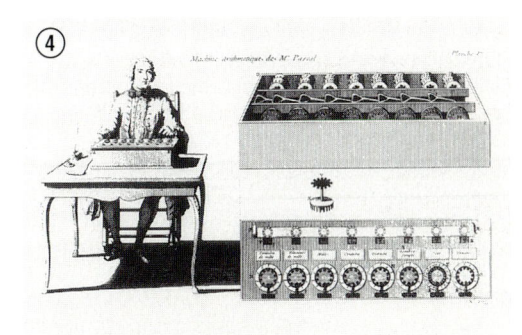

Rechenmaschine von Pascal

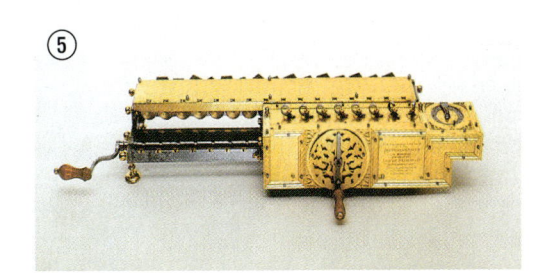

Rechenmaschine von Leibniz

Der Einsatz von Lochkarten

Die Entwicklung im Bereich der Konstruktion von Uhren mit ihrer komplizierten Steuerung und die ständige Verbesserung der mechanischen Rechenmaschinen beeinflusste auch die Ideen zur Automatisierung anderer Bewegungsabläufe. Großes Aufsehen erregte 1760 eine „schreibende Puppe", die über Stifte und Kurvenscheiben gesteuert wurde.

Lochkarten zum Steuern von Maschinen

Die Steuerung von immer gleich ablaufenden Prozessen begann sich bald in Webereien durchzusetzen. 1728 baute der Feinmechaniker Falcon eine Webstuhlsteuerung mit gelochten Holzbrettchen. Diese Steuerungsidee wurde von Joseph-Maria Jaquard 1805 verbessert. Er arbeitete mit gelochten Pappkarten – den ersten **Lochkarten** – als Steuermedium (Abb. ①). Mit ihnen konnten die kompliziertesten Webmuster in gleich bleibender Qualität sogar von Hilfskräften in großen Serien hergestellt werden.

Hier zeigte sich auch zum erstenmal die Problematik der „Automatisierung": Arbeitskräfte wurden freigesetzt und die Löhne sanken. Die daraus entstandenen sozialen Spannungen waren erheblich (Weberaufstand 1844 in Schlesien). Auch heute ist dieses Thema bei Arbeitnehmern, Gewerkschaften und Arbeitgebern hochaktuell.

Die Steuerung mit Lochkarten oder mit Lochbändern wurde in den darauf folgenden Jahren auch in vielen anderen Geräten, so z. B. im elektrischen Klavier, in den Orchestrions der Jahrmärkte und in Schreibautomaten, eingesetzt.

Beeinflusst durch den Jaquard-Webstuhl entwickelte Charles Babbage die Vorstellung von einer automatischen Rechenmaschine, der „Analytical Engine". Seine Überlegungen zum Grundaufbau eines „Rechners": Recheneinheit, Speicher, Ein- und Ausgabe sowie Verarbeitungsschritte (Programm), sind heute noch aktuell.

Babbage konnte seine Ideen nicht verwirklichen, da die technischen Mittel seiner Zeit nicht ausreichten.

Lochkarten zur Volkszählung

Der Kongress der USA bestimmte durch ein Gesetz, dass wegen der rasch anwachsenden Bevölkerung alle 10 Jahre eine Volkszählung durchgeführt werden solle. So fand 1880 wiederum eine Volkszählung statt. Die mühselige Auswertung und Verarbeitung der Daten war 1887 immer noch nicht bewältigt. Hermann Hollerith, ein deutscher Auswanderer, beteiligte sich an einem Ideenwettbewerb, der zum Ziel hatte, den Auszählaufwand bei künftigen Volkszählungen zu vermindern.

Er hatte eine elektromechanische Lochkartenapparatur entwickelt (Abb. ②). Alle wichtigen Angaben zur statistischen Auswertung wurden mit einer schreibmaschinenähnlichen Stanze in Karten gelocht. Die Hollerithkarten (Abb. ③) waren (ähnlich der Jaquardkarten) steife Papierkarten, die an verschiedenen vorher festgelegten Stellen gelocht wurden. Durch diese Löcher griffen feine Kontakte des Lochkartenlesers und schlossen die jeweiligen Stromkreise, die an Zählwerken angeschlossen waren. Die Lochkarte war damals noch nicht so codiert wie die heutigen Lochkarten mit ihren numerischen Zeilenpositionen 0 bis 9 und den Überlochungen zur Kennzeichnung von Buchstaben. Hollerith ordnete den Lochpositionen die verschiedenen Begriffe zu, wie Geburtsdatum, Religion, Geschlecht usw. Seine bahnbrechende Idee bestand darin, die Lochkarte als Informationsspeicher zu benutzen, und sie in einer elektrischen Zähl- und Registriermaschine auszuwerten.

Bei der 11. Volkszählung in den USA 1890 schaffte Hollerith mit 43 Zählmaschinen und mit 43 Helfern die Auswertung von ca. 63 Millionen Lochkarten in knapp 4 Wochen. Zur Auswertung der Volkszählung 1880 ohne Lochkarten brauchten 500 Helfer über 7 Jahre.

Weil Hollerith erstmalig die Lochkarte als Informationsspeicher einsetzte, gilt er als der Begründer der maschinellen Datenverarbeitung.

In Berlin wurden die Hollerithmaschinen erstmals 1910 zur Volkszählung eingesetzt.

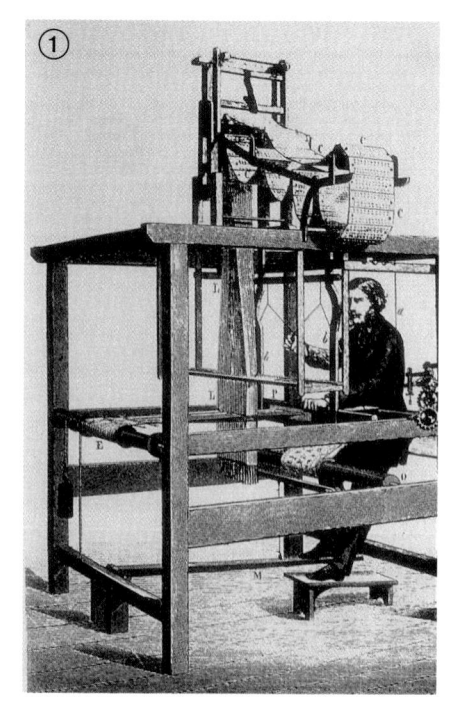

① Jaquard-Webstuhl 1805

▼ Hollerith-Maschine 1890

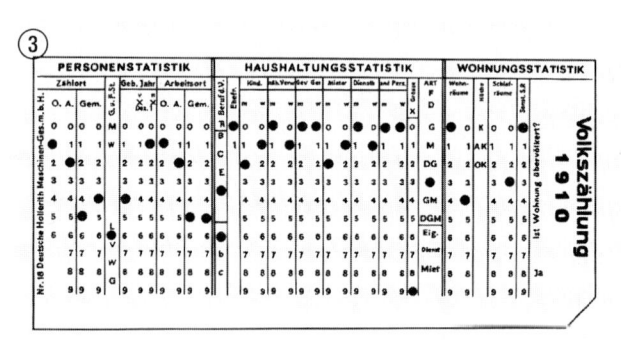

▲ Lochkarte 1910   ▼ Lochkarte 1952

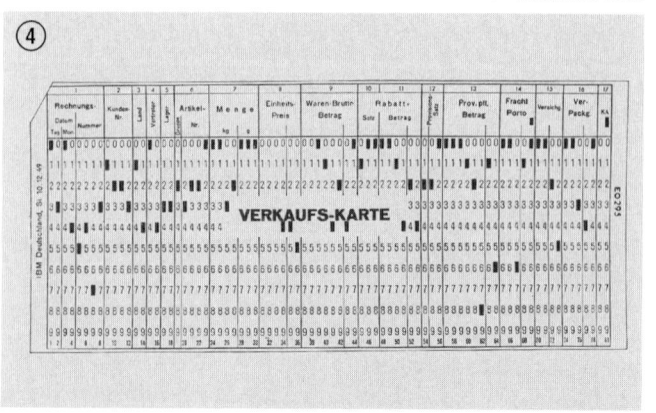

Die ursprüngliche und die heute übliche Lochkarte (bis in die 20er Jahre waren die Lochungen noch rund). Die Lochkarte wird sicherlich noch einige Zeit als Datenträger Verwendung finden. Sie hat 80 senkrechte Spalten und 12 waagerechte Zeilen. In jeder Spalte lassen sich die Ziffern 0 bis 9 durch eine einfache Lochung, ein Buchstabe durch die Kombination zweier Lochungen ausdrücken.

176

Die ersten Computer mit Relais und Elektronenröhre

Die automatische Rechenmaschine von Konrad Zuse

Als Bauingenieur musste Zuse viele statische Berechnungen mit komplizierten Formeln durchführen, die einen enormen Rechenaufwand erforderten. Er wollte diese stupiden Rechenvorgänge automatisieren und von einer **Rechenmaschine** durchführen lassen.

1941 hatte Zuse die erste programmgesteuerte Rechenmaschine „Z3" einsatzbereit. Das Programm war in gelochten Kinofilmstreifen gespeichert, die Zahlen und Befehle wurden dual dargestellt. Das Rechenwerk und das Steuerwerk war aus insgesamt 2600 Fernmelderelais aufgebaut, die das Rechnen und das Speichern der Daten übernahmen. Neben den vier Grundrechnungsarten konnte Z3 noch andere Rechenoperationen durchführen, z. B. Wurzelziehen. Außerdem war das Rechnen mit den logischen Grundoperationen: UND, ODER und NICHT möglich. Als Ausgabeeinheit diente ein Lampenfeld mit 4 Dezimalstellen. Der Programmablauf war jedoch noch rein linear, also ohne Verzweigungen. Doch konnten schon 15 bis 20 arithmetische Operationen pro Sekunde durchgeführt werden und eine Multiplikation dauerte rund 3 Sekunden.

Rechenmaschine Z3

Relais

MARK I

Während des II. Weltkrieges beschäftigte man sich auch in den USA mit der Entwicklung von automatischen Rechenmaschinen, die die komplizierten Berechnungen von ballistischen Kurven in kürzester Zeit ermöglichen sollten.

Parallel zum Rechner Z3 in Deutschland entstand in den USA unter der Leitung von Howard H. Aiken 1943 der Rechenautomat MARK I mit gewaltigen Ausmaßen. Er war 15 m lang, 2,5 m hoch, bestand aus 700 000 Einzelteilen (davon waren über 3300 Relais) und 80 km elektrischem Leitungsdraht.

Die Daten wurden über Lochkarten, Lochstreifen oder elektrische Schreibmaschinen ein- und ausgegeben. Eine Multiplikation zweier zehnstelliger Zahlen dauerte etwa 6 Sekunden.

Die erste Computergeneration: Der ENIAC

Mit der Fertigstellung von ENIAC (Elektronic Numerical Integrator and Computer) erfolgte 1946 in den USA der nächste große Schritt in der Entwicklung automatischer Rechner. Erstmals wurden als Schaltelemente **Elektronenröhren** eingesetzt. Dieser erste **Computer** benötigte den Platz eines Einfamilienhauses, wog 30 Tonnen, arbeitete mit 18 000 Elektronenröhren, 1 500 **Relais,** 70 000 Widerständen, 100 000 Kondensatoren und hatte eine Leistungsaufnahme von 150 kW.

ENIAC rechnete wie MARK I im Zehnersystem. Statt der **Relais**-Zähler verwendete man für eine Dezimalstelle eines Zählers zehn elektronische Flip-Flops. Die Verwendung von Elektronenröhren brachte eine Steigerung der Rechengeschwindigkeit. Die Multiplikation zweier zehnstelliger Zahlen dauerte 2,8 Millisekunden.

Für die Programmsteuerung verwendete man Schalttafeln mit Kabelsteckverbindungen. Konstante Werte konnten nur über Schalter eingegeben werden. Insgesamt war die Programmierung des ENIAC außerordentlich mühsam und zeitaufwendig.

Der Stromverbrauch war außerordentlich hoch und die Wärmeentwicklung bei den Elektronenröhren erforderte entsprechend große Kühlanlagen.

Mit dem ENIAC begann der eigentliche Durchbruch für die elektronische Automatisierung von Rechenvorgängen.

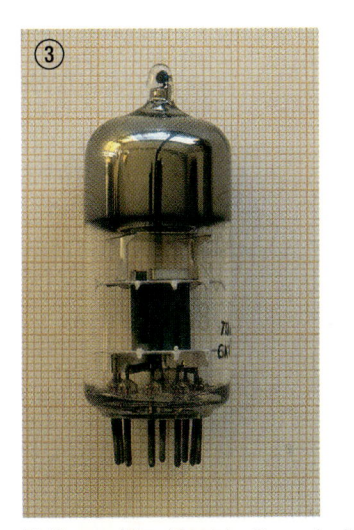

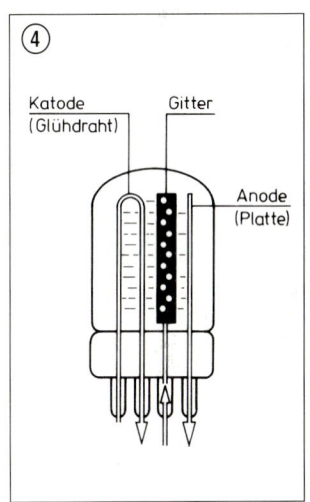

Elektronenröhre (Triode): Tausende dieser Elektronen- oder Vakuumröhren wurden zum Betrieb der ersten Computer benötigt. Eine positive Ladung am Gitter regt negativ geladene Elektronen dazu an, durch das Vakuum zwischen der Katode (einem Glühdraht) und der Anode (einer Metallplatte) zu wandern und dadurch einen Stromkreis zu schließen. Ist das Gitter negativ geladen, stößt es Elektronen ab. Der Stromkreis ist unterbrochen.

ENIAC

Transistoren und IC in Computern

Mit der Entwicklung des bipolaren Transistors 1948 (Abb. ①) in den USA und der serienmäßigen Herstellung von **Transistoren** in der Mitte der 50er Jahre begann ein neuer Abschnitt beim Bau von Computern.

Die Vorteile des Transistors: geringes Gewicht, kleinere Abmessungen, niedere Betriebsspannungen und eine fast unbegrenzte Lebensdauer machten ihn zum bevorzugten Steuer- und Schaltelement in der Elektronik. Transistoren wurden bald in Radios, Fernsehern und Computern eingesetzt.

Durch die Verwendung von Transistoren in Elektronenrechnern wurden nun umfangreichere Rechenoperationen möglich, die man früher wegen des Kosten- und Zeitaufwands nicht durchführen konnte. Ab 1957 wurde die industrielle Herstellung von Computern auf breiter Basis verwirklicht. Dazu gehörte auch die Entwicklung von Speichermedien, wie z. B. Magnetband- und Magnetplattenspeichern. Für Datenspeicher wurden anfangs in Computern magnetisierbare Ferritkerne verwendet. Mit der zunehmenden Informationsflut begann man elektronische Bauteile weiter zu verkleinern und sie zu Schaltkarten (Modulen) zusammenzufassen. Durch die damit verbundene Verkürzung der Stromwege wurde eine weitaus höhere Verarbeitungsgeschwindigkeit möglich. **Computer** mit Schaltkarten konnten bereits etwa 1 300 Additionen je Sekunde ausführen.

1968 gelang es, Transistoren, Widerstände und Kondensatoren mit ihren Verbindungsleitungen in das Innere von Siliziumplättchen (Chip) zu integrieren. Diese integrierten Schaltkreise IC (Integrated Circuits) können auf wenigen Quadratmillimetern tausende von Schaltkreisen enthalten.

NPN-Transistoren (☞ S. 164, 165), sie werden auch als bipolare Transistoren (Abb. ②, ③ und ④) bezeichnet, können für die Schaltkreise moderner Chips nicht eingesetzt werden. Auch bei geringsten Steuer- und Arbeitsströmen würden sie zu viel Wärmeenergie erzeugen, die den winzigen Chip zerstören würde. Die IC werden heute mit **Feldeffekttransistoren** (FET) ausgeführt. Der Feldeffekttransistor (Abb. ④) besteht aus zwei dicht nebeneinander liegenden N-leitenden Siliziumschichten (Source und Drain), die in ein P-leitendes Silizium hineinragen. Das Gate ist meist ein Aluminiumbelag, der durch eine dünne Schicht aus Siliziumoxid gegenüber dem Halbleiter isoliert ist.

Bei Feldeffekt-Transistoren ist nur ein Ladungsträgertyp vorhanden. Man könnte ihn deshalb auch als unipolaren Transistor bezeichnen; im Gegensatz zum bipolaren Transistor, an dessen Funktion positive und negative Ladungsträger beteiligt sind. Der FET ist leistungslos zu steuern, er braucht lediglich eine Steuerspannung und keinen Steuerstrom.

Die Grafik (Abb. ⑤) zeigt die Entwicklung der Integration von Transistoren pro Baustein seit 1960. Der 4-Megabit-Speicherchip (Abb. ⑤) ist dafür ein beeindruckendes Beispiel. Seine Kapazität beträgt etwas mehr als vier Millionen Bits. Das entspricht etwa der Textmenge eines Taschenbuches mit 300 Seiten, gespeichert auf einer Fläche von 13,1 mm mal 6,6 mm. Das ist wenig Platz für über vier Millionen Speicherzellen. Für jede Zelle bleiben gerade 12 Quadratmikrometer, d. h., auf der Fläche des Punktes dieses i sind 7 000 Speicherzellen untergebracht.

Ein Chip kann nun als **Mikroprozessor** die logische Verarbeitung von Daten übernehmen oder ist darauf spezialisiert, Daten in Form von elektrischen Ladungen zu speichern, dann spricht man von einem **Speicherchip**. **Chips** als Speicher- oder Logikbausteine sind Grundbauelemente nicht nur für Computer, sondern für viele andere Einsatzbereiche wie z. B. in der Unterhaltungselektronik, Fahrzeugtechnik, Kommunikationstechnik.

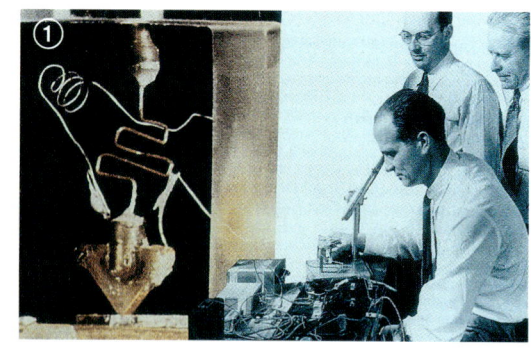

Erster Transistor 1948

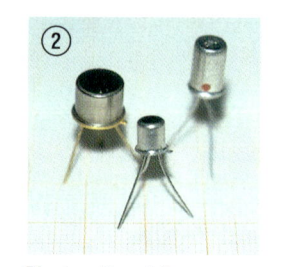

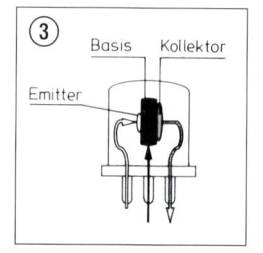

Bipolare Transistoren

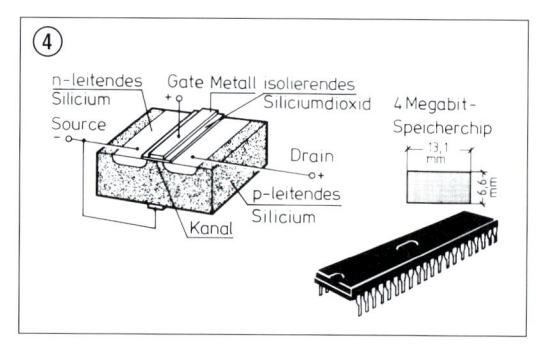

FET: Feldeffekt-Transistor

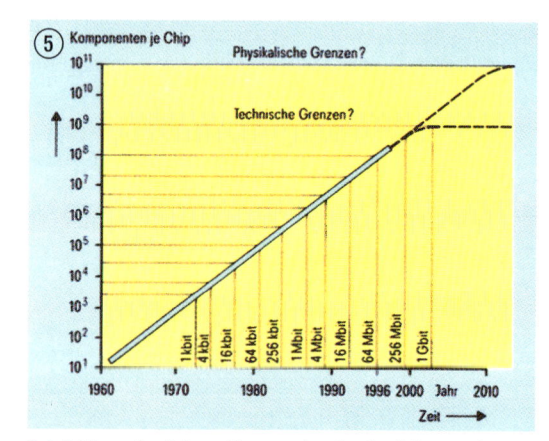

Entwicklung des Integrationsgrades der Speicher- und Mikroprozessorenentwicklung

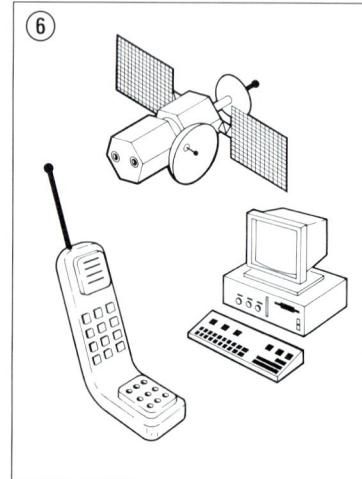

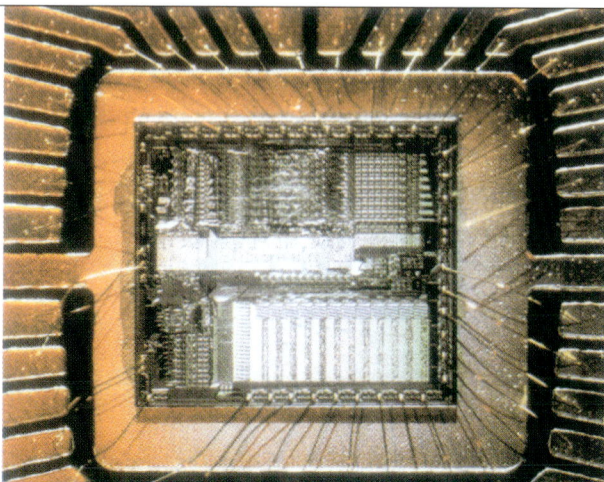

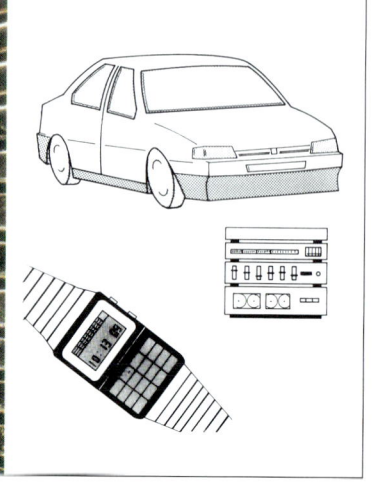

Logische Grundschaltungen, digitale ICs

Benennung	Funktionsbeschreibung	Wahrheitstabelle	Schaltzeichen	Kombinationen
UND engl. AND	Am Ausgang (Z) liegt nur dann Spannung an, wenn Schalter S1 **und** S2 geschlossen sind.	S1 S2 Z L L L L H L H L L H H H	S1, S2 → & → Z IC 74 HC 08	① AND aus NAND
ODER engl. OR	Am Ausgang (Z) liegt dann Spannung an, wenn Schalter S1 **oder** Schalter S2 **oder** beide geschlossen sind.	S1 S2 Z L L L L H H H L H H H H	S1, S2 → ≧1 → Z IC 74 HC 32	② OR aus NAND
NICHT engl. NOT	Am Ausgang (Z) liegt dann Spannung an, wenn S1 **nicht** geschlossen ist. Der Ausgang verhält sich entgegen dem Eingang. Er invertiert das Eingangssignal.	S1 Z L H H L	S1 → 1 →o Z IC 74 HC 04	③ NOT aus NAND
NICHT UND engl. NAND	Am Ausgang (Z) liegt dann Spannung an, wenn wenn bei der UND-Logik keine Spannung anliegen würde. Somit wird das UND-Signal invertiert.	S1 S2 Z L L H L H H H L H H H L	S1, S2 → ≧1 →o Z IC 74 HC 02	④ NAND aus AND und NOT
NICHT ODER engl. NOR	Am Ausgang (Z) liegt dann Spannung an, wenn an beiden Eingängen keine Spannung anliegt. Schaltet man hinter drei NAND-Verknüpfungen eine weitere NAND, so entsteht ein NOR (Abb. ④).	S1 S2 Z L L H L H L H L L H H L	S1, S2 → ≧1 →o Z IC 74 HC 02	⑤ NOR aus NAND
ENTWEDER-ODER engl. EXOR	Am Ausgang (Z) der EXOR-logik liegt dann Spannung an, wenn **ENTWEDER** S1 geschlossen ist **ODER** S2 geschlossen ist, aber nicht beide gleichzeitig.	S1 S2 Z L L L L H H H L H H H L	S1, S2 → =1 → Z IC SN 74 S 86	⑥ EXOR-Logik aus NAND-Gattern

	AND	OR	NOT	NAND	NOR	EXOR
amerikanisches Schaltzeichen	⟫−	⟩−	▷o−	⟫o−	⟩o−	⟫−

⑦ IC 74 LS 00 — Fassung

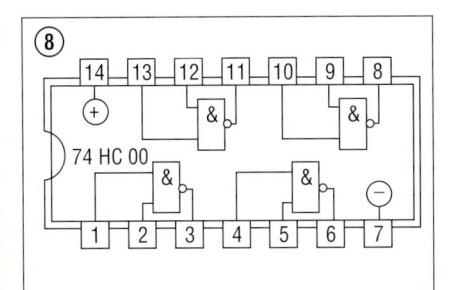

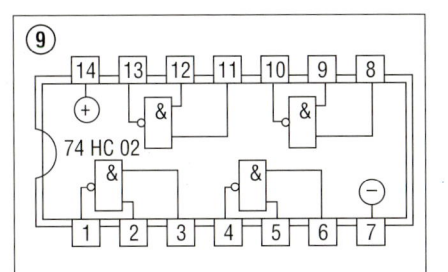

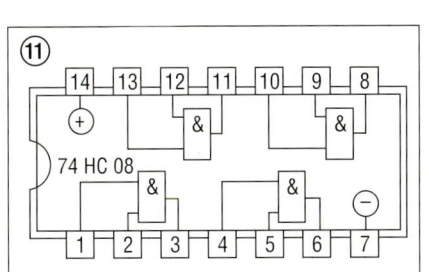

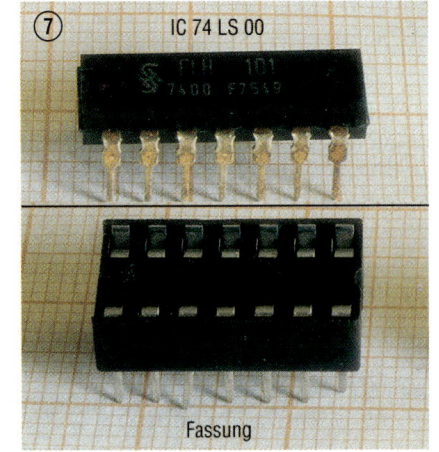

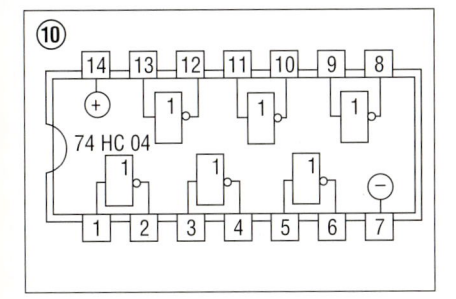

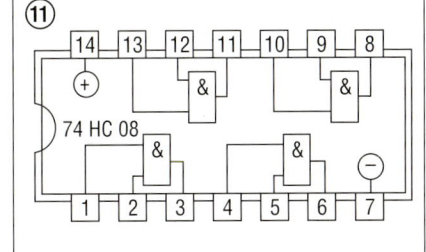

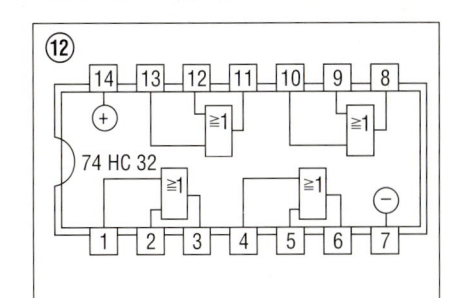

⑧ 74 HC 00
⑨ 74 HC 02
⑩ 74 HC 04
⑪ 74 HC 08
⑫ 74 HC 32

179

Der Mikroprozessor im Computer

Der **Mikroprozessor** (Abb. ②) ist das Herzstück jedes **Computers** (Central Processing Unit, CPU). Er kann mit seiner eingebauten „Intelligenz" zählen, sortieren, vergleichen, rechnen, kontrollieren, speichern, steuern und sogar entscheiden, allerdings nur, wenn er entsprechende Anweisungen erhält, also entsprechend programmiert wird. Dann aber wird er zum hoch intelligenten Gehilfen, indem er die ihn umgebenden Datenspeicher nützt, um über vorgesehene Leitungen, **Bus** genannt, Informationen auszutauschen und die entsprechenden Anweisungen an die ausführenden Geräte geben (Abb. ①).

Solche Datenspeicher sind z. B.

ROM-Speicher
Read Only Memory (Lesespeicher, in denen Programmbefehle fest gespeichert sind und abgelesen werden können)

RAM-Speicher
Random Acces Memory (Schreib-Lese-Speicher, in denen Daten beliebig eingegeben, gespeichert und abgerufen werden können)

Solche Daten bestehen aus Ziffern oder Buchstaben mit einer bestimmten Bedeutung, z. B. Kundennummern, Artikelnummern o. Ä., die der Mikroprozessor so verarbeitet, wie es ihm über die Ein-/Ausgabe-Einheit (Bedienungstastatur) vorgeschrieben wird. Die verarbeiteten Daten kann der Mikroprozessor wieder über einen angeschlossenen Drucker oder Bildschirm sichtbar machen.

Über die Ein- und Ausgabe-Einrichtung – die Tastatur des PC, die Tastatur eines Taschenrechners oder die Programmschalter einer Waschmaschine oder eines Videorekorders sind bekannte Beispiele – wird der Mikroprozessor vom Menschen programmiert.

Dabei werden dem Mikroprozessor häufig die Bedingungen gesetzt, die erfüllt sein müssen, damit bestimmte Programme „automatisch" ablaufen.

Um feststellen zu können, ob die vorgegebenen Bedingungen erfüllt sind, muss der Mikroprozessor entsprechende Messsignale abrufen, auswerten und vergleichen können. Er muss dazu mit einem geeigneten Messfühler (Sensor) zusammenarbeiten. Seine Aufgabe ist es, das vom Messfühler kommende Signal richtig auszuwerten, zu speichern und in die weiteren Programmschritte einzubauen.

Der Mikroprozessor als Rechner

Soll der **Mikroprozessor** rechnen, so kann er dies nur mithilfe seines „Zahlensystems". Dabei stehen ihm nur die Zustände „High" (Spannung liegt an) und „Low" (keine Spannung liegt an) zur Verfügung. Mathematisch entspricht dies dem binären Zahlensystem mit „0" und „1" (☞ S. 64 und 65).

dezimal	0	1	2	3	...	11	...	16	...
binär	0	1	10	11	...	1011	...	10000	...

Nach diesem Dualsystem (High und Low) werden Ziffern, aber auch Buchstaben und Zeichen verschlüsselt. Vergleicht der Rechner die Werte und soll er ihm gestellte Aufgaben lösen, so muss er alle an ihn gerichteten Fragen in einfachste Denkschritte nach dem Prinzip „0 – 1", „High – Low" zerlegen: „ja – nein" bzw. „richtig – falsch" (Abb. ③).

Durch Zusammenfassen vieler solcher High-Low-Schritte wird die Lösung einer Aufgabe erarbeitet. Ein Taktgeber bestimmt die Zeit, in der ein Strom fließt. Während eines Taktimpulses kann immer nur ein Denkschritt ausgeführt werden. Um das „Zeitproblem" zu verringern, werden Mikroprozessoren mit immer schnellerer Taktfrequenz (z. B. über 400 MHz) entwickelt.

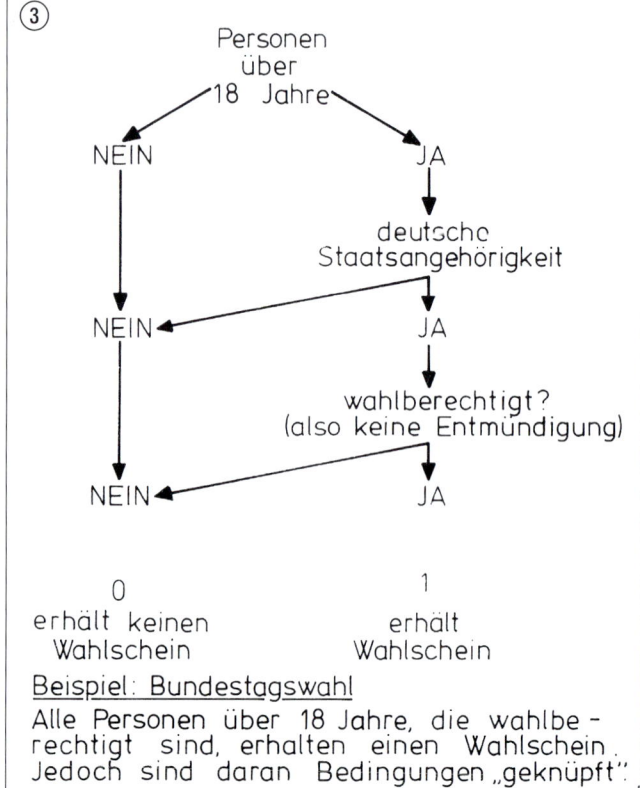

Computerinterface zum Steuern: Funktion und Schaltungsaufbau

Wenn Anlagen mit Elektromotoren, Elektromagneten, Lampen u. Ä. über Relais durch einen Computer angesteuert werden sollen, reichen die vom Computer zur Verfügung stehenden Spannungs- und Stromwerte meist nicht aus. Deshalb müssen die Ausgangssignale des Computers über Verstärkerschaltstufen (Interface) mit einer externen Spannungsquelle verstärkt werden.

Das **Interface** übernimmt auch den Schutz des Computers vor zu hohen Spannungen.

Am „Ausgang" des Computers kann einer der beiden Schaltzustände „High" oder „Low" abgenommen werden. Diese Schaltzustände können als Ausgänge gesetzt bzw. als Eingänge abgefragt werden, womit über ein entsprechendes Programm die Steuerung von Geräten und Anlagen möglich ist.

Das hier vorgestellte Interface kann mit einem Druckerkabel an die Druckerschnittstelle eines PC (DOS) angeschlossen werden. Bei Home-Computern muss die Kabelverbindung zum Interface den Anschlussbelegungen des Computers angepasst werden.

Schaltstufe für Ausgang

Soll ein Elektromotor über den Computer geschaltet werden, benötigt man eine Transistorverstärkerstufe. Das Ausgangssignal des Computers an einem Pin, das in der Regel 5 V umfasst, wird über den Transistor so verstärkt, dass ein Relais durchschaltet. Das Relais trennt gleichzeitig den Arbeitsstromkreis, in dem der Motor geschaltet ist, vom Steuerstromkreis am Computerausgang und schützt so den Computer.

Schaltstufe für Eingang

Soll ein laufendes Steuerprogramm unterbrochen werden, um z. B. in ein Unterprogramm zu wechseln, kann dies über einen Schaltimpuls erfolgen, der nicht vom Computer, sondern extern, von der Anlage her kommt (z. B. Fußgängertaste bei der Ampelanlage, S. 74).

Für die **Eingangsabfrage** benötigt man den Signalgeber Sensor/Schalter und das Relais. Dieses gibt das Signal Ein/Aus an den Computer weiter, der die erhaltene Information aufnimmt und ggf. über ein Steuerprogramm verarbeitet. Gängige Computertypen haben 8 Ausgangsdatenleitungen. Es ist deshalb sinnvoll, die oben beschriebene Ausgangsstufe auf 8 gleiche Stufen zu erweitern. Außerdem erweitern wir die oben beschriebene Eingangsstufe auf 5 gleiche Stufen. Die Zusammenfassung der 8 Ausgangs- und der 5 Eingangsstufen ergibt das nachfolgend beschriebene Ausgabe-Eingabe-Interface.

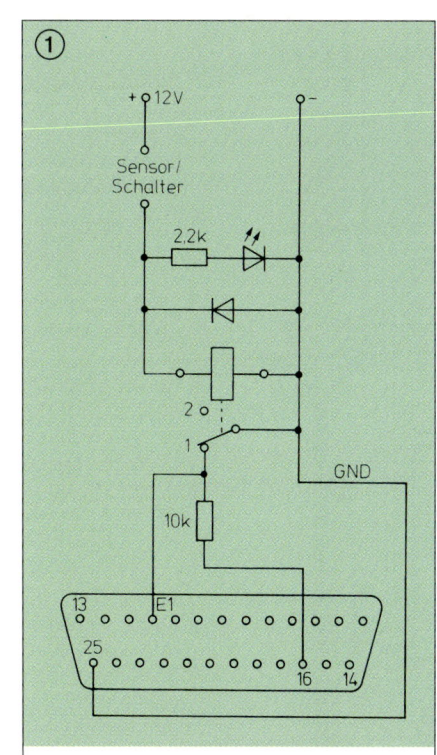

① Parallele Druckerschnittstelle am PC

Schaltstufe für Eingang

Wenn die LED leuchtet, ist dies das Signal dafür, dass der Sensor/Schalter den Steuerstromkreis des Relais geschlossen hat. Das Relais schaltet (Schaltzustand 2) und die 5 V von PIN 16 liegen über den 10 kΩ Widerstand am Eingang (PIN 10) des Computers. Dies registriert der Computer als High-Signal. Wird der Sensor/Schalter geöffnet, fällt das Relais wieder ab (Schaltzustand 1) und die Masse (GND) ist mit dem Eingang (PIN 10) verbunden. Dies registriert der Computer als Low-Signal.

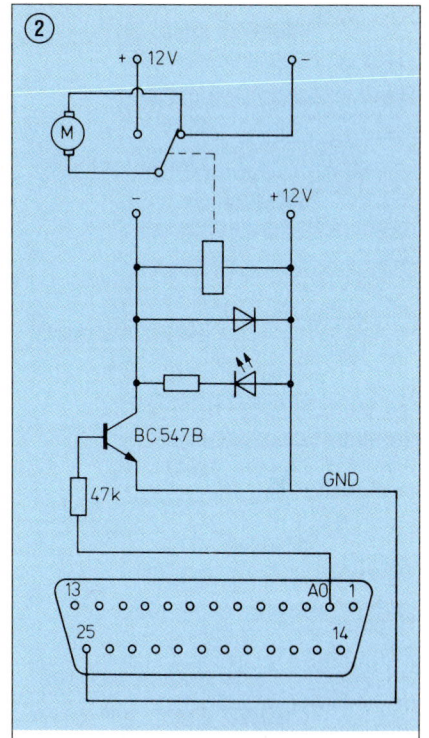

② Parallele Druckerschnittstelle am PC

Schaltstufe für Ausgang

Die LED am Ausgang des Computers ist so geschaltet, dass sie leuchtet, wenn das Ausgangssignal auf „High" ist. Die LED ist mit einem Vorwiderstand (2,2 Kiloohm) zum Relais parallel geschaltet. Dieser bewirkt, dass nur so viel Strom fließt, wie die LED benötigt, um gut sichtbar zu leuchten.

Schaltet das Relais ab, entsteht eine Spannungsspitze durch Selbstinduktion. Damit diese den Transistor nicht zerstört, wird eine Diode (D1) eingebaut.

Schaltungsaufbau

Im nebenstehenden Schaltplan ist jeweils eine Ausgabeschaltstufe und eine Eingabeschaltstufe dargestellt. Die gepunkteten Stellen verdeutlichen, wie jeweils die 8 Ausgabeschaltstufen und die 5 Eingabeschaltstufen zum kompletten Interface verbunden sind.

Alle Schaltstufen sind mit GND (−) und der Versorgungsspannung von 12 V (BU2) verbunden. Durch das vorgegebene Leiterbahnen-Layout (☞ S. 182) ist die richtige Anschlussbelegung der Datenleitungen durch Verwendung der RS232-Buchse (BU1) gewährleistet.

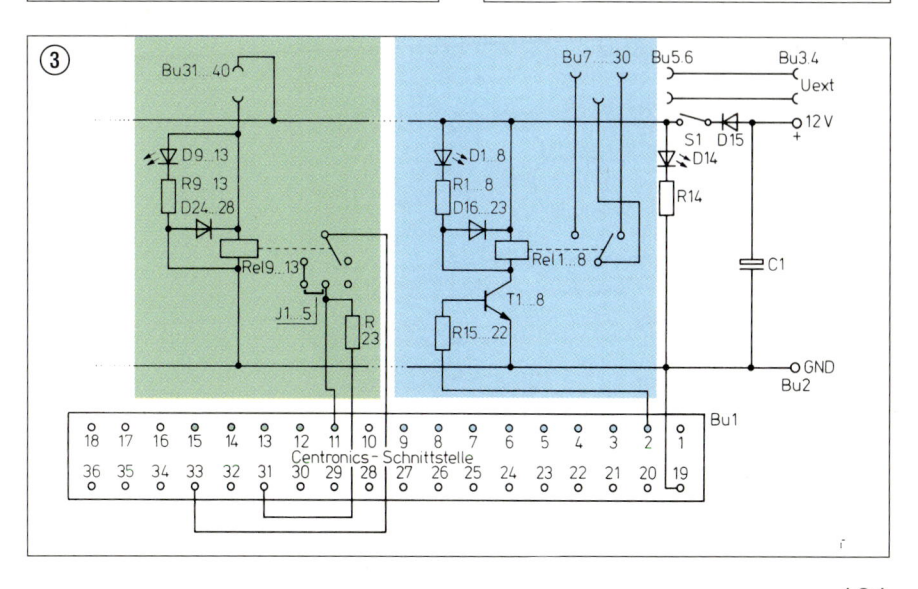

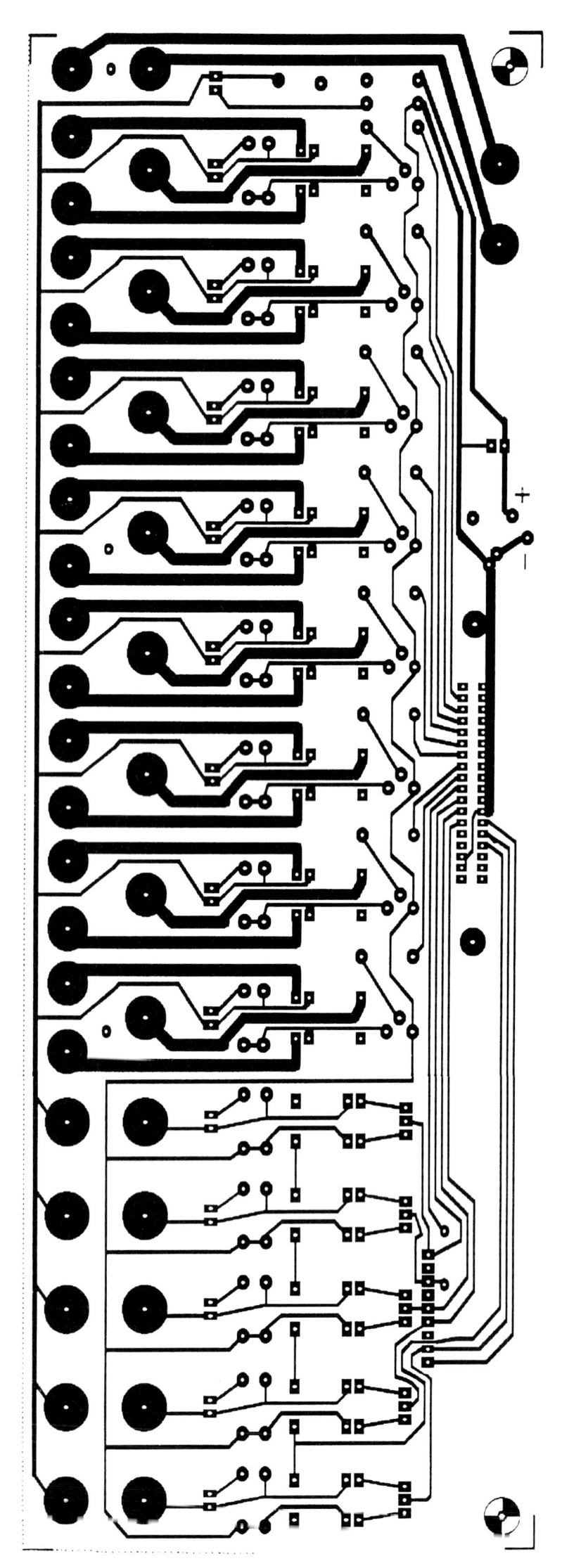

Herstellung und Bestückung der Platine

1. Platine herstellen
Für das Ausgabe-Eingabe-Interface verwenden wir eine fotobeschichtete Platine, auf die das nebenstehende Layout nach dem Fotoverfahren (☞ S. 159) aufgebracht wird. Das abgebildete Platinenlayout kopieren wir dazu auf eine transparente Folie. Achtung: Das Layout muss spiegelbildlich auf die Platine übertragen werden!
Nach dem Entwickeln, Ätzen und Säubern der Platine werden Bohrungen für die Buchsen und den Miniaturschalter mit ⌀ 5 mm, für die Befestigungsschrauben mit ⌀ 3,5 mm, für die Stereoklinkenbuchse mit ⌀ 1,5 mm und für alle weiteren Bauteile mit ⌀ 1 mm gebohrt.

2. Platine bestücken
Für die Bestückung der Platine können wir uns am Foto Seite 183 orientieren, wobei darauf geachtet werden muss, dass die entsprechenden Bauteile an der vorgesehenen Stelle und richtig gepolt eingelötet werden.

Günstig ist die Bestückung in der Reihenfolge:
Buchsen → Brücke → Widerstände und Dioden → Transistoren → Relais → LEDs mit Sockel → Stiftleisten → Widerstandsnetzwerk → Stereoklinkenbuchse → Elko → Centronic-Buchse → Miniaturschalter.

3. Funktionskontrolle
Zunächst wird die Funktion jeder Schaltstufe ohne Anschluss an den Computer durchgetestet:
– Versorgungsspannung 12 V (Steckernetzteil) an BU2 anlegen;
– Schalter S1 auf „Ein" → gelbe LED muss leuchten;
– Simulation des Computerausgangs mit einer Spannungsquelle 4,5 V. Anschluss an GND (–) und antippen der einzelnen Pins (2–9) mittels Prüfkabel (+) → bei jedem Pin muss die entsprechende LED aufleuchten und gleichzeitig muss das dazugehörige Relais schalten;
– Simulation des Computereingangs, indem alle Eingänge (Schalter/Sensoren) überbrückt werden → grüne LED müssen leuchten und gleichzeitig die Relais schalten.

Erfüllt das Interface alle Funktionen, kann es über das Druckerkabel an den PC angeschlossen werden.
– Jeder Ausgang wird über den entsprechenden Befehl (OUT 888,1,2,4, ...) auf „High" gesetzt → entsprechende LED (rot) muss aufleuchten.
– Jeder Eingang wird über ein kurzes Programm (☞ S. 183, 184) getestet, im Zustand „Sensor/Schalter geschlossen", im Zustand „Sensor/Schalter offen" und mit unterschiedlichen Schaltstellungen des Jumpers.

Stückliste für Interface

Lfd. Nr.	An- zahl	Benennung	Abmessung/ Wert
1	1	Platine, fotobeschichtet	100 x 300 mm
2	6	Distanzrolle	innen ⌀ 4 x 10 mm
3	6	Senkkopfschraube	2,5 x 15 mm
4	1	Sperrholzbrett	310 x 110 x 12 mm
5	4	Gummifuß	⌀ 12 mm
6	4	Blechschraube	⌀ 3 x 10 mm
7	14	LED-Sockel	⌀ 5 mm
8	34	HO Steckbuchse, blank, BU 7–40	⌀ 2,6 mm
9	2	HO Steckbuchse, rot, isoliert, BU 3 und 5	⌀ 2,6 mm
10	2	HO Steckbuchsn, schwarz, isoliert, BU 4 u. 6	⌀ 2,6 mm
11	1	Stereoklinkenbuchse für Printmontage, BU 2	⌀ 3,5 mm
12	1	Steckernetzteil 12 V	
13	1	Miniaturschalter S1, 1xUM	
14	1	Centronics-Buchse für Printmontage, BU 1	
15	13	Print-Relais 1xUM	12 V 320 Ohm
16	8	Transistor T1–T8	BC 547 B
17	8	Widerstand R15–R22	47 Kiloohm
18	1	Widerstandsnetzwerk R23	8 x 10 Kiloohm
19	14	Widerstand R1–R14	2,2 Kiloohm
20	8	LED rot D1–D8	⌀ 5 mm
21	5	LED grün D9–D13	⌀ 5 mm
22	1	LED gelb D14	⌀ 5 mm
23	14	Diode D15–D29	1 N4001
24	5	Stiftleiste 3 Pin	Raster 2,54 mm
25	5	Jumper	Raster 2,54 mm
26	1	Elko	100 µF 16 V

Ausgabe-Eingabe-Interface

① 13 Schaltrelais 1x UM | 5 Eingänge Sensoren/Schalter (BU 31–40) | LED-Anzeige Ausgangszustand | 8 Umschalter für Ausgang (BU 7–30) | Ausschalter
LED-Anzeige Eingangszustand | | | | Kontroll-LED

Jumper | Widerstandsnetzwerk | Drahtbrücke | Anschluss für Druckerschnittstelle am Computer (RS 232) | Anschluss für die Betriebsspannung der Relais (BU 2) (Steckernetzteil 12 V) | Anschluss für die Betriebsspannung der zu steuernden Geräte (BU 3 und 4)

Abb. ① zeigt das fertige **Ausgabe-Eingabe-Interface**.

Die 8 roten LEDs zeigen den Ausgabe-Schaltzustand der Relais A0 bis A7 an.

Die 5 grünen LEDs zeigen den Eingangs-Schaltzustand E1–E5 an.

Das Ausgabe-Eingabe-**Interface** wird über ein Steckernetzteil (BU2) mit ca. 12 V/ 500 mA versorgt. Für das Betreiben der zu steuernden Anlagen bleiben wir im Schutzkleinspannungsbereich bis maximal 24 V (BU3 und 4). Die Diode D15 schützt das Interface bei falscher Polung. Der Kondensator C1 hat die Funktion der Funkentstörung. Als GND (Ground) wird der Minusanschluss an die Spannungsquelle bezeichnet.

Für den Anschluss an die parallele Druckerschnittstelle des Computers genügt es, beim PC das Druckerkabel in das Interface zu stecken.

Über die Anschlussbuchsen des Ausgangsteils (BU 7–30) werden die anzusteuernden Lampen, Motoren o. Ä. angeschlossen, über die Buchsen des Eingangsteils (BU 31–40) die Signalgeber (Schalter oder Sensoren).

Mit den Jumpern des Eingangsteils können die Eingangssignale je nach Computertyp durch Umstecken angepasst (invertiert) werden. Ob dies notwendig ist, kann wie auf Seite 72 und 74 beschrieben festgestellt werden.

Mit diesem Ausgabe-Eingabe-Interface können 8 Lampen oder 8 Elektromotoren ein- bzw. ausgeschaltet werden. Sollen Elektromotoren so geschaltet werden, dass Linkslauf und Rechtslauf möglich ist, können nur 4 Motoren angesteuert werden, weil für jeden Motor zwei Ausgänge nötig sind.

Sollen mehrere Lampen, Motoren o. Ä. gleichzeitig an die Betriebsspannung für die zu steuernden Geräte (BU 3 und 4, 5 und 6) angeschlossen werden, müssen die Minus- (Masse) und die Plusanschlüsse über Kabel und Stecker „durchgeschleift" werden.

Beispiele für den Einsatz des Interface

E-Motor ein- und ausschalten

Abb. ③ zeigt eine Anschlussbelegung zum Schalten des E-Motors: Der Arbeitskontakt A wird durch Steckerkabel mit dem Pluspol der Betriebsspannung, der Ruhekontakt mit deren Minuspol verbunden. Der Motor wird an den Ruhe- und an den Mittelkontakt angeschlossen. Mit nebenstehendem Programm wird der Motor über eine Warteschleife für eine bestimmte Zeit in Gang gehalten (Abb. ④).

E-Motor Rechtslauf – Linkslauf – Stopp

Abb. ⑤ zeigt, wie mit zwei Ausgaberelais ein E-Motor auf Rechts- und Linkslauf sowie Stopp geschaltet wird. Nach nebenstehendem Programm (Abb. ⑥) läuft der E-Motor für eine bestimmte Zeit nach rechts, stoppt dann für eine bestimmte Zeit, läuft anschließend für eine bestimmte Zeit nach links und kommt dann zum Stillstand.

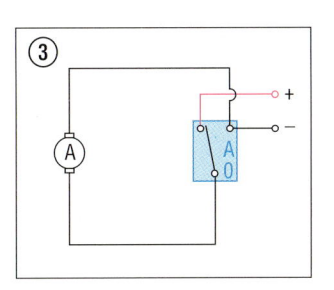

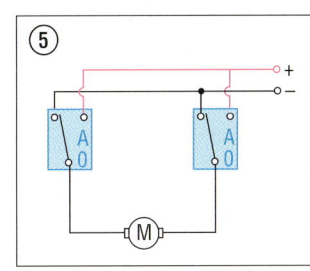

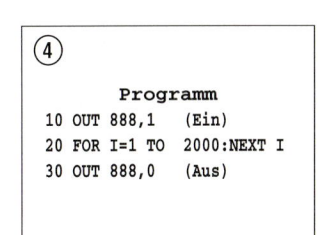

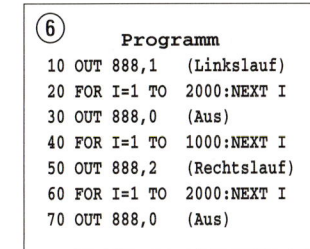

④
```
         Programm
10 OUT 888,1    (Ein)
20 FOR I=1 TO  2000:NEXT I
30 OUT 888,0    (Aus)
```

⑥
```
         Programm
10 OUT 888,1    (Linkslauf)
20 FOR I=1 TO  2000:NEXT I
30 OUT 888,0    (Aus)
40 FOR I=1 TO  1000:NEXT I
50 OUT 888,2    (Rechtslauf)
60 FOR I=1 TO  2000:NEXT I
70 OUT 888,0    (Aus)
```

Berührungskontakt abfragen

Soll der Motor extern über einen Berührungsschalter gestoppt werden (z. B. über einen Notaus), kann der Motor wie in Grafik ① angeschlossen werden. Der Signalgeber (Taster) wird dazu mit den Buchsen E1 des Eingangsrelais verbunden.

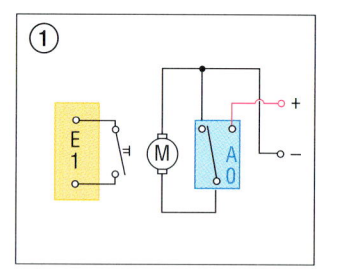

①

②
```
       Programm
10 OUT 888,1    (Ein)
20 IF INP(889) = THEN GOTO 20
30 OUT 888,0    (Aus)
```

Ansteuerung eines Schrittmotors (Abb. ③ und ④)

Ein unipolarer Schrittmotor besteht aus 2 Spulen, deren Mittelanschlüsse fest miteinander verbunden am Pluspol angeschlossen werden. Die Umschalter A0 und A1 lassen nun abwechselnd Ströme durch die Spulenhälften fließen, sodass sich der Anker durch die entstehenden Magnetfelder in Viertelschritten dreht. Einen Vollschritt erhält man durch die Schaltfolge:

1. Viertelschritt A0 Ein, A1 Aus
2. Viertelschritt A0 Ein, A1 Ein
4. Viertelschritt A0 Aus, A1 Ein
4. Viertelschritt A0 Aus, A1 Aus

Beginnt man mit A1 Ein, A0 Aus usw., kehrt sich die Drehrichtung um. Bei vielen Schrittmotoren ergeben 25 Vollschritte eine Umdrehung.

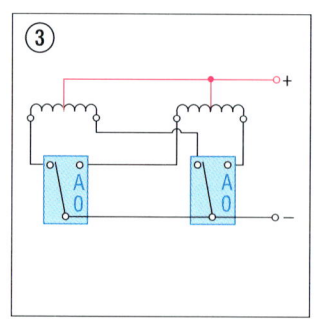

③

④
```
       Programm
    für einen Schritt
10 OUT 888,1    (1/4 Schritt)
20 FOR I=1 TO 100:NEXT I
30 OUT 888,3    (1/4 Schritt)
40 FOR I=1 TO 100:NEXT I
50 OUT 888,2    (1/4 Schritt)
60 FOR I=1 TO 100:NEXT I
70 OUT 888,0    (1/4 Schritt)
80 FOR I=1 TO 100:NEXT I
90 GOTO 10
```

Von der Aufgabe zum Computer-Programm

Die Schritte 1–9 stellen eine logische Abfolge dar.

Sie müssen nacheinander bearbeitet werden um zu erreichen, dass der Computer die gestellte Aufgabe exakt ausführt.

❶ Aufgabe:
Ein E-Motor soll 5 Sekunden laufen, 2 Sekunden stoppen. Jetzt soll der Computer den Benutzer fragen, ob der Vorgang wiederholt werden soll oder nicht.

❷ Welche technischen Möglichkeiten stehen zur Verfügung?

Hardware:

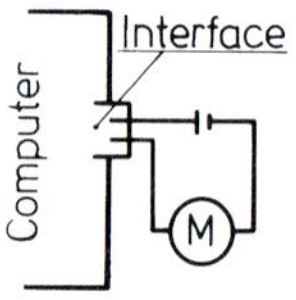

Software:
Befehl einer Programmiersprache, z. B.
130 OUT 888,0

❸ Flussdiagramm: Start → Grundeinstellung → Zeitablauf → Fragestellung → beenden? (nein → zurück; ja → Ende)

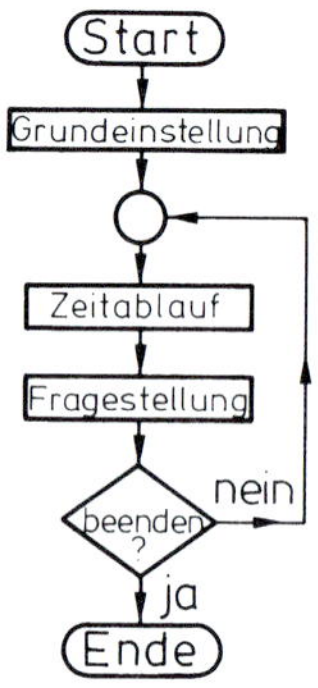

❹ Programm in BASIC
```
100 REM - Gw BASIC -
110 REM Motor Zeitschaltung
120 REM
130 OUT 888,0
 .
 .
 .
```

❺ Das Programm wird über die Tastatur in den Arbeitsspeicher des Computers eingegeben.

❻ Das Programm wird gespeichert (RAM).

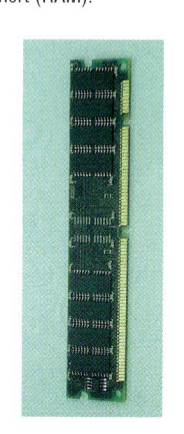

❼ Der Befehl setzt das Programm in Gang, dabei wird es gelesen und ausgeführt. Dies geschieht in ständigem Datenverkehr zwischen RAM/ROM, Ein-Ausgabe-Bausteinen als nötige Verbindung zu den Außengeräten. Die CPU steuert diese Abläufe.

❽ RAM ↔ CPU ↔ E/A Ein-/Ausgabe Bausteine

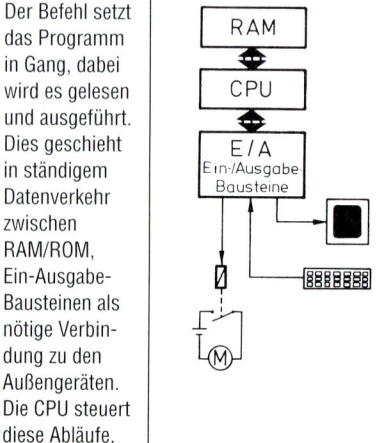

❾ Programm läuft? nein → zurück zu Schritt 2, dort mit Fehlersuche beginnen; ja → alles überdenken, fertigmachen und sauber dokumentieren

184

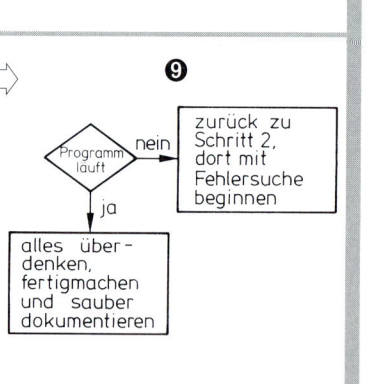

Bearbeitung von Werkstücken mit einer computergesteuerten Werkzeugmaschine

Werkstücke können präzise und schnell mithilfe von **computergesteuerten Werkzeugmaschinen** bearbeitet werden. Mit einem Koordinatentisch (Abb. ①) lassen sich drei Bewegungsrichtungen automatisch ansteuern (☞ S. 186, Abb. ①).

Damit der Personalcomputer (PC) in der Lage ist, die drei Bewegungsrichtungen anzusteuern, ist eine entsprechende Software erforderlich. Diese Software ermöglicht es, das Koordinatentischsystem entweder mit **CNC** (**C**omputer-**N**umeric-**C**ontrol)-Befehlen (Abb. ④, ⑥, ⑦, ⑪) oder über **CAD** (**C**omputer **A**ided **D**esign) nach einer Zeichnung zu steuern (Abb. ⑨). Hierzu muss die Zeichnung mit den notwendigen Technologiedaten versehen werden.

Mit dieser computergesteuerten Werkzeugmaschine können wir nach dem gleichen Prinzip arbeiten wie vergleichbare CNC-Maschinen in der industriellen Fertigung.

Der Einsatz solcher computergesteuerten Werkzeugmaschinen erfordert überlegtes und sachkundiges Handeln sowie systematisches Vorgehen. Neben den für die Bedienung notwendigen Informationen ist es wichtig, dass man Erfahrungen im Umgang mit der computergesteuerten Werkzeugmaschine gewinnt. So ist es beispielsweise ratsam, vor der Bearbeitung des Werkstücks entsprechende Probewerkstücke anzufertigen, damit man für das Werkzeug die optimale Vorschubgeschwindigkeit ermitteln kann.

Um eine sauber bearbeitete Werkstückoberfläche zu erhalten, ist es wichtig, bei bestimmten Werkstoffen (z. B. Aluminium, Acrylglas) mit einem geeigneten Kühlmittel zu kühlen.

CAD-Programmierung

CAD-CNC-Koppelung

Bei der CAD-CNC-Koppelung muss zunächst eine Zeichnung erstellt werden. Entsprechend der Zeichnung wird das Werkstück direkt bearbeitet.

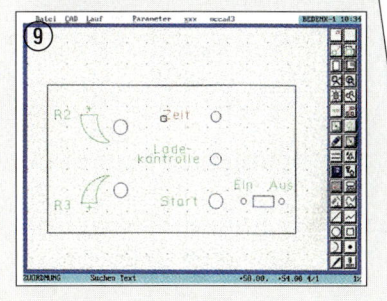

Dafür sind von der Aufgabe bis zur Ausführung folgende Schritte erforderlich:

1. Mit dem CAD-Programm eine Zeichnung erstellen
2. Die Zeichnung durch Technologiedaten (z. B. Bohrtiefe, Vorschub) ergänzen
3. Aus den Informationen 1. und 2. werden die Bewegungsabläufe des Werkzeugs automatisch durch die Software berechnet
4. Bearbeitung des Werkstücks

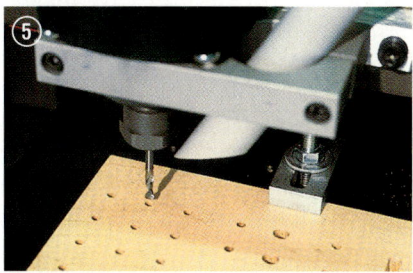

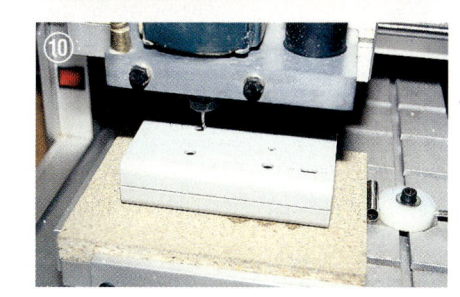

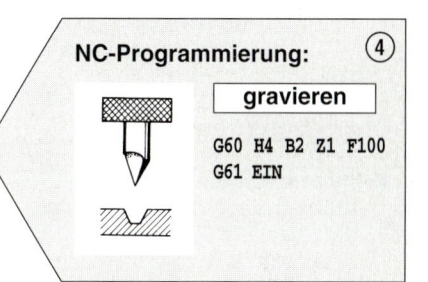

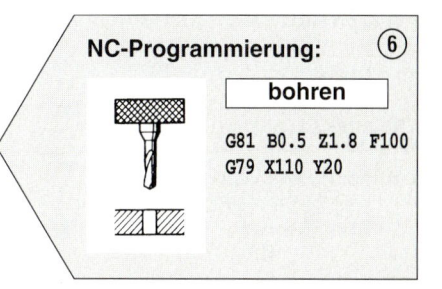

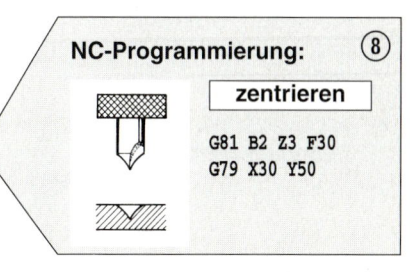

NC-Programmierung

NC-Programmierung: gravieren

G60 H4 B2 Z1 F100
G61 EIN

NC-Programmierung: bohren

G81 B0.5 Z1.8 F100
G79 X110 Y20

NC-Programmierung: zentrieren

G81 B2 Z3 F30
G79 X30 Y50

NC-Programmierung: fräsen

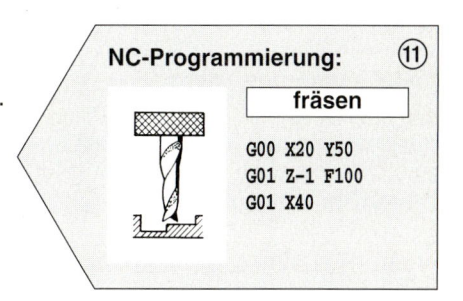

G00 X20 Y50
G01 Z-1 F100
G01 X40

Grundeinstellung und Bewegungsrichtungen

Die computergesteuerte Werkzeugmaschine arbeitet in einem räumlichen Koordinatensystem, d. h., Bewegungen können im dreidimensionalen Raum ausgeführt werden. In diesem räumlichen Bewegungssystem sind zwei Positionen wichtig:

1. Der **Maschinen-Nullpunkt (home-position)** (Abb. ①) stellt für die drei Achsen X, Y und Z das Bewegungsende dar. Zum Anfahren dieses Punktes bewegt sich das Werkzeug in X-Richtung ganz nach links, in Y-Richtung ganz nach vorne und in Z-Richtung ganz nach oben.

2. Der **Werkstücknullpunkt** (Abb. ②) ist die Position, auf die alle Maße für die Bearbeitung des Werkstücks bezogen werden. Er muss zu Beginn eines Programmablaufs mit der Handsteuerung eingestellt werden. Über den Befehl G54 kann er innerhalb eines Programmes verschoben werden, wenn ein kompletter Bearbeitungsvorgang an neuer Stelle wiederholt werden soll (z. B. für mehrere Platinen-Layouts auf einer Platte).

Wenn wir eine computergesteuerte Werkzeugmaschine einsetzen, ist Voraussetzung, dass wir hierzu

- die Aufgabe analysieren
- die erforderlichen NC-Programmierbefehle kennen bzw. die spezielle CAD-CNC-Programmierung beherrschen
- den Automaten einrichten und Sicherheitsvorkehrungen treffen
- eine Absaugung anbringen
- geeignete Werkzeuge auswählen und sicher einspannen
- die Bearbeitungswerte (Vorschub, Drehzahl, Bearbeitungstiefe) festlegen und einstellen
- das Werkstück sicher auf den Tisch aufspannen

CNC-Programmierung

Bei der Arbeit mit einer computergesteuerten Werkzeugmaschine ist es wichtig, nach einer sinnvollen Struktur vorzugehen (Abb. ③).

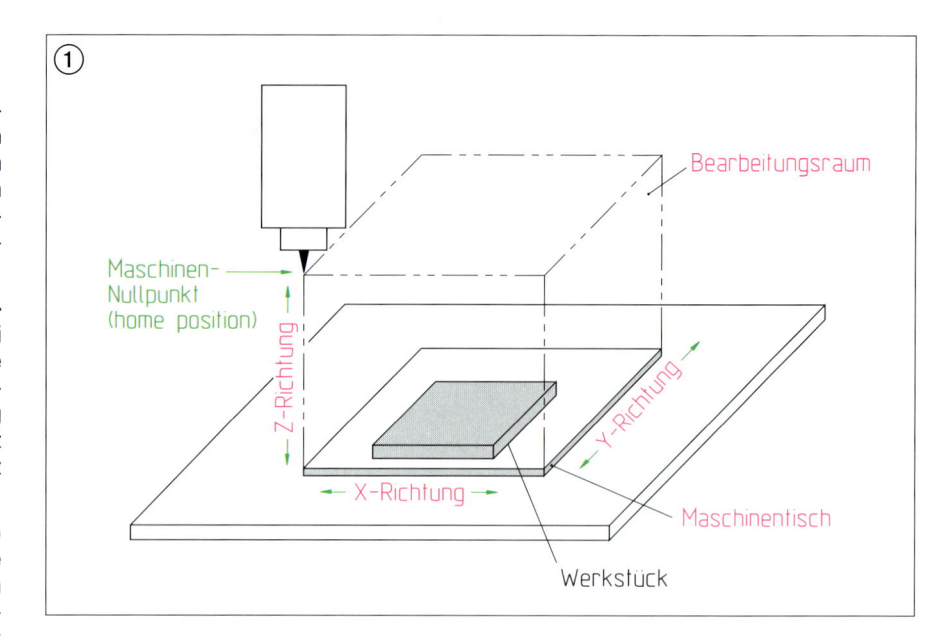

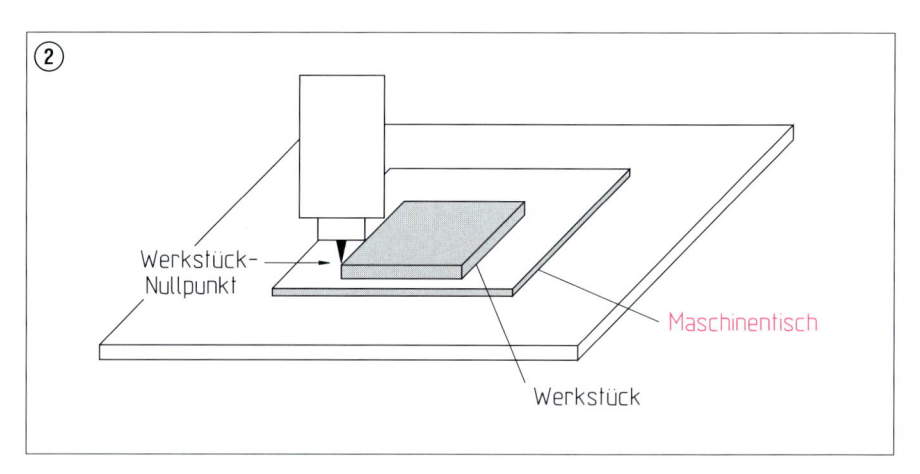

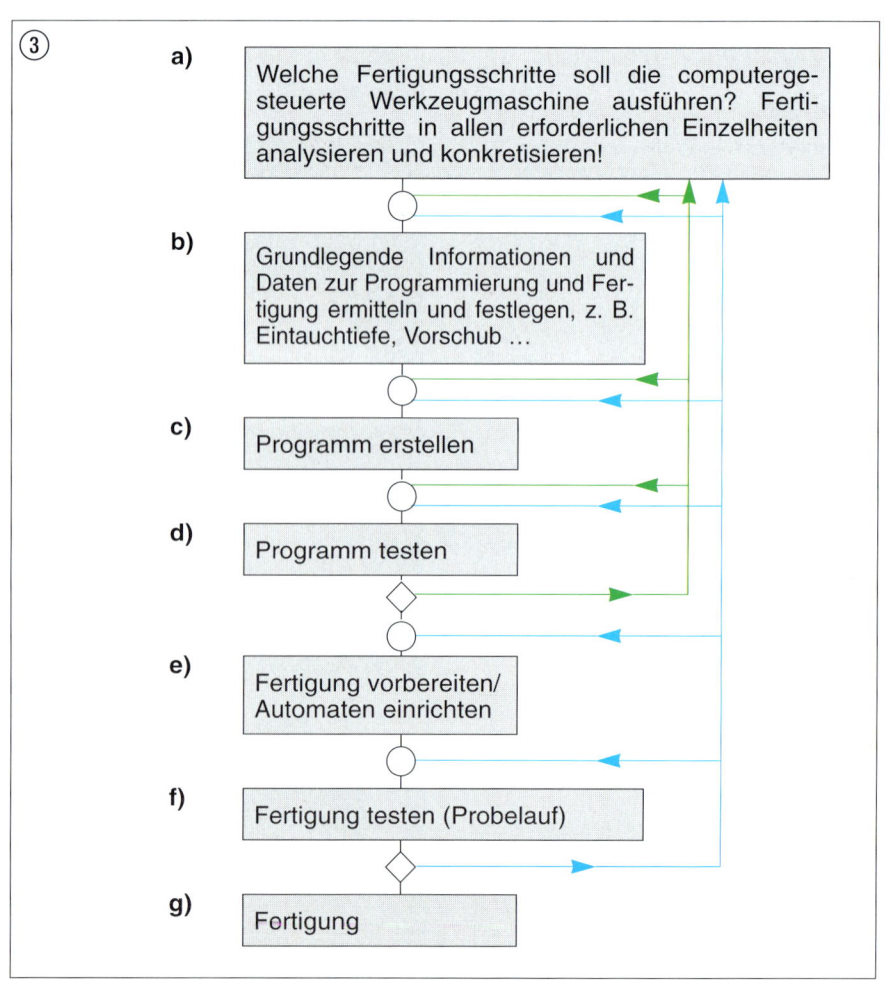

① Maschinen-Nullpunkt (home position), Bearbeitungsraum, Z-Richtung, X-Richtung, Y-Richtung, Maschinentisch, Werkstück

② Werkstück-Nullpunkt, Maschinentisch, Werkstück

③
a) Welche Fertigungsschritte soll die computergesteuerte Werkzeugmaschine ausführen? Fertigungsschritte in allen erforderlichen Einzelheiten analysieren und konkretisieren!
b) Grundlegende Informationen und Daten zur Programmierung und Fertigung ermitteln und festlegen, z. B. Eintauchtiefe, Vorschub …
c) Programm erstellen
d) Programm testen
e) Fertigung vorbereiten/Automaten einrichten
f) Fertigung testen (Probelauf)
g) Fertigung

NC-Programmierung:

gravieren

G60 H4 B2 Z1 F100
G61 Ein

Gravieren

Für ein Gehäuse (Abb. ①) soll die Schalterposition „Ein" – „Aus" eingraviert werden.

**① **
Polystyrol 1,6 mm dick
Schrifthöhe 2,8 mm

a) Fertigungsschritte in allen erforderlichen Einzelheiten konkretisieren

Bei dem Gehäuse der Bedenkzeitschaltung (☞ S. 49, Abb. ④) werden die Schalterstellungen mit „Ein-Aus" benannt und in die Gehäuseoberfläche eingraviert.
Die Strichbreite muss entsprechend der Schrifthöhe gewählt werden (Abb. ②).

b) Grundlegende Informationen und Daten zur Programmierung und Fertigung ermitteln und festlegen

Werkzeug auswählen
Verwendet werden können sowohl Fräser als auch Gravierstichel. Für die vorgesehene Gravur eignet sich der **Gravierstichel mit 15 Grad**, weil er eine dünne Strichstärke bei der gewünschten Schrifthöhe ermöglicht.

Berechnen der Strichstärke und Eintauchtiefe (Abb. ②)
Nebenstehendes Diagramm verdeutlicht den Zusammenhang zwischen der Eintauchtiefe des Gravierstichels und der Strichbreite bei einem 15°- und einem 60°-Stichel. Es ermöglicht die rasche Festlegung der Eintauchtiefe. Für die vorgesehene Gravur eignet sich eine Strichbreite von ca. 0,7 mm, was eine Eintauchtiefe von ca. 1 mm erfordert.

Einstellung der Werkzeugdrehzahl
Je nach Werkstoff und Werkzeugbeschaffenheit muss eine bestimmte Drehzahl gewählt werden. Zur Einstellung der Drehzahl verwenden wir die Tabelle S. 194.

Bestimmung des Vorschubs
Ausgehend vom Werkstoff und dem verwendeten Werkzeug muss der Vorschub (Geschwindigkeit, mit der sich das Werkzeug im Werkstück vorwärts bewegt) bestimmt werden.

Festlegung der Schrifthöhe
Bei dem verwendeten System ist es möglich, die Schrifthöhe auf das gewünschte Maß einzustellen. Bei 4,5 mm wählen wir den Parameter H = 4,5, was einer Schrifthöhe von 4,5 mm entspricht. Damit ist gleichzeitig die Breite der Buchstaben automatisch festgelegt (Proportionalschrift).

c) Programm erstellen

Programmiersprache
Das Programm wird in NC-Programmierung (Industrienorm DIN 66025) erstellt. Die NC-Befehle sind auf S. 194 dargestellt.

Struktur des Programms
Grundsätzlich ist zur Erstellung eines Programms vorab zu klären, was nacheinander ablaufen soll. Für das gewählte Gravierbeispiel „Ein-Aus" ist die Struktur unten dargestellt (Abb. ③).
Im nächsten Schritt wird die **Programmstruktur** in **NC-Befehle** übersetzt (codiert) (Abb. ④).
Das **Programm** wird durch Kommentare zu den Programmzeilen erläutert (Abb. ⑤).
Nach Fertigstellung des Programms wird dieses gespeichert und danach bei Bedarf ausgedruckt.

③ Programmstruktur

Startposition 1 anfahren

Maschine einschalten

Gravierdaten einstellen

Text "ein" gravieren

Startposition 2 anfahren

Text "aus" gravieren

Maschine ausschalten

Position zum Werkstückwechsel anfahren

④ NC-Programm

```
G00 X95 Y7 Z5

M10 06.1

G60 H2 B2 Z1 F200

G61 EIN

G00 X115 Y7

G61 AUS

M10 06.0

G00 X0 Y80 Z20
```

⑤ Erläuterungen

;G00 direkte Bewegung zur Startposition 1, ohne dass das Werkzeug in das Werkstück einfährt. Der gewünschte Punkt ist durch die Koordinaten X95, Y7 und Z5 bestimmt.

;M10 Fräse einschalten über Relais Nr. 6.

;G60 spezieller Befehl, über den Daten für das Gravieren der Schrift eingestellt werden; H2 für Schrifthöhe; B2 für 2-mm-Abstand des Werkzeugs von der Werkstückoberfläche beim Verfahren; Z1 Graviertiefe für 1 mm; F200 für Vorschub.

;G61 spezieller Befehl für das Gravieren des Textes "ein".

G00 direkte Bewegung zur Startposition 2, Startposition 2 ist durch die Koordinaten X115 mm und Y7 mm bestimmt; Z bleibt auf Abstand 2 mm.

;G61 spezieller Befehl zum Gravieren des Textes "aus".

;M10 Fräse ausschalten über Relais Nr. 6.

;G00 direkte Bewegung zu einem Punkt außerhalb des Werkstückbereiches, der durch die Koordinaten X0, Y80, Z20 bestimmt ist und die Entnahme des Werkstücks ermöglicht.

d) Programm testen

Zum Test des **NC-Programms** stehen folgende Möglichkeiten zur Verfügung:
- Abfahren des Programms mit einem Schreibstift anstelle des Werkzeugs (Abb. E).
- Grafische Simulation des Ablaufs am Bildschirm. Damit kann das korrekte Anfahren der Positionen getestet werden (Abb. ①).
- Abfahren der X/Y-Positionen mit Werkzeug, ohne Z-Bewegung am Koordinatentisch.
- Abfahren des Programms in Einzelschritten.

Programm gegebenenfalls korrigieren.

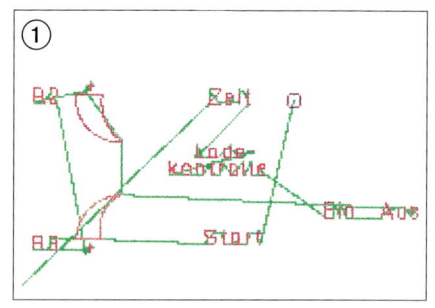

Simulation der Bewegungen:
grün – außerhalb des Werkstücks,
rot – Bearbeitung

e) Vorbereitung der Fertigung

Einspann-Vorrichtung mit geeigneter Auflage und Fixierung (Anschlag) entwickeln (Abb. ②). Dabei ist zu berücksichtigen, ob Serienfertigung mit Wiederholgenauigkeit eine aufwendigere Konstruktion erfordern.
Absaugung anbringen (Abb. ④).

⚠️ Stäube sind gesundheitsschädlich! Sie müssen abgesaugt werden.

Einspannmöglichkeit: Winkelanschlag mit Exzenter als Spannhilfe

f) Fertigung testen (Probelauf)

Fertigungstest anhand eines Probewerkstücks (0-Serie) zur Überprüfung der Startpositionen 1 und 2, der Strichbreite, der Bearbeitungsgüte, der Funktion der Fertigungshilfen (s. Buchstabe e) durchführen.
Fertigungsbedingungen ggf. optimieren.

g) Fertigung

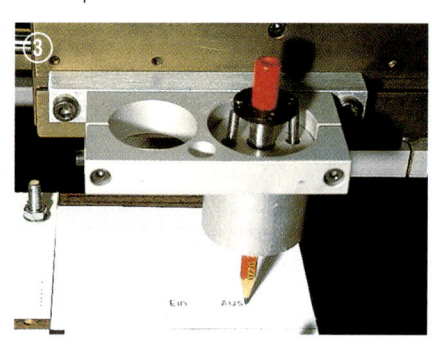

Gravieren einer Skala für einen Anschlag (Abb. ⑥)

Zur genauen Positionierung von Werkstücken soll auf einer Anschlagschiene eine **Skala** eingraviert werden. Die Planungsvorgaben hierzu sind: Profil-Messingwinkel 20x20x3mm, 200mm lang; Skala 0–150mm in mm-Teilung mit Beschriftung in 10er-Schritten; Schrifthöhe 2,8mm; Strichlängen 4,5 und 8mm. Bei der Ausführung muss grundsätzlich nach der auf S. 186 dargestellten Struktur vorgegangen werden.

Programmtest: Abfahren der Werkzeugwege mit einem Bleistift

Tipps
- Zum **Gravieren** dieser Skala in Messing eignet sich der 60°-Gravierstichel.
- Um die gewünschte Strichbreite zu erhalten, kann mit dem 60°-Stichel nur mit einer geringen Eintauchtiefe gearbeitet werden (☞ S. 187).
- Das Werkstück muss absolut plan aufgespannt werden, weil schon geringe Unebenheiten bzw. eine geringe Schräglage dazu führen, dass die Strichbreiten nicht gleichmäßig sind. Eine besonders plane Unterlage kann man herstellen, indem die aufgespannte Unterlage zuerst auf dem Maschinentisch plan gefräst wird.
- Damit die Ziffern der Skala mittig unter den 10er-Strichen stehen, müssen die Anfangspositionen in Versuchen ermittelt werden.

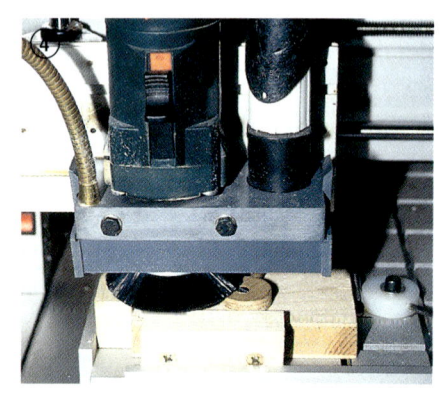

Die Skalenstriche können als einzelne Bewegungsabläufe programmiert werden mit den Befehlen G00 und G01. Ein eleganter Weg, die Skalenstriche zu programmieren, ist die Verwendung des G24-Befehls. Mit diesem Befehl lassen sich Bearbeitungsvorgänge „n-mal" wiederholen. Für die Gravur der Skala ist darauf zu achten, dass über den G91-Befehl auf „Kettenmaß" umgestellt wird. Das erforderliche Programm besteht aus folgenden Programmteilen: Anfangsposition, Skala, Beschriftung, Endposition. Das Programmierbeispiel (Abb. ⑤) zeigt den Programmteil „**Skala gravieren**".

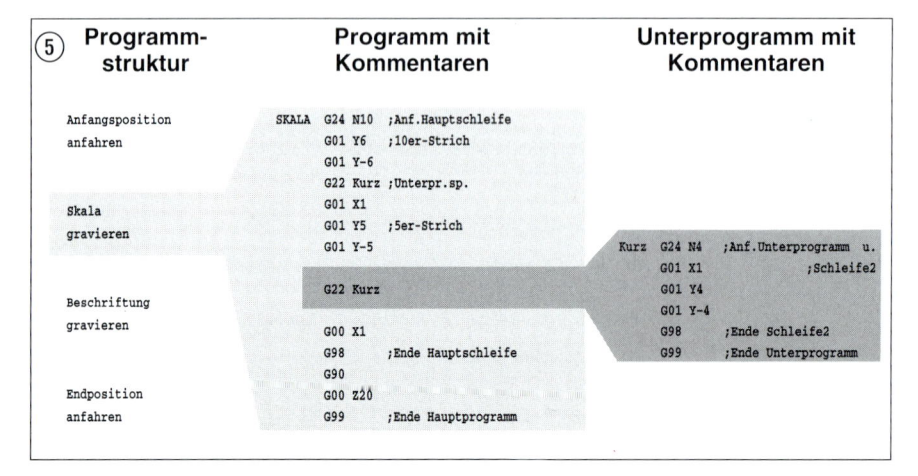

Sicherheit: Schutzvorrichtung, Späne und Stäube absaugen

⑤ Programm-struktur	Programm mit Kommentaren	Unterprogramm mit Kommentaren
Anfangsposition anfahren	SKALA G24 N10 ;Anf.Hauptschleife G01 Y6 ;10er-Strich G01 Y-6 G22 Kurz ;Unterpr.sp.	
Skala gravieren	G01 X1 G01 Y5 ;5er-Strich G01 Y-5	Kurz G24 N4 ;Anf.Unterprogramm u. G01 X1 ;Schleife2 G01 Y4 G01 Y-4
Beschriftung gravieren	G22 Kurz G00 X1 G98 ;Ende Hauptschleife G90	G98 ;Ende Schleife2 G99 ;Ende Unterprogramm
Endposition anfahren	G00 Z20 G99 ;Ende Hauptprogramm	

Programmieren im „Teach-in"-Verfahren

Die Kupferschicht einer Platine soll mit einem Gravierstichel entsprechend einem festgelegten Layout (Abb. ①) so unterbrochen werden, dass die gewünschten Leitungsverbindungen entstehen.

Dieser Fertigungsschritt lässt sich im **„Teach-in"-Verfahren** geschickt programmieren. Dazu wird das Layout ausgeschnitten, auf die Platine geklebt und an der Stelle auf dem X-Y-Koordinatentisch positioniert, wo später die zu bearbeitende Platine aufgespannt wird.

Der Werkstücknullpunkt wird festgelegt und eingestellt. Als Werkstücknullpunkt eignet sich die linke untere Ecke der Platine. Zu Beginn muss er genau angefahren und mit den CTRL - und END -Tasten abgespeichert werden.

Beim „Teach-in"-Verfahren werden die Bewegungen bei ausgeschalteter Maschine ohne Materialeingriff von Hand mit den Cursortasten und den „Page-up"- bzw. „Page-down"-Tasten gesteuert.

Durch Drücken der EINFG -Taste wird automatisch der zur letzten Fahrbewegung gehörende NC-Befehlssatz in das Programm eingefügt. Werden auf diese Weise sämtliche Eckpunkte des Layouts angefahren, entsteht eine Folge von Befehlssätzen und damit das Programm. Um an den Anfang einer neuen Trennlinie zu fahren, kann auch die Z-Bewegung von Hand ausgeführt und im „Teach-in"-Verfahren als Befehl übernommen werden. Das so entstandene Programm muss nachträglich mit der endgültigen Z-Eintauchtiefe und den Maschinenein- bzw. -ausschaltbefehlen versehen werden.

Tipps
- Zur Vermeidung von unerwünschten Verbindungen sollte im 2-mm-Abstand zur Außenkante der Platine ein Rand graviert werden.
- Zur genauen Positionierung ist es vorteilhaft, wenn die mitlaufende Positionsanzeige (G37) eingeschaltet ist. So können Punkte genauer angefahren werden.
- An Kreuzungspunkten sollten sich die Trennlinien geringfügig überschneiden.

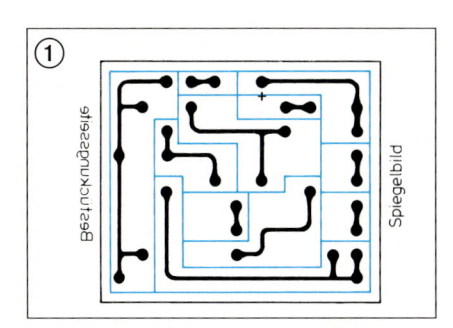

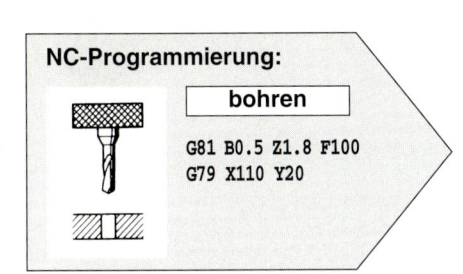

NC-Programmierung:

bohren

G81 B0.5 Z1.8 F100
G79 X110 Y20

Bohren von Platinen

Eine Platine (Abb. ⑤) soll in Serie gefertigt werden. Mit dem Koordinatentisch ist es möglich, die Bohrungen im gebräuchlichen Rastermaß (2,54 mm = 1/10 Zoll) z. B. für die Anschlüsse eines IC besonders genau zu setzen.

Bei der Bearbeitung muss grundsätzlich nach der auf S. 186 dargestellten Struktur vorgegangen werden.

Beim **Bohren einer Platine** sollte ein Bohrer aus Vollhartmetall bei hoher Drehzahl eingesetzt werden. Dünne Bohrer können leicht brechen, deshalb muss beim Anfahren des Werkstücknullpunktes besonders vorsichtig vorgegangen werden.

Die Einzelbewegungen eines sog. **Bohrzyklus** (Abb. ⑦) (Position anfahren → im Eilgang bis zur Oberfläche fahren → Bohren mit festgelegtem Vorschub → Verweilen → im Eilgang auf den Rückzugsabstand fahren) können zusammengefasst werden in den Befehlen G81 (Grundeinstellung des Bohrvorgangs) und G79 (Bohrzyklus mit Positionsangabe aufrufen) (Abb. ⑥ und ⑦).

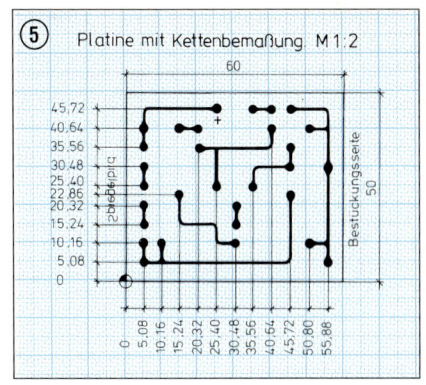

⚠️ Bohrstäube absaugen!

⑥ Programmstruktur	Programm
Bohrzyklus einstellen	G81 Z3 B1 F200
Erste Bohrung anfahren und ausführen	G79 X5.08 Y25.4 Z0
Zweite Bohrung anfahren und ausführen	G79 X7.62
.	.
.	.
.	.
Endposition anfahren	G00 X50 Y80 Z30

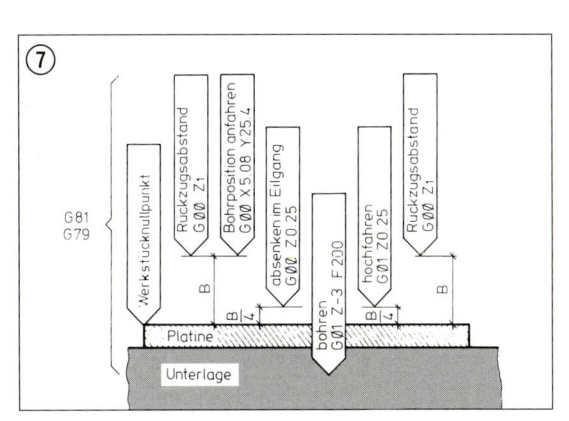

Bohrzyklus in einzelnen NC-Befehlssätzen und in zeitlicher Abfolge dargestellt

189

NC-Programmierung:

zentrieren

G81 B2 Z3 F30
G79 X30 Y50

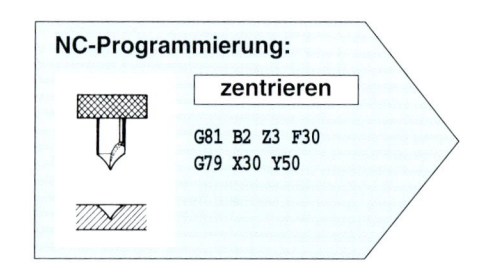

Zentrieren von Bohrungen

Für die Serienfertigung eines Steckmühlespiels soll eine Bohrvorrichtung (Abb. ②) aus 3 mm dickem Stahlblech mit 24 exakt positionierten Bohrungen gefertigt werden.

Durch **Zentrieren** der Bohrungen mit dem Koordinatentisch (Abb. ①) entfällt das Anreißen. Außerdem kann die erforderliche Maßgenauigkeit erreicht werden. Die mit dem Zentrierbohrer gefertigte Zentrierung ermöglicht beim Aufbohren mit der Tischbohrmaschine auf den gewünschten Durchmesser eine exakte Führung des Bohrers. Bei der Lösung der Aufgabe muss grundsätzlich nach der auf ☞ S. 186 dargestellten Struktur vorgegangen werden. Die Zentrierung erfolgt mit einem HSS-Zentrierbohrer, Durchmesser 6 mm, der mit einer Drehzahl von ca. 1600 U/min arbeiten soll. Deshalb wird eine Bohrmaschine mit einem Schnellspannfutter und elektronischer Drehzahlregelung eingesetzt.

Beim Bohren in Stahl muss mit einem geringen Vorschub (F30) gearbeitet werden; zusätzlich muss der Zentrierbohrer mit Bohrwasser gekühlt werden.

⚠️ Außer zum Zentrieren von Bohrungen ist der Koordinatentisch nicht für das Bearbeiten von Stahl ausgelegt.

Das Programm für das Zentrieren wird mit denselben Befehlen wie zum Bohren erstellt.

NC-Programmierung:

fräsen

G00 X20 Y50
G01 Z-1 F100
G01 X40

Fräsen eines Langlochs

Zum sicheren Spannen von Werkstücken auf dem Koordinatentisch sollen Spannpratzen aus Aluminium (Abb. ④) gefertigt werden. Bei der Ausführung muss grundsätzlich nach der auf ☞ S. 187 dargestellten Struktur vorgegangen werden. Mit der computergesteuerten Werkzeugmaschine wird das Langloch gefräst.

Zu beachten ist:
- Der Durchmesser des Fräsers muss kleiner sein als die Breite des Langlochs.
- Der Fräser-Radius muss für die X-Y-Koordinaten-Bewegung mit einbezogen werden (Abb. ⑤).
- Die Bewegungsrichtung des Materials (Vorschub) (Abb. ⑤) muss gegenläufig sein zur Bewegung der Schneide (Drehbewegung des Werkzeugs), damit eine saubere Fräsoberfläche entsteht.
- Ist die Breite des Langlochs größer als der doppelte Fräserdurchmesser, so entsteht, wenn der Fräser das Außenmaß des Langlochs abfährt, eine Materialinsel. Diese kann den **Fräser** einklemmen, der dadurch abbrechen kann. Deshalb muss die Fläche von innen beginnend in mehreren Zyklen ausgefräst werden (Abb. ⑤).
- Frässertyp, Spindeldrehzahl, Vorschubgeschwindigkeit und Zustellung müssen aufeinander abgestimmt werden.
- Die Zustellung (Arbeitstiefe des Fräsers pro Umlauf) sollte bei Aluminium 0,5 mm nicht überschreiten.

- Das Werkstück muss beim **Fräsen** sicher gespannt werden! (Abb. ③).
- Damit die Wiederholschleife G24 eingesetzt werden kann, müssen die Fräserbewegungen im **Kettenmaß** programmiert werden, d. h., die Y- und X-Werte beziehen sich nicht auf den Werkstücknullpunkt, sondern jeweils auf die zuletzt angefahrene Position.
- Der Fräser muss scharf sein, damit er nicht schmiert.

⚠️ Ein Späneschutz – verbunden mit einer Span- und Staubabsaugung – muss angebracht werden. Gehörschutz tragen!

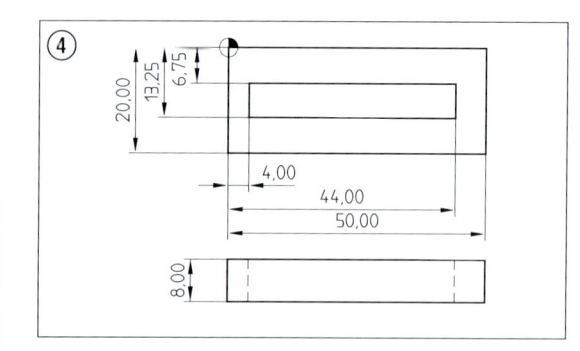

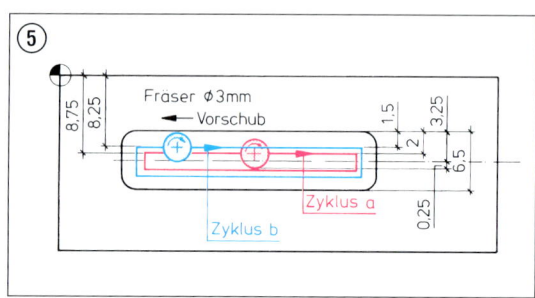

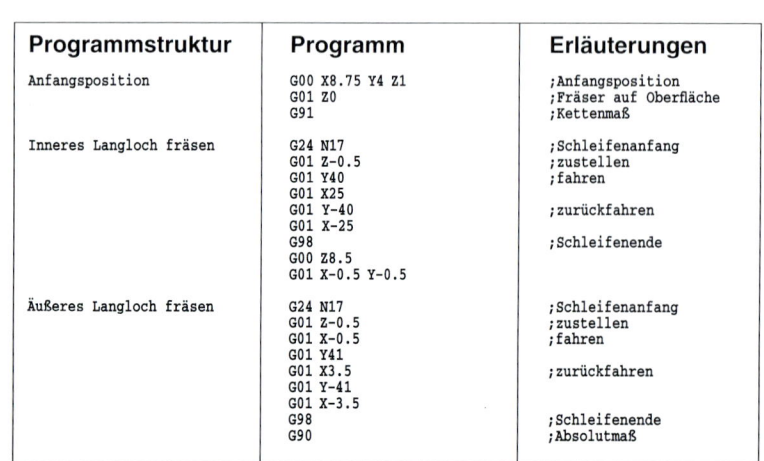

Programmstruktur	Programm	Erläuterungen
Anfangsposition	G00 X8.75 Y4 Z1 G01 Z0 G91	;Anfangsposition ;Fräser auf Oberfläche ;Kettenmaß
Inneres Langloch fräsen	G24 N17 G01 Z-0.5 G01 Y40 G01 X25 G01 Y-40 G01 X-25 G98 G00 Z8.5 G01 X-0.5 Y-0.5	;Schleifenanfang ;zustellen ;fahren ; ;zurückfahren ; ;Schleifenende
Äußeres Langloch fräsen	G24 N17 G01 Z-0.5 G01 X-0.5 G01 Y41 G01 X3.5 G01 Y-41 G01 X-3.5 G98 G90	;Schleifenanfang ;zustellen ;fahren ; ;zurückfahren ; ;Schleifenende ;Absolutmaß

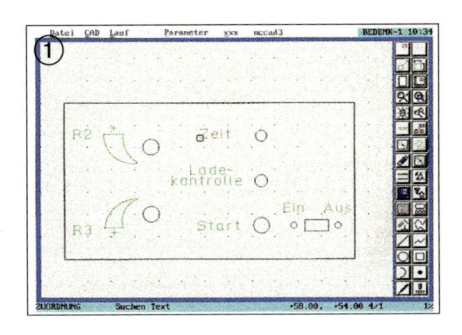

CAD-Programmierung

CAD-CNC-Koppelung:
Bei der CAD-CNC-Koppelung muss zunächst eine Zeichnung erstellt werden. Entsprechend der Zeichnung wird das Werkstück direkt bearbeitet.

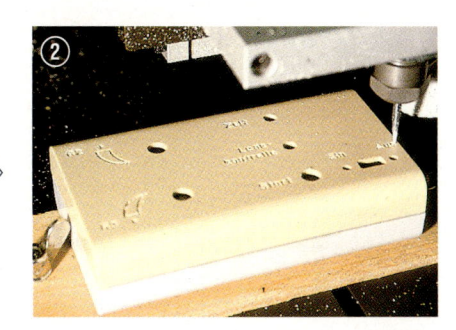

Am Beispiel der Fertigung des Deckels für den Bedenkzeitschalter (☞ S. 49, Abb. ④) wird nachfolgend die „**CAD-CNC-Koppelung**" beschrieben.

Für die Erstellung der Zeichnung des Bedenkzeitschalters sind grundlegende Kenntnisse über die Handhabung eines Zeichenprogramms Voraussetzung.

Auf Seite 193 sind in Abb. ④ alle Schritte dargestellt.

Schritte zur CAD-Programmierung

a) Analyse der Aufgabe

Durch die genaue Analyse der Bearbeitungsvorgänge erkennt man, dass die Fertigung des Bedenkzeitschalters in zwei Fertigungsschritte unterteilt werden kann:
– Beschriftung und Symbole gravieren
– Bohrungen und Aussparung fräsen

Die Gravierarbeiten werden mit dem Gravierstichel ausgeführt, die Bohrungen und die Aussparung werden mit dem 3-mm-Fräser gefertigt. Zwischen den beiden Fertigungsschritten muss das Werkzeug gewechselt werden. Da sich durch den Werkzeugwechsel eine Veränderung der Z-Stellung (Eintauchtiefe) nicht ganz ausschließen lässt, werden die Gravierarbeiten zuerst ausgeführt. Die Fräsarbeiten werden alle als Durchbruch gefertigt; somit kann die Frästiefe großzügig eingestellt werden.

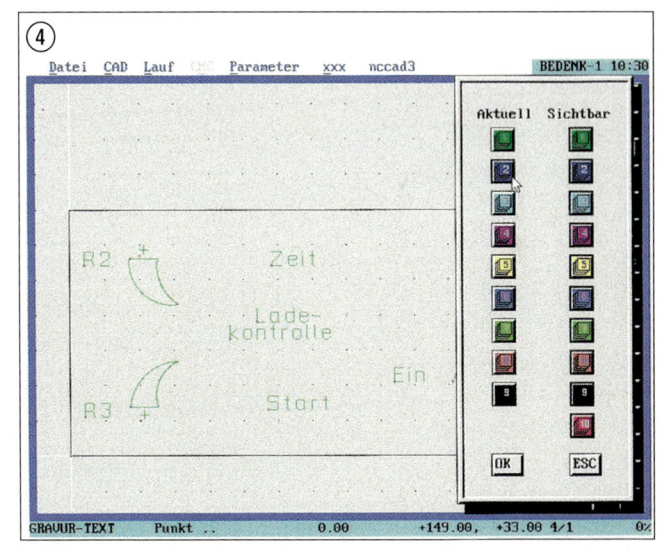

b) Zeichnung erstellen

Die Zeichnung bildet die Grundlage der späteren Fertigung.
Um die Fertigungsarbeiten wunschgemäß auszuführen, ist es wichtig, den Werkstücknullpunkt so festzulegen, dass er später genau mit der Handsteuerung angefahren werden kann.

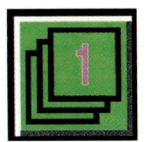

Beim Erstellen der Zeichnung muss bereits darauf geachtet werden, dass zwei verschiedene Fertigungsschritte von der computergesteuerten Werkzeugmaschine ausgeführt werden.

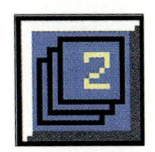

Um dies zu ermöglichen, müssen die Gravierarbeiten im **Layer** 1 grün (**Zeichnungsebene** 1) gezeichnet werden (Abb. ④).

Die Bohrungen und die Aussparungen werden im Layer 2 blau gezeichnet (Abb. ⑤).

Die Zeichnungselemente, die der Hilfskonstruktion dienen und von der Maschine nicht abgearbeitet werden sollen, müssen in einem dafür vorgesehenen Layer (Layer 9) schwarz gezeichnet werden (Abb. ④ und ⑤).

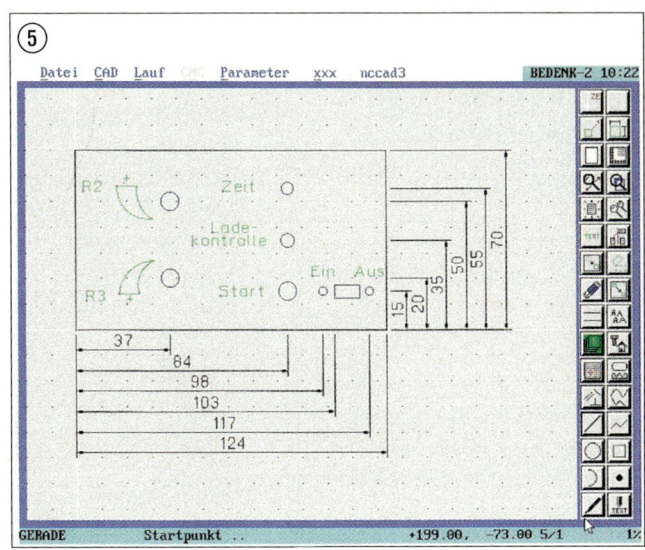

Indem man einen Ausdruck der fertigen Zeichnung im Maßstab 1:1 erstellt, ausschneidet und auf das Werkstück legt, lässt sich überprüfen, ob alle Zeichnungselemente richtig platziert sind (Abb. ①). Eventuelle Fehler können dann im CAD-Programm vor der Bearbeitung korrigiert werden.

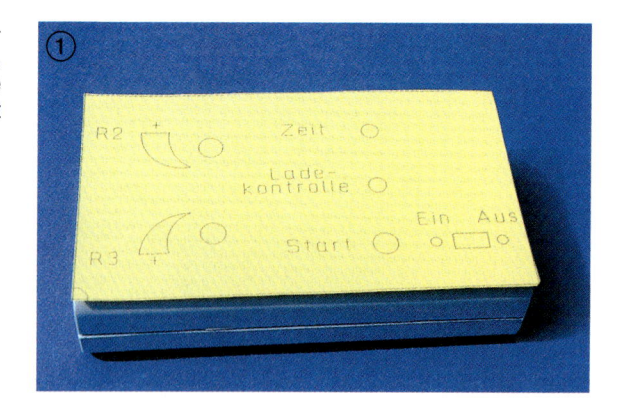

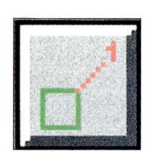

c) Zuordnen der Technologieangaben über das Technologiefenster

Damit die computergesteuerte Werkzeugmaschine weiß, wie sie nach der Zeichnung fertigen soll, benötigt sie entsprechende Technologiedaten. Diese Daten teilen der Maschine mit, wie sie die jeweiligen Zeichnungselemente eines Layers abarbeiten soll.

Für den Bedenkzeitschalter müssen zwei solcher **Technologiefenster** ausgefüllt werden (Abb. ② und Abb. ③).

Layer 1 und Layer 2 werden die entsprechenden **Technologiedaten** (z. B. Vorschub, Werkzeugdurchmesser, Gesamttiefe) zugeordnet. Da der Fräser, im Gegensatz zum Gravierstichel, die vorgesehene Fläche ausräumen soll, muss er innerhalb der Zeichnungslinien arbeiten. Dazu bekommt er die Bearbeitungsangabe „Sackloch" zugewiesen. Die „Bahnkorrektur" erfolgt dann automatisch (Abb. ③).

Der Maschine muss mithilfe der Technologieangabe „STOPP für Handbedienung" mitgeteilt werden, dass sie nach dem Abarbeiten des ersten Layers anhalten soll, damit der Werkzeugwechsel durchgeführt werden kann (Abb. ③).

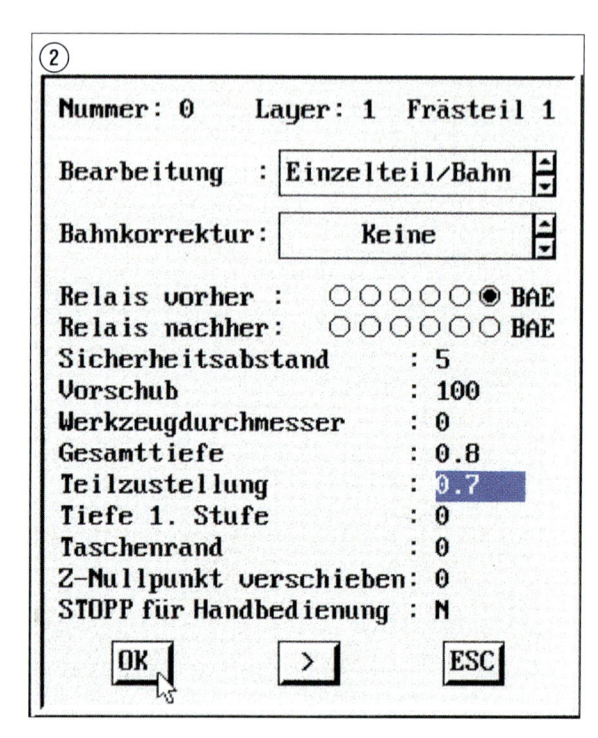

Technologiefenster

Bearbeitung gibt an, ob das Zeichnungselement ausgeräumt wird (Sackloch) oder ob entlang der Zeichenlinie (Einzelteil/Bahn) bearbeitet wird.

Der **Sicherheitsabstand** gibt an, wie weit sich das Werkzeug von der Werkstückoberfläche abhebt, um über Hindernisse hinwegzufahren.

Die **Gesamttiefe** gibt an, wie tief das Werkzeug insgesamt in das Werkstück eindringt.

Die **Teilzustellung** gibt an, wie tief das Werkzeug in einem Schritt in das Werkstück eindringt.

„**STOPP**" ist notwendig, um die Bearbeitung z. B. für den Werkzeugwechsel zu unterbrechen.

Anzeige des *Layers,* in welchem gearbeitet wird.

Die **Bahnkorrektur** ist je nach Bearbeitung verschieden. Bei *Sacklöchern* erfolgt die Korrektur automatisch. Bei *Einzelteilen* muss entschieden werden, ob der Fräser „innen", „außen" oder bei „keine" auf der Bahn entlang fährt.

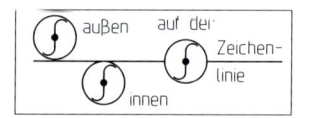

Die **Relais** schalten die Maschine für die Bearbeitung *ein* und *aus*.

Der **Vorschub**wert gibt die Geschwindigkeit an, mit der sich der Maschinentisch und das Werkzeug bei der Bearbeitung bewegen.

Der **Werkzeugdurchmesser** muss bei der Berechnung der Fräsbahn berücksichtigt werden.

d) Simulation am Bildschirm

Die **Simulation am Bildschirm** zeigt die Fahrwege des Werkzeugs in ihrer zeitlichen Abfolge. Sie hilft Fehler beim Fertigungsablauf vorab zu erkennen und schützt somit das Werkzeug und das Werkstück vor Beschädigungen. Aufgetretene Fehler müssen entweder bei den Technologieangaben oder an der Zeichnung verbessert werden.

e) Fertigungstest

⚠️ Deckel sicher spannen! (☞ S. 188, Abb. ②)
Geeignete Spannvorrichtung verwenden

Zur Vorbereitung der Fertigung muss der Werkstücknullpunkt mit der Handsteuerung der Maschine eingestellt werden (Abb. ②). Dabei ist zu beachten, dass die Mitte des Werkzeuges genau mit der an der Zeichnung dafür vorgesehenen Stelle übereinstimmt.

Am günstigsten wird diese Tätigkeit in Partnerarbeit durchgeführt. Während eine Schülerin die Handsteuerung am Computer bedient, kann die Partnerin genaue Anweisungen über die gegenwärtige Position des Werkzeuges angeben.

Mit einem Papierstreifen, der zwischen Werkzeug und Werkstück bewegt wird, kann man prüfen, ob das Werkzeug die Werkstückoberfläche bereits erreicht hat.

Vor der eigentlichen Fertigung muss die Drehzahl des Werkzeugs (an der Maschine), der Vorschub und die Gesamttiefe (im Technologiefenster) dem Werkstoff entsprechend optimal eingestellt werden (Probestück fertigen).

Damit der Gravierstichel oder der Fräser nicht im Kunststoff schmiert, ist es erforderlich, das Werkzeug entsprechend zu kühlen. Die Qualität der Fertigung kann so erhöht werden.

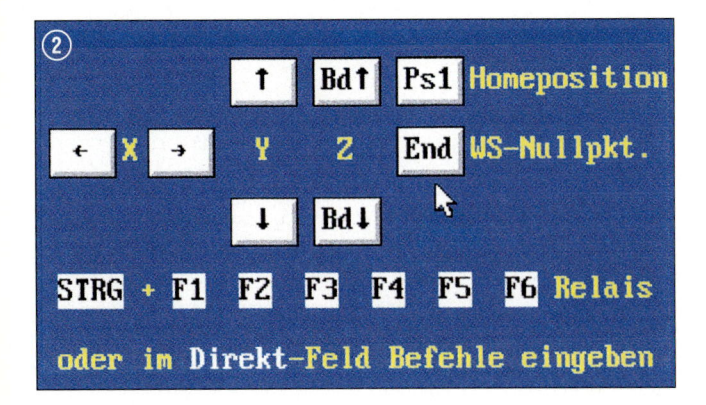

Der für die Gravierarbeiten erforderliche Werkzeugwechsel muss so durchgeführt werden, dass das Werkzeug anschließend wieder den gleichen Abstand zum Werkstück besitzt, den es vor dem Werkzeugwechsel hatte. Mithilfe der Direkteingabe des G54-NC-Befehlssatzes kann man nach dem erfolgten Werkzeugwechsel die Z-Höhe wieder richtig einstellen. Dazu fährt man mit dem neuen Werkzeug an die Werkstückoberfläche (Papierstreifen) und liest dann die Abweichung in Z-Richtung im **Positionsfeld** ab (Abb. ③). Danach muss der abweichende Z-Wert nach dem Befehl G54 eingegeben werden.

f) Fertigung

In Abb. ④ sind alle Schritte aufgeführt. Wichtig ist, dass alle Arbeitsgänge genau geplant und sorgfältig durchgeführt werden.

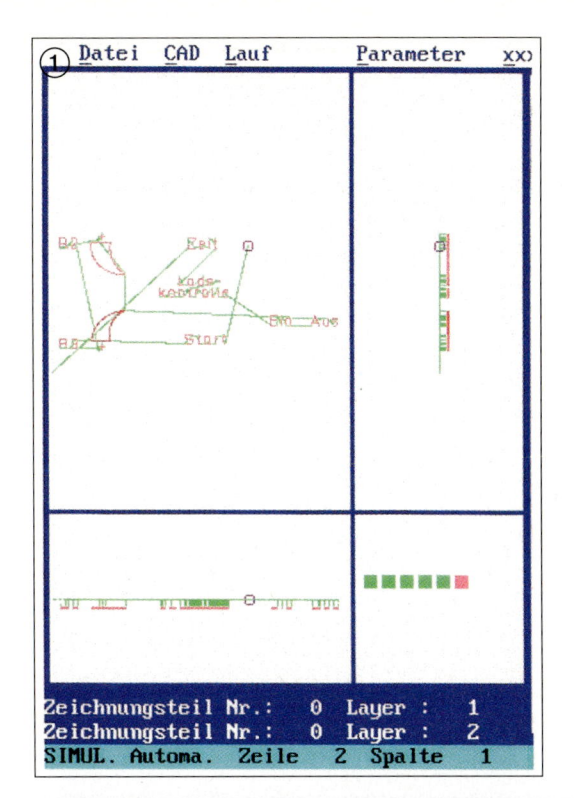

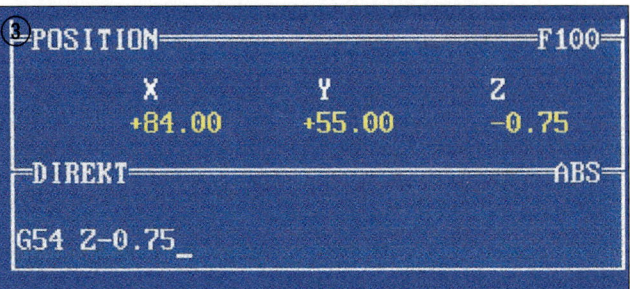

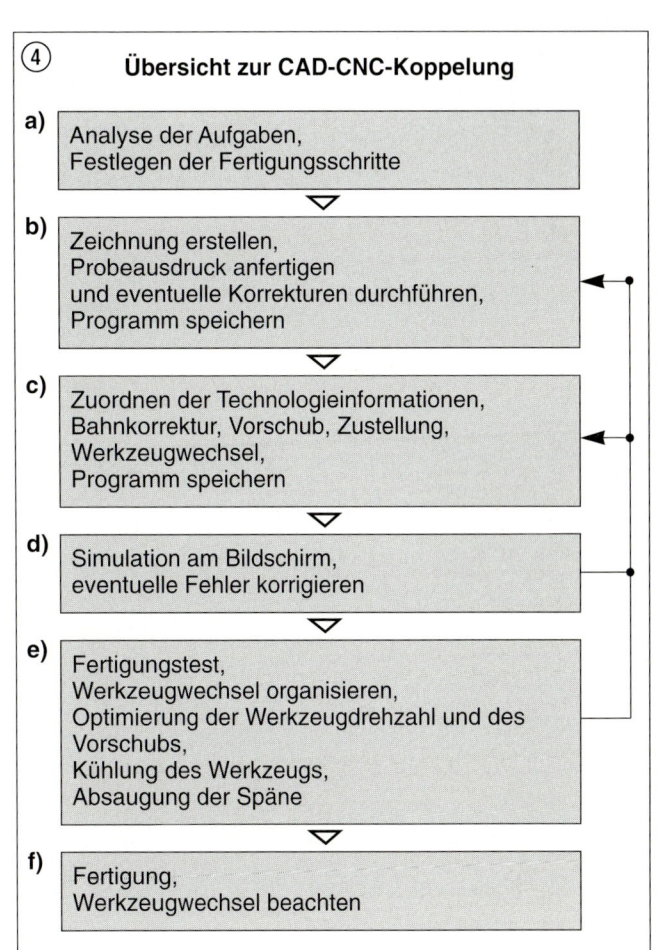

④ **Übersicht zur CAD-CNC-Koppelung**

a) Analyse der Aufgaben, Festlegen der Fertigungsschritte

b) Zeichnung erstellen, Probeausdruck anfertigen und eventuelle Korrekturen durchführen, Programm speichern

c) Zuordnen der Technologieinformationen, Bahnkorrektur, Vorschub, Zustellung, Werkzeugwechsel, Programm speichern

d) Simulation am Bildschirm, eventuelle Fehler korrigieren

e) Fertigungstest, Werkzeugwechsel organisieren, Optimierung der Werkzeugdrehzahl und des Vorschubs, Kühlung des Werkzeugs, Absaugung der Späne

f) Fertigung, Werkzeugwechsel beachten

NC-Steuerbefehle (x-y-z-Koordinatentisch)

M00 -
M01 - STOP bis RETURN, dann fortsetzen des NC-Programms
M05 - Einschalten des HANDBETRIEBs bis ALT+E, dann fortsetzen
M10 - RELAIS(1–5) und NETZBUCHSE(6) ein (#.1) oder ausschalten (#.0)
z. B. M10 O1.1 bedeutet Relais 1 EIN.
M15 - SCHALTER(1–5) abfragen
(#.0=geschlossen, #.1=offen)
z. B. M15 ?1.0 wartet bis Schalter geschlossen ist, dann fortsetzen des NC-Programms
M20 - Alle RELAIS und die NETZBUCHSE ausschalten
M30 - PAUSE in 1/18 Sekunden
z. B. M30 P18 wartet 18 x 1/18 = 1 Sekunde
M35 - Schaltuhr-Betrieb. Das Programm wartet bis zur angegebenen Uhrzeit.
z. B. M35 W15.21 (Warten bis 15 Uhr 21 Minuten)
G00- Geradeninterpolation im Eilgang mit maximal 3 Achsen (X, Y, Z) z. B. G00 X 10.15 Y7
G01 - Geradeninterpolation mit Vorschub F, sonst wie G00
z. B. G01 X10.15 Y7 F100
G02 - Kreisinterpolation im Uhrzeigersinn
z. B. G02 D260 I20 J30
G03 - Kreisinterpolation im Gegenuhrzeigersinn
z. B. G03 D25 J60 K55
G20 - Unterprogrammsprung zum angegebenen Label,
z. B. G20 START
G22 - Unterprogrammsprung,
z. B. G22 SUB1
G24 - Schleifenanweisung für Wiederholen eines Pr.Teils
z. B. G24 N5

G36 - Anzeige einschalten
(zeigt kontinuierlich nach jedem Schritt an)
G37 - Anzeige ausschalten
(zeigt nach jedem Befehl neu an)
G54 - Neue Position als WERKSTÜCKNULLPUNKT setzen (Anzeige auf 0,0,0)
G60 - Einstellen der Parameter zum Gravieren
z. B. G60 Z1 B2 D45 H3 F100
G61 - Text zum Gravieren angeben
z. B. G61 Versuchstext
G74 - Im Eilgang auf den WERKSTÜCKNULLPUNKT fahren
G76 - Mit Start/Stop-Geschwindigkeit auf HOME-Position fahren
G77 - Im Eilgang auf AUSSPANNPOSITION fahren
G79 - Zyklusaufruf mit Positionsangabe,
z. B. G79 X100 Y33 Z10
G81 - Festlegen des Bohrzyklus,
z. B. G81 Z2 B1 F100
G87 - Festlegen des Rechteck-Taschenzyklus,
z. B. G87 X30 Y20 Z1 B2 J0 K0.7 F40
G88 - Festlegen des Langloch-Taschenzyklus,
z. B. G88 X10 Y20 Z2 B1 J0 K0.6 F100
G89 - Festlegen des Kreis-Taschenzyklus,
z. B. G89 Z1 B2 R5 J0 K0.7 T2.5 F60
G90 - Absolutmaß (Koordinaten zum Referenzpunkt) einschalten
G91 - Kettenmaß (Strecken zur letzten Position) einschalten
G98 - Endekennung für Schleifen mit dem NC-Befehl G24
G99 - Endekennung UNTERPROGRAMM oder HAUPTPROGRAMM

Drehzahl, Werkzeugantrieb, Koordinatentisch

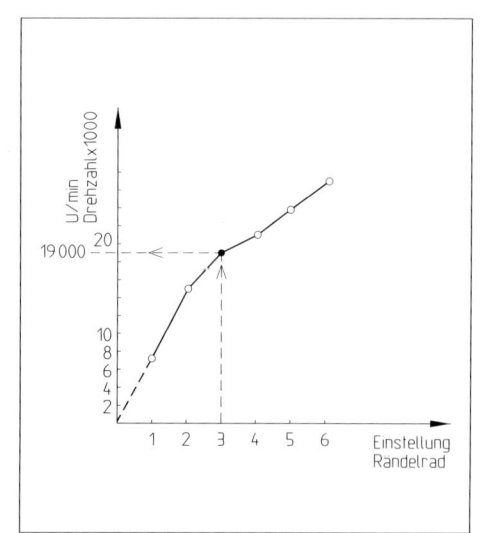

Standardbefehle in der Programmiersprache BASIC

Anweisungen an das Betriebssystem	RUN	Ausführen des Programms
	LIST	Anzeigen des Programms auf dem Bildschirm
	SAVE "<Name>"	Speichern des Programms auf Diskette
	LOAD "<Name>"	Laden eines Programms von der Diskette
	NEW	Löschen des Programms im Arbeitsspeicher
Anweisungen in Programmen	INPUT <Variable>	Eingabe
	(LET) <Variable> = <Ausdruck>	Wertzuweisung
	GOTO <Zeilennummer>	Sprunganweisung
	IF <Bedingung> THEN <Anweisung>	Bedingte Anweisung
	FOR <Variable> = <Zahl> TO <Zahl> (STEP <Zahl>) <Anweisung> NEXT <Variable>	Zählschleife
	PRINT <Variable>	Ausgabe des Wertes einer Variablen
	PRINT "<Text>"	Ausgabe von Text

Sachwortverzeichnis

A

Abakus 175
Abfall 107
Abfallmenge 111
Abgase 95
Absorber 150
Abtriebswellle 123
Abwasser 103, 104
AC 153
ACA 153
Achsen 125
ACV 153
Adresse 72
alternative Heiztechnik 149
Altglas 109
Altkleider 108
Altmetall 108
Altpapier 108
Ammonium 98
Ampelanlage 73
Ampelsteuerung 71, 74
Anode 163
Antriebskraft 123
Antriebsrad 123
Antriebssysteme 96
Antriebswelle 123
Aqua-Stopp 23
Arbeit 137
Arbeiten im Team 6
Arbeitsstromkreis 164, 166
ASCII-Code 69
astabile Kippschaltung 172, 173
astabiler Multivibrator 58
astabiles Schaltverhalten 174
atmosphärische Dampfmaschine 130
Ätzbad 159, 160
Ätzgerät 160
Ätzmittel 160
Ätzvorgang 160
Aufbau der Schaltung 160
Ausgabe-Eingabe-Interface 183
Ausgangskennlinie 165
Ausgangskennlinienfeld 165
Auslassventil 119
Außendämmung 146
äußere Verbrennung 130
Automobilmechaniker/in 128
Autowracks 109

B

Bambus 15
BASIC 72
Basic-Befehle 72
Basis-Emitter-Stromkreis 54
Basisstrom 167
Basisvorwiderstand 167
Batterien 110
Bauberufe 47
Bedenkzeitschaltung 57
Befehl 73
Belebungsbecken 105
Belichten 88
Belichtungsdauer 11
Belichtungszeit 13, 87
Benz, Karl 127
Benzineinspritzung 114
Berufe 128, 129
Berufsausbildung 47, 62
Berufsfeld Umwelt 29
Berufsinformation 61
Berufswelt 129
Bestücken 160
Bestückungsplan 157, 158
Bewertung 8, 28
Bewertung von Arbeitsprozessen 7
Bewertung von Produkten 7
Bi-Metall-Thermostat 148
Bildkassette 13
Bildplatte 12
Bildschirm, Simulation am 193
Binärcode 64
Binärcodierer 64, 65
binäres Zahlensystem 64
Bioalkohol 97
Biodiesel 97
biologische Reinigungsstufe 104
Biomasse 97
bistabile Kippschaltung 68, 172, 173
bistabiles Schaltverhalten 174
Bit 68
Bitmuster 69
Blähton 147
Blende 13
Blendendurchmesser 11
Blendenöffnung 86, 87
Blockheizkraftwerk 144, 149
Bohren einer Platine 189
Bohrzyklus 189
Brauchwasser 22
Brauchwassererwärmung 144
Brennpunkt 86, 87
Brennweite 87
Brunnengalerie 22
Bus 180
Byte 68, 69

C

CAD 185
CAD-CNC-Koppelung 191
CAD-Programmierung 185, 191
Camera obscura 10, 86
C-Dur-Tonleiter 90
Chemikalien 76
chemische Reinigungsstufe 104
Chip 178
Chlor 22
Chlorid 98
CMOS-IC 67
CNC 185
COMAL 72
Computer 71, 72, 73, 177, 178, 180
Computer-Programm 184
Computerausgang 72
computergesteuerte Werkzeugmaschine 185
Computersteuerung 74

D

Daimler, Gottlieb 127
Dämmerungsschalter 167
Dämmerungsschaltung 166
Dämmung 146
–, transparente 148
Dampfantrieb 130
Dampfkraftwerk 136
Dampflokomotive 131
Dampfmaschine 32, 130, 131
–, atmosphärisch 130
Dampfpumpe 130
Dampfschiff 131
Dampfturbine 32, 132, 133
Darlington-Transistor 168
Darlingtonschaltung 168
Darrieusrotor 41
Datenblätter 165
DC 153
DCA 153
DCV 153
Demontage 35
Demontage 78
Deponie 110
Dielektrikum 169
Dienstleister 129
Diesel, Rudolf 127
Dieselmotor 95, 113, 116, 127
Digitaltechnik 66
Diode 64, 65, 163
Diodenmatrix 65
Dotierung 163
Drall-Einlasskanäle 117
Drehkondensator 170
Drehkraft 123
Drehrichtung 123
Drehzahl 123
Dreiwege-Katalysator 95
Drosselklappe 114
Druckeranschluss 74
Druckerschnittstelle, parallele 73
Drucklager 125
Dunkelschaltung 168
Durchgangsprüfung 51
Durchströmturbine 143
Düsennadel 115

E

Eingangsabfrage 74, 181
Einlassventil 119
Einspritzer 114, 116
elektrische Arbeit 137
elektrischer Widerstand 161
Elektroauto 96
Elektroberufe 61
Elektrofilter 94
Elektrolyt-Kondensator 170
Elektronenröhre 177
Elektronikschrott 109
elektronische Zündanlage 121
Elkos 170
Emissionen 91
Emitter-Schaltung 166
Energie 138
–, Nutzung von 138
–, regenerativ 138
energieautarkes Haus 144
Energiebedarf 38
Energiebox 46
Energieflussbild 140
Energieform 138
Energiegewinnung 40
Energiekonzept 44, 144, 145
Energieprobleme 140
Energieträger, fossile 140
–, regenerativ 140
Energieumwandler 141
Energieumwandlungsprozess 135
Energieverbrauch 45, 140
Energieverlust 45
Energieversorgung 152
Energiewandler 139
Energiezentrale 144
Entsorgung 76, 111
Erfahrungen mit naturwissenschaftlichen Gesetzmäßigkeiten 7
Erkundung 7
EVA-Prinzip 70, 71
Expansionsventil 151
Expertenbefragung 7

F

Fahrzeugschein 30
Fahrzeugtechnik 128
Fahrzeugwartung 77
Farad 169
Farbcode, international 161
Fehlersuche 160
Feldeffekttransistor 178
Fernwärmeversorgung 135
Festspannungsregler 67
Fett-Ölabscheider 104
Flachkollektor 150
Flipflop 173, 174
Flipflop-Schaltung 68
Fluorchlorkohlenwasserstoff 92
Formeln 137
fossile Energieträger 140
Foto 11, 88
Fotoapparat 87
Fotoaufnahme 13
Fotografie 10
Fotografieren 12
Fototransistor 168
Fotoverfahren 159
Fotovoltaik 152
Francis-Spiralturbine 143
Fräsen 190
Fräser 190
Frequenz 89, 90
Funktionsmodelle 36

G

Gasbetonsteine 147
Gasmotor 127
Gasschieber 114
Gasschieberstellschraube 115
Gasspürpumpe 19
Gasturbine 96, 134, 136
Gate 171
Gatter 66
Gefahrstoffe 76
Gemischaufbereitung 114
Gemischbildung 117
gemischte Schaltung, 162
Generator 133
Getriebe 123
Grashof 126
Gravieren 187, 188
Gravierstichel 187
Grundlastkraftwerk 137
Grundschaltung, logische 179
Grundwasser 22
Grundwissen Elektronik 50
Grundwissen Elektrotechnik 50
Gruppenarbeit 80
GS-Prüfzeichen 77

195

H

Halbleiter 163
Haus, energieautark 144
Hausmüll 107
Hausmüllzusammensetzung 107
Heißleiter 169
Heizanlage 19
Heiztechnik, alternativ 149
Hitzequelle 78
Hochlochziegel 147
home-position 186
Horizontalbrunnen 22
Hybridantrieb 96

I

IC 67
IC 74HC670 69
IC NE 555 59
IEC-Norm 161
Immissionen 91
Industrieelektroniker/in Fachrichtung Gerätetechnik 61
Information 6
Innendämmung 146
innere Verbrennung 134
integrierter Schaltkreis (IC) 174
Interface 71, 181, 183
internationaler Farbcode 161
Isolierverglasung 149

K

k-Wert 146
Kalksandsteine 147
Kaltleiter 169
Kapazität 169
Kaplanturbine 143
Katalysator 94
Katode 163
Kernbrennstoff 140
Kernkraftwerk 135
Kettengetriebe 125
Kettenmaß 190
Kilowattstunde 137
Kippschaltung 172
–, astabil 172, 173
–, bistabil 68, 172, 173
–, monostabil 172, 173
Kläranlage 104, 105
Klärschlamm 105
Klatschschalter 171
Kleidung 78
Klimaänderung 92
Kohlekraftwerk 135
Kohlendioxid 92
Kohlenstoffdioxid 91
Kohlenstoffmonoxid 91
Kolben 112, 113
Kollektor 150
Kollektor-Emitter-Sättigungsspannung 165
Kollektorstrom 166
Kollektorwirkungsgrad 150
Kompostierung 109
Kompressor 151
Kondensator 56, 120, 169
Konstantan 161
Kosten 144
Kraftfahrzeugelektriker/in 128
Kraftfahrzeugmechaniker/in 128
Kraftstoff 96
Kraftstofffilter 115
Kraftstoffluftgemisch 115
Kraftstoffsieb 115
Kraftstoffverbrauch 94
Kraftübertragung 122
Kraftwerk 135, 136
Kraftwerksdampfturbine 132
Kraftwerksturbine 133
Kreiskolbenmotor 118
Kugellager 125
Kupplung 122
Kupplungsscheibe 122
Kurbelgetriebe 126
Kurbelschwinge 126
Kurbelwelle 112, 113

L

Lachgas 92
Lager 125
Lagern 125
Lambda-Sonde 95
Lautsprecher 171
Layer 191
Layout 159
LDR 169
LED 164
Leichtbetonsteine 147
Leistung 137
Leistungstransistor 165
Leiter 161
Leiterbahn 159
Leitfähigkeit 161
Lenoir, Etienne 127
Leuchtdiode 164
Licht 86
Lichtschranke 168
Lichtstrahlen 86
Lichtträger 101
Linse 11, 86, 87
Linsenkamera 12
Lochblende 10
Lochkamera 10, 86
Lochkarte 176
logische Grundschaltung 179
logische Schaltung 66, 67
Lokomotive 131
Löten 160
Löthonig 160
Lötlack 160
Lötpunkt 159
Luft 19
Luftbelastung 92
Luftfilter 114
Lüftung mit Wärmerückgewinnung 144
Lux 169

M

Magnetfeld 133
Magnetzünder-Generator 120
Mantelstromtriebwerk 134
Maschinen-Nullpunkt 186
Maßeinheiten 137, 140
Mauern 147
Mauersteine 147
Mauerverbände 147
Mauerwerksbau 147
Maybach, Wilhelm 127
mechanische Reinigungsstufe 104
Messen 160
Messgeräte 153
Messkappe 101
Metallberufe 128
Methan 92
Mikroprozessor 66, 178, 180
Miniorgel 59, 75
Mittellastkraftwerk 137
Monoflop 173
monostabile Kippschaltung 172, 173
monostabiles Schaltverhalten 174
Motor 33
Müllproblem 25, 107
Müllverbrennung 110
Müllverbrennungsanlage 111
Müllvermeidung 107
Multimeter 153
Multivibratorschaltung 58
Musikinstrument 14

N

Nachklärbecken 105
Nadelventil 115
NAND-Gatter 68
Naturbims 147
NC-Befehl 187
NC-Programm 188
NC-Programmierung 185
NE 555 174
Negativfilm 88
Newcomen, Thomas 130
Nichtleiter 161
Niedrigenergiehaus 144
Nitrat 98
Nockenwelle 113, 119
Not-Aus-Schalter 78
npn-Transistor 164
NTC 169
Nutzenergie 139
Nutzung von Energie 138
Nutzungsgrad 91

O

Oberflächenwasser 22
Ohm 161
ohmsches Gesetz 137, 162, 167
Ohrhörer 171
Ölabscheider 103
Orgel 59, 75
Otto, Nikolaus 127
Otto-Viertaktmotor 127
Ottomotor 113
Ozon 22, 92

P

Panflöte 15, 89, 90
parallele Druckerschnittstelle 73
Parallelschaltung 162
Parson, Sir Charles 132
PASCAL 72
Peltonturbine 143
Pestizide 98
Pfeifenlänge 90
ph-Wert 99
Phosphate 98
Photometer 93, 100, 102
Planetengetriebe 118
Platine 157, 158
Platine, bohren 189
Pleuelstange 113
pnp-Transistor 164
Polprüfung 51
Porenbetonsteine 147
Positionsfeld 193
Praktika 7
prellfreier Taster 68
Primärenergie 140
Primärenergieträger 138
Prisma 86
Problemabfall 109
Problemstoffsammlung 110
Programm 71, 72, 73, 74, 187
Programmiersprache 72
Programmstruktur 187
Projekt 25
Projektmethode 6
Propellerwindrad 41
PTC 169

R

RAM 180
RAM-Speicher 69
Rauchentschwefelungsanlage 94
Rauchgas 94
Rauchgasentschwefelung 94
RC-Glied 57, 58, 170
Rechenanlage 104
Rechenmaschine 175, 177
Recycling 27, 107
Recyclingpapier 108 109
Referat 6
Reflexphotometer 93
Regeleinrichtung 148
Regelung 74
regenerative Energie 138
regenerative Energieträger 140
Reihenschaltung 162
Reinigungsstufe, biologisch 104
–, chemische 104
–, mechanisch 104
Relais 166, 167, 177
Remontage 78
Riemengetriebe 125
Rohrleistungsbeiwert Cp 142
ROM 180
ROM 65
Rotationskolbenmotor 118
Rotor 42
Rotorblatt 42
Rußgehalt 21
Rußmessgerät 20
Rußmessung 21, 93
Rußpartikelfilter 95

S

7-Segmentanzeige 164
Sammelbrunnen 22
Sandfang 104
Savery, Thomas 130
Savoniusrotor 41
Schadstoffe 19
Schadstoffemissionen 19
Schaltaufbau 157
Schalterbetrieb 164
Schaltgetriebe 124
Schaltkreis, integriert (IC) 174
Schaltplan 157, 158
Schaltstufe für Ausgang 181
Schaltstufe für Eingang 181
Schaltung, Aufbau 160
–, gemischt 162
–, logische 66, 67
Schaltungen mit Solarzellen 50
Schaltungen mit Widerständen 52
Schaltverhalten, astabil 174
–, bistabil 174
–, monostabil 174
Schaltzeichen 156
Schärfentiefe 87
Schaufelräder 133
Schiebervergaser 115
Schlüsselqualifikation 25

Schmiersystem 122
Schmierung 122
Schmitt-Trigger 172, 174
Schmitt-Trigger-Schaltung 172
Schutzwiderstand 161, 164
Schwefeldioxid 91
Schwefeloxid (SO_2) 94
Schwelbrandanlage 110
Schwellenspannung 163
Schwellwert-Schaltverhalten 174
Schwermetalle 91
Schwimmer 115
Schwimmerkammer 114
Schwingung 89
Sensor 55, 93
Sensor-Schaltung 55, 57
Sensorenschaltung 168
Sicherheit 77
Sicherheitsmaßnahme 76
Sicherheitszeichen 76
Sichtkontrolle 160
Sickerbecken 22
Simulation am Bildschirm 193
Skala 188
Skala gravieren 188
Smog 92
Solar-Wasserstoff 151
Solaranlage 150
Solarhaus 152
Solarkollektoren 150
Solarkraftwerk 151
Solarmodul 152
Sonderabfall 107
Sondermüll 76
Sonnenenergie 150
Sonnenscheindauer 152
Spannungen messen 154
Spannungsteiler 167
Speicherchip 178
Spitzenlastkraftwerk 137
Spülkasten 23
Stephenson, Robert 131
Steuerbefehl 72, 73
Steuerdiagramm 113
Steuerstromkreis 164, 166
Steuerung 70
Steuerzeiten 113
Stickstoffoxid 91
Stickstoffoxide (NO_x) 94
Stirnradgetriebe 123
Strahltriebwerk 134
Strom-Steuerlinie 164
Ströme messen 154
Stromerzeugung 133
Stromrichtung 163
–, technische 163
Stromversorgung 137, 144
Stromverstärkungsfaktor 164
Symbole 156

T
TA Luft 91
Taster, prellfreier 68
Teach-in-Verfahren 189
Teamarbeit 80
technische Stromrichtung 163
Technologiedaten 192
Technologiefenster 192
Temperaturregelung 148
Thermogramm 45
thermostatisches Ventil 148
Thermostatventil 148
Thyristor 171

Tiefenschärfe 13
Ton 89
Töne 14, 89
Tonerzeugung 90
Tonfrequenz 174
Tonfrequenzberechnung 90
Tongenerator 58
Tongeneratorschaltung 59
Tonziegel 147
Transistor 53, 54, 164, 165, 178
transparente Dämmung 148
Treibhauseffekt 92
Treibstoff 97
Trimmkondensator 170
Trinkwasser 22, 98, 106
Trinkwasserverordnung 98
Tupfer 115
Turbine 132, 134
Turbinenanlage 133
Turbinenrad 132
Turbolader 117

U
Übersetzungsverhältnis 123
Überströmkanal 112
Uferfiltration 22
UM-Taster 68
Umgang mit Maschinen 7
Umgang mit Materialien 7
Umgang mit Werkzeugen 7
Umweltbelastung 91, 94
Umweltprojekt 25
Umweltschutz 17
Umweltschutzpapier 108
Umweltschutztechniker 29
Unterbrecherkontakte 120
UV-Licht 159

V
VDE-Prüfzeichen 77
Ventile 113, 119
Ventilsteuerung 36, 119
Venturirohr 114
Verbrennung, innere 134
–, äußere 130
Verbrennungsmotor 33, 127
Vergaser 34, 35, 114, 115
Vergaserrohr 114
Verkehrsampel 71
Verkehrssteuerung 70
Verlustleistung 165
Verstärkerbetrieb 164
Verstärkungsfaktor 168
Verteiler 120
Vielfachmessgeräte 153, 154
Viertakter 122
Viertaktprinzip 113
Viertaktmotor 113
Vierventiler 119
Vorklärbecken 104

W
Wahrheitstabelle 64
Wankel, Felix 127
Wankelmotor 118, 127
Wärmedämmung 144, 146
Wärmeenergie 135
Wärmekraftwerk 133, 135
Wärmeleitfähigkeit 146
Wärmepumpe 151
Wärmerückgewinnung, Lüftung mit 144
Wärmeschutz 149
Wärmeschutzverglasung 149

Wärmeschutzverordnung 1995 146
Wärmeverlust 45
Wartung 77
Wasser 99, 103, 104
Wasseranalyse 99
Wasserqualität 99
Wasserrad 143
Wasserversorgung 22
Watt 137
Watt, James 130
WC-Spülung 106
Weichlöten 78
Wellen 125
Werkstücknullpunkt 186
Werkzeugmaschine, computergesteuert 185
Wertstoffe 108
Wertstofftrennung 108
Widerstand 161, 162
–, elektrischer 161
Widerstände messen 154
Widerstandswerte 161
Windenergie 40, 142
Windgenerator 40
Windgeschwindigkeit 40, 142
Windkraftanlage 42
Wirbelkammerverfahren 117
Wirkungsgrad 136, 141
Wirkungsweise eines Transistors 54
Wirkungsweise von Kondensatoren 56

Z
Zahlensystem, binäres 64
Zahnradgetriebe 123
Zeichnungsebene 191
Zeigertierchen 99
Zeitglied 170
Zeitschleife 73, 75
Zentrieren 190
Zugmittelgetriebe 125
Zündanlage 121
–, elektronische 121
Zündkerze 115, 120, 121
Zündspule 120, 121
Zündsystem 120
Zündverteiler 121
Zweiradmechaniker/in 128
Zweitaktmotor 112, 122
Zwischenrad 123
Zylinder 112, 113

Quellenverzeichnis

Der Dank der Autoren und des Verlages gilt allen Personen, Firmen und Institutionen, die Bildmaterial und Informationen zur Verfügung gestellt oder die Autoren bei der Aufnahme von Fotos unterstützt und beraten haben.

Fotos:
Binder, Erlewein, Heinisch, Henzler J., Henzler S., Leins, Meidel, Schlegel, Willenberg

AUDI, S. 36, 116, 117
Baden-Württembergischer Handwerkstag, S. 61
Bausparkasse Schwäbisch Hall, S. 144, 145, 151, 152
Behnke, Heidi, Tübingen, S. 167
Berufsberatung, Nürtingen, S. 61
BMW-Henzler, Kirchheim/Teck, S. 31
Bundesanstalt für Arbeit, Datenbank für Berufsinfos, S. 61
Bundesinstitut für Berufsbildung, Berlin, S. 84
Bundesverband der deutschen Gas- und Wasserwirtschaft, Bonn, S. 16, 98
Daimler/Chrysler, Stuttgart, S. 36, 124
Der Spiegel, Hamburg, S. 27, 29
Deutscher Wetterdienst, Offenbach, S. 142
Deutsches Museum, München, S. 10, 130, 147
Doll, Reinhold, Würtingen, S. 48
dpa, S. 92
Energieversorgung Schwaben, Biberach, S. 38, 45
EVS Stuttgart, S. 41, 94
Fachverband Bau, Stuttgart, S. 47
Fraunhofer Institut für solare Energiesystem, Freiburg, S. 152
Glagla, Lindner, Hamburg, S. 172–174
Greenpeace, Hamburg, S. 16, 17
Gudjons, Herbert, Handbuch Gruppenunterricht, S. 80, 81
Häberlein, Jochen, Crailsheim, S. 49
Heepmann, Bernd, Digitale ICs, S. 66, 67, 68, 69
IBM, Sindelfingen, S. 175, 176, 177, 178
IBM, Sindelfingen, S. 58, 175, 176, 177, 178
IG Metall, Frankfurt, S. 79
Institut der Deutschen Wirtschaft, Köln, S. 62
Keck, Andreas, Nagold, S. 67, 69
Kreß, Helmut, Neckarsulm, S. 183
Max-Computer GmbH, Schömberg, S. 185
Mazda Motor Corporation, Hiroshima, S. 37
Mercedes-Benz AG, Stuttgart, S. 36
Neckarwerke, Esslingen/Stuttgart, S. 29, 133, 135, 136, 137
NSU GmbH, Neckarsulm, S. 79, 118, 127
Opel AG, Rüsselsheim, S. 33, 91, 95, 96, 112, 113, 114, 119, 121
Rieß, Traudl, Bindlach, S. 67, 69
Siemens Matsushita Components, S. 169
Solo, Maichingen, S. 34, 35, 112, 115, 120
Statistisches Landesamt, Stuttgart, S. 106
Stiftung Warentest, Stuttgart, S. 106
Terra-Erdkunde, Gotha, S. 16
Terrapress, Stuttgart, S. 22
Verband deutscher Papierfabriken, Bonn, S. 108, 109
Voigt, Bert, Team und Teamentwicklung, S. 80, 81
Weber-Haus, Rheinau-Linx, S. 38, 144, 149
Wirtschaftsministerium, Bonn, S. 138

Grafiken:
comSet Helmut Ploß, Hamburg